KB211763

이 도서는 2019년 건국대학교 학술진흥연구비 지원을 받은 것임

The Religion of the Future

오직 한 번만 죽는 삶을 위하여

미래의
종교

로베르토 웅거 지음

이재승 옮김

앨
ㄹ피

타마라에게

"항상 한없이 너와 함께 있는 것보다
더 큰 행복을 생각할 수 없어…
나는 좁고 어두운 무덤을 꿈꿔,
그 속에서 우리가 서로를 꼭 껴안고,
내 얼굴은 네게, 네 얼굴은 내게 묻고…"

– 프란츠 카프카 《성》

차례

독자들께.

하나의 개관을 쓰지 않으면 안 될 정도로 이 책은 두껍기도 하다. 번역 작업에 많은 시간을 들였음에도 불구하고, 웅거는 역자의 능력 저편에 있다. 논의의 흐름을 놓치지 않으면서 독자들의 혼란과 당혹감을 누그러뜨리는 선에서 역자가 틈틈이 작성한 노트를 다듬어 개관으로 제시하려고 한다. 신학적 저작에 익숙한 독자라면 이 책을 다각도로 평가하겠지만, 그렇지 않은 독자에게는 쉽지 않은 책으로 보인다.

　실제로 기독교와 서구 철학사상에 대한 논의가 책 전체를 관통하고 있어 기독교적 배경을 가진 독자라면 접근하기 용이할 것이다. 기독교 정통교리를 신봉하는 독자들이 이 책에서 어떤 도전을 발견하고, 어떻게 응수할지 궁금하다. 자신의 신앙을 성찰하고 삶을 고양시키려는 지성적인 신자에게는 좋은 자극이 될 수도 있겠다. 오로지 신앙만 탐색하는 신자라면 신앙과 종교 외에 세상사와 철학자들을 잡다하게 논하는 웅거의 작풍이 마뜩치 않을지도 모르겠다. 그러나 웅거는 현재의 삶, 주체의 변혁과 구조의 변혁에 관한 비전을 상실한 종교를 포이어바흐의 의미에서 소외로 규정한다. 그렇기에 인간의 대안적인 관계형식과 새로운 사회경제질서를 신앙과 끝도 없이 결부시키는 시도가 끝까지 계속된다. 역자는 이 저작을 주체의 혁신뿐만 아니라 사회구조의 혁신까지 포괄적으로 밑받침하려는 실천신학적 시도로 여긴다. 독자는 웅거식 통섭의 진면목을 맛볼 것이다. 어쨌든 이 책은 깨달음에 관한 책이다.

다양한 종교적 편력을 거치고도 어중간한 믿음을 갖고 있거나 신앙과 불신앙의 중간지점에서 주저하면서도 정신적 실존 욕구를 간직한 사람들에게 이 책은 유용한 단서들을 제공할 것이다. 종교나 신의 문제를 가짜 문제라고 일축하는 유물론자나 인본주의자들에게도 적중할 만한 발언들이 쏟아져 나온다. 종교를 상부구조나 문화적 구성물로 규정할지라도, 종교는 계몽을 통해 해방될 수 있는 관념 덩어리가 아니다. 종교와 정치의 고유한 역할에 대한 웅거의 분별은 명쾌하다. 프로이트적으로 말하면, 인간의 문화와 인간성 자체를 파괴해야만 인간은 종교로부터 해방될 수 있을지 모른다. 종교는 인간의 실존적 불안과 한계에서 기원한다. 우리가 아무리 개명되더라도 실존적 불안을 떨쳐 버릴 수 없다. 만일 정치가 과학적 통찰로 실존적 불안을 극복할 수 있다고 확신한다면, 그것은 집단적 우상숭배와 다르지 않다. 정치는 세속적인 문제를 처리하는 집단적 프로그램일 뿐이다. 정치는 저 건너편을 향하는 인간의 궁극적 관심을 감당하지 못한다.

인간의 실존적 약점(죽음, 무지, 끝없는 욕구, 왜소화)이 존속하는 한, 종교는 약점에 대한 답변으로서 의미를 가진다. 우리가 죽지 않고 영원히 회춘하거나 우주의 원리와 시간의 기원, 존재의 근거, 삶의 영위 방식을 모조리 통찰하거나 무수한 욕구들의 소용돌이에서 벗어나 완전성에 이른다면, 우리는 그리스·로마 신화의 신들보다 뛰어난 존재가 될 것이다. 그러나 아직은 그러한 존재가 아니다. 이 책은 미래에 종교가 지금처럼 영향력을 유지할 수 있을지, 또는 종교가 미래에 어떠한 모습으로 변할 것인지에 대한 추측이나 소설이 아니다. 웅거의 기획은 인간의 실존적 약점과 강점(생명의 초월성, 다산성, 충일성, 경이로움)에서 출발하기 때문에 유발 하라리가 제시하는 알고리즘에 기초한 미래형 인간인 '호모 데우스'와는 성격적으로 판이하다. 《미래의 종교》는 기본적으로 우리가 현재 종교혁명을 어떻게 수행할 수 있는지를 모색한다. 우리가 실존적 약점을 직시하고 종교에서 싸구려 위안을 구하지 않는다면, 우리는 바로 지금 기성 종교를 다른 모습으로 바꾸면서 현재의 삶을 완전하게 향유하기 시작할 수 있다는 것이다. 이 책은 도래할 세계에 대한 소망적 사고wishful thinking가 아니라, 보통 사람들의 위대함을 일깨우는 자기충족적인 예언self-fulfilling prophecy이다.

웅거의 삶과 사상

《미래의 종교》는 성격상 웅거가 앞서 출간한 《패션》(1986)과 《주체의 각성》(2007)를 발전시킨 대작이다. '인성에 대한 에세이'라는 부제가 붙은 《패션》은 아직 국내에 번역되지 않았기 때문에 참조하기가 여의치 않지만, 이미 번역된 《주체의 각성》은 이 책을 이해하는 데에 다소간 도움을 줄 것이다. 역자는 웅거의 저작을 이미 네 권을 번역하였고, 각각의 해제들에서 웅거의 삶과 사상을 자세히 개관하였기 때문에 여기서는 이 책의 내용을 이해하는 데에 도움이 될 만한 밀접한 정보를 중심으로 소개해 보겠다.

로베르토 망가베이라 웅거Roberto Mangabeira Unger는 현재 미국의 하버드대학교 로스쿨의 종신교수이자 브라질의 정치인이다. 웅거는 1947년 브라질의 유명한 정치 가문(외가)의 후예로 태어났다. 외할아버지는 천문학교수로 시작하여 외무장관과 연방상원의원을 지낸 정치인이었고, 작은 외할아버지는 브라질 공산당의 대표를 역임하였다. 1930년대에 브라질에서 파시스트 정권이 수립되어 외할아버지가 미국으로 망명한 까닭에 웅거는 열한 살까지 미국에서 성장하였다. 웅거는 독일인 이민자로서 미국에서 변호사를 하던 부친이 사망하자 어머니와 함께 브라질로 귀국하여 리오데자네이루대학교 법과대학을 1968년 졸업하였다. 그는 그해에 하버드 로스쿨로 유학을 떠나 석사과정(LLM)을 이수한 후 스물 셋 나이에 로스쿨에서 강의를 시작하고, 29세에 종신교수가 되었다. 2000년에는 하버드대학교 로스코 파운드 석좌교수로 지명되었다.

그는 젊은 날부터 브라질의 현실정치에 개입해 왔으며 브라질 연방의원에 출마하기도 하였고, 2000년대 중반에는 대통령 출마를 계획하기도 하였다. 출마는 불발로 그쳤지만 《주체의 각성》은 그 출사표라고 볼 수 있다. 그는 브라질 노동자당이 정치적 프로그램을 제대로 갖추지 못한 극도로 부패한 정당이라고 비판하였지만, 룰라 대통령의 2기 행정부에서 2007년부터 2년간 장기계획부 장관을 역임하였고, 2015년에도 다시 입각하여 동일한 장관직을 수행하였다. 장기계획부 장관직은 대안적인 경제사회질서를 실현하려는 웅거의 원대한 야심에 썩 잘 어울리는 공직으로 보인다.

웅거는 전형적인 68세대의 학자로서 사상적으로는 토크빌, 밀, 프루동, 에머슨, 마르크스, 베버, 베르그송, 실존주의, 프랑크푸르트학파, 프랑스 구조주의, 가톨릭 사회 교리와 사회운동으로부터 많은 영향을 받았다. 웅거는 비판적 제도주의자, 혁신이론가, 민주적 실험주의자, 자유사회주의자로 불리기도 한다. 20세기 중반 이래로 사민주의가 근본적인 경제개혁을 포기하고 부자에게서 더 많은 세금을 거두어 가난한 계층에게 이전시

키는 '이차적인 재분배'에 주력한다면, 정치경제학으로서 자유사회주의
는 기존의 경제제도를 쇄신하여 누구나 생산경제 안에서 자립을 달성하
도록 생산적 자원과 기회를 제공함으로써 재분배보다는 '일차적인 분배'
에 방점을 찍는다.

웅거는 하버드대학 로스쿨에서 70년대 후반에 케네디D. Kennedy, 호위츠
M. Horwitz와 더불어 미국의 비판법학Critical Legal Studies운동을 창시하였다.
대학원생 또래의 청년들이 현대자본주의의 본고장인 미국의 정치경제를
향해 비판적인 목소리를 터뜨린 것이다. 비판법학은 자본주의와 자유주
의를 근저로부터 비판하고 극복하려는 사상운동이었다. 독보적인 저작
《비판법학운동》의 수정판(2015)에서, 웅거는 40여 년간의 비판법학운동
을 회고하면서 비판법학운동 진영을 네오마르크스주의, 해체주의, 비판
적 제도주의로 갈래짓고 자신의 입장을 비판적 제도주의로 규정하였다.
네오마르크스주의는 종래의 마르크스주의 사회이론을 답습하면서 현실
에 대한 대안을 제시하지 못한 채 변혁적 목표에서 심각하게 후퇴하였다
고 비판한다. 또 다른 흐름인 해체주의는 법의 급진적인 불확정성을 내세
우며 현실 체제에 파상적인 공세를 퍼부었지만 제도 개혁의 가능성과 의
미를 망각한 채 '무엇이든지 해석상 가능하다Anything-can-mean-anything'는 수
사적 기예로 전락하였다고 지적한다. 비판적 제도주의는 현존하는 사회
경제질서에 깃들어 있는 모호성과 모순을 최대한 활용하면서 다양한 비
전과 프로그램을 도입하여 현존 질서를 인간의 열망에 부합하는 형태로
영구적으로 혁신하려는 흐름이었다. 웅거는 비판적 제도주의만이 소기
의 성과를 거두었다고 자평하였다. 마르크스주의 법학자 콜린스는 비판
법학 진영에서 웅거가 매우 생산적인 역할을 하였다고 평가한다.

웅거는 1975년《지식과 정치Knowledge and politics》, 1976년《근대사회에

서 법Law in Modern Society》을 출간하여 근대사상의 법적·정치적·도덕적·인식론적 기초를 분석하고 비판함으로써 학계의 주목을 받았다. 《패션Passion》(1986), 《비판법학운동Critical Legal Studies Movement》(1986), 대작 《정치학Politics》(1987)을 연이어 출판하였다. 90년대에 들어 웅거는 정치경제적 프로그램을 담은 저작을 다양한 형태로 출판하였다.《민주주의를 넘어Democracy Realized》(1998),《미국진보주의의 미래The Future of American Progressivism》(1998),《좌파의 대안The Left Alternative》(2005) 등이 그것이다. 그 후에도 웅거는 정치철학의 입문서라고 할 수 있는《주체의 각성The Self Awakened》(2007)을 출판하였고, 최근에는《미래의 종교The Religion of the Future》(2014),《단일우주와 시간의 실재성The Singular Universe and the Reality of Time》(2015),《지식경제The Knowledge Economy》(2019)를 출판하였다. 그는 정치경제학과 법분석을 결합해야만 현대사회를 분석하고 그 대안을 제시할 수 있다고 전제한다. 일반철학, 법학, 정치학, 경제학, 종교, 심리학, 자연과학, 사회이론 등 그의 관심이 닿지 않은 곳이 없다. 웅거는 지금도 강연과 저술 활동을 계속하고 있다. 그의 강연이나 저작들은 모두 하버드대학교 홈페이지에서 접할 수 있다.[1]

1987년《노스웨스턴대학교 법학지Northwestern University Law Review》제81권 제4호는 놀랍게도 40세에 이른 웅거에게 온전히 바쳐졌다. 이 특집호는 웅거의《정치학》과 그의 사상을 논한 14인의 저명한 학자들의 논문과 글을 실었다. 페리는 특집호 권두언에서 웅거의《정치학》을 '중요한 지적

---

1 The Work of Roberto Mangabeira Unger, http://www.law.harvard.edu/faculty/unger

사건'이라고 규정했다. 일각에서 웅거 사상의 모호성과 급진성을 비판하지만, 웅거가 비판법학에 새로운 영감을 불어넣었다는 점은 부인할 수 없다. 그런 연유로 비판법학 진영에서는 웅거를 "비판법학의 예수 그리스도"로 부르기도 한다. 법률가는 현실에 안주하여 권력과 법의 제사장으로 머물지 말고 예언가가 될 것을 주문한다. 현실 제도 안에서 대안적 해석을 제공하는 '작은 소명'과 새로운 비전과 프로그램으로 대안 사회를 형성하는 '원대한 소명'이 예언가에게 맡겨져 있다. 법은 지배법학이 가정하듯이 완성된 객관적 질서가 아니라 인간의 이익과 이상이 처형된 장소이고, 또한 다양한 관점들의 보고寶庫이기 때문에 법률가는 법 속에서 억눌린 자들의 목소리를 듣고서 새로운 질서를 재발명해야 한다. 인간의 이익과 이상의 처형장으로서의 법 관념은《미래의 종교》에서 새로이 제시된다. 이 책도 웅거의 예언가적 성향을 드러낸다. 이 책을 웅거의 잠언집으로 부르기에는 너무 길지만, 요엘서(2:28)를 비정통적으로 활용하자면 그는 청년으로서 환상을 보았고 이제 노인으로서 꿈을 꾼다.

웅거는《주체의 각성》에서 급진적 실용주의 또는 해방된 실용주의를 표방하였다. "기억이 아니라 예언이 더 큰 소리로 말하게 하라." "살아 있는 자들에 대한 죽은 자들의 지배를 끝내야 한다." 이러한 관점을 유대교적 전통의 메시아주의로 보기는 어렵다. 실용주의는 원래 시행착오와 실험을 통해 현실의 조건을 개혁하겠다는 미국적 철학이다. 그런데 이러한 실용주의는 타협을 거듭하면서 현실안주적인 사고방식으로 전락하였다. 웅거는 이러한 실용주의를 인간의 삶에 온전하게 봉사하는 급진적인 논리로 탈바꿈하자고 제안한다. 그에게 실용주의는 인간을 주체로 부각시키고 현실 제도를 영구적으로 혁신하여 인간의 잠재된 역량을 최고로 발휘하게 하는 논리를 의미한다. 웅거는《주체의 각성》에서 실용주의의 정신적 기원을 미국의 실용주의 철학자(퍼스, 제임스, 듀이)나 대륙철학자(비트겐슈타인, 하이데거)가 아닌 중세 신학자 니콜라스 쿠사Nicholas von Kusa에게서 찾는다.

근대사상사에서 다양한 해석을 허용하는 니콜라스 쿠사는 신의 모상imago dei으로서 인간, 소우주로서의 인간을 주목하고 인간에게 세계형성적 주체의 지위를 인정하고 무한전진을 통해서 더 높은 차원으로 인간이 상승해 나간다는 르네상스적 인간 비전을 제시하였다. 신의 모상은 인간에게 자기만족을 주는 관념이 아니라 현실에 대한 주체로서 인간의 역동성을 고취하는 비전이다. 코넬 웨스트가 웅거를 예언적 실용주의자prophetic pragmatist로 부른 것은 온당하다. 웅거는 인간의 신성화 기획을 통해서 인간이 '더욱 신과 같이 되는 것becoming more godlike'을 정치의 목표로 천명한다. 인간은 무한한 깊이를 가진 존재이고 인간을 둘러싸고 있는 사회와 제도는 유한하다. 자연에 대해 신이 조물주이듯이, 역사와 사회에 대해서는 인간이 조물주이다. 웅거는 구조주의, 포스트모더니즘, 마르크스주의가 퍼뜨린 필연성이론과 숙명론을 사이비필연주의라고 배격하면서 지금까지 억압되어 온 주체와 타자의 관계, 주체와 구조의 관계, 인간과 신의 관계에 대한 관념을 되살려 보통 사람들의 위대성을 구현하자고 제안한다. 《미래의 종교》는 어쩌면 니콜라스 쿠사를 현대적으로 전개한 것이라고 볼 수 있다.

웅거의 신학적 견해

이 책 전반에 걸쳐 드러난 웅거의 신학적 견해를 요약하고자 한다. 대체로 정통 기독교 신학자들은 초현실적 존재를 상정하고 신앙이나 직관 또는 신의 계시에 의해 이를 해명하려는 초자연주의supernaturalism로 기울어진다. 웅거는 자신의 신학적 관점을 '새로운 초자연주의super-naturalism' 또는 물리학자 리 스몰린의 용어에 따라 '시간적 자연주의temporal naturalism'로 부른다. 한 마디로, 자연주의에서 출발하면서도 그 경계를 넘어서거나 개방하려는 자세를 견지한다. 그는 자신의 신학적 관점을 철학자들의 기존 관점과 차별화하기 위한 논증을 책 전체에서 펼쳐 보인다. 웅거는 신이 세계를 창조한 후 철수하였다는 이신론理神論을 취하지도 않고, 이성으로 이해할 수 없는 것에 대한 불신앙을 표방하지도 않는다.

웅거는 자신의 초자연주의가 현대의 철학사상가인 베르그송과 화이트헤드의 견해에 비교적 근접하다고 인정한다. 특히 화이트헤드의 과정철학process philosophy은 최근까지 과정신학process theology으로서 상당한 입지를 구축하였다. 과정신학은 신을 어떤 면에서는 절대적이고 완전하고 인간사에 초연한 존재로 상정하지만, 다른 면에서는 신을 절대적이지도 않고 완전하지도 않고 인간사에 감응하는 존재로 파악한다.[2] 《과정과 실재》에서 전개된 화이트헤드의 유기체 철학에 따르면, 존재하는 모든 것들은 서로 관련을 맺고 이러한 연결성은 최고의 존재로서 신에게로 이어진다. 인간이 신을 필요로 하듯, 신도 인간을 필요로 한다는 것이다.

이러한 통찰이 웅거의 중요한 신학적 전제이다. 그러나 웅거는 베르그송이나 화이트헤드가 상정하는 범신론적 신 관념을 수용하지는 않는다. 더 정확하게 말하면, 기존의 신 관념들이 정합성을 갖지 못한다고 비판한다. 웅거는 시간의 포괄적 실재성을 인정하고 단일우주론과 단일체제론

---

2 캅과 그리핀은 《과정신학》(1996)의 머리말에서 과정신학이 전통적인 다섯 가지 신 관념, 즉 우주적 도덕가로서의 신, 불변적이고 불감응적인 절대자로서의 신, 통제하는 힘으로서의 신, 현상의 승인자로서의 신, 남성으로서의 신 등을 거부한다고 밝힌다. 웅거는 신에 대한 인간의 절대적 의존성 관념을 인간의 상승 또는 신성화 관념으로 대체하자고 주장함으로써 과정신학의 성격을 드러낸다.

안에서 신과 인간의 관계 및 그 발전에 주목한다. 이때 시간의 실재성 및 인과성과 변화를 해명하는 데에 다중우주론보다 단일우주론single universe 이 더 적합하다고 주장하기도 한다. 시간의 실재성을 부인하거나 철저한 이원론을 고수한다면 신적 존재로의 인간의 상승ascent은 상상하기도 어렵다. 웅거는 신의 속성들 중 일부에 대하여 인간의 몫을 증가시켜 인간을 점진적으로 신적인 존재로 상승시켜야 한다고 말한다. 이러한 상승 관념은 신학자 쿠사뿐만 아니라 기독교 신학 일반, 더 나아가 서구의 여러 철학사상에서도 찾아볼 수 있다.

　신적 존재로의 인간의 상승은 독실한 신자들에게는 신성모독으로 들릴 수 있겠다. 창세기(3:4-5)에서 '너희도 신처럼 되리라'는 뱀의 말을 먼저 떠올릴 것이기 때문이다. 뱀은 선악과를 먹으면 인간이 영생永生과 전지성全知性에 이를 수 있다고 유혹하였다. 그럼에도 불구하고, 웅거는 신성모독적이고 이교적으로 보이는 인간 상승 관념이 기독교의 본질적인 부분이라고 강조한다. 물론 인간은 영원불멸이나 전지전능함이나 완전성을 향유할 수 없다고 한다. 그러나 이러한 속성을 제외하고 우리가 신에게 부여한 다른 속성들을 인간의 몫으로 회복함으로써 더욱 신과 같이 변모할 수 있다는 것이다.

　기독교 역사에서 정통이 오류이고, 이단이 정답이라면 사태를 뒤바꾸기만 해도 문제가 해결되었을 것이다. 웅거는 오히려 억압되고 미발전된 정통 교리를 발전시켜서 문제를 해결하고자 한다. 《비판법학운동》에서 웅거는 법리 속에 감추어진 모순과 모호성을 새로운 비전 아래 풀어 가자고 제안하였는데, 이러한 법학 방법이 신학적 교리들의 해석과 재구성에서도 야심적으로 펼쳐진다. 웅거는 "예언의 문은 닫히지 않는다", "종교적 혁명이 오직 한 번만 일어난다고 상정하는 것은 우리의 모든 통찰에 반한다"고 선언한다. 이 책의 제5장 도입부와 부록 논문 〈축의 시대에 대한 노트〉에 나오는 이 선언은 《미래의 종교》 전체의 메시지를 간결하게 드러낸다.

실제로 많은 종교들은 이 세상에서 만사가 올바르다고 가르친다. 그러한 종교는 우리가 마음을 닦고 자기 안에 있는 신성한 빛을 받들어 모시고 평정심을 유지하기만 하면 충분하다고 가르친다. 웅거는 바로 이러한 가르침으로 만족하는 종교를 위안용 종교나 철학으로 질타한다. 그러한 종교는 실존의 약점을 직시하지 못하고 실존의 강점도 부각시키지 못한다. 생각을 바꾸는 것만으로는 충분하지 않다. 의식, 관념, 사상을 바꾸는 것뿐만 아니라 삶의 제도까지 바꾸어야 한다. 근대에 프로테스탄티즘은 인간과 신의 관계에서 혁명적 발상(만인사제주의)을 내세우면서 종교개혁을 시작하였다. 그러나 웅거가 보기에 이러한 혁명적 발상은 영적인 영역에서도 제대로 구현되지 못했다. 이제는 한 걸음 더 나아가 만인사제주의를 이 세상의 정치적·경제적 질서 속에서도 관철시켜야 한다. 그 기반은 요엘서(2:29)의 "만인에게 나의 영을 부어 주리라"는 구절이다. 이러한 만인재령관萬人在靈觀은 근본적으로는 민주주의 테제이다. 이 책은 종교적 영역에서뿐만 아니라 정치적 영역에서도 보통 사람들의 영적이고 예언적 권능을 전면적으로 부각시킨다.

이 책 제4장과 제5장은 기독교의 한계와 장점, 나아가 미래적 가능성을 본격적으로 다룬다. 기독교인이라면 제4장과 제5장에서 드러난 웅거의 견해와 겨뤄 볼 만하겠다. 그러나 신학적 정통 교리를 전제하지 않은 독자들, 즉 인간의 실존적인 문제, 생과 사의 문제, 지식의 문제, 정치와 사회정의의 문제에 고민하는 독자들, 파스칼·칸트·헤겔·포이어바흐·쇼펜하우어·키르케고르·에머슨·니체·하이데거·야스퍼스·베르그송·화이트헤드를 여전히 소환하는 책벌레라면 이 철학자들에 대한 웅거의 비판에서 인간 상승의 가능성을 색다르게 맛볼 수 있을 것이다. 웅거는 특별히 어떤 철학자들과 철학 유파, 신학자들(이 책에서 현대 신학자로서는 하르나크, 슐라이허마허, 라너, 틸리히 등이 거론된다)과 신학적 운동을 체계적으로 논의하는 대신에 자신의 전체 논증 전략에 따라 이들을 수시로 불러내어 반박한다. 웅거 자신이 각주나 인용을 표시하는 친절함을 전혀 베풀지 않기 때문에 독자로서는 집중력을 잃기 십상이다. 따라서 독자들에게 부분에 매달리지 말고 전체적으로 거리를 유지하면서 읽어 가기를 권한다. 독서의 경험상 대비적 초점을 가진 변증법적 독서만이 책을 독자의 것으로 만들어 주는 것 같다. 파스칼이 권하는 독서법, 너무 빨리 읽지도 말고 너무 천천히 읽지 않는 방식은 이 책의 독서에도 필요하다.

이 책은 실존적 계기에서 시작하여 신학적·종교적 사고, 정치적 사고, 철학적 사고 간의 교착과 돌파구를 다룬다. 이 책은 틀림없이 종교도서로 분류되어 서가에 꽂히겠지만, 총체적인 사상혁명과 제도혁명의 필요성을 논증한다는 점에서 사상과 실천에 관한 만물이론이라고 부를 수도 있겠다. 그런 점에서 이 책은 대단히 야심적이라고 할 수 있다. 웅거는 이 책이 하나의 사유실험이라고 말한다. 이 책이 제안하는 종교혁명은 누군가 시작했을 수도 있고, 아직 도전하지 않은 영역일 수도 있다. 미래의 종교가 신성한 종교로서 성공을 거두려면, 경전적 텍스트, 교회, 민족이라는 세 가지 요소가 필요하다. 미래의 종교가 세속적인 종교라면, 정당과 지지자들이 필요하다. 하지만 이 책은 교회도 정당도 제안하지 않는다. 그러나 이 책이 종교혁명의 필요성을 논의하고, 기성의 교리 안에서 억압된 가능성들을 재발견하고, 나아가 하느님이 만인에게 영을 부어 주었기에 보통 사람들도 누구나 예언자가 될 수 있다고 재확인함으로써 이미 혁명의 물꼬를 터 놓은 셈이다.

출발점으로서 실존적 결함

웅거는 제1장에서 종교를 인간의 실존적 약점을 처리하는 방식이라고 규정한다. 종교가 위안용으로 전락하지 않으려면 이러한 약점을 직시해야 한다. 이러한 실존적 약점은 야스퍼스의 용어로 표현하면 인간의 한계상황이고, 쇼펜하우어처럼 말하면 실존의 수수께끼다. 웅거는 인간의 실존적 약점을 네 가지로 거론한다. 웅거는 그중 네 번째 약점은 교정할 수 있는 것이라고 단호히 주장한다.

첫째로, 죽음 또는 필멸성mortality이다. 인간은 육체적인 죽음을 피할 수 없다. 육체적인 죽음이 오기도 전에 사람들은 정신적으로 수없이 죽는다. 죽음은 모든 종교의 기원에 닿아 있는 공포이다. 우리는 육체적으로 죽어야 할 운명을 타고났기 때문에 영원불멸의 속성을 지닌 초월자나 신, 초월적 존재를 숭배한다. 또한, 신이나 신적 존재와의 교제 속에서 영원불멸에 이를 수 있다고 상상한다. 그리하여 우리는 죽음을 꽤나 덜 공포스러운 것처럼 만들기도 한다. 죽음의 공포 앞에서 죽음의 의미를 격하하는 종교와 철학은 모두 위안용일 뿐이다. 위안용 철학과 종교들은 죽음을 직시하지도 못하게 하고, 생명의 다산성과 충일성, 경이로움(웅거의 말은 베르그송의 생명의 약동elan vital을 연상시킨다)도 깨닫지도 못하게 하여 인간의 유일한 선, 달리 말하면 현재의 삶, 현재의 실존을 소외시킨다. 그러한 종교는 금생今生을 교도소나 망명지로 설정하고 잠자코 지내다가 영생을 통해 지복至福을 누리라고 권한다. 웅거는 초기 불교와 기독교, 여타 형이상학적 이원론이 필멸성을 부인하는 태도를 강화시켰다고 지적한다. 오히려 초기 유교나 세속적 인본주의가 실존적 약점을 온당하게 인정하고 현재의 삶에 대한 나름의 충실성을 보여 주었다. 웅거는 어떠한 종교나 철학으로도 죽음에 대한 공포를 제거할 수 없다고 주장한다. 필멸성은 인간 실존에서 교정 불가능한 약점이다.

둘째로, 무근거성groundlessness이다. 무근거성은 달리 말하면 근본적 무지를 가르킨다. 인간은 우주의 비밀, 우주의 기원과 종말, 시간의 탄생과 종말, 인간 실존의 의미와 비밀을 알 수 없다. 과학과 기술이 발전함에 따라 더 많은 자연법칙을 알아낼 수는 있겠지만, 인간의 무근거성은 결코 해소될 수 없다. 인간이 영원히 청춘으로 되살아난다면 무근거성의 위력은 대단히 헐거워질지도 모른다. 방학 첫날 숙제를 미루는 아이처럼 나중에 어떻게 되겠지 하고 생각할 수도 있다. 그러나 우리는 그렇게 여유 있는 존재가 아니다. 무근거성의 배경 아래서 다가오는 죽음에 대한 예감은 인간에게 더욱 끔찍하다. 설혹 우주의 비밀을 다 풀어냈다고 하더라도 죽을 수밖에 없다는 통찰은 더더욱 공포스러울 것이다. 웅거는 무근거성을 사변적 무근거성과 실존적 무근거성으로 구분한다. 사변적 무근거성이 인간의 과학적 지식의 한계에 관한 것이라면, 실존적 무근거성은 삶의 의미(어떻게 살아야 하는가)에 대해 충분한 근거를 가지고 답을 내리지 못하는 실존적 결함을 의미한다. 인간은 결단의 근거를 충분히 확보하지 못한 상태에서 뭔가를 결단해야 할 운명을 타고났다. 여기서 신의 존재를 둘러싸고 파스칼의 도박꾼 이야기가 등장한다. 웅거는 신은 확률게임이나 유용성의 관점에서 접근할 문제가 아니라 인간의 실존적 결함과 결부된 위험이라고 주장한다. 웅거의 논의는 불가지론적이다. 웅거 스스로는 불가지론적이라는 단어를 택하지 않지만, 역자는 회의주의와 대비하기 위해 레싱이 《나탄 현인》에서 '반지의 우화'로 풀어낸 처방, 즉 참여와 부책負責에 기반한 행동주의를 불가지론으로 규정한다.[3] 인간의 무근거성은 인간 조건에서 극복할 수 없는 약점이다.

셋째로, 욕구의 충족불가능성insatiability이다. 하나의 욕구가 충족되면 새로운 욕구가 등장함으로써 욕구의 생애는 죽음의 순간까지 다람쥐 쳇바퀴처럼 반복된다. 또한, 인간의 욕구는 사회적이고 모방적인 것이기 때문에 타자와 사회에 의해 납치당한다. 욕구는 우리 자신의 본래적인 것이 아니라 지속적으로 투영되고 학습된다. 우리는 욕구를 존경하는 사람으로부터 배운다. 우리는 사소한 욕구의 대상에서도 거의 절대적인 것을 추구한다. 그래서 도달할 수 없는 영생의 대용품으로 재산과 명예를 끊임없이 갈퀴질하며 쌓아 올린다. 우리는 끝없는 욕구를 실존의 결함으로 인정해야 한다. 그러나 많은 위안용 종교와 철학들은 이러한 욕구들이 잘못되거나 극복 가능한 것이라며 일축한다. 특히 초기 불교와 쇼펜하우어의 철학은 인간의 욕구를 완전히 부정하려는 태도를 보인다. 그 끝은 생의 부

---

3 역자는 독일 법철학자 라드브루흐의 《법철학》에서 이 문제의식을 차용한다. 서양의 종교 간 대화의 역사에서 꽤나 유명한 보카치오의 《데카메론》에서 '유대교, 기독교, 이슬람교 중 어느 것이 참된 종교인가'라는 질문이 화두로 등장한다. 계몽주의 시대 작가 레싱은 《나탄 현인》에서 이 문제를 새롭게 풀어 갔다.
어떤 가문에 축복을 가져다주는 보석이 박힌 반지가 있는데, 이 반지는 가장 사랑하는 아들에게 물려주도록 예정되었다. 어느 대에 이르러 죽음을 앞둔 아버지에게 아들이 셋 있었는데, 모두 똑같이 사랑스러운 존재였다. 아버지는 빼어난 장인에게 부탁하여 모조품 반지 두 개를 추가로 제작하여 세 아들에게 은밀하게 나누어 주고 사망하였다. 세 아들은 나중에 서로 자신의 것이 진품이라고 다투다 법정으로 갔다. 모든 과학적 수단을 동원하고도 셋 중 어느 반지가 진품인지를 판별할 수가 없는 상황에서, 판사는 판결을 내리는 것이 불가능하다고 실토하고 그 대신에 조언을 제공한다. 아버지가 세 아들에게 각기 반지를 준 것은 분명하므로 아버지의 뜻을 받들어야 한다고 말이다. 형제끼리 서로 화목하게 지내고 각자의 반지가 진품으로서 효험을 발휘하도록 실천하라는 취지다. 이 반지 우화는 불가지론과 행동주의, 다원주의를 동시에 함축한다. 라드브루흐는 이론적 무근거성(이론이성의 침묵)에서 실존적 무근거성(예수의 십자가형과 관련하여 실천이성의 침묵)으로 이어지는 입장을 빌라도의 회의주의로, 이론적 무근거성에서 참여와 부책의 행동으로 나가는 입장을 나탄의 불가지론으로 불렀다.

정이고 염세주의이다. 욕구를 부인하는 것은 인간의 실존을 파괴하는 것이다. 욕구의 부인은 오히려 빈곤과 허드렛일에서 허덕이는 대중들에게 체념을 강요하고 정당화한다. 운수 좋은 자도, 권세를 가진 자도 끝없는 욕구의 쳇바퀴에서 벗어나지 못한다. 충족불가능성은 인간 조건의 교정 불가능한 결함이다. 우리에게 필요한 것은 욕구의 부인이 아니라 대안적 관계방식과 질서형식 속에서 욕구를 전개하는 것이다.

넷째로, 왜소화의 취약성susceptibility to belittlement이다. 우리는 일상적인 사회제도와 구조가 부여하는 역할의 수행자로 자신을 격하시키면서 삶의 의미를 잃고 자신의 감춰진 역량을 사장시키며 나날이 시들어 간다. 인간에게 그의 잠재 역량에 맞아떨어지는 사회적 역할은 부여되지 않는다. 에머슨은 이렇게 주저앉은 인간을 '몰락한 신god in ruins'으로, '자신의 제후들로부터 버림 받고 쓸쓸히 구원을 요청하는 황제'로 표현하였다. 많은 고등종교들은 왜소화의 취약성을 교리적으로 실존의 근본적 약점으로 간주하지 않는다. 단지 비루한 현실을 먼 섭리적 미래의 아름다운 생으로 보상하겠다고 약속한다. 이렇게 함으로써 실질적으로 왜소화의 취약성을 실존의 극복할 수 없는 결함으로 취급한다. 이러한 종교는 현존하는 정치사회질서를 무의미한 것으로 격하시키거나 특정한 사회질서를 성화하는 가운데 기성 질서에 투항하라고 가르친다. 인간은 육체적으로 죽음을 맞이하기도 전에 고착된 사회구조 아래서 할부 방식으로 무수한 죽음들을 맛본다. 그러나 웅거는 왜소화의 취약성은 결코 교정 불가능한 약점이 아니라고 역설한다. 웅거는 참여와 초월의 변증법을 강조한다. 참여하지만 투항하지 않는 것. 이로써 이 책이 담고 있는 정치적 메시지가 명료하게 드러난다. 우리는 인간의 이상과 열망에 맞게 현존하는 사회질서를 지속적으로 재발명할 수 있다. 왜소화의 취약성은 인간의 집단적 기획으로 극복할 수 있다.

우리는 육체적 죽음을 피할 수 없다는 점, 우리가 이론적으로 우주의 기원을 알지 못하고 삶의 영위에서 무엇을 해야 하는지를 지성적으로 완전하게 답할 수 없다는 점, 우리의 욕구는 충족시킬 수 없다는 점을 인정할 수밖에 없다. 웅거는 필멸성, 무근거성, 충족불가능성을 인간 실존의 불가피한 약점으로 인정하지만, 왜소화의 취약성은 인간의 약점으로 보지 않는다. 웅거는 기성 종교들과 철학사상들은 인정해야 할 실존적 약점들을 부인하거나 교정 가능한 약점을 교정 불가능한 약점으로 오인함으로써 그릇된 처방으로 인간에게 가짜 위안을 제공하고 현재의 삶에 대한 충실성을 훼손한다고 지적한다. 기성 종교들이 인간의 실존적 약점과 강점을 통찰하지 못할 때 현재의 삶에서 우리를 소외시키거나 현재의 질서를 성화함으로써 인간을 개인적으로나 집단적으로 무력한 상태에 빠뜨리고 육화^{肉化}된 영으로서 인간의 권능을 배신한다고 지적한다.

프로메테우스주의와 인류 상승의 로맨스

웅거는 인간이 필멸의 존재이지만 집단적 기획으로 단 한 번뿐인 현재의 삶을 완전하게 향유할 수 있다고 주장한다. 웅거는 개인적이고 집단적인 역량강화empowerment를 주창한다. 웅거는 이러한 문제에 대한 개인주의적 오답을 프로메테우스주의prometheanism로, 집단적인 오답을 인류 상승의 로맨스romance of the ascent of the humanity로 규정한다. 프로메테우스는 원래 인류를 위해 불을 훔쳐 오다 가혹한 형벌을 당했다. 그러나 웅거가 말하는 프로메테우스는 그러한 프로메테우스와 달리 기성 질서 안에서 자신의 권력을 강화하려는 자를 의미한다. 이것이 오답인 이유는 기성 질서를 인류 전체를 위해 개혁하기보다는 그 질서 안에서 개인적 권력을 강화하기 때문이다. 웅거는 이러한 유혹에 빠진 사례로 니체의 권력의지will to power를 거론한다. 프로메테우스주의는 자기신격화를 통해서 죽음을 극복한다고 생각하기 때문에 또 다른 오류에 빠진다. 아무리 권세 높은 자도 죽음을 피할 수 없다. 웅거는 개선장군에게 속삭이는 노예처럼 메멘토 모리memento mori(너도 언젠가 죽을 것임을 기억하라)를 들려준다.

웅거는 인류 상승의 로맨스로서 콩트나 마르크스의 계급 없는 미래 사회를 거론한다. 인류 상승의 로맨스는 집단적인 기획을 추구한다는 점에서는 옳지만, 그 로맨스는 인류의 상승을 현재와는 먼 미래에 예정하므로 현재의 삶에서 우리를 소외시킨다. 우리는 태어나지도 않은 미래 인류를 위해 우리 자신을 잠자코 일만 하는 개미로 상정할 수 없다. 현재를 사는 자는 아직 태어나지 않는 자보다 우선한다. 웅거는 인류 상승의 로맨스가 미래의 삶과 현재의 삶을 직접적으로 결부시키지 않은 채 역사적 미래를 내세운다는 점에서 섭리적 미래를 통해 죽음을 극복하겠다는 위안용 종교와 유사한 역할을 한다고 평가한다. 물론 집단적 기획은 개인의 생애적 시간이 아니라 종種으로서 인류의 역사적 시간에서 실현된다. 그러나 현재의 우리에게 필요한 것은, 미래에 도래할 세상에 대한 어렴풋한 예감이나 맛보기가 아니라 현재의 조건을 변혁하고 더 나은 삶을 바로 지금 향유하는 경험이다. 호라티우스의 시구로 말하면 카르페 디엠carpe diem(오늘을 붙잡아라)이다. 카르페 디엠은 이 책에서 삶의 더욱 완전한 향유the fuller possession of life라는 개념으로 반복된다. 웅거는 제6장에서 삶을 더욱 완전하게 향유하기 위한 집단적 기획으로서 깊은 자유deep freedom를, 제7장에서 개인적 노력으로서 새로운 덕성론을 제안한다. 그것은 자유사회주의의 정치적 기획과 새로운 공동체의 도덕적 기획이다.

세계초극, 세계인간화, 세계와의 투쟁

웅거는 고등종교들의 공통된 비전을 몇 가지로 요약한다. 첫째로, 초월성과 내재성의 변증법에 대한 인정(범신론의 거부), 둘째로, 인간 사이의 구별(신분제)이 갖는 의미에 대한 평가절하, 셋째로, 군사적 용기나 자부심과 복수심에 입각한 자기주장의 윤리 대신에 포용적이고 헌신적인 이타주의 윤리의 도입, 넷째로, 세계도피와 세계변화를 동시에 허용하는 양가적 태도, 다섯째로, 인간의 근본적 약점들을 부정하거나 그에 대한 해법이나 위안을 제공하는 경향이다. 웅거는 유대교, 기독교, 이슬람교뿐만 아니라 불교와 유교도 고등종교로 다룬다.

웅거는 대담한 필치로 이러한 고등종교들을 세계초극overcoming the world, 세계인간화humanizing the world, 세계와의 투쟁struggle with the world으로 유형화한다. 제2장에서부터 제4장에 걸쳐 초기 불교를 세계초극으로, 초기 유교(공자의 가르침)를 세계인간화로, 셈족종교(특히 기독교)를 세계와의 투쟁으로 분류하고 논의한다. 특정 종교들을 다소간 상투적인 지향으로 규정하는 시도에 대하여 해당 종교의 신자들은 불편함을 느낄 것이다. 더구나 기독교에 압도적인 분량을 할애하고 기독교에서만 미래의 비전을 이끌어 내는 처사에 분개할지도 모르겠다. 앞서 고등종교의 공통 비전들을 통해서 보듯이 어떤 종교도 하나의 의식 경향으로 환원할 수는 없다. 영혼의 구원과 사회의 구제는 모든 종교에 내재적이다. 내재성과 초월성의 변증법을 내장하지 않았다면 어떤 종교도 세계종교로서 세속적인 성공을 거두지 못했을 것이다. 웅거의 유형화는 베버의 이념형Idealtypus이나 야스퍼스의 세계관Weltanschauung 정도로 파악하는 것이 합당하다. 웅거의 유형화는 베버가《종교사회학》에서 내세와 현세를 연결하는 방식에 따라 도

입한 현세도피(불교), 현세적응(유교), 현세개조(기독교)의 유형에 견줄 수
도 있다. 베버가 세계종교의 경제윤리와 자본주의의 관련성을 역사사회
학적으로 주목하였다면, 웅거는 주체 변혁과 구조 변혁의 시각에서 세계
종교들의 가능성과 한계를 검토하고 재구성을 시도하고 있다. 그러나 차
이와 유형화에서 시작하는 웅거의 시도는 걸출한 종교사상가들의 회통會
通과는 기본적으로 다르다는 점을 지적해야 하겠다.

  웅거는 세 가지 이념형을 신앙, 삶의 지향, 실존접근, 영적 선택지로 호
환하며 사용한다. 세계초극, 세계인간화, 세계와의 투쟁 등은 체계적인
종교적 교리에 그치지 않고 철학사상, 사유와 감정의 방식, 의식의 양태
이기도 하다. 종교와 사상 전반에 대한 일종의 유형적인 일반화이다. 웅
거는 이러한 분류가 해당종교의 전체 역사를 포괄하지 못한다는 점을 미
리 밝히고 있다. 역사적으로 보자면 어떠한 종교도 단일한 목소리로 존재
한 적이 없다. 하나의 종교 안에서 다양한 목소리들이 존재하고 심지어
적대적인 목소리들까지 존재하였다.

분류	목표	사회관계	사회적 실천 수단	실례
세계초극	유일한 존재와의 일치	의지의 초극	수행과 자비	고대 인도 사상, 초기 불교, 초기 도교, 유대교 · 기독교 · 이슬람교의 신비주의, 파르메니데스, 플라톤의 형상이론, 플로티누스의 이원론(아우구스티누스), 라이프니츠의 상관주의, 쇼펜하우어
세계인간화	인격성의 실현	사회의 인간화	직분에 대한 충실 보편적 이타주의	초기 유교, 스토아주의, 세속적 인본주의, 도덕철학자들(칸트, 벤담, 사회계약론), 보수화된 사민주의, 뒤르켐의 사회윤리
세계와의 투쟁	해방과 구원	인간의 신성화	믿음, 희망, 사랑	유대교, 기독교, 이슬람교
			사회구조의 변화	자유주의, 민주주의, 사회주의
			주관적 모험	낭만주의적 대중문화

이 책에서 웅거가 논의한 내용들과 해당 사례들을 간단히 표로 제시해 보았다. 본질적으로 유형화는 종교나 철학사상과 세계(인간 사회)가 관계 맺는 방식들을 의미한다.

세계초극은 초기 불교뿐만 아니라 초기 도교, 나아가 플라톤의 형상이론, 쇼펜하우어의 철학 등 서양의 이원론적 철학에서 두드러지는 의식 경향이다. 웅거도 인정하듯이 대승불교나 미륵신앙, 현대의 실천불교는 소승불교와 달리 중생 구제나 사회 구제를 강조하고 실천하기 때문에 웅거의 비판이 불교의 모든 유파에 적중한다고 보기는 어렵다. 세계초극은 세계를 혼동과 고해의 바다로 상정하고 깨달음을 통해 이로부터 벗어나 근저에 놓인 유일한 보편적 존재와의 일치를 달성하고 인간 사이에서 천박하고 찰나적인 구분들(신분제도)을 꿰뚫어 버리고 타자에 대해 포용적인 연민과 자비를 실천하라고 말한다. 세계초극은 우리가 유일한 존재와 더욱 완전하게 교통하려면 세속적인 현상계의 권위와 실재성을 부정하고 현실의 무상無常함을 수용하라고 가르친다. 이러한 사상은 인간 실존에 적절하게 응답할 수 없다. 현실이 무상하다고 하더라도 무상한 존재들 역시 실존하는 동안만큼은 위축되지 않은 삶을 향유해야 한다. 인간에게 필요한 것은 실존의 무시와 초극이 아니라 더 많은 참여와 부책, 더 많은 삶이다. 세계초극은 현상계 안에서 비루한 삶을 연명하는 사람들에게 견뎌 내라고 말하고, 현상계의 승리자들에게는 축복을 부여한다.

세계인간화는 초기 유교, 스토아주의, 세속적 인본주의, 근대 서구의 도덕철학뿐만 아니라, 심지어 20세기 중반에 확립된 현실안주적인 사민주의 정치사상까지 접점을 이룬다. 세계인간화는 형이상학적 초월적 세계관이나 내세관, 이원론으로 귀의하지 않고 오히려 현실 세계에서 의미를 구축하는 데에 집중한다. 세계인간화는 사변적 무근거성을 수용하지만 실존적 무근거성을 거부한다. 초기 유교의 세계관은 초기 불교나 서양 철학의 이원론이 보여 주는 현실에 대한 초극을 담고 있지 않다는 점에서 올바른 방향을 잡았다고 할 수 있다. 세계인간화는 인간의 관심에 부응하는 문화와 사회를 형성함으로써 인간 주체를 강화하고자 한다. 이러한 질서를 형성하는 최상의 방식은 인간의 정체성과 관계 방식을 도야하는 것이다. 세계인간화는 인간화된 구조를 확보하려고 한다. 그러나 현실의 특정한 사회구조가 인간이 평가해 줄 만한 모든 경험을 포괄하는 완벽한 체제가 될 수 없음에도 불구하고, 세계인간화는 특정한 사회구조에 과도한 권위를 부여하는 오류를 범한다. 또한 세계인간화는 충족불가능성의 문제에 적중하지 못한다. 인간은 항상 사회구조가 제공할 수 있는 것보다 더 많은 것을 요구하고 사회구조에 도전할 수밖에 없기 때문이다. 세계인간화는 세계를 인간화하기보다는 특정한 사회질서를 신성화하는 것으로 귀결된다. 따라서 인간의 실존에 답하기 위해서는 세계와의 투쟁이라는 시각이 필요하다고 웅거는 주장한다.

세계와의 투쟁은 기성 질서와의 투쟁을 통해 구원의 메시지와 해방의 대의를 세계 속에서 구현하려는 세계관이다. 웅거는 세계와의 투쟁을 두 가지 유형으로 나눈다. 하나는 성스러운 형태로서 셈족의 종교들(유대교, 기독교, 이슬람교)이고, 다른 하나는 세속적 형태로서, 지난 250년 동안 막강한 영향력을 발휘한 자유주의, 민주주의, 사회주의 정치사상과 낭만주의적 대중문화 등이다. 세계와의 투쟁은 현실 세계와 대결한다. 그러나 기독교는 정치적으로는 제국 로마와 타협하고 교리적으로는 권위주의적 교직제와 타협하면서 세계변혁을 등한시하고 영혼의 구원을 섭리적 미래로 이전시켜 현재로부터의 소외를 유발하였다. 프로테스탄티즘도 이러한 가톨릭에 도전하였지만 세속적인 영역과 영적인 영역을 과도하게 구분함으로써 현재의 삶을 소외시켰다. 웅거는 그럼에도 불구하고 기독교가 인간 실존 문제에 응답하는 데에 훌륭한 싹을 간직하고 있기 때문에 이를 새로운 종교혁명의 불씨로 되살리자고 제안한다. 웅거는 여기서 기독교 안에서 주체와 타자의 관계 및 주체와 구조의 관계에 대한 미발전된 교리를 발전시켜야 한다고 주장한다. 물론 다른 종교에서도 이러한 돌파구들이 존재할 수 있다는 점을 수긍한다. 그러나 기독교가 250년간의 자유주의, 민주주의, 사회주의와 낭만적 대중문화의 발전에 배후 사상으로서 가장 크게 기여했다는 점을 고려할 때 기독교를 종교혁명의 플랫폼으로 삼는 것이 합당하다고 평가한다.[4] 물론 지난 250년간의 정치와 낭만적 대중문화도 주체의 변혁과 구조의 변혁이라는 시각에서 수정되어야 한다.

앞의 세 가지 유형은 모든 종교와 철학 사상들을 분류하기 위한 큰 그림으로 제시되었지만, 이러한 분류가 감정과 의식의 양상 일반에 관한 것이라면 실제로 하나의 종교 안에서도 다양한 의식 양상들이 드러날 수밖에 없다. 기독교 내부의 다양한 경향을 이러한 기준으로 다시 분류할 수도 있다. 전도서(1:2)에서 일체의 무상성無常性을 설파하는 솔로몬의 통찰이나 금생今生을 지나갈 유형流刑으로 간주하는 아우구스티누스의 《신국론》은 기질상 세계초극에 가깝다. 신성한 율법으로 세속적 질서를 완성하겠다는 율법주의나 가톨릭의 사회 교리social teaching나 개혁교회의 사회복음social gospel은 세계인간화에 가깝다. 종교개혁기에 형제애의 공동체를 건설하겠다는 혁명신학(토마스 뮌처의 재세례파나 영국의 디거파 등)이

---

4 요엘서에 나오는 "만인에게 나의 영을 부어 주리라"는 웅거의 사유 기반은 다른 고등종교에서도 찾을 수 있다. 불교는 모든 중생의 불성佛性을 전제하고, 유교(성리학)도 모든 인간에게 하늘이 부여한 성性이 존재한다고 상정한다.

나 현대의 해방신학은 세계와의 투쟁의 전형적 사례들이다. 웅거도 기독교 안에서 이러한 유형화를 이미 시도하였다. 웅거는 1994년에 쓴 〈브라질의 경험에 비추어 본 정치와 종교의 관계에 대한 다섯 가지 테제〉[5]에서 브라질의 기독교를 오순절성령운동, 주류 가톨릭교회의 사회 교리, 해방신학 등 셋으로 나누어 정치적 의미를 분석한 바 있다. 여기서 웅거는 오순절성령운동을 세계포기형 심정종교로, 사회 교리(주류 가톨릭교회)를 보수적 사민주의와 유사한 현실안주적 유형으로 규정하고, 해방신학을 전복적 운동으로 평가하면서도 브라질 노동자당과 마찬가지로 합당한 실천적 프로그램을 갖지 못한 불완전한 형태로 규정하였다. 한국의 기독교에서 나타나는 다양한 양상들에 대해서도 동일한 유형화를 적용할 수 있겠다. 어쨌든 이 논문의 구분과 이 책의 세 가지 유형화는 본질적으로 일치한다. 불교나 유교의 역사적 유파[6]에 대해서도 나름의 유형화를 제시할 수도 있겠지만, 그것이 웅거의 의도도 아니고 역자의 능력을 넘는 일이기도 해서 이 정도의 언급에서 멈추겠다.

	분류	목표	실례
브라질의 기독교	세계초극(세계포기)	심정종교	오순절성령운동
	세계인간화	사회교리	가톨릭 주류 전통
	세계와의 투쟁	인간해방	해방신학

---

5 "Five Theses on the Relation of Religion to Politics, illustrated by Allusion to Brazilian Experience," *Politics* Vol.1(false Necessity), Verso, 2001, pp.597-603.

6 중국 공산주의운동에 참여하여 〈향촌건설이론〉을 제시한 신유학자 양수명을 세계와의 투쟁의 예로 거론할 수 있다.

사르트르적 이단과 헤겔적 이단

웅거는 서구의 기독교와 철학 사상에서 주체와 구조의 관계에 대한 오답으로서 사르트르적 이단Sartrean heresy과 헤겔적 이단Hegelian heresy을 언급한다. 웅거는 사르트르적 이단과 헤겔적 이단이 구조를 영구적으로 변혁하는 인간의 역량을 무시하고, 구조에 대한 주체로서 인간의 지위를 발전시키지 못한다고 평가한다. 역자는 웅거의 논증에서 종교적 관념 형태와 철학적 · 정치적 관념 형태가 중첩적으로 나타난다는 점을 감안하여 사르트르적 이단과 헤겔적 이단을 확장해서 논의해 보겠다.

사르트르적 이단은 인간의 내면적 폐쇄성에 입각한 사유 형태이다. 사르트르적 이단은 사르트르의 초기 저작인 《존재와 무》에 나타난 영구반란 사상을 염두에 둔 것 같다. 사르트르적 이단은 구조에 대한 반란을 주창하지만, 인간이 구조 앞에 무력하다는 데로 귀결된다. 물론 《변증법적 이성비판》의 사르트르에게는 이러한 평가를 적용하기는 어려워 보인다. 웅거가 이 책에서 거론하는 심정종교, 부정신학via negativa, 신비주의, 영지주의靈智主義, 반율법주의 등이 이러한 범주에 해당한다. 주체와 타자의 관계에 대한 오류라고 할 수 있는 키르케고르의 질적 단절이나 사랑에 대한 낭만주의적 관념도 반복에 대한 맹목적 거부를 포함한다는 점에서 사르트르적 이단에 근접한다. 사르트르적 이단은 구조에 대한 반란을 주창하지만, 제도 속에서 자유의 점진적 발전가능성을 포기하고 구조를 주인으로 인정하고 만다는 점에서 구조적 물신숭배structural fetishism이다. 구조적 물신숭배는 바로 이어서 거론하는 제도적 물신숭배보다 고차원적인 편향이다.

헤겔적 이단은 특정한 정치사회질서와 이념 자체를 동일시하는 사유 경향이다. 이는 구조를 초월하는 인간의 역량을 무시하고 특정한 사회질서나 정치경제질서를 신비화한다. 영미식 시장경제를 유일한 경제질서로, 서구식 대의민주주의를 유일한 민주주의 방식으로, 서구의 개인주의적 사회 양식을 유일한 시민사회 형태로 간주하는 방식이다. 이러한 사고는 역사에 대한 종말론적 폐쇄성을 드러낸다. 헤겔의 보수적 정치관(특히 신헤겔주의), 역사주의, 후쿠야마의 역사철학, 율법주의, 율법종교, 매디슨의 민주적 완전주의(미국의 대통령선거를 보면서 아무도 미국 헌법을 완벽하다고 생각지 않는데도 미국 헌법이 완벽하다는 사고)가 여기에 해당한다. 나아가 사회제도의 확정적 공식을 주창하는 진보적 사회과학의 필연주의적 가정도 여기에 해당한다. 웅거는 현존하는 특정한 질서나 또 다른 질서를 완벽한 질서로 간주하는 경향을 제도적 물신숭배institutional fetishism로 규정한다. 《열린사회와 그 적들》에서 나타난 포퍼의 실험적이고 개방적인 민주주의관과 헤겔적 이단을 질타하는 웅거의 정치관은 여러모로 친화성을 보인다. 역사의 변화와 개방성을 지지한다는 점에서 웅거는 플라톤의 계보에 속하는 존재의 철학자가 아니라 헤라클레이토스의 계보를 따르는 생성의 철학자이다. 웅거는 사르트르적 이단과 헤겔적 이단을 세계와의 투쟁에 대한 적으로 규정한다. 웅거는 사르트르적 이단을 허무한 세계초극으로, 헤겔적 이단을 세계인간화의 극단적 형태로 취급하는 것 같다.

웅거는 두 가지 물신숭배를 배격하고 인간의 잠재 역량을 지속적으로 끌어올려 사상과 사회제도의 체제를 영구적으로 혁신해야 한다고 주장한다. 웅거는 두 가지 이단에 대한 비판을 통해 역사의 개방성을 옹호한다. 우리에게 필요한 것은 종교와 정치 각각에서의 혁명이다.

미래의 종교

웅거는 미래의 종교를 두 가지 형태로 제시한다. 하나는 신성한 종교이고, 다른 하나는 세속적 종교이다. 신성한 종교는 기독교의 변화된 형태로 볼 수 있다. 신성한 종교도 섭리적 미래에 안주하지 않고 현재에서의 소외를 극복하고자 한다면 사회제도의 영속적인 변혁을 지지해야 할 것이다. 이것이 여전히 오래된 종교인지, 아니면 새로운 종교인지는 도전과 그 결실에 달려 있다. 일단 새로운 기독교라고 부르자. 현재의 삶에서의 소외를 거부하는 새로운 기독교라면 세속적인 정치 교리를 겸장하지 않으면 안 된다. 물론 신 관념을 전제하지 않는 세속적 인본주의자라면 세속적인 종교만을 고수할 것이다. 세속적 인본주의자에게 미래의 종교는 여전히 신 없는 정치신학이다.

분류	유형	목표	수단	연결점
신성한 종교	혁신된 기독교	해방과 구원	만인사제주의의 영적, 세속적 구현	사회구조의 변혁에서 섭리적 구원까지
세속적 종교	신 없는 종교 (깊은 자유)	인간해방 (역량강화)	만인사제주의의 세속적 구현	현재의 제도개혁에서 미래의 인류해방까지

이성의 추문들

신성한 종교로서 미래의 종교는 유신론적 형태이다. 이 문제는 제5장에서 집중적으로 제시되지만, 제4장 세계와의 투쟁으로서 기독교에 대한 논의에서 시작된다. 기독교에 대한 철학자들의 고민은 이성의 추문Skandal der Vernuft으로 요약된다. 신학자들의 신과 철학자들의 신이 갈리는 지점이다. '이성의 추문'이라는 표현은 칸트의《순수이성비판》에서 처음 사용되었는데, 이성이 수긍할 수 없는 어떤 사실을 받아들여야 하는 상태를 가리킨다. 이성으로는 기적을 믿을 수 없고, 동정수태를 믿을 수 없고, 신이 존재한다는 것을 믿을 수 없고, 신이 인간으로 육화되었다는 것을 믿을 수 없고, 신이 로마제국의 변방 구석에서 태어나 인류 구원의 보편적인 메시지를 유대인들에게만 전달했다는 것도 믿을 수 없고, 신이 초월적인 인격인지 비인격적 존재인지, 인격도 아니고 존재도 아닌지 이성적으로 수긍할 수 없다. 이것이 이성과 철학의 추문들이다.

정통 기독교인이라면 웅거가 말한 이성의 추문들을 문자 그대로 이성의 추문으로 인정하지 않을 것이다. 그러나 웅거는 지성적인 신자라면 자신의 확신과 체험을 이성에 대한 추문을 덜 야기하는 형태로 재정립해야 한다고 말한다. 웅거는 이성의 추문을 다음과 같이 해명한다.

첫 번째 추문은 기적의 문제이다. 자연법칙의 갑작스러운 중단으로서 기적은 우리가 알고 있는 뉴턴식 패러다임에서는 용인하기 어렵다. 어쨌든 웅거는 기적을 전제하는 전통적인 초자연주의나 기적을 부정하는 자연주의도 거부한다. 웅거는 이른바 시간적 자연주의(새로운 초자연주의)에 기초하여 자연주의의 경계를 넘어 가려고 한다. 웅거는 불변적인 자연종을 전제하는 고전적 존재론의 형이상학도 거부하고, 단일한 체제를 인정하면서 우주 역사에 대한 새로운 이해에 기초하여 자연주의의 한계를 재검토한다. 우주 역사에서 자연법칙이 동일한 역할을 하지 않았다는 점을 강조한다. 이 쟁점은 다른 저작《단일우주와 시간의 실재성》에서 자세하게 다루어진다. 웅거는 우주 초창기에 자연법칙은 존재하지 않았고, 뉴턴식 모형에서 말하는 자연법칙은 최근의 우주 역사, 즉 냉각된 우주에 해당한다고 주장한다. 웅거는 인간 지식의 한계(사변적 무근거성)에 입각하여 기적의 여지를 열어 둔다. 스피노자처럼 성경 속의 기적을 대중 교화를 위한 편의적인 수단 정도로 파악하는 신자라면 웅거가 우주 역사까지 동원하여 기적의 가능성을 열어 두려는 시도가 얼마나 의미 있는 것인지에 대해 의문을 품을 수도 있겠다.

두 번째 이성의 추문은 특수한 사건이 어떻게 보편적 메시지를 갖는지의 문제이다. 웅거는 이 문제를 진정한 의미에서 추문으로 간주하기보다는 사건의 범례적인 의미의 맥락에서 해명한다. 특수한 사건은 특정한 사람(세 사람의 동방박사)에게 하나의 공현公顯에 불과하지만, 그 메시지는 보편적일 수 있기 때문이다.

세 번째 이성의 추문은 신 관념이 정합성을 갖지 못한다는 점이다. 웅거는 세 가지 신 관념(인격으로서 신, 비인격적 존재로서 신, 인격도 아니고 존재도 아닌 신)의 불충분성을 각기 조목조목 지적한다. 인격으로서 신은 정통 신앙에서 일반적으로 받아들여지는 신 관념이고, 비인격적 존재로서 신은 범신론에서 받아들여지는 신 관념이고, 비인격−비존재로서의 신은 부정신학이 제공하는 신 관념이다. 각각에 대한 웅거의 비판은 여기서 언급하지 않겠다.

이러한 세 가지 신 관념이 각기 정합성을 갖지 못한다고 주장하는 점에서 웅거의 사고가 반신학적이라고 할 수 있지만, 신자라면 인간의 궁극적 관심에 접하는 저편의 인간적 얼굴을 상상해야 한다고 언급함으로써 인격적 존재로서 신 관념을 어느 정도 수긍하고 있다. 실제로 저 건너편에 나와 닮은 존재로서의 신을 상상하지 않는다면 기독교도라고 보기 어려울 것이다. 웅거는 루터가 교황청으로부터 소환당하자 편지에 썼던 말, "나는 달리 어쩔 수 없습니다"라는 말로 답변한다. 웅거는 계시와 확고한 체험이 신앙에서 결정적으로 중요하다는 점을 강조한다. 또한 그러한 체험은 일회적으로 충족되는 것이 아니라 지속적으로 이성의 틀 안에서 다시 논박되거나 강화되어야 한다는 점을 지적한다. 기독교 신자는 전도와 대화를 위해서 자신의 체험을 타인이 이성적으로 수긍할 수 있을 정도로 (덜 추문스럽게) 재정립해야 한다.

종교혁명의 기회와 요청 사항

웅거는 현재의 종교혁명의 기회와 필요성을 네 가지로 요약한다.

첫째로, 온 세상에 보통 사람들의 위대성과 신성에 관한 관념이 전대미문의 열기 속에 확산되었다. 민주주의와 보통 사람들이 영을 가진다는 관념은 종교혁명의 호기로 작동한다. 둘째로, 보통 사람들이 신성한 성격을 가진다는 관념에도 불구하고, 온 세상 대다수 인민 대중은 빈곤과 허드렛일, 압제와 왜소화 경험에 찌들어 있다. 이는 왜소화의 취약성을 극복하는 문제이다. 셋째로, 교육 받은 계급들이 유대교·기독교·이슬람교의 서사를 믿는 데에 어려움을 겪고 있으며, 이로 인하여 종교적 고급문화와 대중문화 간의 연결이 약화되고 있다. 이는 앞서 논의한 이성의 추문을 합당하게 돌파하는 문제이다. 넷째로, 인격적 경험의 비판 및 재정립과 제도적 안배의 재구성을 결합하고, 이러한 결합을 요구하는 관념·태도·실천의 급진적 변화와 결합해야 한다. 이는 율법종교와 심정종교라는 편향을 극복하는 문제이다.

웅거는 종교혁명의 다섯 가지 요청을 제시한다.

첫째로, 미래의 종교는 과거의 종교혁명과 같이 영웅이나 영적 지도자의 역량에 의존할 것이 아니라 보통 사람들의 역량을 중시해야 한다. 미래의 종교는 프로테스탄트 종교개혁이 내세운 만인사제주의를 완전하게 구현해야 한다. 둘째로, 미래의 종교는 개인적인 것과 정치적인 것을 결합해야 한다. 미래의 종교는 사회의 개혁과 주체 및 습관의 재정립을 시도해야 한다. 이 두 가지는 중첩적인 운동으로서 소수의 예언자의 수중에 있지 않다. 셋째로, 미래의 종교는 확정적인 공식이나 율법종교를 대체하는 누적적 변혁의 비전을 갖추어야 한다. 율법이란 특정한 사회질서를 전제하거나 강화하는 역할을 할 따름이다. 넷째로, 미래의 종교는 영생을 추구하는 나머지 현재의 삶을 소외시키는 전통적인 방식들을 극복해야 한다. 다섯째로, 미래의 종교는 종교에 대한 종교적 비판 또는 정치에 대한 종교적 비판에 대한 금기를 해제해야 한다. 이러한 금기들은 지금까지 정치적 다원주의의 미명 아래 부당하게 정당화되었다. 웅거는 이러한 요청 사항들을 통해 과거의 종교혁명, 기독교 문화가 지배하는 정치질서 관행을 비판하고 있다.

웅거는 종교의 혁명과 관련하여 경계해야 할 점도 지적한다. 첫째로, 위대한 삶에 대한 욕구를 인간의 자기신격화로 오해해서는 안 된다. 실제로 인간의 역량강화론은 권력의지로 빈번히 오염된다. 둘째로, 미래의 종교는 최고선을 오로지 (섭리적 또는 역사적) 미래에 둠으로써 현재의 삶에서 우리를 소외시키지 말아야 한다. 인간의 위대한 삶은 집단적 기획을 통해서 역사적 시간 안에서 이루어져야 한다. 셋째로, 미래의 종교를 과거 종교의 패턴(예언자의 메시지와 범례적 행동의 결합)에 꿰맞추지 말고 새로운 방식으로 혁명을 시도해야 한다. 넷째로, 철학과 신학에 과도한 특권을 부여하여 종교를 대체하려는 시도를 경계해야 한다. 철학과 신학은 경험을 대신할 수 없고, 관념은 역사를 대신하지 못하기 때문이다. 종교혁명이 기성의 종교들처럼 세속적으로 성공을 거두기 위해서는 메시지를 담고 있는 정전적 텍스트로 구체화되어야 하고, 믿음의 공동체로 조직되어야 하고, 이 종교가 민족이나 일군의 민족들의 종교가 되어야 한다. 물론 이러한 역할을 개혁된 기독교만이 수행할 수 있는 것은 아니다. 다른 기성 종교들도 모두 미래의 종교의 플랫폼이 될 수 있다.

기독교에서 발전되어야 할 정통들

웅거는 기독교가 새로운 혁명을 이루기 위해서는 기성의 기독교에서 억압된 정통들을 발전시켜야 한다고 주장한다. 그러면서 주체와 타자의 관계에 대한 교리와 주체와 구조의 관계에 대한 교리에 주목한다. 주체와 타자의 관계에 대한 억압된 교리는 간단히 사랑이다. 웅거는 기독교의 사랑을 아가페와 에로스 두 가지로 이해한다. 그러나 기독교 역사에서 사랑을 아가페로 규정하면서 사랑은 철저하게 이타주의로 와전되었다고 지적한다.

웅거는 에로스를 강조한다. 사랑은 동등한 자들 사이의 사랑love among equals이다. 사랑은 우월한 자가 약한 자에게 일방적으로 베푸는 자비가 아니다. 사랑은 서로를 필요로 하고 서로에게 응답을 요구한다. 사랑은 사랑하는 주체들을 평등하게 만들어 주는 경험이다. 사랑은 이타주의 그 이상을 요구한다. 사랑은 타자를 역할이나 맥락을 넘어서는 존재로 상상하라고 요구한다. 사랑은 주체들 간의 연결을 통해 주체들을 재정립하고 고양시킨다. 그래서 사랑은 평정심이 아니라 생의 환희와 고양된 감응성 heightened vulnerability을 유발한다. 웅거의 사랑은 플라톤의 《향연》에 등장하는 '에로스의 사다리(육욕적 사랑에서 출발하여 정신적 사랑으로 마침내 신적인 지혜에 이르는 과정)'를 연상시킨다. 실제로 이러한 사랑은 신의 사랑에서도, 신과 인간의 관계에서도 적용된다. 우상숭배를 간음으로 취급하는 고대 유대인의 사고도 그러한 사례라고 적시한다. 웅거는 이러한 사랑이 떳떳함을 추구하는 율법주의적 이단에 의해 억제되었고, 주체의 재정립을 포기하고 삶의 주변부에서 도피구만 찾는 낭만주의적 이단(사랑의 낭만주의적 편향에 대한 비판은 이 책의 또 다른 읽을거리다)으로 오도되었다고 지적한다. 웅거의 사랑은 "내가 비록 모든 재산을 남에게 나누어 준다 하더라도 또 내가 남을 위하여 불 속에 뛰어든다 하더라도 사랑이 없으면 모두 아무 소용이 없습니다."는 고린도전서(13:3)의 재해석처럼 여겨신다. 어떤 대단한 자기희생도 사랑이 없다면 율법 앞에서의 떳떳함blamelessness에 불과하다고 규정한다. 사랑의 핵심은 이타주의적 가치가 아니라 동등한 자들 사이의 고양된 감응성과 주체의 재정립이다. 주체와 타자의 관계에 비추어 웅거는 초연한 자비나 아가페를 세계초극에, 율법주의(바리새인)나 윤리적 보편주의(칸트)를 세계인간화에, 사랑(에로스)을 세계와의 투쟁에 대응시키는 것 같다. 이러한 사랑은 제7장의 덕성론에서 비교적 상세하게 부연되고 있다.

　주체와 구조의 관계에 대한 억압된 교리는 구조를 초월하는 인간 역량의 관념이다. 웅거는 '만인에게 나의 영을 부어 주리라'는 요엘서(2:29)[7]에 주목한다. 구약성경에서 하느님의 영은 대체로 판관, 임금, 예언자 등 지체 높은 사람들에게 내린다. 그런데 요엘서는 하느님이 누구에게나 영을 부어 준다고 말한다. 여기서 '모든 사람'은 네 종류의 사람들(아들딸, 노

7　"그런 다음에, 나는 내 영을 만인에게 부어 주리니, 너희의 아들과 딸은 예언을 하리라. 늙은이는 꿈을 꾸고, 젊은이들은 환상을 보리라. 그날 나는 남녀 종들에게도 나의 영을 부어 주리라."(요엘서 2:28–29)

인, 젊은이, 종)로 당시 하느님의 영을 받아 어떤 능력을 행할 것이라는 기대를 받지 못한 보통 사람들이다. 바로 이런 사람들에게 하느님이 자신의 영을 부어 줄 때 그 사람들이 예언자처럼 '꿈'과 '환상'을 통하여 하느님의 메시지를 받고, 그 메시지를 선포하게 된다는 것이다. 하느님의 영은 왕이나 예언자들 같은 특권층에 한정되지 않고 모든 사람에게 열려 있다는 이 메시지는 만인사제주의와 같은 개혁교회 정신으로 발화하였다.

웅거는 한 걸음 더 나아가, 이 책 서두에서부터 영spirit을 사회구조를 초월하는 생명의 역량으로 규정함으로써 '인간의 신성화 기획'의 핵심 동력으로 주장한다. 영은 세상과 구조를 변혁할 수 있는 인간의 역량 또는 삶의 대안적 제도를 상상하는 능력institutional imagination을 의미한다. 그러나 주체와 구조의 관계에 대한 교리는 기독교 역사와 문화가 지배하는 곳에서는 어김없이 사르트르적 이단과 헤겔적 이단으로 오염되었다. 이 문제는 앞서 거론하였기에 재론하지 않는다.

웅거는 역사적 기독교가 초월에 대한 가르침을 독특하게 억압하였다고 지적한다. 기독교는 영적인 권위주의 아래서 만인이 영을 받았다는 관념을 억압하고 교리의 문제를 특수한 교회 지도자들의 전유물로 바꿈으로써 종교적 타협을 만들었다. 기독교는 신에 대한 절대적 의존 관념으로 이러한 억압을 봉합하였다. 이러한 종교적 타협은 정치적 타협과 짝을 이루었다. 기독교는 구조를 초월하는 인간의 역량을 무시하면서 기성의 정치사회질서를 수용하고 거기에 기꺼이 투항하였다. 기독교는 도전이 필요할 때 '누구나 자기를 지배하는 권위에 복종해야 합니다'(로마서 13:1) 또는 '황제의 것은 황제에게 돌리고 하느님의 것은 하느님께 돌려라'(마르코 12:17)라는 말을 반복하면서 기성 질서에 대한 투항을 정당화하였다. 실제로 로마제국이 기독교를 정신적 배후로 확립시킨 후 근세 종교개혁에 이르기까지 기독교는 세상을 바꿀 인간의 역량을 전적으로 무시하였다. 프로테스탄트 종교개혁은 이러한 질서에 저항하며 만인사제주의를 내세웠으나, 만인사제주의를 관철시키기보다는 교회와 국가 사이에 분리의 벽을 설치하고는 심정종교로 기울어지고 말았다. 웅거는 프로테스탄트들이 표방한 만인사제주의를 영적인 영역에서뿐만 아니라 세속적인 영역에까지 실현해야 한다고 주장한다. 웅거는 구조를 초월하는 인간 역량에 대한 억압된 교리를 발전시켜야만 미래의 종교혁명이 가능하다고 주장한다.

새로운 기독교도

새로운 기독교도는 반드시 계시된 진리와의 대결을 통해서 살아 있는 신과 직접적으로 만난다고 느껴야 한다. 기독교도는 신과 인간의 상호개방성과 경계 넘기를 필수적으로 인정해야 한다. 기독교도는 비전과 삶에 대한 확고한 체험을 가져야 한다. 기독교도는 구원의 역사가 역사적 시간 속에서 시작된다고 주장해야 한다. 동시에 이성에 대한 신앙의 우위론을 맹목적으로 수용하지도 말고 사회의 지배 세력과의 타협도 거부해야 한다. 기독교도는 자신의 종교만이 구원을 제공한다는 배타성의 요구도 포기해야 한다. 인간이 신에게 절대적으로 의존한다는 관념도 극복해야 한다. 웅거는 인간의 기여에 대한 은총의 우위성이라는 기독교의 오래된 정통을 도리어 정통 안에 내재한 이단이라고 규정한다. 새로운 기독교도는 신성에 대한 인간의 몫의 증가, 신적 존재로의 상승을 일관되게 추구해야 한다. 실제로 이러한 상승 관념은 기독교 신학자들 사이에 널리 공유된 사고이지만 신에 대한 인간의 절대적 의존성 관념 아래서 위축되었다. 절대적 의존 관념 아래서 인간은 현재로부터 소외를 겪을 수밖에 없다. 웅거는 신적 존재로의 상승 또는 고양된 삶으로의 상승을 수육^{受肉} 관념이나 신성화 관념으로 해명한다. 수육 관념은 신과 인간 사이의 본성의 교환을 해명한다. 신이 먼저 인간이 되었기 때문에 인간도 더욱 신처럼 될 수 있다. 인간이 신이 된다는 것은, 인간이 신의 삶에 참여함으로써 우리 자신과 일치해 가고 우리 안의 영을 현재의 시간 속에서 구현한다는 것을 의미한다.

새로운 기독교도는 세속적 혁명가와 마찬가지로 인간의 신성화를 지지하지만, 신이 먼저 인간이 되었기 때문에 우리가 신이 될 수 있다는 사고를 견지하는 사람이다. 세속적 인본주의자는 그러한 전제를 수용하지 않고서 인간의 신성화를 추구할 것이다. 새로운 기독교도는 사회의 변혁을 지지하지만, 역사적 시간에서 시작된 변혁이 역사적 시간을 넘어 섭리적 시간까지 계속된다는 믿음을 견지하는 사람이다. 새로운 기독교도는 자신을 신으로 오인하지 않으면서 절대적 의존 관념을 신성화 관념으로 대체하는 사람이다. 웅거는 프로테스탄티즘이 은총과 수육의 논리를 수용하였지만, 이 세상이 저승의 예감으로써만 의미를 갖는다고 보기 때문에 이승의 삶은 회복할 수 없을 정도로 황폐화되었다고 지적한다.

웅거는 보통 사람의 위대함(만인재령관)과 인간의 신성화(위대한 삶으로의 고양) 관념을 주장한다. 웅거는 인간의 신성화 관념의 제안자로서 고백자 막시무스, 아퀴나스, 니콜라스 쿠사, 에머슨, 포이어바흐까지 거론한다. 웅거는 니콜라스 쿠사와 아퀴나스를 통해서 철저한 이원론과 절대적 의존 관념을 극복한다. 그러나 세속적 인본주의자로서 포이어바흐가 미래의 종교의 신성한 형태(새로운 기독교)에 산뜻하게 부합할지에 대해서는 의문이 남는다.

세속적 종교로서 깊은 자유

역자는 웅거의 신학정치적 사상을 급진민주주의나 급진공화주의로 규정한다. 그것은 최소한 세 가지 맥락에서 중요한 의미를 가진다.

종교적 맥락에서 보자면, 심정종교에 대한 비판에서 자세하게 전개되는 바와 같이 웅거는 정치와 종교, 정치적인 것과 개인적인 것의 분리와 구획 정리가 아니라 상호침투와 상호비판을 주장한다. 그런 점에서 근대 자유주의의 대단한 기획인 교회와 국가 사이의 분리의 벽이라는 관념을 허물어 버린다. 그는 개인주의적이고 자유주의적인 철학자들의 판에 박힌 논법을 폐기한다. 종교가 다루고 있는 문제가 중요하다면, 그것은 내면의 영역에 머물러야 할 이유가 없고 공개적인 정치적 공간에서 자유롭게 논쟁의 대상이 되어야 한다. 근본주의자들처럼 종교의 정치화나 교리의 국교화가 아니라 종교와 정치의 교차 영역에서 합리적 논증의 여지를 넓혀 가야 한다. 웅거는 분리의 벽을 쌓는 정치적 이성이 아니라 교차검토하는 정치적 이성을 제안한다.

정치의 맥락에서 보자면 웅거는 제도정치를 폐기하는 대신에 민중적인 참여정치를 강화하고, 간접민주주의와 참여적 직접민주주의를 지속적으로 혼합하여 정치의 온도를 높이자고 제안한다. 기득권의 수호를 위해 변혁을 저지하고 정치적 교착상태를 야기하는 보수적인 방식을 극복하여 정치의 속도를 높이자고 제안한다. 웅거에게 민주주의는 인간의 개인적·집단적 운명을 결정하는 권능을 보통 사람에게 되돌리는 정치다.

경제의 맥락에서 보자면 보통 사람들이 생산경제 안에서 자신의 활동과 기회를 확보할 수 있게 해야 한다는 점을 강조한다. 그것은 경제의 민주화이다. 실제로 모든 사회의 보통 사람들은 허드렛일이나 고역에서 희망 없는 일상을 반복하고 있다. 즉, 경제적 왜소화를 체험하고 있으며, 새로운 삶의 가능성에 대해서는 절망하고 있다. 따라서 재산질서의 변화와 다각화를 추구해야 한다. 오늘날 지배적인 노동 형식인 임노동을 독립자 영업과 협동의 형식으로 점진적으로 바꾸어야 한다. 이를 위해서 기술·자본·교육의 기회가 보통 사람들에게 제공되어야 하고, 사회의 재산 형식도 사유재산 일변도가 아니라 사회적 재산을 육성해야 한다. 여기에서 경제적 동반성장론이 등장한다. 웅거는 동반성장론을 다른 저작《민주주의를 넘어》와《지식경제의 도래》에서 상세하게 전개한다. 보통 사람들의 사장된 생산 역량은 종교적 맥락에서 배제된 보통 사람들의 영에 대응한다. 우리는 보통 사람들의 영과 역량을 재발견하고 충만하게 함으로써 사람들 간의 평등이 아니라 보통 사람들의 위대성을 성취하게 한다.

웅거는 이러한 세 가지 급진적 정치 관념에 입각하여 영구혁신의 정치적 프로그램을 제시한다. 이제 세속적인 종교로서 깊은 자유를 개괄해 보자. 웅거는 제6장에서 신 없는 정치신학으로서, 미래 종교의 정치적 프로그램으로서 깊은 자유를 전개한다. 웅거는 19세기 이래로 고전적 자유주의자들과 사회주의자들이 지지한 자유사회free society를 출발점으로 삼는다. 자유사회란 정치경제질서에 대하여 확정적인 공식을 갖지 않는 사회이다. 자유사회는 모든 사람들이 자신의 역량을 최고조로 발휘할 수 있는, 고도로 유연하고 실험주의적인 사회를 의미한다. 웅거는 그러한 사회의 구조를《지식경제의 도래》에서 더욱 함축적으로 '무구조의 구조'라고 밝힌다. 웅거는 이러한 사회의 원칙을 네 가지로 제시한다. 물론 웅거는 자유사회 관념 자체도, 미래의 종교 자체도 이러한 원칙들의 예외일 수 없으며 모든 것이 논쟁의 대상이라고 말한다.

첫째로 배교의 원칙이다. 이 말도 대단히 종교적으로 들린다. 종교적인 사회에서 배교는 죽음을 의미한다. 세속적인 사회에도 정치적 배교는 죽음을 암시한다. 특정한 정치경제적 질서에 대한 도전은 당해 사회에서 반역으로 취급받기 때문이다. 배교의 원칙은 내전이나 폭력 행사를 시도하지 않는 한에서 그 사회의 기본적인 원칙에서 이탈할 자유와 권리를 모든 사람에게 인정해야 한다는 원칙이다.

두 번째 원칙은 복수성의 원칙이다. 현재의 상태를 해석하는 것뿐만 아니라 현재를 변혁하려는 미래 비전들이 복수로 존재해야 하고 경쟁해야 한다는 원칙이다. 다원적이고 실험주의적인 사회의 전제라고 할 수 있다. 미래에 대한 상상력을 부인할 때 사회는 고착된 질서로서 물화되고 인간의 역량에 충실할 수 없다. 이 원칙은 배교의 원칙과 맞물려 있다.

셋째로 깊은 자유의 원칙이다. '깊다 얕다'는 현존하는 경제질서(시장경제)를 그대로 유지하는지 또는 변혁하는지에 따른 구분이고, 자유와 평등은 각각의 여건에서 어디에 방점을 찍는지에 따른 분류이다. 웅거는 현대 자본주의를 둘러싼 정치경제적 프로그램들을 이러한 구분에 따라 네 가지로 유형화한다. 그것이 각기 얕은 평등, 얕은 자유, 깊은 평등, 깊은 자유이다.

'얕은 평등shallow equality'은 기성 질서에 위기가 닥쳐 개혁하는 상황을 제외하고 기성 질서를 인간화하고 부자에게서 세금을 거두어 약자에게 재분배하는 보수적인 사민주의 경제 프로그램이다. 이는 기성 질서를 근본적으로 변화시키지 않으면서 재분배를 추구하는 정치경제적 프로그램을 가리킨다. 웅거는 롤스의 《정의론》을 여기에 포함시킨다. (만년의 롤스는 경제사상에서 웅거의 자유사회주의에 근접했다고 평가할 수 있다.) 중도좌파들의 프로그램은 약자들에게 생존의 기회를 제공하는 장점을 갖지만, 보통 사람들의 역량강화와 구조 혁신에는 미흡하다.

'얕은 자유shallow freedom'는 기성 질서의 변화를 거부하면서 시장의 자유와 탈규제를 외치는 보수적 시장자유주의자들의 경제 프로그램이다. 하이에크나 현대의 신자유주의적 질서론이 여기에 해당한다. 얕은 자유는 오늘날 다양한 복지 프로그램을 도입하여 빈곤 문제를 해결하고자 하지만 강자에게 시장에서 더욱 큰 자유를 부여하는 데에 초점을 맞추기 때문에 개인의 역량강화와 인류의 실천적 진보에 봉사하기 어렵다.

'깊은 평등deep equality'은 자본주의 체제를 다른 특정한 경제질서(공산 사회나 독립소생산자 사회)로 대체하려는 마르크스주의자나 아나키스트들의 경제 프로그램을 가리킨다. 웅거는 깊은 평등의 역사적 실례로서 스파르타 시민들 간의 깊은 평등을 잠깐 거론한다. 아리스토텔레스가 《정치학》에서 찬양한 스파르타 시민들 간의 평등은 국유 토지에 대한 개별적 몫의 분배와 매매금지제도를 통해서 오랫동안 유지되었다. 스파르타와 아테네 간의 그리스 패권전쟁 이후 스파르타가 사회를 개방하고 매매금지제도를 이완시키자, 평등의 체제는 급속도로 와해되었다. 역사의 개방성과 변화 발전은 불가피한 사실이다. 웅거는 공산 사회든 평등 사회든 사회에 대한 확정적인 청사진과 같은 것은 존재할 수 없다고 상정한다. 사회제도는 영구적인 혁신의 대상이다. 웅거는 유일한 체제 공식에 반대하고 경제적·정치적·사회적 다원주의를 주창한다.

'깊은 자유deep freedom'는 웅거 자신이 제안하는 실험주의적 영구혁신 프로그램으로서 다원주의를 표방한다. 평등 대신에 자유를 선택하는 근거는 모든 변화의 기점은 개인의 자유와 역량에서 시작되고, 그로 인해 경쟁이 발생하고 이러한 과정이 영구적으로 계속되면서 삶이 전진하기 때문이다. 역사도 그렇게 전진해 왔다. 웅거는 지배적인 임노동을 독립소생산자와 협동체(지분을 노동자가 공유하는 다양한 협동기업들)로 점진적으

로 전환하고, 사적인 소유 이외에 사회적 소유를 광범위하게 접맥하여 동
일한 경제 안에서 재산 체제의 다각화와 자유로운 경쟁을 확보해야 한다
고 제안한다. 웅거가 추구하는 경제질서는 사회주의도 아니고 자본주의도
아닌 고도로 실험주의적인 경제이다. 이 체제도 당연히 미래적으로도 열려
있다.

분류	기준	자유와 평등	지향성	실례
얕은 평등	현존 질서의 유지	제한적인 평등주의	최소 수혜자 우대(조세와 이전)	사민주의(롤스)
얕은 자유		보수적인 자유주의	탈규제(국가 축소와 시장 확대)	신자유주의(하이예크)
깊은 평등	현존 질서의 개혁	급진적 평등주의	공산사회 독립생산자사회	마르크스주의(마르크스) 무정부주의(프루동)
깊은 자유		급진적 실험주의	영구혁신(연속적 프로그램) 재산 체제의 다각화와 경쟁 유지	자유사회주의(웅거)

네 번째 원칙은 고차적 협동의 원칙이다. 작은 범위에서 인간관계는 사
랑으로 감당할 수 있지만 그 범위를 넘어 사회 전체에서는 사랑의 연장으
로서 협동이 필요하다. 여기서 지식, 자본, 교육을 통해서 상호육성하고
역량강화를 달성하려는 정치적 기획이 필요하다. 웅거는 새로운 대안적
인 경제질서를 제시한다. 누구나 다원적인 소유구조를 가진 생산경제에
참여함으로써 경제적 자립성을 향유해야 하고, 더불어 누구나 자신의 생
애의 일정 시간을 장애인이나 노인을 보살피는 돌봄경제 안에서 연대를
실천해야 한다. 대안경제는 역량강화와 규모의 경제를 핵심으로 한다. 사
회적으로 육성된 단위들이 끝없이 보호만 받는다면 이는 낭비와 총체적
인 실패를 의미한다. 따라서 그 사회에서 모든 생산조직들은 사전적으로

다양하게 지원을 받고 육성되어야 하지만 성과를 통해 사후적으로 시장에서 경쟁함으로써 그 운명이 결정되어야 한다. 사회는 경제 영역에서 영구적인 혁신을 경험함으로써 자체적인 발전 경로를 개척하게 된다.

인간의 신성화

제7장은 미래의 종교에서 삶의 영위를 다룬다. 제7장은 제1장의 문제 제기에 대한 답변이기도 하다. 인간의 신성화는 인간이 더욱 신과 같이 됨으로써 더욱 인간적으로 변모할 수 있다는 제안이다. 달리 말하면, 우리가 더욱 인간적으로 되기 위해서 더욱 신과 같이 변모해야 한다는 제안이다. 웅거는 이 장에서 특별히 덕성을 논의한다. 정치적 제도 프로그램이 존재하는 곳에서는 덕성은 이러한 제도적 프로그램을 적절하게 보완한다. 그러나 정치적 제도 프로그램을 갖추지 못한 경우에는 덕성이 져야할 부담은 그만큼 무겁다. 덕성은 철학이나 종교에서 가르쳐 온 바이다. 플라톤은《국가론》에서 지혜, 용기, 절제, 정의를 네 가지 주요한 덕으로 제시하였고 아리스토텔레스는《니코마코스 윤리학》에서 생각할 수 있는 거의 모든 덕성을 망라하였다. 이러한 덕성들은 기독교 신학에 대체로 수용되었다. 또한 기독교에서는 믿음, 희망, 사랑(고린도전서 13:13)과 같은 중요한 신앙적 덕성들이 존재한다. 그러나 웅거는 기독교가 가장 중시하는 믿음, 희망, 사랑은 종교적 차원에 머물렀을 뿐 세속적 덕성으로 발전하지 못했다고 지적한다. 웅거는 19~20세기 소설에 등장한 새로운 덕성을 덕성의 또 다른 원천으로 주목한다. 웅거는 바로 이 지점에서 새롭게 덕성론을 전개한다.

웅거는 덕성을 크게 세 가지로, 작게는 열 개로 분류한다. 첫 번째는 연결connection의 덕성이다. 연결의 덕성은 주체와 타자의 연결에 관한 것이다. 타자와의 연결은 주체의 가능조건이다. 연결의 덕성은 앞서 말한 주체와 타자의 관계에 대한 억압된 정통으로서 사랑을 세속적으로 정교화한 것이다. 웅거는 연결의 덕성으로서 존중respect, 인내forbearance, 공정fairness, 용기courage의 덕성을 제시하고, 덕성들이 작동하는 다양한 맥락을 밝힘으로써 사회적 의미를 세밀하게 그린다. 두 번째는 정화purification의 덕성이다. 웅거는 정화의 덕성으로서 단순simplicity, 열광enthusiasm, 경청attentiveness의 덕성을 제시한다. 단순은 거추장스러운 주변을 버리고 중심으로 직진하는 덕성이고, 열광은 참여와 부책에 몰입하는 덕성이며, 경청은 어린 아이처럼 세상의 모든 소리와 차이에 귀를 기울이는 덕성이다. 세 번째는 신성화divinization의 덕성이다. 신성화의 덕성으로 삶에 대한 더 많은 참여, 타자에 대한 개방성과 새로움에 대한 개방성openness을 제시한다. 실존적 결단의 무게와 근거들 사이에는 집요한 불균형이 존재한다. 우리는 더 많은 참여, 더 많은 연결, 더 많은 위험, 더 많은 감응성을 통해서만 불균형을 헤쳐 나간다. 우리는 타자에 대한 개방성을 통해서 주체와 타자의 관계에서 신성을 체득하고 인간의 역사에서 새로움의 여지를 열어 둠으로써 우리들이 형성해 온 세계에 대해 조물주의 지위를 차지하게 된다. 우리는 이러한 덕성을 함양함으로써 더욱 인간적으로 됨과 동시에 더욱 신적으로 변모할 수 있다. 제6장의 깊은 자유가 사회적 삶에 대한 확정적인 '구조를 부인하는 구조'를 탄생시킨다면, 제7장의 덕성론은 갑각처럼 경화된 주체의 껍데기인 '성격을 부인하는 성격'을 형성시킨다.

인간의 근본적인 약점, 죽음, 무근거성, 충족불가능성을 무시하거나 부인하거나 극복했다고 주장하는 모든 가르침은 불성실하고 오도된 가르침이다. 우리는 죽을 수밖에 없고, 우리는 삶의 근저와 우주의 시원과 종말을 알 수도 없고 실존적 결정을 내리는 데에 항상 충분한 근거를 확보할 수도 없고, 우리의 욕망은 충족될 수도 없다. 미래의 종교는 이러한 근본적인 약점을 인정하고 대신에 왜소화의 취약성을 제도 개혁을 위한 집단적 프로그램으로 극복해야 한다. 그런데 우리는 육체적 죽음이 오기도 전에 일상의 구조에 억눌려서 매일 죽음을 맛보는 형국이다. 신성한 종교가 섭리적 미래를 고수하든 세속적 종교가 역사적 미래를 강조하든, 그러한 미래는 역사적 시간 속에서 바로 지금의 삶과 확고하게 연결되어야 한다. 신의 속성 중 인간에게 허용되지 않은 속성(영원불멸, 전지전능함, 완전성)은 단념하고 사회제도에 변혁적으로 참여하는 경우, 인간은 살아 있는 동안만이라도 불사의 존재가 될 수 있다. 현재의 삶에 대한 충실성을 보이지 않는 종교나 철학, 정치는 위안용이다. 웅거는 이 책의 취지를 '오직 한 번만 죽는 것'으로 요약한다. 오직 한 번만 죽는다는 것은 우리의 육체적인 죽음이 오기 전에 현재의 삶을 더욱 완전하게 향유하자는 것이다. 카르페 디엠. 최고선은 바로 지금의 삶이다. 바로 지금의 삶life now이 우리에게 가장 소중한 보물이다. 수중에 있는 보물을 놓치지 말라. 이것이 노년에 이른 철학자의 확고한 메시지다.

감사의 말

마지막으로 감사의 뜻을 표해야 할 분들이 있다. 우선 독자들에게 역자의 부족함을 고백할 수밖에 없다. 실제로 이 책을 번역하면서 참고할 만한 저술들을 찾지 못했다. 이 저작에 등장하는 철학자들의 저작이나 폴 틸리히나 한스 큉의 신학사상사를 두루 훑어 보는 것으로 만족했다. 이 책의 거의 모든 주는 역자가 독자의 편의를 위해 달아 놓은 것이다. 끝내고 나니 이러한 주가 독자를 오도하지나 않을까 하는 걱정이 앞선다. 이 책의 번역 과정에서 건국대학교 철학과 이병수 교수께서 깊은 통찰로 역자의 오해를 많이 불식시켜 주었다. 그래도 남은 오류와 편견은 역자의 몫이다. 높은 식견을 가진 독자들의 가르침을 고대한다. 건국대학교 대학원에서 사제로 만난 조현실 석사와 건국대학교 법학전문대학원에서 교분을 쌓아 온 강희웅 변호사가 이 책의 교정 작업을 도와주었다. 학문적으로나 인성적으로나 두 분의 일취월장을 기원한다. 앨피출판사에서 역자는 웅거의 책을 네 번째로 출판하게 되었다. 앨피 관계자들은 이번에도 교열 작업을 성실하게 마무리해 주었다. 모든 분들에게 감사의 뜻을 표한다. 또한 역자가 속한 건국대학교는 학술연구비를 지원해 주었다. 번역을 연구 성과로 주목하지 않는 시대에 번역을 지원해 준 데 대해 특별한 감사를 표한다. 끝으로 이 책을 통해 정치·종교·철학의 교차지대를 고민해 온 독자들 사이에서 작은 대화가 일어나기를 기대해 본다.

2021년 5월
일감호를 바라보며

제1장

소망적 사고를 넘어서

환상 없는 삶

일러두기

- 모든 주는 역자가 독자의 편의를 위해 임의로 작성하였다. 부록논문에 달린 주는 웅거의 주이다. 부록에서 역자가 추가한 주는 (역주)라고 표시하였다.
- 본문에 있는 ( )의 일부는 웅거가 작성한 것이고, 일부는 원서의 수많은 연결들(– — : ;)의 번잡을 피하고자 역자가 만든 것이다. ( )의 내용은 모두 웅거의 문장이나 문구이다.
- 〔 〕 안의 내용은 설명의 편의를 위해 역자가 첨가한 것이다.

죽음

우리의 실존에서 만사는 그 자신 너머를 가리킨다. 그럼에도 불구하고 우리는 죽을 수밖에 없다. 우리는 존재의 근거를 파악할 수 없다. 우리의 욕구는 충족될 수 없다. 우리의 삶은 우리의 본성을 제대로 표현하지 못한다. 우리의 여건은 우리를 으레 왜소화에 굴복시키기 때문이다.[1]

종교는 인간 조건에서 이와 같은 불치의 결함들이 갖는 의미를 해석하려는 노력이자 그 결함들을 처리하는 방식이다. 종교는 우리에게 만사가 궁극적으로 올바르다고 말해 왔다.

그러나 만사가 올바르기만 한 것은 아니다. 인간의 종교적 의식에서 하나의 〔새로운〕 전향은 이러한 결함들을 부인하려는 충동을 포기하는 접근 방식에서 시작될지 모른다. 종교는 이러한 경악스러운 결함들 앞에서 인간에게 더 이상 위안을 주지 못할지도 모른다. 우리의 희망은 변화하면서 살아남을지도 모른다.

삶〔생명〕은 최고선最高善[2]이다. 삶은 충일성充溢性, 자발성, 경이로움을 동반한다. 이러한 특성들은 우리가 활동하는 데에 기반이 되는 온갖 사회적·개념적 체제들이 동의할 수 있는 것보다 더 많은 것을 보고 만들고 행하는 우리의 능력을 가리킨다. 온갖 제약에도 불구하고, 생명의 경험은 예

---

1 웅거가 제시한 인간 실존의 네 가지 약점은 파스칼이 《팡세》에서 거론한 인간의 비참, 쇼펜하우어가 《의지와 표상으로서의 세계》에서 논한 실존의 수수께끼, 야스퍼스가 《세계관의 심리학》에서 거론한 한계상황, 하이데거가 《존재와 시간》에서 논의한 죽음과 불안에 견줄 수 있다.

2 최고선 혹은 선이 특정한 수식어가 없이 사용되는 경우, 이 책에서는 대체로 생명, 삶, 현재의 삶life now, 위대한 삶a greater life을 가리킨다.

정된 한계가 없는 다산성과 충만성의 경험이다.

우리가 수립하고 살아가는 사회문화적 세계를 우리는 오묘하게 초월한다. 사회문화적 세계 속에 존재하거나 존재할 수 있는 것보다 우리 안에는, 즉 개인으로서 우리 각자 안에는 또한 집단으로서 인류 안에는 더 많은 것이 항상 존재한다. 삶의 사회문화적 질서들의 각 부분이나 그 전체가 담을 수 있는 것보다 더 많은 평가 근거와 더 많은 생산 권능이 우리에게 존재한다.

사회와 문화의 조직에 적용되는 원칙은 동시에 사상과 담론에도 적용된다. 각 분야에서 또는 모든 분야에서 어떠한 방법도, 어떠한 체계의 추론 절차와 논증 양식도, 어떠한 논증 장치도 우리의 통찰 역량에 딱 맞아떨어지지 않는다. 우리는 기성의 탐구 관행들이 전망적으로 허용할 수 있는 것보다 더 많은 것을 항상 발견할 수 있다. 비전은 방법을 초월한다. 방법은 회고적으로 비전에 맞추어 조정되는 것이다.

우리는 활동의 실천적·담론적 구조들에 비추어 무제약적이거나 무한하다. 구조는 오히려 인간에 비추어 제약적이거나 유한하다. 우리는 구조를 초월하는 인간의 특성을 전통적인 신학적 용어로 영靈spirit이라 부른다.

누구나 기필코 죽기 마련이다. 다산성과 풍요의 경험, 나아가 여건과 맥락을 초월하는 경험에 대해 자연은 우리의 죽음을 선고함으로써 응답한다. 소멸에 선행하던 활기찬 현존現存과 대조할 때, 소멸의 최종성은 죽음이 왜 공포스러운 것인지에 대한 제1의 근본적 이유이다. 다른 모든 선들보다 우선하고, 다른 모든 선을 가능하게 하는 최고선(삶)은 언젠가 아주 단호하게 파괴되고 말 선이다.

죽음의 나락은 모든 면에서 삶의 탕진에 대한 징후들로 둘러싸여 있다. 쇼펜하우어가 환기시켜 주듯이, 지상에 살아 있는 무수한 피조물들은 조금이라도 더 오래 살아남기 위해서라면 언제든지 서로를 갈기갈기 찢어 놓는다.[3] 우리는 우리의 상황과 여타 피조물들의 상황을 우리가 원하는 만큼 충분히 구별할 수 없다. 과학은 죽음을 삶의 연속으로 가르친다. 그러나 종種에게 필연적인 것이 개체에게는 치명적이다.

죽음의 시간은 때로는 동요나 고통과 더불어, 때로는 체념과 더불어 찾아오고, 심지어 잠든 상태에서도 찾아온다. 임사체험臨死體驗을 겪은 사람들은 엄청난 빛을 보았다고 말한다. 그러나 죽어 가는 사람들의 정신 이외의 곳에는 그러한 엄청난 빛이 있을 리 없다. 어떤 추정에 따르면, 뇌에 산소가 결핍되었기 때문에 혹은 생명이 이지러질 때 신체가 마치 마지막 고비에서 우리를 최종적으로 속이려는 것 같은 측두엽의 자극이 존재하기 때문에 엄청난 빛을 지각한다고 한다.

죽음에 저항하든지 죽음을 수용하든지 상관없이, 죽음의 뒷일은 정상적인 순서에 따라 진행된다. 신체는 이제 시신이 된다. 시신은 경직되고 이윽고 부풀어 오른다. 시신은 곧 부패하고 악취를 풍기고 적시에 처리하지 않으면 벌레와 세균이 들끓기 시작한다. 시신은 공경의 대상에서 기피의 대상으로 변한다.

그렇게 생명은 기이한 희생으로 종지부를 찍는다. 우리 각자는 제단으로 인도된다. 이번에는 천사가 아브라함의 손을 말리지 않는다.[4] 희생의 요체는 무엇이며, 희생은 어떤 신앙에 복무하는가? 숭배 제의에서 하나의 사건으로서 희생의 비밀과 취지는 우리에게 영원히 닫혀져 있다.

3　《의지와 표상으로서의 세계》에 나오는 문장이다.

4　아브라함이 독자인 이삭을 제물로 바치라는 신의 명령을 묵묵히 수행하자, 최후의 순간에 천사가 개입하여 아브라함의 칼을 멈추게 한 상황을 말한다. 창세기 22:13.

가장 사랑하는 사람들이 때로는 우리 눈앞에서 똑같은 제단으로 인도되고 똑같이 희생에 바쳐질 것임을 알기에 죽음은 더 공포스럽다. 사랑이 생명을 낳을 수는 있지만 이를 지속시킬 수 없다고 밝혀진 까닭에 우리는 그저 혼자서 상상할 수 있는 것, 우리 모두에게 운명으로 정해진 소멸을 가장 사랑하는 사람들의 죽음에서 확인한다.

죽음의 공포는 다른 시각, 즉 의식의 시각에서도, 의식과 세계의 관계에 대한 시각에서도 마찬가지로 분명해진다. 생명의 경험은 의식의 경험이다. 의식의 징표는 나 자신에 대한 나의 관찰·느낌·생각이 아니라, 나를 중심으로 삼고 나의 신체에서 바깥으로 뻗어 가는 전체 세계를 제시하려는 데에 있다. 의식에서 존재하거나 존재해 왔거나 존재하게 될 것들은, 그것이 무엇이든지 간에 나의 정신적 극장에서 어떤 배역이든 담당하는 경우에만 존재한다. 이러한 무대의 시야를 넘어서는 곳에서는 세계도 없고 존재도 없다.

개별적 인간이나 유기체에 육화된 의식의 지속을 나는 '주체'라고 부른다. 주체성의 경험은 신체의 운명과 결부되어 신체가 스러지고 흩어질 때까지 한동안 지속되는 의식의 경험이다. 어떠한 인간에 대해서든지 세계는 의식을 가진 육화된 주체로부터 외부로, 시간상으로는 과거와 미래로 확장되는 방식으로 명백하게 드러난다.

우리는 이러한 세계관이 환상임을 알게 된다. 우리는 단지 이론적으로만, 달리 말하면 우리가 지속적으로 경험하는 방식으로 세계가 실제로 존재하지 않는다고 스스로에게 말함으로써 환상을 교정하고 환상과 타협한다.

죽음은 의식을 가진 주체를 종말에 이르게 할 뿐만 아니라, 세계가 공간과 시간에서 주체로부터 외부로 뻗어 나간다는 식의 표상이 처음부터 허위임을 확정적이고 불가역적으로 보여 주기도 한다. 죽은 사람은 자신이 범한 오류의 증명을 보고자 거기에 있지 않을 테지만, 살아남은 사람은 일어난 일을 기록할 것이다. 죽은 자든 살아남은 자든 무엇이 그를 기다리고 있는지 알 것이다.

의식의 종말과 함께 영원히 소멸하는 것은 의식을 가진 주체만이 아니다. 전체 세계가 의식에 대해 존재했기 때문에 그러한 세계도 사라진다. 사건들뿐만 아니라 이를 채우고 있던 주인공들도 자신의 소멸을 정신의 몰락으로 예감하지 않았다면 죽음의 순간에 갑자기 사라질 것이다.

사람들은 이 세계에 관한 경험을 불후의 언어로 기록했다며 위안을 삼을지도 모른다. 그러나 우리는 그러한 기록들이 의식적인 삶의 흐름이나 풍요로움과는 밀접한 관계를 맺지 못한다는 것을 안다. 사람들은 경험을 실재와는 거의 닮지 않는 언어로 번역함으로써 기껏해야 경험을 선택하고 이용할 뿐이다. 의식을 가진 주체의 세계는 지면紙面으로 도피할 수 없다. 그러한 세계는 소멸할 수밖에 없는 신체에 갇혀 있으며, 신체는 그러한 세계를 무덤과 무無로 빨아들인다.

구원종교들이 약속한 사후세계도 필멸성必滅性 앞에서 우리에게 위안을 주지 못한다. 설령 사후세계가 위안을 줄 수 있다고 하더라도 주어서는 안 된다. 사후세계는 우리의 신체를 복원시키는 데에 충분하지 않을지도 모른다. 우리는 역사적 세계의 시간, 즉 불가역적이고 단호한 시간에서 타자와의 투쟁과 연결을 되찾아야 할지도 모른다. 역사의 시간으로 복귀하지 않고서 신체를 회복하고 영원한 청춘을 유지한다는 것은 영원한 권태의 고문을 감당해야 하는 일일지도 모른다. 이러한 이유로 구원종교에서 나타난 영생의 낙원에 관한 묘사들은 설득력도 없고 심지어 역겹다. 그러한 묘사들은 삶을 항거불능으로 만드는 요소들을 우리에게 부여하지 못하면서 영원불멸의 허울만을 우리에게 제공한다.

육화된 주체는 예언적 직접성의 돌발로 세계에 깨어났으며, 곧 자신이 세계의 중심이 아니라 도리어 의존적이고 심지어 불운한 피조물임을 알고, 자신이 죽을 운명임을 깨닫는다.

죽음은 생명이라는 선善과 의식의 경험에 대한 파괴적 관계 외에 다른 면모도 갖고 있다. 죽음의 공포와 해악이 지닌 세 번째 면모는, 죽음이 발생할 때 의식과 생명의 파괴와는 상관없이 우리 각자가 살고 있는바 의식적인 삶에 미치는 영향과 관련이 있다.

우리는 이러한 영향을 딜레마 형태로 가장 잘 이해할 수 있다. 딜레마의 한 뿔은 우리가 죽음을 직시할 때 발생한다. 다른 뿔은 죽음을 직시하지 못할 때 발생한다.

종교와 형이상학의 역사를 채우고 있는바 위안용 신학과 철학들의 도움 없이 죽음을 정면으로 끈덕지게 직시한다는 것은, 파스칼이 적절하게 확인해 주었듯이, 위험 없이는 오랫동안 관찰할 수 없는 태양을 정면으로 응시하는 것과 같다.[5] 죽음을 직시한다는 것은 우리 앞에 놓인 불가해하고 경악스러운 종말의 공포 속에서 사는 것이다.

그러나 우리가 죽을 것이라는 사실을 망각하려고 죽음에서 가능한 한 완전히 또는 최소한 멀리 벗어나려 하는 것은, 평범한 일상과 관행, 순응, 굴종으로 이루어진 삶, 몽유병적인 삶, 달리 말해 완전히 향유하지 못한

---

5 파스칼은 《팡세》에서 죽음과의 대면에 진력하지만 역자는 이 책에서 동일한 문장을 찾지 못했다. "응시할 수 없는 두 가지는 태양과 죽음(Death and the Sun are two Things not to be looked upon with a steady Eye.)"이라는 유명한 문장은 파스칼의 동시대 작가 프랑수아 라 로슈푸코(1613~1680)의 《잠언록箴言錄》에 실려 있다.

삶[6] 또는 충일성·자발성·경이로움과 같은 생명의 속성들을 위축된 형태로만 보여 주는 삶에 대응할 가장 강력한 해법을 상실할 위험을 재촉하는 것이다. 삶에 결정적이고 불가역적인 형상을 부여하고, 시간, 우리 자신의 시간을 의미와 결실로 충만하게 채우려는 것은 바로 죽음이 들이닥칠 것이라는 예감이다. 우리가 죽음에 대한 의식으로 각성되고 생명의 감정에 밀접하게 결부된다면, 우리는 분투하는 실존을 상상할 수 있고, 우리한테서 조금씩 생명의 실체를 앗아 가는 자동증automatism,[7] 습관들, 끝도 없는 소소한 투항들에 저항할 수 있다.

우리는 이러한 딜레마와 대결하면서 희망의 이유를 갖게 된다. 우리가 삶으로 각성되고 생명의 속성들과 가능성들을 완전하게 파악할 수 있다면, 마치 우리가 비전 속에 죽음을 확고하게 붙잡기나 한 것과 같은 마비적인 감정이 우리를 압도할지도 모르겠다. 우리 각자가 무로 돌아가기 전에 (또는 일부 역사적인 종교들의 주장대로 평온한 초시간성의 영원한 시련으로 올라가기 전에) 무에서 벗어난다는 것은 죽음의 수수께끼와 똑같은 종류의 수수께끼다. 무에서 벗어난다는 것은 너무나 대단한 행운이어서 이를 죽음의 나락만큼 꾸준히 고려하는 것은 곤란할 것이다. 현재의 모습으로든 혹은 변모할 모습으로든, 생명은 생명의 편익을 붙잡는 인간의 능력을 역설적으로 억제하는 환희로 인간을 눈 멀게 하는 하나의 태양일 수도 있다.

---

6 "삶의 완전한 향유fuller possession of life"는 이 책의 주제어이다. 웅거는 영생eternal life 대신에 위대한 삶a greater life, 바로 지금의 삶life now을 주장하면서 최고선으로서 바로 지금의 삶을 더욱 완전하게 향유하기 위한 운동을 제안한다. "당신은 한 번 죽을 뿐이다(You can die only once)"라는 웅거의 수사는 한 번뿐인 인생을 만끽하라는 욜로(YOLO: You only live once)와 같은 향락주의가 아니라 현재의 삶에 대한 맹렬한 참여와 무한 상승을 의미한다.

7 무의식적 자동적인 표현이나 자동증을 의미한다.

그래서 우리는 우리의 창공에서 두 개의 태양, 곧 죽음의 예감과 생명의 의식 사이를 왕래해야만 하고, 어느 하나에 고착되는 것을 회피해야만한다. 우리가 운이 좋다면 그 어디 중간 지대에서 생의 감정을 고양시키는 부책負責과 기투企投를 형성할지도 모른다.[8] 그러나 우리가 행운을 시험하는 순간에도 죽음이 들이닥쳐 우리의 실험을 끝장낸다.

무근거성

우리가 세계의 실존과, 더 나아가 세계 안에서 우리의 실존에 대한 궁극적 근거, 즉 존재의 근거를 파악하기란 불가능하다. 우리는 시간의 기원과 종말을 통찰할 수 없다. 우리의 추론 과정에서 하나의 전제는 계속해서 또 다른 전제에 이르고, 하나의 원인은 또 다른 원인에 이른다. 우리는 결코 바닥에 도달하지 못한다. 바닥은 바닥이 없기 때문이다.

무근거성에 관한 근본적인 경험은 우리가 존재한다는 사실, 세상이 존재한다는 사실, 세계 자체 뿐만 아니라 세계 속에서 우리의 상황이 다른 방식이 아니라 지금의 방식으로 존재한다는 사실에 대한 경악이다. 그것들의 존재 방식은 우리의 관심사에 대해 무관심의 관계 외에는 어떠한 관계도 갖지 않는다. 실제로 다른 모든 것들을 압도하는 관심사—삶에 대한 애착—에 대해서 자연은 무심할 뿐만 아니라 냉혹하다. 자연은 우리 각자에 대해 파멸을 선고해 왔다.

---

8 부책과 기투는 각기 attachments와 projects를 번역한 것이다. 인간의 관계 속에서 다양한 책무를 지는 것과 삶의 의미를 실현하기 위해 삶을 앞으로 던지는 것을 의미한다. 웅거는 실존주의적 풍미를 담은 이러한 어휘들을 애용한다. 특히 제7장에서 반복된다.

우리 자신이 비겁, 자기기만, 소망적 사고,[9] 권력 숭배로 기만당하는 것을 스스로 용납하지 않는 경우에도, 자연의 운동에 대해 우리가 이해할 수 있는 것 중 그 어떤 것도 사랑과 헌신을 추구하도록 우리를 격려하지 못하고 혹은 우주의 역사와 구조 안에서 사랑과 헌신의 지위와 가치를 이해할 어떠한 기반도 제공하지 못한다. 그리하여 무근거성에 대한 핵심 체험에서, 경악은 우리가 살고 있는 세계의 불가해성과 순전한 이질성에 대한 의식을 동반한다.

이러한 경험의 두 가지 다른 측면, 즉 사변적 무근거성과 실존적 무근거성을 고려해 보자. 바로 실존적 무근거성은 인간 조건에서 근절할 수 없는 약점이다. 그러나 사변적 무근거성의 배경에서 실존적 무근거성을 고려할 때에만 실존적 무근거성의 의미는 분명해진다.

사변적 무근거성은 우주 자체에 대해 그리고 우주 역사 안에서 인간의 지위에 대해 우리가 발견하기를 희망할 수 있는 것들〔지식〕의 한계와 관련이 있다. 실존적 무근거성은 우리가 작성하지 않았고 작성할 의도도 없는 스토리에서 우리가 사소하고 주변적인 역할을 수행한다는 불가피한 사실이 야기하는 혼란스러운 결과를 극복할 능력의 한계와 관련된다. 우리는 그 스토리를 주변적인 부분에서 편집할 수 있으나 다시 작성할 수는 없다. 실제로 우리는 그 스토리를 겨우 이해할 뿐이다. 우리는 그 스토리를 단편적으로만 탐색하기 때문이다. 결과적으로, 우리의 짧은 삶으로 무엇을 해야 하는지에 대한 결정의 기반은 우리 자신 이외에는 그 어디에도

---

9 제1장의 제목이기도 한 '소망적 사고wishful thinking'는 실천을 결여한 공상이나 자기기만에 가까운 불성실을 의미한다. 웅거는 이러한 소망적 사고에 비전과 실천을 결합한 자기충족적 예언self-fulfilling prophecy을 대비시킨다.

없다. 이러한 의미에서 우리는 무근거적 존재이다.

세계의 가장 본질적인 특성은 세계가 다른 어떤 것이 아니라 현재의 모습대로 존재한다는 점이다. 세계에 대한 이해에서 가장 야심적인 기획들은 세계가 왜 이러한 모습으로 존재할 수밖에 없는지, 심지어 왜 아무것도 존재하지 않은 것이 아니라 어떤 것이 존재하는 것인지를 설명하려고 한다. 그러한 기획들이 조금이라도 성공의 이점이나 전망을 갖고 있다면, 세계에 대한 사변적 통찰은 인간의 실존적 무근거성에 대한 응답을 제공할지도 모른다. 그러나 실제로 이런 기획들은 그러한 이점이나 전망을 갖지 못한다.

예컨대, 확률계산법과 같은 것을 동원하여 특정한 세계를 다른 세계보다 더 개연적으로 만들어 줄 수 있는 일정한 특성들의 목록을 작성한다고 가정해 보자. 예컨대, 우리는 풍부한 표현을 가진 더 완전한 우주가 빈약한 우주보다 확률이 더 높다고 상상할지도 모른다. 그러나 이는 공상이다.

우리가 알고 있거나 알 수 있는 한도 안에서 현재 관찰되는 우주는, 비록 그 선행 형태들이 있을지라도 유일한 우주이다. 다중우주론多重宇宙論 multiverse은 어떠한 관찰로도 뒷받침되지 않으며, (다른 우주들이 존재한다고 하더라도) 그 우주들과 우리 우주와의 인과적 연관성이 없기 때문에 지지받을 수 없다. 많은 우주들이 가능하고 따라서 실재한다고 상상하는 것이 편리하다고 믿는 과학적 이론들(예컨대, 현대 소립자물리학의 끈 이론)의 빈틈을 메우기 위해 다중우주론이 고안되었을 뿐이다.[10] 실재하는 단일우주만

---

10 전통적인 물리학 이론에 따르면 기본 물질은 입자로 나타났지만, 끈 이론string theory에 따르면 모든 물질은 진동하는 매우 작은 끈들로 이루어진다. 끈 이론은 중력, 전자기력, 강한 핵력, 약한 핵력 등 자연계의 네 가지 힘을 통합적으로 설명하려는 통일장이론의 문제점을 해결하기 위해 등장했다. 끈 이론은 아인슈타인이 죽기 전까지 해결하지 못한 통일장이론을 완성시키는 하나의 방편이며, 우리가 보지 못한 또 다른 여분의 차원이 존재한다는 점을 암시한다.

으로는, 또한 가능한 우주와 불가능한 우주를 구별하려는 인간 정신의 한계점과 편애만으로는 우리는 확고한 확률추정의 조건들을 갖추지 못한다.

우리의 모든 지식과 믿음이 의존하는 전제들의 무한하고 논쟁적인 성격과 대결하면서, 우리는 사변적 무근거성을 인식하기에 이른다. 세계에 대한 모든 주장은 가정에 의존하며, 가정들의 각 층은 해당 가정의 또 다른 층들에 의존한다. 우리는 자명성, 예컨대 유클리드 기하학에서 공리公理들과 같은 자명한 지위에 호소함으로써 이와 같은 전제들의 연쇄를 정당하게 중단시킬 수 없다. 자명함에 대한 의식은 우리의 지각 장치에 의존적인 것이고, 지각 장치는 우리의 육화된 유기체들 속에서 진화하여 제한적이고 실천적인 목적들에 복무한다.

세계에 대한 우리의 더 포괄적인 주장은 축소할 수 없는 실용적 여분을 가진다. 비록 자명성에 호소함으로써 전제들의 연쇄를 중단시킬 수 없을지라도, 특수한 이익들에 자극받은 예측과 이러한 예측이 고취하는 활동에 호소함으로써 우리에게 남겨진 이해의 조건적 형식들을 정당화할 수는 있다. 사변적 무근거성의 핵심은, 자연적 세계에 관한 우리의 지식에는 다루기 힘든 한계들이 존재한다는 점이다. 기술로 무장한 과학은 이러한 한계들을 밀쳐낼 뿐 결코 없애지 못한다. 우리는 그저 과학의 도움을 받아 육화된 영靈의 시각에서 세계에 대한 고찰을 지속할 뿐이다.

서구 철학사와 신학사에서 신의 존재에 관한 존재론적 증명[11]의 실패는 더 큰 문제의 특수한 표현이다. 자연에 대해 우리가 발견한 그 어떤 것도

---

11 (원주) 신의 존재론적 증명은, 신의 존재는 신이라는 관념 속에 내포되어 있기 때문에 신이 존재하지 않을 수 없음을 증명할 수 있다고 주장한다. 신은 완전하고 절대적인 존재이다. 이러한 논증의 다른 변형에 따르면, 존재한다는 것은 완전성의 한 속성이다.

그 성격과 내용에 있어서 세계의 적나라한 사실성事實性을 변화시키지 못한다. 세계는 우연히 특정한 방식으로 존재한다. 어떤 시점에 오직 하나의 우주만이 존재한다면, 우주의 가장 중요한 특성은 다른 어떤 것이 아니라 현재의 모습대로 있는 것—이것도 우연적이지만—이다.

우리가 우리 자신을 안심시키고 우리 자신과 운명을 화해시키려는 노력에 복무하기 위해 이해의 경계를 넘어서기로 한 형이상학적 상상력의 허구를 제쳐 두게 되면, 갈릴레오와 뉴턴 이래로 이어져 온 현대 과학의 지배적인 기획과 조우하게 된다. 이 기획은 수학의 언어로 표현될 것으로 기대되는바, 자연을 통제하는 불변의 법칙을 알아내는 것이다. 이 법칙의 통일적인 이해는 이제 자연에 대한 우리 이해의 외적인 경계를 고정시킬 것이다. 그러나 실재의 가장 일반적인 특징들에 대한 이러한 접근에는 두 가지 심각한 한계가 존재한다.

첫 번째 한계는, 자연과학의 방법들이 우주 전체에 대한 탐구보다는 자연의 부분들에 대한 탐구에 적합하다는 점이다. 소위 과학 탐구에 관한 뉴턴의 패러다임은 실재의 부분들과 우주의 영역들을 연구한다. 뉴턴 패러다임은 각 분야에서 수학적 방정식으로 표현할 수 있는 법칙에 따라 변하는 현상들을 표현해 주는 배위공간配位空間을 구획하는 약정된 초기 조건들을 두드러지게 한다.[12] 어떤 순간의 초기조건은 다른 순간에는 설명되어야 할 현상으로 변할 수 있다. 그렇게 과학자인 관찰자는 배위공간 바깥에 초시간적인 신의 지위에 선다.

---

12 수학이나 물리학 등 동적 체계에서 초기조건 또는 시드 값은 초기 시간으로 지정된 특정한 시점에서 변화하는 변수의 값이다. 배위공간은 이러한 초기조건을 만족시키는 모든 가능한 위치로 짜여진 공간이다.

그러나 이를 우주 전체에 적용하면 이 방식은 실패한다. 사변적 무근거성을 물리치거나 제약하기 위해 우리에게 필요한 것은 (공간-시간의 부분들에 관한 지식보다는) 바로 우주 전체에 관한 지식이다. 주제가 국부적이지 않고 우주적인 경우, 배위공간 안에서 초기조건과 설명되어야 할 현상은 구별할 수 없다. 관찰자는 자신이 배위 경계들 바깥에 존재한다고 상상할 수 없다. 우주 바깥에는 서 있을 지점이 존재하지 않는다. 관찰자는 그가 탐구하는 사태의 모사본을 관찰하거나 준비할 수 없다. 특정한 시점에 하나의 우주만이 존재하거나 특정한 시간에 최소한 하나의 관찰 가능한 우주만 존재하기 때문이다.

우주론적 탐구 모형으로서 지배적인 자연과학 관행이 지닌 두 번째 한계는, 이 관행이 자연의 작동 방식에 대해 역사적으로 협소한 관점을 취한다는 것이다. 이 관행은 상대적으로 안정적이고 냉각된 우주를 상정한다. 이러한 우주에서는 소립자물리학의 표준모형에서 기술되고 있는바 자연의 구성 요소들이 불변적이고 온갖 실천적인 목적에서 볼 때 영원하다. 이에 따라 사태와 이를 지배하는 법칙은 명확하게 구별 가능하다. 인간은 모든 인과적 해명과 인과관계의 불가피한 지지대로서 자연법칙을 불변하는 법칙들이 작동하는 특수한 사례로 사고한다. 이로써 인접한 가능성의 범위, 즉 어떤 것이 다른 것으로 변모할 수 있는 방식과 정도는 탄탄하게 획정된다.

그러나 과학의 발견들은 자연이 과거에도 현재에도 항상 이러한 형태로 나타나지 않음을 보여 준다. 자연은 불타는 듯 또 다른 불안정한 변형을 가지고 있으며, 우주의 초창기 역사에 그러한 변형으로 나타났고 다시 나타날지도 모른다. 이 변형에서는 자연의 기본적이고 영원한 구성 요소라고 생각한 것들이 아직 존재하지도 않았거나 현재의 모습처럼 특징적으로 분화된 구조로 조직되지도 않았다. 자연법칙 자체가 그 법칙이 통제하는 사태들과 구별되지 않았을 것이다. 실제로 인과관계나 인과적 계기繼起는 전혀 법칙적 형태를 띠지 않았을 것이다. 현상들의 변형가능성은 나중에 갈릴레오와 뉴턴에 의해 정립된 과학이 당연시한 상대적으로 안정되고 냉각된 우주에서 일어난 변형가능성보다 훨씬 컸을 것이다.

우리가 안다고 감히 말할 수 있는 것 그 이상을 주장하려는 성향을 지닌 위안용 형이상학을 제쳐 두고, 불완전한 과학적 전통을 우주론의 기초로 인정하고 그럼에도 불구하고 20세기 과학의 혁명적인 경험적 발견들에 주목한다면, 우리는 사변적 무근거성을 극복하기보다는 이를 재확인해 주는 견해에 도달한다. 이에 따르면, 만물은 조만간 변한다. 존재하는 사물의 유형들뿐만 아니라 이것들을 연결시켜 주는 규칙성들도 변한다. 변화도 변한다. 인과적 계기는 단순히 정신의 구성물이라기보다 자연의 원초적 특징이다. 인과적 계기는 (자연의 상대적으로 안정적이며 냉각된 변형들 속에서) 때로는 법칙적인 규칙성을 보이지만, 그렇지 않을 때도 있다.

이제 인간 이해의 한계에 해당하는 것은 현재의 모습 이외의 것으로 존재할 수도 없는 우주도 아니고, 초시간적인 법칙의 구조도 아니다. 그것은 무상함impermanence이고, 우리는 이를 시간이라고 부른다. 서구 과학과 철학의 초창기인 2,500년 전에 아낙시만드로스는 이를 다음과 같이 표현했다. "만물은 서로에게서 유래하며, … 시간의 지배 아래서 필연성에 따라 서로 안에서 소멸한다."[13] 그렇다면 어떠한 것도 우리의 사변적 무근거성을 말끔하게 설명하지 못한다. 오히려 만물은 수렴하여 그 의미를 더욱

---

13 이 말은 《철학자의 단편》을 통해 전해진다.

정확하고 예리하게 만들 뿐이다.

세계는 시간상 과거와 미래, 심지어 현재의 우주를 넘어가는 역사를 가진다. 어떠한 확정적인 법칙 체계도 이 역사가 과거에 무엇이었으며, 미래에 무엇이 될 것이고, 또는 무엇이 반드시 되어야 하는지를 우리에게 말하지 않는다. 자연의 법칙성은 이러한 역사의 원천이라기보다는 역사의 산물이다.

우리가 지금 이 역사를 이해하는 것보다 훨씬 잘 이해하게 되더라도, 우리는 여전히 역사 안에서 사소한 역할을 수행하는 것으로 제한될 것이다. 역사는 우리의 관심에는 낯선 것으로 남는다. 역사의 지속적인 메시지는 어떤 것도 영원하지 않으며, 만물은 다른 모든 것으로 변모한다는 것이다.

우리 자신에 관해서는 무엇을 알 수 있는가? 이는 실존적 무근거성 문제의 한복판에 놓인 질문이다. 우리의 실존적 무근거성에 대한 응답은 삶의 영위營爲와 사회의 조직에 지침이 되도록 세계 안에서 우리의 상황을 이해하는 것이다. 우리는 우선적으로 우리 자신을 벗어나 세계뿐만 아니라 세계 안에서 우리의 위치에 대한 일반적인 이해 속에서 실존지향의 근거를 찾아내려 할 것이다. 일반적인 이해가 아무런 단서도 제공하지 못하면, 우리는 물러나 우리 자신, 즉 우리의 생물학적·역사적 경험과 자기이해에 의지하게 된다. 이제 문제는 우리 자신 바깥에서는 정초가 없다는 바로 그 점이 우리의 자체 정초를 자극하고 정당화할 수 있는지 여부의 문제로 전환된다.

이 모든 시도가 실패한 경우에만 우리는 직접적으로 인간의 실존적 무근거성에 직면하게 된다. 어떠한 경우에도 실존적 무근거성의 위협에 대한 답변은 우리가 처한 상황의 가장 놀라운 측면, 즉 우리가 죽게 된다는 점을 고려해야만 한다. 그리고 이 답변은 그것이 우리에게 영생永生을 성취하는 방법을 보여 줄 수 없다면, 적어도 우리의 필멸성, 우리의 드러난 인간 본성 혹은 우리가 이룩할 수 있는 인간 본성, 우리의 근본적인 필요와 욕구, 세계에 대해 그리고 세계 안에서 우리의 위치에 대해 우리가 발견하기를 희망할 수 있는 것들[지식]의 다루기 힘든 한계들을 인정하는 와중에도 우리가 어떻게 살아야 하는지에 대한 접근의 단초들 정도는 제공해야 한다.

실존적 무근거성의 문제는 간단하게 다시 진술할 수 있다. 세계에 대한 이해 속에서 실존지향을 정초하려는 모든 시도는 실패하기 쉽다. 그러나 그 시도들이 영원히 실패할 수밖에 없다고 말하는 것은 인간 통찰과 기획의 미래에 대해 부당한 주장을 하는 것일 수 있다. 우리가 스스로에게 가르쳐야 할 바는, 철학이 종교에게 넘겨준 공간에서 실존적 무근거성의 위협을 다루어 온 인간 투쟁사이다.

이 위협을 다루는 세 가지 기획을 생각해 보자. 이 기획들이란 지난 2천 년의 세월을 지배한 세 가지 주요한 영적 선택지로서 다음 세 개의 장에서 탐구할 것이다. 이 연구의 결과를 간결하게 요약하면 이렇다. 복음이 좋을수록 그 복음을 믿게 할 근거는 그만큼 허약하다. 복음이 신뢰할 만할수록 실존적 무근거성의 경험을 일으키는 당혹감과 불안에 대한 응답으로서 복음은 그만큼 덜 만족스럽다.

사물을 있는 그대로 보려는 우리의 욕구와, 자극과 지침에 대한 우리의 탐색을 대립시키는 역차등제逆差等制가 존재하는 것처럼 보인다. 더구나 이러한 차등제상의 더 신뢰할 만한 입장들조차도, 즉 믿을 수 없는 것에 동의하라고 우리에게 요구하지 않는 입장들조차도 만족스럽지 않다. 비록 맹신을 요구하지 않을지라도 이러한 입장들은 우리가 가진 저항과 주체 변혁의 역량을 경시하기 때문이다.

매우 고무적이지만 거의 믿을 수 없는 복음은, 우리에게 우주를 주재하는 친구가 있다는 복음이다. 이는 셈족의 유일신교, 즉 유대교·기독교·이슬람교에 의해 전파된 복음이다. 우리의 친구는 세계와 인간을 창조했다. 그는 그 창조적이고 생명을 부여하는 사랑으로 그렇게 했다. 우리는 그의 모상模像대로 지어졌다. 그는 우리를 만들고 가만히 내버려 두는 것에 만족하지 않고 구원할 계획을 갖고 있다. 이 구원 서사의 하나에 의하면, 이 계획을 실행하고자 그는 심지어 2천 년 전에 인간으로 수육[14]되었다. 그는 우리를 영원한 생명과 그의 현존에 대한 참여로 초대하고, 우리의 생활 방식과 상호 간의 처우 방식을 변화시키라고 요구한다. 신자 공동체는 이 복음을 지키고 확산시킬 것이다.

이 메시지가 위력이 없는 것은 아니다. 우리의 영적 자유는 우리가 이 메시지에 유의하거나 그 길을 따르는 데에 실패할 위험을 초래한다. 우리는 그로부터 단절되고 소외당할지도 모른다. 구원 자체와 마찬가지로 이 단절은 불가역적이고 영원한 것이 될지도 모른다. 그럼에도 불구하고 우리에게 우주를 주재하는 친구가 있다는 견해는, 우리의 피할 수 없는 죽음과 명백한 무근거성을 감안할 때 우리가 수용할 만한 최고의 복음이다. 그는 존재의 기반이고, 특히 인간 존재의 기반이다. 그 안에서 우리는 죽음의 극복을 희망한다.

문제는 이 서사에 대한 믿음을 얻거나 지속시키기 어렵다는 점이다. 이 믿음이 단지 가족이나 문화 관행에 따른 묵종이 아니라면 틀림없이 특정한 경험을 겪은 결과일 수밖에 없다. 그 체험이 자연의 작동에 대한 우리

---

14 incarnation. 신이 인간의 몸을 하고 세상에 온 것을 의미한다. 보통 수육受肉 또는 성육신成肉身으로 옮기며 이 책에서는 수육으로 통일한다.

의 일상적인 믿음을 침해할지라도, 그러한 체험은 항거불능의 힘이 아니라면 강력한 힘으로 우리에게 작용할 것이다. 그러나 소망적 사고를 통찰로 착각하는 우리의 성향을 감안할 때, 우리가 이런 식으로 압도당하는 것을 허용해야 하는지의 여부와 관계없이, 우리는 온갖 노력에도 불구하고 그와 같은 체험을 겪지 못할지도 모른다. 그런 체험을 한다 할지라도 거기에서 벗어날지 모른다.

복음의 수용이 죽음과 무근거성으로부터 우리를 구원한다는 서사에 대한 불신을 버리라고 요구하지만, 구원 서사는 우리에게 세 가지 난점을 제공한다. 이를 이성의 추문醜聞들[15]이라고 부르자.

첫 번째 추문은, 만물의 다른 만물로의 변형과 구별되고 변화의 변화와도 구별되는 정상적인 자연 운동의 갑작스럽고 근본적인 중단〔기적〕을 우리가 수용해야 한다는 점이다. 두 번째 추문은, 특별한 개인과 사건들이 인류 모두를 위한 구원의 서사에서 수행할 특권적인 역할을 가진다는 점, 달리 말하면 특별한 플롯만이 보편적인 메시지를 전달한다는 점이다. 세 번째 추문은, 신 관념이 일정한 역할을 수행하는 믿음 체계의 관점에서 신 관념의 주요한 후보들—인격으로서의 신, 비인격적 존재로서의 신 또는 비인격-비존재(이름 부르기 불가능한 부정)으로서의 신—각각에 대해 제기될 수 있는 벅찬 반박들로 우리가 위축되는 상황을 결코 용납하지 말아야 한다는 점이다. 사회적 관행이나 종교적 열광이라는 스스로 부과한

---

15 이성의 추문 또는 철학의 추문이라는 표현은 칸트가 《순수이성비판》 제2판 서문의 각주에서 사용한 말이다. "우리 자신 외부의 사물의 존재를 … 순전히 믿음에 입각하여 받아들일 수밖에 없다는 것, 그리고 그것을 의심해야 한다는 생각이 누군가에게 떠오른 경우 그에게 만족스러운 증거를 제시할 수 없다는 것은 항상 철학 및 일반적인 인간 이성의 추문이다." 이성의 추문에 대한 웅거의 논의는 제5장에서 본격적으로 전개된다.

격자에 갇혀 있지 않다면, 우리는 복음이 너무 좋아서 의심스럽다고 판단할지도 모른다.

실존적 무근거성에 대한 두 번째 답변 형태의 가장 중요한 사례는 부처의 가르침과 베다의 철학이라고 할 수 있다. 이러한 형태의 답변은 자연이 일시적으로 자신을 드러내는 수단이 되는바 존재의 모든 종류들—때로는 자연종自然種들이라고 불린다—의 무상성無常性뿐만 아니라 그러한 존재 유형들 간의 모든 규칙적 관계의 무상성을 강조한다. 이 답변은 자연의 변화하는 위장들 속에서도 불변적이고 통일적인 존재를 식별한다. 이러한 철저한 무상성은 주체 간의 구분을 포함해서 모든 현상적인 구분들이 환상적일 뿐만 아니라 시간 자체도 '영원의 운동하는 상'[16]일 뿐임을 시사한다.

이에 따르면, 인간이 신뢰할 만한 유일한 정초는 인간으로 하여금 통찰과 분투를 통해 현상계의 혼란에서 벗어날 수 있게 하고, 근저에 놓인 유일한 실재, 즉 존재의 실재에 대한 인간의 참여를 증강시키는 것이다. 이 정초는 인간 사이에서 또한 세계 안에서 천박하고 찰나적인 구분들을 꿰뚫어 보는 포용적인 연민의 길이다.

인간의 육화된 실존과 관련하여 죽음은 무상성의 진실을 확인한다. 죽음은 인간이 실제로 떠나지 못했던 존재 근거로의 귀환을 신호한다. 그리하여 죽음과 무근거성에 대한 답변들은 동일한 방향에서 동일한 원천과 과업을 가진다.

여기서 우주의 창조자이자 주재자로서의 친구라는 복음과 죽음과 무근거성에서 인간을 구원하려는 그의 계획에 대한 복음만큼 좋지는 않지

16　신플라톤주의 철학자 플로티누스나 프로클루스의 시간에 대한 정의이다. 이러한 관념의 기원은 플라톤의 《티마이오스》(37d)에서 찾을 수 있다.

만 다른 복음이 등장한다. 이 복음은 사변적 무근거성에 관한 논의의 결과, 즉 '만물은 서로에게서 기원하며 시간의 지배 아래서 필연성에 따라 서로 안에서 소멸한다'는 아낙시만드로스가 예언했던 견해와 어느 정도 유사하다. 주요한 차이는 이러한 사유 전통에서 현상적인 구분 및 주체 간의 구분의 무시에, 그리고 항상 그렇지는 않지만 빈번히 연관된 시간의 실재성에 대한 거부에 있을 것이다. 시간이 환상적이라면 역사도 환상적이고, 인간의 세속적인 참여도 목표 없는 경로나 경로 없는 목표로 판명된다.

실존적 무근거성에 대한 이러한 취급 방식을 수용하려면 현상계와 시간의 실재성을 부인하거나 무시하는 데에서 시작해야 할 것이다. 무상성 테제를 긍정하는 것은 하나의 문제이다. 무상한 존재들이 실존하는 동안 이들의 실재성을 위축시키는 것은 또 다른 문제이다. 바로 그 때문에 그 복음은 믿을 수 없다.

이제 우리는 감춰진 통일적인 존재와 인간의 합체를 인간의 육화되고 개별적인 실존의 대체물로 수용해야 한다. 우리는 이제 개별적인 주체를 상실함으로써 세계를 구성하는 단일한 정신에게 공양된다. 피할 수 있다면 누가 이러한 거래를 수용하려고 하겠는가? 바로 이 때문에 그 복음은 실망을 안겨 준다.

이 거래가 주는 불이익은 거래를 독려하는 실재에 대한 접근을 특징지어 주는 경로를 따르는 것이 가져다주는 실천적 결과로 심화된다. 거래가 타인, 실제로 실재 전체와 포괄적인 관계를 주장하기 위해 제공한 기초에도 불구하고, 거래가 고취할 수도 있는 공감적인 행동의 촉구에도 불구하고, 거래의 근본적인 제안은 우리가 현상적이고 일시적인 세계를 제자리에 놓아야 한다는 것이다. 유일한 존재와의 친교를 더 훌륭하게 성취하려면, 현상적이고 세속적인 세계의 권위와 실재성을 무시해야 한다.

우리는 이러한 권고를 수용함으로써 무근거성의 체험에 대한 이론적 해법과 우리가 보유한 가장 신뢰할 만한 실천적 해법을 불화 상태에 빠뜨린다. 실존의 꿈같은 성격에 대한 통찰이 어떠한 실효적인 구제 수단을 확보하고 있다면, 그것은 형이상학을 통한 자기구원이 아니라 인간의 참여와 부책負責에 있기 때문이다. 인간과 삶을 최상으로 화해시키는 것은 바로 더 많은 삶more life이다. 그와 같은 참여와 부책들이 꽃피는 역사 및 특징적인 인간 행위자들의 세계로서 현상적 세속적 세계의 (궁극적) 실재성과 권위에 의문을 품는 것이 이러한 세계 접근의 특징이다.

인간의 실존적 무근거성에 대한 세 번째 답변은 전적으로 다른 출발점에서 시작하는데, 공자의 가르침이나 서구의 여러 세속적 인본주의 갈래에서 볼 수 있다. 이 접근법은 사변적 무근거성을 수용하지만 사변적 무근거성이 실존적 무근거성을 함축한다는 것을 거부한다. 그리고 인간적 관심사의 흔적이 담긴 더 나은 인간 주체를 강화하는 문화와 사회를 형성함으로써 인간 자신을 정초해야 한다고 제안한다.

이에 따르면, 자연의 위대한 장관은 무의미하다. 자연의 일부를 극복하고 자연을 인간의 이익에 봉사하도록 만들기를 희망할 수 있지만, 우주의 엄청난 무관심과 인류의 요구 사항들 간의 격차를 가교할 수는 없다. 우리가 할 수 있는 것이라곤, 이조차 하지 않는다면 무의미해지고 말 우주 안에서 의미 있는 질서를 창조하는 것이다.

이 질서를 수립하는 최상의 기회는 인간의 정체성과 인간의 관계 방식을 도야하는 것이다. 사회의 규칙, 역할, 관례들과 상상적 공감력, 즉 타자의 경험을 이해하고 그의 필요를 충족시키는 능력의 점진적인 강화 간의 변증법을 통해서 우리는 그 일을 할 수 있다. 주로 사회에서 인간이 수행하는 역할을 통해 정해진 상호 간의 의무를 이행함으로써, 우리는 자연이 우리에게 제공하지 않는 인간화된 구조를 확보할 수 있다.

우리 중 최상의 인간, 즉 타자의 경험을 상상하는 힘이 최고로 계발되고 타자의 필요를 충족시키는 기질이 최고로 드러난 사람들은 삶의 영위에서 자신을 인도할 규칙이나 관례, 역할을 더 이상 필요로 하지 않을 것이다.[17]

실존적 무근거성에 대한 이 세 번째 답변은 실존적 무근거성 문제를 해결할 수 있는 전망을 제약하는 두 가지 과오, 즉 사회와 역사에 대한 과오와 주체에 대한 과오를 범한다. 사회와 역사에 대한 과오란, 우리가 긍정적으로 평가할 만한 모든 경험을 수용할 힘이나 인간 상호 간의 의무 이행에 필요한 권위적인 구조를 표현할 힘을 특정 사회체제에 부여한다는 것이다. 논쟁의 여지가 없는 사회체제는 없다. 따라서 자연이 우리에게 거부한 정초를 만회하는 인간 생활의 정초를 제공해 줄 사회체제를 바라서는 안 된다.

주체에 대한 과오는 인간 조건이 안고 있는 치유 불능의 세 번째 약점, 차차 논의하겠지만 인간의 충족불가능성이라는 약점에서 드러나는 인성의 또 다른 진실을 무시하는 것이다. 우리는 우리가 형성하고 살아가는 사회적·문화적 세계뿐 아니라 인간 상호 간에 있어서도 우리 자신과 세계가 제공할 수 있는 것보다 더 많은 것을 요구한다. 우리의 가장 근본적인 물질적·도덕적 관심의 진보는 통상 우리에게 사회적 삶의 온갖 확립된 계획에 도전하고 이를 수정하도록 요구한다. 이러한 도전과 저항이 가진 힘의 궁극적 원천은, 그러한 사회체제 안에 존재하거나 존재할 수 있는 것보다 더 많은 것이 집단적으로든 개인적으로든 우리 안에 존재한다

---

17 공자는 70에 이르러 마음가는 대로 해도 법도에 어긋나지 않았다(從心所欲不踰矩)고 말했다.

는 것이다. 우리는 주체를 형성하기 위해 서로에게 의존하지만, 동시에 이러한 의존이 예속을 낳지 않을까 우려한다. 주체의 형성과 파멸은 유사한 원천을 가지기 때문이다.

사회발전이 인간의 자기정초를 수립할 수 없다는 결론은, 사회생활 구조들에 대한 인간의 상충적인 관계뿐만 아니라 인간 상호 간의 양가적인 관계에서 나온다. 우리가 자신을 기만하지 않거나 우리 자신의 예속 상태에 공모하지 않는 한, 사회발전은 실존적 무근거성의 번민을 누그러뜨리지 못할 것이다.

여기까지의 잠정적인 결론은, 사변적 무근거성이 실존적 무근거성으로 전환되는 것을 막으려고 세계사의 주요 문명들이 시도했던 방식 중 어떤 것도 성공하지 못했다는 것이다. 그 방식들은 실천으로서 결함이 있다는 이유만으로 이론으로서 결함을 갖는다. 그 실천적 결과는 이론적 결함을 드러낸다.

인간의 필멸성과 무근거성의 결합은 인간의 삶에 화급하고 수수께끼같은 특성을 부여한다. 우리는 덧없는 생애에서 관통할 수 없는 어둠의 한가운데에서 투쟁한다. 우리의 문명, 우리의 학문, 우리의 노동, 우리의 사랑 같은 작은 영역이 빛을 발한다. 우리는 빛이 없는 더 큰 공간 안에서 빛나는 영역의 위치를 규정할 수 없고, 그저 미몽 가운데 죽음으로 행진할 따름이다.

인간의 무근거성과 필멸성 사이에는 불균등한 관계가 있다. 인간의 조건에서 필멸성은 무근거성보다 더 근본적인 결함이다. 우리가 역사적 시간 속에서 계속 회춘하고 영원하고 육화된 삶을 누린다고 할 것 같으면, 인간의 능력이 인간 실존의 근거를 통찰하지 못한다는 사실은 그다지 벅찬 일처럼 보이지 않을지 모른다. 인간 실존의 근거를 발견하는 일에서 항상 나중에 나아질 것이라고 희망할 수도 있다. 언제나 실존의 바로 다음 단계에서 발생하는 관심사로 돌아가게 될 수도 있다. 인간의 무근거성이 일부 철학자들에게는 이론적 호기심처럼 보일지도 모른다. 앞선 논의의 용어로 표현하면, 이는 실존적 무근거성이라기보다 단지 사변적 무근거성에 해당할 것이다. 그러면 이 무근거성은 여전히 당혹스러운 사태로 남겠지만 그 위력은 대폭 감소될 것이다.

실존의 근거를 이해한다면, 우리의 이해는 죽음의 공포를 누그러뜨릴 수도 있고 그렇지 않을 수도 있다. 공포를 누그러뜨릴 수 있을지의 여부는 우리의 결론에 달려 있을 것이다. 우리의 공포감을 진정시켜 주는 이론들이 있다. 예컨대 우리의 친구가 우주를 주재하고 그가 우리에게 생명을 주었고 우리에게 오로지 더 높은 삶을 주기 위해서만 우리를 죽음으로 인도할 것이라고 우리를 확신시키는 이론뿐만 아니라, 우리를 점진적으로 비인격적 존재의 자기형성과 자기완성에 스며들도록 우리를 이끈다는 이론도 있다. 우리는 이러한 견해 중 하나가 진실이기를 절실하게 원할 만한 수많은 이유가 있다.

종교사의 핵심 쟁점 중 하나는, 종교가 인간이 바라는 위안을 제공하는 역할을 수행하는 것에 만족할지의 여부이다. 그 다음 따라오는 문제는, 그 위안용 믿음이 우리에게 제공하는 기대로 성이 차지 않는다면 이제 무엇을 희망할 수 있는지다. 두 가지 쟁점이 이 책의 주요 관심사를 구성한다.

우리는 과학적 탐구가 우리에게 제시하는 필연과 우연의 파편들은 파악해도, 인간 실존의 이유는 파악하지 못한 채 죽을 수밖에 없다. 과학적 지식이 성장한다고 해도 이러한 인간 조건을 변화시키거나 변화시킬 수 있는 것처럼 보이지 않는다. 우주가 단수인가 복수인가, 우주가 영원한가 아니면 시간에 속박되어 있는가, 우주의 기원이 시간 속에 있는가 아니면 시간과 함께 탄생하였는가에 따라 우리는 여전히 풀지 못할 수수께끼를 표현하는 다양한 방식을 갖게 될 뿐이다.

충족불가능성

우리의 욕구는 충족 불가능하다. 제약적인 것에서 무제약적인 것을 추구하는 우리는 실패할 수밖에 없다. 충족불가능성은 인간의 삶에서 치유할 수 없는 세 번째 결함이다.

충족불가능성은 인간의 자연적 특성에 뿌리를 두고 있다. 불확정적인 인간의 욕구는 다른 동물들에게서 볼 수 있는 욕구의 고정성과 확정성이 없다. 중독과 집착처럼 욕구가 특별한 대상에 고착된 때에도 우리는 그러한 대상이 우리와 느슨하게 또는 임의로 연관된 갈망의 대체물로 복무하도록 만든다. 유한한 것을 무한한 것의 대체물로 복무하도록 만든다. 특히 중독과 집착의 형태에서 뚜렷하게 드러나는 이와 같은 그릇된 결합은 필요와 추구에 관한 우리의 체험 전반에 퍼져 있다.

인간 욕구의 형성에서 생물학적 결정성이 후퇴하거나 모호해지면, 인간의 욕구를 충족 불가능한 것으로 만드는 네 가지 힘들이 작동하는 공간이 열린다.

욕구의 충족불가능성의 첫 번째 뿌리는, 육화와 초월의 변증법이 욕구의 삶에 새겨져 있다는 점이다. 우리는 욕구가 채워지지 않을 때에 고통을 느끼고, 욕구가 채워지면 간단히 고통에서 해방된다. 그러나 우리의 욕구는 그 수와 범위에서 무제한적이다. 곧 보상받지 못한 욕구들로 불만의 순간이 지속된다. 끝이 없는 결핍과 갈망의 경험 속에서 만족은 찰나적인 간주곡일 뿐이다.

충족불가능성은 어떻게 달라질 수 있는가? 협소하게 정립된 일련의 욕구로는 우리의 본성을 규정하지 못한다. 그러므로 어떠한 특정한 만족도 우리의 마음을 영원히 편하게 지속시키지 못한다. 욕구와 만족은 특정되지만 어떠한 의미(우리가 참여하고 있는 모든 사회적·개념적 체제들보다 인간이 우월하다는 의미)에서도 인간은 특정되지 않는다는 사실에 특정한 욕구와 특정한 만족의 문제가 있다.

충족불가능성의 두 번째 뿌리는 욕구가 사회적 구성물이라는 점이다. 인간의 욕구는 예정된 내용을 갖지 않는다. 좀 더 큰 범위에서 인간은 서로에게서 욕구의 내용을 취한다. 인간의 욕구는 사회가 주체를 납치한 상태를 나타낸다. 마치 욕구가 항상 주체의 주변에 머무는 것처럼, 욕구가 인성의 내밀하고 공허한 핵심을 관통하지 못하는 것처럼, 타자에 의한 욕구의 지배는 욕구의 내용을 공허해 보이게 한다. 우리는 영원히 주체에 대한 사회의 침입을 주체에 대한 사회의 또 다른 침입으로 대체할 준비가 되어 있다.

충족불가능성의 세 번째 뿌리는, 대다수 사람들에 의해 늘 결코 만족될 수 없는 욕구들이 우리의 욕구들 가운데 매우 두드러진다는 점이다. 인간은 서로에게서 사물과 권력뿐만 아니라 수용, 인정, 찬사를 원한다. 특히 인간은 어린아이가 부모에게 원하는 것, 달리 말하면 세상에 자신을 위한 무조건적인 장소가 존재한다는 보증을 서로에게서 원한다. 그러나 어떠한 보증도 모호하고 철회 가능하기 때문에 불충분하다. 설혹 희소한 물질적 자원을 충분하게 비축하고 있더라도, 인간은 더 희소한 비물질적인 자원에서는 결코 만족할 줄 모른다. 한 사람에게 부여된 것은 다른 사람에게서 취한 것이므로 우리는 지속적인 불만족의 상황에 처하게 된다. 자유로이 제공되지만 쉽게 파괴되고 마는 사랑만이 이와 같은 무한한 갈구에서 잠시 동안 우리를 해방시킬 뿐이다.

충족불가능성의 네 번째 뿌리는, 욕구를 충족시키는 과정에서 우리는 욕구와 관련된 고통과 결핍을 제거하려 할 뿐만 아니라 죽음과 무근거성에 대한 응답을 제시하려 한다는 점이다. 사람은 불사의 존재가 될 수 없기 때문에, 혹은 실존을 위한 더 미더운 어떠한 정초도 발견할 수 없기 때문에 부자가 되려고 할 수 있다. 이러한 끝없는 환유, 즉 궁극적인 것과 구차한 것의 교환은 우리를 낙담시킨다.

충족불가능성의 뿌리에는 하나의 공통 요소가 있다. 인간은 절대적이고 무조건적이고 무제약적인 것에 접근할 수 없다. 그래서 제약된 것에서 절대적이고 무제약적인 것을 추구한다. 인간은 자신의 필멸성과 무근거성을 떠나 만사가 잘되어 간다고 스스로를 안심시킬 수 없다. 따라서 우리는 스스로 교정할 수 없는 근본적인 약점들을 보상하는 데에 우리가 획득할 수 있는 온갖 물질적·비물질적 자원을 이용한다. 우리는 서로에게서 결코 만족스럽게 수용을 얻을 수 없다. 그래서 우리 각자는 우리를 위한 무조건적인 장소가 세계에 존재한다는 보증의 더 많은 징표들을 찾아 나선다. 우리는 우리의 끝없는 분투를 일련의 대상과 목표에 국한시킬 수 없다. 그래서 욕구, 만족, 권태, 다시 새로운 욕구라는 다람쥐 쳇바퀴를 반복하고, 우리 자신에게서는 결코 얻을 수 없는 신호를 타자에게서 취한다.

그 결과는 부동浮動하는 번뇌에 대한 노출이고, 많은 종교와 철학, 예술은 이러한 번뇌의 진정을 목표로 삼아 왔다. 자기구원의 명분 아래 동원된 사변적인 사고와 종교적 관행〔이른바 위안용 철학과 종교〕은 흔히 충족불가능성의 고통에서 자신을 더 훌륭하게 해방시키고자 자신에게 주문을 거는 장치로 복무해 왔다. 이 사변적 사유와 종교적 관행은 이러한 주문을 세계에 관한 심오한 진리의 영접인 양 보이게 하는 우주와 인생 스토리를 제공한다.

욕구의 충족불가능성 경험의 중심에는 인간 욕구의 공허함, 즉 다른 동물의 욕구와 비교할 때 인간 욕구의 불확정성不確定性이 존재한다. 인간과 동물 세계를 명백히 연결시키는 이러한 부정성否定性은 비고착적이고 포괄적이고 유동적인 특성을 가진 배고픔과 섹스와 같은 인간의 욕구에도 영향을 미친다.

욕구의 공허함은 두 가지 측면에서 나타난다. 욕구는 르네 지라르[18]의 용어에 따르면 모방된 것이고, 카를 라너[19]의 용어로 말하면 투영投影된 것이다. 앞선 논의는 욕구의 이러한 특징들이 각기 충족 불가능한 욕구의 계보에서 어떤 역할을 하는지를 보여 주었다. 이 특성들은 모두 충족불가능성의 본성을 해명하는 데에 기여한다. 인간의 욕구는 공허하기 때문에 그 빈 공간은 다른 사람들에 의해 채워질 것이다. 대체로 인간은 자신의 주변 사람들이 욕구하는 바를 욕구한다. 타인의 욕구는 우리를 오염시키고, 욕구는 우리를 접수한다. 이러한 접수는 욕구의 내용 및 그 추구를 위해 활용 가능한 사회적 대안의 범위에 따라 경쟁과 협력의 기초를 수립한다.

우리가 욕구의 모방성에 저항하지 못하거나 심지어 투항하고 만다면, 우리는 맥락에 의해 형성되지만 맥락을 초월하는 존재가 되지 못할 것이다.

---

18 르네 지라르René Girard(1923~2015). 프랑스의 문예이론가, 문화비평가. 그의 모방이론mimetic theory은 욕구에 대한 이해에서 출발하여 거대한 인간관계이론으로 발전했다. 위대한 소설가(세르반테스, 셰익스피어, 스탕달, 프루스트, 도스토옙스키)의 통찰에 입각하여, 욕구는 주체와 객체 간의 단선적인 과정이 아니라 타자의 욕구에 영향을 받는다고 보았다. 우리가 누구를 욕구하고 무엇을 욕구하는지는 매개자와 모델에 의존하여 정해진다. 이제 모방적 욕구는 갈등을 유발한다. 모델이 나의 욕구와 동일한 대상을 두고 적으로 변하기 때문이다.

19 카를 라너Karl Rahner(1904~1984). 독일 예수회 신부, 신학자. 아우구스티누스의 concupiscentia(욕구/욕정) 개념을 수용하고, 욕구를 성적 욕구에 연관시킨 아우구스티누스의 맥락에서 벗어나 인간의 모든 의도적인 행위의 중요한 요소로 재구성했다. 카를 라너의 이론에서도 모방적 욕구가 중요한 역할을 차지한다.

예속 없는 연결을 추구하기 때문에 나타나는 불가피한 양가성이 인간 상호 관계를 지배하지도 않게 될 것이고, 우리는 희미하게나마 "모방은 자살"이라는 점도 이해하지 못할 것이다. 모든 실존 영역에서 연결 없는 주체의 형성은 불가능하고, 주체 상실의 위험 없는 연결도 불가능하다. 모든 인간이 서로에게 말하는 것은 "나를 수용하되 나를 자유롭게 하라"이다.

타자뿐만 아니라 삶과 사상의 조직된 맥락에 대한 이러한 갈등 관계는 우리의 욕구 —진정으로 자신의 고유한 것이라고는 인정할 수 없는 욕구—충족 투쟁에서 발생한다. 욕구는 대체로 타자의 영향력 아래서 우리에게 다가온다. 어쨌든 우리가 이와 같이 차용한 욕구를 비판하고 변화시키고 우리 자신의 것으로 만들지 않는다면, 타자에 대한 우리의 양가성과 맥락에 대한 저항은 우리를 해방시킬 수 없고 우리의 역량을 강화할 수 없다. 따라서 우리의 양가성은 타자와의 관계에 국한되지 않으며, 욕구가 우리의 것임과 동시에 우리의 것이 아니기 때문에 이 양가성은 욕구 자체에도 존재한다. 이러한 혼동은 충족불가능성의 경험을 구성하며, 이 경험에 고통스럽고 절망적인 특성을 부여한다.

이러한 복잡성이 사회와 문화에서 역사적으로 특수한 일련의 발전 결과로서 지난 몇 세기 동안 몇몇 사회에서 민주적·자유주의적·낭만적 이상의 전통과 결부되었다는 점은 널리 받아들여지고 있다. 그러나 진실은 그 반대에 가깝다. 어떠한 사회와 문화 체제에서도 전적으로 압도하거나 억압할 수 없는 주체의 근본적인 경험은 바로 이러한 형태의 삶과 의식의 저항할 수 없는 유혹을 설명해 준다. 정치와 문화에서의 예언적 목소리가 주체의 가장 깊숙한 곳에서 동맹자를 구할 수 없다면 그것은 쇠귀에 경 읽기로 끝날 것이다.

욕구는 모방된 것일 뿐만 아니라 투영된 것이기도 하다. 두 가지 의미에서 그렇다. 한편으로, 욕구는 직접적이고 명백한 대상 너머의 어떤 것을 항상 갈망한다. 그 너머에 있는 어떤 것은 무제약적인 것, 무조건적인 것, 절대적인 것, 무한한 것이라는 특성이 있다. 그리하여 욕구가 그 가시적 지평 너머로 기투企投한다는 의미에서 욕구는 투영된 것이다. 다른 한편, 그 너머에 있는 것은 멀고 흐릿하다. 우리는 거의 항상 에둘러서, 즉 그 너머의 것을 만질 수 있고 접근 가능한 것으로, 근접하고 가시적인 동경 대상으로 착각하면서 그 너머의 것에 접근한다. 숨겨진 절대적인 것을 명백하고 우연적이고 너무나 특수한 대상에 투영한다는 의미에서 욕구는 투영된 것이다.

집착과 중독에서 무제약적인 것의 숨겨진 지평과 그에 대한 사소한 대체물 간의 터무니없고 심지어 변덕스러운 연결은 극단적이고 역설적으로 변한다. 그러나 이것은 욕구의 삶의 편재성에 관한 제한적인 사례일 뿐이다. 욕구 자체와 욕구의 추구를 둘러싼 습관과 일상의 특수한 대상이 우리의 역량을 동원하면서 우리의 관심을 지속시키지 못한다는 점을 우리는 권태를 통해 직접적으로 경험한다. 모든 영역에서 욕구 현상은 충족불가능성의 표지를 가지고 있으며, 충족불가능성, 초월의 능력, 무한한 것의 동경을 연결시킨다.

욕구의 투영된 특성도 마찬가지로 충족불가능성이 필멸성 및 무근거성과 어떻게 연결되는지를 보여 준다. 생의 덧없음은 욕구의 추구에 절박성을 더한다. 우리가 우리 자신을 만족시켜 줄 수도 있는 것의 도달 불가능한 지평의 대체물로서 허접한 대상들을 잇따라 추구하는 동안 우리의 시간은 끝날 것이다. 이러한 모호한 추적 작업에 삶을 소비한다는 상상속에서 죽음의 공포는 커져만 간다.

우리 실존의 정초에 대한 불확실성(더 정확하게는 우리의 실존을 정초하려는 온갖 시도의 실패)은 우리가 파악할 수 있는 구체적이고 결함 있는 특수적인 것들로부터 우리가 소리 없이 추구하는 추상적이고 무차별적이고 절대적인 것에 이르는 길을 우리에게 남겨 두지 않는다.

우리가 충족불가능성을 극복할 수 있는지의 여부와 어떤 조건에서 극복할 수 있는지의 여부에 대한 견해를 수립하는 때에 비로소 우리는 충족불가능성을 이해하게 된다. 충족불가능성을 인간 조건의 치유 불가능한 결함으로 기술하는 경우, 나는 우리를 인간적으로 만들고 또한 어쩌면 우리를 더 신처럼 만듦으로써 우리를 더 인간적으로 만들지도 모르는 속성들을 훼손하지 않고서는 그러한 결함에서 전적으로 벗어날 수 없다고 주장하고자 한다.

먼저, 어떤 사회와 문화 속의 선남선녀들은 욕구를 충족 불가능한 것으로 경험하지 않는다는 주장부터 생각해 보자. 이 경우 충족불가능성은 인간 경험의 보편적 특성이라기보다는 국지적인 특성으로 보일 수도 있다. 현대 인류학의 지배적인 관점에서 야만 사회를 연구하는 사람들은 종종 이러한 사회의 징표를 내재성內在性의 신학과 자족성의 수행론修行論으로 설명한다.

내재성의 신학은 기원전 천 년기의 종교적 혁명들 이래로 지배적이었던 정신적 믿음〔고등종교〕들과 달리 성스러운 존재나 신적인 존재를 자연적 세계와 사회적 세계 안에 정면으로 설정한다. 그리하여 내재성의 신학은 우리가 사는 이 세계에서 드러난 바를 초월하는 인격적 또는 비인격적 신성의 정초를 제공하지 않는다. 우리의 충족불가능성이 신학적 또는 우주론적인 전제를 가지는 것이라면, 내재성의 세계관은 그러한 전제들을 부정한다.

자족성의 수행론은 오로지 특정한 관습적인 생활 형식을 유지하는 선에서만 일하는 사람들을 형성한다. 그들은 이 생활 형식만 유지하면 더 이상 일하지 않는다. 그들은 냉혹한 분투와 축적을 향한 충동에 지배되는 상황을 용납하지 않는다. 사회적 삶에 대해 그들의 경험이 갖는 성격이 충족불가능성의 시련 앞에서 그들을 지켜 준다.

　이제 다음과 같은 질문을 정면으로 제기할 수 있다. '우리가 내재성의 신학과 자족성의 수행론에서 이탈하는 경우에만 우리는 충족 불가능한 존재가 되는가?' 욕구를 자극하는 관념들의 역사가 있듯이 욕구의 역사가 있는 것도 사실이다. 그러나 이 역사는 목적 없는 것이거나 무작위의 것이 아니다. 이 역사는 단일한 목적으로 환원되지 않는다. 그럼에도 불구하고 역사에는 방향들이 있다. 이 역사의 방향들을 신적인 정의의 척도들과 혼동해서는 안 된다. 이 방향들은 시간이 흐르면서 우리의 현재적 · 장래적 면모를 드러낸다.

　내재성의 신학과 자족성[20]의 수행론이 부과한 제약들은 우리의 권능, 즉 생산 권능뿐만 아니라 온갖 창조와 혁신의 권능의 발전을 억제한다. 이 제약들은 우리의 모든 이익과 이상을 구속하는 인간들 간의 제휴의 관행, 제도, 가정의 한계들에 대한 우리의 도전을 막는다. 그리고 세계 속에서 기성의 삶과 사상의 구조를 규정적이고 권위적인 거점으로 간주하라고 요구한다. 그러나 인간이 신보다는 동물에 가깝다고 가정하지 않고서는 그러한 요구를 따를 수 없다.

　이러한 가정의 허위성은 기성의 삶과 사상 체제가 무엇인지, 또한 상황이 변하고 갈등이 발생하는 상황에서 이러한 체제를 어떻게 이해하고 유지해야 하는지와 관련된 억제 불가능한 불확실성의 요소들로 예고된다. 어떠한 현실적인 사회도 그러한 대본에 완전히 묶일 수 없다. 어떠한 현실적인 개인도 대본이 각 사회적 역할의 보유자에게 배정된 대사臺詞의 소

20　원문에는 insufficiency라고 되어 있는데, 문맥상 sufficiency의 오식으로 보아 수정 번역했다.

극적인 연기자가 될 수 없다. 비록 공개적으로 도전하지 않더라도, 개인들은 그 대본을 은밀하게 개작할 것이다. 가정의 허위성은 이렇게 상정된 아카디아[21]로부터의 이탈이 되돌릴 수 없다는 사정으로 확인된다. 일단 에덴 상실의 고통과 장점을 경험한 이후에는 어떠한 민족도 어떠한 개인도 다시는 에덴으로 돌아갈 수 없다.

내재성의 신학과 자족성의 수행론의 거부와 연결된 혁명적 변화들은 모든 인류를 일깨웠으며, 앞으로도 계속해서 인류를 자극할 것이다. 혁명적 변화가 가져온 영향은 그 온갖 참상과 반전에도 불구하고 인간의 역량을 강화시키고, 나아가 우리 자신을 전적으로 드러내기 때문에 저항할 수 없고 섭리적인 힘으로 출현하게 될 것이다.

사회와 문화의 변형들이 충족불가능성에서 인간을 구제할 수 없다면, 그럼에도 불구하고 개인들로서 우리가 수행하는 활동 중 어떤 것이 충족불가능성 앞에서 우리를 지켜 줄 수 있을까? 우리의 의식을 빼앗지 않으면서 우리를 완전히 몰입시키고, 시간의 추이에 대한 우리의 감각을 수정하거나 심지어 정지시키고 일방적인 욕구의 순환주기를 중단시키는 경험을 사랑과 일을 통해 가질 수는 없을까?

우리가 운이 좋고 현명하다면 잠시 동안은 그러한 경험을 할 수 있다. 그러나 그 일은 곧 종결될 것이고, 그 일의 창조자에게 창조의 고통 속에서 과거에 의미했던 바와 같은 의미를 이제 더 이상 갖지 않게 될 것이다. 타자에 대한 양가성으로 오염된 사랑은 소멸하지 않는 한 끝없이 동요할 것이다. 일과 사랑은 그 자체로 특별한 참여와 특별한 연결로 보일 것이

---

21 그리스 펠로폰네소스반도의 지역명으로, 후대에 목자의 낙원으로 이상향을 의미하게 되었다.

고, 우리는 또 다른 특별한 하나로 그치지 않을 어떤 것을 부조리하고 불가피하게 하염없이 추구할 것이다. 충족 불가능한 욕구의 유예는 일시적일 뿐이다. 충족불가능성은 그 경감 수단을 통해 뚜렷하게 완화되겠지만, 그것은 인간 경험의 지속적인 잠류潛流로 남게 될 것이다.

인간이 죽음에 속박된 존재인 한, 실존은 긴급하고 경이로운 것이다. 인간이 무근거적인 존재인 한, 실존은 현기증을 일으키는 꿈과 같은 것이다. 인간이 충족 불가능한 존재인 한, 실존은 동요하고 고통당한다.

왜소화

"인간의 진정한 비애는 여기에 있다. 인간의 정신이 실패한다는 데에 있지 않다. 행위와 삶의 경로와 요구들이 인간 욕구의 품위와 강도에 좀처럼 부합하지 않다는 데에 있다. 그리하여 삶은 서서히 시들어 가다가 너무나 쉽게 벗어나고 허비된다." 우리가 인간 조건의 네 번째 치유 불가능한 약점으로 오해하기 쉬운 바를 시인 워즈워스는 그렇게 기술했다.[22]

인간의 특성 중에서 우리가 참여하고 있는 사회와 사상의 특정한 체제를 초월하는 권능보다 중요한 특성은 없다. 우리는 기성 체제들이 축복하고 허용하고 이해하는 것보다 항상 더 많은 것을 행하고 느끼고 사유하고 창조할 수 있다. 경험의 다산성과 풍부함은 경험에 부과된 모든 형성적 제약들[23]을 초월한다.

같은 이유로, 같은 의미에서 사회의 어떠한 직분도 개인에게 딱 맞아

---

22. 영국 낭만주의 시인 워즈워스의 〈the convention of Cintra〉(1809)라는 산문집에 나온다.

23. 형성적 제약은 기성 제도를 의미한다. 웅거는 제도를 '형성적 맥락'이라고 부르기도 한다.

떨어지지 않는다. 사회의 어떠한 조직 체계도 우리가 긍정적으로 평가할 만한 활동이나 우리가 마땅히 행사하고 발전시켜야 하는 권능을 모두 포함할 수 없다. 실존의 확정적 조건에 대한 이러한 초월은 마음속에서 인간의 위대성에 대한 관념이나 몇몇 세계종교가 신에게 배정한 속성들에 대한 인간의 몫[24]에 대한 관념을 자극한다.

참여와 부책으로 지속되거나 연장되는 환희의 순간들이 삶의 일상적인 체험에 끼이들기도 하지만, 이러한 체험은 그럼에도 불구하고 봉쇄와 굴욕의 체험이다. 맥락을 초월하는 우리의 권능과 인간이 아낌없이 헌신하는 대상들 사이에 존재하는 지속적인 불균형은 실존을 왜소화의 시련에 빠뜨릴 우려가 크다. "모든 가정에서, 모든 소녀의 마음에서, 모든 소년의 마음에서, 원대한 성자의 영혼에서 이상적인 권능의 담대한 약속과 남루한 일상적 경험 사이에 이러한 틈이 발견된다." "그래서 인간 각자는 자신의 제후국들에 버림받고 홀로 호각을 부는 황제"라고 에머슨은 적었다.[25]

대부분의 역사에서 대부분의 인류에게 운명으로 부과된 경제적 박탈과 사회적 압제의 극단적 형태들은 이러한 시련을 더욱더 쓰라리고 불가피한 것으로 보이게 한다. 그러나 삶의 표층을 꿰뚫어 보면, 특권을 누리는 자도, 영향력을 가진 자도, 탁월한 능력을 가진 자도, 운수 좋은 자도 왜소화의 부담에서 자유롭지 않음을 보게 된다. 이러한 부담은 인간 생활을 형성하는 반복적인 사건들에서 보편적으로 기인하기 때문이다. 여건과 행운 덕에 박탈과 압제를 면한 사람들조차 실존 과정에서 세 가지 연

---

24 share를 몫으로 번역했다. 이는 고차적인 존재나 가치에 대한 인간의 관여와 그 속성의 공유를 의미한다. 이 책에 반복적으로 등장한다.

25 에머슨이 《위인Representative Men》(1884)의 〈몽테뉴 혹은 회의주의자〉에서 그렇게 적었다.

속적인 파도 속에서 다음과 같은 시련에 직면할 수밖에 없다.

첫째, 인생 경로의 초기 단계에서 인간은 자신이 세계의 영원한 중심이라는 의식에서 추방당할 수밖에 없다. 그는 무수한 사람 중 하나에 불과하다는 사실뿐만 아니라, 곧 무無로 돌아갈 것이라는 사실을 불가피하게 깨닫게 된다. 설사 영생을 획득할 것이라는 생각에 설득되더라도, 자신이 세계의 중심이라는 환상을 다시는 획득할 수 없다.

둘째, 만일 사회의 통제 요소들이 인생 경로를 부과해 주지 않는다면, 인간은 특정 경로를 스스로 택할 수밖에 없다. 만일 그 선택을 거부한다면, 보편적인 인간이 되지 못하고 불모의 병약한 존재가 되고 만다. 그러나 인생에서 특정 경로로 귀결된다는 것은 우리가 최종적으로 인식하는 우리 자신의 정체성과 삶의 영위 방식 사이에 간극을 만든다. 우리는 나 자신이 외적인 실존이 드러내는 것보다 훨씬 더 낫다고 어렴풋이 안다. 세계종교로부터, 오늘날에는 민주적이고 낭만적인 신조로부터 가르침을 받은 개인은 그가 헤아릴 수 없는 심오함을 가지고 있기 때문에 경험과 비전의 고도를 측정할 자격이 있다고 느낄지도 모른다. 그러나 그가 알고 있는바 그의 최종적인 정체성은 세계의 행위 경로로는 표현할 수 없다. 그 결과, 실존은 자기왜곡과 자기억제의 시련으로 변모한다. 이것은 햄릿만의 비극이 아니라 모든 인간의 고통이다.

개인은 나이가 들면서 세 번째로 왜소화의 부담에 직면하고, 그가 포용하거나 강요받아 온 하나의 실존에 안주한다. 일상, 타협, 조용한 투항, 어중간한 해법, 위축된 의식으로 이루어진 갑각甲殼이 그를 에워싸고 자라기 시작한다. 개인은 자신을 주체의 경화된 형태인 성격에 넘겨준다. 그리고 여러 차례 작은 죽음들을 맞이하기 시작한다. 그가 삶의 가치를 완전하게 깨달을 수 있다면 욕구하였을 '오직 한 번 죽는 것'에 실패한다. 왜소화와의 세 번째 조우는 왜소화를 있는 그대로, 할부 방식에 의한 죽음으로 드러낸다.

실존의 불변적인 조건들과 사회의 가변적인 제도들을 합당하게 구분하는 것은 도덕적·정치적 비전에서도 중요하고, 따라서 모든 종교에서도 중요하다. 결함이 있고 마땅히 수정해야 할 사회의 조직 방식을 필연적인 것인 양 표상하는 태도는 사회와 역사에 대한 미신의 특징적 형태, 즉 거짓필연성의 환상이다. 이 환상은 도전과 변혁에 맞서 사회의 특정한 배치 방식을 참호화하는 데에 기여한다. 그리고 특정한 순간에 인간의 이상과 이익의 표현에 불과한 제도와 관행의 인질로 다시 이익과 이상을 잡고, 그리하여 제도와 관행의 의미를 성찰하려는 우리의 기획을 억누른다. 제도적 물신숭배의 현대적 사례는 시장경제나 대의민주제 같은 추상적인 관념 자체와 시장이나 민주주의의 특정한 경로의존적인 조직 방식을 터무니없이 동일시하는 태도이다.

죽음, 무근거성, 충족불가능성과 같은 실존의 불가피한 특성들을 부정하는 것은 우리 자신을 심각하게 모욕하는 것과 다름없다. 이 특성들과의 대결에 실패하면 타협과 순응, 경화된 주체의 몽유병에서 깨어나 위대한 삶으로 나아갈 수 없다. 이러한 대결에서 실패한 다음, 우리는 우리의 힘을 강화시킨다는 구실 아래 우리를 분열시키고 예속시키는 장치와 전략을 편의적으로 이용할 뿐이다.

왜소화에 대한 우리의 취약성[26]은 우리 경험의 지속적이고 편재적인 특

26　이 책에는 두 가지 취약성 관념이 등장한다. 하나(susceptibility)는 인간을 하찮은 존재로 만드는 사회구조에 대한 인간의 순응적 상황을 의미하고, 다른 하나(vulnerability)는 타자와의 연결 관계를 통해 주체가 영향을 받은 상태를 의미한다. 전자는 인간의 약점으로, 후자는 인간의 강점(덕성)으로 다루어진다. 일반적으로 후자도 취약성으로 번역할 수 있으나, 이 책에서는 전자를 취약성으로,

성이다. 그러나 이 취약성은 필멸성, 무근거성, 충족불가능성처럼 인생의 치유 불가능한 약점이 아니다. 왜소화에 대한 취약성은 전기적 시간뿐만 아니라 역사적 시간[27] 속에서 개인적이고 동시에 집단적인 대응을 폭넓게 허용한다. 왜소화에 대한 취약성을 인간 조건의 치유 불가능한 네 번째 결함으로 오해해서는 안 된다.

왜소화에 대한 취약성에 맞서 개인과 사회가 무엇을 할 수 있고 무엇을 해야 하는지는 우리의 인생 경로뿐 아니라 인류의 진보에도 중요하다. 왜소화 위협과의 투쟁은 쉽게 오도될 수 있다. 그 잘못된 한 가지 방향이 인간의 필멸성·무근거성·충족불가능성에서 벗어나려는 그릇된 희망을 제공함으로써 왜소화를 회피하거나 극복하려는 것이다. 확립된 혹은 제안된 특정 사회와 사상 체제를 왜소화의 극복을 위한 확고한 기반으로 수용하는 것도 그릇된 방법이다. 무엇보다 중요한 과오는, 신체의 허약성과 사회의 가혹성에 제압당하는 경험을 하지 않으면, 삶의 영위가 왜소화의 해악으로터 어떻게 우리를 보호해 주는지를 통찰하지 못한다는 점이다. 이러한 과오로 왜소화는 죽음과 같은 불가피한 악惡으로 간주된다.

그리하여 왜소화에 대한 취약성을 극복하는 문제는 인간의 종교적 의식에서 빠지지 않는 주제가 되었다. 현재의 세계종교가 출현하고 전파되고 영향력을 행사해 온 2,500년간 왜소화에 대한 취약성은 대체로 잠복된 논제로 머물렀다. 나는 왜소화에 대한 취약성이 이제 중심적이고 지도적

후자를 취약성 또는 감응성으로 번역했다. 후자는 특히 '고양된 감응성'으로 자주 등장한다.

27 일반적으로 전기적 시간biographic time은 개인으로서 생애적 시간을, 역사적 시간historical time은 종으로서 인류의 시간을 의미한다. 웅거의 실천론에서 중요한 개념이다. 전기적 시간 안에서 구체적으로 구현되지 않는 역사적 시간—섭리적 내세이든 막연한 미래 역사이든—속의 비전을 웅거는 거부한다. 모든 미래 비전은 바로 현재의 삶과 연결되어 표현되어야 한다.

인 관심사가 되어야 한다고 주장한다.

왜소화에 대한 일반적인 해법은 집단적 혹은 개인적 역량강화empowerment이다. 현재 잘못된 개인적 혹은 집단적 역량강화 형태들이 막강한 영향력을 행사하고 있다. 이 형태들이 잘못됐다고 하는 것은, 그것들이 실제로 종種이나 개인의 권능을 증강시키지 못해서가 아니라 역량강화에 기여하는 것은 맞지만 약속을 지키지 못하기 때문이다. 이 형태들은 일상생활에서 누구나 직면할 수밖에 없는 왜소화에 대한 취약성을 교정하지 못한다. 나는 왜소화라는 악에 대한 잘못된 집단적 처방을 **인류 상승의 로맨스**로, 잘못된 개인적 처방을 **프로메테우스주의**로 부르겠다.

인류 상승의 로맨스와 프로메테우스주의는 그 자체로 왜소화의 위험에 대한 실패한 대응이거나, 삶의 고양에 대해 감당할 수 없는 비용을 요구한다. 그러나 이 둘은 왜소화의 취약성을 극복하려는 경로로서 우리가 제시하려는 방향과 일견 흡사해 보인다. 프로메테우스주의와 인류 상승의 로맨스의 오류에 맞설 방안을 전개하는 것이 이 책의 주된 목표 중 하나이다.

먼저 인류 상승의 로맨스부터 검토해 보자. 인류는 일어난다. 그러나 인류의 상승은 필연적인 것이 아니다. 이러한 로맨스의 상당히 현실주의적인 형태에서도 인류 상승은 필연적인 것이 아니라 그저 가능적인 것일 뿐이다. (인류 상승을 전개한 두 철학자 오귀스트 콩트[28]와 카를 마르크스도 그렇게 용의주도하지 않았다.) 종으로서 인류는 이미 자연 앞에서 불행을 감소시킬

---

28 오귀스트 콩트(1798~1857)는 《실증철학강의》에서 진보를 지식의 진보라는 측면에서 주목했다. 그는 인간 사회가 신학적 단계-형이상학적 단계-과학적 단계로 발전한다고 보았다. 이러한 역사 발전의 법칙적 사고는 마르크스에게 영향을 주었다. 콩트는 막바지에 '인류교'를 창시했다.

정도로 발전해 왔다. 인류가 자연에 완전히 의존하던 시대에 인류는 자연을 숭배했다. 이윽고 위대한 문명들을 건설했다. 인류는 과학과 기술을 통해 제 힘을 확장하고 생명을 연장하는 수단을 만들었다. 인류는 점점 더 많은 사람들이 우주의 비밀, 사회와 정신의 작동 과정을 탐구하는 데 더 많은 시간을 보낼 수 있는 기회를 창조했다. 이 모든 성취는 시작에 불과하다. 인류 상승의 로맨스의 좌우명은 "당신은 아직 아무것도 보지 못했다"[29]이다.

한때 우리는 물질적·정신적 진보의 제도적 조건들 속에서 예정조화豫定調和, 즉 예정된 수렴〔법칙적인 역사발전론〕을 믿었다. 이 조건들이란 생산과 혁신을 위해 인간 역량을 계발하는 것과, 역사상 인류 문명에서 인간을 괴롭혀 온 사회적 분업과 위계제의 엄격한 구도로부터 협동가능성을 해방시키는 것이다. 그러나 이제 우리는 더는 그러한 수렴을 당연시하지 않는다. 우리에게는 우리를 더 부강하게 만들어 줄 제도와 우리를 더 자유롭게 만들어 줄 제도 사이에 중첩 영역 혹은 잠재적인 교차 지대가 존재하기를 희망할 자격이 있다.

언젠가 우리가 증오와 전쟁을 억제하게 된다면, 우리는 우주의 구석 자리에서 탈출하게 될 것이다. 고향 지구로부터 멀리 떨어진 곳에서 실존을 수립하게 될 것이다. 우리의 권능은 지금의 우리로서는 상상할 수 없는 규모와 형태를 취하게 될 것이다. 비록 영생을 얻지 못한다고 하더라도, 우리는 더 오래도록 그리고 훨씬 더 훌륭하게 살게 될 것이다. 우리의 후손들은 현재의 우리를 회고하면서 과거에 인류가 어떻게 그리 연약하고 무기력하고 꽉 막힐 수 있었는지 궁금해할 것이다.

---

29 이 문장의 출처는 알 수 없으나, 인류 고양의 로맨스가 제안하는 미래 사회의 유토피아를 가리킨다.

그들의 불확실한 선조로서 우리는 미래를 내다보며 이와 같은 상승의 비전과 환희를 공유할 수 있다. 인간 상호 간에 그리고 우리 자신에게 우리가 행하는 모든 선이 인류 모험의 일부로서 계속 살아남기를 희망할 자격이 있다.

이와 같은 인류 상승의 로맨스는 왜소화의 시련에 대한 답을 제공하지만, 이 답은 두 가지 측면에서 부적절하다. 첫째로, 개인이 본인의 생애에서 이러한 상승을 공유할 수 없다면, 마치 인간이라기보다는 개미처럼 종을 위한 도구 역할로 만족해야 한다면 이러한 로맨스는 답이 될 수 없다. 이는 우리의 전기적 시간이 역사적 시간 속으로 사라져 버리는 것을 용인하는 것이다. 혹은 우리의 머슴살이가 자발적인 경우라도 우리의 전기적 시간을 한갓 농노 기간으로 생각하는 것이다. 그렇게 우리는 최고선最高善, 실제로 우리가 진정으로 보유한 유일한 선, 바로 현재의 삶에서 소외되고 만다.

아우구스티누스는 모든 시간epochs이 영원과 등거리에 있다고 말했다.[30] 콩트나 마르크스의 도식에서 말하는 역사의 완성 시점보다 훨씬 전에 우연히 세상에 출생한 사람들에게 우리는 무슨 말을 해야 할까? 노예제 사회나 자본주의 착취 공장의 비참상이 아직 태어나지 않은 인류의 해방에 불가피하다고 말해야 하는가? 실증적인 사회이론가들이나 역사적 필연성의 감춰진 대본을 발견했다고 믿는 역사철학자들은 이런 문제에 관심이 없다. 어쨌든 왜소화의 시련에 대한 답변으로서 인류 상승을 주창하는 사람들은 인류의 미래적 역량강화가 자신의 현재적 예속 상태를 어

---

30 과거 · 현재 · 미래가 신의 관점, 영원의 관점에서 모두 동일한 거리에 있다. 여기에 영원한 지금, 영원한 현재를 생각하게 된다. 순간을 점點으로 하여 점의 무한한 집합으로서의 선線을 영원이라고 한다면, 그 가운데의 한 점은 영원한 지금이다. 시간과 영원에 대해서는 아우구스티누스, 《고백록》 제11장 참조.

떻게 보상해 주는지를 반드시 스스로 물어야 한다. 역사에는 대본이 없으며, 인류 상승이 미래에 가능하더라도 필연적으로 그렇게 되는 것은 아니고, 그 내용도 미리 정해진 대로 되는 것이 아니라는 점을 깨닫는다면, 불만은 더욱 커질 것이다.

둘째로, 인류 상승의 로맨스의 진짜 매력이 대체로 알아채지 못하는 다른 영역에서 나온다는 점에서 이러한 로맨스는 왜소화에 대한 취약성 문제에 대한 해법으로 부적절하다. 이러한 로맨스는 왜소화에 대한 답변을 칭탁하여 사실상 죽음에 대한 답변을 제공한다. 비록 주체의 상이한 실존과 현상적이고 세속적인 전체 세계가 만물이 유출되고 귀환하는 통일적이고 초시간적인 존재보다 덜 실재적이라는 형이상학(이 책에서 나는 이러한 형이상학을 **세계초극**이라 부른다)을 믿지 못하더라도, 이런 교리의 온건한 형태를 수용하도록 스스로를 설득할 수는 있다.

인류 고양의 로맨스에 따르면, 우리는 진실로 존재하는 역사적 세계에서 살아가는, 눈에 보이는 그대로 실재하는 개인들이다. 비록 의식과 결부되어 있는 신체의 죽음과 분해를 수용해야겠지만, 우리는 출현하는 인류의 상승 속에서 살아남을 것이다.

그러나 개인으로서 나는 살아남지 못할 것이다. 인류가 누리게 될 미래의 영광은 지금 나를 진작시키지 못하고, 인류의 미래의 어리석음과 야만은 지금 나를 낙담시키지 못한다. 우리 각자는 사랑이나 야망 때문에 태어나지 않는 자들을 위해 일할 수는 있어도, 오로지 바보만이 자기기만의 대가가 아무리 크더라도 위안에 기대어 태어나지 않은 자를 위한 희생에서 죽음의 구원을 발견할 것이다.

이와 같은 우회적인 불멸성의 유령이 사라지면, 인류 상승의 로맨스는 빛을 잃고 만다. 죽음에 대한 보상으로서도, 그리고 왜소화에 대한 치유

책으로서도 빛을 잃는다. 우리가 행하는 것들이 지금 우리를 더욱 위대하게 만들어야 한다. 이 위대함을 드러내 주는 삶이 갑자기 단절되는 대가가 따른다고 하더라도, 우리는 지금 우리를 더 위대하게 만들어야만 한다. 모든 진정한 위대성은 희생을 요구할 수 있다. 그러나 그 희생의 수혜자로서 아직 태어나지 않은 사람들은 지금 살아 있는 사람들보다 우선권을 갖지 못한다.

인류 상승의 로맨스는 지금 현재 행동을 자극하고 고취하는 미래 비전으로서보다는 왜소화의 위험에 대한 응답으로서 반드시 실패한다. 바로 이 역할에서 인류 상승의 로맨스는 도덕적·정치적 진리가 수행하는 환상을 대행한다. 이와 관련된 진리는, 우리가 사회를 바로 지금 재편하기 시작함으로써 왜소화에 대한 취약성을 바로 지금 감소시켜야 한다는 것이다.

우리는 모든 아동이 혀가 묶인 예언자라 여기고 학교에서 미래의 소리를 인정하고, 사상과 삶의 확립된 맥락 안에서뿐만 아니라 맥락을 넘어 그리고 맥락에 맞서 사유할 역량을 정신에 제공하는 교육을 보편적으로 수립할 수 있다. 우리는 사회구조를 실제로 변화와 재구성에 개방하고, 변화의 위기의존성과 살아 있는 자들에 대한 죽은 자들의 권력을 약화시키는 민주정치를 발전시킬 수 있다. 우리는 생산 자원 및 기회에 대한 접근의 철저한 민주화를 시장경제의 제도적 개편의 시금석으로 삼을 수 있고, 시장이 그 유일한 형태에 속박되는 상황을 막을 수 있다. 우리는 자유노동의 지배적인 형식으로서 경제적으로 종속적인 임노동을 협동과 독립 자영업[31]의 방향으로 점진적으로 대체하는 것에 우호적인 정책과 제도

---

31 초기 사회주의자들은 임노동을 자유노동의 열등한 형태로 파악하였으나, 현재에는 자유노동의 지배적인 형식이 되었다고 판단한다. 웅거는 독립 자영업을 지배적인 형태로 역전시켜야 한다고 주

를 창조할 수 있다. 우리는 아직 반복과 공식화의 방법을 터득하지 못한 활동에 쓸 시간을 확보하고자 기계를 투입함으로써 노동자와 기계의 관계를 조정할 수 있다. 우리는 정치적 안정성과 경제적 개방성이라는 지구적 공공재가 다양한 경로를 통해 안정성과 개방성의 방향으로 운동하는 데에 필요한 실험들에 적대적인 제도와 관행들로 강제적으로 수렴되는 경향에 굴복하지 않도록 세계의 정치경제질서를 재편할 수 있다.

이 모든 운동을 지도하고 통합하는 목표는 진보파 및 좌파들에게 항상 가장 중요했던 이상, 즉 결과의 평등도 기회의 평등도 아니고 위대함, 보통 사람들의 위대함, 달리 말하면 민주주의의 본질적 신조인 평범성의 어두운 세계에서 빛의 발견이라는 이상에 복무하도록 사회제도와 관행을 누적적으로 재구성하는 것이다. 보통 사람들의 보통의 삶을 향상시키는 기획과 제도적 실험 및 재구성 방법들의 결합을 나는 이 책에서 **깊은 자유** deep freedom[32]라고 부르겠다.

왜소화 문제에 대한 집단적 답변은, 인류 상승의 로맨스가 아니라 깊은

장한다. 웅거는 기본적으로 프루동이 말한 소생산자의 생산활동(생산수단 및 생산과정에 대한 통제력을 개인적으로 또는 집단적으로 보유한 생산조직)을 주목한다. 오늘날 스페인(바르셀로나)이나 제3의 이탈리아 도시(볼로냐 등)에서 진행되어 온 포스트포드주의적 협동조합을 예로 들 수 있다. self-employment를 자영업이 아니라 독립 자영업으로 번역했다. 한국의 자영업자는 대체로 건물주라는 불로소득자에 경제적으로 종속된 건물농노라고 할 수 있다. 모든 경제개혁의 핵심은 생산활동과 투자 의지를 꺾는 이러한 불로소득의 여지를 줄이는 것에서 시작된다.

32 '깊은 자유'는 제6장의 제목이다. 깊은 자유는 순전히 세속적인 차원에서 접근하면 억압으로부터의 해방을 추구하는 마르크스주의나 웅거식의 자유사회주의 비전으로 파악할 수도 있다. 웅거가 얇은 평등(현실의 좌파)도, 얇은 자유(현실의 우파)도, 깊은 평등(마르크스주의자)도 거부했다는 점을 주목해야 한다. 웅거는 청사진에 입각한 엄격한 평등주의를 거부하면서 영원한 창조 과정으로서 역사적 세계에서 평등보다는 자유에 우선성을 두고 있다. 이 개념은 동시에 신학적 복음으로서 자유의 메시지ex libertatis와 연관되었다. 특히 웅거는 신이 인간에게 세계를 형성할 자유를 주었다는 쿠사누스의 '자유관'에 영향을 받은 것 같다. 그 대전제가 보통 사람의 위대함이고, 이는 성경에서 '나는 모든 사람들에게 영을 부어 넣는다'는 문장과 같은 맥락이다. 만인사제주의의 정치적·사회적 비전이다.

자유이다. 깊은 자유의 방향에서의 운동은 인간의 권능 범위 안에 속하기 때문에, 우리는 왜소화에 대한 취약성을 필멸성·무근거성·충족불가능성과 같은 수준의 인간 존재의 치유 불가능한 결함으로 오인해서는 안 된다.

깊은 자유는 왜소화의 취약성에 대해 정당하고 효과적인 해법을 제공한다. 깊은 자유도 불완전한 해법이다. 깊은 자유는 현재뿐만 아니라 미래도 자신의 영토로 삼는다. 깊은 자유는 인접한 가능성들의 반음영半陰影[33]에서 존립하며, 자유의 꿈에 의지한다.[34] 그러나 모든 사회적 구성물과 마찬가지로, 깊은 자유도 수많은 사람들의 정신과 의지를 요구한다. 깊은 자유는 개인의 전기적 시간이 아니라 인류의 역사적 시간 안에서 전개된다. 개인의 권한이 아무리 막강할지라도 깊은 자유를 지휘하는 것은 개인의 권한 범위 안에 있지 않다. 깊은 자유는 삶의 영위에서 일어나는 변화, 즉 마음의 변화, 의식의 변화, 실존지향에서의 변화를 대신할 수 없다.

◆ ◆ ◆

나는 프로메테우스주의가 왜소화의 해악에 맞서는 가장 영향력 있는 개인주의적 해법이라고 본다. 프로메테우스주의의 핵심은, 대다수의 보통 사

---

33 웅거는 반음영penumbra라는 단어를 즐겨 사용한다. 그것은 아직 현실로 드러나지 않았기 때문에 가려져 있는 어둠이지만, 다음에 일어날 수 있는 것들, 다음에 실현시킬 수 있는 것들의 여지, 즉 인접한 가능성을 나타내기 때문에 여명이기도 하다. 그것은 잠재태/잠재성에 대한 웅거식 표현이다. 그것은 주어진 현실의 구속성, 경로의존성을 갖지만 복수의 미래 선택지를 포함하기 때문에 결정론을 거부한다. 이는 결정론적 구조 속에서 웅크리고 기다리는 '라플라스의 악마'와 대조된다.

34 it(=deep freedom) demands down payments on its dreams. 이러한 영어 용례를 찾지 못했다. down payments는 고가품을 할부로 구입하면서 계약 초기에 판매자에게 구매자가 지불하는 예납금(최초 지불금)을 의미한다. 직역을 하면, "깊은 자유는 자신의 꿈에 예납금을 요구한다."이다. 맥락상 이 표현이 "호소하다", "의지하다"는 의미에 가깝다고 판단했다.

람들이 위축을 스스로 용인하고 마는 일상적 실존의 평면 너머로 개인이 스스로를 고양시킬 수 있다는 관념이다. 이에 따르면, 개인은 아직 미완성이지만 철저하게 독창적인 존재radical original[35]로 변모하고 자신의 삶을 예술 작품[36]으로 변화시킴으로써 스스로를 고양시킬 수 있다. 개인이 자신의 삶을 예술 작품으로 바꾼다고 말하는 것은, 개인이 삶을 권력과 광채 수준으로 고양시켜서 삶이 사회의 관행과 선입견이 개인에게 부과한 가치들의 지속적인 순응 관행이 아니라 가치의 원천이라는 점을 긍정하는 것이다.

인류 상승의 로맨스와 마찬가지로 프로메테우스주의의 표면적인 의미는 왜소화에 대응하는 것이지만, 숨은 이유는 필멸성과 관련된다. 프로메테우스주의는 죽음 앞에서 북을 세차게 두드린다. 개인은 자신의 권력, 무엇보다도 그 자신을 형성시키고 가치의 창조자로 변신하는 자신의 권력에 환호작약하더라도 문자 그대로 불사不死의 상태에는 도달할 수 없다. 그의 신체와 의식은 무無로 돌아갈 운명이다. 그럼에도 불구하고, 그는 불멸성 다음으로 좋은 것을 성취하고자 할 것이다. 그러한 개인은 삶의 밑바닥을 전전하는 사람들, 즉 실존적 상승의 사다리 아래쪽 계단에 머무는 사람들 사이에서 마치 불멸의 신이라도 되는 양 살아간다. 이 선택의 가장 분명한 징표—자기 선택 또는 자기 대관戴冠—는 시간 경험에서의 변화이다. 그것은 필멸성과 유한성을 부정하지 않으면서 시간의 억압적 흐름을 정지시키는 활동들에 대한 몰입이다. 그리하여 우리는 필멸의 신체를 떠나지 않은 채 영원을 맛보게 된다.

---

35 에머슨은 기성 제도와 관념에 굴종하지 않은 인간을 독창적 존재originals로 표현했다.

36 '예술 작품으로서 삶'은 본래 니체의 사고에 등장하며, 푸코의 후기 사상(주체의 정치학)에서 특히 강조된다.

비록 프로메테우스주의라는 말은 프로메테우스를 정당하게 평가하는 말이 아니지만, 나는 시적인 허용에 따라 이를 프로메테우스주의라고 부르겠다. 프로메테우스는 인간을 위해 하늘에서 불을 훔쳐 왔다.[37] 그러나 내가 말하는 프로메테우스주의자들은 인류 전체가 아니라 자신이 차지하고자 불을 훔친다.

이러한 프로메테우스주의는 다른 어떤 사상가보다 니체가 대변한 입장이다. 루소와 에머슨도 프로메테우스주의에 근접했지만 결코 이에 투항하지 않았다. 철학 교수들은 이제 프로메테우스주의를 도덕적 완전주의[38]로 부르기를 선호하고, 결과적으로 의무 도덕에 맞서 앙리 베르그송이 제시한 열망의 도덕에 견준다.[39] 그들은 프로메테우스주의의 통찰과 환상을 알아채지 못한다. 프로메테우스주의의 명백한 적은 발육부진의 의무 윤리가 아니라 순응과 왜소화이고, 그 숨겨진 적은 죽음이다.

프로메테우스주의의 명백한 문제점은, 주체의 형성에서 연대의 요청을 부정하는 데에 있다. 어떠한 인간도 자신을 홀로 완성하지 못한다. 인간은 실존의 모든 영역에서 타자의 은총으로 타자와의 연결을 통해 만들어진다. 모든 연결은 우리에게 자유와 구분의 상실을 초래할 수 있기 때문에, 연결이 우리에게 우리가 보유하고 발전시킬 수 있는 주체를 제공할

---

37 아이스킬로스의 《결박당한 프로메테우스》는 프로메테우스를 인류를 위한 투사로 묘사한다.

38 도덕적 완전주의는 인간의 정신적·심리적·신체적·물질적 존재의 최적 성질을 얻으려는 윤리 이론이다. 아리스토텔레스, 에머슨, 밀, 니체를 이러한 이론적 경향의 대표자로 분류한다. 힐러리 퍼트넘은 마르틴 부버 부버, 에마뉘엘 레비나스, 프란츠 로젠츠바이크를 완전주의자로 분류한다.

39 Two Philosophical Views upon Morality and Religion, 1977, 51쪽. 베르그송은 보편도덕으로서 의무의 도덕에 대하여 생성과 창조에 중점을 둔 열망의 도덕을 구분한다. 미국의 법철학자 론 풀러는 이러한 도덕 구분을 법철학에 도입했다. 그는 《법의 도덕성The Morality of Law》에서 열망의 도덕을 고전적인 아레테arete와 연관짓고 있다.

지라도 타자와 우리의 관계는 욕구가 지닌 모방성의 이면으로서 불가피한 양가성으로 채워진다.

왜소화에 대한 개인의 승리는 자기 인생의 예술적 창시자이자 가치의 창조자인 소수의 사람들과 순응과 예속으로 몰락하는 불운한 대중들 간의 구분을 배경으로 이루어질 수밖에 없다는 생각은 이러한 영역의 제도들을 지키기 위해 혹은 무너뜨리기 위해 승자와 패자, 말하자면 힘 있는 자와 힘 없는 자를 동시에 불안한 경계 상태로 내몬다.

도덕 감정의 역사에서 프로메테우스주의를 그 선구적 형태, 즉 현재 세계종교가 발생한 사회들에서 군사적 기개와 자기주장의 조야한 형태를 취했던 특권적이고 심지어 지배적인 영웅 윤리와 비교할 때 이와 같은 타자에 대한 의존성의 부인은 특수한 성격과 귀결을 보여 준다. 영웅은 정상적인 사회생활의 경계 안에서 금지된 폭력 행위를 요구하면서 논의의 여지없이 가치 있는 과업으로 숭고화된다고 상상한다. 타자에 대한 의존성의 부인은 기존 사회체제를 지탱하는 이상과 태도를 전복하려는 부르주아 사회의 예술가들이 낭만주의적 비전으로 탈환한 주제이다.

영웅은 자신의 탁월한 가치가 평범한 동료들의 긍정에서 나오는 것이 아니라 자신의 영웅적인 행동에서 나온다고 자부한다. 그는 이러한 믿음에 기만당한다. 영웅적 과업은 비영웅적인 동료들에 의해 비영웅적인 동료들의 편익을 위해 설계된다. 동료들의 동의와 경탄에 대한 영웅의 갈망은 자기 행동의 극단성으로 누그러지기보다는 강화된다.

프로메테우스주의자들은 자신의 주체뿐 아니라 가치와 과업의 발명자가 됨으로써 영웅적인 윤리 안에서 이 문제를 해결할 수 있다고 상상한다. 그들은 그렇게 사고하고 행동함으로써 스스로를 형성하거나 구원하지 못하는 개인의 무능력을 인식하지 못하고, 자기주장의 가능 조건들 간의 모순도 인식하지 못한다. 또한, 욕구의 공허성과 모방성을 무시하고 욕구를 극복하려는 온갖 시도들의 한계도 무시한다.

프로메테우스주의의 가장 크고 근본적인 과오는, 권력과 권력 숭배를 통해, 약한 대중에 대한 강력한 주체의 고양을 통해 우리 실존에서의 치유 불가능한 결함들, 특히 죽음을 압도하려는 숨겨진 프로그램에 있다.

프로메테우스주의자들에 따르면 충족불가능성의 치료책은 욕구를 내부로, 우리 자신에게로 향하게 하는 것이다. 상황을 초월하는 무한한 주체만이 절대자를 향한 인간의 욕구를 진정시킬 수 있는데, 신자信者는 그릇되게도 이러한 욕구를 그 자신의 소외된 투사投射에 불과한 신에 대한 사랑에서 추구한다. 신자는 이 투사를 통해 프로메테우스주의자들이 해방시키려는 바를 속박시킨다.

무근거성의 치유책은, 계속적인 창조 행동으로 동료들에게 적용할 필요가 없는 생활 형식을 설계하여 자신을 정초하는 것이다. 사회체제에 대한 순응에 오염되지 않은 형식과 가치 및 관행은 이러한 자기정초에서 나올 것이다. 그렇다면 이러한 자기창조자는 자기가 무엇을 창조해야 할지 어떻게 알 수 있다는 말인가? 그는 사회에 대한 순응의 거부와 시대에 대한 저항을 통해 자신을 발견하게 될 것이다. 자신을 발견한 후에도 똑같은 투쟁을 통해 그 자신으로 생성되어 갈 것이다.

프로메테우스주의의 가장 중요한 관심사인 죽음에 대한 해법은 창조의 폭풍이다. 창조의 대상들은 내면을 지향하는 자기정초적인 생활 형식의 요소들이다. 여기서 목표는 우리가 보이는 바대로 불행하고 위로받을 수 없는 피조물이 아닌 것처럼 행동하는 것이다. 그 목표는 해체에 직면한 가운데 촉진과 역량강화이다. 그 목표는 시간을 정지시키는 활동들로 실존을 채우는 것이다.

프로메테우스주의는 무엇보다도 인간 조건에 대해 거짓을 말하기 때문에 실패한다. 프로메테우스주의가 경멸하는 종교처럼 프로메테우스주의도 자장가이자 위안용 스토리이며, 의지가 바꿀 수 없는 상황과의 대결에서 의지를 깨우려는 기획에 불과하다.

자기기만은 대가를 치른다. 그 대가는 자기기만이 존중하는 체하는 바로 그 삶이라는 선善을 훼손하는 것이다. 자기기만은 삶의 촉진과 고양이 의존하는 맥락구속적인 참여와 부책의 가치를 훼손함으로써, 더 나아가 진리 및 세계와 직면하여 인간이 처한 상황에 대한 진실을 권력에 대한 부수적인 것으로 취급함으로써 대가를 치른다. 프로메테우스주의가 의지하는 동화童話들은 우리의 실존을 오인하기 때문에 우리를 삶의 고양으로 인도할 수 없다.

실존의 치유 불가능한 약점들이야말로 우리 삶에 형태와 잠재력을 부여한다. 치유 불가능한 약점들이 지닌 위력이야말로 우리를 순응의 잠에서 깨우고 시간과의 조우로 인도한다. 이 약점들을 외면하는 순간, 우리는 덜 인간적이 되는 것을 통해 더욱 신처럼 될 수 있다고 생각하는 잘못을 범하게 된다.

인류 상승의 로맨스처럼 프로메테우스주의는 진리를 닮은 허위이고, 경로로 쉽게 오인되는 막다른 길이다. 그 허위는 권력 숭배이고, 자기신뢰[40]에 대한 연대의 굴복이며, 인간 조건의 치유 불가능한 약점들에 대한

---

40 '자기신뢰self-reliance'는 에머슨의 에세이 제목이다. 웅거는 에머슨의 발상을 활용하지만, 에머슨의 자기신뢰에는 '타자와의 연결'이 결여되어 있다고 평가하는 것 같다. 실제로 에머슨의 '자기신뢰'의 핵심 관념은 '순응에 대한 거부'와 '개인의 창의성'이다. 웅거에 따르면, 타자와의 연결이 결여된 순응의 거부는 '프로메테우스주의'나 '사르트르적 이단'으로 귀결된다. 코넬 웨스트는 《철학의 우회Evasion of Philosophy》에서 에머슨과 웅거의 사상을 "예언적 실용주의"라고 평가한다. 두 사람 모두 기독교-낭만주의적 입장에서 초월을 지향한다고 평가하기 때문이다. 웅거의 《패션

완전한 인정과 수용의 실패이다. 진리는 삶의 고양이 우리의 주요한 관심사라는 점이다. 이 관심의 추구에서 우리는 반드시 오직 한 번만 죽으려고 해야 한다. 우리가 살아가는 방식에 대해, 우리 자신과 타인을 처우하는 방식에 대해, 이와 같이 살아가는 방식과 사회 재조직의 관계에 대해 이 목적이 무엇을 의미하는지가 이 책의 주요 논제 중 하나이다. 오직 한 번만 죽기로 한 결단은 왜소화를 탈출하는 특정한 방식을 고취한다. 오직 한 번만 죽기로 한 결단은 왜소화를 유한성의 귀결로 수용하도록 만들 우려가 있는 삶의 사건들, 즉 아동기에 세계의 중심으로부터 이른 추방, 특수한 경로와 지위에 대한 속박, 성격과 타협의 껍데기 속으로의 위태로운 유폐와 점차적인 죽음에 대한 응답을 안내한다. 삶의 고양은 이 책에서 논의할 미래의 종교에 중요하다.

이 논의에서 귀결될 실존접근은 도덕과 정치의 관계를 부정하지 않는다. 이 접근을 자극하는 비전은 우리가 깊은 자유의 이상을 향해 운동하고, 이 이상의 성취가 요구하는 제도적 변화들을 포용할 때에만 실현될 수 있다. 깊은 자유의 정치적 프로그램은 먼 미래뿐만 아니라 현재에도 사회의 재구성을 위한 결론을 포함하고 있다. 하지만 집단적 과업은 개인으로서 살다 죽는 전기적 시간이 아니라 역사적 시간에서만 성공하고 실패할 수 있다. 사회의 변혁에서 우리가 멀리 전진하지 못할수록 주체의 변혁이 떠안아야 할 부담은 더 커진다.

필멸성, 무근거성, 충족불가능성이라는 우리가 극복할 수 없는 한계들과

Passion: An Essay on Personality)은 이러한 기질을 명료하게 표현하고 있다.

왜소화에 대한 취약성이라는 교정 가능한 결함 간의 중요한 구분은 이 책의 목적을 분명하게 해 준다.

나의 주장은 두 가지 주제를 담고 있다. 이 주제들을 더 성찰하면 할수록 이 논제들이 동일한 관념의 다른 측면들이라는 점을 제대로 이해하게 된다.

첫 번째 주제는 죽음·무근거성·충족불가능성의 수용과 우리 각자를 위해 또한 인류 전체를 위해 개인적이면서 동시에 집단적인 과업으로서, 즉 도덕적이고 정치적인 기획으로서 왜소화의 거부 간의 관계이다.

두 번째 주제는 미래의 종교의 본질과 방향이다. 방법과 내용 면에서 미래의 종교(나중에 근거를 제시하겠지만 우리가 그것을 종교라고 부를 수 있다면)는 오래전부터 천 년 이상 세계로 전파된 종교혁명의 결과들, 즉 오늘날 세계종교를 발생시킨 혁신들과는 다른 일련의 혁신들을 통해 창조되어야 할 것이다. 미래의 종교는 동시에 미래에 관한 종교이기도 하다. 미래의 종교는 현재와 미래 간의 관계를 고려한다. 미래의 종교는 실존의 여건에 통제받지 않는 존재들로서 바로 현재를 살아가는 방식으로서의 미래를 위해 살아가도록 우리에게 촉구한다.

이와 같은 삶의 지향의 선포와 실행은 죽음, 무근거성, 충족불가능성에 대한 자기기만을 배제하면서 왜소화를 극복하는 최상의 희망을 제공한다. 이 책의 두 가지 주제는 동일한 실재의 두 측면이다.

종교 그리고 인생의 결함들

실존의 기본 조건에 존재하는 그와 같은 약점들을 고려할 때 만사가 결코 올바른 상태에 있다고 볼 수 없다. 종교의 과거와 미래를 이해하는 간단한 방법은, 이러한 사실과 관련해서 종교의 지위를 획정하는 것이다.

세 가지 계기들을 상상해 보자. 첫 번째 계기에서는 실존의 수정 불가능한 약점들은 파악되지도 않는다. 사람들은 자연에 대한 종속과 투쟁에 주로 집중하는데, 이 종속은 인간을 언제든지 파괴할 우려가 있다. 여기서 요점은 이러한 위험을 굴절시키는 것과 이 과업의 수행에서 우리를 지도하는 세계 스토리를 말하는 것이다. 실존의 경악스러운 약점들은 자연이 우리에게 행사하는 권력과 자연 앞에서 인간을 보호하고 인간의 이익을 위해 자연을 이용하는 인간 권력 간의 불균형을 조정할 필요보다 더 화급한 것으로 보이지 않는다.

두 번째 계기, 즉 자연에 대한 완전한 종속에서 어느 정도 자유를 획득하고 우주 안에서 인간이 차지하는 위상에 대한 설명을 제공하는 고급문화를 발전시키는 단계에 이르면, 실존의 기본적인 약점들은 의식의 중심으로 부상한다. 우리는 이러한 약점들에 의미를 부여하고 그 약점들이 보기보다는 덜 공포스러운 것임을 보여 주는 더 큰 맥락 안에 이 약점들을 위치시키는 믿음들을 포용한다. 우리는 죽음과 무근거성의 공포 및 실재성에 맞서 결정적인 구제책을 발견하여 헛된 욕망의 고통에서 해방되고, 이제부터 인간의 상황구속적인 실존을 상황초월적인 정체성과 조화시키며 살아가는 방식을 발견하게 되리라고 확신한다.

세계사에 등장했던 모든 종교적 지향들을 인간 실존의 수리 불가능한 약점들이 인간한테 불러일으키는 공포에 맞선 주문呪文으로 축소시키는 것은 잘못이다. 그럼에도 불구하고 종교적 지향들에서 이 요소를 평가하지 않고서는 종교적 지향들이 지금까지 말하고 성취했던 바와 그렇지 않은 바를 함께 이해하기 어렵다.

그와 같은 종교적 믿음과 경험의 유형(세계초극)에 따르면, 우리는 변화와 구분으로 이루어진 현상계의 실재성을 무시하고, 정신과 자연의 통일성을 인정하고, 실재하는 감춰진 존재 속에 우리를 합일시키려 하고, 마치 죽음이 이러한 유일하고 불멸하는 존재와 인간의 실존적 유대에 어떠한 영향도 끼칠 수 없는 양 무시하고, 그러한 세계관이 고취시킬지도 모르는 평정심과 보편적인 동료감정을 우리 안에서 함양한다.

신앙의 다른 유형(세계인간화)에 따르면 우리는 무근거성, 죽음, 위축된 삶과 고통스러운 욕구의 심연에서 물러나와 우리가 맡은 역할들을 통해 상호 간의 책무에 집중하는 인간화된 사회적 관계들로 구성된 사회적 세계로 진입한다. 인간은 이제 형이상학을 피하고 각자 안에서 헌신적인 봉사윤리로 내면화된 연대를 취한다. 무의미한 세계에서 사회적인 의미 창조는 이제 인간의 좌우명으로 변한다.

또 다른 의식 형태(세계와의 투쟁)에서는 우리의 신성한 친구가 그 스스로 창조한 우주의 주인이고, 그가 역사에 개입해 왔으며 앞으로도 우리를 위해 개입할 것이고, 그의 개입이 인간을 이미 구원하였고, 우리의 실존에서 달리 가교할 수 없는 균열들로부터 우리를 지속적으로 구원할 것이라고 생각한다.

만사가 올바른 상태에 있다는 확신을 우리에게 제공하지 못하는 종교는 지금까지 출현했던 종교들과는 아마도 다를 것이다. 아마도 영적 경험의 역사에서 제3의 계기가 될 것이다. 지난 250여 년 동안 두드러진 주요한 영적 세계지향들은 만사가 겉보기와는 달리 실제로는 올바르게 될 것이라고 우리를 안심시킨다. 그 덕에 우리는 필멸성, 무근거성, 충족불가능성, 왜소화에 대한 취약성과 같은 실존의 약점들을 교정하거나 최소한 그 공포를 제거할 수 있다. 그러한 신앙이 없다면 삶, 우리의 삶은 수수께끼와 고통으로 남게 되고, 우리가 수수께끼임을 망각하려 하는 한에서 고통이 아니게 될 것이다. 삶 안에서 우리의 연결과 참여에 대한 몰입 외에는 어떠한 것도 이 상처들이 주는 고통을 완화시킬 수 없을지도 모른다.

종교의 요체는 이러한 결과를 방지하려는 것으로 보일 수 있다. 우리는 종교에서 비전에 입각한 구원을, 즉 그러한 악(결함)의 힘을 상쇄시키고 압도하는 실체들에 대한 호소를 통해 성취된 희망의 이유를 발견할지도 모른다.

문제는 역사적 종교들이 제공한 해법들이 모두 환상적이라는 데에 있다. 그것들은 세계 및 세계 안에서 인간의 위상에 대한 관점으로 변장한 소망적 사고이자 진리를 대신하는 위안이다. 미래의 종교는 위안을 필요로 하지 않는 종교여야 한다. 그러면서도 실존의 결함들에 대한 응답을 제공해야 한다. 미래의 종교는 개인의 삶과 사회의 역사에 대한 일련의 관념뿐만 아니라 지향도 제공해야 한다. 한때 우리에게 확신을 주었던 믿음을 우리가 상실한 경우라면, 미래의 종교는 우리가 어떠한 희망을 가져도 되는지를 우리에게 보여 주어야 한다. 우리의 조건을 있는 그대로 인정하는 이러한 성향은 종교사에서 하나의 변화를 나타낼 수도 있다.

종교사에서 진보를 가늠하는 간단한 척도는, 미래의 종교가 실존의 치유 불가능한 결함들이 실상보다는 덜 실재적이고 덜 당혹스러운 것처럼 보이게 하려는 시도를 더 이상 자신의 격률^{格率}로 삼지 않는다는 점이다. 이 기준으로 규정된 종교적 진화의 경로를 보여 주는 것이 이 책의 목적 중 하나이다.

그러나 종교적 믿음에서 이 같은 진보의 기준은 너무나 모호해서 확정적인 궤도를 만들지 못한다. 진보의 기준은 과거에 일어났던 종교혁명들뿐만 아니라 미래에 발생할 수 있고 발생하게 될 종교혁명에 대한 관점으로 보완되어야 한다. 이 책 후반부에서 과거의 종교혁명과 미래의 종교혁명 사이의 차이점을 더 상세하게 논의하겠다. 내 주장의 의도를 더욱 분명하게 하고자 여기서 이 차이점의 일부를 거론하려 한다.

내가 언급했던 실존의 결함들에 대한 세 가지 응답, 즉 세계초극, 세계인간화, 세계와의 투쟁은 기원전 500년에서 기원후 500년까지의 천 년 세월 동안 형태를 갖추었다.[41] 위대한 문명들을 지배했던 종교적·도덕적 지향들은 그 당시에 각각의 정체성을 견지했다.

과거의 종교혁명들도 그랬다. 이 종교혁명들은 내가 세계종교, 초월종교, 고등종교라고 부르는 종교를 탄생시켰다. 이 종교들의 목소리는 문명에 따라 그 규모가 달랐지만 수세기 동안 모든 문명에서 들려왔기 때문에 세계종교이다. 이 종교들은 신적 존재의 세계 초월성과 신적 존재의 세계 내재성 간의 변증법이라는 특성을 보이기 때문에 모두 초월종교이다. 이 책에서 전개하는 철학적·신학적 주장의 입장에서 이 종교들이 반발했던 이교주의와 우주신론(신성한 존재와 우주의 동일시)에서는 접할 수 없는 통찰과 권능 형식으로 이것들을 돌파했기 때문에 이 종교들은 고등종교이다. 내가 앞으로 논의할 세 가지 실존접근을 낳았던 발명과 혁신들, 즉 지난 2천 5백 년 동안 인류가 접근해 온 지배적인 영적 대안들을 언급할 때 나는 이를 간단히 과거의 종교혁명들 또는 종교혁명이라 부르겠다.

나의 주장은 철학적이고 동시에 신학적이지만 비교종교사의 테제가 아니다. 나의 주장이 철학적이라 하더라도 실험하는 담론이 그 자체로 종교적이기 때문에 친숙한 의미에서 종교철학은 아니며, 제1장 후반부에서 제안하는 풍부한 종교 개념의 의미에서 종교철학에 해당한다. 나의 주

41 (원주) 카를 야스퍼스의 '축의 시대' 관념과 이 관념을 출발점으로 채택했던 저작들에 대해서는 이 책의 마지막 부분의 노트를 참조하라. 그 노트는 축의 시대의 이론이라는 이름 아래서 발전되어 온 이론들에 대하여 이 이론들에서 전개된 견해의 역사적 전제들, 요구 사항들, 철학적 의도들을 거부한다. 당분간, 지난 2천 년 동안 삶의 고양에 대한 주요한 세 가지 경향을 대표하는 종교와 철학들에 관하여 이 책의 전반부에 나오는 어떤 것도 축의 시대 테제 맥락에서 독해해서는 안 된다는 점을 지적하는 것으로 충분하다. 나의 목적과 가정은 이 책에 영감을 준 저작들과 다를 뿐만 아니라, 많은 점에서 그것들과 직접적으로 충돌한다.

장이 신학적이라고 하더라도 신에 관한 인간의 온갖 관념들(인격으로서의 신, 존재로서의 신 혹은 비인격-비존재로서의 신)이 정합적이지 않고 쓸모없다고 보기 때문에 일종의 반신학反神學이다. 나는 미래 종교혁명의 길을 명료하게 밝히려는 목적을 위해서만 과거의 종교혁명을 원용하겠다. 그리고 세계종교들이 내가 고려하고 비판하는 주요한 세 가지 삶의 지향들을 예시하는 범위 안에서만 세계종교를 언급하겠다.

미래의 종교는 반드시 이러한 지향들과 단절해야 한다. 미래의 종교는 무엇보다 이러한 지향들의 공통 기반에 맞서 반란을 일으켜야 한다. 미래의 종교가 여러 지향 중 어느 하나에서 더 많은 영감을 발견한다고 하더라도, 미래의 종교는 스스로 배척하는 지향들이 내놓은 비판에서 배워야 한다.

초월로의 전향을 표현하는 종교는 그것이 무엇이든지 간에 모순적인 요소들을 포함한다. 그러한 종교가 이 책 전반부에서 내가 토론할 세 가지 주요한 실존접근 중 하나와 밀접하게 연결되어 있다는 점은 지속적으로 드러날 것이다. 그러한 종교가 여러 접근들과 골고루 관련되어 있다면 혼란스러운 메시지를 전달하게 될 것이고, 세 가지 주요한 입장들이 공유하는 가정들을 거부한다면 이 세 가지 종교들의 실제 모습과 다른 어떤 것을 표현하게 될 것이다. 그럼에도 불구하고 고등종교들은 그 자신이 거부하는 다른 접근들의 여러 요소들을 항상 고려해 왔다. 나아가 이 책 제2장부터 제4장까지의 주제를 이루고 있는 삶의 지향 중 그 어떤 것도 단일한 목소리로, 단일한 종교의 목소리로 말하지 않는다. 그 지향들은 각기 지속적인 영적 선택지가 되었으며, 이는 언제 어디서나 누구에게나 접근 가능하다. 각각의 지향들은 특징적인 어휘로 진술된 상이한 교리 장치를 통해 말해 왔다.

이제 바로 다음 절에서 이러한 주요한 영적 선택지들(세계초극, 세계인간화, 세계와의 투쟁)의 내적 구조를 탐험할 것이다. 탐구의 목적은 특징적인 교리뿐 아니라 이러한 교리를 표현한 특정한 종교들의 독특한 역사에 대한 주장을 정립하려는 것이 아니라, 이러한 주요 선택지를 넘어서는 것이다. 여기서 역사적인 언급들은 철학적·신학적 주장에 보조적이다. 철학적·신학적 주장은 주로 방향 선택에 관련된다. 나는 이러한 지향을 미래의 종교라고 부르겠다.

과거 종교혁명의 공통 요소

내가 앞으로 탐구할 세 가지 삶의 지향을 표현하는 종교와 철학은 상호 간에 존재하는 엄청난 차이에도 불구하고 중요한 사항을 공유했다. 세계초극의 사례로서 초기 불교, 세계인간화의 사례로서 초기 유교, 세계와의 투쟁의 가장 강력한 형태로서 유대교·기독교·이슬람교와 같은 중동의 구원종교들 간에 무엇이 공통적일 수 있는가?

이 종교들은 세계에서 인간이 차지하는 위치를 매우 다르게 표상했을 뿐만 아니라, 인간 조건의 약점들에 대해서도 매우 다른 답변을 처방했다. 그 답변들이 너무나 달라서 어떤 측면에서는 주요한 가능성, 즉 세계를 표상하는 방식에서가 아니라 세계와 씨름하는 방식에서의 가능성을 모두 열거한 것처럼 보이기도 한다. 그럼에도 불구하고 다섯 가지 상호 연관된 충동들은 이러한 실재적인 차이들을 압도했다. 다섯 가지 충동은 양가성을 뚜렷하게 간직하고 있으며, 다섯 가지 상이한 측면에서도 똑같은 양가성이 기본적으로 존재한다. 그 해법은 미래 종교혁명의 의제를 규정하는 데에 일조한다.

세 가지 주요한 종교적 지향들(세계초극, 세계인간화, 세계와의 투쟁)의 첫 번째 공통 요소는, 신적 존재와 세계를 동일시하는 범신론을 거부한다는 점이다. 신적 존재는 세계와 분리된 후 다시 세계와 관계를 맺게 된다. 범신론을 거부함으로써 인류의 종교사에서 내내 중요했던 초월성과 내재성의 변증법이 시작되었다.

세계초극에서 신적 존재는 근저를 이루는 통일적인 존재라면, 시간의 영향을 받는 현상들과 모든 개별적 주체들은 그러한 통일적인 존재보다 덜 실재적인 형태들이다. 이 실체들은 자신이 보유하는바 실재성을 실재하는 유일한 존재로부터 차용하며, 그 유일한 존재에 참여하는 정도에 비례해서만 그와 같은 실재성을 보유한다.

세계인간화에서는 초월적인 신적 존재는 인격이며 사람들 간의 비가시적 연결이다. 이와 같은 성스러운 요소는 다소 차이가 있지만 어느 정도는 사회생활의 역할, 관례, 제도들 속에 내재적인 것으로 변모할 수 있다. 우리는 인간에 대한 관념에 따라 인간 상호 관계를 조직하는 사회적·문화적 체제를 수립함으로써 그렇지 않으면 무의미해질 세계에서 의미를 창조한다.

셈족의 유일신교를 독창적인 범례로 삼는 세계와의 투쟁에서 신적 존재는 처음에 인격의 범주에서 생각된 초월적 신이다. 이 신은 인간, 즉 그의 피조물을 추구한다. 그는 인간의 불완전한 역사에서 구원의 역사役事를 시행한다. 개인 간의 상호작용 모형에 따라 상정할 수 있는 신과 인간의 관계는 인간의 상승을 방해하는 기성 사회·문화 형태를 포함하여 온갖 우상들을 하나씩 타파하면서 우리가 고차적인 삶으로 상승할 수 있게 하는 수단이다.

범신론의 거부에는 기본적인 양가성이 존재한다. 이 양가성은 다양한 범신론 형태를 통해 과거 종교혁명들의 모든 측면에 닿아 있다. 쟁점은 세계와 신적 존재 간의 구분이 단지 관점의 변화일 뿐인지 아니면 변혁적 기획이기도 한지에 있다. 우리가 범신론 대신에 초월성과 내재성의 변증법을 수립하고자 한다면, 의식을 바꾸는 것으로 충분한가 아니면 세계도 변화시켜야 하는가?

이러한 혁명적·영적 지향들의 두 번째 공통 요소는 실존의 약점들, 특히 필멸성과 무근거성에 대한 의식으로 일깨워진 허무주의 문제에 답하려는 집념이다. 나는 이러한 맥락에서 허무주의를 우리의 삶과 세계 자체가 무의미할지도 모른다는 의심, 달리 말하면 삶과 세계가 인간적 관심의 언어로 번역할 만한 의미를 갖지 않을지도 모른다는 의심으로 정의하겠다. 필멸성과 무근거성의 결합은 인간 실존을 환각으로 위축시킬 우려가 크다.

허무주의에 대처할 필요성은 세 가지 영적 지향들이 왜 삶의 명령을 세계의 형이상학적 표상에 정박碇泊시키는지를 해명하는 데 일조한다. 확실히 세 가지 지향들 중 하나로서 베다 종교와 불교에 의해 범례화된 세계초극은 그 근저를 이루는 감춰진 실재 관념에 호소함으로써 형이상학과 편안한 관계를 맺을 수 있다. 나머지 두 지향은 형이상학과의 불화를 피할 수 없다. 신유학 이전의 고전 유교[42]로 대표되는 세계인간화는 반反형이상학적인 형이상학이며, 이는 무의미한 우주 속에서 의미를 확보하고자 사회와 문화의 권력에 희망을 건다.[43] 셈족의 구원종교를 가장 급진적

---

42 이 책에서 유교에 대한 평가가 유교 전반이나 유교의 후속적 또는 근대적 발전을 고려하지 않기 때문에 독자의 주의가 필요하다. 선종禪宗의 영향을 받아 성립한 성리학에 이르면 유교를 세계인간화로 단정하기 어렵다. 웅거는 세계초극, 세계인간화, 세계와의 투쟁을 유형화하고 그에 부합하는 범례적 사례를 제시한 것으로 이해해야 한다. 실제로 모든 철학과 종교는 세계초극, 세계인간화, 세계와의 투쟁을 계기로서 간직한다고 볼 수 있다. 기독교 안에서도 세계초극, 세계인간화, 세계와의 투쟁을 대변하는 흐름을 찾을 수 있다. 이 책이 기독교에 치중한다는 점은 아쉽다. 웅거의 이해가 베버식 종교사회학적 유형론과 오리엔탈리즘에서 크게 벗어나지 못했다는 생각도 든다.

43 웅거의 역설적 규정에 공자의 다음과 같은 태도가 부합하지 않을까 생각한다. "계로季路가 귀신을 섬기는 것을 물으니, 공자께서 말씀하셨다. '능히 사람을 섬기지 못하면서, 어찌 능히 귀신을 섬

이고 영향력 있는 사례로 삼는 세계와의 투쟁은 (그리스 철학에 대한 고대적이지만 끝나지 않은 유혹에도 불구하고) 비인격적인 존재에 대한 인격적 존재의 우월성을 긍정하고, 초월적 신과 인류에 대한 신의 응대 방식을 인격 범주의 보호 아래서 고찰하기 때문에 쉽사리 형이상학과 화해를 이룰 수 없다. 비인격적 존재보다 인격적 존재가, 초시간적 존재보다 역사가 우위를 차지하는 경우, 실재에 대한 형이상학적 표상은 불리한 입장에 처하게 된다. 만일 정식화될 수 있다면 인격적 존재와 역사적 존재의 형이상학만 유용할 것이다.

　그럼에도 불구하고 세계인간화와 세계와의 투쟁은 공히 형이상학 안에서 또한 형이상학을 넘어 삶의 길잡이가 되고, 나아가 허무주의의 위협을 물리치는 세계 내 인간의 지위에 대한 해명을 제공하려 한다. 세계초극 아래서 우리는 개인적 주체성과 현상적 차이에 관한 피상적이고 환상적인 경험을 무시하고, 유일하고 참된 존재와의 접촉을 유지한다. 유일하고 참된 존재와의 교통交通은, 죽음에서 그 독침을 제거하는 바로 그 순간 우리가 확보하지 못했던 토대를 제공한다. 세계인간화 아래서 우리는 사회의 관행과 제도에 타자의 경험에 대한 상상력을 불어넣음으로써 인생에서 의미를 확보한다. 이러한 상상적 감정이입은 우리의 관심에 냉담한 우주에서 자기충족적인 인간 세계의 통합을 가능하게 한다. 세계와의 투쟁의 성스러운 형태이든 세속적인 형태이든 우리는 신에게 돌리는 속성들에 대한 인간의 몫을 증강시키겠다고 약속하는 상승 경로를 만난다. 차

기겠느냐!' '감히 죽음을 묻습니다'하고 계로가 물으니, 공자께서 대답하셨다. '삶을 알지 못하면서, 어찌 죽음을 알겠느냐?'"(《논어》〈선진편〉(11)). 고타마 부타가 열네 가지 형이상학적 질문(우주 공간이 무한한가 유한한가, 자아와 육체는 같은가 다른가? 등등)에 대해서는 답하지 않는다(十四無記)는 점도 같은 맥락에서 이해할 수 있다(《중아함경》 제60권 〈전유경〉 제10).

차 논의하겠지만, 허무주의의 위협에 대한 이러한 반응들은 각각 특징적인 난점들에 직면한다.

반∞허무주의 메시지는 이 세계에 만물은 올바른 상태에 있고, 결국 올바른 상태에 이르리라는 메시지를 다양한 방식으로 전파한다. 그렇다면 만물이 올바른 상태에 이르기 위해서는 실재를 올바르게, 즉 정확한 이해와 태도로 수용하는 것만으로 충분한가, 아니면 세계를, 더 나아가 세계 안의 우리 자신을 누적적으로 그리고 특정한 방향으로 변화시켜야 하는가? 허무주의와의 투쟁은 형이상학자들이 회의주의자들과 벌이는 말싸움인가, 아니면 장군이 훨씬 우월한 힘을 지닌 적에 맞서 벌이는 저항운동과 같은 캠페인인가?

과거의 종교혁명에서 귀결된 고등종교들의 세 번째 공통 요소는, 인간의 근본적인 통일성과는 대비되는 인간의 차이들, 즉 카스트, 계급, 인종, 민족, 성, 역할, 문화적 차이들의 천박성을 확인하려는 충동이다. 요체는 그러한 차이들이 지닌 어느 정도의 실재성마저 부인하려는 것도, 그러한 차이가 도덕적·사회적 결과를 내지 못한다고 주장하려는 것도 아니다. 그보다는 인간의 근본적 통일성에 견주면 그러한 차이들이 무색해진다는 점을 인정하려는 것이다. 이 통일성의 기초는 우리의 신체적 특성뿐만 아니라 주로는 우리의 곤경에 있다. 이는 우리의 필멸성·무근거성·충족불가능성뿐만 아니라, 우리 자신의 모습과 살아갈 방식 간의 불균형을 극복하기 어렵다는 사실에서 생겨난 곤경이다. 인간 안에서의 구분이 정당화되려면 그 구분이 인간의 통일성을 심화시키고 발전시켜야 한다. 그렇지 않다면 그러한 구분은 의문을 야기할 만하고 또한 타파의 대상이 될 만하다. 그러한 구분은 타파될 때까지 인간의 중요한 선택과 관념에서 무시되어야 한다.

주요한 세계종교의 대부분은 강력한 위계적 구분을 가진 사회에서 탄생하고 전파되었다. 세계혁명의 현 시대까지 세계에서 가장 중요한 정치적 실체들을 대표했던 농업적·관료제적 국가들이 대표적이다. 이런 국가들에는 인도유럽적 형태의 사회적 위계 안에서 지도하고 기도하는 성직자와 철학자, 통치하고 싸우는 통치자와 전사, 노동하고 생산하고 장사하는 기타 사람들이라는 세 개의 계층이 존재한다. 사회의 배치 방식에 상응하는 영혼의 배치 방식, 즉 범신론의 수용 여부와 관계없이 최고질서나 최고 존재와 교통하는 이성적인 능력들(이성), 생명력을 부여하는 행위지향적인 충동들(용기), 우리를 만족의 특수한 형태로 견인하는 육체적 욕망(욕구)의 배치 방식이 존재한다. 사회와 영혼 양쪽에서 각각의 위계가 서로를 지탱한다.[44]

종교혁명의 일부는 인류 안에서 그러한 서열 구조의 궁극적 실재성과 권위를 부정하는 것이었다. 결과적으로 영혼에서는 어떠한 위계적 구분도 사회의 신성불가침적인 조직 방식에 기반을 두지 않았다. 영혼의 위계적 구분은 도전과 교정 앞에 더욱 개방되었다. 그러한 가능성은 가치의 전도轉倒에서 발생했으며, 가치 전도를 통해 타자에 대한 방어 수단을 개인에게서 제거하는 경우에만 이른바 저급한 능력이 주체의 형성에서 전복적이고 예언가적인 역할을 수행하게 될 수 있었다.[45]

다시 양가성은 존재한다. 인류의 통일성은 믿음으로만 확인되는가, 아니면 사회 재편으로 확보되는가? 과거 상호 연관된 종교혁명에서 느슨하게 연결된 믿음의 형식만을 취했던 스토아 철학자들은 노예제에 도전하

---

44 플라톤의 《국가》에서 계급과 영혼의 특질이 대응 관계를 형성한다.

45 이 부분은 니체의 《도덕의 계보》에서 다루어진 가치의 전도를 겨냥한다.

지 않으면서도 진심으로 주인과 노예의 근본적인 유사성을 확인했다.[46] 그들로서는 근본적 유사성의 인정으로 귀결되는 공감을 노예이든 주인이든 타인에게 보여 주는 것만으로 충분했다.

그래서 세계종교를 발생시킨 영적 혁명으로 형성된 종교적 지향의 신봉자들에게는 이 통일성을 단지 하나의 주장으로 인정해야 할지, 아니면 하나의 프로그램으로 관철시켜야 할지를 둘러싼 물음이 필연적으로 등장하게 되었다. 주장으로서의 통일성은 태도 변화, 즉 기성 체제를 변화시키는 경로라기보다는 확립된 역할과 제도 안에서 다른 수행 방식을 요구할 것이고, 프로그램으로서의 통일성은 기성 사회제도의 급진적 재구성을 요구할 것이다.

세계종교들을 낳았던 영적 혁명과 세계종교들이 범례화한 실존접근을 묶어 주는 네 번째 공통 요소는 지배적인 윤리, 즉 영웅적인 덕성, 권력 숭배, 약자에 대한 강자의 승리, 온갖 세속적인 경쟁에서의 승리, 타자와의 관계에서 자기 지위의 옹호, 영예로운 인정, 평판, 명예, 온갖 자부심을 숭상하는 윤리의 권위와 우월성을 배격한다는 점이다. 이러한 종교적 지향들이 융성했던 문명과 국가에서 이 같은 영웅적·군사적 윤리는 특별한 계급이나 신분, 즉 통치자 및 전사와 연결되었다. 세계사적인 종교의 출현에 가장 중요한 구도를 형성했던 농업적·관료제적 제국의 구조 안에서 이 연관관계는 특히 강력했다.

이러한 영웅적·도덕적 비전은 전사와 통치자의 신분이나 지위 집단의 특징적인 에토스이기도 하지만, 젊은이들과도 연결되었다. "나를 무시

---

46 스토아 사상가들은 헬레니즘 시대에 아리스토텔레스의 노예천성론에 반기를 들고 그리스인과 야만인(이방인)의 동질성을 확인하고 코스모폴리타니즘을 도덕적 사유로서 선취했다.

한다면 너를 죽이겠다"가 이러한 도덕적 비전의 후렴구였다. 인정투쟁은 규정적인 관념으로, 즉 무엇이 삶을 가장 가치 있게 만드는지에 대한 견해로, 통치계급의 도덕적 관심사와 사회의 실천적 관심사가 결부되는 방식에 대한 해명으로 쉽게 전환될 수 있다.

이러한 영적 쇄신들로 형성된 종교와 도덕은 이 같은 에토스를 거부하는 데에서 완전히 일치한다. 종교와 도덕은 이런 에토스를 그 자체로 나쁘다고 비난하지 않더라도, 이 에토스의 지지자들이 항상 요구한 우월성을 이 에토스에 부여하기를 거부했다. 이 종교와 도덕은 다소간 명료하게 군사적·영웅적 윤리의 중심에 존재하는 심리적·도덕적 모순을 인식했다. 자기지배와 주체 형성의 이상 아래 자신의 창조물이 되기를 열망하는 사람들은 타자의 동의에 더욱 의존하는 것으로 드러났다. 영웅적인 분투가 바쳐진 목적들은 외부에서 우발적으로 제공되고, 그 목적들이란 특정 사회나 문화의 전통적인 관심사들이다. 이 관심사들은 유대를 깨기는커녕 이를 강화한다.

고등종교에서는 영웅적·군사적 윤리의 거부와 인류의 통일성에 대한 인정 사이에 항상 밀접한 연결이 존재한다. 세계사의 위대한 국가들에서 확립된 분할과 위계는 전사와 통치자 신분의 보호를 받았다. 나아가 기개와 복수의 에토스는 인류의 일부, 피치자에 대한 통치자, 생산자에 대한 전사, 여성에 대한 남성, 약자에 대한 강자의 이상과 관심에 특권적으로 연결되었다.

종교혁명가들은 영웅적 자부심과 복수심에 불타는 자기주장을 헌신과 이타적인 사랑의 희생적 윤리, 70인역 성서[47]의 아가페, 논어의 인仁, 부처

---

47 그리스어 성서. 이집트왕 프톨레마이오스 필라델푸스(기원전 3세기)의 명을 받아 알렉산드리아에서 70[72]명의 유대인이 70[72]일 만에 번역했다고 전해진다.

의 세계포기적 체념 윤리 등으로 대체하자고 제안했다. 이와 유사한 혁명들의 출현 배경이 된 태도와 이상인 에로스적이고 희생적인 충동들은 변형되었다. 에로스의 요소는 후대의 용어로 표현하자면 승화昇化를 겪고, 육체적인 것에서 정신적인 것으로 변화되었다. 희생은 집단이 자신의 공포, 불안, 분노를 달래기 위해 바치는 동물이나 인간 제물에 더 이상 초점을 맞추지 않게 되었다. 이러한 부담은 기독교에서는 육화된 신으로 흡수되었고, 이와 연결된 모든 종교혁명들에서 혈연이나 친소 관계에 더 이상 매이지 않는 공감의 대가이자 징표로서 자기희생의 이상으로 변형되었다.

그 예언적인 내용과 도덕적 시사점에서 기독교적 사랑과 공자의 인仁을 분리시키는 것은 아둔한 짓이다. 그럼에도 불구하고 이 공통 요소들은 두텁기도 하고 얇기도 하다. 이 요소들은 인류 안에서 피상적이고 일시적인 구분들에 맞서 희생적인 사랑이나 동료감정의 도덕적 우위와 인류 통합의 예언가적 예감 간의 연결을 바라는 변혁지향적인 통찰에서 발생했다.

그 결과는 통치자와 전사계급 및 신분 윤리의 배격을 넘어, 그 가치를 철저하게 역전시키고 전복하는 것이었다. 니체가 주장했듯이 이러한 전도가 강자에 대한 약자의 원한에 오염될 수 있다는 사정은 이러한 전도의 중심적인 약속 중 하나인 자기희생을 주체의 역량강화로 전환시키고, 주체의 역량강화를 실존에서 치유 불가능한 결함들에 대한 응답의 일부로 만들려는 약속을 무효화시키지 않았다.

다른 공통 요소들에서와 마찬가지로 이러한 전향에서도 양가성은 존재했다. 이 사랑은 희생을 포함하지만 내적인 위험을 결여한, 저 높고도 먼 곳의 계몽되거나 구원받은 자에게서 계몽되지 못하고 구원받지도 못한 자들에게로 전달되는 피와 살이 없는 자비심이었는가? 아니면 사랑의 주체에게 방어장치를 해제하고 고도의 감응성[48]을 받아들이도록 요구하는 사랑이었는가? 만일 사랑이 전자라면 사랑은 더욱 강하고 더욱 왜곡된 형태로 기개와 복수의 윤리 속에서 권력 충동의 지속을 의미했을지도 모른다. 이러한 사랑은 니체가 보았듯이 행위자를 내밀한 위험에 빠뜨리지 않으면서 또는 헌신의 수혜자의 필요성을 인정하지 않으면서 자비로운 의지의 우월성을 확인하는 이타주의의 실천이다. 그러나 후자라면, 사랑은 사랑의 주체에게 이타주의 그 이상을 요구한다. 즉, 타인에 대한 상상력, 주체의 무장해제와 타자의 필요성에 대한 인정, 거부당하거나 실패할 위험의 수용 등을 요구한다.

이러한 양가성이 종교혁명들의 여타 공유된 특징들을 괴롭히는 양가성과 어떻게 관련되었는지는 즉각적으로 명백하지 않을지 몰라도 서로 관련되어 있는 것은 사실이다. 명예와 지배의 윤리에 대한 대체물로서 저 멀리 높은 곳에서 내려온 자비는 재발명이라기보다는 전복을 표현했다. 권력의지가 지속하기 때문에 이러한 전도의 위장 아래서 주체의 급진적 변혁은 거의 요구되지 않았다. 약자들이 자신의 약함을 강자들에 맞서서 이용하였기 때문에 낡은 충동들은 새로운 형태를 취했다. 그러나 이와 같이 보호장구를 갖춘 이타주의를 동등한 자들 간의 위험스러운 사랑으로

---

48 여기서 감응성은 타자에 대한 필요와 위험을 감수하면서 타자와 연결됨으로써 스스로 붕괴되고 재정립할 계기도 존재하는 개방성을 의미한다. 웅거는 이타주의는 높은 곳에서 타자에게 거리를 두는 방책이라면, 윤리적 보편주의는 수평적으로 타자와의 적정 거리를 유지하는 방책이라고 파악한다. 이타주의는 자비나 니체의 원인애遠人愛를, 윤리적 보편주의는 칸트의 도덕철학을 가리키는 것처럼 보인다. 웅거는 이에 대하여 동등한 자들 간의 사랑을 주장한다. 상호필요, 상호의존, 상호고양을 통해 주체의 재정립이 이러한 사랑 안에서 이루어진다. 웅거는 바로 동등한 자들 간의 사랑, 에로스가 세계와의 투쟁에서 주체와 타자의 관계에 어울린다고 상정한다. 이타주의나 자비는 세계초극에, 윤리적 보편주의나 율법주의는 세계인간화에 어울릴 것이다.

대체하는 것은 전적으로 다른 기획이다. 이 기획은 주체의 급진적인 변혁을 요구했다. 그렇게 함으로써 이 기획은 그와 같은 주체 변혁의 조건들을 강화시키는 데에 일조할 사회와 문화 제도들의 변혁 문제를 제기했다.

이 종교적 혁명의 다섯 번째 공통 요소는, 역사에서 권력 및 국가라는 현실 세계에 대한 종교혁명의 양가적 관계이다. 그러한 영적 대변화에서 발원하는 종교에 의해 범례화된 삶의 지향들은 각기 입장入場과 탈출의 이중 티켓이었다.

입장권으로서 티켓은 개인이 개선 행진(문명과 집단의 지도적 또는 막 확립된 원리를 형성하지만 동시에 문명과 집단에 의해 수용된 문화와 집단)에 참여하는 것을 허용했다. 개인은 이 티켓을 사용하여 교리가 패배자들을 환영한다고 선언한 경우에도 승리자에 동참했다. 세속적 권력의 지지를 받고 문화적 권위의 신용을 얻은 믿음의 공동체에 대한 참여는 신자들 사이에서 친족적 유대와 사회적 지위를 초월하는 단결을 확립했다.

탈출권으로서의 티켓은 개인이 역사의 악몽과 사회의 야만에서 다른 기준이 구속력을 발휘하는 내면적인 경험 영역으로 도피하는 것을 허용했다. 유교에서 보듯이 사회참여의 도덕적 논리에 주요한 가치를 부여했던 세계인간화조차 개인에게 역사의 심판에서 벗어나는 피난처, 즉 세속적 권력의 유혹과 실패의 악령들을 막을 수 있는 내면적인 삶을 제공했다.

입장과 탈출이라는 이중적 티켓은 이 종교혁명들에서 유래한 영적 접근들이 발휘하는 엄청난 효과를 이해하는 데에 필수적이다. 동시에 이중 티켓의 취지에서 이 종교들을 이해하는 것은 종교혁명들의 가르침이 내포한 변혁적 의미를 위축시키는 것이기도 하다. 모든 지점에서 또 다른 선택지가 존재했다. 그것은 주체와 사회를 변화시키고 신성의 속성들에 대한 인간의 몫을 증강시키는 진보적인 기획을 위해 입장과 탈출의 이중

티켓을 찢어 버리는 것이다. 이 선택지는 인류의 역사에 가장 영향력 있는 이와 같은 영적인 지향들의 다른 모든 공유된 특성들과 관련된 동일한 양가성의 가장 일반적이면서도 가장 명료한 형식이다.

우리는 이러한 장구한 역사 속에서 일어났던 종교혁명들의 특수성을 태도 변화와 일련의 서사敍事 및 세계관의 결합으로 가장 잘 이해할 수 있다. 그 세계관과 서사는 종교혁명들마다 뚜렷하게 달랐다. 한쪽은 시간과 구별의 현상계를 무시하고 통일적이고 초시간적인 존재의 고차적인 실재성을 주장한 반면, 다른 방향은 사회적 역할들의 연결망 안에서 의미의 인간적 창조를 통해 우주의 무의미성을 극복할 인간화된 사회적 세계를 향한 진보를 제공했다. 세 번째 방향은 인류 역사에 대한 신의 결정적이고 구속적인 개입을 기술했다.

　이 차이들에도 불구하고, 이 다른 관념들은 거의 모든 점에서 인간 조건의 교정 불가능한 약점에 대해 그 신봉자들에게 위안을 제공하기로 합의했다. 이 관념들은 교정 불가능한 약점들이 지닌 위력을 다양한 방식으로 제거하는 세계뿐만 아니라 세계 내 인간의 지위에 대한 비전을 제공했다. 물론 이 일을 수행할 때에도 이 관념들은 저마다 차이를 드러냈다. 삶의 방식에 위대한 변화를 요구한 두 가지 지향(나는 이를 세계초극과 세계와의 투쟁이라고 부른다. 전자에는 초기 불교가, 후자에는 셈족의 유일신교가 범례적이다)은 가장 급진적인 주장, 이처럼 고통스러운 사실들과 관련된 인간의 일상적인 체험과 매우 불일치하는 주장을 펼쳤다. 세계초극은 인간고통의 무대인 변화와 구별로 이루어진 현상계의 궁극적 실재성을 부인했다. 세계와의 투쟁은 인간 역사를 신의 창조와 개입 그리고 구원의 서사 안에 포함되어 있는 것으로 표상했다.

이와 달리, 삶의 영위의 재정립을 덜 요구하고 결과적으로 기성의 세속적 윤리와의 급격한 단절을 덜 요구한 견해, 즉 무의미한 세계에서 인간이 수행하는 사회적 역할들을 통해 인간이 상호 간에 떠안은 책무를 정교하게 설명한 인간적인 의미를 창조한다는 견해(세계인간화)는 인간이 처한 명백한 조건에 대한 부인을 그렇게 뚜렷하게 요구하지 않았다. 어떠한 인간화 해법도 인간이 죽음, 무근거성, 공허하고 충족 불가능한 욕구의 실재성과 인간 본성의 원대함과 인간 여건의 사소함 간 격차의 실재성을 거부하는 것을 정당화하지 않는다. 인간화의 해법은 거부 대신에 우리가 창조한 세계로 퇴각하게 하여 우리에게 집행유예를 제공한다.

인간화 해법은 우리가 삶을 얼마나 철저하게 변화시켜야 하는지의 문제와 그 결과로서 죽음, 무근거성, 충족불가능성에서의 해방이 반드시 약속되어야 하는지의 문제 간에 마치 비밀스러운 호응 관계가 존재하는 것처럼 가정한다. 변혁적 의지는 인간 실존에서 가장 공포스럽고 불가사의한 점과 관련하여 만사가 일반적으로 유익한 방향으로 전개될 것이고 그럴 수 있다는 점을 우리에게 확인해 주는 세계 비전에서 격려와 지침을 수용할 수 있다.

종교의 과거와 현재

지난 2,500년 동안 등장했던 주요한 영적 지향들을 논의하고, 무엇이 이 지향들을 계승할 수 있고 계승해야 하는지를 논하면서 나는 종교라는 논쟁적인 개념을 사용하겠다.

오늘날 서유럽 사람들은 유대교 · 기독교 · 이슬람교와 같은 중동 지역의 구원종교들을 염두에 두고 종교를 정의하는 데 익숙하다. 구원종교에 입각한 견해는 초월적이고 개입하는 신 관념과 신이 인류에게 계시한 진리 관념을 중심으로 종교를 정의한다. 이 정의는 구원종교로 분류된 유대교와 이슬람교 신자들의 일부가 종교라는 용어를 전적으로 거부하게 하는 반론은 고려하지 못한다.

이 종교관은 또한 지난 2,500년간 인류가 접근할 수 있었던 영적 대안들을 대표하는 세 가지 주요 지향 중 두 가지를 배제한다. 이 종교관은 불교처럼 실존접근이 인격적인 신 관념을 거부하는 세계초극에 해당하지 않는다. 그리고 유교처럼 인간 여건에 대한 답변이 인간 의지와 신성한 은총의 협력 관계가 아니라, 이승에서 맺은 사회관계를 영성화하고 도덕화하는 세계인간화에 적용되지 않는다.

나는 이 책에서 탐구하는 세 가지 실존접근과 그 대표적인 영적·지적 운동을 세계종교, 초월종교 혹은 고등종교라고 부르겠다. 나는 세계와의 투쟁이라는 접근 중에서 셈족의 유일신교나 구원종교가 가장 독창적이고 영향력이 큰 형태라고 생각한다. 세계종교·초월종교·고등종교라는 용어는 종교라는 논쟁적인 개념의 해명과 옹호를 요구한다.

현대 종교 연구에서 종교 관념은 의심을 받고 있다. 현대의 사회적·역사적 사유 상황을 특징짓는 운동에서 이러한 종교 관념은 역사적 구성물로서, 그것도 비교적 최근의 구성물로서 비판받는다. 일반적으로 이러한 종교 개념의 구성은 프로테스탄트 기독교의 모형을 따른 것이고, 기독교 신앙과 나머지 사회생활의 현실적인 혹은 바람직한 관계에 대한 프로테스탄트적인 믿음의 영향을 받은 것이라고 한다. 이 믿음은 처음에 초기 근대 유럽에서 영향력을 행사했다. 종교라는 말은 프로테스탄트의 영향 아래서 18, 19세기에 신앙信仰과 신조信條의 공동체들을 명명하는 방식으로 널리 사용되었다. 종교라는 용어와 그 유사어의 과거 사용 방식은 더 협소하고 더 선별적이었다. 의식적 전례가 종교의 가장 중요한 함축 사항이었기 때문이다.

종교라는 용어를 거부하려는 움직임은 특징적인 혼동을 노정한다. 그러나 우리가 종교에 부여하려는 의미와 종교라는 단어의 용법을 명확하게 한다면, 이러한 혼동이 종교 개념의 사용을 방해하지 못하게 할 수 있다. 내가 여기서 수행하는 논증에서 어떤 범주보다도 종교 개념이 가진 장점들은 명백하고 결정적이다.

인간의 어떠한 관행도 불변적인 핵심을 갖지 못한다. 인간의 관행들이 역사적이고 가변적이며 개정·추가·제거에 열려 있다면, 법·예술·과학에 본질이 있을 수 없듯이 종교의 본질 같은 것도 존재할 수 없다. 종교는 인간 활동에 관한 백과사전에 실린 안정적인 항목명이 아니다. 그와 같은 백과사전은 존재하지 않는다. 종교의 구성 요소들에 대한 체험은 다양한 방식으로 조각될 수 있다. 종교의 공통성과 계속성은 역사, 즉 방향 재정립과 안정화라는 역사의 공통성과 계속성이다.

관행들이 본질을 결여하고 있다면, 본질을 규정하는 데에 사용하는 말들은 그 의미상 더 가변적이다. 확립된 믿음을 명명할 때 중요한 용어치고 의미의 지속적인 변화를 겪지 않거나 변화된 용례에 뒤늦게 적응하는 사람들이 그 기원에 의문을 품지 않은 경우는 거의 없다. 중요한 것은, 이미 죽은 자들의 가정에 대한 충실성이 아니라 의미 변형자들이 가진 의도의 명료성이다.

종교혁명이라면 우리가 지금 종교적이라고 부르는 믿음과 활동에서 우리의 종교 관념을 변화시켜야 한다. 동일한 원칙들이 과학적 역량의 범위, 수학적 표현의 분과 및 과학적 문제들의 전통적 의제에서 나온 압력에 제약을 받는 자연과학 관행에 적용된다면, 그 원칙은 또한 이 통제 요소들에 전혀 구애받지 않는 종교 관행들에 더욱 적용되어야 한다.

우리가 자연에 공포심을 느끼고 자연적 힘을 표상하고 세상에서 최고선이나 최고실재의 편에 모호하게 서는 신들과 화해를 추구했던 때, 그러한 신들에게 지상의 행복만 보호해 달라고 간구했던 때, 보이지 않는 권력에 대한 숭배는 나중에 종교라 불리게 된 것과는 다른 것을 의미했다. 우리가 인간의 필멸성, 무근거성, 충족불가능성이 내포하는 바들을 직접 논의하기 시작하고, 인간 위 또는 인간 안에서 실재와 가치의 고차적인 영역을 상상하고, 그러한 고차적 질서로 이루어진 삶에서 인간의 몫을 향상시키고, 그리하여 우리 자신을 단순히 보호하는 차원을 넘어 변형시키면서 우리가 지금 종교라고 부르는 것의 범위와 본성은 변화했다. 이와 같이 출현한 일련의 관행과 믿음은 그 최초의 유형과는 공통된 본질을 갖지 않는다. 이 관행과 믿음들이 공유하고 있는 것은 여건과 투쟁, 인류의 발견물에 뿌리내리고 있는 역사이다.

우리의 논의에서 종교 개념은 다른 경쟁적 개념과는 다른 세 가지 장점을 가진다. 첫 번째 장점은 현재와 관련되고, 두 번째 장점은 과거와 관련되며, 세 번째 장점은 미래와 관련된다.

현재와 관련된 장점은, 종교사와 인류사를 통해 포괄적인 실존지향의 과거와 미래를 다루는 데에 필요한 지적인 시각에 종교 관념이 두 가지 의미에서 기여한다는 점이다. 첫 번째 함축은, 여러 방향 중 특정한 방향을 취하게 한 우리의 근거가 우리를 믿음에 도달하게 한 경험을 공유하지 않은 사람을 설득하기 어려워 보이는 순간에도 어떠한 방향이든지 하나의 입장을 취하고 삶을 결단하는 것이 필요하다는 점이다. 쉽사리 활용할 수 있고 널리 수용된 논거와 증거로 우리가 옹호하려 하는 지식의 한계선에서 멈추는 과학과 달리, 종교의 영역에서는 그럴 수 없다. 통찰의 한계가 무엇이든지, 우리는 명시적으로는 아니어도 묵시적으로라도 반드시 하나의 입장을 취해야 한다. 그와 같은 입장을 취하지 않겠다고 공언하는 사람도 실존 경로를 통해 사실상 하나의 입장을 취해 온 것으로 드러난다.

종교 관념의 두 번째 함축은, 우리가 그와 같은 입장을 취하는 데에 명분이 되는 비전은 어떤 유형의 경험에도 갇힐 수 없다는 점이다. 이 함축은 삶의 영위와 사회조직의 온갖 특성에 대해 시사점을 갖는다. 종교 관념이 실존의 종교적 영역과 비종교적 영역을 분리한다는 이유로 종교 개념(예컨대 의미상 이슬람교나 유대교에 대한 적용에서)을 거부하는 사람들은 이러한 함축을 오해한 것이다. 여기서 탐구하는바 모든 실존지향에서 믿음과 행동의 근간은 이러한 분리를 반대하는 것이다.

이렇게 볼 때 특히 프로테스탄트 기독교 역사의 일부에서 종교의 사사화私事化는 종교사의 많은 부분에서 이 모든 실존접근들을 지배해 온 경향—메시지의 관점에서 인간 행동의 모든 측면에 관여하고 이를 변혁하려는 요구—의 예외이다. 프로테스탄티즘에서도 경험의 종교적 부분과 비종교적 부분의 구분은 변칙적이었다. 그러한 구분은 18, 19세기의 프로테스탄트 영성靈性과 신학의 큰 특징을 이루었고, 미국 같은 다원주의 사회에서 종교가 차지하는 지위에 관한 지배적인 정치적 · 헌법적 교리들[49]을 감안할 때 이 구분은 미국에서 또 다른 삶을 획득했다. 그러나 이러한 구분이 루터나 칼뱅에게는 낯설었다. 지난 100년간 가장 영향력 있는 프로테스탄트 신학의 많은 부분은 프로테스탄티즘의 역사에서 중간기中間期를 특징짓는 이러한 경향에 반란을 일으켜 왔다.

49　국교 불인정, 국가와 교회의 분리를 선언한 미국의 헌법제도를 의미한다.

종교적인 영역과 비종교적인 영역의 분리가 최소한 기독교의 맥락에서 교회 관념과 통상적으로 연결된다는 견해도 동일한 오류를 범한다. 기독교인들에게 교회는 주로 성령聖靈의 현존으로 지속되고, 인생의 모든 부분의 변혁과 관계된 신자들의 공동체이다. 교회는 부차적인 의미에서만 하나의 조직이다. 사도적 승계 교리[50]의 타당성과 의미는 거의 기독교의 출범 이래 기독교도들 사이에 분열의 원천이 되었다.

자연의 질서와 은총의 질서의 구분은 14~15세기 유명론적 기독교 신학에서 힘을 획득하여 줄곧 기독교를 괴롭혀 왔는데, 종교적인 것과 세속적인 것의 대비를 그와 같은 구분으로 오인하지 않는 것이 중요하다. 이 책 후반부에서 미래 종교의 방향을 모색할 텐데, 나는 종교적인 것과 세속적인 것의 대비뿐 아니라 은총과 자연의 대비와는 다른 대비를 나타내고자 성sacred과 속profane이라는 대비를 사용하겠다. 성과 속의 대비는 더 높은 삶으로의 상승을 초월적 신과 피조물인 인간 사이의 거래 서사로 접근하는 비전과 그러한 스토리를 필요로 하지 않는 비전을 구별해 준다.

종교적 신앙이 관철된 사적인 생활 및 헌신의 영역과 그러한 신앙의 영향력이 없는 실존의 잔여 영역 간의 구별은 언제나 초월종교—유대교·기독교·이슬람교와 같은 창조주 신을 숭배하는 종교뿐만 아니라 불교와 유교, 나아가 범신론과 단절한 모든 영적 지향들—의 본질적인 충동을 부정한다. 그러한 구별은 세속화를 작동시키는 의미를 가진다. 세속화의 주요한 의미는, 사람들이 초월성과 내재성 간 변증법의 어떤 형태를 믿지 않는다는 것이 아니라 오히려 자신의 믿음이 무엇이든지 간에 사람들이

---

50 교회의 성직이 초대 사도들로부터 계승되어 주교를 통해 현재까지 지속되었다는 교리.

이러한 믿음을 실존의 많은 부분에 적용 불가능하다고 본다는 데에 있다. 종교의 영역과 세속적 잔여 영역(실제로 대부분의 일상생활과 사회질서) 간의 구별은 종교적 경험을 빈곤하게 만든다. 종교의 범주가 종교와 유관한 삶의 부분과 종교와 무관한 부분 간의 구별을 전제하거나 내포한다고 말하는 것은, 종교를 종교의 적들의 시각에서 보고 세계종교를 적들의 수중에 있는 도구로 간주하는 것이다.

그와 같은 반전을 묵인할 좋은 이유는 없다. 종교라는 용어가 18세기와 19세기에 이 용어의 광범위한 채용을 예고한 프로테스탄트 믿음으로 수습할 수 없을 정도로 제약되어 왔다고 말하는 것은 우리가 의도하는 바를 말할 자유를 포기하는 것이다. 그러한 포기는 심오하고 지속적인 것(지난 2,500년 동안 지배적이었던 실존지향들의 공통된 특성)을 국지적이고 단명한 것(프로테스탄티즘 중간기에 일어난 종교의 사사화)에 희생시킨다. 왜 칸트,[51] 슐라이어마허,[52] 매디슨[53]이 무덤에서 우리의 언어 사용 방식을 결정해야 하는가?

이러한 혼동이 제거된 역사적으로 우연적인 종교 개념은 우리가 종교를 오로지 유대교·기독교·이슬람교의 생생한 실재와 불연속적 역사

---

51 칸트는 《순수이성비판》에서 신존재증명의 불가능성을 논의하고, 《실천이성비판》에서 도덕적 필연성의 문제로서 신의 존재 근거를 마련했다.

52 프리드리히 슐라이어마허Friedrich Daniel Ernst Schleiermacher(1764~1834)는 자유주의 신학 혹은 현대 신학의 선구자로 수용되며, 《기독교 신앙론》(1820/21)에서 종교를 '절대적 의존감정'으로 정의했다. 전통적인 기독교 신학자들은 그의 종교관을 기독교가 아니라 스피노자주의, 범신론, 무신론, 낭만주의, 신비주의, 비윤리주의, 영지주의, 불가지론이라고 비판했다. 이에 비해 신정통파 신학자 칼 바르트는 슐라이어마허의 종교론이 기독교의 우월성을 주장한 것으로 이해했다.

53 매디슨James Madison은 미국 헌법의 기초자이자 미국의 제4대 대통령이다. 그는 국교회를 반대하고 국가와 교회의 분리를 미국 헌법에 도입한 것으로 유명하다.

만을 지시하려 채용한다고 하더라도 이미 결단과 비전이라는 두 가지 함축—종교의 근거들을 초월하는 결단 또는 종교의 근거들을 넘어가서 실존과 사회 전체를 관통할 것을 요구하는 비전—의 외견상 역설적인 합축을 시사하게 될 것이다. 우리가 책과 연구에서 취하고 고안해 낸 어떠한 개념도 나의 연구와 제안에 중요한 놀랍고도 엄청난 결합을 보여 줄 것 같지 않다.

과거와 관련하여 종교 개념의 장점은, 종교 개념이 지난 2,500년 동안의 주요한 포괄직이고 실천적인 실손지향들을 비교할 수 있는 확립된 상상적 공간을 제공한다는 점이다. 나는 다른 무엇보다도 역사적 사실로서 세 가지 삶의 접근들이 이렇게 긴 역사적 기간 동안 인류의 관심을 사로잡았다고 주장한다. 그러한 접근들은 각기 내적인 개념적 질서, 즉 도덕적 논리와 형이상학적 논리를 가지고 있다. 믿음의 역사적 실례들 및 그러한 삶의 지향들을 범례화한 관행의 역사적 실례들은, 형식과 실체에서 구분되는 엄청난 차이에도 불구하고 그 안에서도 작지 않은 공통점을 가지고 있다. 앞 절에서 그러한 지향들이 사회와 주체에 대한 하나의 프로그램을 공유한다는 점을 탐구했다. 이 절에서는 그 세 가지가 전부 유사한 관행의 실례로 이해될 수 있다는 점만 논하겠다. 나는 이러한 관행을 관용적 표현으로 종교라고 부르지만, 종교라는 관용적 관념을 과거에 관한 테제와 미래에 대한 의도라는 이중적 관점에서 수정하겠다.

미래와 관련하여 종교 관념의 장점은 이 책의 주장에서 매우 중요하다. 종교 개념과 같은 역사적 실재들에 관한 역사적 구성물이 고정된 준거나 안정적 본질을 결여한다는 점을 감안할 때, 종교가 실용적인 지평을 가진다는 사정은 놀라운 것이 아니다. 우리가 종교에 부여하는 의미는 특정한 시점에 우리가 종교라는 용어로 기술하는 활동 및 믿음을 수행하고자 우리가 제안하는 바에 의존해야 한다. 현재까지 이러한 경험 형식이 어떠 했는지는 종교가 어떤 모습으로 변할 수 있고, 변해야 하는지, 달리 말하면, 우리가 종교를 가지고 무엇을 해야 하는지, 종교를 무엇으로 전환시켜야 하는지와 관련되기 때문에 주로 문제가 된다.

나는 내가 종교라고 부르는 바의 과거와 현재를 종교의 미래에 대한 관념에서 바라보겠다. 종교 개념은 지난 2,500년 동안 인류의 역사를 특징 지은 가장 중요한 삶의 접근들뿐만 아니라 내가 이 책에서 주창하는 변혁 까지도 수용할 만큼 확장되어야 한다. 종교는 여기서 고려하는 세 가지 입장으로 나타난 종교혁명의 전 영역을 포괄하지 않으면 안 된다. 종교는 자신이 창조하고 인간 역사에 개입함으로써 자신이 구제하였거나 장차 구제할 인간을 포용하는 초월적 신 관념을 갖지 않은 두 가지 입장도 포 함해야 한다. 그러면서 향후에 필요한 종교혁명을 위한 여지도 확보해야 만 한다.

종교 개념이 그러한 복합적인 역할을 수행할 정도로 포괄적이면서 동 시에 공허함으로 전락하지 않을 만큼 인접 영역의 믿음과 행위들을 배제 할 수 있다는 것은 비현실적으로 보일지도 모른다. 그러나 종교가 이와 같은 방식으로 이러한 목적을 위해 적절하게 포괄적이면서 동시에 배제 적일 수 있게 하는 입장을 내가 앞으로 주장해 보겠다. 이러한 주장의 입 증은 오로지 논의의 수행으로만 존재할 수 있다.

이와 같은 종교 관념이 주로 배제하는 것은 철학, 나아가 예술과 정치 다. 내가 탐구하는 세 가지 지향과 이를 계승하기 위해 제안하는 하나의 입장(미래의 종교)은 관용적인 의미에서 단순히 철학이나 세계관이 아니 다. 예언자들을 통해 인류에게 구원의 길을 계시하는 초월적이고 구속적 인 신 관념에 호소하지 않는 경우에도, 종교는 단순한 철학이나 세계관이 아니다. 특정한 방향의 실존적 결단을 통해 비록 적절한 근거들이 명백히 부재하더라도 그와 같은 입장을 취하려 하고, 나아가 그러한 결단을 고취시키는 비전이 개인의 삶과 사회적 경험 전체에 관철되어야 한다고 고수하는 의지가 종교의 특징을 이룬다.

현재·과거·미래를 지향한 기준에 따라 일련의 확립된 믿음 또는 믿음에 기초한 관행을 종교로 간주하기 위해서는 세 가지 특성이 존재해야 한다.

종교의 첫 번째 특징은 인간 실존의 치유 불가능한 약점들, 즉 이해와 의미의 확정적인 맥락 속에 인간의 실존을 위치짓지 못하는 무능력(무근거성), 인간 욕구의 공허함과 충족불가능성, 인간 여건의 힘과 인간 본성의 관할범위 간의 불일치(왜소화에 대한 취약성)에 대해 응답한다는 점이다. 그러나 마지막 인간 여건의 힘과 인간 본성의 관할범위 간의 불일치라는 약점은 인간이 스스로 교정할 수 있기 때문에 인간 실존의 치유 불가능한 결함이 아니다. 이 결함들에 대한 종교의 답변이 이 결함들의 독침을 제거해야 하는 답변인지 혹은 반대로 결함들을 가차 없이 인정하는 답변인지의 여부는 미완의 종교사에서 중요한 현안으로 남아 있다.

종교를 구성하는 믿음들은 그러한 공포와 고통들에 대한 다소간 막연한 답변을 대표할지도 모른다. 그러나 신자들이 의지와 상상력을 동원해서도 그것을 고통과 공포에 대한 응답으로 이해할 수 없을 정도로 그 답변이 간접적이어서는 안 된다.

어쨌든 종교는 여타 경험들로부터 이러한 문제들을 결코 차단하거나 분리하여 다루어 오지 않았다. 종교적 비전은 실존의 모든 측면에 대해 일정한 결론을 함축한다. 개인적 또는 사회적 삶의 어떤 부분도 종교적 지향이 영향을 끼칠 수 없거나 이를 관철하지 못할 만큼 단조롭거나 기술적技術的이지도 않고 차안적此岸的이거나 무반성적이지도 않다.

만일 우리가 일상적인 업무 한가운데 줄곧 우리의 욕구들로 고통당하고 각성되고, 쇠락과 소멸에 이르러 적절하게 전개할 수 없는 권능을 의식하면서 그 궁극적인 윤곽, 기원, 미래를 파악조차 할 수 없는 우주에서 삶의 맹렬함과 죽음의 확실성, 해명되지 않는 생과 사의 확실성을 생각하게 된다면, 우리는 실존을 환각으로 체험할지도 모른다. 우리는 두려움 속에서 이러한 환각을 외면하고 일상적인 업무에, 부책과 참여의 헌신들에 몰입한다. 우리는 그러한 일들이 우리를 몰입시키고 구원해 주기를 희망한다.

종교는 인간 의식의 환각적인 본성에 대한 깨달음도 아니며, 환각으로부터 일상적인 업무로의 방향 전환도 아니다. 종교는 이 두 가지 태도 가운데 우리가 선택을 강요받는 것처럼 보이는 상황과 관련하여 우리가 취하는 인식적이고 의지적인 태도이다. 종교가 위안을 주려는 유혹의 그림자 아래서 발전되어 왔다는 점은 놀랍지 않다.

위안은 특징적으로 믿음과 실천으로서 종교가 지닌 양면성에 따라 이중적인 형태를 취해 왔다. 위안용 믿음으로서의 종교는 인간의 상황을 보기보다는 덜 공포스러운 것으로 독해하려는 표상 방식이다. 위안용 관행으로서의 종교는 우리 자신에게 스스로 주문을 걸어 공허하고 충족시킬 수 없는 욕구뿐만 아니라 인간의 필멸성과 무근거성에 대한 번뇌를 잠재우는 일련의 집단적 활동이자 개인적인 습관이다. 만사가 어떻게 올바르게 될 수 있고 또는 올바르게 될 것인지에 대한 스토리는 우리가 우리 자신한테 투여한 마약이 된다.

그러나 위안의 작업은 우리 세계관의 내용 및 세계 내 우리 활동 방향에 대해 일정한 결론을 함축한다. 위안의 작업은 계몽과 해방의 첫 단계와 양립할지 몰라도 다음 단계와는 양립하지 않을 것이다. 즉, 위안의 작업은 이 책에서 고려한 세 가지 삶의 접근을 탄생시킨 종교혁명들로 성취된 비전의 확장이나 편견에서의 해방과 양립할지 모르지만 우리가 지금 필요로 하는 추가적인 혁명과는 양립하지 않는다.

종교사에서 삶의 치유 불가능한 결함들 앞에서 우리 자신을 안심시키려는 충동보다 극복하기 어려운 것은 없다. 이러한 곤경은 바로 무근거성 때문에, 논쟁적이고 단편적일 수밖에 없는 관념에 의존할 필요로 인해 심화된다. 이상한 역설이지만, 이는 마치 우리가 이해하려고 희망할 수 있는 범위를 초월하는 사유 실천을 통해서만 소망적 사유에 종지부를 찍을 수 있다는 것과 같다.

종교의 두 번째 특징은, 종교가 삶의 지향과 세계 내 인간 지위에 관한 비전을 연결시킨다는 점이다. 지향과 비전의 연결은 인간 조건의 교정 불가능한 결함에 대해 일종의 답변을 제공한다. 답변은 결함이 다소간 실재적이고, 교정과 응답에 다소간 영향을 받는다고 인정한다. 그 답변은 삶의 영위와 관련해 그 귀결을 해석한다.

이러한 비전이 인간 실존에서 가장 당혹스러운 것, 즉 죽지 않고 싶지만 죽을 수밖에 없다는 사실, 이해의 측면에서 신뢰할 만한 의미 맥락 안에 우리 삶을 위치시킬 수 없다는 사실, 공허하고 무제약적이면서 죽음에 이르기까지 다그치는 욕구에 우리가 휘둘린다는 사실, 우리가 삶을 통해 할 수 있는 것 중 우리의 맥락초월적인 힘에 딱 맞는 것이 전혀 없거나 거의 없다는 사실 등을 겨냥하기 때문에 이 비전은 통제력을 획득한다. 이러한 문제들과 관련하여 우리가 취하는 입장은 규정적인 권위를 획득한다. 문제의 본질적인 중요성 때문에, 이 문제들을 취급하는 방식이 인간 실존의 모든 측면에 대한 결과를 함축하고 있기 때문에 우리의 입장은 그와 같은 힘을 보유한다.

존재와 당위, 기술과 규정 간의 구분은 일부 경험에 대한 견해와 관련하여 힘을 가진다. 그러나 우리가 비록 경험 전체는 아닐지라도 최소한 경험의 일반적인 윤곽을, 즉 경험에 혼란스럽고 신비스러운 형상을 부여하는 한계들을 다루어야 하는 때에는 이 같은 구분은 실현 가능하지도 않고 정당하지도 않다.

우리의 경험에서 실존의 교정 불가능한 결함들에 대한 온갖 설명은 각기 실용적인 지평을 갖는다. 우리는 그 설명에서 우리가 삶을 어떻게 영위해야 하는지에 대한 규칙과 기준을 이끌어 낼 수 없다. 그럼에도 불구하고 그러한 설명은 실존적 명령의 권능을 지닌 것처럼 보이고, 우리의 삶을 특정한 방향으로 안내할 것이다.

그리고 그 명령은 실존의 주요한 약점들에 대한 취급 방식을 전제하거나 내포할 것이다. 어떻게 살아야 하는가에 대한 관행화된 견해는 우리가 공언한 원리들보다 세계 안에서 우리의 상황을 우리가 어떻게 이해하고 그 결함들로 무엇을 해야 하는지를 더 훌륭하게 드러낸다. 우리가 전체 상황에서 국지적인 경험으로 초점을 이동시키는 경우에만, 분산적인 문제들을 다루고 고립된 논거들을 분석하기 시작하는 경우에만, 존재와 당위의 구분은 다시 의미를 갖게 된다.

유비類比는 그 문제를 명료하게 하는 데에 도움을 준다. 설명 구조에서 뉴턴 역학을 필두로 물리학 전통에서 설명되어야 할 현상들의 초기 조건들과 일정한 배위공간配位空間에서 그러한 현상들의 작동과 변화를 통제하는 운동법칙들 간의 구별보다 더 중요한 구분은 없다. 법칙들은 초기 조건을 규정하지 못하지만, 이 조건들은 다른 법칙들에 의해서 설명된다. 관련된 법칙들의 입장에서 보면, 초기 조건들은 인위적이고 약정된 여건들이다.

그러나 우리가 이러한 설명 방식을 현상들의 부분에서 우주 전체로 일반화하려고 하는 경우에는 초기 조건들과 법칙적인 설명 간의 구별은 붕괴된다. 초기 조건들을 법칙 작동의 출발점으로 상정할 수 있게 해 주는 외부의 관점은 존재하지 않는다.

설명적 양식으로 보자면 부분에 해당하는 것은 전체에 적용되지 않는다. 우리가 전체로서 우리의 실존뿐만 아니라 실존의 가장 기본적인 결함들을 취급하는 기성의 믿음들에 대해 존재와 당위 간의 구별을 부과하려고 할 때 바로 이와 같은 유형의 일반화는 붕괴한다.

종교의 세 번째 특징은, 세계 비전에 뿌리를 내리고 있는 삶의 명령이 실존의 치유 불가능한 결함들에 응답하면서 우리에게 삶을 일정한 방향으로 결단하라고 요청한다는 점이다. 합리적 담론의 지배적인 표준에 비추어 볼 때 종교는 결단의 적절한 기초가 될 수 있을 만한 것을 확보하지 못한 상황에서도 인간에게 삶을 결단하라고 요구한다. 확립된 분과나 방법 안에서 또는 온갖 특수한 방법과 분과 바깥에서 감관感官의 온갖 증거 자료나 이성적 추리의 적용도 그러한 기초를 충분히 제공하지 못하다.

우리의 역량, 우리의 방법, 세계에 대한 우리의 감각적 접근은 모두 우리 경험의 여러 측면과 단편들을 다룬다. 이 단편들은 인간 행동의 반경을 예시하고 확장하지만, 그 주제나 적용 범위를 아무리 확장해도 단편적이고 제약적인 성격을 탈피하지 못한다. 그러나 종교에서 우리는 전체로서 인간 경험의 제약적이고 형성적인 특성들과 관련하여 입장을 취해야 한다. 이러한 과업에 인간의 장치는 그 성질이나 기원으로 볼 때 적합하지 않다. 그럼에도 불구하고, 불가피하게 항상 준비되지 않은 채로 성취할 바를 행해야 한다.

취해야 할 입장이 오로지 인식적인 것이라면, 우리는 입장을 취할 수 없을지도 모른다. 그러나 인식적이기만 한 것은 아니다. 입장은 동요와 당혹스러움을 가장 강하게 유발하는 실존의 측면들에 대해, 비록 명시적이거나 완숙하지 않고 묵시적이고 투박할지라도 어떤 태도를 형성할 필요로 이어진다. 원하든 그렇지 않든 그리고 이러한 태도를 고취하는 관념들을 우리가 완전히 의식하든 그렇지 않든, 우리는 태도를 갖게 될 것이다. 그리고 그러한 태도를 갖게 되는 경우, 우리는 인식적인 월권을 하도록 선고받는다. 즉, 우리는 함축들의 심각성과 요구 범위에 적중하지 못하는 근거들로 이루어진 가정들에 입각하여 삶의 경로를 걸어야만 한다.

인간 상황의 역설적 특성(가장 중요한 결정을 밑받침하는 데에 가장 허약한 관념을 동원해야 할 필요)은 도박꾼으로서 신에 관한 신앙에 대한 파스칼의 해명에서 나타난 절반의 진리다. 그것은 이기면 엄청나게 유리한 상황에 처하고, 반대로 지면 신이 없는 세계의 암흑 속에서 죽을 수밖에 없는 최악의 처지에 놓이는 도박이다.[54] 이 설명에서 진리는, 훨씬 덜 중요한 결정들에 직면하여 우리가 요구할 법한 근거들을 확보하지 못하더라도 우리는 반드시 (운명적인) 입장을 취해야 한다는 것이다. 이 설명에서 허위는, 우리가 그와 같은 입장을 취하는 정신이 도박꾼의 계산법을 모방할 수 있거나 모방해야 한다는 암시다. (비록 구원과 저주에 관한 얀센주의자들[55]의 관

---

54 파스칼의 《팡세》에 등장한 신의 존재를 두고 내기하는 '도박꾼'을 가리킨다. 수학적으로 사후에 신이 존재할 경우 신이 존재한다는 것에 건 사람은 약간의 이익을 추가적으로 얻지만, 신이 존재하지 않는다는 데에 건 사람은 무한대의 손해를 보게 된다. 따라서 신이 존재한다는 쪽에 판돈을 거는 것이 이익이다(《팡세》, 12편, 343항목). 웅거는 파스칼의 타산적打算的 옹호를 거부하고, 삶의 영위와 관련하여 도덕주의적 실존적 측면에서 신의 옹호 가능성을 열어 둔다. 그 점에서는 칸트의 《실천이성비판》에 나온 도덕적 옹호론에 가깝다.

55 코르넬리우스 얀센Cornelius Jansen(1585~1638)은 네덜란드 출신의 가톨릭 신학자로서 아우구스티누스의 사상을 연구하였고, 펠라기우스주의와 원죄 및 신의 은총을 중요 주제로 다루었다. 얀센은 신의 은총을 미리 받아 선택된 사람이어야 구원받을 수 있다고 주장하고, 칼뱅의 구원예정설을

심이 사태를 그렇게 보이도록 만들지만) 허위는 특수한 비용이나 편익에 관한 것이 아니다. 허위는 우리 실존의 내부에서 진행되는 것, 즉 우리 삶의 방식에 대하여 외부에서, 삶의 규정적 한계들의 시각에서 관찰한 삶의 의미나 무의미에 관한 것이다.

우리의 여건으로 우리에게 부과된 불가피한 인식적 초월은 셈족 유일신교의 어휘로 신앙faith이라고 한다. 당면한 목표상 신앙 관념은 각 종교의 특정적인 교리들에 의존해서는 안 된다. 신앙 관념은 신앙의 두 측면, 즉 위험 감수와 신뢰 유도를 인정해야 한다.

신앙의 위험 감수 측면은 불가피한 이탈(더 제약된 범위의 결정들에 우리가 적용하는 기준에 비추어 볼 때 결정을 만족스럽게 정당화할 근거들을 갖지 못한 입장)의 귀결이다. 그러나 그러한 이탈은 동시에 예언, 그것도 자기충족적 예언이다. 항상 의문스러운 기초 위에서 하나의 명령을 낳는 예언은 우리를 개인적으로 동시에 집단적으로 행동하도록 자극한다. 우리의 행동을 통해 우리는 비전의 관점에서 세계를 변화시킨다. 그래서 이는 예언의 자기충족적 측면이다.

그러나 우리는 세계를 마음 내키는 대로 변화시키지 못한다. 우리는 단지 예언적 메시지와 그 메시지 속에 담긴 세계를 변혁하라는 명령에 세계를 조금 더 접근시킬 뿐이다. 세계는 예언에 저항한다. 이 저항은 신앙의 진리를 시험한다. 저항은 항상 모호한 시험이지만, 그럼에도 불구하고 시험이다.

신앙의 신뢰 유도 측면은 우리가 신을 인격적 존재의 양상으로 표상하

가톨릭 신학과 결합시켰다. 이것이 '얀센주의Jansenism'이다. 예수회가 주도한 프랑스 가톨릭교회는 1642년 얀센의 《아우구스티누스》를 금서로 결정했다. 뒤베르지에, 아르노, 파스칼 등이 얀센의 주장에 동조하였고, 파스칼의 《시골 친구에게 보내는 편지》는 얀센주의를 주장한 아르노를 옹호한 것으로 알려졌다.

는 경우, 신과의 관계를 포함하여 타자와 우리의 관계에 대한 이와 같은 인식적 월권의 귀결과 관련된다. 종교적 관념들의 시각에서 취해진 행동들이 궁극적인 의미를 가진 문제들과 연관되지만, 동시에 믿음의 적절한 근거들을 결여하고 있기 때문에 그 행동들은 모험에 이른다. 이러한 모험에서 우리는 상대적으로 타자에 더욱 취약하게 변한다. 여러 가지 의미에서 우리는 우리의 방패를 치우도록 강요받는다. 믿음 때문에 우리 자신을 다른 사람의 수중에 두거나 (유비類比를 통해 인간과 신의 관계가 타자와 우리의 관계로 표상되는 경우) 우리 자신을 신의 수중에 맡기는 것, 세속적인 계산 척도에 따르면 경솔해 보일 수밖에 없는 방식으로 맡기는 것은 신앙의 징표 중 하나이다.

신앙의 위험 감수 측면과 신뢰 유도 측면은 분리할 수 없다. 신앙의 요소는 위험이 아무리 대단하더라도 결코 세계에서 인간의 지위에 관한 하나의 추측만을 보여 주는 것이 아니라, 그 결론에서 우리와 타자의 관계에 대해 신앙이 갖는 의미를 드러낸다. 위험의 요소는 우리가 그러한 연결을 통해 만드는 것이 인간 실존과 인간 통찰이 갖는 한계점들에 대한 우리의 이해 속에 뒤엉킨다는 점을 보여 준다.

종교를 이러한 세 가지 속성들로 규정된 경험의 양상으로 규정하면, 우리가 왜 실천과 사유의 여타 수많은 형식들—철학, 예술, 정치—을 종교의 대체물로 취급하려는 영구적인 유혹을 겪게 되는지를 이해할 수 있다. 더 나아가, 동시에 왜 여타 사유 형식들이 종교의 세 가지 특성과 우리 자신을 부당하게 곡해하지 않고서는 이러한 대리 역할을 수행할 수 없는지를 통찰하게 된다.

철학은 우리가 성취한 지식의 변경 너머에 있는 반영부를 취급할 수도 있고, 인간이 감각과 이해의 경계를 넘어가고자 할 때 발생하는 불가해한 모순들과 씨름할 수도 있다. 논증적인 정당화 요구를 포기하거나 희석시킬 때, 철학은 방향과 힘을 동시에 상실한다.

예술은 인간 조건의 결함을 떠올리고, 그러한 결함에도 불구하고 우리가 지금 당장 성취할 수 있는 해결책으로 결함 너머에 있는 행복을 동시에 약속한다. 예술이 세계의 비전과 종교의 중심을 차지한 실존 명령 간의 연결을 재생산하려 하는 경우, 예술은 권선징악의 교훈으로 전락한다. 그리고 그 변혁적 힘을 타락시킨다.

예언가적인 목소리로 표현되고 수행되는 정치는 사회의 재구성과 인류 상승의 관점을 연결시킬지도 모른다. 정치적 믿음과 열망의 잠재적 관할범위에도 불구하고, 어떠한 사회 개선 프로그램도 우리 자신에 관한 우리의 궁극적 불안[56]의 전체 하중을 감당할 수 없다. 만일 사회 개선 프로그램이 이 하중을 감당하도록 만들어졌다면, 그 귀결은 압제에 복무하는 신비화일 공산이 크다.

종교는 철학, 예술, 정치와 마찬가지로 불변적인 본질을 갖지 않는다. 철학, 예술, 정치와 마찬가지로, 종교는 역사적 구성물이고 인류가 손수 만든 제작물의 일종이다. 그럼에도 불구하고 인간이 종교를 구성했고 종교가 인간을 구성했기 때문에, 종교는 위험과 환상 없이는 이와 같은 다른 경험의 형식들로 대체될 수 없다. 우리는 종교를 반드시 성찰해야 하고, 종교로 무엇을 할 것인지, 나아가 종교를 무엇으로 전환시킬지를 지금 결정해야만 한다.

---

56 여기서 웅거는 포이어바흐–마르크스로 이어지는 유물론적 세속적 인본주의와 거리를 두고 있다. 정치는 궁극적인 불안 또는 궁극적인 관심(폴 틸리히)을 대신할 수 없기 때문이다.

제2장

세계초극

중심 관념, 역사적 현존, 형이상학적 비전

인류의 종교사에서 첫 번째 지향이 포용하는 세계 비전은 그리스 시대 이래로 서구 철학에서 항상 예외적인 것으로 취급되어 왔다. 이 비전은 오히려 다른 많은 문명권에서 지배적이었다. 근대 서구 이외의 시공간에서 철학과 종교가 가장 자주 되돌아간 입장이 바로 이 비전이다(실재에 대한 이 견해의 중심에 있는 비인격적 존재에 대한 관심이 종교와 철학의 구분을 약화시킨다).

인도의 베단타철학(바라문교), 우파니샤드, 초기 불교, 초기 도교가 이러한 종교적·철학적 경로의 명백한 사례들이다. 이 전통이 제시하는 세계 비전에는 형이상학적 걸작들이 얼마든지 존재한다. 인도 불교의 중관파中觀派[1]에서 제시하는 용수의 공空 원리가 그 예이다. 이 비전은 파르메니데스, 플라톤, 스토아학파, 신플라톤주의, 특히 플로티누스 이론의 여러 측면에 접한다. 현대 서구 사상에서 쇼펜하우어의 가르침은 이 세계 비전의 탁월한 형이상학적 또는 실천철학적 표현이다.[2] 동시에 다른 철학, 스피노자의 일원론一元論[3]과 라이프니츠의 상관주의相關主義[4]에서도 이 비전을

1　대승불교의 중관파 또는 중관학파는 부파불교의 사상인 법유法有(모든 개별 존재는 그 자체를 성립시키는 실체적인 고정된 성격인 자성自性이 있다는 견해)를 비판하고, 현상계의 모든 존재는 그러한 자성이 없는 공空이기 때문에 현상이 성립되며 또 변화할 수 있다고 주장한다. 무자성無自性이고 공인 현상계의 개별 존재는 다른 존재와의 관계 위에서 성립된다. 인도의 불교사상가 용수龍樹는 이것을 '연기緣起'라 불렀다. 《중론中論》 4권 24장 〈관사제품觀四諦品〉.

2　쇼펜하우어의 《의지와 표상으로서의 세계》를 가리킨다.

3　스피노자의 범신론에 입각한 형이상학적 일원론을 의미한다.

4　라이프니츠는 뉴턴의 실체주의적 절대적 시공간관을 반대하고 상관주의적 시공간을 주장한다. 뉴턴의 실체주의substantivalism에 따르면, 공간과 시간은 그 자체로 다른 사물과 독립하여 존재하는

발견할 수 있다. 스피노자와 라이프니츠의 결정적인 공통점은, 시간의 궁극적 실재성을 부인할 뿐만 아니라 시간의 지배를 받고 외견상 가변적인 (우리가 실재하는 것으로 착각하는) 현상들 사이의 구분들의 궁극적 실재성도 부인하는 점이다.

세계초극은 유대교, 기독교, 이슬람교의 신비주의적 역류에서도 반향을 일으킨다. 유대교, 기독교, 이슬람교의 신비주의에서는 인격적 신에 대한 통로가 비인격적이고 통일적이고 보편적인 존재에 대한 비전에 희생당할 위험이 있다. 이 비전은 이제 이타적인 자비의 윤리를 고취하고, 고통과 변화 앞에서 초연함의 탐색을 재촉한다. 이 비전이 그렇게 할 수 있는 것은, 시간의 실재성을 무시하고 주체들의 차이를 포함해 존재들 간의 구분의 실재성을 무시하기 때문이다. 이 비전을 따른 신비주의자들이 대체로 셈족의 유일신교에서 이단의 혐의를 받은 것은 전혀 놀랍지 않다.

이 같은 실존접근을 고취하는 형이상학적 관념은 시간, 구분, 개별성으로 이루어진 현상계의 배후에 자리 잡은 보편적 존재의 긍정이다. 그러나 실재하는 유일한 세계에서 우리의 경험은 시간의 실재성에 대한 것이다. 우리의 경험은 다양한 사물들의 지속적인 구조가 존재하고 개별적 정신이 개별적인 유기체에 육화되어 있는 세계에 대한 것이다. 하지만 세계초극의 철학과 신학은 시간, 차이, 개별성이 비실재적이라거나 보기보다 덜 실재적이라고 가르친다.

사상사에서는 이 견해가 급진적인 형태와 동시에 온건한 형태로 나타

실체들이다. 이와 대조적으로 라이프니츠의 상관주의에 따르면, 공간과 시간은 물상들 간에 존재하는 관계들의 체계이다.

났다. 급진적인 형태는 베다와 쇼펜하우어에게서 보듯이 시간, 차이, 개별성을 모두 부정한다. 이 형태는 각 인간 경험의 특성들이 환상적 성격을 지닌다고 선포한다. 다만, 이러한 급진적인 가르침조차도 그러한 환상적인 경험 안에 약간의 제한적인 진리 요소, 즉 세계가 왜 상이한 존재 유형들의 분화된 구조로 변장하고 우리에게 출현하는지를 해명해 줄 정도의 진리 요소는 틀림없이 존재한다고 본다.

이러한 형이상학의 급진적인 형태에 따르면, 통일적이고 초시간적인 존재는 상이한 자연종自然種들, 즉 존재 유형의 다양체多樣體 속에서 드러나게 된다. 이 존재 유형 중 일부는 유정有情의 생명과 의지를 보유한다. 이러한 존재 유형들은 육화가 수반하는 병고와 위험에 취약하고, 죽을 수밖에 없는 특별한 운명 아래 특별한 신체에 갇혀 있다. 이 종들은 세계에 관한 진리로 지지받을 수 없는 자신만의 구분과 실재 관념을 형성하려는 유혹에 빠질 수 있다. 그러나 이 종들은 진실로 실재하는 존재, 즉 시간에 속박되고 구분되는 경험의 장막 뒤에 있는 유일한 초시간적 존재의 무상한 표현에 불과하다.

그렇다면 왜 통일적이고 초시간적인 존재가 구분되고 시간의 제약을 받는 경험 속에 드러나게 되는가? 우리는 그 이유를 알 수 없다. 이와 같은 세계관에 입각한 어떠한 철학적 진술도, 쇼펜하우어의 진술조차도 근저를 이루는 존재가 왜, 어떻게 그러한 환상들을 일으키는 현상들 속에 표현되는지를 속 시원히 설명하지 못했다. 왜 하나의 세계만이 존재하는가, 더구나 어떤 측면에서 궁극적 실재와 모순되는 것처럼—최소한 우리에게는—보이는 하나의 세계가 존재하는가?

이 세계관의 범위 안에서는 이 질문에 대한 답을 구할 수 없을지도 모른다. 우리는 통일적인 존재에게 감히 인격체의 의도들을 귀속시키려 하지 않는다. 우리는 육화의 심연과 육화에 따른 모든 환상들로 인해 이 궁극적 실재로부터 분리된다. 세계초극의 형이상학에서 유일한 존재이자 유일한 정신과의 가장 신뢰할 만한 연결은, 개별적인 신체들 안에 보편적 정신의 수육을 통해 이러한 궁극적 실재에게 부과된 구분들 위로 날아오르는 것으로 파악된 의식의 경험이다. 그러나 의식의 경험은 왜 보편적 정신이 우리에게 개별적인 정신들로 구분되는 것처럼 보여야 하는지를 설명하지 못한다. 세계초극과 연관된 형이상학적 체계는 왜 시간, 구분, 개별적 주체성에 관한 이른바 환상적 경험들이 통일적이고 초시간적인 존재에 관한 진리가 확인되는 과정을 형성해야 하는지 해명하지 못한다. 인간 경험에서 이 환상들의 지배는 불필요하고 신비스러운 우회로를 표상하는 것처럼 보인다.

세계초극의 급진적인 형이상학 이론은 두 가지 토대, 인식적 토대와 실천적 토대에 입각한다. 후자가 전자보다 더 강력하고 더 큰 호소력을 가질 수 있다.

급진적인 형이상학 이론의 인식적 토대는, 모든 구분이 무상한 세계를 이해할 수 있다는 주장이다. 문제는 이러한 무상성無常性이 존재나 실재의 대립물이 아니라는 점이다. 세계에서 존재들 간의 구분이 무상하더라도 시간이 실재적이라면 그러한 구분은 실재적일지 모른다. 이제 우리는 시간이 흘러감에 따라 사물이 다른 사물로 어떻게 변하는지에 대한 이론을 구성해야 한다. 그 이론을 제공하는 것은 과학의 고유 목적이다.

다른 한편, 세계초극의 급진적인 철학적 진술이 주장하듯이 시간이 실재적이지 않다면 우리는 변혁을 설명할 수 없다. 변혁은 시간을 전제한다. 따라서 사물들 혹은 존재들 간의 구분은 틀림없이 환상적이다. 더구나 인간 경험에서의 이 같은 환상의 지배는 설명되어야만 한다.

급진적인 형이상학 이론이 세계의 실재성 문제에서 갖는 강점은 모든 존재 유형의 무상성 관념이고, 약점은 시간의 실재성에 대한 부인이다. 시간을 통해 인정된 무상성은 시간을 통해 부정된 무상성과 매우 다른 어떤 것이며, 삶의 영위와 역사의 의미에 대해 매우 다른 결론을 제시한다. 현대 우주론의 발견 및 논쟁들과 연결지어 살펴보면 이 차이는 더욱 명료해진다.[5]

지금까지 과학이 우주와 그 진화에 관해 발견한 것들 중 많은 것은 우리가 자연에서 관찰하는 구조적인 구분들의 무상성을 가르쳐 준다. 우리는 생명과학과 지구과학을 통해 종들의 가변성 원칙을 알고 있다. 그에 따르면, 지구의 역사 및 지구상 생명체의 역사에서 그 존재의 종류가 생명이 있든지 없든지 간에 자연종의 영구적인 형태란 존재하지 않는다. 자연종의 모든 부분은 역사적이고, 그 내용은 불연속적이지만 시간 속에서 변화한다.

존재의 종류들은 변한다. 하나의 자연종과 다른 자연종을 구별하는 방식의 성격도 변한다. 그러나 동물종들이 차이를 보이는 것과 똑같은 방식과 의미로 화산암은 퇴적암과 차이를 보이지 않는다.

종류들의 가변성은 이윽고 이력현상履歷現像[6] 혹은 경로의존성 원칙과 연

---

5 (원주) 리 스몰린Lee Smolin과 나는 《단일한 우주와 시간의 실재성The Singular Universe and the Reality of Time》(2014)에서 이러한 관념들을 풀어놓았다. 이 책에 실린 자연철학 주장들이 제대로 근거를 갖추었다면, 이 저작의 전체적인 주장이나 나의 다른 책 《주체의 각성》에 공통되게 담긴 철학적 강령은 자연이 어떻게 작동하는지에 대해 과학이 우리에게 가르쳐야 할 것들과 모순되지 않는다. 근거 없는 형이상학적 편견의 눈가리개 없이 과학의 발견물들을 해석하는 법을 터득한다면, 이는 전혀 모순되지 않는다.

6 이력현상hysteresis은 어떤 물리량이 그때의 물리 조건만으로 하나로 결정되지 않고 그전에 그 물질이 경과해 온 상태의 변화 과정에 의존하는 현상을 말한다. 일종의 '기억효과'라고 하기도 하며, 다른 말로 '경로의존성'이라고 할 수 있다.

결된다. 가변적인 종류들의 역사는 서로 환원될 수 없거나 고차적인 설명—예컨대, 다윈의 진화론에서 자연선택, 체형들의 기성 재고在庫로 창조된 구조적인 제약들과 기회들, 판구조론이 탐구한 땅덩어리들의 역사적 이동과 분리의 특징적인 영향들 간의 관계—으로 추론될 수 없는 느슨하게 연결된 일련의 수많은 변화들의 부산물이다.

경로의존성과 유형들의 가변성 원칙이 지닌 더 큰 의미는 자연사의 제3원칙, 즉 자연현상과 이를 통제하는 자연법칙의 공진화共進化 관점에서 뚜렷해진다. 과학적 설명 관행에 영향을 끼치지 않은 채로 단순한 도그마만으로 우리는 예컨대 생명을 통제하는 규칙들이 생명 출현에 선행했다고 가정할 수 있다.

현재 우리에게는 이러한 원칙들이 지구과학 및 생명과학에서 다뤄지는 현상들에 국한되지 않고 우주 전체에 적용된다고 믿을 만한 근거가 있다. 20세기 우주론의 가장 중요한 발견은 우주가 역사를 가진다는 점이다. 우주 역사에 대한 최상의 해석은, 오늘날 소립자물리학이 서술하는 바와 같이 한때 자연의 기초적인 구성 요소들이 존재하지 않았던 시간이 있었다는 점이다.

현재現在 우주의 초창기 역사에서 자연은 분화된 구조로 나타나지 않았을 것이다. 사태와 이를 통제하는 자연법칙들 간에 뚜렷한 차이가 존재하지 않았을 것이다. 변화에 대한 수용성과 인접한 가능성의 폭은 나중에 갈릴레오와 뉴턴의 물리학이 탐구한 냉각된 우주에서보다 초창기 우주에서 더 컸을 것이다. 우주론적 오류에 해당하는 시대착오로 인해 우리는 우주의 폭발적 시작들 이후 오랜 시간이 지난 지금 우리가 관찰하고 있는 우주에서 자연이 보여 주는 분장扮裝을 자연이 처음부터 걸치고 있다고 상정한다.

이러한 추리 과정은 처음에는 세계초극의 형이상학의 비타협적인 형태가 철학적 환타지라기보다는 과학의 발견들로 밑받침된다는 점을 시사할 것이다. 존재의 특수한 형태들은 무상하다. 이 형이상학은 남는 것은 바로 존재 자체라고 가르친다. 그러나 시간의 포괄적 실재성 관념을 사유하는 순간, 우리는 현대 과학의 경로와 세계초극의 급진적 형이상학 간의 명백한 친연성이 사라지기 시작한다고 생각한다.

전체로서 우주 역사의 경로뿐 아니라 지구와 생명 역사의 경로에서 변하는 것은 자연종 유형들만이 아니다. 변화도 변한다. 어떤 사물이 다른 사물로 변하는 방식 그 자체도 변혁을 겪게 된다. 변화의 변화뿐 아니라 불균등하고 불연속적인 변화에 대한 취약성을 우리는 시간이라고 부른다. 시간이 실재적이고 포괄적이라면 어느 것도, 심지어 자연의 법칙들, 대칭들, 소위 상수들[7]도 시간의 영향권을 벗어날 수 없다. 법칙이나 상수도 틀림없이 역사를 가지며, 원칙적으로 가변적이다. 법칙이나 상수의 가변성은 확정적으로 분화되고 지속하는 구조를 지닌 냉각된 우주에서 법칙이나 상수들이 보여 주는 안정성과 일치한다.

물리학과 우주론에서 지배적인 관념들은 다른 방향을 취한다. 그것들은 시간의 실재성에 대해 모호하게 얼버무리거나 그 실재성을 전적으로 부정한다. 그러한 관념들은 자연의 사건이 발생하는 공간과 시간의 고정된 배경을 거부하는 경우에도 자연의 법칙들, 대칭들, 상수들과 같은 불변적인 구조 관념을 재확인한다.

시간이 포괄적으로 실재적이라면, 만물이 시간의 횡포에 지배당한다

---

7 중력상수, 플랑크상수, 우주상수 등.

면, 출현하지 않은 유일한 실체가 시간이라면, 그와 같은 자연의 불변적인 구조는 존재할 수 없다. 만일 그와 같은 불변적인 구조가 존재한다면 자연의 분화된 영구적 구조의 토대나 자연종 형태의 토대가 존재할 것이고, 만일 자연사에서 탐구된 파생적이고 출현적 현상들 안에 존재하지 않는다면 그러한 토대는 물리학이 탐구하는 더 근본적인 자연의 구성 요소들 안에 존재할 것이다.

세계초극의 급진적인 형이상학은 존재 유형들 간의 모든 구분이 지닌 찰나적인 성격을 확인하고, 동시에 시간의 실재성을 부정한다. 이러한 유형의 형이상학과 내가 기술한 과학적 견해 간의 유사성은 단지 외견상으로만 존재한다. 이러한 과학적 견해에 의하면, 시간이 포괄적으로 실재적이라는 바로 그 점 때문에 모든 구조는 가변적이다. 따라서 이 실존접근을 고취하는 형이상학적 관념은 자기가 배척하는 환상들을 우리가 왜, 어떻게 수용하게 되는지를 설명해야만 한다. 이를 설명하는 경우, 이러한 형이상학적 관념은 그러한 환상들에 의해 철저하게 지배되고 형성된 우리의 경험에 호소할 수 없게 된다.

이런 관념에 의존하기 때문에, 세계초극은 앞서 언급한 허무주의의 위협에 맞서는 이론적 해법과 실천적 해법 간의 모순을 유발한다. 인간의 삶과 세계 자체가 무의미할지도 모른다는 공포에 대한 이론적인 답변은 초시간적이고 보편적인 존재에 대한 우리의 참여를 우리가 인정하는 것을 방해하는 믿음들, 부책들, 참여들을 떨쳐 버려야 한다는 것이다. 그러나 그렇게 함으로써 이론적 답변은 허무주의의 위협에 대항하는 유일한 실천적 해법, 즉 온갖 참여와 부책들로 이루어진 삶 자체를 약화시킨다. 이론적 답변은 그러한 초시간적이고 보편적인 존재에 대한 인간의 의식적인 참여를 강화한다는 구실로 실제적인 삶을 충만하게 하는 연결들로부터 벗어나라고 우리를 설득한다. 우리가 도달하는바 이러한 초연함은 우리가 실제로 겪을 수 있는 유일한 종류의 경험의 위축과 약화를 통해 도달할 위험을 안고 있다.

시간이 실재적이라면 사물 간의 구분은 역사적이고 무상한 것이겠지만 환상적인 것은 아니다. 그러한 구분이 존재하는 한, 그 구분은 실재적이다. 우리는 구분들을 변화하는 역사의 산물로만 이해할 수 있다.

구분과 시간의 궁극적인 실재성을 부정하는 견해와 변혁의 역사적 성격을 고수하면서 시간의 포괄적인 실재성을 인정하는 견해 간의 차이가 갖는 중요성은 세계 내 행동이 가져오는 차이의 결과를 고려할 때 분명해진다. 현상적인 구분, 개별적 주체성 및 시간이 환상적 성격을 보유한다는 점을 고수하는 관념은 두 가지 방향에서 의지를 무너뜨린다. 이 관념은 첫째로 주체 안에서 의지의 지위를 공격함으로써, 둘째로, 의지의 관행적인 대상들의 실재성을 무시함으로써 그렇게 한다. 이러한 대상들은 세계초극의 급진적인 형이상학이 부정하는 구분과 변화의 실재성과 의미를 갖는다. 만일 궁극적으로 유일한 존재이자 유일한 정신이 있다면, 그 존재와 정신이 그 자신으로 존재하고자 의욕하는 것 외에는 아무것도 존재할 수 없다.

그리하여 세계초극은 또한 의지초극으로, 즉 가능한 한 의지를 결여한 세계에 대한 태도의 함양으로 변모한다. 우리는 실존에 대한 이러한 지향을 세계초극보다는 의지초극[8]이라고 부를 수 있겠다. 시간, 구분, 개인적 주체성의 부인과 의지의 폐기는 이러한 형이상학 관념에서 두 가지 고정

---

8 쇼펜하우어는 《의지와 표상으로서의 세계》에서 삶에의 의지를 완전히 부정함으로써 삶과 고통으로부터 구원을 기약할 수 있다고 주장한다.

된 요점이다. 의지에 대항한 투쟁은, 이제 이러한 형이상학적 견해와 이와 같은 삶의 접근의 특징을 이루는 초연함을 통한 평정심 및 초탈하고 보편적인 자비의 이상을 연결하는 교량으로 봉사할 것이다.

이와 달리 모든 존재 유형의 우연성과 가변성을 인정하고 시간의 포괄적 실재성을 긍정하는 견해는 의지의 토대와 대상을 마련해 준다. 의지의 토대는 실재하는 개별적인 주체이다. 의지의 대상은 찰나적임에도, 역시 주목할 만한 구분들의 세계이다. 이 견해에 따르면, 역사는 초시간적이고 통일적인 존재에 대한 인간의 참여를 비추는 어두운 배경이 아니다. 역사란 우리가 마땅히 평가할 만한 만물이 생성되고 파괴되어 가는 무대이다.

시간, 차이, 개별적 주체의 실재성을 부정하는 견해의 형이상학적 극단주의는 항상 실천적인 기초뿐만 아니라 인식적인 기초를 갖추어 왔다. 형이상학의 위장을 걸친 극단주의는 자기구원을 제공했다. 형이상학적 극단주의는 실재에 대한 길을 제공하는 것보다 훨씬 더 강력하게 행복으로의 길을 약속했다. 이 약속은 최소주의 형태와 최대주의 형태를 취해 왔다.

자기구원의 최소주의 형태는, 세계와 연루되면서 생기는 고통들에 대해 그 취약성을 극복하거나 완화시키려는 희망이다. 우리는 세계의 구분들 및 변화들에 실재성을 부여하지 않음으로써 구분과 변화에 더 이상 가치를 부여하지 않는다. 그러한 구분과 변화들이 우리에게 행사하는 권력을 감소시킨다. 인간이 가치와 실재성을 부여하는 구분들로 이루어진 세계와 인간의 관계는 의지에 지배당하는 관계이다. 극복할 수 없는 세계와 불화하는 의지야말로 모든 고통의 근원이다. 고통을 피하려면 의지를 초극해야 한다. 의지를 초극하는 최선의 길은 의지의 대상, 즉 변화와 구분의 환상적 세계를 부정하는 것이다. 이러한 최소주의 형태에서 행복의 약속은 취약성을 극복하거나 완화시키겠다는 약속이다.

자기구원의 최대주의 형태는, 유일하고 참된 실체와 가치의 원천, 즉 통일적이고 초시간적인 감춰진 존재와의 관계를 수립하려는 희망이다. 만일 유일한 존재이자 유일한 정신이 있다면, 행복과 관련해 우리가 가질 수 있는 최선의 희망은 그 유일한 존재이자 유일한 정신 속에 몰입하는 경험을 방해하는 것들을 전복하는 것이다. 그래야만 유일자the One의 다른 모든 표현 형태들과 우리의 연대를 경험할 수 있고, 이러한 연대를 포괄적인 동료감정으로 표현할 수 있다.

세계초극의 형이상학적 비전은 앞에서 논의한 극단적인 비전보다는 온건한 형태로 자주 등장하였다. 이러한 온건한 형태의 핵심 요소는 실재성 혹은 존재형식에 등급을 부여한 위계 서열 관념이었다. 서양에서 세계초극의 온건한 형태의 가장 이르고 가장 강력한 표현은 플라톤의 중기 혹은 완숙기 철학, 특히 형상이론形相理論[9]이다. 이 이론의 변형인 신플라톤주의[10]에 따르면, 현상계는 유일자the One로부터의 일련의 유출流出로 파악된다.

그렇다면 플라톤이나 플로티누스 철학의 특징적인 관심사와 범주들에서 벗어난 세계초극 형이상학의 완화된 이론을 살펴보자. 우리가 조우하는 개별 현상은 존재 유형의 실례이다. 이렇게 보면 이 유형들은 비가시적인 원형들의 모형에 따라 형성되고, 따라서 특수자와의 온갖 연관성을 피하는 수학이나 형이상학 언어로만 표상될 수 있을지 모른다. 인간 경험

---

9 '형상이론theory of forms'은 이데아 이론과 같은 말이다. 이에 따르면, 현상계의 사물들은 본래 초월적이며 완전한 원형의 불완전한 모사이다.

10 신플라톤주의는 고대 철학의 마지막을 장식하며, 플로티누스가 그 대표자이다. 신플라톤주의는 중세 초기 기독교 신학에 굳건히 자리잡았다. 교부신학자 아우구스티누스는 플로티누스의 이론에서 몇 글자만 고치면 기독교 철학으로 수용할 수 있다고 보았다.

에 최고로 현전現前하는 것은 최소로 현전하는 것보다 덜 실재적이다. 검증되지 않은 실재에 관한 지각은 인간의 육화와 그에 따른 인식 장치의 한계들이 초래한 환각이다.

이론은 육화의 부담에서 인간을 해방시키고 세계를 똑바로 제시할 수 있다. 다시 한 번, 이 견해를 채용하는 실천적 근거들은 이론적 근거들보다 더 설득력 있어 보인다. 존재와 실체의 위계 서열을 정확하게 이해하면 이성은 행위를 조종하는 충동들을 지배하게 되고, 이 충동들은 다시 육욕을 지배하게 된다. 위계 서열에 대한 정확한 이해는 그늘진 현상계에 미혹된 의지의 시각을 극복함으로써 충족불가능성을 통제할 수 있게 해준다. 이 추론 방식은 오직 찰나적인 개별적 주체의 더 작은 실재성만 소멸시킬 뿐인 죽음 앞에서도 우리가 평정심을 유지하도록 돕는다. 이러한 이해는 가장 실재적이고 가장 가치 있는 것, 즉 인간이 공유하는 보편적인 존재이자 정신과의 교통交通 약속을 열어 놓는다.

세계초극 형이상학의 급진적인 입장과 온건한 입장에서는 시간의 부인과 구분 및 개별성의 부인 간의 관계가 주요한 역할을 수행한다. 개인과 개별적 사물의 세계는 이 개인과 사물이 시간의 횡포橫暴에 속박되는 세계이다. 이 세계에서는 우리의 참여와 연결이 삶의 과정을 측정하는 가장 중요한 시계들로 기능한다.

시간과 구분은 경험에서 내적으로 상호 연결된다. 세계나 사태의 다른 부분들이 다르게 변하지 않는다면, 시간은 존재하지 않을 것이다. 시간의 실재성은 일률적으로 변하지 않는 상이한 요소들로 구성된 세계를 전제한다.

만일 시간이 존재하지 않는다면, 세계 부분들 간의 인과적 상호작용 역시 존재할 수 없다. 단지 초시간적인 격자나 다양체(예컨대, 라이프니츠 철학에서 표현된바)만이 존재할 수 있을지 모른다. 그런 세계에서는 다른 종류의 존재들이 격자 내 눈금들로만 서로 구분될 수도 있다. 그렇게 되면 사물들이 서로 구분되고 자신의 동일성을 갖는다는 것이 지금 우리가 사는 세계에서 통용되는 의미와는 매우 다를 것이다. 사물들의 본성은 최소한 우리에게만큼은 감춰져 있는지도 모른다.

우리는 사태가 일정한 범위의 여건 안에서 어떻게 변화하는지를 파악함으로써 사태를 이해한다. 현실적인 것의 이해는 인접한 가능성들(바로 다음에 일어날 수 있는 것 혹은 바로 다음에 우리가 일어나게 할 수 있는 것)에 대한 상상력과 분리할 수 없다. 그래서 만일 시간이 존재하지 않는다면, 사태의 다른 부분들이 어떻게 작동하는지를 평가할 수 있는 척도도 이해하지 못하게 될 것이다. 통찰이 이해의 척도를 내포한다면, 어떤 의미에서 우리가 할 수 있는 전부는 사태의 통찰이 아니라 사태의 응시가 될 것이다.

시간과 구분의 밀접한 관계는 수학적 논리적 추론에서 시간과 구분을 모두 제외시키는 능력으로 한층 더 증명된다. 이 추론은 (정말로 시간이 실재적이라면) 시간 안에서 일어난다. 우리는 시간에 지배되는 사건들을 표현하는 데에 수학적이고 논리적인 발견들과 발명들을 사용할 수 있다. 예컨대, 뉴턴과 라이프니츠는 바로 그러한 목적을 위해 미적분학을 발전시켰다.

그러나 논리적 명제와 수학적 명제의 관계는 그 자체로 시간에 구속되지 않는다. 하나의 결론은 그 전제들과 동시적이지만, 하나의 결과는 그 원인 다음에 나올 수밖에 없다. 수학과 논리학에서 우리는 시간과 현상적 차이(존재 종류들 간의 구별)가 제거된 세계의 모방을 탐구한다. 우리는 우리가 체험하는 시간에 속박된 특수자들과 무관하게, 관계들의 묶음이라는 시각에서 세계를 고려한다.

우리는 수학과 논리학의 역량이 우리에게 제공하는 진화적인 장점들을 기꺼이 승인할 수 있다. 즉, 그런 역량을 행사함으로써 세계의 부분들이 서로 어떻게 상호작용하는지를 폭넓게 이해하고 표상하는 방식들의 재고再庫를 확장한다. 그러나 우리는 정신의 내적인 요새 안에 구분과 시간의 인정에 맞서 트로이 목마를 수용하는 대가를 치르면서 그렇게 한다.

세계초극 형이상학의 온건한 이론들—현상들을 그 숨은 원형들보다 덜 실재적인 것으로 표상하는 이론들—이 종종 수학의 언어로 표현되어 왔다는 것은 놀랍지 않다. 수학적·논리적 추론은 우리에게 세계초극의 맛보기를 제공했다. 그런데 세계초극의 신봉자들은 이 맛보기를 궁극적 실재가 지닌 본성의 계시로 취급한다. 이러한 형이상학뿐 아니라 이러한 형이상학이 권장할 수 있는 도덕적 기획마저 거부하는 사람들은 아마도 수학과 논리학을 실재하는 유일한 세계의 단순화된 대용물—실체의 가장 일반적 특성들로 환원되고, 따라서 개별적 차이와 시간이 탈락된 대용물—에 대한 탐구로 이해하는 것을 선호할지도 모른다.

세계초극의 유인책들

내가 세계초극이라고 부르는 인간의 종교적 경험의 방향은 차차 논의하게 될 다른 두 가지 방향과 마찬가지로 인류의 종교사에서 하나의 장구한 계기로 그치지 않는다. 체계적 교리라기보다는 하나의 의식 양태로 본다면, 세계초극은 특수한 철학적 또는 신학적 전통들로 한정되지 않는다. 그것은 다양한 변장을 거듭하며 영원히 설득력 있는 사유와 감정의 방식으로 나타난다. 각기 인간의 경험에 깊이 뿌리내린 두 가지 요인은 세계초극의 생명을 영구적으로 쇄신한다.

첫 번째 요인은 정신에 대한 경험과 타자의 정신들에 대한 접근 경험이다. 어떤 시각에서 볼 때 우리가 직접 접근할 수 있는 대상은 존재했던 것에서 존재하기 시작하는 것으로의 이행을 강화된 현재 안에서 허용하는 바로 지금의 정신적 상태이다. 우리가 습관적으로 우리의 육화되고 지속적인 주체들의 표현으로 간주하는 우리의 과거 및 미래의 정신상태는 그와 같이 강화된 현재에 붙잡힌 정신의 제작물들이나 표상들이다.

이와 같은 모든 순간에 먼저 왔던 것과 나중에 올 것에 대한 우리의 견해는 변화한다. 영화 필름을 이루는 사진들처럼 우리의 과거와 미래의 정신상태가 동일한 주체의 정신적 경험으로 간주될 만한 것인지 여부는 폭넓고 다양한 이론적 정당화에 의해 지지될 수도 있는 관행적인 믿음의 소관이다. 그러나 그것은 직접적이고 의문의 여지가 없는 경험이 아니다.

다른 한편, 타자들의, 그들의 두려움과 동경, 그들의 인상과 인식이 우리에게 감춰져 있음에도 불구하고 우리는 대체로 타자의 정신에 대해, 즉 우리를 둘러싼 타자들의 현재 정신상태와 기록되거나 기억되는 과거의 정신상태에 대해 어떤 접근로를 갖고 있다고 느낀다. 타자의 정신과 우리의 명시적이거나 묵시적인 모든 관계는 이러한 접근로를 전제한다. 우리의 모든 행위는 타자의 정신에 대한 우리의 추측들의 타당성을 가리는 영원한 시험장이다.

민족은 우리가 민족의 감성과 의식의 어떤 부분을 통찰하는 것을 단념해야 할 정도로 역사적 시간이나 문화적 원격성에서 멀리 떨어져 있지 않다. 타자의 경험을 상상하는 우리의 능력은 우리 자신에 대한 이해에서 자양분을 취하며, 시간과 장소 면에서 우리에게서 멀리 떨어진 인류의 주관적 생활에 대한 접근로를 제공하는 교육으로 확장된다. 우리의 정신적 경험의 통일성과 계속성이 의문스럽다면, 타자들의 정신적 경험의 타자성은 단지 상대적인 것처럼 보일지도 모른다.

우리 자신뿐만 아니라 타자의 의식적 생활과 우리의 관계가 지닌 난해한 성격은 사상과 감정의 역사에서 많은 사람들에게 하나의 정신만이 존재한다거나 정신이 하나뿐임을 시사해 왔다. 정신의 통일성은 우리가 타자를 상상하는 능력의 진정한 기초일 것이다. 정신의 통일성은 우리가 세계에서 가질 수 있는 유일한 경험인 현재 순간―존재했던 것의 소멸과 동시적으로 생성될 것의 도래―에서 파괴된 것처럼 보이는 질료일 수도 있다. 빛이 광선으로 굴절되듯, 정신은 다른 정신상태들로 분산된다. 정신은 그럼에도 불구하고 빛 자체와 마찬가지로 항상 동일한 정신이다.

이처럼 통일된 존재나 정신이 궁극적 실재이고, 다른 것은 모두 비실재적이거나 덜 실재적이다. 궁극적 실재의 현시 장소는 현재, 바로 지금이며, 과거와 미래는 정신적 경험이라기보다는 정신적 구성물이다. 우리 육화의 긴급성들은 우리를 그러한 구성물로 인도하는 것이다. 우리가 그 구성물들의 신뢰성을 의심하기 시작하면, 시간이 으레 생각하는 그대로인지도 의심하기 시작한다. 우리는 경험의 가장 신뢰할 만한 형식일 뿐만 아니라, 정확하게 말하면 유일한 형식인 현재의 정신상태를 우리의 세계관의 초석으로 간주하기 시작한다.

세계를 초극하려는 노력을 자극하는 두 번째 요인은, 인간 경험의 역설적 특성이다. 우리는 우리의 조건에서 근절할 수 없는 결함들, 즉 죽음의 공포, 무근거성의 현기증, 욕구와 좌절의 쳇바퀴에 직면해야만 하고, 이 결함들은 왜소화의 모욕에 대한 취약성으로 악화된다. 우리 중 많은 사람들은 삶의 기대를 낮춤으로써 이 네 가지 결함 중 첫 두 가지 결함(죽음과 무근거성)과 네 번째 결함에 대한 의식을 억제하는 데에 일시적으로 성공한다. 그러나 세 번째 결함인 충족불가능성에 직면하여, 즉 욕망의 상대적 공허성, 우리를 둘러싼 사람들의 관념과 행동의 압박 아래서 욕망을 충족시키는 경향, 제약된 것에서 무제약적인 것을 요구하는 투쟁, 궁핍에서 좌절 혹은 욕구 충족으로, 마침내 실망과 권태로의 가차 없는 이동과 같은 세 번째 시련에서 결코 벗어날 수 없다.

세계는 온갖 기로에서 우리를 유혹한다. 삶의 향유는 삶의 최고 영광을 향해 나아가는 관문이다. 우리가 존재 및 그 통일성과 다양성의 휘황찬란함에서 가까운 일상으로 전향하지 못한다면, 그 휘황찬란함은 우리를 혼란에 빠뜨리고 맹목으로 만들고 마비시킬 우려가 있다.

세계초극의 교리적 표현들은 인간 경험에 담긴 이러한 모순적 성격의 원인들과 의미를 해명해 준다. 이 교리들로 표현되고 향상된 감성과 의식은 우리 내부에 존재하는 이러한 균열로부터의 구제를 약속한다. 이 교리들은 세계의 매력이 실존의 약점을 압도하도록 우리가 통찰하고 살아가는 방법을 보여 주겠다고 제안한다. 변화와 고통에 대한 초연함, 나아가 위로부터 제공되는 자비의 추구[11]는 이 목표에 이르는 실천적인 경로를 제공한다.

그러므로 세계초극과 철학적 비관주의를 연결시키는 것은 잘못이다. 서구에서 이 관점을 독보적으로 전개한 쇼펜하우어의 철학이 대표적인 사례이다. 세계초극은 세계종교사에서 다른 두 가지 주요 방향과 마찬가지로 통찰과 희망, 구원을 연결시킨다. 그 다음 질문은, 세계초극이 올바른 자리에서 구원과 희망을 찾고 있는지이다.

---

11 웅거는 세계초극형 이타주의를 '위로부터 제공되는 자비benevolence given from on high' 또는 '자의적인 자비high-handed benevolence'라고 표현한다. 웅거는 이러한 이타적인 사랑 대신에 인간 상호 간의 고통에 상처 받고 서로에게 내적인 위험을 야기하는 대등한 자들 간의 사랑love을 주장한다. 그러나 〈화엄경〉에서 말하는 보살도菩薩道가 전적으로 '위로부터 제공되는 자비'와 같은 양식으로 해명할 수 있는 것인지는 의문이다. 특히 악한 중생을 보고 슬퍼하여 그들의 고통을 구하려는 마음가짐으로서 비무량심悲無量心은 웅거가 말하는 '고양된 감응성heightened vulnerability'과 유사한 논리 구조를 가진다고 볼 수 있기 때문이다.

평정심과 자비

이러한 관념과 자극들은 어떻게 살아야 하는지에 대한 비전을 북돋운다. 이 비전에서 두 가지 중요한 결단은 평정심과 자비를 향한 결단이다. 이 두 가지 결단은 서로 밀접하게 연결된다.

우리는 육화된 주체 안에 자리를 잡고서 환영들의 영역에서 매력과 포상을 추구하는 의지를 극복함으로써 평정심에 도달한다. 우리는 이와 같은 환영들의 영역에서 나오는 소란들로부터 내면적 자제를, 달리 말하면 시간, 차이, 개별적 주체성의 베일 뒤에 놓인 진리, 즉 유일자 또는 실재의 원형들에 대한 깨달음에 입각한 자제를 도야한다. 우리는 세속적 운수의 부침이 지닌 중요성을 경시하고, 그런 한에서 운수의 부침에 초연해진다. 초연함과 평정심은 실존이 가진 동일한 이상의 두 가지 측면이다. 우리는 유일자라는 감춰진 실재 또는 존재 모형들의 감춰진 실재에 대한 우리의 몫을 바로 지금 체험한다.

세계에 대한 올바른 이해가 초탈의 필수 조건일지도 모른다. 그러나 일반적으로 세계초극의 주창자들과 철학자들은 그러한 이해가 초탈의 충분조건이 되지 못한다고 인정한다. 올바른 이해는 올바른 이해의 지도 아래서 의지의 자체 투쟁을 요구하는 계율들로 보충되어야 한다. 첫 번째 계율은 의식에서 모든 외적인 요소들을 여과하고, 의식을 의식에 맞서게 하고, 마침내 의식이 자신을 보편적 정신의 일부나 그 표현으로서 체험하게 하는 맹렬한 집중의 계율이다. 두 번째 계율은, 육화된 개별적 의지의 이해관계들로 오염되거나 흐트러지지 않으면서 예술과 사변적 사유를 통해 실재에 대한 관조적 시각의 함양에 관한 계율이다. 세 번째 계율은, 다른 모든 존재와의 보편적 유대를 인정할 뿐만 아니라 이기적이고 치우친 이해관계들의 단념을 실천하는 이타적 행동의 계율이다.

이 계율들의 취지는 우리가 행동하지 못하도록 하는 데에 있지 않다. 오히려 우리가 더 높은 실재의 의식 있는 시민으로 행동하도록 허용하려는 것이다. 따라서 계율이 추구하는 평정심은 사회에 대한 용기 있고 심지어 영웅적인 개입과도 양립할 수 있다. 그러한 개입의 위험과 비용은 평정심의 이상을 위태롭게 하기보다는 평정심의 본성을 드러낸다. 평정심은 자기지배에서 유래한다. 그러나 이 지배되는 주체는 자신이 필멸의 유기체에 속박되어 있다는 점을 각성하는 주체가 아니다. 그러한 주체는 현상적 차이와 변화의 장관 너머에 존재하는 실재와 가치 질서에 자신이 참여하고 있음을 인식하는 주체이다. 우리는 실재하는 것, 즉 초시간적인 것의 시각에서 우리의 경험을 보기 때문에 부대적인 현상과 손쉽게 대결할 수도 있고 그것을 포기할 수도 있다.

평정심과 자기지배의 이상과 나란히, 이타적이고 보편적인 자비가 세계초극 및 의지초극에서 나오는 실존적 명령의 두 번째 부분을 이룬다. 세계초극이라는 삶의 접근에서 그러한 자비는 역사적인 모든 고등종교들이 자부심 강한 자기주장의 윤리 대신에 도입하려고 한 포용적인 동료 감정의 특수 형식이다.

보편적 자비의 특징적인 색조는 거리두기와 초탈의 모습을 취하면서 타자들의 필요에 대한 경청attentiveness이다. 이 자비는 에로스적 관심이나 혈연관계, 공동체 혹은 어떠한 공익적 근접성에도 영향받지 않을 때에 가장 고귀하고 순수하다. 의지의 환상을 이미 극복한 사람들이 이 자비를 가장 잘 경험하고 제공한다. 그러한 자비는 죽음을 포함해 엄청난 비용과 위험을 수반하더라도 내적인 문제를 야기하지 않는다. 그러한 자비는 퇴짜를 맞는다는 점 때문에 곤란을 겪지도 않는다. 오히려, 인간이 보이는 바대로 개별화된 주체, 파편적인 정신, 죽어 가는 유기체로 그치지 않는다는 깨달음을 나타내는 환희를 그 특징으로 한다. 이 자비는 평정심에 의해 가능하고 동시에 평정심을 낳기도 한다.

이러한 성격을 지닌 자비는 (만일 우리가 이타적인 자비를 사랑이라고 부를 수 있다면) 사랑하는 사람들 간의 평등을 전제하지 않는다. 우선적으로, 상이한 인간 존재들은 세계초극과 의지초극에서도 서로 다른 정도로 전진한다. 이 목표를 향해 가장 멀리 전진한 사람들만이 가장 큰 관후함을 발휘할 수 있다. 다음으로, 사랑의 주체는 그 상대방으로부터 아무것도, 심지어 이타적인 사랑조차 대가로 요구하지 않는다. 자비가 보답을 바라지 않을수록, 자비는 더욱 완벽하다.

이 자비의 이상을 위한 형이상학적 기초와 평정심의 이상을 위한 형이상학적 기초는 동일하다. 그 기초는 우주 안에서뿐만 아니라 인류 안에서의 모든 구분의 허위성과 천박성에 대한 인식이다. 세계초극은 인류 안의 경계들의 부인이나 무시(이는 초월종교들의 공통 주제이다)를 궁극적 실재에 관한 가장 일반적인 테제로부터 이끌어 낸다. 자비의 이상의 실천적 결론은, 우리의 이타적 선의지가 다른 인간들과 그 밖의 유정적有情的 피조물을 넘어 심지어 환상적인 구별과 변화의 올가미에 갇힌 모든 존재로 확장되어야 한다는 것이다.

세계초극의 급진적인 혹은 온건한 형이상학과 평정심 및 자비의 이중적 명령의 결합으로부터 죽음, 무근거성, 충족불가능성과 왜소화에 대한 응답이 귀결된다.

초극론자들은 개별 주체의 삶이 우선적으로 환상적이거나 파생적인 현상이라고 인정함으로써 죽음을 부정한다. 세계초극의 형이상학의 급진적인 형태에서, 신체의 해체는 유일한 초시간적인 존재로부터의 소외 환상을 지탱하던 경계를 붕괴시킨다. 반면에 존재와 실재 등급들의 위계서열을 긍정하는 온건한 형태의 세계초극 형이상학에서는, 죽음은 유일하고 초시간적인 존재와의 재결합을 목표로 하는 여정(예컨대, 다른 개별적 유기체 속으로 육화되는 영혼의 환생 여정)에서 일어나는 하나의 사건에 불과하다.

초극론자들은 시간, 구분, 개별적 주체성이라는 허위적 경험의 환영幻影들로 인해 인간에게 은폐된 실존의 근거라고 여기는 바를 향해 운동함으로써 무근거성을 부정한다. 그러한 실존 근거와의 교통은 통찰과 행복의 궁극적 원천이다. 그러한 교통은 인간이 추구하고 실천해야 할 평정심과 자비의 신뢰할 만한 유일한 보증이다.

초극론자들은 충족 불가능한 욕망에서 인간을 해방시키는 유일한 길, 즉 부동浮動하며 육화된 주체 안에 존재하는 욕망의 원천을 외면하는 방법을 인간에게 가르치겠노라 선포함으로써 충족불가능성을 부인한다. 욕망의 지위와 표적을 부인함으로써, 즉 무상한 것을 거부하거나 무시함으로써 인간은 충족불가능성의 굴레에서 탈출한다. 인간의 탈출은 세계에 대한 올바른 이해에서, 또한 이러한 이해에 기반한 평정심과 자비의 이상을 추구하는 데에서 시작된다.

초극론자들은 모든 실재와 가치의 원천(일시적이고 허위적인 현상들의 위장 아래 감춰진 유일하고 초시간적인 존재)과 인간의 연결을 인정함으로써 왜소화의 불가피성을 부인한다. 만일 우리가 실재하고 가치 있는 것과 인간을 분리하는 현상들을 정확히 인식하고 그 인식에 따라 행동한다면, 이 현상들은 또한 인간 존재의 감춰진 진리에 이르는 다리가 될 수 있다고 한다. 우리는 이러한 다리를 건너감으로써 바로 지금 신성神性을 체험할 수 있다는 것이다.

비판: 과거에 대한 배반

이제 나의 비판은 세계초극의 사유 및 행동 양식의 내적 관점에서 외적 관점으로 이동한다. 먼저 나는 인류의 종교적 의식에서 세계초극의 방향이 그 대가大家들로 하여금 과거 종교혁명들의 공통 관심사를 올바르게 파악하게 했는지부터 질문하겠다. 다음으로, 이렇게 실행된 일련의 믿음들이 가진 심리적 안정성, 즉 우리의 현재 모습과 장차 변화할 모습에 이 믿음들의 프로그램의 적용에서 성공 가능성을 토론하겠다. 마지막으로, 이러한 의식 형태가 거의 맹목적으로 달려드는 열망들을 살펴보고, 예상 가능한 미래의 종교의 관점에서 그 의식 형태를 판단하고자 한다.

이러한 종교적 지향에 특정적인 믿음과 행위 형태들은 과거 종교혁명들의 공통되고 근본적인 관심사, 가장 두드러지게는 인류 안에서 장벽들의 파괴와 약자에 대한 강자의 윤리와 강자지배의 폐지와 같은 관심사에 응답한다. 그러나 이 형태들이 이러한 목표들을 논의하고 충족시킨다는 감질나는 희망을 제시할지라도 실제로 그 목표들을 달성할 수는 없다. 그 부적절성의 근본적인 이유는 단순하다. 우리는 가만히 서서 기다리는 것만으로는 세계나 우리 자신을 바꿀 수 없기 때문이다. 우리를 바꿀 수 있는 것은 행동뿐이다.

물론 세계초극은 행동의 지평에 갇히지 않는다. 통상적으로 세계초극은 포용적인 동료감정과 공감적인 기획의 기초로 봉사해 왔기 때문이다. 그러나 세계초극은 그 중심적인 메시지를 훼손하지 않고서는 사회질서의 지속적인 변혁 프로그램을 자극하고 독려할 수 없다. 세계초극은 역사를 인간 구원의 무대가 아니라 거기서 깨어나야 할 악몽으로 취급할 수밖에 없다.

역사적 세계의 실재성에 대한 부인이나 무시에서 나오는 실천적 귀결은 이 세계 안에 존재하는 사회질서의 수용이다. 성직자나 철학자 계급은 이 질서에서 고상하지만 제한된 역할을 수행한다. 이 계급은 현존 체제라는 이승의 질서와, 소위 고차적인 가치와 실재의 영역을 연결한다. 인도 유럽계 민족들의 관행은 성직자·철학자와 통치자·전사를 대립시키지 않고 병립시킨다. 소승불교小乘佛敎와 특히 라마불교에서 이러한 믿음의 일부 형태들은 이른바 역사적 경험이라는 환상의 영역을 초시간적인 진리의 원천에 더 훌륭하게 복종시키기 위해 영적 권위를 세속적 권력으로 바꿀 것을 요구하면서 노골적으로 신정적인 면모를 보여 주었다.[12] 그들에게는 사회의 재구성을 구원의 역사가 시작되어야 할 거점으로 볼 이유가 전혀 없었다.

이 전통에서 신정 권력의 간헐적 행사는, 신정 권력이 자신의 중심적 메시지 때문에 경제활동을 고귀하고 감춰진 실재의 주술적인 전조와 육화에 예속시키는 것 말고는 사회생활을 개혁할 어떠한 프로그램도 갖고 있지 않다는 사정을 부인하기보다는 강화해 왔다. 그러한 처방 아래서는 사회로 하여금 기도로 드러난 무한한 숭배 이외에는 영靈의 통치를 준비할, 세속 현실을 변화시킬 어떠한 점진적인 쇄신도 시도할 수 없게 만들었다. 그 숭배란 아마도 실재하는 세계에 대한 부대 현상적인 세계의 투항을 의미할 것이다.

실제로 플라톤은 현상적이고 역사적인 영역들을 참된 존재의 원형들의 환영들로 표상하는 형이상학을 신봉하는 철학자들이 통치하는 사회를 구상했다. 그러나 이러한 통치는 책에만 등장할 뿐, 현실 권력에서는

---

12 전륜성왕으로 불리는 고대 인도의 마우리아 왕조의 아쇼카왕의 통치나 라마교에서 달라이 라마의 통치를 예로 들 수 있다.

존재하지 않았다. 그나마 이러한 권력의 반전이 어떻게 그리고 왜 일어나게 되는지를 책도 설명하지 못했다. 남은 것은, 철학적 몽상가들의 계도적 비유와 변하지 않는 세계의 거친 현실 간의 심연을 비약하도록 고안된 사유실험, 즉 소망적 사고의 연습이다.

세계초극 종교는 그 정적주의靜寂主義[13]가 메시지의 차안적此岸的 의미를 축소시키기 때문에 인류 안에 존재하는 장벽들의 파괴를 실제로 지지할 수 없듯이, 동일한 이유로 명예와 지배의 귀족적 윤리를 대신할 효과적인 대체물도 제공할 수 없다. 성직자들의 피안彼岸 지향성은 세계 체념자들과 세계 지배자들 간에 존재하는 노동 분업을 사실상 수용하는 것으로 귀결된다. 황제에게는 황제의 것, 그래서 세상의 거의 모든 것이 돌아간다.[14] 일상적으로 차안〔권력자〕의 이익을 건드리지 않고 순종적이고 유보적인 태도 속에서 이러한 이익과 공생하는 선물은 차안에 있는 피안〔성직자〕에게로 돌아간다.

그러나 지배와 명예를 대체할 윤리의 초점이 숭배와 체념에서 관후함과 동료감정으로 이동한다면, 관후함과 동료감정이 인격적 사랑의 위험 없이 위로부터 제공되더라도 세계와 투쟁할 근거들이 출현하기 시작한다. (그 근거들은 대승불교大乘佛敎의 진화에서, 힌두교 경건파 또는 바흐티파 형태[15]에서, 세계초극 종교에 근접하였던 셈족 유일신교의 신비주의적 역류에서 두

---

13 정적주의quietism는 신앙의 내면화와 질적 향상을 추구하는 가톨릭의 신비주의에서 두드러지며, 이는 나중에 개신교에서 경건주의pietism로 나타난다. 웅거는 기독교를 염두에 두고 이 용어를 사용하지 않는다. 일반적으로, 인간의 능동적 의지를 억제하고 신적인 힘에 의지하려는 수동적인 태도를 의미한다.

14 황제의 것은 황제에게 돌리고, 하느님의 것은 하느님께 돌려라(마태오 22:21).

15 '바흐티 운동'은 중세 힌두교에서 출현한 경건파운동이다. 8세기 타밀에서 시작하여 동북쪽으로 전

드러지게 출현했다.) 이제 통치자·전사와 성직자·철학자 간의 노동분업을 구성한 도덕적 기초는 부서지기 시작하고, 전 인류를 상대로 말을 걸 수 있는 비전이 형성된다.

문제는 세계포용적 공감의 이상에 자극받아 사회관계의 쇄신을 통해 이 비전을 실행하려는 기획이 그 비전을 고취하는 궁극적 실재 관념에 의해 모순된 방향들로 추진된다는 점이다. 이 관념은 수난당하는 인류와 실제로 모든 생명체의 심오한 통일을 긍정하고, 주체의 확고한 경계들을 부인하면서 보편적 주체성 안에 자비로운 행동의 기초를 마련한다. 그러나 이는 사회의 역사적 시간뿐 아니라 개인의 전기적 시간에서 진행되는 것들이 갖는 의미를 부인하거나 감소시키면서 변혁적 행동의 근거들을 훼손하고 이정표를 흐릿하게 만든다. 이러한 견해는 인류를 세계와의 투쟁의 문지방까지 데려다 놓고, 이들에게 감정만 일으킬 뿐 프로그램을 제공하지 못한다.

비판: 경험의 학교

주요한 실존지향을 낳은 종교혁명들의 공통된 목표들의 관점에서 세계초극을 다루었으니, 이제 이러한 실존접근을 그 심리적인 현실성과 안정성, 즉 이 접근과 인간의 가장 뿌리 깊은 성향들이 맺는 관계라는 관점에

파되었으며 15세기와 17세기 사이에 절정에 이르렀다. 바흐티 운동은 비시누, 시바, 사흐티 등 다양한 종류의 신을 중심으로 발전하여, 전통적으로 힌두교에서 영향력 있는 사회개혁으로 알려졌다. 신분, 성, 출생에 관계없이 개인에 초점을 맞추어 영성에 이르는 대안적인 길을 보여 주었다. 일부 학자들은 이러한 해석에 의문을 제기하고, 이 운동을 새로운 개혁이나 반란이 아니라 오래된 베다 전통의 부활로 평가한다.

서 고려해 보겠다. 이러한 시각에서 볼 때 세계초극의 약점은, 살아 있는 개인과 필멸적인 유기체에서 드러난 삶, 있는 그대로의 삶을 상대로 벌이는 전쟁에 있다.

개별적 주체의 실재성에 대한 부인은 곧 죽음의 부인이다. 마치 주체가 보편적 정신 속으로 해체되는 것을 바로 지금 예감함으로써 죽음의 위력을 제거할 수 있는 양, 개별적 주체의 실재성에 대한 부인은 또한 죽음에 대한 예감이다. 죽음의 불안과 위희慰戲[16]에서 우리를 해방시키고 필멸적인 신체들의 부패가 변질시킬 수 없는 실재와의 교통을 인간에게 제공하려는 일련의 연관된 자기충족적인 예언들로 죽음은 부인된다.

어쨌든 생은 반발한다. 세계 및 주변 사람들과 우리의 관계를 위축시키거나 무시하지 않고서는, 달리 말하면, 생명을 억압하지 않고서는 우리는 죽음 앞에서 우리 자신을 보호할 수 없다. 마치 실존의 치유 불가능한 약점을 교정하는 길이 더 작은 실존을 보유해야 한다는 것과 같다. 우리는 소외된 실존의 혼란에서 우리 자신을 위험스러운 경계들을 무릅쓰고 우리가 유폐되어 있는 것처럼 보이는 육화와 시간의 보편적 경험 속으로 이동시킨다.

이때 실천적 행동 영역에서 내릴 수 있는 한계적 결론은 점진적인 이탈이다. 친밀한 연결이 초래하는 예속화와 비인격화의 위험에서 벗어나려는 투쟁이 연결을 통해 우리 자신을 긍정하고 발전시켜야 할 필요에 대한 인정과 불화를 야기한다면, 인격적 실존에 요구되는 사항들에 존재하는 이 모순을 풀 해법은 양 극단의 간격을 넓히는 것이다. 그러면 우리는 어

---

16 죽음의 불안을 직시하지 않기 위해 주의를 다른 곳으로 돌리는 의식과 행태를 의미한다. 파스칼과 하이데거가 이러한 개념을 애용하였다.

느 정도 간격을 두고서, 즉 거부당하거나 실망할 위험 없이 고귀한 위치와 제한적인 노출이라는 이중적인 특권을 가진 우월한 지위가 제공하는 자비의 간격을 두고서, 동료 피조물들과의 연결성을 인정할 수 있게 된다. 그러나 그렇게 되면 타자에 대한 부책이 지닌 가치와 위험 사이의 갈등을 감소시키는 연결을 형성하려는 시도를 포기하게 될 것이다. 우리는 결국 동등한 사람들 간의 인격적 사랑을, 또한 인격적 사랑의 영향력을 더 넓은 경험 영역으로 확산시키는 사회제도를 이러한 화해의 최상의 실례로 통찰하지 못할 것이다.

주체의 형성과 우리 믿음에 대한 충실성을 위해 우리가 특정 사회와 문화에 참여해야 할 필요는 타자들이 갖고 있는 관념과 표준에 대한 투항으로 귀결될 우려가 있다. 투항을 거부하면 우리는 고립으로 내몰려서 세계 안에서 생산적인 행동을 위한 수단을 확보하지 못하게 된다. 강력한 주체의 요구 사항들에 존재하는 이 두 번째 모순에 대해 세계초극이 내놓은 해법은 내면의 성채로 퇴각하는 것이다.

이러한 해법을 수용하게 되면, 우리는 참여를 더 많이 유도하고 투항을 덜 조장하는 사회와 문화를 창조함으로써 정신을 제약하는 구조와 구조를 부인하는 정신의 관계를 영구적으로 바꾸려는 기획을 포기하게 된다. 기성 구조와 가정의 틀 아래서 수행하는 일상적인 운동과 그 틀 자체를 바꾸려는 비상적인 운동 간의 간격을 좁히는 제도와 관행을 발전시킬 희망을 상실하게 된다. 그 대신에 세속 권력이 시시하게 여기는 가치와 실재의 다른 영역에 희망을 품게 된다. 희망을 품지 않으려는 사회질서에 대해서는, 고차적 실재와 가치에 우리가 접근하는 것을 방해하지 말고, 우리처럼 고통과 죽음에 노출된 육화된 주체의 여건에서 해방을 기다리는 동료 수난자들에게 불필요한 고통을 가하지도 말라고 요구하게 된다.

삶은 우리가 만드는 참여와 연결들의 누적적 합계이다. 우리가 변화와 환상 앞에서 우리를 더 많이 방어할수록 우리는 우리 자신을 그만 큼 덜 방어할 수밖에 없게 될 것이다. 무관심으로 평정심을 얻고자 우리 자신에게 걸어 둔 주문呪文은 때때로 작동할 것이다. 그러나 그 주문은 통제와 위안의 형태로 죽음을 예감하면서 죽음과 거래하기 때문에, 생명력의 쇠잔이라는 대가를 치르는 경우에만 작동할 것이다.

때때로 주문은 작동하지 않을 것이다. 불사의 보편적 정신이 아닌 우리, 즉 개별적인 주체와 필멸의 유기체 안에 육화된 생명은 다시 스스로를 주장한다. 우리는 권태, 즉 사장된 역량의 무게와 전개되지 못한 삶의 암시를 경험한다. 중독의 원리, 즉 우리가 확고한 평정심을 획득하고자 헛되이 벗어나려고 하는 특정한 공식 또는 일상 업무에 대한 고착 원리 아래서 그 주문이 변덕으로 타락하는 것을 보게 된다. 그 주문은 모든 실존을 뒤덮고 있지만 여기서 제약된 것으로 무제약적인 것을 산출하려는 노력으로 보이는 헛된 시도이다.

아마도 세계초극의 추종자들은 자신들이 삶과 전쟁을 일으킨다는 점을 부정할 것이다. 그들은 그들의 비전에 따라 구원의 길이 충족 불가능하고 좌절된 욕망의 쳇바퀴에서 우리를 벗어나게 하고, 주변 세계와 사람들에게 우리를 개방한 채로 현재를 살아가도록 허용한다고 주장할 것이다. 그러나 그 각각의 순간과 경험이 승계할 만한 단계들로 평가된다면, 우리는 결코 지금을 위해 살 수 없을 것이다. 우리는 생의 더 완전한 향유를 미루어야 할 것이다. 우리의 불안스러운 분투는 손이 닿는 곳에 있는 사람들과 세계에 대해 우리를 덜 수용적으로 만들 것이다. 우리는 생명력을 고양시키는 데에 필요한 자기지배를 우리 자신에게서 박탈하게 될 것이다.

어쨌든, 세계에 참여하지 않고서는 완전하게 생명력을 유지할 수 없다.

상상력뿐 아니라 실천에서도 세계와의 투쟁을 펼치지 않는다면 우리가 세계에 참여할 길은 없다. 현상적·역사적 경험의 원천과 대상들의 실재성을 무시하기보다는 이를 진지하게 고려해야 할 이유가 없다면, 우리는 확신을 갖고 세계와의 투쟁을 전개할 수 없다.

세계초극은 두 가지 결정적인 지점에서 생명력의 요구 사항들과 충돌한다. 첫째, 시간과 역사 그리고 현상적 및 개별적 구분이 지닌 궁극적 실재성을 부인하는 세계초극 비전 자체가 이 요구 사항들과 충돌한다. 둘째, 세계초극은 초연함을 통한 평정심의 모색으로 우리를 몰아가 삶을 어떻게 영위해야 하는지에 대한 제안에서도 이 요구 사항들과 충돌한다. 그 모색은 삶의 고양에 필요한 참여활동에서 우리를 벗어나게 함으로써 평정심을 약속하지만 그 대가로 죽음의 맛보기를 전달한다.

생명력의 요구 사항으로서 세계에 대한 변혁적 참여의 필요는 실천적 활동에 국한되지 않는다. 이 필요는 이미 상상력의 활동에서도 등장한다. 이 활동은 두 가지 회귀적 운동에 의존한다. 칸트가 인정한 유일한 운동이자 상상력의 첫 번째 운동은 거리두기이다.[17] 현상은 현상의 부재를 통해 반드시 환기되며, 환기된 이미지는 인식의 기억이다. 상상력의 두 번째 운동은 변혁이다. 어떤 현상이나 사태를 이해한다는 것은 그 현상이나 사태가 어떤 조건 아래서 또는 어떤 특별한 개입으로 변모할 수 있는지를 파악하는 것을 의미한다. 다음에 발생할 수 있는 것에 대한 통찰은 현존하는 것에 대한 통찰과 내적으로 연결되고, 현존하는 것에 대한 통찰은 장차 일어날 수 있는 것에 대한 통찰이 발전하면서 심화된다.

---

17 칸트 《순수이성비판》 제2판 단락 번호 151.

모든 점에서 상상력은 우리의 실천적 활동을 동반하고 그 활동을 넘어선다. 진화적 구조에서 보자면, 상상력은 제한적인 지각 장치를 구비한 채로 특수한 여건에서 문제를 해결해야 하고 불확실성과 우연성 및 통제와 맞서 싸워야 하는 정신을 지닌 유기체의 목적에 복무한다. 그리하여 상상력은 그 기원과 진화적인 용도에서 본디 생명과 권능에 복무한다.

그러나 상상력은 이내 실천적 문제 해결에 대한 직접적인 복무를 넘어선다. 상상력은 도래할 수 있는 것에 대한 통찰에 비추어 현존하는 것에 대한 이해를 발전시킨다. 상상력은 우리가 알아챌 수 없는 궁극적 가능성들에 대한 환영적幻影的[18] 지평보다는 인접한 가능성, 즉 일어날 수 있는 것 또는 우리가 일어나게 만들 수 있는 것에 관한 내용에 초점을 맞춘다. 상상력의 지배 원리는, 실행되거나 예상된 변화라는 공통 요소에 기초한 행동에 대한 그 친화성이다. 전기적 시간과 역사적 시간에서, 또 현상들 간의 차이들이 실재적이고 동시에 변화하는 세계에서, 변혁의 개방성은 생명의 일부를 구성한다.

세계초극 종교는 비전이자 기획으로서 삶의 고양에 적대적이다. 그러한 종교는 우리의 필멸성, 무근거성, 충족불가능성에서 비롯되고, 나아가 맥락들을 초월하는 존재로서 살아가는 어려움에서 비롯되는 고통들 앞에 갑옷으로 무장하도록 우리를 유혹함으로써 우리를 둘러싼 사람들과 현상들에 대해 사실상 우리를 덜 수용적으로 만들 뿐이다. 그러한 종교는 타인과 현상을 상상할 수 있는 수단과 기회를 우리에게 허용하지 않기 때

---

18 phantasmagorical. 환영이라는 뜻을 가진 '판타스마phantasma'에서 유래한 판타스마고리아는 본래 18세기 말 프랑스에서 발명된 환등기의 투영 이미지, 즉 환(등)상을 가리킨다. 벤야민은 파사주 passage(아케이드)에 대한 논의에서 도시의 많은 파사주, 즉 백화점, 쇼핑몰, 철도역, 카페 등에 대한 공간적 경험과 그곳을 채우고 있는 상품들에 대한 체험을 '판타스마고리아' 개념으로 설명한다.

문이다. 그러한 종교는 활력보다는 평정심을 선호하기 때문에 우리 안에서 생명의 감정을 강화시키지 못한다.

비판: 미래에 대한 배반

세계초극 종교는 과거의 종교혁명 프로그램들이 공유한 요소를 결코 완수할 수 없었다. 더구나 초연함으로 평정심에 도달하려는 무익한 추구에서 시작된 의식과 생명력을 의도적으로 약화시키지 않고서는 인간의 집요한 경향들이나 열망들과 결코 타협할 수 없었다. 그러므로 세계초극 종교는 인류의 종교적 문제에서 인류를 끌어올리고 인간 능력을 향상시키고 인간 경험을 강화하고 인간에게 신성의 속성들을 더욱 폭넓게 부여하려는 목표, 우리의 인성을 습관적으로 굴종시키는 사회와 사상 구조들에 대하여 우리가 더 위대한 주인으로 변모함으로써 우리가 서로에게 더 좋은 봉사자로 변할 수 있다는 원리에 입각해 행동하려는 목표로 고취되는 미래의 종교의 출발점으로 복무할 수 없다.

이와 같은 미래의 종교혁명 프로그램의 중심에는 세 가지 세계사적인 종교적 지향 중 세 번째 지향—세계와의 투쟁—이 정면으로 제기하는 문제가 놓여 있다. 이 문제는 세계인간화뿐만 아니라 세계초극에서도 똑같이 이질적이다. 나는 이 문제를 제기함으로써 하나의 전통을 다른 전통의 잣대로 판단한다고 비난 받을 수 있다. 그러나 나는 그렇게 하겠다. 나는 그러한 전통들 사이에서 중립을 표방하지 않겠다. 나는 인간의 시선에서 다른 두 가지 전통이 결코 획득하지 못했고 장차 획득하리라고 희망할 수도 없는 권위를 하나의 전통에 유리하게 주장한다. 그 권위는 하나의 전통이 지난 200년 동안 세계를 흔들어 온 혁명적 기획들을 일깨우고 자극하는 데에 일조했다는 사실에서 나온다. 이 기획들은 두 가지 주요 유형으로 분화된다. 하나는 세속적인 해방 프로그램(민주주의, 자유주의, 사회주의)이고, 다른 하나는 세계적인 민중적 · 낭만적 문화이다.

이 기획들을 옹호하고 재발명하려는 이유에 대해서는 나중에 다시 이야기할 것이다. 그러나 그들의 적들조차 부인하지 못할 사실은, 이 두 종류의 혁명적 메시지가 인류의 최근 역사에서 전대미문의 영향력을 발휘했다는 점이다. 그 메시지는 많은 사람들을 위해 바로 지금 인간의 삶을 고양시키고 미래에도 이 일을 지속하겠다는 약속에서 그 힘을 이끌어 낸다. 그러한 담론에서 보통 사람들은 거절할 수 없는 인정과 역량강화의 제안을 발견해 왔다.

이 제안의 주요한 부분은 두 가지 형태의 개인적 · 집단적 자기주장을 연결함으로써 이를 고양시키고 변형하려는 전망에 의존한다. 하나는 우리 자신과 동료 인간의 관계에 주목하고, 다른 하나는 삶과 사상의 조직된 제도적 · 개념적 구도와 우리 자신의 관계를 고려한다.

타인과 우리가 맺는 관계에는 실천적 · 정서적 · 인지적 측면에서 한 가지 문제가 있다. 우리는 타인을 필요로 하면서도 타인을 두려워한다는 점이다. 오로지 마주침과 연결을 통해서만 우리는 개별적 주체를 발전시키고 유지한다. 그럼에도 불구하고, 모든 사회적 부책은 종속과 지배의 구조 속에 우리를 연루시키고 개인적 주체를 집단적 고정관념의 요구에 굴복시킬 우려가 있다. 더 자유롭고 더 원대하다는 것은 자기주장의 가능 조건들 간의 갈등을 완화시키는 방식, 즉 종속과 비인격화라는 대가를 덜 치르면서 성취된 더 많은 연결의 방식을 통찰하는 것이다.

인간 행동의 제도적 · 개념적 구도, 즉 개별적 실존의 집단적 배경을 형성하는 사회의 제도적 조직 및 사상의 담론적 조직과 인간의 관계에는 또 다른 문제가 존재한다. 행동하기 위해서는 각자의 방식으로 이와 같은 사회적·개념적 체제들에 참여해야만 한다. 그러한 참여를 통해서만 우리는 개인적 인성을 발전시키고 유지한다. 참여 바깥에서는 공허하다. 그러나 모든 참여는 투항으로 변질될 우려가 있다. 우리는 전적으로 우리 자신에게 최종적으로 유보해야 할 권력을 우리가 살고 있는 제도적·개념적 체제들에 넘겨줄 위험을 안고 있다. 더 자유롭고 더 원대하다는 것은, 우리가 가진 저항과 재구성의 권력을 맥락에 넘겨주지 않으면서 맥락에 참여하는 것이다.

요점은 우리가 습관적으로 운동하는 사회적·개념적 구조에 도전하고 이를 변화시키는 데에만 있지 않다. 그 요점은 구조와 우리의 관계를 변화시키는 것이다. 여기서 바람직한 변화를 두 가지 방식으로 기술할 수 있다.

첫 번째 기술 방식에 따르면, 구조를 고스란히 수용하면서 수행하는 일상적인 운동과 구조의 부분들을 의문시하면서 수행하는 비일상적인 운동 간의 격차가 줄어들 것이다. 사회적 제도들과 담론적 관행들은 이러한 수정에 도구와 기회를 제공할 것이다. 사회와 사상은 특정한 질서 안에서 각자의 일상 업무를 처리해 나가듯이 그 질서를 재고하고 수정하는 데에 우리가 더 좋은 역량을 구비하고 더 좋은 자극을 받을 수 있도록 조정될 것이다. 결과적으로 우리는 특정한 사회적·개념적 체제에 참여하면서 동시에 그러한 체제를 초월할 수 있다고 더욱 크게 말할 수 있게 될 것이다. 오래된 신학적 언어로 우리는 우리 자신을 세상에 거하되 세상에 속하지 않는 존재[19]로 기술할 수 있다.

---

19 요한복음 17:15-16. 웅거의 반복적인 표현에 의하면, 내재성과 초월성의 변증법이고, 구조 안에서의 운동과 구조 바깥에서의 운동의 결합이다. 이러한 변증법은 신의 관점에서도 인간의 관점에서도

두 번째 기술 방식에 따르면, 변화는 위기에 덜 의존하게 될 것이다. 사회에서 위기는 전쟁이나 폐허와 같은 외생적인 충격의 형식을 취한다. 사상에서 위기는 기존 이론이나 담론 안에 수용될 수 없는 사실들의 축적처럼 보인다. 사회적 또는 개념적 질서가 실험적 도전과 수정에 덜 개방적으로 설계될수록, 그러한 질서는 변화의 산파로서 위기에 더 많이 의존하게 된다. 그러한 질서는 휘어지기 전에 부러지고 말 것이다.

이러한 변화를 유발하려는 우리의 관심은 가장 강력한 물질적 · 도덕적 이익들과도 밀접하게 연결되어 있다. 이 관심은 또한 사람, 자원, 기계를 재조합할 자유를 급진적으로 실현함으로써 우리의 실천적 생산 역량을 계발하는 것과 연결되어 있다. 우리의 관심은 또한 인간 상호 관계를 인질로 삼는 사회적 위계제와 분할 형식을 극복하는 것과 연결되어 있다. 더구나 이러한 관심은 이와 같은 도덕적 · 물질적 이익들과의 인과적 관련성을 넘어 영적 이익의 담지자 역할을 한다. 이 영적 이익은 이 책의 서두에서 환기한 인간 실존이 지닌 치유 불가능한 약점 중 왜소화의 문제를 다루는 데에 성공한다는 의미다. 이런 식으로 인간 실존을 제약하는 맥락들과 인간이 맺는 관계를 변형함으로써 우리는 왜소화의 멍에(여건과 여건초월적인 인간 본성 간의 불일치)를 아예 없애 버리지는 못하더라도 이완시킬 수는 있다.

이러한 목적을 향한 진보는 역사적 시간 속에서 일어난다. 그러나 우리는 전기적 시간 안에 산다. 영의 상승이라는 집단적 역사役事가 이루어지기 전에 우리가 우연히 이 세상에 태어난 것이라면, 이 같은 진보는 우리

동시적이고 중첩적으로 진행된다.

에게 어떤 의미를 가질 것인가? 우리는 건설자임과 동시에 죄수가 된 세계에서 다시 유배형을 선고받아야 한다는 말인가? 우리는 역사적 시간 안에서만 접근할 수 있는 것들에 대해 전기적 시간에서 예감하기를 희망할 수 있다.

한편으로 우리는 인류가 사회와 사상의 조직 형식들과 관련해 발전시킬 만한 관계들에 대한 유추적인 접근법을 우리의 성격(주체의 경직된 형식)과 관련해서 발전시킴으로써 그러한 예감을 바랄 수 있다. 고도의 감응성을 수용함으로써, 생생한 삶을 중단시키는 타협과 규칙들의 갑각甲殼에서 점차 탈피하여 오직 한 번만 죽는 삶을 사는 것이 우리의 목표이다.

다른 한편, 우리는 실존의 사회적 · 개념적 구도에 대해 우상파괴적인 태도의 관점에서 상호 간의 관계를 변경함으로써 그러한 예감을 바랄 수 있다. 그렇게 되면 서로 삶의 기회들을 형성할 뿐만 아니라 각자 수행하는 역할로 서로를 생각하고 느끼고 취급하는 방법을 가르쳐 주는 사회적 · 문화적 질서가 자리 잡고, 그 안에서 단순한 지위 보유자를 넘어 우리가 비밀스레 알게 된바 맥락초월적 존재로 서로를 더 기꺼이 인정할 수 있게 된다. 그렇게 여건과 우리 관계에 일어난 변화는 자동적이거나 필연적이지는 않아도 상상력과 의지의 협연으로 타자와 우리의 관계에 변화를 발생시킬 것이다.

이 책의 테제 중 하나는, 인생의 가능성들에 대한 이와 같은 비전은 내가 논의하는 세 가지 세계사적 종교 전통 중 이른바 세계와의 투쟁이라고 부르는 세 번째 전통과 밀접한 관계가 있다는 것이다. 그러나 이 책의 또 다른 테제는 이러한 비전의 전진이 이 비전과 역사적으로 관련된 종교적 · 세속적 믿음 및 관행의 현재 형태들과 대체로 양립하지 않으며, 그리하여 인류의 종교적 경험에서 또 다른 혁명의 필요와 기회가 존재한다는 것이다.

　우리가 처한 상황을 이해하라고 요청하는 방식과 우리에게 행동을 요청하는 방식, 두 측면에서 세계초극의 종교는 미래의 종교적 혁명의 적이다. 세계초극의 이해 방식은 이러한 과업을 전진시키는 데에 필요한 사회, 문화, 우리 자신과의 지속적인 대결에 우리가 참여하는 것을 좌절시킨다. 세계초극의 행동 요청은 우리가 종교적 혁명을 성취하기 위해 추구해야 하는 방향과는 정반대로 우리를 이끈다. 주체에 대한 제안의 출발점에서 주체의 첫 번째 과업이 자신을 가리던 방패를 내던져야 할 때, 오히려 개인들에게 고통과 변화에 대해 방패를 올리라고 가르친다.

　그러나 세계초극은 인류의 종교사에서 이미 극복된 계기로만 그치지 않는다. 종교적 경험의 항구적인 가능성을 표현하는 세계초극은 다른 형태로, 세계관으로서 그리고 삶의 명령으로서 생명을 이어 간다. 인간 실존의 치유 불가능한 약점들에 대한 응답으로서 세계초극의 힘은 그것이 지닌 직접성과 단순성에서 나온다.

　세계초극은 가장 중요한 문제와 관련해서 우리가 결코 죽지 않을 것이라고 우리를 안심시키면서 필멸성의 문제에 응답한다. 세계초극은 개별적 주체가 죽음을 넘어서 살아갈 것이라고 가르치는 것이 아니라, 오히려 적절하게 환언하면 개별적 주체가 도대체 존재하지 않았다고 가르친다.[20] 개별적 주체성은 보편적 존재와 우리의 독창적이고 파괴 불가능한 관계의 계시 앞에 물러날 수밖에 없는 부대현상적 환상이라는 것이다.

　세계초극은 우리가 현상의 위희와 시간의 환상들로부터 우리 자신을

20　〈반야심경〉과 조계종의 소의경전인 〈금강경〉은 이러한 공空사상을 일관되게 표현한다.

해방시킬 수 있는 경우에만 존재와 삶의 신비에 대한 해명이 우리 눈앞에 펼쳐진다고 말함으로써 무근거성의 수수께끼에 답변한다. 일단 해방되고 나면 우리는 세계를 온갖 찬란함 속에서 수용할 수 있게 될 것이고, 세계는 홀로 자족적이게 될 것이라고 말한다. 현실의 일부를 다루기 위해 전개된 사상의 습관과 방법을 모든 현실에 적용하려는 노력은 그릇된 것으로 폭로되고, 우리의 최상의 과학과 예술은 이와 같은 형이상학적 명제들의 진리를 확인해 줄 것이라고 말한다.

세계초극은 이러한 비전에 입각하여 갈망, 충족, 권태의 시련에서 벗어나도록 돕는 일련의 관행들을 제안함으로써 충족 불가능한 욕망의 번뇌들에 응답한다. 세계초극은 욕구의 빈 공간을 임의의 내용으로 채우도록 우리가 허용한 동료들과 우리 자신을 묶어 두는 공허하고 변화무쌍한 욕구들의 힘에서 우리를 해방시키겠다고 약속한다. 그러한 혼란에서 우리 자신을 벗어나게 하고, 그런 추구들의 허망함을 인정하고, 실망과 환멸에서 우리를 강철같이 지켜 내어 세상에 대한 각성된 무관심과 타자에 대한 이타적이고 먼 자비의 결합을 터득하는 것. 바로 이 모든 것이 고차적인 희망들이 실패할 때 영원히 매력을 발휘할 구원의 길을 형성한다.

세계초극은 왜소화의 경험—삶의 여건과 우리 본성의 내적 실재성 간의 불균형—에 대해서는 우리 본성의 내적 실재성을 더 잘 긍정하기 위해 삶의 여건의 중요성과 심지어 실재성을 무시하라고 제안함으로써 응답한다. 세계초극은 그 무엇도 타락시킬 수 없는 곳에다 가치를 두라고 촉구한다. 보유할 만한 가치가 있는 유일한 자유와 위대함은 삶의 여건이 범접할 수 없는 것이라고 말한다.

이 구원의 길은 인간이 존재하는 한 지지자들을 확보할 것이다. 세계초극의 언어와 주장들은 시대와 장소의 어휘와 여건들에 맞게 변하겠지만,

그 영적 프로그램은 살아남을 것이다. 또한 그 프로그램은 혁명적 프로그램들의 명분에 끌려 사회 재구성을 기도했다가 좌절하거나 세계의 변혁 가능성을 회의적으로 바라보는 사람들을 앞으로도 유혹할 것이다. 그들은 아마도 현상적 다양성과 시간적 무상함 속에서 우리에게 나타난 그대로의 세계가 변화되어야 할 가치조차 없다고 여길 것이다. 그러한 세계는 초극해야 할 대상이다. 그들은 마치 시간과 다양성이 진짜이기라도 하는 양 자신의 일상 업무를 처리하는 것처럼 보일지도 모른다. 그럼에도 불구하고 그들은 인생의 치유 불가능한 약점을 다루는 유일하게 신뢰할 만한 방식은 개별적이고 유심적인 유기체보다, 또한 이러한 유기체의 육화된 영으로서의 자기의식보다 더 실재적이고 신뢰할 만한 비인격적 실재에 대한 우리의 몫을 증가시키는 것〔세계초극〕이라고 주장할 것이다.

제3장

세계인간화

중심 관념, 역사적 현존, 형이상학적 비전

출생에서 죽음에 이르는 고통스러운 진행의 무대인 자연계는 인류에 무관심하며 정신에게는 대체로 불가해하다. 자연계는 비인간적이고 우리에게 전혀 어울리지 않는다. 우리는 시간의 기원과 종말을 알 수도 없고 실재의 외적인 경계들이나 감춰진 심층들을 가늠할 수도 없기 때문에, 이미 조명한 부분과 그렇지 못한 무한히 거대한 부분의 관계를 파악조차 할 수 없는 가운데 세계의 부분들만을 설명할 뿐이다. 그런데도 우리는 자연의 부분들에 관한 다소간 성공적인 설명 방식이 자연 전체를 설명할 수 있으리라고 헛되이 자만한다. 전체는 영원히 우리의 범위에서 벗어나 있다.

우리의 최고선, 즉 생명이라는 선과 관련해서 자연은 우리에게 적대적으로 작동한다. 자연은 가장 소중한 것과 관련해 우리를 기만한다. 자연은 우리에게 몰락과 파괴를 점지함으로써 우리의 무한한 다산성, 경이로움과 초극의 권능에 대한 경험에 응답한다. 생명이 개체에게는 부인되어도 종種에게는 전폭적으로 인정된다는 견해는 별로 위안을 주지 못한다. 개인의 소멸이 집단의 존속에 불가피하다고 여겨져도, 우리는 개인으로서 살아가며 집단의 운명을 목격할 정도로 오래 살지 못할 것이다.

세계는 무의미하다. 세계의 무의미성은 인간의 관심사, 즉 우리의 결단, 부책, 참여의 관점에서 세계의 실재와 역사를 이해할 능력이 우리에게 없다는 데에 있다. 세계가 무의미하다면 또 다른 개입이 있기 전에는 세계 속 인간의 지위도 무의미하다. 이 거대한 무의미성—외부에서 우주적 맥락에서 바라본 인생의 무근거성과 무목적성—이 인간적 영역 안에서 우리가 체험하고 성취하는 모든 것에 암운을 드리우는가? 아니면 세계의 무의미성이 우리 자신을 정초할 우리의 능력을 와해시키지 못하게 할 것인가?

우리는 심연의 가장자리에서 물러나 자족적인 인간적 영역을 건설할 수 있다. 비록 무의미한 세계일지라도 우리는 이러한 영역에서 의미를 창조한다. 개명開明을 생산하는 인간의 권능과 권위는 개명과 이를 둘러싼 어둠의 대비로, 그에 따른 구원적 개입 활동의 필요성과 가치로 인해 더욱더 위대해질 수 있다. 이런 방식으로만 우리는 인간 조건의 부조리에서 우리 자신을 구제할 수 있다.

그러나 무의미한 세계에서의 의미 창조는 단순히 사변적 조작操作의 문제가 아니다. 우주에서 우리의 지위에 대해 위안용 스토리를 자아 내는 것으로는 충분하지 않다. 실제로 그러한 활동은 우리의 구원에서 어떠한 역할도 하지 않는다. 구원의 전제는 우리 상황의 실재성과 중대성을 가차 없이 인정하는 것이다. 우리 자신을 구원하는 것은 비인간적인 것의 변화된 서술이 아니라 바로 인간적인 것의 보존과 향상이다.

그 목표는 사회가 세계의 무의미성에 오염되지 않도록, 달리 말하면, 자연이 인류의 공유된 경험에 이질적인 만큼 동료 인간들 간의 삶을 우리의 심층적인 관심에 이질적으로 만드는 기준에 따라서 또한 폭력의 지배 아래 사회가 작동하지 않도록 보장하는 것이다. 이 내부 방어선이 무너진다면 모든 것은 상실된다. 방어 불가능한 외부선과 불가피한 내부선의 중간 지대에서 삶을 뒤덮는 무의미성이라는 적을 막아 낼 수 있다면, 우리는 전진할 수 있다. 우리에게 희망의 이유가 존재한다.

인간 세계의 변혁에서 우리는 폭력과 기만이 협력과 연대를 추월하지 못하도록 만들어야만 한다. 사회생활의 조건들을 둘러싸고, 즉 상호 간의 충성과 노동에 대한 권리 및 노동이 생산하고 유용하게 변형시킨 자원에 대한 권리를 주장할 조건들을 둘러싸고 투쟁이 발발할 수 있다. 이 투쟁이 국가 간 혹은 사회 간에 전쟁을 야기할 수도 있다.

어떠한 사회적·문화적 질서든지 이러한 실천과 비전의 투쟁에서 일시적 휴전에 이른다. 하지만 승자에 대한 패자의 무조건적 투항이 전부라면, 그러한 질서는 패자는 물론이고 승자에게도 정당해 보이지 않을 것이므로 안정적이지 못할 것이다. 그런 질서의 안배를 이해 가능하고 옹호 가능한 협동 계획의 단편들로 독해하기란 쉽지 않을 것이다. 결과적으로 그러한 제도들은 사회생활의 가변적이고 다양한 구조 안에서 해석, 정교화, 적용될 수 있는 법제들로 전환될 수 없을 것이다.

사회는 소수가 다수를 노예화한 것의 변장인가? 사회의 원칙은 노예화된 자들의 소진과 절망 그리고 그 주인들의 불안스러운 경계 상태가 될 것인가? 변장은 문화가 될 것인가? 협동의 가능성과 연대의 요구는 지속적인 폭력과 불안에 대한 유일한 대안으로 용인된 예속 구조, 즉 사회의 명백한 희생자와 추정된 수혜자 양측의 희망 부재로 재가된 예속 구조의 요구 사항들에 속박되고 말 것인가?

이 모든 해악들이 통용되게 된다면 사회와 문화의 질서는 무의미한 자연의 속성들을 띠게 될 것이다. 내부 방어선은 깨질 것이다. 우리는 막스 베버가 '인격적 삶의 피아니시모'라고 부르는 것으로 후퇴해야 할 것이다.[1] 우리는 그러한 친밀성의 영역에서 가장 친밀한 관심사들에 말을 거는 생명의 잔여 요소들의 유지를 희망할 수도 있다.

그러한 결과를 피하기 위해 필요한 사회생활의 수정안을 소극적 방식

---

1 베버가 《직업으로서 학문》에서 사용한 말이다. 현대사회의 운명에 대한 베버의 진단이다. 세계의 탈매력으로 인해 궁극적이고 숭고한 가치는 공적인 영역에서 신비한 삶의 초월적 영역이나 개인적 인간관계의 형제애로 퇴각한다. 이제 사람들은 진정한 공동체를 형성하지 못하고 광적인 파당을 형성할 뿐이다.

으로 기술하는 것으로는 충분하지 않다. 그 수정 방식은 적극적인 내용을 가진다. 압도적인 목표는, 우리가 어떤 역할들(친구와 친구, 남편과 부인, 부모와 자녀, 교사와 학생, 치자와 피치자, 사장과 노동자)을 차지함으로써 서로에 대한 의무의 비전에 따라 타자와의 관계를 쇄신하는 것이다. 우리는 이러한 구제적인 실천에서 사회적 노동 분업의 실천적 필요뿐만 아니라, 무엇보다 보통 사람들과 관련하여 이러한 역할들의 상대성에 대한 감각에도 통제받게 될 것이다.

운명은 우리에게 상이한 역할을 부여해 왔다. 사회의 조직에 대한 역할이 갖는 중요성은 사람들 간의 상호의존성을 보여 준다. 이러한 의존성은 인성의 부정이라기보다는 그 징표이다. 이 의존성은 우리의 약점뿐 아니라 강점도 드러낸다. 역할들의 수행과 사회 관행의 준수로 조직된 협동은 실천적 관심들의 발전 조건일 뿐만 아니라 인성에 관한 기본적 사실의 표현이다. 우리 스스로는 불완전하겠지만 타자에 대한 봉사를 통해 우리는 자신을 완성시킨다. 타자에게 봉사하려면 우리는 타자를 이해해야만 한다. 그리하여 다른 사람들의 타자성에 대한 상상력— 다른 사람들의 의식 상태에 대한 인식—의 계발은 우리의 인성을 긍정하고 계발하면서 우리 자신을 완성시키는 과정을 이룬다. 그러한 상상력은 사회적 역할의 수행을 반드시 고취해야 한다.

신성불가침적인 것은 인격이고, 또한 개인들 간 관계들의 미세 구조이다. 인격과 인격적 만남의 경험에 비하면 사회와 문화의 그 밖의 모든 것은 부차적이다. 무의미한 세계에서 오로지 인격과 개인들 간의 관계만이 신성화된다. 우리는 서로를 신성한 존재, 달리 말하면, 의미를 창조할 수 있는 존재의 실례들로 인정해야 한다. 사회에서 그 밖의 모든 것은 목적에 대한 수단으로 그친다.

인격성과 인격적 만남의 함양은 그 자체로 목적으로 간주될 수 있다. 그 가치는 여타 목적의 달성에 보조적인 것이 아니다. 인간이 서로와 자신의 상황을 인격적으로 이해하기 때문에 우리 자신을 이러한 정신 속에 행동하는 존재로 전환시키는 것은 사회개혁의 매우 중요한 목적이다. 이 기획이 성공을 거둔다면 우리는 사회적 삶에서 실천적 성공을 달성할 수 있고, 나아가 이러한 성공이 폭력과 기만의 악몽으로 전락하는 것을 막을 수 있다.

이 목적에 부응하고 복무하기 위해 사회의 노동 분업은 유연화되고 정화되어야 한다. 노동 분업은 역할에 기반한 협동 관행과 서로를 상상하는 능력의 점진적인 계발 수단으로 변모해야 한다. 사회적 역할 수행에 뿌리를 둔 협동 관행들은 각 역사적 조건에 따른 요구들과 자원들에 따라 수용되고 동시에 정화되어야 한다. 고삐 풀린 이기심은 사회생활의 인간화를 위해서 제압되어야 한다. 일부 위계제 요소는 인정되어야 할지 모르지만, 그때도 다양한 계급과 신분의 본질적 속성에 대한 믿음 때문이 아니라 조정의 실천적 요청들로 정당화될 때이다. 사회를 이렇게 개혁하는 경우에만 우리는 사회가 지배의 악몽으로 전락하는 것을 저지하고 우리의 이기심을 순치할 수 있다.

이 프로그램은 과거 종교적 혁명들을 고취시켰던 목표들에 대한 충실성을 수긍하고, 교리와 실천에서 인간들 간 분업과 위계제보다 인간 공통의 인격성의 우월성을 강조한다. 그리고 지배와 영예의 영웅적이고 호전적인 윤리[2]를 거부하고, 사회생활의 도구적인 것과 도구적이지 않은 것, 적

---

2 보편적인 고등종교 이전에 지배적인 힘을 떨쳤던 엘리트주의적이고 영웅적인 윤리관을 가리킨다. 제1장에서 말한 프로메테우스주의가 여기에 해당한다. 이는 니체의 주인도덕과 연관된다. 니체는 고등종교의 표본이라고 할 수 있는 예수의 도덕이나 기독교의 도덕을 '노예도덕'이라고 규정했다. 웅거는 주인도덕을 거부하고 집단적 재구성의 정치와 사랑의 윤리(고양된 감응성의 윤리)를 내세움

나라한 것과 정신적인 것, 산문과 시 사이의 구분을 완화시키는 비전으로 기존 윤리를 대체한다. 이 프로그램은 결코 완성된 정치적·도덕적 프로그램을 제시하지 않는다. 다만, 그러한 제안의 출발점을 기술할 뿐이다.

그래서 이 프로그램은 과거 종교혁명들의 가장 근본적인 첫 번째 속성 (세계 안에서 신적 존재의 초월성과 내재성 간의 변증법의 확립)을 범례화하지 않은 것처럼 보일 수 있다. 세계초극에서 초월적인 신적 존재는 비인격적이고 단일한 존재이며, 바로 이러한 존재에게서 현상적 경험 속에 거주하는 존재들은 궁극적 실재성과 가치를 발견해야만 한다. 그러나 세계인간화에서 초월적인 신적 존재는 인격성의 경험 그 자체로, 우리의 사회적 경험에 내재하지만 결코 그러한 경험으로 소진되거나 환원되지 않는다.

이 초월 관념은 셈족 구원종교의 초월 관념과 일치하지 않지만 완전히 낯선 것도 아니다. 셈족의 종교에서 보이는 신과 인간의 거래 서사는 인격과 인격적 마주침에 관한 경험의 상쇄라기보다는 그 심화와 재평가를 표현한다. 신 자체는 인격의 범주로 표현된다. 의인신관擬人神觀[3]의 위험은 유비적 상상력의 전략들로 상쇄된다.

이는 세계인간화를 인류의 종교사 안에 장구한 선택지로서 묘사한 것으로, 그 진화의 다양성과 특수성을 무시하고 핵심적인 믿음들만 주목하

으로써 고등종교의 이타주의나 도덕철학자들의 윤리적 보편주의를 수정하고자 한다.

3 anthromorphism. 신을 인간의 닮은꼴로 설명하는 이론이다. 반대로 동일한 사태를 인간이 신의 닮은꼴이라는 식으로 설명할 수 있다. 이것이 theomorphism, 의신인관擬神人觀이다. 웅거의 논의는 이 두 가지 관점의 진리를 재구성하면서 인간화와 신성화—신적 존재의 속성을 인간이 더욱 많이 분유하고 이를 현실 속에서 더욱 많이 드러내는 것—를 말하고 있다. 이러한 웅거의 견해는 imago dei(신의 모상)이라는 인간 존재상에 대한 르네상스적 주체론의 연장이라고 할 수 있다. 니콜라스 쿠사의 인간론이나 피코 델라 미란돌라의 《인간존엄성에 대한 연설》에서 이러한 경향이 매우 두드러진다. 제5장 후반부에서 이 점을 상세히 논의하고 있으며, 제7장의 제목은 이러한 통찰을 슬로건으로 제시한다.

여 제시한 것이다.

이 같은 지향의 가장 종합적이고 영향력 있는 사례가 《논어論語》에서 제시한 공자孔子의 가르침이다. 후대의 신유학新儒學 전통[4]은 형이상학적 우주관 속에 사회의 변혁을 정초하려고 함으로써 이러한 전통에서 자주 이탈했다. 이런 점에서 신유학 전통은 인생의 결함들에 맞서 자기구원self-help의 실천과 세계관을 연결시킨 헬레니즘 철학을 방불케 한다.

이 전통에 공명하는 사상가들은 반형이상학적 형이상학의 계율에 따르기보다는 이를 형이상학적 교리에 정초하려고 했다. 그리고 그 유혹에 빠진 사상가들은 모두 이 같은 세계에 대한 응답의 힘을 손상시키는 대가를 지불해야 했다. 그 대가란 실존적 명령—어떻게 살아야 하는지에 대한 메시지—을 형성하도록 형이상학적 관념을 만들어야 할 필요였다. 그렇지 않고서는 실존적 명령을 형이상학적 관념에서 추론한다는 가식은 공허한 몸짓처럼 보일 것이었다.

그러나 이러한 형이상학적 체계는 지어내기도 쉽고 거절하기도 쉬운 동화로 그칠 위험이 있다. 세계인간화 기획을 설득력 있게 설파하기 위해서, 그러한 형이상학적 체계는 사회의 구조와 진화에 대한 요구에서 세계 초극을 설파하는 철학보다 훨씬 더 상세해야 할 것이다. 세계초극의 철학들은 현상적 차이와 시간적 변화를 부인하거나 그 차이와 변화를 명백한 실재의 소위 원형들을 배경으로 재해석하는 철저한 단순화를 제안하는

4　주희朱熹의 성리학적 유학을 의미한다. 웅거가 세계인간화의 사례로 제시한 것은 공자의 유학임을 유의할 필요가 있다. 처음부터 웅거는 자신의 저작이 비교종교사에 대한 거대한 기획이 아니라는 점을 밝히고 있다. 웅거는 《논어》의 특성을 반형이상학적 형이상학으로 규정하지만, 이를 신유학에 대해서는 사용하지 않는다.

것으로 충분할지도 모른다. 그러나 세계인간화 아래서 작동하는 형이상학은 셈족 유일신교의 핵심 스토리들처럼 신과 인간의 거래에 관한 극적인 역사적 서사를 원용할 수 없다. 오히려 그런 역사적 서사들은 사회질서의 파괴와 전통 도덕 및 역할을 코드화한 행위 기준에 대한 반란을 유발한다.

파괴나 반란은 인간화 프로그램과 갈등한다. 그 갈등은 인간화 대신에 투쟁을 불러오기도 한다. 세계인간화를 지지할 의도가 있는 형이상학이 자연과 사회가 다양한 형태를 취하게 된 이유들에 대해 그럴듯한 사변을 늘어놓을지라도, 그런 형이상학들은 실험적인 관행과 경험적 분과, 현대 자연과학의 기술적 수단들을 결여하고 있다. 따라서 결국엔 백일몽—결론은 이미 정해져 있고 오로지 전제만 탐색될 수 있는 논증—으로 단죄된다.

사실 세계인간화에 형이상학적 지주를 제공하는 데에 필요한 특수한 변론은 사변적 인간화론자人間化論者를 딜레마에 빠뜨린다. 사변적 인간화론자는 형이상학과 도덕의 관계를 이완시킬 수밖에 없는데, 그렇게 세워진 형이상학적 지주는 사회와 인류 바깥에 존재하는 어떤 자연적 실재의 특성에 정초하고 마는 인간화 기획의 실패를 은폐하려는 시도처럼 보일 것이다. 반대로 도덕과 형이상학을 긴밀하게 연결할 경우에는, 형이상학적 관념의 변덕스러움과 자의성을 살리기 위해 도덕관을 권장하는 요인들과는 이질적인 방향을 그 도덕관에 부과하는 모험을 감수해야 한다. 인간과 사회를 특권적이고 초인적으로 혹은 초사회적으로 바라보자는 시각은 인간 상호에 대한 우리의 요구를 무디게 만들 우려가 있다. 그 같은 호소는 인간의 부책과 결단을 우주적 질서 속의 시민권에 부차적인 것으로 보이게 함으로써 우리와 동료의 관계가 갖는 중요성을 희미하게 만든다.

이처럼 세계인간화의 경로를 형이상학으로 변경함으로써 역할에 기반한 상호의무 관념으로 통하는 인간 연결의 원칙은 대체로 개인적 완성의 탐색으로, 수난과 죽음 앞에서 평정심의 모색으로 혹은 가장 신뢰할 만한 쾌락의 계산과 분류로 넘어갔다. 자기구원은 연대를 대체했고, 행복주의와 완전주의(개인의 행복과 향상)는 안내자로 변모했다. 이제 타자는 먼 풍경으로 물러난다. 타자들은 역할에 기반한 책무를 완수함으로써 우리가 표현하고 지속하는 헌신의 대상이 되는 것이 아니라, 기껏해야 우월한 자비의 수혜자로 변모한다.

이렇게 의도된 결과는 간혹 무의미한 자연에 대한 요새로서 의미가 있는 사회 세계의 인간화로 변한다. 이러한 결과는 근본적인 진리에 대한 그 우월적인 접근으로 인해 사회의 부정의뿐만 아니라 신체의 고통에서 개인을 구제하는 것으로 더욱 자주 변한다. 그럼으로써 사회는 개혁되고 인간화되는 대신에 무시된다. 사회는 우리가 덕과 철학적 통찰을 결합시켜 초극해야만 하는 실존적 시련의 배경으로 밀려난다. 이것이 신유학과 자기구원의 헬레니즘적 형이상학의 경로였고, 더 나아가 인간이 무의미한 세계에서 의미를 창조한다고 주장하는 사람들이 그들의 원칙들에서 포기하였던 모든 방법들의 경로였다.[5]

---

5 웅거는 신유학을 헬레니즘(스토아주의)과 연결하면서 세계초극의 변형이라고 판단한다. 그러나 웅거는 신유학의 기본 정신과 관련해서 인간을 자연의 일부로 이해하는 동양적 사고를 과도하게 실존적 불안의 문제로 접근함으로써 유교에 대한 오해를 야기한다. 따라서 무의미한 세계에서 의미를 만드는 작업으로서 세계인간화는 영적 지향으로서의 유교에 적중하기 어렵다. 그보다는 웅거의 규정을 하나의 방편으로 이해하는 것이 좋을 듯하다. 실제로 세계초극, 세계인간화, 세계와의 투쟁은 모든 종교에 공통된 특성으로 파악할 수 있다. 영적 접근의 세 가지 유형은 지향점이나 강조점으로 설명될 수 있는 것이지, 현실의 특정 종교가 이러한 유형에 완전히 들어맞지는 않는다. 현실의 기독교도 이 세 유형으로 분류하여 접근할 수 있다. 웅거는 《정치와 종교의 관계에 대한 다섯 가지 테제》(1994)에서 브라질의 신학적 흐름을 가톨릭 사회 교리, 오순절운동, 해방신학으로 유형화했는데, 역자는 그 각각을 세계의 인간화, 세계초극(내면화), 세계와의 투쟁이라는 분류형으로 연결할 수도 있다고 본다.

무의미한 세계에서 의미 만들기

인간 조건의 결함들에 대한 응답을 우주적 질서의 비전에 정초하려는 부질 없는 시도에서 자유로운 세계인간화는 세 가지 건물로 구성되어 있다. 이 건물들의 각 부분은 세계인간화 관념과 그 프로그램에 본질적이다.

이 실존지향의 첫 번째 요소는, 자연의 무의미성과 사회에서 의미의 인간 적 구성 간의 연결이다. 인간 세계는 진공 속에서 스스로 정초되어야 한다. 인간 세계는 인간 세계 바깥에 존재하면서 인간을 통제하고 자극하는 어떤 것—인간 이외의 자연이나 인간초월적인 실재—에 정초될 수 없다.

인간은 자연적 존재이지만, 그럼에도 불구하고 맥락초월적인 존재이 다. 그러나 인간의 육화는 비인간적인 자연과 인간의 유대를 수립하지 못 한다. 인간은 과학의 물리적 수단들로 인식 능력을 확장함으로써 인간을 에워싼 자연을 탐구할 수 있고, 수학의 개념적 도구들로 현상들 간의 관 계에 대한 이해를 발전시킬 수 있다. 그러나 우리가 우리의 관심을 자연 에 투사하고, 마치 자연이 영혼이 있는 양 인간의 목적에 공감하거나 스 스로 지성적인 것처럼 상정하게 되면 그것은 자기기만이다.

어떤 각도에서 보자면, 자연은 우리가 살아 있기 때문에 우리에게 호의 를 베풀어 왔다.[6] 다른 각도에서 보면, 우리는 실재의 궁극적 본성이나 시 간의 시원과 종말을 파악할 기회를 갖지 못한 채 죽어야 할 운명이기 때 문에 자연은 우리에게 적대적이다. 그러나 우리는 자연의 호의와 부담에 대한 우리의 계산이 전적으로 일방적이라고 생각한다. 비난이든 찬양이

---

6 인류가 지상에 출현함으로써 지구 자체가 인류에 우호적인 방향으로 진화해 왔다는 인류 가설을 거 론할 수 있다.

든 입장을 표시할 존재가 우리 자신뿐이기 때문이다. 그 이면에는 정신이 존재하지 않으며, 세계초극론자들이 호소하는 보편적인 정신도 없고 살아 있는 신의 초월적인 정신도 없다. 정신은 필멸하는 유기체에 육화된 채로만 존재한다.

우리의 노력만이 자연의 무의미한 공간 안에서 유의미한, 우리에게 유의미한 질서를 창조할 수 있다. 의미는 문화 속에 구성되고, 사회 내 사람들의 관계망 속에서 표현되고 지속된다. 우리 각자는 죽음에 이르게 될 것이다. 우리 각자는 무근거성의 낭떠러지 끝에 선다. 우리 각자는 거친 욕망의 부름에 굴복한다. 우리 각자는 생의 특수한 경로, 사회의 특수한 자리에 만족해야만 하고, 또 다른 기회를 부인당하는 것에 체념해야 한다. 그러나 이와 같은 극복할 수 없는 한계들로 규정된 공간에서 우리는 무의미한 자연의 모상模像대로가 아니라 인간의 모상대로, 즉 인간적 관심에 따라 만들어진 집단적 질서를 형성할 수 있다.

무의미한 자연의 진공 안에서 사회적 의미 창조의 최고 표현은 법, 즉 상향식으로 전개된 국민의 제도적인 삶으로 이해된 법이다. 그것은 사회의 자체 규제로 이루어질 뿐만 아니라, 하향식으로 국가가 만든 질서로 이루어진다. 바로 법 안에서 강제적인 노동 분업은 협동의 이해 가능하고 옹호 가능한 계획으로 변모한다.

사회생활의 조건들을 둘러싼 투쟁은 결코 멈추지는 않아도 통제될 수는 있다. 법은 이러한 휴전의 표현이다. 그러나 휴전이 법의 전부라면, 법은 고작해야 이전의 이익 경쟁에서 승자와 패자가 된 세력 간의 우연적인 상호 관계의 보고寶庫 정도로 이해될 것이다. 그러나 법은 사회생활 조직 방식의 보고로서 수정되고 재해석되어야 한다. 그 구조는 사회의 일반적 관념들을 일련의 연합 모상들―다양한 사회생활 영역에서 사람들 간의 관계가 어떻게 조정되어야 하고, 조정될 수 있는지에 관한 견해들—로 변형시킬 것이다. 그러한 연합의 모상들은 이제 맥락 안에서 법의 정교화를 지도하는 데에 사용되는 관념들을 자극할 것이다.

우리의 상황과 우리의 과업

세계인간화의 두 번째 요소는 우리가 수행해야 할 일에 관한 견해이다. 이 견해는 우리의 곤경, 우리의 과업 및 이를 실행하는 데에 유용한 자원들에 관한 것이다.

상호의존성과 타자에 대한 상상력은 인간성의 구성적 특징들이다. 우리 인간은 서로에게 모든 것을 의지한다. 타자의 협력이 없다면 우리는 무력하다. 모든 영역에서 또한 모든 수준에서 인류의 역량 계발은 협동 관행과 역량의 진보에 달려 있다.

타인에 대한 상상적 접근은 상호의존성의 의미를 심화시킨다. 그러나 개인의 의식은 개별적 유기체에 육화된 정신으로 표현되더라도 자기충족적인 존재로, 확정된 경계를 지닌 자연적 대상으로, 우리 주변에 있는 다른 성채들(타인들)을 초조하게 지켜보며 거기서 무슨 일이 벌어지는지 알려고 시도하는 하나의 요새로는 적절하게 파악될 수 없다.

뇌는 개별적이다. 그러나 의식으로서의 정신은 처음부터 사회적이다. 언어에서 담론에 이르기까지, 관념에서 관행에 이르기까지 주관적 생활을 전개할 수단들은 모두 공동 소유물이고 공유된 구성물이다. 의식의 중요한 역설은 우리가 (의도와 경험의 수수께끼에서) 상호 간에 모호할 뿐만 아니라, 우리 자신의 자의식에서도 오로지 사회적으로만 존재할 수밖에 없는 언어처럼 우리 자신의 자의식에서도 관행과 권력에 전적으로 의존적일 수 있다는 점이다. 인간이 창조하는 의미와 가치 외에는 무의미할 수밖에 없는 세계에서 오로지 인격적인 것만이 성스럽다. 인격적인 것은 고대 인도유럽 문명의 이중적인 의미, 즉 결정적인 가치뿐만 아니라 최고의 위험을 나타낸다는 의미에서 성스럽다.

어떠한 철학적 언어도 이 성스러움의 의미를 기술하는 수단으로는 전적으로 불완전하고 부적절하다. 한편으로 인격성 및 상호인격적인 것의 성스러움에 대한 인식은 개인(하나의 주체와 다른 주체)을 목적에 대한 수단이 아니라 목적 자체로 취급하는 것이다. 다른 한편으로 그러한 성스러움의 인식은 인격성과 상호인격적인 것이 절대적 존재—조건과 제약 없이 가치와 의미를 가지며, 따라서 무한한 성질들이 비교 불가능하듯 비교를 허용하지 않는 존재—에 대한 가장 긴밀한 접근을 표상한다는 시각이다.

그러나 이러한 절대적이고 무조건적인 선은 인생의 자연적 사건(탄생, 성장, 쇠락과 죽음의 사실들을 필두로 세대들의 연속)과 사회의 실천적 조직에서 명백히 드러나는 한에서만 존재한다. 세계인간화의 두 번째 부분에 대해 중요한 쟁점은, 한편으로는 상호의존성과 상호주관성의 사실들과 인격적인 것[7]의 성스러움, 다른 한편으로는 사회생활의 자연적 조건 배경에서 실제적인 사회질서의 형성 간의 관계를 우리가 어떻게 이해하고 통제할 수 있는지이다. 거기에는 위험도 있지만 해법도 있다.

위험은 상호의존성, 상호주관성, 인격성의 성스러운 가치가 사회질서를 만들고 유지하는 사건들의 경로에서 압도되고 격하될 것이라는 데에 있다. 질서는 항상 우연적이고 폭력적인 역사를 가진다. 질서는 투쟁에

---

7 the personal을 인격적인 것 또는 인격적 존재로 옮길 수 있다. 이 장에서는 대체로 인격적인 것으로 번역했다.

서, 이윽고 투쟁의 억제에서, 투쟁의 부분적이고 일시적인 중단에서 시작된다. 전쟁은 전체적으로는 중단되더라도 국지적으로는 지속될 수 있다. 평화는 은폐되고 억제된 모습을 한 전쟁의 지속일 수 있다. 개인은 질서를 출현시켰던 갈등에서 승자와 패자의 판정에 따라 자신의 지위를 수용하고 자신의 역할을 수행할 것이다. 안정은 소진, 불능, 두려움에서 유래하고, 승리자들은 패배자들이 분개하는 만큼 좌불안석일 것이다.

억압의 관행은 시간이 흐르면서 상호성으로 완화될지도 모른다. 억압당하는 사람들도 억압하는 사람들과 마찬가지로 각자의 운수를 수용하는 것이 이익이라고 깨달을 수 있다. 교환과 권력은 동일한 관계 속에 결합할 것이다. 그러나 상호성은 항상 병발적並發的이고 부수적인 영향 요소로 남을 것이고, 상호성은 스스로 창조하지도 않았고 재구성할 수도 없는 제도들과 가정들의 제약을 받을 것이다.

그러한 여건에서 상호의존성은 투쟁의 중재에서 탄생하고 세대를 넘어 전수되고 재생산되는 권력과 이익의 정교한 위계제 형태로 형성될 것이다. 타자의 경험에 대한 우리의 이해는 그러한 중재에 자연성, 필연성, 권위의 그윽한 멋을 부여하는 믿음들에 대해 공동 투항의 형태를 취할 것이다. 인격적인 것의 성스러움에 대한 의식은 익숙한 것과 친밀한 것을 고수하면서 억압되거나 잔여적 희망으로서만 생존할 것이다.

사회질서를 진행 중인 갈등의 일시적인 해결 그 이상으로 전환시키는 것은, 인격적인 것의 성스러움의 시각에서 상호의존성과 상호주관성의 해석이 아니라 사회적 노동 분업의 실천적인 명령이다. 어떤 경제가 뚜렷한 위계적 감독 아래서 전문화된 과업에 투입된 사람들의 대규모 결합이 현재 소비를 초과하여 거대한 잉여를 산출할 수 있는 생산 역량 발전 단계에 이미 도달했다고 상정해 보자. 그러나 그 사회가 그 잉여를 생산하는 데에 필요한 대부분의 생산활동을 반복할 수 있는지, 또한 반복할 수 있는 활동을 공식으로 전환할 수 있는지, 나아가 아직 반복 방법을 터득하지 못한 활동에 대부분의 시간을 투입할 정도로 그 공식들을 기계로 구현할 수 있는지는 아직 터득하지 못했다고 상정해 보자.

그러한 중간적인 상황은 최소한 최근까지 주요한 역사적 문명들이 처한 여건이었다. 특히 농업적·관료제적 제국의 여건은 지난 200년 이전에는 세계에서 가장 중요한 국가들을 대표했다. 세계종교는 특징적으로 그러한 국가들의 중심보다는 주변부에서 출현했다.

이러한 상황은 강고한 사회적 노동 분업을 우대했다. 이 분업은 편익의 세습을 통해 재생산되었고, 다양한 생활 형식과 의식 형태들, 나아가 경제적 부, 정치적 권력, 정신적 권위와 같은 핵심적인 사회형성적 재원에 대한 차별적인 접근권을 특징으로 하는 상이한 계급, 신분, 카스트 간의 사회 분업이었다. 사회적 노동 분업 및 분업에 기초한 상이한 역할들의 특수한 조직 방식은 협력의 가능 형식들을 현재 승리한 제도적 이데올로기적 안배가 용인하는 형식으로 축소시켰다. 통치자, 사제, 전사, 상인, 노동자 간의 뚜렷한 인도유럽적인 구분은 이러한 체제의 단순화되고 널리 퍼진 사례들이다.

이런 기회와 한계점들을 고려할 때 사회를 세습적 계급으로 위계화(사회적 신분제적 분업화)하는 것은 결코 필연적이지 않다. 더 평등하고 유연한 협력 체제는 더 효과적으로 이 한계점들에 대처하고 기회를 포착할 수 있고, 때때로 실제로도 그랬다. 도리어 그렇게 더 평등하고 유연한 노동 분업이 기존의 이익 분배 상황을 존중하는 협력을 조직하는 하나의 방식(기술적 분업화)을 제시했다. 이와 같은 편익의 분배가 계급 혹은 카스트 질서를 우대했듯, 계급이나 카스트 질서의 존재는 극단적인 위계제와 전문화를 골자로 하는 기술적 분업을 떠받쳤다.

기술적 노동 분업, 즉 작업 조직에서 권력과 책임의 분배는 그러한 여건 아래서 감독 또는 계획 과업과 집행 과업 간의 엄격한 구분, 집행 과업들 간의 명료한 구분, 협동이 적합하다고 판단되는 과업과 경쟁이 적합하다고 판단되는 과업 간의 확정적인 구분과 같은 가장 위계적이고 전문화된 형식을 취할 개연성이 컸다. 19세기 중반부터 20세기 중반까지 발전한 공장제 대량생산(경직된 기계 및 생산과정, 미숙련노동에 대한 의존성, 매우 전문화되고 위계적인 노동관계의 지원 아래 표준화된 제품 및 용역 생산)은 기술적 노동 분업 방식의 가장 최근의 극단적인 사례(포드주의)였다.

이 구조는 단순한 역사적 우화로 그치지 않는다. 이 구조는 초월종교가 출현한 모든 사회에서 다양한 형태로 지배적 지위를 차지했던 사회관계의 기본적인 조직 방식이었다. 그 구조는 위계적인 노동조직과 동시에 현재 소비를 초과하는 경제적 잉여의 강제 추출을 구축하는 데에 복무했다. 대규모 노동의 위계적 지시와 경제적 잉여 축적을 위한 도구였던 이 조직형태는 그것을 이용한 대가로 높은 비용을 요구했다. 높은 비용은 협동의 폭과 다양성(협력적 노동의 조직 방식이 실천이성의 분석적·종합적 활동을 따르는 범위)을 철저하게 제약하는 것이었다. 그와 같은 온갖 분업 구도는 협력 활동들에 대해 대본(사회적 분업과 기술적 분업의 양면적 대본)을 따르도록 요구했다. 그 결과는 협동적 기획의 잠재력을 심각하게 제약했다.

이 결과는 또한 이러한 삶의 접근에 대해 이차적인 문제들을 발생시켰다. 문명사에는 내가 열거한 특징들을 지닌 사회적 노동 분업에 고차적인 의미와 가치를 부여하려는 많은 시도들이 이루어져 왔다. 파괴 불가능한 영혼의 환생이라는 숭고한 힌두교리가 밑받침하는 경전상의 카스트 질서에 입각하여 인도에서 현실의 카스트제도를 정초한 것은 그 영향력과 야심 면에서 압권이었다.

과거 종교혁명의 중심 이상으로서 인간의 본질적 통일성과 인간들 간의 분할의 천박함에 대한 통찰은 그와 같이 (신분제를 정당화하는) 교리를 모조리 불쾌하고 신뢰할 수 없는 것처럼 보이도록 만들었다. 우리는 그러한 특성들을 가진 사회적·기술적 노동 분업을 지속적으로 견뎌 내면서 우리의 분업과 위계제의 천박하고 일시적인 성격에 대한 이 같은 통찰의 힘을 어떻게 인정할 수 있는가?

이러한 사회적 질서를 폐지하고 교체할 수 없다면, 최소한 이를 변화시킬 수는 있어야 한다. 그러나 계급사회의 역사이기도 한 대부분의 역사에서 이런 질서는 폐지 또는 교체될 수 없거나 아직 그럴 형편이 아닌 것처럼 보였다. 그 질서를 폐지하거나 교체하려고 시도하는 것만으로도 사회생활의 기본 조건들을 두고 벌이는 전쟁이 다시 초래될 수 있다.

그러나 이 질서의 성격을 바꾸지 못한다면, 우리는 가장 중요한 기획, 즉 무의미한 세계에서 의미를 창조하려는 기획에서 패배를 무릅쓰게 된다. 사회의 계급 또는 카스트 체제를 성화하려는 시도가 실패한다면, 그 체제의 유일한 기초가 인류의 생산적 역량 계발과 강제적 잉여 추출에서 계급이나 신분을 부당하게 실천적으로 사용하고 개인을 소위 미래 인류의 이익을 위한 불운한 도구로 전환하는 것이라면, 세계의 무의미성에 대한 내부 방어선은 파괴될 것이기 때문이다. 상호의존성과 상호주체성의 내용은 인류가 전진하는 역사적 시간보다는 우리가 삶을 영위해야만 하는 전기적 시간에서 의미와 가치를 갖지 않은 요인들로 결정될 것이다. 그러면 인격적인 것의 성스러움은 무가치한 것으로 간주되고 일상적인 경험에 훼손될 것이다.

허무주의가 세계와 그 속의 인간 삶이 무의미하거나meaningless 혹은 인간에 관한 담론에서 중요한 용어로 표현해 의미를 가지지 않는다without meaning는 것을 의미한다면, 인간화론자들에게 가장 중요한 것은 사회가 허무주의에 맞서 방벽을 제공해야 한다는 점이다. 이렇게 생각된 인본주의는 세계와 관련해 혹은 오히려 우리의 관심 및 결단과 통하는 조건에서 세계 안에 우리가 처한 상황을 이해할 우리의 능력과 관련해서 허무주의를 그 선행조건으로 삼는다.

이러한 시각에서 보자면, 인간적 가치들의 영역을 인간 생활 바깥에 있는 자연적 사실들에 정초하려는 어떠한 시도도 자체논파적이고 무익한 것이다. 그러한 시도는 인류를 인간 이외의 것에 종속시킨다. 따라서 세계에 대한 허무주의와 인간의 자기정초는 대립물이 아니라 도리어 보완물이다. 인류는 우주로부터 왕관을 낚아채고 이를 스스로에게 씌운다.

이 기획의 비극적 측면은 허무주의가 드리운 그림자보다는 사회질서의 모순들에 있다. 개인은 필수적인 자기정초를 확보하는 데에 무력하다. 사회 속의 구체적인 사람들만이 집단적 행동을 통해서 자기정초를 성취할 수 있다. 그들은 실패할지도 모른다. 사회질서의 형성과 재생산은 상호의존성을 타락시키고 사회적 상상력을 위축시키는 요소들의 제물이 될 수 있다. 그러한 요소들은 인격적인 것의 성스러움을 무시하기 때문이다. 이제 허무주의는 전성기를 구가할 것이다. 그 허무주의의 귀결을 피하는 것이 세계인간화라는 실존지향의 목표이다.

그러나 이 설명에는 어떤 것이, 즉 이러한 목표를 성취하는 데에 필요한 정치적·도덕적 전략의 중심 항목이 빠져있다. 이 전략을 규정하는 것은 인류의 종교적 경험에서 제3 방향의 작업이다.

인간관계의 숭고화

세계인간화의 세 번째 요소는 무엇이 인간 상호 관계의 기본 구조가 될 수 있고, 무엇이 기본 구조가 되어야 하는지에 대한 견해이다. 사회적 노동 분업은 사회적 역할들의 체계이다. 그것은 개인들이 사회에서 상호 관계를 맺는 플랫폼으로 복무하는 고착되고 통제된 위치들의 체계이다. 우리가 사회적 노동 분업, 확장해서 기술적 노동 분업을 인간화하고자 한다면, 우리는 반드시 그러한 역할의 수행이 인격적인 것의 성스러움을 정당화해 주도록 보장해야 한다. 우리는 사람들 상호 간의 의존성이 사회생활의 기본 조건을 둘러싼 거의 통제되지 않는 전쟁 기회로 전락하는 것을 막아야 한다. 그러한 전쟁 상태에서는 오로지 사사로운 이익을 고려한 상호성만이 무한투쟁의 투박함을 약화시킬 뿐이다.

직분 윤리, 즉 사회 속에서 우리가 맡은 역할—부하에 대한 상사, 학생에 대한 선생, 아내에 대한 남편, 자녀에 대한 부모, 더 일반적으로 말하면 직접적인 가족이나 공동체뿐만 아니라 더 큰 사회생활에서 자신의 지위와 직업에 따라 각자가 떠안은 책무—을 수행함으로써 서로에 대해 부담하는 바에 대한 윤리는 따라서 인간화 기획의 특징적인 도덕적 도구이다. 이런 직분 윤리의 수용에 가장 우호적인 조건을 최상으로 창출하는 공적 질서가 최선의 질서이다.

직분 윤리와 공적 질서 간의 추정적인 관계는 19세기 사법私法 원리와 공법관의 관계에 비유하여 이해할 수 있다. 사법은 자유의 체계, 즉 질서 있는 자유의 구조를 규정하여 자유 체계가 특정 집단들의 이익에 복무하게 하는 경향(예컨대, 계급 또는 파당적 이익이 국가를 포획하고 법을 전복하면서 그들의 이익에 맞게 재분배를 추구하는 경향)을 가진 국가활동으로 오염되지 않도록 지켜 내었다. 이런 관점에서 공법 체제를 평가하는 가장 중요한 기준은, 공법이 정치적으로 지시된 재분배를 통해 자유롭고 평등한 개인들 간의 조정에 분배적으로 중립적인 법으로 간주되는 사법私法을 타락시키지 않아야 한다는 것이었다. 동시에 공법은 안정성과 교육이라는 공공재를 제공함으로써 사권私權 체계가 꽃필 수 있는 정치적 공간을 창조하는 책임을 부담하게 되었다.

직분윤리의 내용은 무엇인가? 인격적인 것의 성스러움 및 다른 수단에 의한 전쟁의 지속[8]으로부터 상호의존성과 상호적 주체성의 구제에 대한 일반적 관념들은 이 문제에 대한 답변을 독자적으로 제공할 수 없다. 답변은 사회가 실제로 조직되어 온 방식을 배경으로 할 때에만 명료해지기 시작한다. 핵심 쟁점은 인간화 기획을 추구하는 데에 우리가 기성 사회구조를 한계지평으로서 수용해야 하는지 아니면 그 기획의 실행을 가로막는 주요 장애물로 여기고 거기에 저항해야 하는지이다. 이 문제를 다루기 위해서는 두 가지 여건을 고려해야 한다.

첫 번째 여건은 지난 200년간의 국민혁명과 세계혁명 이전에 세계사에 등장한 대부분의 사회와 문화의 특징을 이루었다. 이는 동일한 사회적 관계 속에 권력, 교환, 감정을 결합하는 것이다. 그 특징적인 공식은 불균등한 교환 관계—상호적인 충성이 부과된 실천적 편익을 가진 직종을 포함하여 영향력이 더 큰 역할과 더 작은 역할을 보유한 개인들 간의 관계—를 정서적으로 처리하는 것이다. 고대 로마인들에게 소중했던 보호자-피

---

8 푸코의 정치 개념으로서 클라우제비츠의 '전쟁은 다른 수단으로 하는 정치의 지속'이라는 짝을 이룬다.

호민 관계⁹는 그 특징적인 사례이다. 바로 이와 같은 상황에서 직분윤리를 가장 포괄적으로 표현한 고전적인 유교가 출현했다.

두 번째 여건은 자유주의적 이데올로기와 결부된 19세기 유럽 사회의 여건이다. 자유주의의 권위 있는 이데올로기적 공식은 보호자와 피호민 간의 관계가 요구하는 권력, 교환, 충성의 혼합을 금지한다. 그 하나의 결론은 감정, 권력, 교환의 혼합을 지속적으로 용인하고 심지어 소중하게 간직하는 가정의 영역the domestic sphere과 그러한 혼합을 저주呪呪로 여기는 현실 세계 간의 경계를 획정하는 것이다. 이러한 현실 세계에서도 교환이 지배하고, 권력은 동의와 협동의 요구 조건 및 재산권에 의해 옹호된다.

이런 구조에서도 사변적 사유는 보편주의적 규칙과 원칙에 관한 담론 안에서 윤리를 정초하고 해명하려고 했다. 그러나 이 강단講壇의 도덕철학은 많은 사회생활에서 전개된 도덕적 사유 및 논증 형태들과는 유사성이 거의 없다. 역할에 기초한 권리와 책임 담론은 새로운 가정들로 쇄신되기도 하지만 앞으로도 실제로 지배적인 지위를 차지할 것이다. 교환, 권력, 충성의 혼합을 주로 대체하는 것은 전문가주의 윤리, 즉 개인이 수행하는 전문적 역할들과 연결된 공적인 책무에 대한 존중이다.

그래서 개인은 역할에 기초한 책임을 기존의 관계를 맺지 못한 이방인

---

9 patron–client relation. 보통 고대사회는 일련의 가家를 중심으로 구성되었다. 가의 우두머리로서 가장家長은 일종의 귀족이고, 국가의 유력자이다. 결국 소수의 가들이 국가를 구성한다. 고대사회에서의 가는 오늘날 생각하는 가족 개념과는 거의 관계가 없다. 가는 혈연적 가족뿐만 아니라 다양한 배경을 가진 사람들의 정치적·경제적 결속체이다. 가에는 노예나 식객들이 존재하고, 이러한 사람 중 일부는 나중에 가family로부터 독립하여 시민의 지위를 획득하기도 한다. 공화정이 발전하면서 이들은 투표권을 얻는다. 그러나 이들은 투표권을 행사하는 경우에도 가장의 눈치를 보며 독자적인 표심을 보여 주지 못했다. 로마 공화정에서 비밀투표를 도입한 것은 획기적인 사건이었다. 피호민과 가에 대해서는 쿨랑쥬의 《고대도시》를 참조하라. 웅거는 보호자-피호민의 관계를 인격적 자립성이 확보되지 못한 인간관계 사례로 제시한다.

들에게 돌릴 수 있다. 결과적으로 교환, 권력, 충성의 혼합물에 안주하는 사회를 특징짓는 내부자들 간의 높은 신뢰 관계의 영역과 이방인들 간의 신뢰 부재의 영역 사이의 구분을 수용하는 것은 불가능해진다. 비록 낮은 신뢰라고 할지라도 이방인들 간의 일정 정도의 신뢰는 전문적 책임 윤리의 필수적인 배경으로 보편화되어야 한다.

우리는 점차 의사意思보다 우선하거나 이를 초월하는 연결을 갖는 사람들에 대해서는 모든 것을 부담하고 그러한 연결이 없는 사람들에 대해서는 아무것도 부담하지 않는다고 상정하는 대신에 우리가 모든 사람에게 뭔가를 부담하고 있다는 점, 우리가 정확하게 무엇을 부담하는지는 그들과 관련하여 우리가 사회 안에서 수행하는 역할로 모듈화된다는 점을 사고하게 된다. 우리는 개인적 역할의 수행에 수반되는 더 엄격한 요구들을 이방인들 간의 최소주의적이고 보편주의적인 신뢰 토대에 추가한다. 시장경제 자체는 이방인들 간에 단순화된 협력 형태로 표현될 수 있지만, 고도의 신뢰가 존재하면 시장경제는 불필요하고, 계약의 치유 불가능한 불완전성을 고려한다면 신뢰가 없는 경우에는 시장경제가 불가능하다.

일반화된 신뢰와 전문화된 책임의 층위들은 둘 다 점진적으로 향상될 수 있다. 양자의 동시 향상은 이러한 새로운 여건에서 인간화 기획의 전진을 시사한다. 그러나 개인은 두 가지 세계에서, 즉 새로운 도덕적 방침에 맡겨진 이방인들 간의 노동과 거래로 이루어진 공적인 세계와 교환·권력·충성의 낡은 결합이 불편하게 압력을 받으면서도 생존하는 가정의 세계에서 지속적으로 살아갈지도 모른다.

이 두 번째 친밀한 세계는 지금은 금지된 케케묵은 결합의 잔재 그 이상일지도 모른다. 이 세계는 고차적인 생활 형식을 예언하는 자리가 될 수도 있다. 그 지도적 열망은 권력과 교환의 거친 현실에다 충성과 감정을 덧붙여 부과하지 않고, 대신에 두 세계에 속한 개별적 존재들 간의 화해 가능성과 관련해서 정신과 구조, 사랑과 일상 간의 긴장을 이완시킬지도 모른다. 각자의 생활 계획은 타자의 계획의 일부가 된다. 그러나 여기서 우리는 역할을 지향하는 도덕적 사유 방식의 한계에 이르고, 이런 사유 형태가 다룰 수 없는 문제와 가능성들에 직면한다.

비판: 과거에 대한 배반

이제는 세계초극에 대해 이미 사용했던 것과 동일한 비판 방법을 세계인간화에 적용해 보겠다. 세계인간화가 세 가지 실존지향의 공통된 목표를 실현할 힘이 있는지, 인간 본성을 세계인간화의 선 관념에 일치시킬 전망을 확보하는지, 종교사에 도래할 혁명에 중심적일 수 있고 중심적이어야 하는 관심들과 어떠한 관계를 갖는지를 검토하려 한다.

과거 종교혁명들이 공유한 열망들에 충실한 잣대로 볼 때, 공자의 가르침에서 드러난 세계인간화는 두 가지 중요한 측면에서 미흡하다. 첫 번째 측면은 초월성과 내재성의 변증법(이 책에서 논의하는 세 가지 삶의 지향이 범례화하는 철학·종교와 이러한 지향들이 극복해 버린 믿음 사이의 가장 중요한 차이점)과 세계인간화 간의 관계에 관한 것이다. 세계인간화가 과거 종교혁명들의 공유 부분을 정당하게 수용하지 못하는 두 번째 측면은 사회적 분할과 위계제에 대한 〔수용적〕 태도에 관한 것이다.

자연과 사회에 대한 신성한 존재나 성스러운 존재의 초월성뿐만 아니라 자신이 처한 여건을 능가하는 인간 권능의 초월성에 대한 주장은 이러한 실존접근 안에서는 불안정하다. 반형이상학적 형이상학이나 자연주의적 도덕심리학은 결코 우리가 휘말려 살아가는 사회적·개념적 체제들에 저항하거나 그것을 극복할 인간 권능을 긍정할 적절한 기초를 제공하지 못한다.

정치적 또는 인격적 해방을 표방한 근대의 세속적 기획들이 부상하기 전에 세계와의 투쟁의 주요 사례인 셈족의 유일신교에서 초월은 세계와 신의 분리라는 명료한 형태를 취한다. 이제 이 문제는 일단 이렇게 발생한 균열이 인간과 역사 속에서 신적 존재의 보상적인 육화를 통해 어떻게 가교되어야 하는지의 문제로 변모한다. 초기 불교 형태나 베다 형이상학에서 초월성은 현상적이고 세속적인 세계와의 관계에서 바라본 감춰진 통일적 존재의 우월적 실재성에 있다.

세계인간화의 가장 영향력 있는 사례인 유교에서는, 여건과 전제에 대한 인간의 초월 능력이 만일 어떠한 의미와 힘을 가진다면 그 능력은 다른 모든 것과의 관계에서 인격적인 것과 인격적 만남의 경험을 그 기반으로 삼는다. 이러한 경험에서 가장 현실적이고 가치 있는 것은 타자와의 관계망이다. 따라서 함양되고 존중받아야 할 인격적인 것the personal은 상호인격적인 것the interpersonal이다.

우선적으로, 인격적인 것에 관한 신성불가침적인 체험은 어두운 자연과 대비된다. 우리는 어두운 자연을 극복하고 우리의 목적에 맞게 변화시켜야 하지만 이를 가늠하는 것조차 여의치 않다. 다음으로, 인격적인 것에 대한 신성불가침적인 체험은 사회체제와 대립하며, 이러한 사회체제는 실존의 성스러운 핵심을 존중하고 지속시키는 한에서만 우리의 충성을 받을 만하다. 상호인격적인 것의 정신은 유교에서는 동정심과 동시에 초연함으로 나타나는 자체 표현과 자체 형성의 속성을 가진 인仁에서 완성된 형태를 갖는다.

이러한 헌신의 전제는 타자의 경험에 대한 이해 능력이다. 상상력, 즉 타자의 내적인 삶과 열망에 대한 상상력은 우리 각자가 수행하는 사회적 역할들에 근거하여 타자의 필요를 보살피는 우리의 노력을 북돋운다.

인격적인 것(더 정확하게는, 상호인격적인 것)의 성스러움을 긍정하는 것은 유교에만 특별히 존재하는 특징이 아니라 인류의 종교사에 등장한 모든 세계인간화 형태들의 특징이다. 부분적으로 기독교적인 문화에서조차 인격적인 것의 성스러움을 긍정하는 것은 오늘날 광범위하게 영향력을 행사하는 관념, 즉 친밀한 만남을 사적인 숭고함의 영역으로 파악하는 견해에서도 포착된다. 이런 관념 아래서 우리는 이익과 효율성이라는 도구적 계산이 도구적 관심을 넘어서는 경험에 봉사하는 경우에만 그 도구적 계산을 수용할 수 있다.

인격성 및 인격적 만남의 성스러움 관념이 인간의 초월 역량의 자연주의적 해명[10]을 이루기 위해서는 인격적 경험이 발생하는 배경으로서 제도적이고 이데올로기적인 구조들에 대한 우상파괴적인 태도와 결합되어야 한다. 그러나 우리의 도덕적 · 정치적 상상력을 전적으로 다른 방향으로 이끄는 이질적인 주체 관념을 수용하지 않고서는 인격성의 성스러움에 대한 관념은 우상파괴적 태도와 결합될 수 없다. 이러한 주체관은 육화된 영으로서의 인간에 대한 견해로서 (나중에 논의하겠지만) 세계와의 투쟁 전통의 세속적이고 성스러운 형태에서 중심적인 지위를 차지해 온 관념이다.

이러한 주체 관념에 따르면, 우리가 살고 있는 사회적 · 개념적 체제 속

---

10 웅거는 제4장과 제5장에서 특히 기독교 신학과 관련하여 자신의 입장을 자연주의, 시간적 자연주의, 새로운 초자연주의super-naturalism로 표현한다. 초월 역량의 자연주의적 해명은 인간의 초월 역량을 인간 이외의 사태나 배경(초월적 인격적 존재)에 정초시키지 않는 입장으로 이해할 수 있다.

에 존재하고 존재할 수 있는 것보다 우리 안에, 즉 개인으로서 우리 각자 안에 또한 집단으로서 우리 모두 안에 더 많은 것이 깃들어 있다. 체제가 우리를 형성하더라도 우리는 체제를 초월한다. 맥락을 초월하는 인간의 능력은 유대교·기독교·이슬람교의 중심적인 관념, 즉 인간과 신이 속성을 공유한다는 관념으로 표현되었다. 우리는 신의 구속救贖과 인간의 분투 간 협력을 통해 이러한 속성에 대한 인간의 몫을 증강시킬 수 있다.

인간이 맥락을 초월한다는 믿음belief은 신과 인간의 관계 서사에 대한 신앙faith을 전제하지 않으면서 순전히 세속적인 형태를 취할 수도 있고, 실제로 세계 도처에서 그러한 형태를 취하고 있다. 세속적인 신조creeds는 주체와 정신에 대해 또는 사회와 그 변혁에 대해 말할 수도 있으나, 인격적인 것을 다룰 때조차도 정치적인 것을 말한다. 그러한 신조들이 주체와 정신 관념 및 사회와 그 재구성 관념의 연결을 무시하는 경우, 그 신조들은 어느 것도 제대로 파악하지 못하게 된다. 그렇게 되면 육화된 영의 관념조차 완전하게 옹호하지 못한다. 그러한 신조는 인간의 초월 역량의 요구를 발전시키거나 정초하지도 못하고, 무엇을 할 것인지에 대한 비전도 확립하지 못한다.

현대 어휘에서 육화된 영으로서의 인격 관념을 범례화하는 정신에 대한 견해를 예로 들어 보자. 정신은 이중적인 성격을 가진다. 어떤 측면에서 정신은 모듈적인 부분으로 구성되며 공식에 따라 작동하는 기계와 같다. 다른 측면에서 정신은 자신의 확립된 방법과 전제들을 이탈하려는 역량을 갖춘 반기계反機械이다.

우리가 상상력이라고 부르는 반기계의 상대적 능력은 가소성可塑性 같은 뇌의 물리적 특성들로만 형성되지 않는다. 이 능력도 주로는 사회와 문화의 조직에 달려 있다. 사회와 문화의 조직은 상상력이 작동할 공간을 확장하거나 위축시킬 수 있고, 상상력에 장치를 제공하거나 박탈할 수도 있다. 이러한 이유로 정치의 역사는 정신의 역사에 내재적이다.

신과 인간의 만남에 대한 믿음이 있건 없건 간에, 인간의 급진적 초월에 대한 비전은 세계인간화에 이질적이다. 이러한 초월의 비전은 세계인간화의 사상 전통을 거부하고, 이 전통이 선호하는 도덕적 · 정치적 태도를 거부하라고 권하는 인간 및 세계 내 인간 지위에 대한 관념에 의존한다.

이러한 비전의 지지를 받지 못한다면, 인격적 연결의 성스러움 관념은 초월이라는 이상에 허약한 토대로 남는다. 인격성과 인격적 만남은 사회적 · 역사적 진공상태에서 체험하지 않는다. 우리는 특정한 사회의 역사가 마련해 준 구조 안에서 그것들을 체험한다. 우리의 목적은 이러한 구조를 재발명할 것인가 아니면 개선하는 데에 그칠 것인가? 그러한 구조가 숭고한 생활 형식으로 상승하는 데에 기여하도록 만들 것인가, 아니면 구조의 잔혹성을 어느 정도 성공적으로 감소시키는 것에 안주할 것인가? 각자의 사회적 위치에 따라 사람들의 경험을 상상하고 필요를 살피는 고양된 능력으로 형성된 사회적 세계에서 마침내 고향 같은 안락에 대한 희망을 고취할 것인가, 아니면 그러한 욕구가 인간 본성과 소명에 대한 배반으로서 인간화[11]된 사회에 안주하는 것을 볼 것인가? 이 문제에 대한 세계인간화의 답변은 위축된 초월의 형태만 제공한다.

세계인간화가 초월의 정신에 충실한가에 대한 비판이 과거 종교혁명을 북돋운 관심들에 대한 답변으로서 세계인간화에 대한 첫 번째 반박이

---

11 웅거는 구조적 변혁을 추구하는 대신에 현재 상황을 봉합하는 개량주의적 태도를 '인간화 humanization'라고 부른다. 웅거는 현대 주류의 학문적 경향을 사회과학(경제학)의 합리화, 규범적 철학의 인간화, 인문학의 도피주의로 낙인을 찍는다.

라면, 두 번째 반박은 세계인간화가 인간의 사회적 구분을 무시하거나 전복하려는 기획들에 대해 너무나 제한적인 정당화 사유를 제공한다는 점이다.

이미 공자의 《논어》에서 진술되었듯이 세계인간화의 주요 문명화 기제는 사회의 역할·규칙·의례와 타자지향적인 성향의 함양 간의 변증법이다. 그러한 역할·규칙·관례의 수용은 우리로 하여금 원초적인 이기심을 포기하도록 가르친다. 이 수용을 통해서 우리는 각자 안에서 타자의 경험과 열망에 지향된 본성을 형성하기 시작한다. 이런 식으로 천천히 사회화된 우리의 본성은 타자를 상상하는 능력의 개발로 고양되고 심지어 변형된다. 결국, 우리가 이러한 도덕적 상승 궤도를 고수한다면, 관례와 규칙에 의해 조건으로 부여된 것이 자생적인 것으로 변한다. 우리의 의무는 우리의 성향과 수렴하기 시작하거나 혹은 오히려 우리의 성향이 관례와 규칙의 안팎에서 타자에 대한 봉사와 극기克己의 경로를 분별한다.

"나는 열다섯에 학문에 뜻을 두었고, 서른에 뜻을 세웠고, 마흔에 불혹에 이르렀고, 쉰에 천명을 알았고, 예순에 귀가 열려서 있는 그대로 듣게 되었고, 일흔에는 마음 가는 대로 해도 법도에 어긋남이 없었다."[12] 이 유교적인 관념 형태는 2,000년 뒤 다른 시대 다른 비전의 맥락에서, 예컨대 에밀 뒤르켐Emile Durkheim의 저작[13]에도 등장한다. 내가 여기서 토론하는 영적 지향들은 고립된 도덕 교사들에 한정된 그저 덧없는 사상 경향이 아니라, 인류의 영적 경험에서 장구한 선택지들로서 무수한 형태로 재등장한다.

개인적 의식과 사회적 형식 간 변증법의 주요 구조는 사회적 역할들의

---

12 《논어》〈위정편〉.

13 뒤르켐의 《사회 분업론》, 《직업윤리와 시민도덕》 등에 나타난 사회연대주의 사상.

체계이다. 역할을 인수하고 관습적 명령에 따라 이를 수행함으로써 우리는 자기중심성에서 사회와 상호성으로 지속적으로 이행한다. 인격적인 것에 대한 예찬 속에서 형성된 타자성에 대한 상상 및 인간의 정신을 역할 수행에 혼입함으로써 우리는 점진적으로 우리 자신을 지배하기 시작한다. 규칙과 의례는 우리가 다 오른 후 걷어 차 버릴 수 있는 사다리가 된다.

이런 견해가 직면해야 할 치명적인 질문은, 이제 그 견해가 기성 사회 체제를 어떠한 정신으로 검토하는가이다. 역할 체계는 사회의 노동 분업을 나타낸다. 역할 체계는 사회의 계급 구조를 포함해서 사회적 분업과 위계제 구조를 형성한다. 이 구조를 수용하고 이를 더 인간적으로 만들어야 하는가? 아니면 이를 도전과 쇄신의 대상으로 삼아야 하는가?

이러한 실존지향의 실제 역사적 모든 형태에서 개량주의적 야심의 한계는, 계급 이기심을 통제하고 계급을 업적의 관점에서 재편하는 것이었다. 세계인간화가 처음 등장하게 된 농업적·관료제적 사회의 특징이라고 할 수 있는 권력, 교환, 충성의 혼합조차도 통상 무한한 투쟁에 대한 현실주의적 대안으로 받아들여졌다. 급진적 재구성 프로그램을 고취할 비전이나 에너지는 세계인간화에는 존재하지 않는다. 삶과 사상의 기성 구조들의 내용과 성격까지도 변화시킬 인간 권능 관념과 결합한 초월적 주체관 외에 어디에서 그러한 비전과 에너지가 나오겠는가?

사회에 관한 추상적인 관념은 사회생활의 특수한 조직 방식에서 자연적이고 필연적인 형태를 갖지 않는다. 이제 주어진 사회에서 역사가 제공하는 구조를 수용하고, 더불어 그러한 구조가 지지하는 온갖 위계제와 분할뿐만 아니라 그러한 구조가 구현하는 산 자들에 대한 죽은 자들의 역할까지도 수용해야 하는가? (어떤 집단적 혹은 정부 권위로 평가된) 업적에 일치하는 편익의 제공과 타자에 대한 고려를 통한 권력의 억제가 이 같은 요인들에 대한 유일한 완화 수단으로 복무해야 하는가?

평가할 만한 모든 경험을 수용할 확정적인 구조가 사회나 사상에 없다고 하더라도, 경험의 관점에서 기성 구조에 저항하고 그것을 수정하는 수단을 강화할 구조가 최소한 하나는 존재할 수 있다. 협동 가능성을 짓누르는 사회적 분업과 위계제의 기성 구조가 진 부담을 완화시키도록 고안된 누적적 구조 변화의 경로가 존재할 수도 있다. 그러나 그러한 전진이 이루어지려면 다른 주체관, 구조관, 역사관이 필요하다. 이에 따르면, 어떠한 역할도 인간에게 딱 맞아떨어질 수 없고, 어떠한 일련의 제도와 관행도 수용할 만한 안식처를 사회에 제공하지 못한다.

자연적인 사회질서의 부재는 세계인간화의 정치적 한계와 형이상학적 한계 간의 연관을 드러낸다. 타자와 우리의 관계에 그 같은 자연적 질서는 존재하지 않기 때문에, 또는 타자와 화해를 이루려는 기획의 프레임으로 확정적으로 수용해야 할 질서는 존재하지 않기 때문에, 사회조직을 둘러싼 투쟁은 앞으로도 지속될 수밖에 없다. 그 투쟁은 일시적으로 통제되거나 중단될 수도 있다. 그러나 장기적으로는 억압될 수 없다.

우리가 늘 이해하고 있는 것처럼 우리의 모든 관심과 이상을 전진시키려면 구조적으로 사회생활의 배경을 이루는 부분들을 비판하고 변화시켜야 한다. 그러나 우리의 이상과 관심이 요구하는 변화 방향에 관한 옹호 가능한 이해는 항상 복수로 존재한다. 우리가 재구성 작업에서 전진하게 되면 처음에 우리를 안내하던 이익과 이상들의 내용적 부조화가 명백히 드러나게 되고, 이는 그 다음 갈등의 기회를 제공한다.

사회생활의 조건들을 둘러싼 투쟁의 영속적인 성격은 이러한 삶에 대한 접근의 한계점을 노정하고, 세계인간화를 고취하는 형이상학적 관념에 의문을 제기한다. 인간화 투쟁의 가정들은 무의미한 우주에서 의미 있는 질서를 수립하려는 기획, 즉 어둡고 비우호적인 우주에 우리의 관심을 새기는 청산 작업에서 비로소 드러난다.

모든 사회질서에 관한 근절할 수 없는 논쟁 가능성으로 가능해진 사회생활의 조건을 둘러싼 지속적인 투쟁은, 다른 사회질서를 수립하는 때조차 사람들 간의 사회 분업의 장벽들을 파괴하는 것으로 귀결된다. 투쟁이 그 분업을 무너뜨리든지 창조하든지 관계없이, 이 투쟁은 투쟁의 지속을 통해 분업의 우연성을 노정하고, 나아가 실천적이고 예언적인 투쟁을 유발한다.

이러한 방식으로 무너지고 흔들리는 것은 사회 안의 벽들만이 아니다. 사회를 둘러싼 벽들, 즉 인간의 척도와 관심의 세부 사항에 입각하여 구성된 사회질서 및 인간 욕구와는 엄청나게 불일치하고 거기에 냉담한 거대한 자연 무대 간의 명확한 구분도 무너진다. 모든 사회생활 체제는 영원한 논쟁의 대상이다. 그 논쟁 가능성은 사회생활의 조건들을 둘러싼 지속적인 갈등으로 명료해진다. 결과적으로 우리는 그 어떤 체제도 사회질서를 자연의 이질성에 오염시키지 않으며 오로지 인간의 성찰에 입각하여 수립하려는 인간 욕구의 하중을 완전히 감당하리라 기대할 수 없다.

이러한 이질적인 특성의 일부는 우리의 사회 경험을 구성할 것이다. 우리가 이질적인 특성을 추방하려고 하면, 그 대가는 확립된 체제에 대한 투항으로 귀결될 것이다. 이 투항은 인간주의적 기획을 개선하고 인성에서 가장 중요한 사항을 부인해야만 제약할 수 있다.

그러나 의미 있는 문명 질서와 무의미한 자연적 구도 간에 존재하는 차이의 상대성은 문제이자 일종의 해법이기도 하다. 이 상대성은 기성 질서 및 사회생활의 확정적 맥락을 표현하고 예시한다는 기성 질서의 주장에 맞서 반란을 일으키는 데에 필요한 최소한의 기반을 제공한다. 세계인간화라는 반형이상학적 형이상학은 이 진리를 포착할 수 없다. 이 진리를 포착한다는 것은, 세계인간화가 인간 조건을 바라보는 견해와 정치 및 도덕에 보내는 메시지에서 일어날 근본적인 변화를 의미한다.

비판: 경험의 학교

세계인간화에 대한 두 번째 유형의 비판은 그 도덕적 심리학의 현실론, 즉 세계인간화가 사람들을 그 가정과 제안을 따르도록 유인할 전망이 있는지와 관련이 있다. 세계인간화의 사상 전통은 두 가지 핵심적 측면에서 우리의 현재 모습이나 실현 가능한 모습을 제대로 포착하지 못한다. 세계인간화가 인간 본성을 통찰하지 못한다는 사정은 그 정치적·도덕적 권고들의 권위를 훼손한다. 이 통찰의 실패는 실존의 주요한 측면들, 즉 사회의 확립된 제도 및 문화의 지배적인 도그마들과 우리가 맺는 관계뿐만 아니라 동료 인간과 우리 자신이 맺는 관계에도 영향을 미친다.

　나는 이 책에서 탐구하는 주요한 영적 지향들 간의 논쟁에서 중립을 취하지 않고 역사적으로 세계와의 투쟁과 연결된 관념들을 원용하려고 한다. 이 관념들에 권위를 부여하는 것은 세계와의 투쟁이 불러일으키는 연상 자체가 아니라 주체, 사회, 역사에 대해 우리가 학습해 온 바에 대한 증언이다. 이 관념들은 지난 몇 세기 동안 상상문학과 사회역사 연구가 우리에 대해 가르쳐 온 바와 밀접하게 연결되어 있다. 여기서 논의하는 전통이 가장 강력한 영향력을 발휘한 지역을 포함해, 세계 모든 곳에서 생산된 소설과 시에 정통한 사람이라면 세계인간화론자들이 의존하는 역사와 인간 본성에 관한 견해를 수용할 수 없을 것이다.

세계인간화의 첫 번째 결함은, 사회문화적 질서의 개혁과 주체의 성향을 완벽하게 결합시키겠다는 부당한 희망에 있다. 세계인간화라는 실존 접근에 따르면 이 결합은 매우 유덕한 사람들, 인류의 본보기라 할 만한 사람들의 삶과 정신에서만, 더구나 그들의 생애 막바지에서만, 달리 말하면 그들이 "마음 가는 대로 해도 법도에 어긋나지 않게 행동할"[14] 수 있을 때에만 비로소 완전하게 실현될 수 있다. 그런데 이 결합이 세계인간화론자들이 추구하는 사회문화 개혁을 지도하는 이상이다. 이러한 개혁의 이상을 대변하는 격언은, 사회도 영혼처럼 조화를 이루는 것이다.

　　이러한 시각에서는 우리 경험에 일어나야 할 그와 같은 순치馴致—후대의 용어로는 종종 승화라고 부른다—에 고분고분하지 않는 것은 모두 우려의 대상이자 가능한 한 배제의 대상이다. 그런 불화의 잔재가 존속한다는 사실은 문명화 작업이 아직 결론에 이르지 못했다는 증거이자, 정치와 도덕의 무정부상태를 예시豫示한다. 자생적인 질서가 부과된 질서, 즉 타인의 의지로 요구된 질서보다 낫고, 부과된 질서라도 질서가 아예 없는 것보다는 낫다.

　　그러나 아무리 거짓 필연성과 사이비 권위의 환상들로 치장하고 도전과 저항에 맞서 공고하게 구축된 질서라도 인간 경험을 통제할 수는 없다. 억지로 부과된 행동과 담론 대본에서 이탈할 여지를 최저 수준으로만 허용하는 체제라도 상반된 경험의 끝없는 흐름의 달갑지 않은 숙주宿主가 될 뿐이다. 그 경험의 많은 부분은 단지 조화롭지 못하거나 이상해 보이

14　종심소욕불유구從心所欲不踰矩. 《논어》〈위정편〉에서 공자가 70세의 경지를 표현한 말이다. 웅거가 《논어》에서 말한 보편성의 표현을 연차적인 것으로 파악했는지는 의문이다. 〈위정편〉의 논의도 하나의 방편으로 이해할 수 있기 때문이다. 물론 많은 철학자들은 인간의 지혜와 통찰의 발현을 청년기, 장년기, 노년기로 나누어 각기 다른 의미를 부여했다.

고, 일부만 위험해 보일 것이다. 그러나 그 경험의 모든 것은 우리 자신에 대한 진리, 즉 인간이 사회와 사상의 조직된 구조를 불가해하게 초월한다는 사실을 드러낸다.

이제 우리 경험에 존재하는 이러한 저항 요소는 정치적·도덕적 예언의 원천으로, 즉 예언자들이 자신의 설계대로 주조하는 원초적 질료로 변모한다. 새로운 제도적 안배와 인간 결사의 모상들—인간이 다른 사회생활 영역에서 서로 어떻게 관계를 맺을 수 있고 또 맺어야 하는지에 대한 견해—은 문명화론자(인간화론자)의 작업에서 오로지 소모적이고 위험스러운 불복종의 무형적 잔여처럼 보였던 것에서 에너지와 영감을 이끌어내는 것으로 바뀐다.

세계인간화라는 삶의 접근은 기성 사회문화 체제와 인간이 맺는 관계의 미묘한 점들을 고려하지 못하듯이, 인간 상호 관계들이 갖는 유동성과 양가성에 대한 적절한 해명을 제공하지 못한다. 타자의 필요를 염려하고 개인이 수행하는 역할을 존중하고 자칭 비전의 명료성에서 동요하지 않고 초연한 헌신의 이상은 이러한 접근의 특징적인 태도이다. 이런 태도의 전제는 이타적인 자비가 하나의 명료한 방향을 갖고, 그 자비가 거부하고 대체하는 감정들과 쉽게 구별되며, 삶의 불확실성들 가운데서 그 자비가 안정적인 길잡이를 제공할 수 있다는 것이다.

그러나 이는 타자와 우리가 맺는 관계의 실재성과 모순된다. 우선적으로 사랑은 쉽게 증오로 넘어가고, 반대로 증오도 사랑으로 넘어간다. 양가성은 우리의 가장 친밀한 부책들에서도 나타난다.

정념情念의 삶이 지니는 이 급진적 역동성은 우리의 의식적 생활의 우연적 혹은 주변적 특성들에서만 기인하지 않는다. 그 역동성은 주체 형성을 가능하게 하는 조건들 사이의 뿌리 깊은 갈등에서 유래한다. 우리 각자는 타자와의 만남과 연결을 통해 주체를 형성한다. 그러나 모든 연결은 우리 자신의 자기지배와 자기정립을 박탈하는 구조 속에 우리를 착종시킬 위험을 내포한다. 타자에 대한 양가성은 이러한 도덕적 진리의 심리적 표현이다.

먼발치의 관대함, 즉 세계인간화의 특징을 이루는 도덕의 이상은 이러한 양가성을 통제할지도 모른다. 그 경우, 이 관대함은 대가를 치른다. 그 대가는 낮은 수준의 균형, 타자와의 거리에서 가깝지도 않고 멀지도 않은 중경中徑의 수용이고, 이는 이타적인 자비, 즉 감응성이나 주체의 변혁을 수반하지 않는 선의 실행과 연결된다. 자비로운 공여자供與者에게 우월성을 보장하는 것은 공여자의 실존적 동요를 일으키지 않는다. 우월성의 보장은 자비로운 공여자에게 평정심과 자기지배를 제공하지만 더욱 값진 것, 삶의 완전한 향유를 부인하는 대가를 초래한다.

이러한 실존접근의 중심에 놓인 인간관이 도덕적 현실론의 척도를 만족시키지 못하는 데에는 두 번째 이유가 존재한다. 타자와 우리의 모든 관계에서, 우리가 이러한 관계들을 표상하는 방식에서 서로 연결되지만 구별되는 두 가지 희망이 매우 중요하다. 첫째로 화해의 희망이 존재한다. 화해의 희망은 우리를 타자와 더욱 많이 연결시키는데, 이러한 연결을 위해 예속과 비인격화의 대가를 덜 지불하면서 타자와의 관계를 형성할 수 있다는 희망이다. 둘째로 그러한 화해를 통해 세상에는 우리를 위한 자리가 존재한다는 점, 비록 세계 안에서 인간의 무근거성과 고향 상실에도 불구하고 우리 모두가 통찰하는바 인간이 맥락을 초월하는 독창적 존재로 인정받고 수용된다는 점에 대한 보증을 획득할 희망이 있다.

절망과 욕망의 경험들은 바로 이 두 번째 희망을 위험에 빠뜨린다. 이제 인간화론자들, 우리 전통에서는 도덕철학자들이 애지중지하는 이타적인 자비가 대비책으로, 소위 안전한 차선책으로 나타난다.

이 차선의 희망에서 보자면, 쟁점은 단순히 타자와의 화해에 있지 않다. 인간의 상호 관계에 더욱 원대한 의미를 부여할 수 있는지가 쟁점이다. 즉, 더욱 신처럼 됨으로써 더욱 인간적으로 되기 위해서 신적 존재에게 돌린 속성들에 대한 인간의 몫을 증강시키려는 기획에서 인간을 지원할 수 있는지 여부다. 마치 낭만주의가 그랬듯이 이러한 희망이 사랑의 대상을 신의 대체물로, 사랑 자체를 세계에서 인간의 무근거성에 대한 해법으로 전환하려는 시도를 고취할 때 이 희망은 환상과 타락으로 변질된다. 이 희망은 인간 조건의 교정 불가능한 결함 중 하나를 부인한다.

그러나 이 타락한 환상에 오염되지 않고 그 힘도 위축되지 않으면, 이 작은 희망은 타자에 대한 우리의 태도에서 사랑과 증오 간의 움직임보다 더 근본적인 구별을 부각시킨다. 그 희망은 정념과 무관심 사이에서, 열정과 냉정 사이에서 흔들림이다. 이러한 점에서 사랑과 증오는 대립물이 아니라 같은 편이다.

자애로운 초연함 혹은 고요한 관대함의 태도는 세계인간화의 관념 영역에서 자연스러운 것처럼 보일지 모른다. 그러나 그러한 태도는 불가지론이 유신론과 무신론에 대해 갖는 것과 동일한 관계를 사랑과 증오에 대해서 갖는다. 이것만으로도 이 태도는 삶의 향유를 더 완전하게 착수하려는 목표와 모순될 수도 있다.

우리 각자가 초연함의 시각을 버리고 타자와의 관계를 주체에 대해 숙명적인 것으로 고려할 때에만, 우리 각자는 그토록 필사적으로 추구하는 타자에 대한 우리 자신의 양가성이 보유한 완전한 힘을 대면하게 된다. 이타적인 자비의 자세는 양가성의 힘에 맞서 보호 장치를 가동한다. 그리하여 사랑과 증오 사이의 움직임이나 간절한 필요와 이타적인 자비 사이의 움직임 같은 인격적 경험의 두 측면은 연결된다.

이러한 사실을 전혀 알지 못하는 도덕심리학은 유치하고 둔감해 보일 것이다. 우리가 인간 존재에 대한 공자나 흄의 글을 읽었는지는 중요하지 않다. 인간성에 대한 표상은 우리 자신에 대한 것이 아니라 어떤 다른 존재에 대한 것처럼 보이게 될 것이다. 그러한 표상은 우리의 고차적인 소명을 예언하고 우리의 상승을 가능하게 만드는 복잡성들과 모순들을 결여하게 될 것이다.

비판: 미래에 대한 배반

세계인간화는 미래의 온갖 종교혁명에서 중심적인 위치를 차지할 변화들에 필요한 유용한 출발점을 제공하지 못한다. 세계인간화가 이러한 목표에 봉사할 수 없도록 만드는 두 가지 한계가 있는데, 하나는 실존에서의 세 가지 약점들에 대한 세계인간화의 답변과 관련되고, 다른 하나는 왜소화의 위험에 대한 해법으로서 세계인간화의 부적절함과 관련된다.

세계인간화의 특징은 필멸성과 무근거성의 사실들을 인정한다는 점이다. 그러나 세계인간화는 이러한 사실들에서 단호하게 벗어나 인간의 척도와 관심사에 부합하게 설계된 인간 질서를 형성하는 것으로 전향하기 위해 이러한 사실을 인정한다. 이것이 반형이상학적 형이상학의 전략이다. 우리가 최소한으로 이해하고 극복할 수 있을 뿐인 우주에 놓여 있고, 소멸의 확실성에 직면하고 존재의 근거에 대한 통찰을 얻지 못하면서도, 그럼에도 불구하고 이러한 비인간적 세계 안에서 우리는 우리 자신의 세계를 발전시킬 수 있다는 것이다.

역할에 기초한 상호성들을 함양하는 일에 헌신하는 인간화된 현실을 구성하는 작업은, 또한 인간의 충족불가능성에 대한 유일한 치유책이기도 하다. 사회의 규칙과 관례는 진정시킬 수 없는 유동적인 인간 욕구들에 형식과 방향을 부여하게 될 것이고, 무제한의 욕구는 그러한 한계를 고려하기 시작할 것이다. 우리 각자는 세계 안에서 자신의 지위를 수용하고, 지위의 요구에 따라 타자의 경험에 대해 점차 늘어나는 통찰의 통제를 받으면서 타자의 필요를 보살피게 될 것이다. 우리는 타자에게 봉사함으로써 우리 자신으로부터 해방될 것이고, 오히려 우리의 이기심이 교정되지 않았던 동안 우리를 괴롭혀 왔던 충족불가능성에서 해방될 것이다. 나중에 우리는 더욱 유덕한 존재로 변모함에 따라 우리 자신과 화평을 이루게 되고 타자를 보살피는 데에 규칙과 의례라는 보정 수단을 더는 필요로 하지 않게 될 것이다.

인생의 결함을 대하는 태도에서 어떠한 실존접근도 세계인간화보다 더 겸허하거나 현실주의적인 것으로 보이지 않는다. 그러나 이러한 기피 대상의 이동, 즉 관리 불가능한 공포에서 실현 가능한 과업으로의 전향은 결과적으로 관행, 타협, 반복적 일상의 어중간하게 의식적인 생활에서 할부 방식에 의한 죽음[15]의 거부로 각성시키는 수단들의 일부를 우리에게서 부인할 것이다. 이러한 미래의 종교관에서 보자면 인간 조건의 치유 불가능한 결함들을 인정하고, 결과적으로 그 결함들을 가능한 한 신속하고 완전하게 망각하려고 하는 것만으로는 충분하지 않다. 그런 결함들과의 대면을 인간 상승 경로에서 앞으로 나아가는 일보로 활용하는 것이 필요하다.

---

15 '할부 방식에 의한 죽음'. 웅거는 삶의 목표는 오로지 한 번만 죽는 것이라고 반복해서 말한다. 육체적 죽음이 오기 전에 일어나는 생명력과 상상력의 일상적이고 점진적인 상실이 할부 방식에 의한 죽음을 의미한다. 웅거는 육체적 죽음을 맞기 전에 기성 제도와 구조들이 요구하는 것만 반복적으로 수행하고 안주하는 인간을 미라나 좀비로 표현한다. 미라화에 대해서는 제7장 참조.

실존의 근거를 통찰하려는 어떠한 전망으로도 치유할 수 없는 인간의 필멸성은 모든 순간에 삶을 더 소중한 것으로 만들 것이다. 필멸성의 그림자 아래 놓인 인간의 무근거성은 사회나 사상 체제를 사물의 본성에 관한 스토리 안에 정초하려는 어떠한 시도도 훼손하고 붕괴시킬 것이다. 충족불가능성은 우리가 파악하는 유한한 목적들이 우리를 만족시키기에 충분하지 않고, 그 도정에서 그 목적들은 그 수만큼의 정거장에 불과하다는 점을 우리에게 가르칠 것이다.

이러한 각성을 얻는 존재 앞에서 세상의 모든 우상은 물러날 것이다. 우리는 실존에 대한 진리를 망각하기보다는 이를 상기하려고 하는 경우에 어떻게 살아야 하고 어떻게 사고해야 하는지를 스스로에게 기꺼이 묻게 된다. 우리가 완전히 각성되어 실존을 있는 그대로 경험한다면 인간의 삶은 죽음과 부조리의 벼랑 끝에 놓이게 되고, 삶은 온갖 유한한 실재가 제공할 수 있는 것 그 이상을 바라는 욕구로 변화될 것이다.

세계인간화는 인간 조건의 치유 불가능한 약점들을 외면할 때 우리가 고칠 수 있는 것, 즉 왜소화에 대한 취약성을 교정하는 길도 제시하지 못한다. 결과적으로 세계인간화는 세계에 두루 혁명적인 영향력을 행사하게 된 관념, 즉 (신의 존재 여부와 상관없이) 우리가 신에게 부여한 속성을 보통 사람들이 공유하고, 사회조직을 변화시키고 삶의 영위 방식을 재정립함으로써 신적인 속성에 대한 인간의 몫을 증강시킬 수 있다는 관념을 제대로 파악하지 못한다.

중동 지방의 구원종교들에 의해 널리 퍼진 이 믿음은 이윽고 온 세상에 불을 지른 정치적·인격적 해방의 세속적 프로그램들에서 종교와는 다른 독자적인 생명력을 획득했다. 민주주의를 정치 조직의 기획 그 이상으로 파악한다면 바로 이 믿음이 민주주의의 중심적인 주장이다. 낭만주의를 도덕적 감성의 역사에 있었던 일시적인 계기가 아니라 최신 사회의식의 지속적인 원천으로 간주한다면, 이 믿음은 고급문화뿐 아니라 대중문화에서도 낭만주의의 주요한 주제이다.

주체가 참여하는 사회적·개념적 체제 자체를 주체는 항상 초월할 수 있고, 그러한 체제가 수용할 수 있는 것보다 더 많은 권능과 가능성을 항상 간직하고 있다는 육화된 영으로서의 주체관은 이 같은 혁명적 관념의 가장 중요한 전제이다. 이 주체관은 더 이상 철학적 또는 신학적 도그마 역할을 하지 않으며, 그것이 정치와 도덕에서 바로 다음에 무엇을 해야 할지에 대한 견해들을 고취시키는 경우 바로 실행할 만한 추측으로 발전한다. 그러나 온 세계에 퍼져 있는 이 주체관의 주창자들이 이 비전을 추구하기 위해 바로 다음에 무엇을 해야 할지 모르기 때문에, 이 주체관은 우리에게 강력해 보이기도 하고 동시에 허약해 보이기도 한다. 이 주체관은 필적할 수 없는 권위가 있기 때문에 강력하지만, 정치적·도덕적 실천의 경로가 분명하지 않기 때문에 허약하다.

세계인간화는 이러한 추구에 동참하지 않는다. 세계인간화의 지배적인 야망은 사회와 주체 속에서 조화를 달성하는 것이다. 세계인간화는 상상력과 자기지배에 자극을 받아 타자들에 대한 책임을 관장하는 사회 속에서 삶의 발전을 강화하고자 한다. 세계인간화 프로그램은 인간의 집단적 역량의 고양과 타자에 대한 잔인함의 감소를 결합하고자 한다. 이를 위한 세계인간화의 처방은 비록 우리 각자가 상상적 공감 능력을 함양한 경우라도 운명과 공적功績이 할당해 준 각자의 자리에서 자신의 직분을 수행하라는 것이다.

오늘날 세계의 많은 곳에서 진보파로 간주되는, 제도적으로 보수적이거나 회의적인 사민주의자들에게는 이런 프로그램이 우리가 희망할 만한 최상일지도 모른다. 도덕철학에서 오랫동안 영향력을 발휘한 합리주의적 이타주의 이론가들(벤담주의, 칸트주의 또는 사회계약이론의 형태를 취한다)은 세계인간화론자들의 실천적 완전주의를 그들이 선호하는 철학적 언어로 쉽게 전환할 수 있다. 도덕적 삶을 주로 역할과 역할의 언어에 기초한 의무의 언어로 이해하는 현대사회의 식자층이 보기에 세계인간화의 가르침에는 낯설고 새롭고 심지어 논쟁적인, 고대 사상가들의 저작에나 있는 특정한 맥락의 표현들이 있을 뿐이다. 다양한 관점에서 세계인간화는 모든 원대한 변혁적 시도들에 대해 점차 인내심을 상실하고 그것을 불신하면서, 자신의 판단에 따라 가까운 미래에 불가피한 것의 개선과 완화에 기꺼이 안주하는 문화의 비공식적 가르침처럼 보일지도 모른다.

그러나 이 실존접근을 현재의 의식과 관행에 밀착시키려는 바로 그 시도가 세계인간화를 영적인 혁명 도구로 활용하는 데에 부적합하게 만든다. 최소한 세계인간화는 인간의 필멸성, 무근거성, 충족불가능성을 인정하게 한 동일한 운동을 통해 왜소화에 반란을 일으키는 영적 혁명에 봉사하는 데에 적합하지 않다. 우리 경험의 방향을 재정립하는 데에 필요한 슬로건은 조화가 아니라 삶이다. 미래의 영적 혁명은 우리가 사회와 사상 구조들에 도전하고 이를 변화시키는 경우에만 주체를 형성할 수 있다는 점을 안다. 미래의 영적 혁명은 우리가 더욱 신처럼 되어야만 더욱 인간적일 수 있다는 입장을 고수한다. 미래의 영적 혁명은 사회의 인간화를 넘어 인간의 신성화를 추구한다.

제4장

세계와의 투쟁

중심 관념, 성스러운 형태와 세속적인 형태

2,500년 이상 지속된 인류의 정신사에서 세 번째 주요한 영적 선택지는 세계와의 투쟁이다. 그 중심 관념은 우리 인간에게 사회와 주체의 변혁을 체험하도록 요구하고 이러한 체험을 가능하게 하고, 더 나아가 인간에게 비할 데 없는 선을 보상해 주는 상승 경로path of ascent가 존재한다는 것이다. 비할 데 없는 선은 인간을 더욱 신처럼 만들어 주는 숭고한 권능을 가진 신적 존재, 영생 혹은 위대한 삶의 속성들에 대한 더 큰 몫이다.

이 상승 경로를 걸음으로써 우리는 악을 극복한다. 죽음은 악이고, 죽음 외에 존재의 위축도 악이다. 악은 실존의 이유를 통찰할 수 없으면서, 서로에게서 받을 수 있는 것보다 더 많은 것을 욕망하는 불운하고 죽어야 할 유기체라는 인간 조건에서 구제받지 못하는 상황을 가리킨다. 신적 존재, 나아가 다른 인간으로부터의 분리는 죽음을 예고하고 이러한 조건에서 탈출로를 봉쇄한다. 분리는 필멸성, 무근거성, 충족불가능성에 직면하여 우리를 봉쇄하고 위축시키고 우리가 소멸하기도 전에 우리의 생명력을 고갈시키기 때문에 그 자체로 죽음의 시작이다.

비록 우리가 세계와의 투쟁의 일부 형태들이 약속한 영생을 향유할 수 없고 신의 존재presence와 호의 앞으로 인도될 수도 없다고 하더라도, 우리는 최소한 세계와의 투쟁의 다른 형태들이 제공하는 위대한 삶을 향유할 수 있고 더욱 신처럼 될 수 있다. 우리의 고양高揚이 죽음에 대한 승리의 형태를 취하든지 상관없이, 그 고양은 우리에게 주체와 사회에서 변화의 여정을 밟아 나가도록 요구하고 우리가 기성 사회질서나 생활 방식을 인간의 확정적이고 적합한 고향으로 수용하는 것을 불가능하게 한다.

세계와의 투쟁에 따르면, 인간 존재의 뿌리는 미래에 있다. 비록 미래는 인간의 역사 안에서 시작되지만, 역사를 넘어 완성되는 구원이든 혹은 인성에 어울리는 사회생활의 조직 방식이든지 간에 우리는 미래를 위해서 산다.

세계와의 투쟁은 두 가지 목소리로 말해 왔다. 하나는 유대교, 기독교, 이슬람교 등 셈족의 구원종교의 목소리로서 성스러운 형태이다. 다른 하나는 해방의 세속적 기획의 목소리로서 세속적인 형태이다. 세속적 기획들은 자유주의 · 사회주의 · 민주주의의 정치적 프로그램뿐만 아니라 보통 사람들이 신과 같이 존엄하고 그들의 경험도 불가해할 정도로 깊고 넓다는 메시지를 가진 낭만주의 운동, 특히 세계적인 대중적 낭만주의 문화를 포괄해 왔다.

　세계와의 투쟁의 성스러운 형태에서 인간의 필멸성, 무근거성, 충족불가능성에 응답하려는 기획은 신과 인간의 거래 관계라는 원대한 스토리 안에 포함되어 있다. 우리는 오직 역사歷史 안에서 신의 구원이라는 역사役事를 통해 악의 극복과 고차적이고 영원한 생명의 획득을 희망할 수 있다. 역사歷史는 우리의 상승이나 타락의 부수적인 배경이라기보다는 불완전하지만 중요한 구원의 무대이다. 역사에서 시작된 것은 역사를 넘어 계속된다. 인간 상호 관계의 성격에서 생기는 변화는 구원의 중차대한 부분을 형성한다. 이 변화를 통해서 우리는 신성한 은총의 영접을 확인하고 죽음, 무근거성, 충족불가능성을 극복한다. 그러나 인간 상호 관계의 진정한 의미와 잠재력은 오로지 신과 인간의 상호작용 속에서만 명백하게 드러난다.

　신은 존재 혹은 비인격-비존재(셈족의 구원종교들 내에서 신비적 경향의 부정否定 신학[1]이 신의 본성에 관해 항상 이와 같은 이교적 이해를 선호했다고 하

---

[1] 부정신학은 무한하고 완전한 신에 대한 제한적이고 불완전한 정의를 부정하는 방식via negativa으로 신의 본질을 인식하려는 신학으로서 신비주의와 관련이 깊다. 부정신학은 위-디오니시우스에게

더라도)로서보다는 인격의 범주 안에서 표상될 수 있다. 우리는 인간 상호 관계를 유비해 봄으로써 신과 인간의 관계를 이해할 수 있다. 관계 유형들은 인격적 경험의 본질을 공유하기 때문이다.

셈족의 계시·구원종교들은 동일한 신앙의 세 가지 얼굴이 아니다. 그들은 서로 다른 종교들이다. 기독교는 다른 두 가지와 달리 결코 율법종교가 아니다. 더구나 기독교가 정치적·인격적 해방의 세속적 기획에 끼친 영향력과 친화력은 유대교와 이슬람교의 그것보다 훨씬 심대했다. 그럼에도 불구하고 그 세계 접근의 핵심적인 주장에서는 세 종교의 공통점이 훨씬 광범위하다. 그 공통점들은 세계인간화나 세계초극과 비교하면 매우 분명하다.

세계와의 투쟁의 세속적 형태에서 의지할 것은 우리 자신뿐이다. 세계와의 투쟁의 성스러운 형태와 세속적인 형태는 서로 다르지만 유사한 메시지를 전달한다. 세계와의 투쟁의 세속적인 형태는 관련 종교들의 메시지를 단순히 세속적으로 번역한 결과가 아니다.

기독교는 정치적이고 인격적인 해방의 세속적 기획들을 형성하는 데에 일조해 왔다. 그러나 그러한 해방을 향한 노력은 또한 다른 요소들로부터 영향을 받았다. 이 노력은 기독교에 이질적인 관념들의 흔적을 담고 있으며, 그 관념들로 환원시킬 수 없는 사회적·경제적 변화의 결과를 보여 준다. 서구 문명의 가장 특징적인 성과 중 그 어떤 것도 기독교와의 빈번한 양가적인 관계를 고려하지 않고서는 이해될 수도 없다. 지난 몇 세기 동안의 역사에서 그토록 중요한 지위를 점하였던 인격적·사회적 해

서 시작되어 중세 신비주의자들과 니콜라스 쿠사까지 계속된다. 부정신학은 신에 대하여 부정적인 진술로 접근하기 때문에 결국 신의 인격성이나 존재성을 부인하는 경향으로 흘러가 무신론과의 구분이 흐려진다.

방 프로그램도 예외가 아니다.

세계와의 투쟁의 성스러운 형태와 세속적인 형태는 각기 확고한 기반을 가지고 있고, 그 형태적 차이점들은 중요하다. 우선 그 차이는 메시지의 내용에 있다. 중요한 것은 사회의 변혁과 주체의 변혁을 위한 인간의 기획을 신과 인간의 관계사에서 일어나는 사건들로 보아야 하는지 그렇지 않은지이다. 신자의 눈으로 보면, 세속적 형태는 불신자들이 이교주의의 의혹, 즉 역사적 시간 안에 인간이 자신의 노력으로 구원을 이룩할 수 있다는 이단의 의혹 아래 선 것처럼 보일 것이다. 불신자의 시각에서 성스러운 형태는, 신자가 기성 권력에 더 그럴싸하게 투항하기 위해 역사 너머에다 구원의 원천을 두는 것으로 보인다. 세계와의 투쟁의 성스러운 형태와 세속적인 형태에 따라 그 메시지는 각기 다르고, 삶의 영위와 사회의 조직에도 상이한 결론을 함축한다.

세계와의 투쟁의 성스러운 형태에서 중요한 신의 구원 역사役事에 관한 서사를 믿는 것과 믿지 않는 것의 격차를 축소하려는 (현대 문화에 특징적인) 시도에 우리는 저항해야 한다. 믿음과 불신의 중간 지점halfway house은 매우 빈번히 이 서사들을 세속적인 도덕적·정치적 용어로 진술할 수 있는 진리의 우화로 해석하려 한다. 신이 스스로 창조한 세계에 대한 구원적 개입의 스토리와 그 개입 과정에서 일어나는 신과 인간의 만남에 관한 스토리들은 탈신비화될 수 있다. 탈신비화의 결과가 초월적인 신 혹은 신의 구원적 개입에 대한 신앙의 도움 없이도 그럭저럭 진술될 수 있는 표상인 경우에는 탈신비화 작업은 믿음과 불신앙의 중간 지점을 무난하게 넘어간다. 탈신비화 작업이 통상 그랬듯, 우화적 번안은 불신앙의 평가를 거부하는 무신론이나 불가지론을 대신한다.

중간 지점에 대한 가장 근본적인 첫 번째 반론은, 이 중간 지점이 중요한 차이를 생략한다는 것이다. 믿으려는 의지will to believe의 영향 아래서 그렇게 한다. 여기서 고려하는 세 가지 실존접근은 각기 특정한 방향에서 실존의 결단을 요구한다. 그러나 그 결단의 근거들은 결단의 중요성에 항상 어울리지 않는다. 이러한 불일치는 우리가 보통 종교라고 부르거나 그렇게 부를 만한 것들의 특징이다. 방향 선택과 이 선택을 정당화하는 인간 능력 간의 이 같은 불균형은 모든 삶의 지향에서 특징적인 성격을 갖는데, 이 불균형은 또한 세계와의 투쟁의 성스러운 형태와 세속적인 형태에서도 차이가 난다.

셈족의 유일신교들에서 결단과 그 근거 간의 불균형은 가장 극단적인 형태를 취한다. 셈족의 유일신교에서는 신앙을 위로부터의 구원의 희망에, 즉 인간적 분투와 신성한 은총의 상호작용에 위치시킴으로써 이러한 불균형을 확대할 위험을 더욱 배가시킨다. 세계인간화, 세계초극뿐만 아니라 세계와의 투쟁의 세속적인 형태에서 우리에게 요구되는 결단과 결단 근거 간의 불균형 역시 셈족 유일신교의 상황보다는 덜 극단적이지만 여전히 벅차다.

믿음과 불신앙 사이의 중간 지점—신성한 개입 서사에 대한 신앙의 우화적 혹은 은유적 위축—은 세속적인 이성의 관점에서 정당화할 수 없는 어떤 것도 우리에게 요구하지 않음으로써 불균형을 축소하는 것처럼 보일 수 있다. 그러나 그 중간 지점은 신앙에서 그 특징적인 힘과 내용을 제거함으로써, 그리하여 신앙이 고취할 수도 있는 철저한 결단을 위축시킴으로써 이 불균형을 축소시킨다. 중간 지점은 일종의 자기기만으로서 살아 있는 신앙 체험이 결여된 믿으려는 감상적 욕구로 활성화된다. 중간 지점은 불균형의 위험을 배가시키는 것이 아니라 특수한 방향으로 실존을 결단하는 쪽으로 내기를 하고 경품을 포기함으로써 위험을 제약한다. 자기기만으로 시작된 것은 혼동이나 비겁으로 귀결된다.

믿음과 불신앙의 중간 지점에 대한 두 번째 반박은, 시대의 관행적인 정치적 · 도덕적 경건 의례에 중간 지점이 항상 복무할 수 있다는 것이다. 종교의 "탈신비화"를 장려하는 자기기만과 비겁은 마찬가지로 경건 의례에 대한 도전을 기피하려는 의향을 설명하는 데에 도움을 준다. 자기기만과 비겁의 지배 원칙은 종교의 메시지를 사회와 삶의 기성 구조에 통합시키는 것이다. 그리하여 중간 지점의 방식으로 위축된 종교적 신앙과 관행적인 세속적 인본주의는 동일한 도덕적 관행들에 복무한다. 그 상식을 우화적으로 표현하자면, 종교적 신앙은 세속적 인본주의의 한가한 치장으로 변한다.

우리가 신성한 계시와 구속 서사에 대한 믿음과 불신앙의 차이를 줄이려는 모든 시도를 거부한 후에도, 세계와의 투쟁의 성스러운 형태와 세속적인 형태 간의 공통 기반은 여전히 남는다. 이제부터 논의할 것이 바로 이 공통 기반이다.

형이상학적 비전

세계와의 투쟁은 현실에 대한 비전뿐만 아니라 현실 속 인간의 위치에 관한 비전을 배경으로 펼쳐진다. 이 비전은 변혁과 주체의 변혁을 통해 죽음을 극복하고 신성의 속성들에 대한 더 많은 몫을 확보하는 인간의 상승 경로 관념에 종종 함축되어 있다. 이러한 의미에서 세계와의 투쟁이라는 영적 방향은 이 비전을 전제한다. 이 가정들의 일부를 부정하는 것은 인간 상승에 관한 가르침에서 그 의미와 권위의 일부를 박탈하는 것이다.

이 비전은 형이상학적 체계가 아니다. 이 비전은 주체와 세계에 관한 다양하고 폭넓은 철학적 관념들과 양립할 수 있으나, 실제로는 많은 것을 배제한다. 활용 가능한 철학적 어휘 및 전통들이 안고 있는 역사적 제약이 그 전제前提들을 너무 협소하게 규정하려는 항구적인 유혹을 조장한다.

서구 역사상 이 유혹에 굴복한 가장 유명한 사례는, 그리스 철학의 범주 안에서 기독교 교리를 정식화하려 한 시도이다.

그럼에도 불구하고 이 세계 비전의 요구 사항들은 결코 사소하지 않다. 그 요구 사항들은 사변적 사상사에서 두드러진 지위를 차지해 온 자연과 인간에 관한 다수의 믿음을 배제하는 것 그 이상을 행한다. 이 요구 사항들은 세계와의 투쟁의 다양한 유형들이 지배적인 정통으로 자리 잡은 시대와 장소에서도 우세한 믿음들과 모순되었다. 그리하여 세계와의 투쟁이 현대사회의 조직 방식과 충돌한다면(나중에 논의하듯이), 세계와의 투쟁은 또한 그 전제들을 통해 우리의 기존 사유 방식들과도 많은 점에서 모순될 것이다. 세계와의 투쟁은 몇 세기 동안 전대미문의 영향력을 행사하고 난 오늘날에도 세계와의 투쟁에 절대적으로 충성하겠다고 맹세하는 사람들의 다수의 의식을 완전히 꿰차지 못하고 있다.

1. 실재하는 단일한 세계가 존재한다(단일우주론)[2]

세계에 대한 가장 중요한 사실은 세계의 악명 높은 특수성이다. 즉, 세계가 다른 어떤 모습이 아니라 지금 이 모습으로 존재한다는 것이다. 단일한 세계가 실재한다는 관념(단일우주론)은 우리의 세계가 평행하게 존재하거나 가능성에서 현실성으로 이행하는 많은 세계들 중 하나일 뿐이라는 관념(평행우주론 혹은 다중우주론)과 대립한다. 세계와의 투쟁을 자극하

---

2 (원주) 세계와의 투쟁을 고취하는 형이상학적 비전의 테제들에 대한 논의는 다음의 책을 참조하라. Roberto Mangabeira Unger and Lee Smolin, *The Singular Universe and the Reality of Time*, 2014. 여기서 이 관념은 우주론과 자연철학 안에서 하나의 입장으로 자리매김된다. 앞의 책과 이 책의 주장의 연관성은, 우리가 이러한 형이상학적 비전을 급진화할 수 있을 뿐만 아니라 그렇게 함으로써 형이상학적 비전 및 자연 활동과 과학의 발견물을 화해시킬 수 있음을 시사한다.

는 비전과 양립하지 않은 다중우주론에 따르면, 실재하는 단일한 세계는 그 실재성의 일부를 여타 많은 현실적인 세계들에 양보한다. 그리하여 실재하는 단일한 세계는 자연의 활동에 대한 불확실하고 덧없는 변형에 불과한 것처럼 보인다.

실재하는 단일한 우주를 많은, 심지어 무한히 많은 우주 중 하나로 규정하는 입장은 현대 우주론과 물리학에서 두드러진 이력을 보유했다. 입자물리학에서 끈 이론string theory 같은 특정한 이론들은 우리가 사는 우주의 특성을 독자적으로 설명하지 못한 상태를 성공적으로 땜질하기 위해 다중우주론을 사용해 왔다. 그러한 이론들의 각 형태에 대해 자연 활동에 관한 각 이론의 표상을 유효하게 해 주는 각기 다른 우주가 대응한다. 그 견해에 따르면, 실재하는 단일한 우주는 이와 같이 상상된 우주들 중 하나에 지나지 않는다.

여기서 기술하는 실재에 대한 비전의 모든 요소들 중 실재하는 세계가 단일하다는 주장은 세계와의 투쟁에서 그다지 긴밀하고 불가피하게 전제되지 않은 것처럼 보일 수 있다. 그러나 우주의 단일한 존재는 시간의 실재성과 내밀하게 연결되어 있고, 이 실재성의 인정은 이제 세계와의 투쟁이라는 삶의 접근에 필수적인 것으로 증명된 역사와 새로움에 대한 견해를 밑받침한다. 반대로, 단일한 우주의 부인은 세계에서 일어나는 사건들이 다수의 매우 상이한 형태를 취할 수도 있거나 취해 온 하나의 대본을 집행한 것에 불과해 보이기 때문에 그 사건들이 지닌 운명적인 힘을 부분적으로 박탈한다.

인과적으로 서로 연결되지 않고 공유된 또는 총체적 시간을 결여한 다수의 우주가 존재한다는 견해가 세계와의 투쟁과 가까스로 부합한다면, 우주들 또는 우주 상태들의 계기繼起, 즉 연쇄적으로 이어지는 우주 상태들을 수축과 팽창의 굴절점들의 귀결로 파악하는 견해는 세계와의 투쟁과 용이하게 부합한다. 실재하는 단일한 세계는 하나의 역사를 가진다. 자연과학이 확립해 놓은 인간 지식 전체에 비추어 보면, 이 역사는 현^現 우주의 불타는 시원fiery beginnings 이전에 시작되었을지도 모른다.

2. 시간은 포괄적으로 실재한다

시간은 세계초극 형이상학의 급진적인 형태들이 표상하는 것처럼 환상도 아니고, 인과관계와 자연법칙에 관한 다수의 확립된 견해들이 전제하듯이 실재의 어떤 측면들에만 관여하지 않는다. 시간은 만물을 지배한다. 어떤 것도 시간의 영향에서 벗어나지 못한다.

시간의 포괄적 실재성 관념은 일반적으로 수용된 관념처럼 보이지만, 주류 서구 철학과 과학에서 벗어난 형이상학적 교리들로부터 도전받는다. 실제로 이 관념은 우리의 관행적 믿음, 특히 인과성에 대한 믿음, 나아가 이미 확립된 자연과학의 일부와 충돌하는 혁명적 명제이다.

20세기 물리학은 자연현상과 그 시공간적 배경 간의 구분을 전복시킨 동시에, 자연법칙의 불변 구조에 대한 믿음을 재확인했다. 그러나 불변적인 자연법칙관은 자연의 법칙, 대칭성, 상수들을 시간이 만물을 지배한다는 원칙의 예외로 상정한다. 이러한 관념은 우주가 역사를 가진다는 테제를 최종적 결론으로 취하지 못한다.

우주의 역사에 대해 현재 우리가 아는 하나의 해석에 따르면, 온도와 에너지가 무한 값은 아니지만 극단 값을 가졌고, 자연현상들은 나중에 냉각된 우주에서 보여 준 것보다 고도로 자유로운 여기^{勵起} 상태[3]에 있었고,

---

3 고열 고온으로 매우 유동적인 물질 상태로서 냉각 상태의 반대를 의미한다.

자연의 구성 요소들 간의 구조적 구분들이 아직 출현하지 않았고(또는 그러한 구분들이 초기에는 다양한 형태로 존재하다가 나중에 존재하지 않게 되었다면), 사태 자체와 사태를 통제하는 법칙 간의 구분이 효력을 발휘하지 못한 순간이 우주의 역사에 존재했다. 이윽고 법칙은 자연현상들과 함께 더욱 급격하게 진화했을지도 모른다.

자연과학이 해명해야 할 가장 일반적인 과제들에 대한 접근 방식을 냉각된 우주의 활동, 즉 인간이 생존한 역사의 순간에 존재한 우주 활동을 이해하려고 발전시켜 온 설명 방식을 우주사 전체로 확장하는 것은 부적절하다. 마찬가지로 이러한 접근 방식이 자연의 일부를 다루기 위해 전개해 온 설명 양식을 우주론적인 설명—달리 말하면, 전체로서 우주와 우주 역사에 대한 설명—작업에 동원하는 것은 오류이다. 우리는 오로지 국지적 탐구에서만 불변적 법칙들로 통제되는 현상들의 배위공간配位空間과 그 약정된 초기 조건을 성공적으로 구분할 수 있다. 냉각된 우주에 대한 설명에서 우주 역사 전체에 대한 설명으로, 우주의 일부에 대한 설명에서 우주 전체에 대한 설명으로 이행하는 두 가지 잘못된 기획은 모두 시간의 포괄적 실재성을 부인하는 데에 기여했다.

인과관계에 대한 관행적인 믿음들도 유사한 방식으로 시간의 실재성을 모호하게 처리한다. 관행적인 믿음들은 시간이 실재적이기는 하되 그렇게까지 실재적이지는 않다고 전제한다. 시간이 실재적이지 않다면 우리가 관행적으로 이해하는 인과관계도 존재하지 않을 것이다. 결과는 원인을 따를 수밖에 없다. 시간이 존재하지 않으면 인과관계는 다음과 같은 논리적 결론에 이른다. 즉, 삼단논법의 결론이 그 전제들과 동시간적이듯 그 결과는 원인과 동시간적이다. 그러나 시간이 포괄적으로 실재적이고, 자연법칙이 적어도 원칙적으로 자신이 통제하는 현상들과 함께 불연속적으로 전개될 수 있다면, 우리의 인과적 설명은 더 이상 불변적인 보증 수단을 갖지 못하게 된다. 현상들은 가변적인 자연법칙들에 따라 표류하게 된다. 인과관계는 이제 인과관계에 대한 우리의 관행적 믿음들이 의미하는 바와 다른 것을 의미하거나, 자연법칙의 파생물이라기보다는 그 선행물이 될 것이다. 인과율은 회귀적이고 법칙적인 형태를 취하든 그렇지 않든지 간에 자연의 원초적 특성으로 더 잘 파악될 것이다.

만물은 시간으로 인해 변한다. 그러나 시간 자체는 출현하거나 소멸하지 않는다.

포괄적 시간은 연속적이다. 연속 개념에 대한 등차적等差的 해석이 시사하듯이, 포괄적 시간은 공간에 대한 시간의 우월성에 압도된 시간관이 상정하는 것과 같은 일련의 정지 동작과 조각들로 파악될 수 없다.

그러한 견해에서 시간은 출현적이지 않다. 실제로 시간은 더 근본적인 배경으로부터 출현할 수 없는 실재의 유일한 측면이다. 우리는 어떤 것이 다른 어떤 것과의 관계에서 변화한다는 변화의 미분적微分的 성격을 인식함으로써 언제 어디서나 시간의 실재성을 알아챈다. 그러나 존재하는 사물들의 종류들도 변하고, 그 변화 방식도 변한다. 변화 자체를 포함해서 만물이 조만간 변하는 세계에서 변화의 불균등성이 바로 시간이다.

3. 새로운 것은 일어날 수 있다

세계와의 투쟁이 요구하는 비전에서 새로운, 정말로 새로운 사건들이 세계에서 일어날 수 있다. 현실의 기성 구조들과 당시 지배적인 자연법칙은 진정으로 새로운 것을 용인하지 않는다. 새로운 것은 기성 구조와 자연법칙에 대한 이해뿐만 아니라 기성 구조와 자연법칙 자체도 침해한다. 진실로 새로운 것은 기성 구조 및 자연법칙과 더불어 진화한다.

새로운 것은 현실 무대로 등장하라는 신호를 기다리면서 세계를 스토킹하는 유령, 즉 사변적 사유나 경험과학이 영원히 확인할 수 있는 모든 가능적 사태들의 범위 안에 있는 하나의 가능적 사태가 아니다.[4] 가능성의 외적 지평은 사변적인 사유나 경험과학으로도 미리 고정될 수 없다. 중요한 것은 인접한 가능성이다. 중요한 것은 다음에 우리가 무엇을 할 수 있는지, 어떤 개입행동으로 현재의 사태를 어떻게 변화시킬지, 우리 또는 자연이 지금 이곳에서 출발하여 도달할 수 있는 그곳이다.

진정으로 새로운 것은 경이로움, 즉 세계에 대한 우리의 현재적 이해의 기준에서뿐만 아니라 온갖 이해, 심지어 시간의 시작부터 종말까지 원인과 결과의 연속을 꿰뚫는 신적인 기준에서도 경이로움을 의미한다.

세계에서 경이로움의 활용 가능성과—심지어 인간 자신에게조차—경이로움을 유발하는 인간 능력은 세계와의 투쟁의 성스러운 형태나 세속적인 형태에서 공히 본질적인 부분이다. 신의 구원 역사役事는 신자에게는 결정적인 경이로움이다. 예언으로 아무리 자주 예고되었다고 하더라도 구원의 역사는 신의 은총과 인간의 분투 사이의 상호작용이 가능하게 해주는 끝없는 경이로움에 있으며, 이러한 경이로움이 나타나는 경우 철저한 전향을 표상한다. 불신자의 눈에 인류의 상승이 가장 명료하게 드러나는 징표는 생명력의 고양이다. 사회질서뿐 아니라 개인의 성격까지 정해 놓은 대본에서 벗어나 자유로이 행동한다는 의미에서 경이로움을 유발하는 능력

---

4 이 문장 속의 유령은 프랑스 수학자 피에르 시몽 라플라스Pierre Simon Laplace(1749~1827)가 상상한 가상의 존재를 의미한다. 보통 '라플라스의 악마'로 불린다. 1814년에 발행된 그의 에세이 〈대략적인 혹은 과학적인 결정론의 표현〉에는 "우주에 있는 모든 원자의 정확한 위치와 운동량을 알고 있는 존재가 있다면, 이것은 뉴턴의 운동법칙을 이용해 과거, 현재의 모든 현상을 설명해 주고 미래까지 예언할 수 있다"고 기술되어 있다. 웅거는 이러한 결정론을 거부한다.

은 생명력의 본질적인 부분이다.

동일한 원칙이 정신의 내적 조직에서도 지속된다. 모듈과 공식에 사로 잡히지 않은 정신의 측면, 즉 상상력으로서의 정신은 모듈적이고 공식적인 기계로서의 정신을 지배할 수 있다. 상상력으로서의 정신은 뇌의 물리적 구성과 기능에서 일어나는 온갖 변화의 결과로서 힘을 발휘하는 것이 아니다. 그것은 사회와 문화의 조직뿐만 아니라 개인의 성격과 삶의 지향에서 누적적인 변화의 결과로서 힘을 발휘한다. 사회와 문화가 맥락보존적인 운동과 맥락초월적인 운동 간의 격차를 감소시키고, 학교가 가족이나 국가의 도구로 그치지 않고 미래의 목소리로서 예언적 사명을 실행하면 상상력으로서의 정신은 기계로서의 정신에 대해 통제력을 획득한다.

경이로움을 인성의 구성적 속성으로 파악하는 이 견해는 기존의 자연과학적 이해에 입각한 인과적·통계적 결정론의 양식들에 비해 이질적이다. 또한, 많은 실증적 사회과학의 정신과 관행에도 이질적이다. 그리고 그것이 실제로 인간의 상상적 통찰력과 변혁적 행동 권능을 주장하는 경우, 그 관념은 반대론자들에게 비합리주의처럼 보일 것이다.

4. 역사는 열려 있다

역사의 개방성은 역사의 경로가 대본, 즉 우리가 거부할 수 없고 개작할 수도 없는 대본을 전혀 따르지 않는다는 것을 의미한다.

이 대본의 원용은 어쨌든 단순한 환상 그 이상의 것이다. 그것은 사실에 대한 오해, 즉 이미 구축된 사회와 문화 제도들이 발휘하는 영향력에 대한 오해이다. 제도는 그 참여자들이 제도에 도전하고 이를 변화시킬 수단과 기회에 용이하게 접근하는 것을 부인하는 방식으로 구축된다. 제도는 제도적 또는 이데올로기적 질서 안에서 우리가 만드는 일상적인 운동과 위기 국면

때 우리가 전형적으로 이러한 질서에 도전하고 이를 변화시키는 비일상적인 운동 간의 격차를 더 확대시킬 수 있다. 이런 구조 안에서 기성 질서의 성스러움, 권위 또는 필연성에 대한 믿음은 자기충족적 예언을 표현할지도 모른다. 그 예언 덕분에 현재의 제도들은 그 제도의 통제 아래 사는 사람들이 승인한 이익과 공언한 이상들을 실행할 유일한 수단처럼 보이기 시작한다.

사회의 제도적이고 이데올로기적인 체제 또는 사상에서 개념적 체제가 성스러움, 권위 또는 필연성 같은 속성을 더욱 많이 보일수록, 그만큼 그 체제는 우연적이고 수정 가능한 집단적 구성물이라기보다는 더 사물 같은 혹은 이질적이고 저항 불가능한 운명처럼 보인다. 그러나 그러한 경향이 극단까지 치달은 경우에도, 기성 질서 안에 살지만 거기에 저항하고 이를 변화시키는 사람들의 권능 앞에서는 그 질서가 결코 철벽을 구축하거나 그 질서 안에 살고 있는 사람들을 불운한 꼭두각시 상태로 완전히 왜소화시킬 수 없을 것이다. 예측하지 못한 상황이 질서의 안정성을 흔들기 시작하는 순간, 기성 질서에 대한 사람들의 양가성은 분명하게 드러난다. 삶이나 사상 체제의 양순한 도구처럼 보였던 사람들은 이제 배교背敎와 전복의 얼굴을 드러낸다.

어쨌든 우리는 사회와 문화 제도들이 자체 쇄신 도구를 제공하고 그 기회를 확대하도록 제도들을 재편할 수 있다. 변혁이 일상생활의 정상적인 업무 처리에서 더 지속적으로 일어나고, 변화가 변화를 가능하게 하는 조건으로서 위기에 덜 의존하도록 맥락보존적인 운동과 맥락수정적인 운동의 격차를 줄일 수 있다.

사회와 문화의 조직에서 이러한 변화가 일어나면, 역사는 그 원칙뿐 아니라 실제에서도 변혁적 행동에 더 개방적으로 변한다. 그 결과는 인간의 상승에 실체와 광채를 더하고, 인간을 더 자유롭고 더 원대하게 만든다. 더 나아가, 구원종교의 신자들이 신에게 돌리는 속성 중 일부도 인간의 몫으로 돌아온다.

똑같은 운동을 관념과 담론적 실천 영역에서도 수행할 수 있다. 이런 영역에서 벌어지는 운동은 비전에 대한 방법의 우위와 분과 간 구분의 경직성이 가장 중요한 사항을 사유하고 말하는 능력에 부과하는 제약 요소들을 이완시킨다. 이 운동은 각 분과에서 지적 쇄신의 속도를 촉진시킨다. 관념과 태도에서의 변화는 제도에서의 변화와 결합하여, 비모듈적이고 비공식적이며 동시에 회귀적 무한성과 부정의 역량[5]을 가진 상상력으로서의 정신으로 하여금 모듈적이고 공식적인 기계로서의 정신을 지배하게 한다.

역사의 개방성 관념은 사실의 주장이자 행동의 목표이다. 사실의 주장으로서 역사의 개방성 관념은 인간의 본질적 특성, 즉 온갖 맥락에 대한 인간의 초월성을 포착하고 인간의 소질과 경험의 모든 측면을 여건과 초월의 변증법으로 해석한다. 행동의 목표로서 역사의 개방성 관념은 사회적·문화적 제도의 내용뿐 아니라 그 성질에서도, 달리 말하면, 구조에 저항하고 구조를 초월하는 인간의 권능과 사회문화적 제도 간 관계의 성격에서도 진보적인 변화를 요구한다.

역사를 개방적으로 만드는 데에 성공하고, 나아가 인간의 역사라는 이유로 역사가 결코 상실할 수 없는 근본적인 개방성을 인정하는 것은, 신자들에게는 이전 단계 변화의 보충이자 지속을 의미한다. 신은 인간을 육화된 영으로 창조하던 때에 이미 인간 역사의 개방성을 보증했다. 신은 역사에 개입함으로써 인간에게 역사의 개방성을 이용하도록 허락했다. 기독교 신학의 언어로 표현하면(다른 셈족의 구원종교들도 유사한 표현을 가

---

5 웅거는 시인 존 키츠의 '부정의 역량'이라는 개념을 채용한다. 이는 체제를 전복하는 능력보다는 체제를 비판하고 재구성하는 역량을 의미한다.

지고 있다) 은총으로 드러난 신의 구속 역사는 인간으로 하여금 죄―신, 타자, 그리하여 우리 자신으로부터의 분리―에서 자유를 획득하도록 해준다.

반면에, 불신자의 관점에서 역사의 개방성은 사실의 주장이자 행동의 목표로서 우리가 만들고 살아가는 사회적·문화적 맥락의 내용뿐 아니라 그 성격까지도 변화시킬 기회를 인간에게 제공한다. 또한 활용 가능한 대안의 관점에서 사회와 역사의 현실을 이해하는 능력, 즉 상상력을 발휘하는 데에 필요한 넓은 공간을 확보해 준다.

그러나 사회와 역사 이해에 지배적인 접근들은 갖가지 방식으로 역사의 개방성을 부인한다. 카를 마르크스의 작업을 통해 범례적으로 전개된 유럽의 고전적인 사회이론은 사회구조가 우리 인간이 다시 상상하고 쇄신할 수 있는 인공물이라는 관념을 인정했다. 그러나 일련의 필연주의적 미신을 수용함으로써 그 혁명적 통찰의 가치를 훼손했다. 필연주의적 미신들이란, (사회를 조직하는 대안적 방식에서 가능성의 지평이 영구적으로 확정되었다는 취지에서) 역사의 과정에서 지속적으로 실현되는 불가분적인 제도적 체계들의 완결된 목록이 존재한다는 관념, (모든 정치는 그 하나의 체계에 대한 개량주의적 개혁이거나 그 혁명적 교체를 양자택일적으로 의미한다는 취지에서) 이 제도적 질서들이 각각 불가분적인 체제를 이룬다는 관념, (역사는 프로그램적인 상상력이 필요하지 않는다는 취지에서) 역사적 변화의 냉혹한 법칙들이 체계의 계기繼起를 추동한다는 관념 등이다.[6]

---

6 웅거는 《민주주의를 넘어Democracy Realized》에서 이 필연주의적 미신을 완결성 테제, 불가분성 테제, 법칙성 테제로 규정한다. 이 미신들이 인간의 주체성, 사회제도의 가소성, 정치의 가능성, 역사의 개방성과 지속성을 부인한다고 질타한다.

이 사이비 필연성의 미신들은 사회질서의 인공적 성격에 관한 테제가 그 급진적이고 진정한 결론—전체 사회질서는 사회생활 조건을 둘러싼 투쟁의 일시적 통제로서 동결凍結된 정치[7]라는 인식—에 도달하는 것을 막았다.

실증적 사회과학들은 또한 고전적 사회이론에서 중심적인 역할을 하는 사회생활의 표층과 심층 간의 구별 그리고 형성적 구조들과 형성된 일상들 간의 구별을 포기하였기 때문에 곧바로 고전적 사회이론의 강력한 사이비 필연성 주장들을 거부했다. 결과적으로 실증적 사회과학들도 똑같이 사회와 문화의 역사에서 구조적 불연속을 이해하려는 시도를 포기했다. 사회생활의 대안적 질서에 대한 주장은 경험의 해명에서 어떠한 근거도 확보하지 못했다. 달리 말하면, 현실에 대한 통찰과 인접한 가능성들에 대한 상상력 사이에서 중요한 연결 고리를 확보하지 못했다. 자연성과 필연성이라는 고색창연한 외관이 사회생활을 덮쳤고, 소위 사회과학은 대안이 없다는 독재를 유지하는 데에 공범이 되었다.

정치철학이나 법이론 같은 규범적 담론들은 지성의 추락을 시정하는 데에 아무런 역할도 하지 않는다. 규범적 담론은 북대서양 양안의 부유한 나라에서 최신의 주요한 제도적 · 이데올로기적 타협안—조세와 이전지출移轉支出(transfer payments)을 통한 보상적 재분배와 공정한 정책과 원칙의 언어 속에 법의 이상화—을 인간화하거나 개선하기 위해 고안된 관행들에 이론적인 근거를 제공할 뿐이다. 인문학은 사회의 재편이나 새로운 상상과는 괴리된 주관적인 경험에서의 모험을 위한 지반으로 변모한다. 이러

---

7 '동결된 정치(frozen politics'에 대하여 웅거는 고에너지(high-energy 민주정치를 주창한다. 그것은 변화를 억제하는 헌법적 · 정치적 구조를 이완시키고, 대중의 참여를 강화하는 정치 구조의 현실화를 지향한다. 웅거는 정치의 속도(억제적 제도의 이완)와 온도(대중 참여의 제고)를 높여야 한다고 주장한다.

한 담론들은 우리에게 사슬에 묶인 채 노래하라[8]고 가르친다.

어쨌든 사회와 역사에 대한 지배적 관념들은 우리가 역사의 개방성을 이해하지 못하도록 하며, 역사를 더욱 개방적으로 바꾸는 방법에 관한 지침을 제공하지 못한다.

5. 주체는 헤아릴 수 없는 심오함을 가진다

세계와의 투쟁과 대립하는 입장을 고려해 보면 세계와의 투쟁을 고취하는 비전에서 주체의 심오함이 갖는 의미를 가장 잘 이해할 수 있다. 우선, 세계와의 투쟁은 주체를 그가 차지한 사회적 지위로 환원하는 것에 반대한다. 지위는 인간을 사회적 분할과 위계제의 기성 구조 안에서 역할 수행자로 설정하기 때문에 개인은 그의 신분, 공동체 또는 역할의 육화이다. 개인은 자신의 지위가 맡긴 계획을 실행할 뿐이다.

이러한 점에서 주체의 심오함이라는 관념은 세 가지 지향의 돌파구들이 공유하는 하나의 주제, 사람들 간의 분할의 천박성shallowness이라는 주제를 표현한다. 어떠한 분할 형태도 영원히 지속되지 않는다. 그 분할이 개인에게 무엇을 해야 하고 어떻게 느껴야 할지를 교시하면서 배정한 어떠한 대본도 조건적이고 일시적인 복종 그 이상을 얻지 못할 뿐 아니라 인성의 핵심으로 들어가지도 못한다.

이 주체 관념은 마찬가지로 덜 분명하지만 개인을 주체의 경직된 형태인 성격으로 환원시키는 것도 거부한다. 판에 박힌 공식성과 새로움 사이

---

8 '사슬에 묶힌 채 노래하기sing in our chains'. 요절한 영국 시인 딜런 토마스Dylan Thomas(1914~1953)의 〈아련한 언덕Fern Hill〉의 마지막 구절에 나온다. 〈아련한 언덕〉은 자연과 죽음, 시간과 추억을 담은 목가적인 시이다. 웅거는 《주체의 각성》 서문에서 실험을 포기하고 현실에 안주하는 태도를 함축적으로 규정할 때 이 말을 사용했다.

의 변증법은 경험의 모든 측면과 관련이 있다. 일상과 반복은 새로운 일이 발생하고 의미를 가질 수 있는 구조를 창조한다. 그러나 심오한 주체관에서 보자면, 인간의 과업과 참여에 대한 전체적인 지향의 경직성은 유한한 여건에 의한 인간의 소진불가능성을 부정하는 것이다.

이렇게 볼 때 심오한 주체관은 고등종교 또는 초월종교(여기서 고려한 세 가지 실존접근을 발전시킨 사유 방식들)를 낳은 종교적 혁명들에 공통적인 믿음을 넘어선다. 이 관념이 긍정하는 심오함은 초월의 정반대 측면이다. 실존의 모든 유한한 조건과 무한한 것에 대한 갈망 사이의 불균형과의 대결이 심오함의 핵심이다. 이 불균형에서 사이비 초월과 우상숭배의 유혹이 등장한다. 온갖 사회질서를 성화聖化하는 작태는 이러한 유혹의 특수한 경우(무한한 것에 대한 갈망을 어울리지 않은 유한한 수단에 투사하려는 성향)를 표현한다. 맥락에 대한 인간의 초월을 배반하는 제약과 타협들 중 왜소화에 대한 취약성 역시 이러한 유혹들에서 유래한다.

더 철저하게 파악된 주체의 심오함은 인간 상호 간뿐만 아니라 우리 자신에 대해서도 우리의 모호성을 설명해 준다. 주체의 심오함은 우리 자신을 상호적인 욕구의 대상으로, 우리가 영원히 만족시킬 수 없는 무한한 욕구의 대상으로 만드는 데에 일조한다. 우리는 타자에게 그가 줄 수 있는 것보다 더 많은 것을 요구한다. 우리는 타자에게 타인의 자기희생이 우리 각자에게 무조건적인 위치를 보증해 주고 사랑을 통해 우리의 무근거성을 만회해 주기를 요구한다.

다른 주체를 터무니없는 갈망의 대상으로 전환시키는 것은 바로 다른 주체의 심오함이다. 그러나 주체와 다른 주체의 심오함은 그러한 갈증이 완전히 진정되는 것을 저지한다. 우리는 다른 주체를 붙잡은 경우에도 다른 주체를 소유할 수 없다. 육화된 영으로서 다른 주체는 우리의 손에서 빠져나간다. 그래서 마치 다른 주체는 우리에게 신 혹은 무無를 가리키는 것처럼 보인다.

6. 일상적인 것은 거창한 것보다 더 많은 것을 약속한다

신은 히브리 성서에서 이렇게 말한다. "나는 내 영을 만인에게 부어 주리라."[9] 세계와의 투쟁에서 보통 사람들은 신적 존재the divine의 불꽃을 가지고 있다. 보통 사람들은 육화된 영으로서 자신을 왜소화시키는 여건에 체념하지 않는다. 신성한 은총의 도움을 받든지 그렇지 않든지 간에, 보통 사람들은 상승할 수 있다.

보통 사람들의 상승할 권능—신성의 속성에 대한 보통 사람들의 몫을 증강시킬 수 있는 권능 또는 신 혹은 자신 안에 있는 신적인 것에 더 가까이 다가설 수 있는 권능—은 모든 역사적 문명들이 취급해 온 고귀한 존재와 비천한 존재 간 위계의 전복을 전제하고 이러한 전복을 낳는다.[10]

천한 존재가 고귀한 존재에 필적하고, 감성의 저급한 형태가 성스럽고 정전적인 형태와 마찬가지로 계시적이라는 것을 넘어서서 천하고 저급한 존재가 고귀하다. 셰익스피어가 언급한 "물 자체, 길들여지지 않은 사람"[11]에 우리 각자가 더 가까이 접근하는 것을 방해하는 (자신과 타자에 대

---

9 "그런 다음에 나는 내 영을 만인에게 부어 주리니, 너희의 아들과 딸은 예언을 하리라. 늙은이는 꿈을 꾸고, 젊은이들은 환상을 보리라. 그날 나는 남녀종들에게도 나의 영을 부어 주리라."(요엘 3:1-2) 또한 사도행전 2:17 참조.

10 웅거가 말하는 보통 사람들의 위대성greatness은 개인의 차원에서나 집단적인 차원에서도 반복되는 중요한 관념이다. 그것은 영적으로는 프로테스탄티즘의 만인사제주의를 다시 부각시키고, 세속적으로는 평균화를 목표로 하는 평등주의적 정책론(마르크스주의)을 능가한다. 모든 개인에게 예언적 역량과 기회를 제공하여 그의 잠재력을 완전히 꽃피우려는 것이 위대성 관념의 함축이다.

11 셰익스피어 《리어왕》(3막 4장)에 나오는 구절이다.

한) 자세와 경계 태도로부터 저급하고 천한 존재가 더 자유롭기 때문에 천하고 저급한 존재는 고귀하다. 보통 사람들이 세상의 기성 권력에 의해 고아처럼 취급받을수록 그들은 자기 안에서 신적 존재를 발견하고 그들이 원대한 삶과 고귀한 존재 상태로 상승하는 것을 막는 기성 제도에 맞서 투쟁할 이유가 그만큼 더 많아진다. 우리가 사슬을 경제적 예속의 가장 극단적 형태뿐 아니라 인간을 굴욕적으로 처우하고 더 위대한 실존에 도달할 타고난 권리를 인간에게서 부정하는 수단까지 포함해서 이해한다면, 보통 사람들이 "잃을 것이라곤 사슬뿐이다."[12]

우리는 우리를 체념으로 유혹하는 온갖 이유들을 안다. 그럼에도 불구하고 세계와의 투쟁으로 도입된 원칙은, 그것이 초월적 신의 구원 역사에 의존하든 그렇지 않든 간에, 우리의 가장 가치 있는 힘과 경험을 만인의 공유 자산이라기보다는 소수의 특권처럼 보이게 만드는 온갖 기성의 사회적 · 도덕적 · 미적 위계 구조를 무너뜨리고 해체하는 잠재력을 가진다.

그리하여 엄청난 가치의 전도가 나타나서 구원 서사에서 바리새파(율법주의자들)보다는 매춘부에 대한 선호에, 사회적 관념에서 재산과 권력 없는 대중이 보편적인 인간 이익의 가장 신뢰할 만한 담지자라는 확신에, 예술에 대한 태도에서 장르의 혼동과 희극이 비극보다 고차적이라는 확신(희극이 변혁적 기회를 더 많이 시사하기 때문에 더욱 참이라는)[13]에 이른다.

그로부터 나오는 도덕적 의식 형태는 문제거리를 피하기보다는 찾아

---

12 마르크스 · 엥겔스의 《공산당 선언》에 나오는 문구이다.

13 그리스 고전기에 비극이 귀족적 영웅주의를 말함으로써 민중들을 순치시키는 정치적 역할을 수행했고, 마임극이 오히려 민중적 정서를 대변했다는 아널드 하우저의 통찰을 여기에 덧붙일 수 있다. 《문학과 예술의 사회사》 참조.

나서는 것이 인간에게 낫다는 점, 인간의 고양은 실망, 환멸, 패배에 대한 고양된 감응성의 의도적인 수용에서 시작된다는 점, 인간은 그 방패를 내던질 때 생명력의 첫 번째 조건을 획득한다는 점, 사회질서의 위계제를 수용하는 어떤 도덕적 또는 미적 판단 기준도 의심과 저항을 받기 마련이라는 점을 가르친다.

우리는 이 같은 가치 역전이 그동안 사회를 공고화하는 시멘트를 지속적으로 제공해 온 관행적인 도덕적인 신념을 그다지 교란시킬 수 없었다는 점을 확인하기만 하면 된다. 이를 위해 조직된 종교의 화석 형태들과 전통적인 세속적 인본주의를 조사하기만 하면 된다. 어떠한 철학적 교리도 세계와의 투쟁이 자리한 형이상학적 배경에서 가치 전도가 갖는 의미를 해명하거나 발전시키지 않았다. 가치 전도 관념을 사상의 중심 관심으로 삼았던 유일한 현대 철학자 프리드리히 니체는 고귀한 것에 대한 비천한 것의 하극상raising에 매우 단호하게 저항한 인물이었다. 니체는 이러한 하극상의 그림자, 모호성, 모순을 하극상의 압도적인 충동으로 오해하여 하극상을 원한ressentiment이라 불렀다.[14]

주체의 관념

세계 및 세계 안에서의 인간 위치에 대한 이 같은 비전은 인간 상승에 의미를 부여하는 믿음의 맥락을 창조한다. 그러나 세계와의 투쟁의 성스러운 형태와 세속적인 형태가 공유하는 것 가운데 핵심은 이 비전이 아니

---

14 니체는 《도덕의 계보》에서 유대 민족이 가치 전도를 통해. 즉 노예들이 '선택된 민족'이라고 생각함으로써 노예반란에 성공했다고 지적한다.

다. 공유 사항의 핵심은 주체에 대한 관념과 주체와 여건의 관계에 대한 관념이다. 기독교 신학의 어휘를 차용하면, 육화된 영의 관념으로 부를 수 있다. 어쨌든 여기서는 이 용어를 온갖 분파적인 신학적 내용을 말끔히 제거하고 세계와의 투쟁의 신성한 형태와 세속적인 형태에 중립적으로 사용한다.

주체와 분리될 수 없는 필멸하는 유기체 속에 육화되어 있는 우리는 우리가 살아가는 사회적·문화적 맥락들에 의해 형성된다. 이 맥락들은 유전적 소질과 함께 우리를 현재의 모습으로 형성한다. 우리는 이러한 맥락 위로 자유로이 떠도는 체할 수 없다. 그러나 이 맥락들은 우리를 소진시키지는 못한다.

맥락 안에 존재하거나 존재할 수 있는 것보다 개인으로서뿐만 아니라 집단(인류)으로서도 우리 안에는 더 많은 것이 존재한다. 특정한 제도적 체제나 믿음 체계에 존재하거나 존재할 수 있는 것보다 더 많은 것이 우리 안에 존재한다. 더 나아가, 모든 체제와 체계 전체 안에 존재하거나 존재할 수 있는 것보다 더 많은 것이 우리 안에 존재한다. 이는 인간의 사회적·정신적 경험의 특정 측면이 아니라 모든 측면에 적용된다.

인간의 자기이해에 대한 이러한 추상적 명제가 함축한 급진적 의미를 인식하지 못하는 경우에만 이 추상적 명제는 도발적이지 않은 것처럼 보인다. 여기서 육화된 영 관념에서 중요한 것을 시사하는, 구체적인 수준에서 매우 다른 경험 영역의 세 가지 사례를 보자.

첫 번째 사례로 시장경제의 제도적 안배를 들 수 있다. 법의 세부 사항으로 표현된 시장경제의 제도적 안배들은 재화와 서비스 생산에서 상호 협동하고 사람과 자원을 결합하는 방식의 한계를 설정한다. 제도적 안배는 경제적 활동 기회의 분산〔민주성〕과 규모의 경제〔효율성〕의 활용에 대한 관심을 화해시키는 방식을 결정한다. 제도적 안배는 자유로운 협동이나 아직 노예제나 농노제의 잔재를 간직한 임노동을 통해 우리가 서로의 노동을 이용하는 조건들을 확립한다. 그리고 자본의 분산된 요구에 대한 우리의 접근 형태와 조건들을 조정하고, 결과적으로 사적인 행위와 국가의 규제적 또는 재분배적 권력 간의 경계를 획정한다.

법의 규칙과 원칙에 규정된 제도들의 재고在庫는 다소간 탄력적인 것으로 입증될 수 있다. 우리는 시장경제를 그 유일한 형태에, 즉 계약과 재산의 유일하고 배타적인 체제에 결박당하지 않도록 조직할 수 있다. 동일한 시장경제 안에 사유재산과 사회적 재산으로 이루어진 대안적 체제를 실험적으로 공존시킬 수도 있다. 더 자유롭게는, 시장질서의 대조적인 목표들—경제활동의 독립적인 원천의 다각화와 가용자원에 대한 각 경제행위자들의 접근통제권의 다각화—을 경제 각 분야의 성격에 따라 화해시키는 방식으로 실험할 수 있다. 우리는 협력의 관행뿐 아니라 생산과정에서도 한층 더 항구적으로 유보없이 혁신을 이룰 수 있다.

그러나 시장경제의 조직을 위한 어떠한 일련의 법적 제도나 다른 제도들도 실험을 무한정으로 수용하지는 않는다. 또한, 그 어떤 것도 우리가 어떤 생각이든지 표현할 수 있는 자연언어의 이상적 한계에 접근하지 못한다. 우리에게는 기성 제도들과 이를 밑받침하는 관념들이 용인할 수 없는 생산조직 방식을 상상하고 도입할 권능이 있다. 이 권능으로 우선 시장 체계의 제도적 안배들을 혁신하고, 그 혁신을 확실하게 하는 규칙과 관념들을 회고적으로 공포할 수 있다.

예컨대, 시장경제의 조직에서 미국과 여타 교전 국가들에서 그 같은 혁신이 이루어졌다. 생과 사의 위험의 압박 아래서 이 정부들은 해소할 수 없을 정도로 정부와 결합된 제도들을 폐지하고 새로운 기초 위에서 생산을 조직했다. 특히 재산의 모든 권능을 단일한 권리 보유자, 즉 소유자에게 부여하여 사기업과 정부 활동을 구분하는 통일적인 재산권unified property right의 경계를 극복했다. 정부가 정부와 사기업 간의 자유분방한 조정뿐 아니라 기업들 상호 간의 협력적 경쟁에 기초하여 생산을 조직하던 때에 이 정부들은 암묵적으로 그러한 경계를 넘어섰다. 그 결과, 새로운 법과 관념을 만들어 내었다.

다음으로 인간 경험의 반대편 극단에서 두 번째 사례를 고려해 보자. 즉 물리학이나 수학과 같이 정신의 가장 엄격하고 체계적이고 야심 찬 시도에서 기성의 방법과 전제들의 통제 요소들을 극복하는 인간 능력을 살펴보자.

우리가 자연에서 우리의 가정과 방법이 공인하는 발견들만 확보했다면, 과학적 관념에서 어떠한 혁명도 일어나지 않았을 것이다. 적절한 사례는 물리학의 혁명적 과거보다는 물리학의 난제들에서 찾을 수 있다. 우주가 역사를 갖는다는 발견을 지금까지 이해한 것보다 더 훌륭하게 이해하려 할 때, 우주론적으로 적용된 물리학이 지금까지 물리학의 경로를 형성해 온 네 가지 밀접하게 연관된 가정들[15]을 포기해야만 했다는 점을 기억하자.

첫 번째 일련의 가정은 갈릴레오와 뉴턴 시대 이래로 물리학에서 정전적인 위치를 차지한 설명 방식이다. 나는 이를 앞에서 '뉴턴식 패러다임'이라고 불렀다. 우리는 뉴턴식 패러다임에 따라 불변적인 법칙들이 어떤 현상들의 운동이나 변화를 통제하는 배위공간(우주의 일부)과 그 배위공

---

15 (원주) 네 가지 가정을 기각하는 이유와 기각의 결과에 대한 전반적인 설명은 《단일우주와 시간의 실재성》을 보라.

간을 형성하는 약정되고 미해명된 초기 조건을 구별한다. 그러나 일련의 설명을 위해 단지 약정된 것은 또 다른 일련의 설명으로 해명되어야 할 주제로 변할 수 있다. 물리학자와 우주과학자들은 뉴턴식 패러다임을 우주 역사의 어떤 측면을 해명하는 데에 추정적으로 활용한다. 그러나 그와 같은 외삽extrapolation은 우주론적인 오류에 빠진다. 배위공간과 초기 조건의 구분은 자연의 일부가 아니라 우주 전체와 우주 역사를 논의 주제로 삼는 경우에 붕괴한다.

두 번째 일련의 가정은 물리학과 우주론에서 냉각된 성숙한 우주에서 나타나는 특성들, 적정한 수준의 온도와 에너지의 존재, 현재 사태에 대한 계기繼起에서 제한적인 변화가능성, 상이한 요소들로 규정된 분화된 구조들로 조직된 자연, 자연법칙이 통제하는 사태들과 명료하게 구별되는 안정적인 자연법칙 등을 일반화한다. 그러나 우주의 초기 역사에 대해 지금 우리가 알고 있는 바를 감안할 때, 자연은 이 모든 특성들로부터 자유로운 완전히 다른 면모를 보인 시간이 존재했다고 추측할 수 있다. 자연의 활동에 대한 관념과 설명적 절차들은 자연의 두 가지 면모를 반드시 포괄할 수 있어야 한다.

세 번째 일련의 가정은 불변적인 자연법칙 관념을 고수하는 것이다. 정통 자연과학 이론에 따르면, 이와 같이 유효한 법칙들과 법칙의 작동 속에서 범례화된 더 일반적인 원칙들은 인과적 판단의 불가피한 보증으로 복무한다. 20세기 물리학이 물리적인 사건에 대한 불변적인 공간-시간 배경 관념을 폐기하자, 지배적인 정통 이론은 자연법칙의 불변적인 구조 관념을 다시 주장했다. 그러나 이 불변적 구조 관념은 우주가 역사를 가진다는 사실의 결론들과 양립 불가능한 것으로 밝혀질 수 있다. 법칙은 비록 불연속적이지만 현상과 동시간적으로 진화할 수 있다. 어쩌면 인과율은 자연의 원초적인 특성일지 모르며, 법칙과 대칭성, 상수들은 인과적 판단의 초시간적 기초라기보다는 냉각된 우주에서 인과율이 상정한 형식들일지도 모른다.

네 번째 일련의 가정은 시간이 근본적이지 않다는 것이다. 시간이 실제로 다소간 환상적이지 않다고 하더라도 시간은 시작과 끝을 가진다. 앞선 세 가지 가정들을 폐기하면 시간은 출현적인 것이라기보다는 근본적이라는 견해로, 즉 (시간을 공간적 관점에서 파악하려는 현대적 충동과 달리) 시간은 출현적이지 않은 실재의 유일한 측면이라는 견해로 이끌리게 될지도 모른다.

그렇다면 이 네 가지 서로 연관된 가정들의 거부가 우주론에서 무엇을 의미하는지를 생각해 보자. 네 가지 가정의 거부는 자연과학의 내밀한 영역 안에서 자연뿐만 아니라 과학 자체에 대한 가장 일반적인 믿음들의 방향을 급진적으로 재정립시킬 것이다. 이 재정립이 정당화되거나 그렇지 않을 수도 있고, 다소 제약된 형태로 정당화될 수도 있다. 그러나 재정립은 어디까지나 인간 정신의 전유물에 속한다.

방향 재정립이 시도된다면, 그것은 갈릴레오와 뉴턴의 물리학을 낳은 변화들을 포함해서 과학사의 과정에서 과거에 일어난 변혁들의 극단적 사례를 대표할 수도 있다. 변혁적인 충동은 자연이 작동하는 방식에 대한 단편적이지만 점진적인 통찰을 이해할 필요에서 발생한다. 네 가지 유형의 가정들의 전복에 함축된 과학적 견해는 사후적으로만 형태를 가질 것이다. 우리는 과학의 관행과 가정에 대한 새로운 이해가 함축한 바를 완전하게 파악하기도 전에 자연의 근본적인 측면들을 다르게 이해하게 될 것이다.

이처럼 이탈하려는 정신의 힘—자신의 방법과 가정에 도전하고 방법과 가정이 허용하는 것보다 더 많은 것을 다르게 보려는 능력—은 정신의 두 번째 반反공식적인 측면을 표현한다. 상상력으로서의 정신이 부정의 역량에서 기쁨을 발견하고, 다음 두 가지 운동의 연속으로 항상 행동하기 때문이다. (이미지가 지각의 기억인 까닭에) 첫 번째 운동은 현상들에 거리를 두는 것이라면, 두 번째 운동은 변혁적 변주이다. 우리는 이러한 운동을 수행함으로써 현상을 인접한 변화의 시각에서 파악하고, 이어서 다른 조건에서 또는 일정한 개입의 결과로서 사태가 어떤 모습으로 변화할 수 있는지를 예상함으로써 사태를 이해하는 데에서 진보한다. 상상력은 현실 세계를 더 잘 파악하고 변혁적 의지를 더 훌륭하게 지도하기 위해 음침하고 모호한 사실성의 부담을 현실 세계에서 제거한다.

세 번째 사례는 사회 조직이나 탐구 관행보다는 경험의 수수께끼들로부터 나온다. 이 사례는 나중에 세계와의 투쟁에 대한 비판에서 주요한 역할을 하지만 여기서는 참여와 초월의 변증법을 설명하는 데에 유용하다.

지배적인 종교적 · 도덕적 · 정치적 믿음들이 세계와의 투쟁의 성스러운 또는 세속적인 형태들로 고취되는 사회들을 고려해 보자. 거의 모든 현대사회가 여기에 해당한다. 셈족 유일신교들의 메시지를 모르는 사회들조차 민주주의와 낭만주의가 내건 약속과 주장으로 인해 동요를 겪어 왔다. 종교적 그리고 세속적 기획이 묘사하는 더 높은 삶으로의 상승 형식들은 그 내용이 신과의 교통과 영생을 통한 구원이든, 사회적 억압의 극복이든, 보통 사람들의 풍요롭고 복잡한 주관적인 삶의 발견과 발전이든[16] 모두 우리의 희망을 미래에 둔다. 우리가 신에게 더 가까이 인도되지 못할지라도 우리는 더욱 신처럼 변모할 수 있다.

미래의 축복이 어떤 식으로든 우리의 경험을 변혁하지 못하고 지금 당장 우리의 영적 또는 실천적 역량을 강화하지 못한다면, 이러한 메시지는

---

16 각기 기독교적 구원, 마르크스주의적 노동해방, 낭만적 · 문화적 비전을 가리킨다.

현실로 변환될 수도 없고 신뢰할 수도 없다. 그렇지 않으면 그 선이 우리가 보유한 유일한 실재인 현재보다는 미래(인간의 역사적 혹은 초역사적인 미래)에 놓여 있기 때문에 우리를 외면하는 선을 붙잡는 데에 우리의 삶을 한없이 탕진할 것이다. 그래서 이 모든 믿음의 정통 이론은 우리가 지금 당장 변화되는 것에 착수해야 하고, 우리의 행동과 의식을 올바르게 정립하기만 하면 지금 당장이라도 미래의 구원이나 역량강화를 취할 수 있다고 주장해야 한다.

미래를 현재적 선으로 변환하는 작업은 어쨌든 불완전하게만 작동한다. 더구나 민주주의 아래서 삶의 여건들은 우리에게 중단 없는 분투를 자극하고 현재의 조건에 만족할 수 없게 만든다. 가장 독실한 사람들조차 죽음에 임박하여 의문을 품을 수 있는 영생의 약속도, 우리가 영원히 접할 수 없는 미래 사회의 전망도, 고급문화나 대중문화 속에서 우리의 일상생활 기조에서 황홀한 느낌으로 분리된 위대한 존재들에 대한 환기도 우리의 번뇌를 진정시키기에는 충분하지 않다. 우리의 현재적 경험이 우리가 확실하게 확보하기를 희망할 수 있는 유일한 선이라는 점은 변함없지만, 우리는 현재적 경험과의 격차와 소외를 겪는다. 현재의 가치는 미래, 즉 우리에게 배정된 시간의 경계를 넘어가는 미래에 투영되어 있기 때문에 우리가 붙잡을 수 없는 선과 비교되면서 훼손된다. 그래서 붙잡을 수 없는 선에 대한 신앙이 유일하고 확실한 선을 우리에게서 빼앗아 갔다는 사실을 깨닫고 실망하면서 우리는 죽음을 맞이한다.

우리는 프로메테우스주의를 통해서, 달리 말하면 권력과 초연함을 추구함으로써, 보이는 그대로 우리가 죽을 수밖에 없고 존재의 근거를 알 수 없고 욕구를 충족시킬 수 없는 존재임을 부인함으로써 이러한 내면적 소외로부터 탈출하려 한다. 프로메테우스주의는 가짜 탈출구로서 자기기만에서 시작하여 타자에 대한 불안한 지배를 추구하다가 결국 주체의 혼란과 마비로 귀결된다.

세계와의 투쟁의 정전적인 믿음들은 이러한 소외와 고향 상실의 경험을 불필요하고 그릇되고, 심지어 악한 것으로 만든다. 그런 경험은 위대한 삶으로의 상승 메시지에 대한 배교背教이다. 그러나 소외 경험은 지속되며 기성 믿음들이 억압하려는 하나의 진리를 드러낸다. 현재로부터 추방당했다는 의식은 이 의식의 원인을 해명하고 우리가 다음에 무엇을 할 수 있고 무엇을 해야 하는지와 관련해 이 의식이 갖는 중요성을 규명해 줄 관념들보다 우선한다. 내면적이고 부분적으로 형언하기 어려운 삶의 영역에서 드러나는 참여와 초월의 변증법이 여기에 존재한다.

우리는 가장 내밀한 경험에서조차 우리를 형성해 온 사회적 · 개념적 세계들에 완전히 사로잡히지 않는다. 그 세계들은 삶의 많은 영역에서 우리를 통제할 수 있지만 우리를 소유하지는 못한다. 그 세계들이 우리의 경험에 걸어 둔 주문呪文은 결코 완전하지 않다. 우리는 언제든지 주문을 깨뜨릴 수 있다.

사회와 사상 제도들을 어떻게 조직하는지에 따라 이 제도들이 우리에게 드리운 올가미를 단단하게 할 수도 있고 느슨하게 할 수도 있다. 이 제도들은 일상적인 맥락보존적인 활동들과 비상적인 맥락수정적인 운동 간의 격차를 벌릴 수도 있고 좁힐 수도 있으며, 변화의 위기의존성을 심화시킬 수도 있고 완화시킬 수도 있다. 우리가 내부자와 외부자의 성격을 결합하고 삶과 사상의 구조에 투항하지 않으면서도 구조에 참여하는 것을 제도들이 더 곤란하게 혹은 더 용이하게 만들 수도 있다. 바로 이 지점에서 경험의 형성적인 제도적 · 개념적 맥락과 우리의 관계를 변화시키는 데에 근본적 이익이 있다는 관념을 세계와의 투쟁 개념의 미발전된 결론으로 펼쳐 나갈 기회가 조만간 도래할 것이다.

일련의 제도와 가정을 다른 것으로 단순히 교체하기보다 맥락의 성격 또는 맥락과 우리 관계의 성격을 변혁시킬 권능은 어쨌든 이러한 세계 접근에 중심적인 주체 관념의 진리에 달려 있다. 사회제도와 사상 절차에서부터 형언할 수 없는 경험의 동요에 이르기까지 우리 경험의 모든 영역에서 사상과 사회의 기성 제도에 저항하고 이를 초월하는 권능을 부인할 정도로 구조에 대한 우리의 예속은 철저하지 않다.

이 장 후반부에서는 주체 관념이 삶의 영위에 대해 함축하는 바를 두 가지 방향에서, 즉 주체와 구조의 관계에서 또한 개인과 타자의 관계에서 탐구하겠다. 그러나 그전에 앞서 개관한 형이상학적 비전과 주체 관념이 사상사의 중요한 쟁점, 즉 실재의 질서가 복수성인가의 문제와 어떻게 관련되는지부터 잠시 살펴보자.

단 하나의 체제

철학과 만나면서 세계와의 투쟁에 두 가지 재앙이 엄습했다.

첫 번째 재앙은 기독교 신학(어느 정도는 이슬람교와 유대교에도 해당하는)과 그리스 존재철학存在哲學[17]의 결합이다. 이 결합의 결과는 세계와의 투쟁의 이해와 발전에 광범위한 영향력을 발휘했다. 그리고 그 결과는 이 실존접근의 세속적 형태뿐 아니라 신성한 형태들의 특징으로 남았다.

---

17 그 기원을 파르메니데스로 잡을 수 있고, 플라톤과 아리스토텔레스, 그 후계자들이 전개한 존재론과 형이상학을 가리킨다. 박해 시대를 살았던 알렉산드리아 출신 오리겐(185~251)이 기독교와 그리스 철학을 결합시켰다.

나는 자연종自然種의 영구적인 재고在庫로서 완결된 존재의 영원한 구조에 대한 통찰을 형이상학의 중심 관심이자 실천철학의 개념적 배경으로 파악한 고대 그리스인들의 철학 전통을 '그리스 존재철학'이라 부르겠다. 이 형이상학 프로그램을 고전적 존재론의 기획이라고 부를 수 있다. 그리스 사상사의 많은 부분은 플라톤과 아리스토텔레스 시대를 전후로 하여 이러한 의제들과 상충했다. 예컨대, 헤라클레이토스로부터 시작된 생성生成의 형이상학, 만물이 다른 것으로 변전한다는 아낙시만드로스의 원原과학적 사변, 미시적 세계에서의 구분을 질료의 근본 요소들의 중단 없는 재편의 일시적인 표현으로 파악한 데모크리토스의 자연주의, 단일한 불가분적인 궁극적 실재로부터 지속적인 유출流出 과정에서 무상한 최종적 정지물로서 가시적 자연종이 나타난다는 플로티누스의 견해[18] 등이 그것이다. 어쨌든 플라톤과 아리스토텔레스가 매우 상이한 방식으로 전개한 자연종의 영구적 재고在庫 관념은 셈족 초월종교의 신학과 철학의 주요한 사상 노선(아퀴나스[19], 마이모니데스[20], 아베로에스[21])에, 더 일반적으로는 내

---

18 웅거는 신플라톤주의(플로티누스)를 세계초극론의 일종으로 파악하고 있지만, 여기서는 플로티누스의 변화 관념에 주목하고 있는 것 같다.

19 아퀴나스Thomas Aquinas(1224~1274)는 중세의 최고 신학자이다. 중세 전반기에 아리스토텔레스 철학은 서방 기독교 세계에서는 거의 망각되었다가 중세에 코르도바의 아랍 및 유대 철학자들로부터 서유럽으로 유입된다. 유럽 기독교 세계에서 알베르투스 마뉴스는 이 고전철학의 매개자이며 아퀴나스의 스승이다. 그전까지 서방 기독교에서 아리스토텔레스 철학은 금기시되다가 아퀴나스를 통해 정통의 기반으로 자리잡았다. 철학사에서는 토마스 아퀴나스가 아리스토텔레스에게 기독교 세례를 주었다고 평한다.

20 마이모니데스 또는 모세 벤 마이온(1135~1204)은 중세 유대교의 최고의 철학자이자 신학자이다. 코르도바에서 태어났으며, 유대법인 할라카를 해석하여 유대인 사회의 법적 분쟁을 중재했다. 저작 《미슈나 토라》는 현재도 탈무드 법을 편찬할 때 규범적 권위를 가진다. 당시 그가 살던 코르도바는 무어인들이 지배하고 있었고, 그는 아베로에스와 동시대 아랍 철학자들(알 파라비와 이븐 시나)로부터 영향을 받았다. 《방황하는 사람들을 위한 안내서》에서 아랍 철학자들의 아리스토텔레스

가 세계와의 투쟁이라고 부른 삶의 지향의 발전 과정에서 사변적 사유가 한 역할에 결정적 영향력을 행사했다.

아마도 이 종교 사상가들은 존재론적 의제를 고대 그리스인들로부터 차용하지 않았더라면 다른 곳에서 수용했을지도 모른다. 이 존재론적 의제는 예컨대, 세계철학사에서 아리스토텔레스 철학 못지않게 체계적이면서 동기와 전략에서 유사하지만 독자적인 기원을 가진 고전적인 힌두 사상의 바이셰시카 학파[22]와 나브야-니야야[23] 논리학에서 여러 차례 추구된 기획이다.

중동 유일신교들에서 중심적이었던 고전적 존재론의 기획은 정지적·인격적 해방이라는 세속적 기획에서 변형되어 살아남은 세계, 주체, 구원에 관한 비전에 이중적인 공격을 가했다.

공격의 한 측면은 이 사유 방식으로는 비인격적인 것에 대한 인격적인

연구 성과를 수용하여 유대교 신학을 합리적으로 재구성했다. 스피노자의 신학을 설명할 때 빠짐없이 등장한다.

21 아베로에스 또는 이븐 루시드(1126~1198)는 코르도바 출신의 이슬람교도이다. 신학, 법학, 의학, 철학을 깊이 연구하였고, 아리스토텔레스 철학을 탐구하고 주석을 완성했다. 동시에 《철학자의 부조리》에서 신앙과 철학이 둘 다 동일한 진리에 도달하는 것을 목적으로 삼기 때문에 모순되지 않는다고 주장했다. 그의 사상은 중세 후기 기독교 세계와 르네상스에 지대한 영향을 미쳤다. 아베로에스 철학의 영향을 받은 새로운 아리스토텔레스주의(라틴 아베로에즘)는 그전에 아퀴나스가 수립한 기독교 아리스토텔레스주의와 대립하는 형국을 만들었다.

22 고대 힌두교의 정통 육파철학의 철학의 하나로서 승론勝論으로 한역漢譯되어 승론학파勝論學派라고도 불리며 기원전 1세기에 성립되었다. 학파의 명칭인 바이셰시카Vaiśeṣika는 특수 또는 구별을 뜻하는 산스크리트어 비셰사viśeṣa에서 유래한 것이다. 바이셰시카 학파는 실체(實, dravyae)·성질(德, guṇa)·운동(業, karma)·보편(同, sāmānya)·특수(異, viśeṣa)·결합(和合, samavāya)의 여섯 가지 원리 또는 범주(六句義)를 세워서 현상계, 즉 우주 여러 사물의 구성을 해명한다. 이 여섯 원리 중 첫 번째 원리인 실체에는 흙·물·불·공기·아카사(空, 에테르)·시간·공간·아트만(我)·마나스(意)의 아홉 가지가 있다고 한다.

23 '나브야 니야야'는 신新니야야 학파로 17세기에 성립한 힌두철학이다. 고대 힌두철학의 정통 육파 중 하나인 니야야 학파를 계승한 것이다. 니야야 학파Nyāya는 1세기경에 수립된 것으로 알려졌으며, 자연철학과 형이상학에서는 바이셰시카의 주장을 계승한 것으로 평가받는다.

것의 우위성, 즉 실재와 가치의 우위성을 이해할 수 없다는 점이다. 고전적 존재론의 기획이 고취한 사유 양식에서 보자면 인격적 존재—이 전통에서는 "순수 인격적인 존재"로 부르고 싶어 하는—와 관계를 가진 모든 것은 의심을 받는다. 인격성 및 상호인격적인 만남의 경험은 가장 실재적이고 가장 가치 있다고 간주되는 것—존재 유형이나 자연종들의 완결된 집합으로 구성된 세계의 비인격적인 구조—을 인정하는 데에 최소한 잠재적인 위협을 가한다. 인격적인 것이 평가받는 경우에도 인격적인 것은 독자적으로 평가받기보다는 플라톤의《향연symposium》에서처럼 비인격적인 것의 고귀한 실재에 이르는 길로 평가된다.[24] 아리스토텔레스처럼 친애[25]가 독자적인 도덕 구조를 가진 가치의 원천으로 인정되는 경우에도 친애의 가치는 인간의 최고 경험, 인격적 신성의 고요와 빛을 숭고한 정신과 공유하는 경험 앞에서 퇴색한다.[26]

이런 견해는 인격적인 것의 압도적인 중요성과 실재성을 인정하는 구원종교들의 비타협적인 메시지들과 화해될 수 없다. 이 비타협적인 메시

---

24 《향연》에 다음과 같이 기술되어 있다. "에로스eros를 향해 나아가려고 하는 자는 젊을 때 아름다운 몸을 향해 나아가야 합니다. 아름다운 몸에서부터 아름다운 행실로, 그리고 행실에서부터 아름다운 배움으로, 그리고 아름다운 배움에서 마침내 저 아름다운 것 자체에 대한 배움으로 올라가게 됩니다. 그렇게 되면 마침내 그는 아름다움 바로 그것 자체를 알게 됩니다. … 살 가치가 있는 삶은 아름다움 자체를 바라보면서 사는 것일 겁니다." 에로스가 인간이 지혜에 이르게 하는 수단이며, '에로스의 사다리'를 차례로 올라가 인간은 더욱 숭고한 것에 이른다는 것이다. 이러한 숭고한 것에 대한 사랑을 후세의 호사가들이 '플라토닉 러브'라고 부르기도 하였다.

25 영어로 friendship으로 되어 있으나, 그리스어의 philia에 해당한다. 그리스 사람들은 사랑에 대하여 세 가지 개념(eros, agape, philia)을 가지고 있다. philia는 친애 또는 우정friendship으로 번역한다. 이 책에서 웅거는 인간관계와 신에 대한 사랑으로서 eros를 기독교적 사랑인 agape나 이타주의보다 중요하게 취급한다. 실제로 알렉산드리아학파나 영지주의자들이 eros를 중요시하였다고 한다. 이에 대해서는 안더스 니그렌의 《아가페와 에로스》 참조.

26 《니코마코스 윤리학》 후반부에서 '친애'의 문제를 소상하게 다루고 있다.

지는 세계인간화라는 실존접근과 구원종교들이 공유하는 메시지다. 세계와의 투쟁의 세속적인 형태는 이러한 메시지를 포용하는 것 그 이상을 수행했다. 그것은 인간의 도덕적·정치적 경험을 쇄신하고자 이 메시지의 결론을 철저한 극단까지 추구하기 시작했다.

세계와의 투쟁의 전제들에 맞서 고전적 존재론의 기획이 야기한 공격의 또 다른 측면은, 시간의 실재성뿐만 아니라 종으로서나 개인으로서나 인간의 성스러운 또는 세속적인 상승이 일어나는 역사적 시간의 실재성을 부정하고 위축시키는 것이다. 고전적 존재론이 가정하듯이 존재의 초시간적인 법칙이나 원형에 의해 통제되는 자연종들의 영구적 재고在庫가 존재한다면(비록 아리스토텔레스에게 존재는 활동이고 각 존재는 특징적인 권능과 그 반복적인 실행에 의해 규정된다고 하더라도), 시간의 영향 범위는 축소될 수밖에 없고 시간의 실재성도 제약될 수밖에 없다. 더구나 우리 인간이 영구적 자연종의 하나라면, 우리가 희망할 수 있는 것은 우리의 조건을 그저 최선으로 활용하는 도덕적·정치적 질서를 수립하는 것뿐이다. 우리가 희망할 수 있는 것은 우리 자신과 여건에서의 근본적인 변화가 아니라 우리 자신을 안팎으로 포위하는 악들에 대한 통제일 뿐이다.

기독교·유대교·이슬람교 사상가들이 세계에 대한 이러한 이해 지침을 찾아 나섰다는 것은 놀라운 일이다. 어쨌든 그들은 지침을 찾아 나섰다. 기독교 신학과 그리스 철학의 문제적인 결합은 1천 년 동안 지속되었다. 현 시대를 예외로 하고 결합의 해체를 촉구했던 사람들은 항상 소수파였다. 루터의 개혁교회에 국한하여 말하자면, 키르케고르[27]처럼 국외자

---

27 쇠렌 오뷔에 키르케고르Søren Aabye Kierkegaard(1813~1855)어는 덴마크 철학자로서 유신론적 실존주의의 시조이다. 경건주의자로서 만년에는 덴마크 국교회를 비판하는 설교자로 나섰다. 키르

로서 말하든지 또는 하르나크[28]처럼 내부자로서 말하든지 어쨌든 소수였다. (유대교와 이슬람교에서 이러한 분리를 옹호한 자들은 오랫동안 더 큰 비중을 차지했다.) 많은 이들은 파스칼처럼 아브라함의 신을 철학자들—보통 아리스토텔레스와 그 후계자들을 의미한다—의 신과 비교했지만, 신앙을 사유하는 방식에서 존재하는 이 차이를 결론까지 철저하게 추구한 사람은 거의 없었다. 고전적 존재론의 기획은 시간과 역사를 초월하는 법칙을 모색한 자연과학과 사회이론의 배경으로 봉사해 왔다.

세계와의 투쟁이 감수한 최초의 철학적 불행이 존재론과 신학의 결합이었다면, 두 번째 불행은 세계에서 두 개의 분리된 체제의 존재를 인정하는 형이상학적 견해의 수용이다. 하나는 인간 경험을 통제하는 체계(신자들에게는 신과 인간의 관계)이고, 다른 하나는 비인간적인 자연을 통제하는 체계이다. 두 체제의 구분을 수용하는 사람들은 이 구분이 각 개인 안에서 달성되는 것으로 간주해 왔다. 비인간적인 자연은 우리 각자 안에 신체로서 존재한다. 또는, 이 견해에 따르면 인간적 주체는 자신의 소멸하는 신체 안에서 이방인으로서 존재한다.

두 체제의 핵심 관념은 그와 상반된 관념, 즉 세계에는 단일한 체제만이 존재할 수 있다는 스피노자가 주장한 테제와 대비됨으로써 두드러진

관념론—과 그에 입각한 주체관을 거부하고, 오히려 단독자의 개념 속에서 주관적 존재론의 길을 개척했다.

28 하르나크Adolf von Harnack(1851~1930)은 발트 연안의 리보니아에서 태어난 루터교 신학자로서 생애의 대부분을 독일에서 보냈다. 그는 헬레니즘 철학이 초기 기독교 저작에 끼친 영향을 연구하고, 기독교인들로 하여금 초기 기독교회에 등장한 교리들의 독창성을 의문시하도록 일깨웠다. 요한복음의 역사성을 부정하고 공관共觀 복음서를 지지하였으며, 사회복음Social Gospel을 발전시켰다. 프로테스탄트의 사회복음은 가톨릭의 사회 교리에 버금간다.

다. 단일한 체제가 존재한다면, 그러한 체제가 어떻게 규정되어야 하는지가 더욱더 중요하다.

고전적 존재론의 프로그램은 어떠한 형태를 취하든 세계와의 투쟁의 전제들 및 요구들과 명백한 긴장 관계를 형성한다. 그러나 두 체제 관념은 각 접근의 전제들과 그렇게 명백한 모순을 보이지 않는다. 더구나 스피노자의 단일 체제론을 포함해 단일 체제 관념의 더 익숙한 진술들은 세계의 영원한 구조의 존재를 (고전적 존재론과 아주 유사한 정신 속에서) 긍정하고 동시에 보편적 필연성 법칙을 선포함으로써 이 전제들과 모순을 보여 왔다. 그러나 자세히 들여다보면, 우리는 두 체제 교리가 온갖 형태의 세계와의 투쟁의 가르침들에 끝없는 문제를 일으키고 있음을 보게 된다. 그와 대립하는 유일한 체제 관념은 이 실존접근이 요구하는 실재에 관한 비전에 일치하는 방식으로 발전될 수 있고 또한 그래야 한다.

두 체제의 가르침을 고대 그리스인들 탓으로 돌릴 수는 없다. 두 체제의 가르침은 인도와 중국의 지배적인 철학에 이질적이었듯이 그리스 사유 방식에도 이질적이었다. 그러나 이 가르침이 현대 유럽 철학의 경로에 대단한 영향력을 끼쳤기 때문에, 굳이 말하자면 유럽 근대 철학 전통의 가장 두드러지고 특징적인 축으로 간주할 수 있다.

두 체제 교리는 단일하고 항구적인 형태로 출현하지 않았다. 오히려 서구 사상사에서 네 가지 흐름으로 전개되었다. 이 각각의 흐름에서 교리는 특수한 의미와 특징적인 동기를 가졌다. 그 차이에도 불구하고 네 가지 흐름을 동일한 방향성을 가진 운동으로 규정할 정도로 의미와 동기는 중첩된다. 나는 이 네 가지 흐름을 유명론, 데카르트주의, 칸트주의, 역사주의로 지칭하겠다.

첫 번째 흐름은 14~15세기의 기독교 유명론^{唯名論} 신학을 통해 등장했다. (중세 후기 사상의 특정 조류를 유명론이라 칭하면서 야기된 논쟁을 감안할 때, 이원론^{二元論}이라는 단어가 더 부담스러운 것이 아니라면 이를 이원론의 흐름이라고 부르겠다.) 후대의 세속적 사상에 영향력을 끼친 관념들에 독창적인 영감을 제공한 이 신학은, 다른 무엇보다도 자연의 영역과 은총의 영역의 근본적인 차이를 가르쳤다. 최소한 나중에 아리스토텔레스적 아베로에스주의자들[29]로 불린 사람들의 수중에서 이원론은 이성에 알려진 진리와 신앙에 알려진 진리 간의 예리한 구분을 주장했다. 이성적인 도전에 맞서 절제된 자연주의와 신앙중심주의는 서로의 이면을 이루었다.

은총의 영역은 신의 삶에 대한 피조물의 몫을 증강시키는 수단을 피조물에게 제공함으로써 신의 완벽한 자유와 피조물의 결함 있는 자유가 교통하는 영역이다. 그러나 자연은, 인간 안의 자연조차도 정신을 결여한 탓에 이러한 상승에 참여할 수 없다. 자연은 정신을 결여하기 때문에 나중에 자연과학과 불변적인 법칙들의 탐구 대상이 될 수 있었다. 자연의 질서와 은총의 질서 간의 이 같은 분열의 다른 측면에 비질료적인 정신이 있었다.

일반적으로는 고전적인 존재론이, 특수하게는 아리스토텔레스가 초월성과 내재성의 변증법을 기독교(유대교 또는 이슬람교) 철학으로 만들려는 시도에 동원되어 왔다. 이 같은 시도의 핵심은 현상들에 깃들어 있지만 현상을 초월하는 예지적 형태의 관념들에 대한 호소였다. 이는 신자들에

---

29 아베로에스Averroes는 스페인의 아랍계 철학자 이븐 루시드(1126~1198)를 말한다. 그는 아리스토
텔레스의 저작을 정리하는 데에 심혈을 기울였으며, 종교와 철학이 동일한 진리에 도달할 수 있다
는 이중진리론duplex veritas을 설파했다. 이 주장은 중세 후기에 파리대학과 파도바대학에 널리
수용되어 르네상스 사상에 커다란 영향을 끼쳤다.

게 자연적 이성의 빛으로 신령divine spirit과 자연적 실재 간의 관계를 예고
하는 것으로 비칠 수 있었다. 이 사유 방식 안에서는 자연과 은총이 상호
침투가 불가능한 다른 질서로 분리될 수 없었다. 두 체제 교리의 첫 번째
흐름은 이 불확실하고 희망적인 종합을 쪼개 버렸다.

기독교 역사에서 유명론 신학의 메시지는 일찍이 그리스도의 인성과
신성 간에 극복할 수 없는 격차가 존재한다고 주장한 네스토리우스[30]의
이단으로 예고되었다. 이른바 정통이 명백한 이단에 빠져 있다는 예고는
우리에게 유명론 신학의 이러한 측면에 존재하는 더 큰 쟁점에 유념하도
록 한다. 문제는 모든 사람에게 자신의 영을 부어 주겠다는 신의 약속의
파기다. 이제 인간은 육화된 영이거나 혹은 육화된 영이 아니다. 영은 물
질적 세계를 장악할 수 있거나 혹은 장악할 수 없다.

두 번째 흐름은 데카르트의 철학 자체 그리고 많은 서구 근대 철학의
프로그램에 대한 데카르트 철학의 혁명적 영향과 함께 시작되었다. 데카
르트는 가장 극단적인 회의 앞에서도 견뎌 낼 수 있는 인간 지식의 자기
정초를 추구하면서 인간의 영역과 정신적 삶의 영역을 등치시켰다. 그는
우리가 직접적이고 명료하게 접근할 수 있는 것은 오로지 의식뿐이라고
주장했다. 우리의 신체적 삶을 포함해서 다른 모든 것은 우리에게 어느

---

30 네스토리우스는 381년 시리아 속주에서 태어나 안티오키아에서 테오도로스의 가르침을 받았으며,
    안티오키아의 사제이자 설교자로서 활약했다. 테오도시우스 2세 때인 428년 콘스탄티노플 대주교
    가 되었다. 당시 키릴로스 학파(알렉산드리아 학파)는 그리스도의 신성에 중심을 두었으나, 네스토
    리우스는 그리스도가 신성과 인성을 한 몸에 결합한 인간이라고 주장했다. 철학적 계보에서 보자
    면 키릴로스 학파는 플라톤주의에 속했고, 네스토리우스는 아리스토텔레스주의에 속한다. 431년
    에페소 공의회는 학파 간의 논쟁에 종지부를 찍고 네스토리우스(안티오키아 학파)를 이단으로 규
    정했다. 네스토리우스파는 페르시아와 중국(당나라)에 전파되어 경교景敎라 불리며 융성했다. 네
    스토리우스파는 이슬람 세계에 그리스로마 문명을 전파하였고, 이 사상이 르네상스 시대에 유럽
    으로 다시 유입되었다. 네스토리우스의 가르침은 동방교회 전통의 일부를 구성한다.

정도 떨어진 것으로 표상되거나 회의의 대상이 된다. 바로 의식을 통해서 우리는 신을 닮는다. 그리고 우주를 관장하는 악령의 대립자인 신만이 세계에 대한 인간의 표상과 세계 자체의 수렴을 보증할 수 있다.

비록 이러한 철학적 혁명의 즉각적인 계기나 최초 행보는 인식론적인 것이었지만 그 원대한 의미는 사유res cogitans와 연장res extensa, 즉 사유하는 존재와 공간 속 질료 간의 보편적 구별 또는 가교 불가능한 구분 속에 드러나게 된다. 우리는 도덕적·정치적 기획을 포함해 사유로서 모든 분투를 시도한다. 그렇게 함으로써 어쨌든 연장을 만난다. 연장의 가장 골치 아픈 사례는 의식적 주체에 대한 이방인으로서 신체이다. 실제로 주체는 이러한 견해에 의하면 단지 개별화된 의식에 불과하기 때문이다.

데카르트가 정신과 신체 간의 실재적 구분을 기술하기 위해 전개한 특수한 주장들은 전적으로 결함이 있거나 심지어 오류일지도 모른다. 의지의 자유에 대한 경험을 포함하여 우리 경험을 설명하는 데에 이 차이의 결론은 불가해한 난제들에 이를지도 모른다. 그러나 두 체제 교리를 전개하는 데에 중요한 것은 세계는 두 부분으로 나눠지고, 그 각각은 매우 다른 방식과 정도로 인간의 접근을 가능하게 하고 매우 다른 법칙들을 따른다는 것이다.

두 체제 관념의 세 번째 흐름은 칸트철학과 그 계승 형태를 의미한다. 그 중요성을 후대의 강단철학에 미친 영향력으로만 판단하면 칸트주의 흐름이 네 가지 흐름 가운데 가장 중요하지만, 광범위한 문화생활에 끼친 영향력에 있어서는 그 후에 나타난 역사주의 흐름을 앞서지 못한다.

칸트주의 흐름의 핵심은 인간 경험의 자체 정초 프로그램의 포괄적인 전개였다. 이 프로그램은 세계를 인식하고 타자와 연결하는 특징적인 활동들을 기획하게 하는 조건들을 탐구함으로써 수행되었다. 칸트주의 접근의 결정적인 특징, 후속 역사주의 흐름과의 차이는 이러한 활동과 조건들이 온갖 특수한 사회, 문화 또는 역사적 순간에서 유리된 개인의 경험과 관련해서 고려되었다는 점이다.

이 고려 아래서 제2의 체제, 즉 인간 경험의 체제는 인간 활동에서 그 활동의 보편적인 가능 조건이나 전제로 거슬러 올라가는 절차, 즉 초월적 방법이 도입되면서 제약되었다. 초월적 방법이 제2의 체제를 통해 산출하는 것은 소위 인간의 보편적이고 불가피한 관점—인간 정신에 의한 실재의 표상, 인간 상호 관계의 규율 질서, 판단력과 예술의 실천 관행에서 이론이 극복할 수 없는 분할들의 대체, 죽음, 자연적 필연성, 불가피한 환상으로부터 우리를 구원할 우주의 자애로운 통치에 대한 신뢰—에 입각해 기술된 경험이었다. 우리의 통찰 범위를 넘어가는 관통할 수 없는 비인간적 실재 간의 구분은 우리의 경험—그 조건, 충동, 구조—과 연장을 결여한 정신과 정신을 결여한 연장 간의 구분으로 이어졌다.

도덕적·정치적 철학에서의 이러한 접근은 어떤 특수한 사회나 문화에 대한 참여와 괴리된 자유 관념에 기초하여 우리의 도덕적·정치적 관념들을 발전시키려는 시도로 이어졌다. 칸트주의 흐름은 이 자유 관념의 이름으로 선포된 원칙들이 제도들의 설계뿐 아니라 인간 상호 관계에서 직면하는 문제들을 해결하는 결과들을 함축하도록 의도했다. 그러나 칸트주의에는 우리의 도덕적·정치적 경험에서 원칙의 수정으로 가는 역방향 운동은 존재하지 않는다.

역사주의 흐름은 두 체제 관념 중 네 번째 흐름으로서 가장 최근의 것이다. 역사주의 흐름의 핵심 관념은 인간 세계가 사회와 문화로 집단적으로 형성된다는 점이다. 인간의 자기정초는 그래서 실천적이고 집단적이며, 생활 형식과 의식 형태들의 역사적 발전을 거친다. 이렇게 조직되고 특징적인 생활 형식들과 우리가 맺는 관계는 내재적이다. 일찍이 비코[31]가 주장했듯이, 우리가 생활 형식들을 만들었기 때문에 우리는 그것을 이해할 수 있다. 우리가 직접 제작한 집단적 구성물에 대한 내재적인 관계와 우리가 창조하지 않은 비인간적인 세계에 대한 외재적인 관계 사이에는 결정적인 차이가 존재한다.

그리하여 역사주의 물결은 두 가지 측면을 가진다. 한 측면은 사회적이다. 우리는 사회와 문화의 집단적인 작업에서만 방향을 발견할 수 있다. 우리가 개인의 경험이나 권력으로 오인하는 것은 실제로 역사적 시간 속의 집단적 구성물이다. 다른 측면은 해석적이다. 우리는 자연에 관한 외재적 지식과 달리 우리 자신의 집단적 구성적 세계들에 대한 지식의 획득을 희망할 수 있다. 과학적 설명은 우리의 관행들과 제도들에 대한 해석과 다르다. 의미는 역사에 의존적이다.

우리가 사회와 문화의 질서들을 마치 우주 구조물의 일부인 양, 즉 집단적이지만 인간적인 행위주체성이라기보다는 자연적 필연성으로 인간에 부과된 운명인 양 취급하기 시작하면, 역사 속 인간의 자기이해와 자체 구성은 심각하게 오도된다. 집단적 형태들을 통해 죽은 자들이 살아 있는 자들에게 발휘하는 권력과 비인간적 자연이 인간 경험에 가하는 통제들을 혼동해서는 안 된다.

---

31 잠바티스타 비코Giambattista Vico(1668~1744)는 이탈리아의 철학자로서 역사철학의 기초를 닦았다. 데카르트주의자들이 한결같이 자연의 세계만을 주목하는 데 반대하여 인간이 만든 역사의 세계, 즉 여러 국민의 세계가 '신과학新科學'의 대상이 되어야 한다고 주장했다. 그래서 신화神話나 고대인의 언어 등에 대한 비교연구로 인류의 공통된 본성本性을 파악하고, 이 공통의 본성에 따른 여러 국민의 발전에 존재하는 공통의 리듬을 파악해야 한다고 보았다. 인간의 역사에는 흥륭興隆 · 성숙成熟 · 몰락沒落 · 재귀再歸의 리듬이 있으며, 인간의 본성에 따르는 규칙성이 있다고 보았다. 대표 저서로 《신과학新科學의 원리》가 있다.

역사주의자들에게 두 체제 간의 경계는 사회적인 것과 사회 이외의 것의 구분을 따른다. 인간 신체의 자연적 체질을 포함해서 사회와 문화를 통해 인간이 만들지 못한 것은 모두 첫 번째 체제, 즉 맥락에 의해 형성되지만 세계를 만드는 행위주체로서의 내부적 시선이 아니라 관찰자나 조작자로서의 외부적 시선에서만 관찰하고 설명할 수 있는 체제〔자연의 체제〕에 속한다.

두 체제 관념에 대한 두 가지 주요한 반박이 존재한다. 반박이 설득력 있으려면 각기 신학적이고 철학적인 의미를 동시에 가져야 한다.

이 반박들은 신학적인 측면에서 각기 두 체제 교리가 세계와의 투쟁과 상충한다고 비판한다. 세계와의 투쟁은 성스러운 관점뿐 아니라 세속적인 관점에서도 이해될 수 있기 때문에, 신학적인 것의 의미는 느슨하고 개입자로서 신에 대한 믿음을 전제하지 않는다. 이러한 의미에서 반박의 핵심은, 각각의 장점에도 불구하고 두 체제 교리가 이러한 실존접근〔세계와의 투쟁〕의 목표 및 전제들과 일치하지 않는다는 점이다.

물론 반박들은 각기 철학적인 힘도 보유한다. 각각의 반박은 세계와의 투쟁을 결단하지 않는 사람들에게도 문제의 핵심에 호소함으로써 중요성을 가진다. 반박이 신학적 의미와 동시에 철학적 의미를 갖는 경우에만 두 체제 관념에 강력한 일격을 가할 수 있다. 다만 각 반박을 전개할 때 이 논거에서 무엇이 철학적이고 무엇이 신학적인지, 신학적인 것과 관련하여 무엇이 세계와의 투쟁의 성스러운 형태에 해당하고 무엇이 세속적인 형태에 해당하는지를 이해하는 것이 중요하다.

나는 이 두 가지 반박을 '두 체제 교리가 자의적이며 반자연주의로 흐른다는 반박'과 '두 체제 교리가 내용상 거의 공허하고 허위적이라는 반박'으로 각각 부르겠다.

두 체제 교리가 자의적이며 반자연주의로 흐른다는 반박

두 체제 교리에 관한 데카르트주의·칸트주의·역사주의 흐름은 통찰과 권능을 제약하는 사항에 대한 견해를 세계 구분의 관념으로 변환한다. 이 세 가지 흐름은 인식론과 인간학을 존재론으로 전환한다. 그 절차들은 자신의 시야가 100미터에 국한된다는 점을 발견하고서 세계가 두 부분으로, 즉 이 지평의 안과 바깥 부분으로 나눠진다고 상상하는 사람들의 시야와 같다. 유명론의 흐름은 이러한 구분 기준의 예외를 표현하는 것처럼 보인다. 그러나 이는 유명론의 주안점이 오직 정신을 결여한 자연을 배제하는 가운데 신의 권능(은총의 영역)과 인간의 권능 간의 대화에 의존한다는 점 때문에 그렇게 보일 뿐이다. 유명론의 흐름도 인간적 행위주체와 신적인 행위주체에서 어디에 주안점을 두어야 하는지에 관한 견해를 실재의 범주적 구분으로 전환했다.

　인식론과 인간학을 존재론으로 전환하는 것은 정당화되지 않는다. 우리는 인식적 또는 사회적 경험의 특수성이라는 정황적 견해로부터 실재의 보편적 구분을 이끌어 낼 수 없다. 가장 기본적인 용어로 표현한다면, 두 체제 교리가 실제로 수행하는 것은 세계가 두 부분, 우리 자신과 나머지로 구분된다고 말하는 것인데, 이는 부당하다. 두 체제 교리 형태는 우리를 규정하는 방법뿐 아니라 우리와 나머지가 분리되는 방식을 고찰하는 방법에서도 차이가 난다.

　그 차이들은 두 체제의 가르침에서 자의성의 또 다른 형태를 보여 준다. 우리의 권능과 그 한계들에 대한 이해로부터 세계의 불연속성에 대한 종합적인 견해를 추론하는 것은 부당하다. 인간중심적인 존재론은 인간에 대해 어떤 것을 말할지 몰라도, 세계에 대해서는 그다지 말하지 못하거나 아무것도 말하지 못한다. 더구나 우리의 권능과 한계에 대한 견해는 논쟁적인 관념에 불과하다. 지속적인 논쟁의 원천들 중 하나는, 우리가 과학과 기술을 통해 우리의 권능을 매우 두드러지게 발전시킬 수 있다는 것이다.

100미터 정도까지 보고서 세계가 두 부분, 자신이 볼 수 있는 부분과 자신의 시야 너머에 존재하는 부분으로 구분된다고 상상하는 사람들을 상상해 보자. 그 기만 속에서 그는 자신의 경험을 세계와 혼동하고 실재가 100미터 이쪽인지 저쪽인지에 따라 차이가 난다고 생각한다. 그러나 100미터를 걸어서 전진하거나 망원경을 사용해 보면 자신이 과오를 범했음을 알게 된다.

두 체제 교리에 관한 칸트주의 흐름의 발전에서 범례적인 역할을 수행한 인과관계 쟁점을 예로 들어 보자. 칸트는 인과율 관념을 인간 정신의 불가피한 가정으로 간주한다. 세계를 이해할 때 우리는 그러한 개념에 의존하는 것을 피할 수 없다. 그러나 인과율 개념에 대한 실재적 혹은 가정적 필요는 우리와 독립된 세계의 구조에 대해 아무것도 말하지 못하고 단지 인간과 관계된 세계에 대해서만 말한다.

《순수이성비판》에서 인과관계의 분석은 그 시대 이래로 많은 사람들이 그래 왔듯이 칸트도 갈릴레오와 뉴턴이 확립한 물리학 전통을 따랐음을 분명하게 보여 준다. 이 전통에 따르면, 우리의 인과적 설명의 배후에는 불변적인 자연법칙이 보증 수단으로 존재한다. 그러나 칸트는 이 원인 관념을 자연 활동에 대한 특징적이고 수정 가능한 접근법으로 간주하지 않고 정신적 구성물로 취급한다.

인과율은 인간 정신의 전제 조건이라기보다는 자연의 원초적 특성일지도 모른다. 법칙과 관계에서 보자면 자연의 대칭성들과 추정된 상수들은 물리학 전통이 상상한 것과 매우 다를지도 모른다. 자연법칙과 이 법칙들의 통제를 받는 사태 간의 구분이 유지되지 않았던 현재 우주의 형성적 순간들을 지배했던 것과 같은 자연 상태들이 존재할지도 모른다. 그런 상태에서 인과관계는 관찰된 우주에서 인과관계들이 통상적으로 보여 주는 회귀적이고 법칙적인 형태를 보여 주지 못하거나 그 과정을 아직 시작하지 않았을지도 모른다.

사유에 불가피하다고 칸트가 오해했던 인과관계와 대립적인 방식으로 우리가 인과관계를 사유하는 것을, 인간 정신의 구성에서 그 어떤 것도 막지 못한다. 더구나 우리의 견해에 대한 수정은 한가한 철학적 사변의 주제에 머물 필요가 없다. 그 수정은 자연 활동에 대한 통찰의 발전으로 이루어질지도 모르고, 자연과학을 규율하는 경험적 도전의 대상이 될 수도 있다.

인과적 관념들에 관해서 참인 것은 우리가 인간의 자연적 체질 탓으로 돌리고 싶은 유혹을 느끼는 온갖 관념들에도 적용된다. 이러한 진술의 중요성은 두 체제 교리의 칸트주의적 형식에 이 진술을 적용하는 것으로 끝나지 않는다. 더 포괄적인 요점은, 우리가 인간의 권능과 한계에 대한 견해를 세계관으로 전환시킬 자격이 없다는 점이다. 첫째로, 세계는 우리와 독립하여 존재하고 우리는 오로지 그 세계의 작은 부분을 이루고 있기 때문이고, 둘째로, 우리가 누구이며, 우리가 무엇을 할 수 있는가에 대한 관념은 영원히 논쟁의 대상이기 때문이고, 셋째로, 발견 능력과 이해 능력을 포함해서 인간의 능력은 과학과 그 산물인 기술 덕분에 발전할 수 있기 때문이다.

인간의 권능과 한계에 대한 국지적이고 일시적인 견해를 실재의 두 질서—비인간적인 [자연] 질서와 인간적인 질서—간의 상상적인 경계 획정으로 부당하게 투사하는 것은 우리가 우리 자신을 철저하게 자연주의적 관점에서 사고할 수 없다는 견해에 이른다. 어쨌든 우리는 자연적 세계에서 살다가 죽는 자연적 존재들이다.

자연현상들에 대해 우리가 알기 희망하는 방식과는 달리, 우리가 내부로부터 조물주로서 집단적으로 창조한 사회와 사상의 구조들을 안다는 점은 참이다. 실제로 이러한 사회적·개념적 구조들이 자연 대상에 유비될 수 없다는 점도 참이다. 사회적·개념적 구조들은 인간의 실천 및 비전들 간에 일어나는 경합의 경화된 잔재에 불과하다. 어쨌든 우리는 그 구조들을 창조할 역량을 포함해서 모든 역량을 인간 자연사의 결과인 자연적 존재로서 보유한다.

현재의 인간 지식에 비추어 볼 때 의식에 대해 이질적으로 보이는 우주에서 의식의 경험이 어떻게 출현할 수 있었는지, 그리고 정신이 뇌와 어떻게 연결되는지 우리는 딱 부러지게 해명할 수 없다. 그러나 우리는 우리의 무지를 실재의 근본적인 구조와 분할에 대한 통찰의 개가로 표상함으로써 아무것도 획득하지 못한 채 많은 것을 놓치고 있다. 그리하여 첫째로, 우리는 세계와 세계 경험의 다양한 부분에 대한 믿음들의 일관성을 상실하게 되고, 둘째로, 인접한 가능성들을 상상하고 새로움을 창조할 권능을 포함해서 우리의 최고 영적 권능까지 행사해야 하는 기반으로서 인간의 자연적 상태를 수용하지 못하게 된다.

자의성과 반자연주의 논증의 신학적 측면에서는, 인간의 한계에 관한 특수한 견해 및 신학적 재천명을 자연 활동의 설명으로 물화하는 것은 세계 및 세계 내 인간의 위치에 관한 통합적인 견해를 발전시키지 못하는 것에 대한 고백을 의미한다. 우리는 우리가 두 개의 관념 유형—우리 자신에 대한 것 그리고 우리 자신을 넘어 거대한 세계에 대한 것—을 가지고 있고 이 둘은 화해될 수 없다고 판단하고선 이 실패를 성공으로 기술하고, 우리의 혼동을 실재의 두 가지 다른 질서의 발견으로 평가한다. 이는 우리의 초월 역량(발견의 권능을 포함해서 우리의 권능을 발전시키는 능력)에 불필요한 통제를 부과하고, 우리 자신을 지성의 자발적인 노예상태로 이끄는 것이다.

셈족의 유일신교들로 전파된 세계와의 투쟁의 종교적 형태에서 두 체제 교리는 우선적으로 자연적인 것과 초자연적인 것의 구분을 감찰하는 서비스를 제공하는 것처럼 보인다. 그러나 그런 편익은 존재하지 않는다. 우리가 실재의 영역은 하나가 아니라 둘이라고 한다면, 이는 간단히 초자연주의의 위험을 더욱 확대시키는 것이다. 세계에 대한 신의 구속적 개입은 이제 실재의 두 질서, 자연적인 것과 인간적인 것을 파괴한다. 유명론의 관점에서도 인간 질서는 은총의 기적적인 활동과 등가적이지 않기 때문이다. 인간 질서는 단지 은총이 가장 직접적으로 작동하는 영역에 불과하다. 인간 질서는 자체적인 구조와 규칙들을 지속적으로 보유하고, 신의 개입은 자연의 활동과 인간 질서를 함께 교란시킨다.

이원론은 초자연주의를 인간 이성에 조금이라고 덜 추문스러운 것으로 만드는 데에 기여한 바가 전혀 없다. 하나의 기적 대신에 이원론에는 세 가지 기적, 즉 자연 질서의 작동 중지, 인간 질서의 작동 중지, 그리고 자연 질서 안에서 인간 질서가 표시하는 예외만이 존재할 뿐이다.

셈족의 구원종교들이 표방하는 초자연주의는 두 체제의 반자연주의(이들 종교에서 초자연적인 것은 자연적인 것의 대립물이 아니다)에 어떠한 변명도 제공하지 않는다. 그래서 육화된 영, 즉 영의 수육 관념은 신자들에게 두 체제 테제와 결합된 육와 영, 자연과 정신의 엄격한 분리를 이단으로 거부하라고 요구한다.

두 체제 교리의 내용이 거의 공허하고 허위적이라는 반박

두 체제 교리에 대한 두 번째 반박은, 이 교리가 세계지향의 안내자로 거의 공허하지 않은 때에도 우리의 활동 기반으로서 사회적·개념적 맥락과 우리의 관계에 대해 거짓된 형태로만 내용을 획득한다는 것이다. 이 반박의 의미는 두 체제에 관한 칸트주의 형태와 역사주의 형태의 관계에서 명확하게 드러난다. 두 체제 관념을 서술하는 두 가지 방식의 병립은 1세기 이상 지배적 사유 형태의 뚜렷한 특징을 이루었다.

문자 그대로 말하자면, 칸트주의 견해는 도덕적·정치적 행동의 가장 빈약하고 최소한의 기초만을 제공한다. 정언명령의 보편성 통제와 타자를 수단이 아니라 목적으로 취급하라는 공식은 확정적인 내용을 갖지 못한다. 인간의 자유에 관한 추상적 관념은 이 관념과 모순된 원칙에 근거한 자연적 구조 속에서 사라지거나 중단되기 때문에 동어반복으로 귀결된다. 추상적인 자유 관념은 보편적 이타주의의 이상을 도덕적 생활의 조직 원칙으로 인정하는 여러 방식 중 하나일 뿐이다.

그러나 이 이타주의 원칙은 자명하지 않기 때문에 실제로 잘못된 것이다. (나중에 논하겠지만) 이타주의 원칙은 주체와 타자의 관계에 대한 진리뿐만 아니라 세계와의 투쟁을 추동하는 통찰과 열망에 대해서도 허위적이다. 이타주의 원칙은 사실상 우리의 도덕적 경험의 중심 문제, 즉 서로에 대한 모순된 필요와 서로에게 지우는 위험과 그로 인해 발생하는 서로에 대한 철저한 양가성 앞에서 우리 자신을 보호할 필요를 무시한다. 우리는 자의적인 자비가 아니라 친밀성의 서클 안에서의 사랑과 이 서클 바깥에서의 협력적 활동을 통해 이 모순을 극복하고 양가성을 약화시킨다. 실제로 형식주의와 보편주의의 빈약한 내용은 그 숨겨진 의미로 보완된다. 그 숨겨진 의미란, 사회와 문화 속에서 특정한 사회적 역할을 점유함으로써 관습적으로 우리가 부담해야 한다고 여겨지는 사회적 역할과 상호적 의무들의 기성 체계를 수동적으로 수용하는 것이다.

동일한 모델을 수용하는 정치철학에서 평등주의적 이상을 실현해야 할 지평으로서 사회의 기성 제도적 구조를 수용함으로써 이론적 평등주의(이론적 이타주의에 대한 정치적 호응 논리)가 보완된다. 이론적 평등주의와 제도적 보수주의의 결합이 낳는 실천적 잔여殘餘는 조세와 이전을 통한 보상적 재분배를 정당화하는 것이고, 더 일반적으로는 사회의 진보적 변혁의 외적 지평으로서 보수적인 사민주의를 정당화하는 것이다. 그래서 이 이타주의와 기성 사회적 역할에 기초한 관행적 도덕에 대한 묵종의 결합이 낳는 실천적 잔여도 마찬가지로 사회생활의 중간 거리에서 제공된 이타적인 자비를 우리가 서로에게 베풀 수 있는 최상의 것으로 포용한다.

두 체제 교리의 역사주의 형태는 일견 도덕적·정치적 방향성에 대해 매우 다른 사유 방식을 제공하는 것 같다. 역사주의 형태는 특정한 맥락과 전통에 대한 참여를 통해서만 지침을 발견할 수 있다고 가르친다. 그러한 맥락과 전통을 나름의 기준으로만, 극단적인 경우에는 다른 생활 형식, 즉 다른 사회적·문화적 세계의 기준들로만 판단할 수 있다. 이 특수한 세계들과 이 세계들이 지지하는 판단 유형을 넘어서는 곳에는 공허함이 존재한다.

그러나 역사주의적 견해는 주체와 주체가 살아가는 사회적·개념적 체제의 관계를 오인한다. 맥락들은 주체를 형성하지만 주체를 결코 완전히 포획하거나 소진시킬 수 없다. 맥락들 안에 존재하거나 존재할 수 있는 것보다 항상 더 많은 것—경험, 발견, 연결, 창조의 더 많은 잠재력—이 주체 안에 존재한다. 더구나 우리는 맥락들이 우리에게 인공물이라기보다 자연적 사실로 나타나는 정도를 감소시킴으로써 맥락의 내용뿐만 아니라 그 성격도 누적적으로 변화시킬 수 있다.

도덕적·정치적 논거들의 정상적인 형태는 역사주의자들이 주장하는 것처럼 실제로 맥락적이다. 우리는 인간의 이익과 이상에 대한 이해를 더 훌륭하게 실현하고자 제도와 관행을 수정할 수 있다. 그러나 그 구조와 개념 간의 강요된 결합을 해체하면, 그 결합이 도전받지 않는 동안 감춰졌던 관념들의 모호성과 대결하고 이를 해결해야만 한다.

역사주의자들의 생각과 달리 담론의 맥락적인 양식은 규범적 주장이나 맥락과 인간의 관계에서 자원들을 소진시키지 못한다. 우리는 맥락에 도전하는 방식으로 행동하고 사유할 수 있다. 맥락적인 논거는 맥락에 저항하고 맥락을 초월하는 비전에 의해 흔들릴 수 있다. 그리하여 우리의 규범적 관행에 예언적 요소들이 등장한다. 신성한 계시와 달리, 예언적 요소는 바로 지금의 우리와 장차 변모할 우리에 대한 관념에 호소한다.

이런 인성 관념들은 자기충족적인 예언들에 도달한다. 우리는 예언의 요청에 따라 행동하게 되면서 세계를 쇄신하기 시작한다. 그러나 이 예언들은 완전히 자기충족적이지 않다. 현실, 특히 인간의 현실이 이에 반발하기 때문이다. 변화당하는 것에 세계도 저항하고 인간도 저항한다.

과학이 제공한 설명을 유추하여 인성에 대한 해명을 모색해서는 안 된다. 예컨대, 인성에 대한 비전은 자연계의 원자 구조 모형과 유사하지 않다. 물론 인성에 대한 비전들에는 경험적 요소가 있다. 이 비전들은 어떤 주어진 순간에 개인으로서뿐 아니라 집단으로서도 인간의 자체 변혁에 대한 갈망이나 한계와 같은 관계적 요소에 대한 추측과 결부되어 있다.

경험적 요소들은 단편적이다. 경험적 요소들은 우리의 현재적 정체성과 장래적 모습을 그린 지도적인 믿음들이 논란거리가 되는 것을 막지 못한다. 그러나 우리는 일정한 방향으로 결단해야 한다. 하지만 우리는 그런 결단의 중요성에 어울릴 만한 근거를 확보하지 못한다. 선택의 비중과 그 정초의 허약성 간의 불균형은 실존지향 중 우리가 내리는 선택이 갖는 종교적 측면을 확인해 준다.

지금까지의 관찰들은 오랫동안 두 체제 관념의 가장 영향력 있는 형식이었던 칸트주의·역사주의의 결합과 불화하는 맥락·관계를 바라보는 하나의 사고방식을 시사한다. 이 장 후반부에서 나는 정신과 구조의 관계에 대한 이러한 사유 방식이 세계와의 투쟁의 미발전된 혁명적 정통을 표현한다고 주장한다. 이 주장이 정당화된다면, 두 체제 교리가 내용상 거의 공허하고 허위적이라는 논거는 철학적인 힘뿐만 아니라 신학적인 힘까지 보유하게 된다. 칸트주의와 역사주의 견해는 세계와의 투쟁을 고취하는 비전과 화해할 수 없다.

기독교 및 그 자매 종교들과 매우 밀접하게 연결된 세계와의 투쟁의 성스러운 형태에서, 칸트주의와 역사주의 관념이 끼치는 해악은 추가적인 의미를 가진다. 맥락을 비판하는 인간 권능을 역사주의적으로 부인하는 태도는 일종의 우상숭배이다.[32] 이 부인은 맥락초월적인 영의 소명을 배반한다. 이론적 이타주의와 보편주의의 수용은 사랑보다 떳떳함을 선호하면서 타자에 대한 필요와 두려움의 바리새파적 회피가 된다.

두 체제 교리는 무근거성 문제에 해답을 제공한다고 오해받을 수도 있다. 그 추정된 답은 우리 자신을 정초하는 것은 곧 우리라는 것이다. 결국 우리가 가진 것은 우리 자신이다. 우리의 소행으로 드러나는바 우리 됨됨

---

32 프랑스혁명 이후 독일에서 등장한 역사학파(사비니)나 보날, 메스트르, 버크류의 보수주의를 예로 들 수 있다. 이 사상가들은 새로운 혁명적 조류를 '비역사적인 것'으로 매도함으로써 지배 체제를 보존하고자 했다. 법철학자 라드부르흐는 《법철학》에서 역사적 사유 범주를 인간 행동 영역에 적용하는 것은 범주의 착오로서 인간의 역사를 정지시키는 것이라고 지적했다.

이의 조건과 결과를 이해하고 수용함으로써 우리는 우리 자신을 정초할 수도 있다(두 체제에 대한 칸트주의적 형태). 비슷하게는 사회문화적 질서에 무관심한 우주 안에서 인간적 관심의 표징을 지니고 있는 사회적·문화적 질서를 창조할 권능을 인정하고 수용함으로써 우리 자신을 정초할지도 모른다(두 체제에 관한 역사주의적 형태). 세계인간화의 반형이상학적 형이상학이 가르치는 바와 똑같이, 우리는 의미 없는 세계에서 의미를 창조한다.

앞의 자의성과 반자연주의에 대한 논증이 시사하듯이, 세계 혹은 의미를 형성하는 우리의 권능에 대한 이해가 자의성과 반자연주의로 타락한다면 어찌할 것인가? 이 권능에 대한 설명이 우리의 자기정초를 자연 활동에 대한 기적적인 예외로 규정하고, 우리가 자연적 존재로서의 우리 자신에 대한 이해와 맥락수정적인 행위자로서의 우리 자신에 대한 견해를 화해시킬 수 없는 상태로 방치한다면 어찌할 것인가?

이제 자기정초 관념에 깃든 진리 요소는 두 체제 교리의 환상들과 결부되면서 강화되기보다는 약화될 것이다. 우리가 우리 자신을 위해 자연적 질서의 예외를 주장하는 것은 자기기만적인 시도의 일부라는 의심에 봉착할 것이다. 따라서 사회적·개념적 행동 구조에 저항하고 이를 수정하는 우리의 역량을 이해하기 위해 그런 예외를 주장할 필요가 없다.

단일 체제 교리의 변호와 재해석

세계에는 하나의 체제만 존재할 수 있다는 스피노자의 판단은 옳았다. 하나의 왕국 안에는 어떠한 왕국도 존재하지 않는다. 단일 체제 교리는 특수한 변호인을 필요로 하지 않는다. 직접적으로 우리 자신과 관련된 실재의 부분들에 참여하는 방식과 우리 자신과 관련되지 않은 실재의 부분들에 참여하는 방식 간의 차이들을 실재 자체의 구분으로 재구성하려는 시도는 실패했다. 단일 체제 교리는 우리가 두 체제 관념의 인간중심주의를 거부하고 세계가 우리와는 별도로 존재한다는 점을 유보 없이 인정할 때 도달하는 입장이다. 우리는 인간학이나 인식론을 존재론으로 바꿀 자격이 없다. 경험의 다양한 부분과 관련한 우리의 이해와 행위주체성의 제약 사항 혹은 변주들로부터 우리가 원대한 세계를 우리를 넘어 그리고 우리 안에서 조직하는 일과 관련하여 어떤 것도 이끌어 내지 못한다.

우리가 우리의 시각에서, 사멸하는 유기체 속에 진화되고 육화된 우리의 제한된 지각적·인식적 장치를 통해 실재에 참여한다는 것은 사실이다. 그러나 이 장치가 우리의 통찰 범위를 얼마만큼 제약하는지 혹은 탈출할 수 없는 일군의 범주에 우리를 얼마만큼 참여시키는지는 미리 확정할 수 없다. 인과관계 사례가 보여 주듯이, 일정한 시점에 우리 정신생활의 탈출 불가능한 구조에 결착된 것처럼 보이는 것이 다른 시점에는 과학과 상상력의 도움으로 탈출할 수 있는 선입견 정도로 보일 수도 있다.

단일 체제 교리의 내용은 자명하지 않다. 단일 체제가 존재하지만 이는 스피노자가 서술했던 체제가 아니다. 단일 체제에 대한 스피노자의 해명은 어떤 점에서는 고전적인 존재론이 내놓은 기획의 변형(초시간적 실체들의 세계)이다. 어떤 점에서는 스피노자의 단일 체제론은 범신론이 아니라면 범재신론panentheism이다. 즉, 신은 세계 자체〔범신론〕이거나 세계 부분의 합 그 이상인 전체로서의 세계〔범재신론〕이다. 범재신론에서 공간적 은유는 시간적 은유보다 우월하다. 영원한 세계는 미래를 갖지 않는다. 영원한 세계는 영원한 지금eternal now만을 갖는다. 초시간적인 보편적 필연의 영역 아래 놓인 단일한 체제에서 새로움의 여지는 존재하지 않는다.

철학 및 신학의 역사는 우리에게 고전적 존재론의 수용과 연관된 단일한 체제 관념의 사례를 제공한다. 역사는 또한 고전적 존재론의 거부 혹은 수용과 관련된 두 체제 관념의 실례도 제공한다. 그러나 단일한 체제를 수용하면서 동시에 고전적 존재론을 거부한 사례는 거의 제공하지 못했다. 최근에 와서 베르그송[33]과 화이트헤드[34]의 철학이 이러한 결합에 가장 가까운 사례이다.

어쨌든, 이 마지막 세 번째 견해는 우리가 수용할 만한 이유가 가장 많은 입장이다. 또한, 세 입장 가운데 세계와의 투쟁의 목표 및 가정과 화해할 수 있는 유일한 견해이다.

이 견해에 따르면, 우주 전체는 역사를 가진다. 역사에서 시간은 출현적이지 않은 유일한 실재다. 우주론은 역사적 과학이다. 오늘날 기초과학의 주요 대상을 구성하는 세계의 기본 구성 요소들, 법칙들, 대칭들, 추정된 상수들은 과거에 존재하지 않았다. 자연법칙과 이 법칙의 통제를 받는 현상 간의 구분은 과거에 작동하지 않았으며 미래에는 그 효력을 상실할지도 모른다. 기성 과학은 냉각되고 경화된 우주에서 나타나는 자연 활동들을 자연의 불변적인 활동 방식으로 오해한다. 우주에서 모든 것은 조만간 변한다.

이렇게 상정된 보편적 자연은 우리가 자연사에서 익숙하게 볼 수 있지

---

33 베르그송Henri-Louis Berson(1859~1941). 프랑스의 철학자. 화이트헤드와 더불어 플라톤에서 시작된 전통적인 형이상학에 맞서 과정철학 또는 생성의 철학으로 불리는 현대적 사조를 형성하였다. 지속, 의식, 생명의 문제에 천착하였으며 당대 자연과학의 성과를 폭넓게 수용하고 경험과 직관을 강조하였다. 《창조적 진화》나 '생명의 약동'과 같은 관념은 웅거의 사상에 연결된다. 베르그송은 《종교와 도덕의 두 원천》에서 닫힌 사회에서 열린 사회로, 닫힌 종교(정적 종교)와 열린 종교(동적 종교)로 이행할 것을 주장하였다

34 화이트헤드Alfred North Whitehead(1861~1947). 영국의 철학자이자 수학자. 과학의 기초에 깊은 관심을 가졌으며 실재론의 바탕에서 유기체 철학을 전개하였다. 《과정과 실재》에서 모든 존재들은 서로 연결되어 영향을 주고받으며 서로 협력적 유기적 의존 속에서 완전을 향해 나아가며, 이러한 관계는 신과 인간 사이에도 성립한다고 보았다. 그의 사상은 플라톤의 형이상학에 맞서는 과정철학 또는 생성의 철학이라는 이름을 얻었다. 그의 신학적 견해는 오늘날 과정신학process theology으로 자리잡았다.

만 놀랍게도 실재의 가장 기초적인 수준에서 재발견할 수 있는 속성들을 보여 준다. 보편적인 경로의존성은 존재한다. 선행한 것들은 나중에 올 것들에 대해 중요하고, 인과관계는 어떤 때에는 단단한 체계를 이루지만 다른 때에는 느슨하게 연결될 수도 있다. 존재의 모든 유형 또는 자연종들은 고전적 존재론의 목적들과 모순되게 찰나적이고 가변적이다. 자연의 법칙, 대칭들, 상수들도 어떤 때는 신속하게, 다른 때는 천천히 현상들과 더불어 진화한다. 시간 외의 모든 것이 출현하고 변화하고 소멸하기 때문에 그 어떤 것도, 앞서 말한 규칙들조차도 홀로 계속하는 시간의 관할범위 바깥에 존재하지 않는다.

시간의 포괄적 실재성이 존재하는 세계는 새로운 것, 자연 활동을 변화시키는 새로운 것, 세계를 유령처럼 스토킹하고 현실 무대로 등장하라는 신호를 기다리는 예정된 사태의 단순한 실행이 아니라 새로운 것을 위한 여지를 가진다.

세계와의 투쟁에 가장 자연스럽게 어울리고 그 전제도 가장 잘 파악하는 견해에서 시간은 가장 근본적인 실재이다. 자연관에서 시간의 중심적 위치는 한편으로는 시간관과 연결되고, 다른 한편으로는 시간과 정신의 연관성에 대한 인정과 연결된다. 《단일우주와 시간의 실재성》에서 나는 시간에 대한 이러한 접근은 자연 활동과 우주 역사에 대해 과학이 발견한 바와 양립할 뿐만 아니라 그 발견들을 올바르게 파악할 수 있는 우주론이 요청하는 바라고 주장했다.)

변화 자체가 변하는 방식들을 포함해서 자연 속 만물이 조만간 변하지 않는다면 시간은 포괄적으로 실재적이라고 할 수 없을 것이다. 그 경우 법칙들, 대칭성들 또는 상수들은 시간의 관할범위에서 면제될 것이기 때문이다. 변화의 변화는 시간이 갖는 권력에 대한 장식품 그 이상이다. 변화의 변화는 시간의 특성에 대한 표현이다. 변화가 불균등하고 불연속적으로 발생하지 않는다면, 추적되거나 측정될 수도 없는 시간은 변화에 대한 취약성으로 그리고 변혁의 변혁으로 정의될지도 모른다.

시간과 의식의 내밀한 연결은 더 모호하지만 역시 중요하다. 만사가 조만간 변하는 우주, 즉 단일우주에서는 새로운 것, 영원의 관점에서 규정된 가능적 사태들의 단순한 집행이 아닌 정녕 새로운 것이 발생할 수 있다. 인간뿐 아니라 여타 동물에서도 진화하고 표현되어 온 정신이나 의식은 그와 같이 진짜 새로운 것의 결과나 실례 그 이상이다. 더 작은 권능과 속도를 가진 생명이 정신이나 의식보다 앞서 존재했기 때문에 정신이나 의식은 새로운 것을 제작하는 최고 수단이다. 어쨌든 정신을 그렇게 상상하는 것은 여전히 정신을 기능적으로만 규정하고 의식의 경험 바깥에서 정신을 바라보는 것이다.

이해는 의식의 경험에 본질적이다. 사태를 이해하는 것은 사태가 어떻게 변할지, 특히 상이한 자극과 개입 아래서 다음에 어떤 사태가 발생할지를 파악하는 것이다. 정신은 세계에 대한 인간의 변혁적 참여를 암시하고, 점진적이고 간헐적으로만 인간의 활동을 능가하는 권능을 획득한다. 존재하는 사물의 유형뿐 아니라 유형들의 변화 방식에서도 변화의 용의는 아직은 무심한 자연에서 새로움에 대한 개방성을 암시한다. 이러한 의미에서 생명은 정신의 예언이다. 변혁 자체를 포함해서 만물의 변혁에 대한 감수성은 생명의 예언이다. 시간의 포괄적 실재성은 하나의 전제로서 이 예언에 봉사한다.

고전적 존재론의 거부에 기초하여 재해석된 단일 체제론은 세계와의 투쟁의 중심에 놓인 비전과 쉽게 결합할 수 있는 유일한 형이상학적 관념이다. 이렇게 재해석된 교리는 또한 (우리가 과학의 발견물을 지속적으로 파악하는 데 사용하는 형이상학적 렌즈임에도 불구하고) 우리가 자연 활동에 대해 지금까지 발견해 온 것들의 관점에서 신뢰할 만한 이유가 가장 많은 실재성의 관념이다.

신자들에게는 이렇게 철저한 시간적 자연주의[35]가 불완전하다. 시간적 자연주의가 제안하는 진화 중인 자연의 이미지는 신의 구속 역사役事에 관한 또 다른 스토리와, 이 구속 역사가 인간의 의지로부터 이끌어 내기도 하고 그렇지 못하기도 하는 답변으로 완성되어야 한다. 어쨌든 새로운 초자연주의[36]는 이제 세 가지 기적(자연 질서의 정지, 인간 질서의 정지, 인간 질서와 자연 질서의 분리)보다는 유일한 기적(고차적인 실체 속으로 자연의 포용)을 요구한다. 이러한 유형의 시간적 자연주의는 신자들에게 육화된 영으로서의 주체 관념을 더욱 쉽게 이해할 접근로를 제공한다는 결정적인 장점이 있다. 반면에 두 체제 교리의 반자연주의적 이원론은 이러한 인성 관념을 훼손한다.

정신과 구조

육화된 영의 관념은 제도와 이를 형성하는 담론에 대한 접근법을 제공한

---

35 시간적 자연주의는 물리학자 리 스몰린Lee Smolin이 사용한 개념이다. 《단일우주와 시간의 실재성》의 공저자이기도 한 스몰린은 우주론의 난제를 푸는 데에 시간적 자연주의가 다른 대안보다 낫다고 주장한다. 그는 시간적 자연주의temporal naturalism와 초시간적 자연주의timeless naturalism를 구별한다. 시간적 자연주의는 현재 순간들의 계기繼起라는 의미에서 시간이 실재적이고, 자연법칙도 시간 속에서 변한다는 입장이라면, 초시간적 자연주의는 자연법칙이 불변적이고, 현재 순간과 그 경과들이 환상이라고 간주하는 입장이다.

36 여기서 웅거는 시간적 자연주의와 전통적인 초자연주의를 대비하지만, 제5장에서 자신의 입장을 초자연주의super-naturalism라고 말한다. 협소한 이원론에 입각한 반자연주의anti-naturalism로서 전통적인 초자연주의supernaturalism가 아니라, 진화하고 전진하는 자연철학과 양립하는 초자연주의라고 규정한다.

다. 이 접근법의 규정은 육화된 영의 관념을 정교화하는 것이다. 동시에 이 작업은 삶의 영위와 사회의 조직에 대해 세계와의 투쟁이 가져온 실천적 결과들을 기술하는 일에 착수하는 것이다.

그러나 주체와 구조의 관계에 관한 이 견해는 가장 영향력 있는 사회 관념들에 너무나 이질적인 까닭에 간신히 서술할 수 있을 뿐이다. 그 견해를 표현하는 단어들이 그 견해에 반발하는 연상들이 지닌 부담을 안고 있기 때문이다. 그러한 견해는 하나의 정통이지만 우군도 적고 이론가는 더욱 적다. 이러한 정통에서 다양한 방향으로 이탈한 교리들은 심지어 세계와의 투쟁을 가장 영향력 있는 실존접근으로 삼았던 사회에서도 큰 목소리로 발언했다.

그 주요한 이단들은 두 가지 형태로 존재한다. 교부신학 관행에 따라 그 이단에 개인의 이름을 부여하여 하나는 헤겔적 이단으로, 다른 하나는 사르트르적 이단으로 부르겠다. 그러나 각각은 개별 사상가들이 실제로 가르친 교리보다 훨씬 많은 것을 대변해 왔고, 세계와의 투쟁의 신성한 기획과 세속적 기획이 가장 큰 권위를 행사한 사회의 지성사에서 지속적인 흐름이 되었다. 두 가지 이단을 거부하는 경우, 이러한 실존접근에서 정신과 구조의 관계와 관련해 남아 있는 유산이 무엇인지는 분명하지 않다. 주체와 사회에 대한 관념들에는 실제로 많은 것이 남아 있으나 아직은 적절하게 발전되지 않았다.

헤겔적 이단의 교리는 사회생활 및 자기이해에서 확정적인 구조가 존재할 수 있다는 것이다. 그 구조는 아직 출현하지 않았더라도 장차 출현할 것이다. 그 구조는 평가할 만한 모든 경험을 올바르게 평가하고 향상시킬 만한 권능을 부인하지 않으며, 치명적인 모순을 겪지 않는다. 특히 법으로 확립된 인민 생활의 제도화된 형식과 우리가 이 제도적 체제를 이해하고 유지하는 데에 기준으로 삼는 규정적이고 행위지향적인 믿음들 (이익과 이상) 사이에서 모순을 겪지 않는다. 우리가 세계에서 고향을 가질 수 있다고 한다면, 그것이 바로 이 확정적 구조이다. 이 구조가 출현하면 세상을 부유浮遊해야 할 이유도 사라진다.

헤겔 자신과 많은 관념론자들이 주장하는바 갈등과 모순을 통한 인류의 상승 경로에 관한 이론 형태에서 확정적 질서는 역사적 시간 속에서 집단적 구성물을 표상한다. 그러나 세계와의 투쟁의 성스러운 형태들은 전적으로 다른 종류의 질서, 즉 성스러운 법의 명령에 따라 사회생활을 형성하는 질서를 포용한다. (이슬람교에서 샤리아의 요구 사항에 따른 사회의 재구성은 거론할 만한 사례이다). 이 질서는 신의 구속 역사에 대한 인간 의지의 응답 덕분에 역사적 시간 속에서 성취된 하나의 기획이다.

인간 생활의 확정적 구조 관념은 명백하고 무자비한 형태로 정식화되는 경우에만 경멸의 대상이 된다. 그러나 확정적 구조 관념은 사회과학적 설명, 규범철학, 인문학에서 현재 지배적인 형식들이 알아채지 못하는 전제이다. 사회역사적 연구의 전 영역에서 지배적인 관념들은 구조들이 가진 영향력과 그 쇄신을 상상하는 시도를 전적으로 포기함으로써 사회 속에 존재하는 것에 대한 통찰과 인간이 출현시킬 수 있는 것에 대한 상상력의 연결을 단절시킨다. 결과적으로 지배적인 관념들은 현존하는 것의 합리화를 위해 지성을 팔아넘기며, 현대 유럽 철학사가들이 우파 헤겔주의[37]라고 규정한 입장으로 귀의한다.

---

37 헤겔좌파는 시대 환경의 변화에 따라 급진적인 마르크스주의로 해소되었던 데에 비해, 헤겔우파 (우익헤겔주의)는 헤겔의 관념론적 색채를 고수하면서 체제를 방어하는 후진적인 입장으로 전락하고 20세기에 신헤겔주의로 이어졌다. 그것은 '변증법 없는' 헤겔주의이다.

사회생활의 확정적 구조 관념에 대응하는 철학 관념은 초과학으로서의 철학관, 즉 헤겔의 절대지絕對知 관념이다.[38] 절대지에 따르면, 비록 불완전하게 표현되었다고 하더라도 사상은 그 방법과 탐구할 진리 사이에 존재하는 극복할 수 없는 모순들과 더 이상 대결하지 않는다. 지식이 절대적이기 위해서, 통찰과 실천 사이에 존재하는 모든 갈등이 마침내 해결될 정도로 지식이 필연적으로 완전해야 하는 것은 아니다. 헤겔에 의해 현학적이고 형이상학적인 형태로 기술된 절대지의 요구가 과도해 보일지라도 이는 실제로 각 학문분과 방법들의 광적인 물화物化와 그 방법들과 분과들로서는 무력하기 짝이 없는 온갖 문제 및 관념들에 대한 적의를 간직하고 있는 대학문화의 가식이다.

헤겔적 이단은 세계와의 투쟁의 성스러운 혹은 세속적인 모든 형태에 중심적인 하나의 진리, 즉 여건과 초월의 변증법이라는 진리를 부정한다. 세계와의 투쟁의 성스러운 형태의 언어로 표현하면, 헤겔적 이단의 영적 결함은 우상숭배이다. 우상숭배로 인해 오로지 신에게만 또는 우리 안에 신의 현존에게만 돌리는 무조건적인 헌신의 일부를 결함투성이 덧없는 인간 제도들에 넘긴다. 유대교와 이슬람교 안에서 특히 발전한 율법에 대한 존숭은 우상숭배로 타락할 수 있다. 그 경우, 율법은 인간적 존재와 신성한 존재를 잇는 교량 역할을 멈출지도 모른다. 대신에 신의 대리인으로 변질되고, 사회질서를 동결시키는 유인책으로 변할지도 모른다.

세계와의 투쟁의 세속적인 언어로 표현하면, 헤겔적 이단이 끼친 해악은 모든 제도적 공식과 마찬가지로 적절한 것으로 오인되나 실제로는 결

---

38 헤겔에 따르면, 인간의 의식은 분명히 아무것도 모르는 상태에서 시작해 다양한 경험을 거치며 성장해 나간다. 그 최종 단계로서 모든 것을 깨닫는 상태가 '절대지'이다.

함투성이 허약하고 우연적인 것에 지나지 않는 제도적 공식의 족쇄에 우리의 권능, 이익, 이상을 포기하는 것이다. 이는 결과적으로 이익과 이상을 형성하고 이해하는 방식과, 제도와 관행을 형성하고 파악하는 방식 사이에 왕래반복을 중단시키고 만다. 그러나 인간 권능의 발전은 항상 여건과 초월의 변증법에 의존한다.

이 책을 저술하던 시기에 세계 전체는 사회의 다양한 영역들, 정부와 시민, 기업과 노동자, 금융과 생산, 가족과 국가 등의 제도적 조직 방식에서 일련의 제한된 선택지만을 보유했다. 사회생활의 특수한 영역에서 시행된 각각의 제도들은 사회의 추상적 관념을 사회의 해당 부분에서 인간 결사의 규정적인 상―사회의 각 영역에서 인간관계가 어떤 모습을 취할 수 있고, 또 어떤 모습을 취해야 하는지―으로 변형시켰다. 일군의 제도들은 각기 역사를 특정한 장소에 정지시켰다.

헤겔적 이단은 철학자 헤겔이 설명한 직선적 방식으로 늘 출현하지는 않는다. 그것은 음험하게 무수히 은폐된 형태로, 위장되어 있기 때문에 더 효과적으로 출현했다. 오늘날 헤겔적 이단의 하나는 경제적 · 정치적 · 사회적 다원주의―시장경제, 대의민주주의, 자유시민사회―가 기성의 제약된 범위의 제도적 형태, 즉 북대서양 양안의 민주국가들에서 확립된 형태들 정도만 보유하고 있다는 관념이다.[39]

사회적 · 역사적 연구의 전 영역에서 사상의 지배적 실천 관행들을 전제로 작동하지 않았더라면 이 이단은 지금과 같은 영향력을 갖지 못했을 것이다. 경제학을 필두로 경성 사회과학은 시장경제 형태를 포함하여 현

---

39 프랜시스 후쿠야마의 《역사의 종언과 최후의 인간》을 꼽을 수 있다.

재의 제도적 안배가 자연적이고 필연적이며 우수하다고 강변하면서 이 제도들을 해명한다. 정치철학과 법이론 등 규범적 분과들은 기성 구조를 새로이 상상하거나 쇄신하기보다는 그 구조를 인간화하겠노라 공언하는 관행, 예컨대 조세와 이전지출에 의한 보상적 재분배 또는 공정한 정책 및 원칙의 언어로 표현한 법의 이상화 경향에 대한 이론화 작업을 자신의 기획으로 삼는다. 인문학은 주관주의적 모험주의와 사적인 숭고함에 투항한다.[40]

세계와의 투쟁이라는 세계지향의 역사에서 주체와 구조에 관한 견해가 반복해서 빠졌던 대립적인 오류는 바로 사르트르적 이단이다. 사르트르적 이단의 가르침은 우리가 사회의 조직적 안배, 더 일반적으로는 삶과 사상에서의 일상과 반복의 지배를 부인하고 동요시키는 경우에만 인성을 긍정한다는 것이다. 이에 따르면, 구조는 삶에서 정신을 박탈한다. 이 박탈에 저항한 사례들은 낭만적 상상력의 비유, 즉 국가 관료적 안배에 맞선 거리의 대중들, 혼인 생활의 반복적 일상에 맞선 낭만적 사랑, 형성된 것들에 맞선 형성되지 않은 것들이다. 저항과 초월의 권능을 행사하는 인성을 정신으로 이해한다면, 정신은 구조를 동요시킴으로써 살아간다.

이에 따르면 구조들은 불가피한 것이다. 우리는 구조들을 폐기할 수 없다. 우리가 할 수 있는 것이라곤 한동안 구조의 지배를 이완시키는 것뿐이다. 구조들은 스스로를 재천명할 것이다. 그럼에도 불구하고, 간헐적인 소요를 통해 우리는 더 완전하게 우리 자신이 되어 갈 수 있다.

서구문화의 도덕사에서 이 관념의 가장 친숙한 형태는 사르트르나 20

---

40 웅거는 《주체의 각성》에서 구조 변혁과 인간의 역량강화를 포기한 주류 학문을 비평하는데, 경제학을 '합리화'로, 법학을 포함한 규범적 정치철학을 '인간화'로, 인문학을 '도피'로 꼬집는다.

세기 실존주의자들보다 훨씬 앞서서 19세기 낭만주의가 제공했다. 정신은 인간 실존의 많은 부분을 허비하는 일상과 반복을 관통하거나 변혁하는 데에 무력함을 드러내면서 세계를 부유한다. 연인의 손을 잡으려는 투쟁에서 주인공의 시련은 이목을 끈다. 어쨌든 주인공의 이어진 혼인 생활은 매력적인 초상에 도전하지만, 그것은 낭만주의가 정신에 치명적이라고 여기는 반복과 일상으로 채워질 수밖에 없다.

사르트르적 이단의 중요한 특징은 정신과 구조의 관계를 변화시키는 인간의 능력을 함축적으로 부인한다는 점이다. 헤겔적 이단은 그 대단한 영향력을 파편적이고 간접적인 방식으로 발휘하면서 제도적 물신숭배—시장경제, 대의민주주의 또는 독립적인 시민사회 관념 같은 추상적인 제도적 관념들과 법에 규정된 특수하고 우연적인 일련의 제도적 안배들을 무비판적으로 동일시하는 태도—를 촉진한다.[41]

사르트르적 이단은 헤겔적 이단보다 더 높은 수준에서 유사한 과오를 저지른다. 사르트르적 이단은 우리가 살아가는 사회적 · 개념적 체제들과 주체의 관계를 정량定量으로 취급한다. 사르트르적 이단은 문제의 핵심을 통찰하는 데에 실패한다. 즉, 사회생활 또는 탐구와 담론의 모든 형식들은 맥락보존적인 운동과 맥락변경적인 운동 간의 격차를 넓히거나 좁히는 방식으로 조직될 수 있다는 점을 통찰하지 못한다. 그러한 조직 형식은 수정 가능한 인간의 발명품이 아니라 자연적 사실 혹은 우주 구조나 최소한 모든 역사의 일부라는 허무맹랑한 주장을 인정하는 방향으로 수

---

41 제도적 물신숭배는 제도적 이상을 현존하는 특정 제도로 완벽하게 환원시키는 사유와 태도를 의미한다. 이에 비해 웅거는 사르트르의 오류를 '구조적 물신숭배'로 부른다. 구조적 물신숭배는 구조가 주인이고 인간은 구조 아래서 어찌할 수 없다는 회의주의를 의미한다.

립될 수 있고 부정하는 방향으로도 수립될 수 있다. 그러나 인간의 가장 근본적인 물질적·도덕적·영적 이익은 사회와 사상의 기성 구조와 인간이 맺는 관계의 성질에서 바로 그와 같은 변화와 연결되어 있다.

세계와의 투쟁의 성스러운 언어로 표현하면, 사르트르적 이단은 우상 숭배의 죄가 아니라 정반대인 절망의 죄를 범한다. 절망과 우상숭배는 주체와 맥락의 관계에서 또한 정신과 구조의 관계에서 허위필연성의 환상을 말한다. 사르트르적 이단이 지성에 끼치는 폐해는 현실적인 것(기성 구조)에 대한 통찰과 접근 가능한 대안(단수의 이곳에서 우리가 도달할 수 있는 복수의 그곳들)에 대한 상상력 사이에 있는 연결 고리를 절단한다는 것이다. 사르트르적 이단이 의지에 끼치는 해악은 불변적으로 방치된 채로 인간의 가장 야심 찬 기획을 제약하고 타락시키는 사회와 사상의 한 측면─제도적·개념적 전제들과 경험의 관계─을 변혁할 수 없다는 데에 있다.

사르트르적 이단은 사상사에서 유대교, 기독교, 이슬람교의 신비주의적 전통에 속하는 부정신학via negativa[42]에서, 19세기 낭만주의 운동이 발전시킨 삶의 이상에서, 어느 면에서는 이단의 두 가지 초기 단계의 충동을 결합한 20세기 철학의 생기론生氣論[43]과 실존주의 조류에서 온갖 다양한 형태를 취했다. 이 믿음들은 더 이상 가장 널리 퍼지고 영향력 있는 사르트

---

42 부정의 신학은 무한한, 제한되지 않은 신에 대한 제한적이고 불완전한 정의를 부정하는 방식으로 하느님의 본질을 인식하려는 신학이다. 인간의 이해력으로는 신을 완전히 이해할 수 없으며 신은 인간의 언어로는 전부 묘사할 수 없는 초월적인 존재이기 때문에 신을 부정적인 표현으로만 서술할 수 있다고 한다. 위디오니시오스 아레오파기테스가 대표적이다.

43 활력설活力說이라고도 하는 생기론vitalism은, 생물에는 무생물과 달리 목적을 실현하는 특별한 생명력vital force이 있다는 설이다. 그 기원을 아리스토텔레스에게서 찾을 수 있고, 20세기에 앙리 베르그송, 한스 드리슈, 헬름홀츠, 조르주 캉길렘, 제인 베넷이 주장했다. 단순한 물리학이나 화학 지식에 입각하여 생명을 이해하는 방식에 반대하고, 철학에서는 유물론과 대립한다.

르적 이단 형태가 아니다. 이제 사르트르적 이단은 더욱 평범하고도 음흉하게 사회나 사상의 재구성과 개인적 삶의 재정립 사이에서 완전한 택일의 형태로 나타난다. 이 택일은 결과적으로 숭고한 것을 종교, 예술, 형언할 수 없는 경험으로 사사화私事化한다.

(미발전된) 세계와의 투쟁 정통은 우리가 헤겔적 이단과 사르트르적 이단을 모두 반박한 후에 남는 교리다. 이러한 정통의 본질적인 요소들을 신자와 불신자가 동시에 포용할 수 있다. 이 정통은 여건과 초월의 변증법이 제시하는 비전과 밀접하게 연결된다. 이 정통이 변증법의 비전에 더해 주는 것은 우리가 살아가는 사회적 · 정신적 세계들의 성격 및 변혁가능성과 연관된 관념들이다.

최종적이고 전포괄적인 사회생활의 규율 양식은 존재하지 않으며, 절대지의 기준을 충족시키는 통찰과 담론 형식조차 존재하지 않는다.[44] 사회나 사상의 모든 체제는 결함을 가지며 완전하지 않다. 모든 구조의 총합이나 연쇄도 마찬가지로 결함이 있으며 완전하지 않다.

기성 제도들과 가정들이 배제하지만 긍정적으로 평가할 만한 통찰이나 실험, 경험들은 항상 존재한다. 그럼에도 불구하고 우리는 체제를 넘어 체제가 우리에게 허락하지 않으려는 지점에 도달할 수 있다. 우리는 질서의 결함과 불완전성을 점진적으로 제거함으로써 그 질서를 수정할 수 있다.

변혁적 권능은 도전과 변화를 시도하지 않은 채 일반적으로 방치하는 사회적 · 개념적 체계의 주변적 땜질에만 국한되지 않는다. 우리에게는

---

44 웅거는 역사의 계속(역사의 종언이 아니라)이라는 관념 속에서 헤겔의 변증법에 생명력을 부여한다고 볼 수 있다.

또한 체제에 저항하고 체제를 수정할 자유로 체제의 개방적인 성격을 누적적으로 변화시킬 능력이 있다. 그렇게 우리는 우리가 행위하고 사유하는 사회적·개념적 세계들의 인공적 성격[45]을 실제로 확인할 수 있다.

이러한 정통이 기껏해야 불명확하게 제시되고, 사상과 사회의 재구성에 필요한 정통의 함축들이 제대로 이해되지 못한 사정은 세계와의 투쟁에 특징적이다. (미발전된) 정통의 가르침은 철학과 신학의 세계사에 지배적이었던 사조들로부터 너무나 동떨어지고 너무나 혁명적이어서 우리는 이 메시지를 간헐적으로만, 파행적으로 포착하고 발전시킨다.

우리의 정치적 믿음의 영역에서 취한 하나의 사례는, 이처럼 정신과 구조에 대해 어느 정도 비밀스럽고 대체로 미발전된 정통 이론의 실천적 의미를 보여 준다. 존 스튜어트 밀과 카를 마르크스를 포함하여 19세기 자유주의자들과 사회주의자들은 인간의 실천적 역량을 계발할 제도적 조건과 계급사회의 불의 및 굴종으로부터 보통 사람들을 해방시킬 제도적 조건들이 일치한다고 오인했다. 그들은 단지 제도적 발전 경로의 획정에서만 의견을 달리했을 뿐이다. 어쨌든 그들은 이 두 가지 선〔개별적 역량 강화와 집단적 인간 해방〕을 성취할 제도적 요구 사항들 사이에 예정조화가 존재한다고 사유한 점에서 일치했다.

제도적 대안에 대한 상상력의 결핍으로 인해 우리는 대립적인 도그마, 즉 경제적 성장 또는 더 일반적으로 말해서 인간의 실천적 역량 계발의 요구 조건들과 계급사회의 통제로부터 인간 해방의 조건들 사이에 모순

---

45 '인공물로서의 사회society as artefact'는 현존 사회질서를 자연화하거나 필연화하는 모든 사유 방식을 거부하는 웅거의 기본 관념이다. 존 듀이, 코르넬리우스 카스토리아디스, 브루노 라튀르의 사회관과 유사하다.

이 존재한다는 도그마를 포용하도록 유혹받는다. 그러나 예정조화의 도그마처럼 이 도그마도 경험적 가정에서 정당화되지 않을 것이고 실천적인 결론에서는 더 유해할지도 모른다.

주체와 구조에 관한 억압된 정통은 이 도그마에 오염되지 않는 희망, 즉 우리의 물질적 이익과 도덕적 이익의 잠재적 교차 지대에서 전진할 수 있다는 희망을 실천할 근거를 제공한다. 앞의 두 가지 물질적·도덕적 이익과 제3의 이익, 즉 자체적으로 수정에 열려 있고 변화의 위기의존성을 감소시켜 우리로 하여금 내부자와 국외자 역할을 결합할 수 있게 하는 제도와 관행(탐구 방법과 담론을 포함하여)의 발전에 대한 이익 간의 관계에 그러한 희망의 근거가 있다. 따라서 우리는 사회적·개념적 체제들에 도전하는 권능을 보유하면서 그 체제들에 참여할 수 있다. 우리는 그러한 체제들로부터 최종적 결정권을 빼앗아 우리에게 되돌려 놓을 수 있다.

이러한 희망의 시각에서 보자면, 인간의 실천적·생산적 권능의 발전을 촉진하면서도 계급 억압의 극복에 우호적인 제도적 조건의 부분집합과 인간의 실천적·생산적 권능의 발전에 우호적이면서 계급 억압을 극복하는 데에 필요한 제도적 요구 사항의 부분집합이 존재한다. 이 교차 지대의 확인과 교차 지대 안에서 전진의 희망을 합당하게 만들어 주는 것은 주체와 구조의 관계에서 일어날 변화가 인간의 물질적·도덕적 이익의 성취에서 담당할 수 있는 역할이다.

사회가 극단적인 빈곤 상태에서 벗어나게 되면, 경제성장을 통제하는 주된 요소는 계급위계제로 강제 추출된 경제적 잉여의 규모가 아니라 기술적·조직적·지적 혁신의 활력이다. 이미 유럽에서는 초기 산업화 이래로 이 활력들이 주된 통제 요소로 확립되었다. 당시 유럽의 경제적 잉여는 상대적으로 낙후 상태에 있던 명청조明清朝의 중국이나 여타 농업적·관료제적 제국들보다 크지 않았다. 혁신은 생산요소뿐 아니라 제도적인 생산과 교환 구조에 간섭하는 관념과 안배들을 재조합하고 변혁하는 자유를 최대치로 요구한다. 시장이 유일한 법적·제도적 형태에 속박되어 있는 한, 시장경제의 장점은 줄어든다.

사회 분할과 위계제로 구축된 체제는 체제가 의존하는 제도와 가정들이 도전과 동요를 받지 않아야 한다는 것을 체제안정성의 조건으로 삼는다. 제도와 가정들은 담론의 일상에서뿐 아니라 부와 권력을 향한 경쟁 현실에서도 차폐되어야 한다. 주체와 구조에 관한 미발전된 정통은 삶과 사상의 지배 체제의 모든 부분에서 바로 이 차폐성을 거부하려고 한다. 어쨌든 우리가 이 가정과 제도들에 끊임없이 균열을 내지 못한다면, 이 가정과 제도들은 협력 형식과 편익을 통제하도록 용인하고 개인을 사회 속에서 딱 그가 차지한 지위만큼의 크기로 왜소화시킬 것이다.

억압된 정통 이론의 이상적 한계는 확정적이고 전포괄적인 구조가 아니라, 오히려 구조 자체를 최고도로 논쟁적이고 수정 가능한 것으로 만들고 인간을 여건에 맞게 위축시키는 상황에서 인간을 구출하는 데 조력하는 구조이다.

주체와 타자

정신과 구조의 관계가 세계와의 투쟁이 삶의 영위와 사회의 조직에 대해 그 함축한 바를 드러내는 하나의 영역이라면, 개인과 타자의 관계는 이와 연관된 또 다른 영역이다. 이 같은 세계관이 지지하는 실존지향의 두 측면은 우리가 이해하는 것보다 더 밀접하게 서로 연결되어 있다. 그것은 공히 어떻게 살아야 하는지에 대한 포괄적인 견해를 도출한다.

인류 역사에서 비교적 최근까지 타자와 우리가 어떠한 관계를 맺을 수 있고 또 맺어야 하는지를 지배한 관념들은 이타주의—이타적인 자비에 의한 이기심의 극복—에 가장 중요한 지위를 부여했다. 이 견해의 전제는, 자기 이익을 위해 타인의 이익을 희생하는 성향이 도덕적 삶의 가장 기본적인 문제라는 것이다. 이 설명 방식은 우리 각자가 기꺼워하지 않으면서 부분적으로만 자신이 세계의 중심이라는 확신을 포기하거나, 자신이 아무런 역할도 하지 못하는 세계를 상상한다. 그리하여 세계초극과 세계인간화에서 이타주의는 다른 의미를 획득하고 다른 기초에 입각한다.

대승불교에서 예컨대 (쇼펜하우어의 철학에서도) 이타주의는 보편적인 동료감정이다. 이타주의의 형이상학적 기초는 존재들 또는 사람들 간의 구분이 천박하고 환상적인 성격을 가진다는 데에 있다. 모든 개인, 지각력을 가진 모든 피조물, 심지어 외견상 구별되는 모든 현상은 통일적이고 숨은 존재에 대한 공동 참여로 통합된다.

이러한 존재가 또한 초시간적이라면, 개인은 비록 오로지 사유와 사유상의 경험에 한정될지라도 시간이 냉혹한 주인으로 지배하는 실존과는 동떨어진 실존으로 밀려난다. 그 결과는 인간 상호 간의 이상적 관계의 정점에 인간의 육화된 갈망과는 가급적 가장 동떨어진 관점을 설정한다.

유교의 가르침에 따르면, 우리는 사회생활의 법도에 복종함으로써, 타자와 그의 경험과 필요에 대한 우리의 상상력을 누적적으로 고양시킴으로써 전진한다. 여기서 이타주의의 기초는 유일자와의 공유된 유사성을 통해 확보된 인간의 보편적인 친연성이 아니다. 그 기초는 어둡고 무의미한 우주 안에서 의문의 여지없는 가치를 가진 유일한 실재가 인격성 및 인격적 만남의 경험이라는 점을 인정하는 데에 있다. 다시 말하면, 타자와 우리의 관계 모형은 이타적이고 포괄적인 동료감정의 모형이다. 우리는 사회적 위치를 점한다는 이유로 우리의 역할을 수행해야 하고 타자에 대한 의무를 존중해야 한다.

세계초극에서 이타주의의 형이상학적 정초와 세계인간화에서 이타주의의 반형이상학적 옹호 사이에 뚜렷한 차이가 존재함에도 불구하고, 삶의 영위에 관한 실천적 결론은 유사하다. 두 가지 사례에서, 우리는 매우 대조적인 시각으로 인간의 상호 관계에서 열망할 최고 기준이 초연하고 이타적인 자비라는 것을 알게 된다. 그 시사점과 정당화 사유에 다소간 차이는 있어도, 자비는 두 가지 견해에서 반복하는 일정한 속성들을 특징으로 갖는다. 특징적인 비전이 유교적인가, 불교적인가, 스토아적인가와 상관없이 이 속성들은 확실하게 존재한다.

첫째로, 이타주의는 고차적인 통찰과 삶의 상태로 전진한 개인들에 의해 높은 곳에서 제공된 관후함을 자극한다. 통상 이 개인들은 덜 전진한 개인들에게 관후함을 제공한다. 고차적인 존재는 필요를 덜 가지며, 특히 타자에 대한 필요를 덜 가진다. 그의 위대함은 부분적으로 타자에 대한 필요로부터 비교적 자유로운 점에 있으며, 이는 정신과 의지의 필수적인 도야로써 성취된다. 그러나 타자 없이는 불완전하기 때문에 고차적인 존재는 자비롭지 못하다. 그는 자신의 선함의 충일성뿐만 아니라 우주와 인성의 진리에 대한 통찰에 입각하여 자비롭다.

둘째로, 이타주의는 실천과 의도에서 일면적이다. 이타주의의 가치와 효과는 그 수혜자들의 특수한 응답이나 반대급부에 의존하지 않는다. 자신의 이타주의에 대한 대가를 적게 수령할수록, 이타주의자의 행동은 그만큼 더 희생적이고 도덕적 척도에서 그만큼 더 높이 오른다. 도덕적 척도에서 보자면, 이타성은 고귀함의 가장 믿을 만한 기준이다.

셋째로, 이타주의가 이타주의자를 엄격한 명령에 복종시키고 극한적 상황에서 생명을 희생하라고 요구하더라도 내적인 고통은 부과되지 않는다. 이타주의는 인정을 받지 못한다는 이유로 저평가될 수 없다. 이타주의는 대가를 바라지 않기 때문에 퇴짜 맞을 위험을 떠안지 않는다. 이타주의를 지지하는 믿음과 감정은 이타주의를 자기지배와 평정심으로 연결시킨다. 세계초극에서 평정심은 환상적인 구분과 시간의 근심들에서 벗어남을 의미한다. 세계인간화에서 평정심은 극기克己와 타자에 대한 염려 간의 변증법에서 귀결되며, 개인의 향상과 사회의 개혁은 이 변증법에 의존한다.

이러한 이타주의의 이상이 기술한 이상들과 경험들은 최소한 이 책에서 고려한 세 가지 실존접근들을 대표하는 종교들이 출현한 시기 이래로 아주 다양하고 수많은 사회와 문화에서 권위를 행사해 왔다. 이 이상과 경험은 윤리와 이타주의 철학의 출발점을 형성하였고, 그 영향력이 너무나 강력하여 세계와의 투쟁의 다양한 형태들에 대한 충성을 요구하는 믿음의 공동체들까지도 지배했다. 이로써 이상과 경험은 세계와의 투쟁이라는 실존접근에서 그 메시지의 가장 특징적인 것 중 하나를 박탈할 위험을 안고 있었다.

세계와의 투쟁으로 선포된 주체와 타자에 관한 진리는 이타주의보다는, 사랑이 인간의 도덕적 경험의 조직 원리이자 신성한 존재에 대한 인간의 몫을 증강시키는 기획을 지도하는 이상이라는 점이다.[46] 그러나 사랑이

---

46 웅거의 사랑은 eros에 해당한다. 동등한 자들의 사랑뿐만 아니라 점점 높은 것으로 상승하는 사랑이다. 플라톤의 《향연》에 나오는 eros이다. 웅거는 기독교적으로 확립된 사랑인 아가페agape를 이타주의로 규정한다.

이타주의가 아니라면 도대체 무엇인가?[47] 사랑은 타인과의 연결의 경험으로서 자유나 자기지배를 훼손하기보다는 고양시킨다. 이러한 사랑 관념의 전제는 우리가 우리 자신을 홀로 형성할 수도 구제할 수도 없다는 것이다. 인간은 경험의 모든 측면에서, 즉 실천적·인지적·정서적 측면에서 타자를 필요로 한다. 그러나 이 필요를 충족시키는 유대는 인간의 자유와 자기지배를 상실시킬 위험을 초래한다. 그래서 인간은 혼자서는 완전해질 수 없으며 함께라도 완전해질 수 없는 것처럼 보인다.

사랑은 이러한 주체성의 조건들(주체가 각자 독립해야 하고 동시에 타인과 연결되어야 한다) 간의 갈등을 극복하려는 상상력이다. 이러한 경험의 이상적인 극에 이르면 한 주체성의 두 요구 사이에 존재하는 모든 긴장은 사라진다. 우리는 이러한 연결에 대해 예속과 비인격화의 대가를 지불할 필요가 없다.

그러나 우리는 무제약적인 가치를 지닌 선을 위해서는 다른 대가를 지불해야 한다. 우리는 사랑의 상대방뿐만 아니라 상대방에 대한 우리의 필요에 맞서 우리 자신을 지키려는 방패를 내던져야만 한다. 사랑은 퇴짜를 맞을지도 모른다. 사랑을 찾고 사랑을 경험할 때 사랑의 상대가 인간이든 신성한 존재이든 우리는 행운의 포로가 되고 상대의 은총에 의존하게 된다.

이렇게 보면 이기심, 즉 우리 자신이 전부인 양 세계를 이용하려는 집요함은 우리의 도덕적 경험에서 결정적인 문제가 아니다. 결정적인 문제는, 우리가 타자의 경험을 상상하고 타인을 맥락과 역할을 초월하는 개인으로 바라보고 인정할 만큼 우리 내부에 있는 의식의 감옥에서 탈출하기

---

47 웅거는 기독교에서 억압된 사랑(에로스)을 전통적인 기독교에서 말하는 아가페를 특징적으로 차별화한다.

어렵다는 점이다.

이타주의를 위해 유교적 가르침이 요구한 타자에 대한 염려만으로는 불충분하다. 또 다른 비밀스러운 주체에 대한 포용적이지만 불완전한 상상력이 있어야 한다. 상상력은 갈망을 자극하고 수용을 가능하게 한다. 그것이 우리가 사랑이라고 부르는 경험이다. 사랑의 속성은 모든 측면에서 지배적인 관념들이 범례적인 도덕적 경험으로 권면하는 헌신적인 이타주의의 속성들과 다르다.

첫째로, 사랑의 주체는 그의 외적인 사회적 여건이 어찌되었든지 간에 자신을 사랑의 상대방보다 우월적인 지위에 놓지 않는다. 사랑의 주체는 사랑의 상대방을 원하고 그를 필요로 한다. 사회적 위치에 상관없이 사랑의 경험은 그 무제약적인 갈망으로 인해 서로를 평등하게 만드는 경험이다. 이 같은 사랑의 특성은 너무나 깊이 자리잡은 것이어서 세계와의 투쟁의 성스러운 형태에서는 심지어 신에 대해서 또한 신과 인류의 관계에 대해서 반드시 적용되어야만 한다. 신은 인간을 필요로 하고 인간을 갈망한다. 기독교에서 이러한 신성한 갈망은 육화의 당혹스러운 메시지를 구성한다.

둘째로, 사랑은 이타주의와 달리 하나의 응답(사랑의 상대방이 사랑을 수용하면 이제 그 대가로 사랑해야 한다)을 추구한다. 사랑은 응답을 추구하기 때문에 실패할 수도 있다. 사랑은 처음부터 거부될 수도 있고 나중에 거부될 수도 있다. 사랑을 주는 것과 마찬가지로 사랑을 받는 것도 어려울 수 있다. 타자에 대한 사랑은 자유로이 주어지든 거부되든 은총의 형식을 표현한다. 그 주체의 높은 도덕적 완성도도 욕구된 결과를 보증할 수 없다.

셋째로, 이타주의와 달리 사랑은 기쁨과 연결될 수는 있으나 평정심과는 연결되지 않는다. 사랑은 온갖 간극을 부인하고 실패를 불사하므로 고양된 감응성a heightened vulnerability[48]을 요구한다. 사랑은 현재 모습 그대로 또는 장차 되고자 하는 급진적인 개인으로서 타자에 대한 상상력에 의존하기 때문에, 개인을 우연적이고 제약된 사회적 역할 너머로 바라본다. 사랑은 무한한 것에 대한 추구로 아로새겨져 있으며, 이런 추구가 사랑의 권능이자 약점이다.

이타주의 대신 사랑을 도덕적 경험의 중심으로 삼으려는 가르침은 도덕적 사유와 도덕적 경험의 세계사에서 우월한 지위를 차지해 온 믿음들과 근본적으로 어긋나기 때문에 오랜 역사적 시간을 거치면서 대립적인 관념들과의 경쟁 속에서 간신히 명맥을 유지하고 있다. 이러한 가르침이 정통이라고 한다면, 세계와의 투쟁의 성스러운 혹은 세속적인 형태들이 가장 큰 영향력을 행사해 온 장소와 시대에도 그 가르침은 항상 공표되지 않고 도전받고 오해받고 조소당하는 정통이었다.

그리하여 초기 기독교 신학에서도 주체와 타자의 관계에 관한 최고 표현은 헬레니즘 철학의 어휘를 차용하자면 아가페agape, 즉 이타적이고 포용적인 동료애로 간주되었다. 아가페는 이타주의의 다른 말에 지나지 않는다. 아가페는 플로티누스의 설명에서 발견되는 세계초극의 교리와 관련이 있다.

종종 기독교적 믿음의 명백한 세속화라 할 근대 도덕 이론의 후속사에서, 인간의 도덕적 경험을 분류하며 이타주의 원리에 부여된 중요성은 인간 상호 간의 의무를 측정할 수 있게 하는 벤담의 쾌락계산법, 루소의 사회계약, 칸트의 정언명령과 같은 방법에 대한 호소와 연결된다. 이 의무

---

48 감응성은 인간의 취약성을 의미한다. 웅거는 이러한 취약성을 타자와 관련하여 인간의 긍정적인 특성으로 설명한다.

들을 이행함으로써 우리는 우리 자신을 사랑의 주체로 만드는 것도 아니고 사랑의 상대로 만드는 것도 아니며 그저 떳떳하도록 만든다. 우리는 이방인들을 이타적인 자비심으로 바라보고 엄밀한 예법에 따라 처우함으로써 그들과의 상호작용 경험의 중경中徑에서 떳떳해진다.

그러나 사랑을 이타주의로 환원하고, 더 나아가 이타주의 원리와 밀접하게 연결된 중경의 경건주의pietism[49]로 환원하는 것은 예수의 종교에서 불편한 처지에 놓인다. 예수가 도둑이나 창녀들과 어울렸다면, 어떻게 우리는 사랑보다 순결을 앞세울 수 있는가? 예수가 모든 국면에서 율법에 도전했다면, 도덕적 투쟁이 율법 전파에서 시작해서 손 씻기로 끝나는 것을 우리는 어떻게 용인할 수 있을까? 수육된 신으로서의 예수가 십자가에서 왜 버림받았는지를 물으며 울부짖었다면, 우리는 어떻게 고압적인 자비심을 즐길 수 있을까? 기독교인들은 도덕철학자들의 유해하고 바리새파적인 가르침을 대속자代贖者의 메시지와 양립하지 않은 것으로서 거부해야만 한다.

기독교 신학에서 육체적 결합으로 완성되는 남자와 여자의 성사聖事적인 연결은 종종 신과 인간 사이의 연결의 이미지로 환기된다. 고대 유대인들이 살았던 예언자 시대에도 이미 우상숭배와 간음은 널리 비교되었다. 사랑에 대한 두 견해가 공존했다. 하나는 이타주의에서 벗어나는 이상을 억압하고, 다른 하나는 그러한 이상을 긍정했다.

결과적으로 기독교의 가르침 안에서 이타주의와 사랑의 차이는 명료

---

49 경건주의는 루터파에서 나온 기독교적 삶의 윤리적 영위 방식이라고 할 수 있으나, 여기서는 신학적 경건주의보다는 일반적으로 타인에 대한 보편적 윤리 관념에 입각한 도덕주의 경향을 가리킨다. 물론 칸트를 대표자로 꼽는다면 그것은 루터파 경건주의와 무관하지 않다.

하게 확립되지 못했으며, 유대교와 이슬람교의 가르침 안에서는 더 그랬다. 이타주의와 구별되는 사랑의 관념은 보통 구원의 경로에서 벗어난 세속적 관념들의 영향에서 찾았다. 그러나 이타주의의 주권적 역할이 기독교 신앙과 어떻게 화해될 수 있을까?

사랑의 세속적 관념에 눈을 돌려 보면, 이러한 관념의 가장 영향력 있는 형태들이 사랑의 관념을 왜곡한다는 사실을 발견한다. 사랑의 교리가 억압된 정통이라면, 세계와의 투쟁이 관철된 사회의 고급 및 대중문화 속의 낭만주의는 사랑의 교리를 왜곡하여 표현하는 이단이다.

사랑의 낭만적 관념은 세계와의 투쟁에 본질적인 주체와 타자에 관한 견해의 절삭切削되고 변질된 표현이다.

낭만주의는 특수한 역사를 가진 의식의 특징적인 형태였다. 또한, 지난 몇 세기의 세계혁명에 휘말려 들어간 모든 사회의 주관적인 삶에서 작동한 충동이었다. 특수한 역사적 현상으로서의 낭만주의는 북대서양 양안 지역의 반쯤 기독교적이고 반쯤 이교도적인 사회에서 19세기 초기에 일어난 낭만주의 운동에서 시작됐다. 그리고 그 사유 및 감정의 공식들은 20세기 지구적이고 대중적인 낭만주의 문화로 온 세계에 걸쳐 쇄신되고 확산되었다.

한편으로, 고급문화는 낭만적 의식이 다른 무엇보다 높이 평가하는 두 가지 경험, 참된 사랑에 대한 헌신과 가치 있는 과업의 추구라는 경험이 과연 유용한 것인지 하는 회의와 아이러니를 상당한 정도로 증가시키는 쪽으로 움직였다. 크든 작든 일정 정도 자신 안에 유폐된 영靈에 대한 타자의 접근불가능성은 사랑을 거의 불가능하게 만든 것처럼 보였다. 우리가 살고 있는 사회적 · 개념적 구조들의 내용과 성격을 변화시킬 방법에 대한 신뢰할 만한 이해를 유지하고 발전시킬 수 없다는 사실은 우리에게서 삶의 헌신에 어울리는 온갖 과업 관념을 빼앗으려 했다. 그리하여 우리는 절망이라는 또 다른 환상을 경험하는 경우에만 환상에서 벗어날 운명인 것처럼 보였다.

현대사회의 의식에서 지속적인 경향으로서 낭만주의는 주체와 타자에 대한 감춰지고 미발전된 정통 이론이 어떻게 일련의 과오에 빠지는지를 보여 준다. 그 과오는 비전의 과오일 뿐만 아니라 우리의 삶을 통해 무엇을 해야 하는지에 대한 결단에서 생긴 방향의 오류이기도 하다. 낭만주의와 불명료한 정통 이론 간의 경쟁에서 관건은, 우리 자신이 갖는 도덕 경험의 형태이다. (억압된) 정통 이론은 우리에게 우리가 사는 방식을 재정립하라고 요구한다. 낭만주의의 환상은 삶의 방식을 재정립할 우리의 능력에 절망을 표한다.

초기 낭만주의와 오늘날의 국제적이고 대중적인 낭만적 문화에서 나타나는 과오는, 낭만주의가 사랑의 성취와 유지 방식으로서 일련의 공식적인 표현과 행동에 의존한다는 것이다. 공식에 대한 의존성은 모든 낭만주의 형태에서 낭만적 비전의 다른 두 측면, 즉 구조나 일상에 대한 반대로서 정신 혹은 생명에 대한 신앙의 측면과 주체의 소진불가능성, 달리 말하면 형식과 안배의 확정된 재고在庫 안에서 주체를 통제할 수 없음을 인정하는 측면과 불화한다. 신앙과 인정의 측면에서 공식적인 낭만주의는 자체 모순적이고 자체 논파적인 것으로 밝혀진다.

그러나 이러한 초보적 낭만주의를 내던져 버리면, 낭만적 이단의 더 심오하고 지속적인 특성들에 도달하게 된다. 낭만적 이단은 두 가지 특성을 가진다. 그 특성은 각기 종교적 형태와 세속적인 형태에서 세계와의 투쟁의 메시지에 매우 중요한 진리에 대한 허위 진술을 제공한다.

낭만적 이단의 첫 번째 특성은, 일상과 반복에 대한 전쟁이다. 이 전쟁은 주체와 타자 관계에 대한 견해의 영역에서 주체와 구조 관계에 관한 낭만적인 설명을 반복한다. 거기서 일상과 반복의 영향력이 제도적 또는 개념적 구조의 지위를 차지한다. 반복과 일상이 긴밀하게 연결된 구조처럼 반복과 일상은 삶을 동결시키고 영spirit을 죽인다. 달리 말하면, 반복과 일상은 초월 권능의 행사에서 인성의 표현을 소멸시킨다.

반복에 대한 저항운동은 저항을 모든 구조로 확장하고 현재 순간에 살아야만 하는 삶 자체에 대한 저항으로 전환시킬 우려가 있다. 음악에서처럼 삶에서도 새로운 것은 지속되는 것을 배경으로 차이와 의미를 획득한다. 새로운 것과 기존의 것 사이의 대화에서 드러나는 참여와 초월의 변증법을 포기할 수 없듯이, 새로운 것과 기존의 것 사이의 상호작용은 우리에게 필수적이다. 낭만적 충동이 모든 반복에 저항할 때 그것은 또한 우리와 타자를 연결시키는 필수적인 토대를 무너뜨린다. 그래서 예컨대, 작가 로런스가 썼듯이 결혼이 긴 대화라면,[50] 모든 긴 대화가 반복을 통해 풍부해진다면, 낭만적인 것은 결혼에서 쓸모가 없다.

일상에 대한 낭만적인 반대가 포함하는 진리 요소는, 주체의 표현과 발전에서 일련의 기성 관습들이 적합하지 않음에 대한 인정이다. 일상은 낭만주의자들에게는 습관적인 관행, 경화된 비전 또는 단일하고 확정적인 존재 형식에 체념하는 미라가 된 주체이다.

낭만주의의 환상과 실패는 인간 경험에서 반복적인 요소를 관통하고

---

50 '긴 대화로서 결혼'에 관한 로런스의 문장을 찾지 못했다. 그러나 니체의 《인간적인 너무나 인간적인》에 같은 취지의 문장이 나온다. "긴 대화로서 결혼—결혼을 하려는 경우 당신은 스스로에게 이 질문을 던져 보라. 당신은 노인이 될 때까지 이 여성과 즐겁게 대화할 것이라고 믿는가? 결혼에서 나머지 모든 것은 일시적이지만, 당신이 함께한 대부분의 시간은 대화에 바쳐질 것이다."

이완시키고 변형하려는 시도를 포기하는 것이다. 이렇게 원초적인 양식의 쉬운 공식들을 포기한 다음에는 사회나 문화 속 온갖 현실적인 생활 조건들로부터의 영원한 도피를 택해야 한다. 다른 점과 마찬가지로 여기서도 낭만주의자는 영spirit이 세계를 관통하는 것을 볼 수 없다.

결과적으로 낭만주의 시대에 확립된 모든 유대는 특정한 장소나 시간에 한정되지 않고 언제 어디서나 있는 그대로의 삶에 맞서는 불길한 음모로 변한다. 이제 사랑은 실존의 주변부에서만 생존할 수 있는 경험으로 전환된다. 사랑하는 사람들의 상호적인 (또는 아직 상호적이지 않은) 자기헌신은 그들이 공유하는 곤경에 가려진다. 그들은 실존의 현실로부터 공동 탈출의 제약적인 형태를 제외하고는 공동의 삶을 희망할 수 없다.

이러한 낭만적 환상에 대한 대안은 일상과 반복에 대한 저항의 포기가 아니다. 그 대안은 비전, 행동 또는 성격에서 반복적인 것의 지배를 이완시키고 새로움의 영구적 창조에 기여할 수 있도록 경험에서 반복적 요소와 새로운 요소 간 관계의 성격을 바꾸려는 노력이다.

이 방향으로 지향된 주체는 주체 자신과 다른 주체 모두 스스로 그렇게 되기를 원하는 바이자 스스로 이미 그러하다고 알고 있는바 독창적인 존재로서 주체 자신과 다른 주체들을 더욱 잘 이해하고 수용할 수 있다. 그러한 주체는 전심전력으로 현재의 순간에 더 잘 개입할 수 있다. 현재의 순간에 개입하지 않고서는 더 완전하게 생동감을 유지하거나 사랑 속에서 서로에게 위대한 삶을 제공하기를 바랄 수 없다.

우리가 필멸성과 무근거성에 대응하는 데에 동원한 절대적인 것에 대한 동경과 억압된 정통의 관계를 다루기 전까지, 우리는 주체와 타자에 관한 억압된 정통을 제대로 이해하지도 못하고 이러한 정통과 그 낭만적 타락

형태를 구별하지도 못한다. 이러한 동경은 낭만주의적 일탈의 두 번째 측면을 표현한다. 첫 번째 측면이 그랬듯이 이 동경은 진리와 허위를 결합한다. 사랑은 개인을 역할과 맥락으로 위축시킬 수 없는 존재로 바라보는 믿음의 세계에서 도덕적 삶의 조직 원리가 된다. 주체는 무한한 심오함을 가진다. 계급과 신분의 위계제 안의 특정한 사회적 역할이나 지위에 관한 대본에서는 주체를 읽어 낼 수 없다. 주체는 심지어 인격의 경화된 형태인 성격과도 동일시할 수 없다. 이러한 이유로 주체는 타자뿐만 아니라 그 자신에 대해서도 결코 완전히 투명해질 수가 없다.

자신의 심오함을 발견한 주체는 맥락을 초월하는 자신의 능력을 확인하려는 갈망에 휩싸인다. 주체는 열망의 무한성과 여건의 유한성 사이의 불균형과 씨름한다. 그러나 결과적으로 주체는 왜소화, 즉 불굴의 정신을 제약하는 여건에 영원히 취약하다. 무제약적인 것을 향한 무제약적인 욕구가 타자와 우리의 관계를 관통하고 변형한다. 특히 우리는 세계 안에 우리를 위한 하나의 자리가 있다는 점에 대해 서로에게서 무조건적인 보증을 찾으려 한다.

아동은 그와 같은 보증을 부모한테서 요구하고, 어른은 사랑의 상대방에게 요구한다. 그러나 무조건적인 보증은 좌절될 수밖에 없는 요구이다. 우리는 그런 보증을 제공할 정도로 타자에게 충분히 줄 수도 없고, 타자로부터 충분히 받을 수도 없다. 그런데도 자신이 맥락과 역할을 초월한다는 점을 깨달은 존재는 타자와의 연결을 추구하며 항상 자신이 받을 수 있는 것보다 더 많은 것을 원할 것이다.

무한한 것, 무제약적인 것의 추구가 사랑을 관통하는 것은 내가 앞서 기술했듯이 우리의 도덕적 경험에서 사랑의 조직적 역할을 인정하는 관념과 경험의 결론이다. 사랑이 절대적인 것에 대한 동경의 흔적을 간직한다는 것은 낭만주의의 결론이 아니다. 그것은 세계와의 투쟁의 온갖 형태를 특징짓는 생활과 사유 형식의 귀결이다. 사랑의 낭만주의적 왜곡은 개인적 사랑을 필멸성의 그림자 아래서 체험된 무근거성을 극복하는 방식으로 오인하는 데에 있다.

무근거성은 인간 실존의 기초를 이해하고, 시간의 시초와 종말을 탐색하고, 사유의 연쇄 속에서 의문의 여지없는 전제들에 도달하는 데에서 발생하는 무능력이다. 사랑의 상대가 나를 사랑하고 내가 상대의 사랑을 통해 확고한 존재감을 느끼는 것에 대한 보증을 요구하는 것은 낭만적 환상이 아니다. 그런 보증 요구와 사랑의 상대가 제공하는 단편적인 응답을 무근거성 문제에 대한 해법으로 간주하는 것이 바로 낭만적 환상이다.

이 환상의 주문呪文 아래서 우리는 사랑을 무근거성에서의 해방으로, 우리 자신을 정초할 매혹된 세계를 향한 틈입구로 상상한다. 이런 환상에 낭만적 상상력을 가두는 믿음들은 낭만주의의 다른 측면(일상과 반복과 벌이는 전쟁)과 밀접하게 연결된다. 일상세계의 속박에서 해방된 낭만적 행위자는 자신이 마침내 완전히 인간적이 될 수 있는 낙원으로 들어간다고 상상한다. 자연과 사회의 현실 세계와 달리, 그 세계는 우리의 가장 깊고 가장 내밀한 관심사들의 논리에 따라 작동한다. 그 세계는 무관심하지도 막연하지도 않다.

소위 무근거성에서 해방되더라도 우리가 죽을 수밖에 없다는 점을 인정한다면, 사회와 자연의 활동을 부인하는 기반 위에서 수립된 반세계反世界의 매력은 더욱더 커질 것이다. 기성 질서에 대한 낭만적 반란을 통한 우리의 자기정초는 필멸성에 대한 유용하고 유일한 보상처럼 보이게 될 것이다. 낭만적 상상력에서 자기정초로서의 사랑이라는 과도한 견해는 죽음의 공포와 암시를 동반한다.

어쨌든 우리는 인성을 훼손하는 대가를 치르는 경우에만 인생의 치유 불가능한 결함들을 부인한다. 그래서 무근거성에서의 탈출구로서 반복의 거부와 사랑의 이해라는 두 가지 측면에서 낭만주의에 그와 같은 일이 발생한다. 우리는 인간인 한 무근거적인 존재로 남을 것이다. 우리 자신을 더욱 신적인 존재로 만듦으로써 더 인간적인 존재가 되고자 한다면, 반복과 새로움의 변증법이 필요하다.

사랑을 통한 자기정초의 위험하고 기만적인 추구는 무제약적인 것에 대한 무제약적인 욕구의 타락한 형태와, 특히 이러한 실존접근에서 사랑의 본질적인 특성으로 이해되고 경험된 확정적인 인정과 보증 추구의 타락한 형태를 표현한다. 반쯤 기독교적인 사회(더 일반적으로는 셈족의 유일신교에 영향을 받는 사회)에서 그와 같은 추구는 사랑의 주체로서 인간과 사랑의 주체로서 신의 신성모독적인 동일시로 얽힌 타락이다.

그리하여 세계와의 투쟁의 핵심적인 관념을 최상으로 표현하는 주체와 타자에 관한 견해는 이러한 실존접근의 성스러운 또는 세속적인 형태를 대표한다고 공언하는 이단들에게 전면적으로 포위되어 있다. 주체와 타자에 관한 기독교의 [지배적인] 견해는 사랑을 이타주의로 오인함으로써, 내가 앞에서 언급했듯이 사랑을 이타주의보다 열등한 경험으로 무시함으로써 오염되었다. 같은 사회의 세속적인 문화에서 내가 주체와 타자에 관한 비밀스러운 정통으로 기술한 주체와 타자의 관계에 관한 견해는 낭만주의의 이단으로부터 도전을 받는다. 그 이단은 세계가 맥락에 의해 형성되지만 맥락을 초월하는 육화된 존재들에게 더 우호적인 것으로 세계(우리와 타자의 관계라는 작은 세계뿐만 아니라 사회라는 더 큰 세계)를 변화시킬 우리의 권능에 절망을 드러낸다. 내가 주장해 온 주체와 타자의 관계에 대한 비전이 그러한 오류를 물리치고 놀라운 메시지를 전달하기 위해서는 여전히 노고가 필요하다.

억압된 쌍둥이 정통 이론들

두 가지 억압된 정통 이론, 즉 주체와 타자의 관계에 관한 정통 이론과 정신과 구조에 관한 정통 이론의 관계는 무엇인가?

두 가지 정통 이론의 공유 기반은 맥락에 참여하지만 맥락을 초월하는 육화된 영으로서의 주체 관념이다. 어쨌든 이 기초는 또한 인생의 치유 불가능한 결함들, 즉 필멸성, 무근거성, 충족불가능성을 인정해야만 한다. 세계와의 투쟁의 성스러운 형태, 즉 고등종교들을 낳았던 돌파구의 산물들은 이러한 인간 조건의 약점들을 인정하는 것에 반발한다. 세계와의 투쟁의 세속적인 형태가 인간의 필멸성을 약점으로 인정해도 무근거성이나 충족불가능성을 약점으로 인정하지 않은 것은 덜 명백하지만 더 놀랍다.

동시에 소위 사회과학과 정신과학은 주체와 그가 살아가는 사회적·개념적 세계의 관계를 다루면서 참여와 초월의 변증법을 제대로 파악하는 데에 실패했다. 우리는 세계와의 투쟁이 지지하고 요구하는 주체와 구조 및 주체와 타자에 관한 견해가 답보 상태에 머문 점을 대체로 이러한 반발과 실패 탓으로 돌릴 수밖에 없다. 낭만주의의 이단 및 보편적이고 탈육화脫肉化된 이타주의에 보낸 선호가 대개 정신과 구조 및 주체와 타자에 대한 이러한 견해들을 대신해 왔다.

주체가 확정적이고 유한한 여건으로 소진될 수 없다는 관념은 사랑의 관념을 형성하는 데에 일조한다. 이 관념에 따르면, 사랑 속에서 우리는 사회적 분할과 위계 구조상 서로를 지위 보유자라기보다는 맥락초월적인 독창적인 존재로 인정하고 수용한다. 인간의 무근거성과 필멸성의 배경 아래서 사랑의 경험은 인간의 충족불가능성의 표시를 지닌 무한한 것에 대한 동경으로 충만하고 변형된다. 우리를 위한 무조건적인 자리가 세계에 존재한다는 데에 대한 보증의 무한한 징표들을 사랑 속에서 확보하겠다는 인간의 요구에서 충족불가능성은 가장 강력하게 표현된다. 항상 좌절될 수밖에 없는 이 요구는 우리가 사랑에 대해 우리의 무근거성을 근절해 주기를 기대할 때 영적 과오로 전락한다.

우리는 반복에 대한 낭만적 투쟁을 거부하고 사랑의 에로스적 형태를 긍정함으로써 주체의 구체적이고 육화된 특성을 존중한다. 이 견해에서는 이타주의가 에로스적으로 무관심하다는 점은 이타주의가 우월하다는 추가적인 징표라기보다는 이타주의가 불완전하다는 신호처럼 보인다.

(주체와 타자에 관한 견해에서) 사랑의 우월성에 관한 주제들과 (주체와 구조의 해명에서) 삶이나 사유의 기성 맥락에 대한 초월성에 관한 주제들의 관계는 결코 완전한 성취를 희망할 수 없는 과업을 우리에게 지운다. 사랑 속에서 우리는 서로를 우리 모두가 인식하고 희망하는바 맥락초월적인 독창적 존재로 인정한다. 그러나 우리가 참여하는 현실 사회와 문화에서 우리는 아직은 그런 독창적인 존재가 아니다. 우리는 매우 제한된 범위에서만 독창적인 존재일 뿐, 인간의 집단적 역사가 인간에게 부과해 온 왜소화의 다양한 형태들에 무시당한다. 우리는 반드시 우리 자신을 점진적으로 독창적인 존재로 만들어야 한다.

어느 누구도 개인적인 생애의 한계 안에서 이러한 목표의 달성을 희망할 수 없다. 그러한 목표는 결함투성이 미완의 것일지라도 역사적 시간 안에서 후퇴하거나 전진하는 인간의 집단적 기획이다. 이 사실로부터 세계와의 투쟁에 대해, 특수하게는 그 세속적인 형태(해방의 세속적 기획들)

에 대해 인류가 출현하고 비틀거리는 역사적 시간과 개인이 살다 죽어 가는 전기적 시간의 불균형이라는 중대한 문제가 등장한다.

비판: 세계와의 투쟁의 강점과 약점

세계와의 투쟁의 성스러운 또는 세속적인 형태 중 그 어느 것도 사회와 문화 속에서 완전하게 실현되지 못했다. 추종자들이 보았을 때 어느 쪽이든 바야흐로 실현되는 상황에 가까워지면, 그 형태는 우선적으로 그 중심적 메시지를 배신했다. 세계와의 투쟁이 실천에서 축소되지 않는 경우, 교리에서는 위축되었다.

세계와의 투쟁의 성스러운 형태에서 이 같은 교리상 위축의 특징적 양상은 특히 유대교와 이슬람교의 율법주의律法主義이다. 할라카〔유대교 율법〕나 샤리아〔이슬람 율법〕 같은 신성한 법에 대한 복종은 법적이고 제도적인 공식으로 정립될 수 없는 사회의 재편과 삶의 재정립을 위한 폭넓은 시도를 대체한다.

세계와의 투쟁의 세속적이고 정치적인 형태에서 이와 같은 교리적 위축의 전형적인 표현은 신성한 법에 대한 존중의 세속적인 등가물로서 제도적 물신숭배이다. 제도적 물신숭배는 우리가 추구하는 변화와 독단적인 제도적 프로그램을 동일시하는 것이다. 스스로 제도적 공식들을 가졌음에도 불구하고 평등이라는 협애한 목표를 넘어 인간의 역량강화라는 원대한 비전을 통찰하였던 19세기 자유주의자들과 사회주의자들에게도 제도적 도그마는 눈에 띈다. 자유주의에서 제도적 도그마는 자유사회의 필요충분한 제도적 요청들로 간주된 일련의 제도들이었다. 국가사회주의(현실 공산주의)에서 제도적 도그마는 시장경제를 대체하는 명령적인 경제질서 관념이었다. 비국가적 사회주의[51]에서 제도적 도그마는 경제적 압제를 확정적으로 폐지할 잠재력을 가진 협동적 기업들에 관한 제안이었다.

세계와의 투쟁 형태 중 정치적으로 자유주의적 또는 사회주의적 형태가 제도적 공식을 고수했다면, 낭만적 형태는 모든 제도를 정신에 대한 죽음이라며 배격했다. 제도적 물신숭배자들과 낭만적 예언자들에게는 사회 혁신의 시도를 포기하지 않으면서도 확정적인 제도적 공식에 집착하지 않는 변혁적 기획을 위한 여지가 전혀 없었다.

오늘날 체념한 사민주의자들은 세계와의 투쟁 메시지에서 이 같은 위축 상태를 대변한다. 그들은 20세기 사민주의 해법을 사민주의자들이 승인한 이익과 공언한 이상을 추구할 한계지평으로 수용함으로써 메시지를 위축시킨다. 프로그램적인 논쟁은 미국식 경제적 유연성과 유럽식 사회보호를 화해시키려는 시도로 쪼그라든다.

세계와의 투쟁의 성스러운 또는 세속적인 형태의 메시지가 교리상 위축되지 않는다고 하더라도 그 메시지는 실천에서 대폭 훼손된다. 그 메시지는 메시지의 주요한 비전과 모순되는 믿음, 제도, 관행들과 손쓸 수 없을 정도로 혼합되어 있다. 이 메시지를 주장하는 신학자들과 이데올로그들은 대체로 그 모순성을 인정하지 않는다. 그들은 비전과 실천의 모순을 완화시키는 믿음을 변통한다. 그들은 이러한 실존접근(세계와의 투쟁)의 가장 심층적이고 가장 특징적인 충동들과 모순되는 사상과 삶의 형태에 순응한다.

결과적으로 세계와의 투쟁은 그 진정한 역사적 삶에서 거의 전적으로

---

51 중앙집권적 국가권력을 거부하며 협동조합이나 결사체를 중심으로 새로운 사회를 건설하려는 자유주의적 또는 사회주의적 아나키즘 운동을 총칭한다.

이처럼 타협적인 형태로 존재해 왔다. 그 가시적인 표현은 유대교, 기독교, 이슬람교의 다양한 조직 형태와 현실안주적인 도덕적·정치적 경건 의례를 가진 전통적인 세속적 인본주의이다. 우리는 이제 세계와의 투쟁의 다른 변형은 알지 못한다. 성스러운 목소리든 세속적인 목소리든, 세계와의 투쟁의 메시지를 최후의 결론까지 밀고 나가는 대안의 개발은 역사상 그 무엇보다 혁명적 사건이 된다고 할 것이다. 그와 같은 대안의 개발은 메시지에 관한 이해와 우리 자신에 관한 경험을 일격에 변화시킬 것이다.

우선적으로 세계와의 투쟁을 고취하는 핵심적 비전과 양립할 수 없는 널리 수용된 일련의 믿음들을 고려해 보자. 과학과 자연철학에서 우리는 우주의 단일한 존재와 시간의 포괄적 실재성을 유보 없이 인정하지 못한다. 인과적 설명에 대한 우리의 관습적 견해는 시간이 실재적이지만 그렇게까지 실재적인 것은 아니라고 전제한다. 부연하면, (라이프니츠와 여타 많은 사람들이 생각하는 것과 달리) 인과적 연결과 논리적 연결이 서로 다르게 나타나는 단일한 세계의 존재를 보증할 만큼 시간은 실재적이지만, (자연현상들이 공간과 시간의 절대적인 배경에서 일어난다는 관념을 반박한 동일한 물리적·우주론적 이론으로 재확인된) 불변적인 자연법칙의 구조라는 관념을 포기해야 할 만큼 실재적이지는 않다는 것이다.

우리는 계속해서 가능성을 가능의 영역에서 현실의 영역으로 이동하라는 신호를 기다리는 유령적 사태로 표상한다. 우리는 철저한 새로움의 부인 태도를 인간 역사에 대한 견해로 가져온다. 사회적·역사적 연구는 현실에 대한 통찰과 인접한 가능성에 대한 상상력의 연결을 절단시키는 사유 경향들에 지배되고 있다. 구조적 불연속, 혁신, 역사를 예정된 역사적 대본의 산물로 표상하는 고전적 사회이론의 특징적인 사유 관행은 구조적 비전을 전적으로 결여한 현대 사회과학들과 연결된 사유 관행으로 이어져 왔다.

정신에 대한 지배적인 관념들은 정신의 두 측면, 기계로서의 정신과 재조합하고 이탈하는 권능을 환호하는 반기계反機械로서의 정신 사이의 갈등을 인정하지 못한다. 이 관념들은 또한 정신이 지닌 두 측면의 상대적 현존이 사회와 문화의 조직에 영향을 받는다는 점을 인식하지 못하고, 결과적으로 정치사가 정신사에 내재적이라는 점도 인식하지 못한다. 다른 측면들과 마찬가지로 이 점에서도 인간 주체에 관한 믿음은 인간의 정체성과 권능에 관해 맥락으로 형성되는 측면과 맥락을 초월하는 측면의 관계를 인정하는 것에 반발한다.

세계와의 투쟁의 다양한 형태의 자칭 신봉자들에 의해 업적의 위계제로 변장한 권력, 이익, 가치의 새로운 위계제에 길을 터 주고자 장르의 문예적 혼성물 속에서 표현되고 보통 사람들의 건설적 천재성이라는 핵심적으로 민주적인 관념에서 완성된 고상한 것과 천박한 것의 재평가조차 일소된다.

그리하여 세계와의 투쟁의 메시지는 무기력하고 포위된 채로 살아남는다. 세계와의 투쟁의 메시지를 이해 가능하고 유용하게 만드는 관념과 담론적 관행들은 결코 완전하게 발전되지 않았다. 이 미발전의 사실은 심지어 가장 자유롭고 평등한 나라들에서조차 세계와의 투쟁이 우리에게 약속한 삶과 현대사회의 실제 조직 방식 간의 갈등을 해결하고 극복하기는커녕 이를 인식조차 못하고 있는 상황을 해명할 수 있게 해 준다. 현대사회가 사람들을 극단적인 빈곤과 압제에서 구제한 때에도 그러한 사회는 최소한 세 가지 주요 방식으로 영적 지향의 약속들에 부응하는 생활형식을 확립하지 못한다.

이러한 사회의 경제적 제도들은 대다수 보통 사람들이 맥락초월적 행위자로 살고 일하는 데에 필요한 수단을 확보할 수 없도록 조직되어 있다. 가족을 통한 경제적·교육적 이익의 세습은 강력한 생활 기획을 수립하고 시행할 인간의 권능을 억제하면서 계급사회의 현실을 지속적으로 재생산한다. 19세기 자유주의자와 사회주의자들이 자유노동의 열등한 형태이자 노예제의 흔적을 간직한 형태로 파악하였던 임노동은, 이제 자유노동의 자연스럽고 심지어 필연적인 형식으로 간주되고 있다. 자유주의자들과 사회주의자들이 자유노동의 고차적이고 더 완벽한 형태로 보았던 독립 자영업과 협동기업은 주변적 형태로 변모했다.

대부분의 사람들은 기계가 원칙적으로 감당할 수 있는 일을 계속해서 수행한다. 기계의 가치는, 반복 방법을 터득한 모든 일을 사람 대신 수행하여 반복 방법을 아직 터득하지 못한 일에 우리의 모든 시간을 투입할 수 있게 해 준다는 데에 있다. 그러나 노동과 생산의 실천적 경험은 온갖 방식으로 육화된 영으로서의 인간 조건을 긍정하기보다는 부정한다.

현대사회에서 이방인들에 대한 책임은 대체로 국가가 조직한 재분배적 조세와 사회권 체계를 통한 금전 이전으로 축소된다. 어쨌든 금전은 약한 사회적 시멘트를 공급한다. 금전은 가족의 경계와 가족 이기심의 벽 너머에 있는 타자와의 직접적인 관계를 대체할 수 없다. 노동할 수 있는 모든 성인이 자신의 가족 바깥으로 나아가 생산 체계 위치 바깥에 있는 타자를 돌볼 어떤 책임을 감당해야 한다는 원칙을 실천적으로 제도화하지 못한 경우에는 사회적 연대의 적절한 토대도 사라진다.[52] 그 결과는 인

---

52 웅거는 《주체의 각성》에서 모든 사람이 생산경제 안에서 생계수단을 확보하고, 돌봄경제caring economy 안에서 사회적 연대 활동을 위해 매주, 매월, 매년 혹은 생애의 일정 시간을 할애하도록 조직되어야 한다고 주장한다.

격적 부책의 친밀한 영역과 이방인들과의 사무적인 거래 세계 간 차이를 예리하게 할 것이다.

현대사회의 정치적 제도들은 변화를 지속적으로 위기에 의존시킨다. 정치제도는 정치의 온도(정치 생활에 대중의 조직적인 동원 수준)를 높이거나 정치의 속도(결정적인 실험의 용이성)를 올리는 방식으로 설계되지 않았다. 민주주의는 결과적으로 살아 있는 자들에 대한 죽은 자들의 통치에 대한 해독제로서 혹은 구조를 의지와 상상력에 복종시키는 장치로서 역할하지 못한다.

가장 자유롭고 평등한 현대사회에서도 인간은 족쇄에 채워져 있고 위축되어 있다. 세계와의 투쟁이 약속한 위대한 삶은 역사적 시간이나 섭리적 시간 속의 미래로 무한정 연기된다. 사회의 인간화(우리가 기성 질서를 다시 상상하거나 쇄신할 수 없다고 느끼고 이를 땜질하는 것)가 인간의 신성화(우리가 신성이라고 부르는 속성들을 인간의 몫으로 증가시키는 것)를 대신한다. 세계와의 투쟁의 성스럽고 세속적인 형태들은 이제 인내와 체념의 공식으로 전환된다.

조직된 종교들과 사회적·인격적 해방의 세속적 기획들은 이 모든 타협의 제약을 받으며 세상에 출현한다. 때로 신학자들과 이데올로기 주창자들은 세계와의 투쟁 메시지가 종교에서는 신성한 법에 대한 복종으로, 정치에서는 엄격한 법적·제도적 공식에 대한 순응으로 퇴락할 때까지 그 메시지를 위축시키면서 세상사를 관리한다. 그렇지 않으면 세계와의 투쟁이 담고 있는 메시지를 그 메시지의 전제와 상충하는 믿음에 결합시키고, 그 메시지를 메시지의 약속을 좌절시키는 제도적 안배들에 결합시키는 침묵의 공범자가 된다.

세계와의 투쟁의 성스러운 혹은 세속적인 가르침들은 원리적으로 위축되지 않은 경우에는 실천에서 반박당했다. 그러한 가르침은 그 전제의 허위성을 폭로하는 믿음과 불가피하게 공존한다. 그런 믿음의 광범위한 수용은 이제 세계와의 투쟁의 신학자들과 이데올로기 주창자들이 위대한 삶의 약속과 명백하게 상충하는 사회질서를 어떻게 수용할 수 있는지를 해명하는 데에 기여한다. 약속의 완수는 역사적 또는 섭리적 미래로 지연될 수도 있다. 그러나 약속이 현재에도 미리 보여 줄 수 없는 것이라면, 약속은 정신 속에 살지 못하거나 의지를 바꾸지 못한다.

이처럼 계속적인 수용적 형태들로부터 시간을 낭비하고 죽음을 부정하는 방식들로 유지되어 온 유대교, 기독교, 이슬람교 같은 화석화된 형식들, 지난 200년간의 이데올로기적 프로그램들의 공동화空洞化, 그에 따라 자칭 좌파와 진보파들이 쇄신 불가능하다고 여긴 체제를 인간화하는 것으로 역할을 한정하는 경향, 낭만주의의 위험한 환상들을 답습하는 전통적인 세속적 인본주의의 경건 의례 등이 나온다. 이러한 실존지향의 실제적인 형식이나 역사 속에서 존재의 성격은 이처럼 다수의 누적적인 투항들에 의해 규정된다. 그리하여 이러한 실존지향의 주창자들은 세계를 메시지에 적응시키기보다는 메시지를 세계에 적응시키려 해 왔다.

이처럼 세계와의 투쟁의 착종되고 굴종적인 형태에 정통한 사람들은 메시지와 모순되는 믿음과 제도의 교체로 메시지가 더욱 완전하게 실현되지 못한 것이 교리 자체에 대한 반박이 아니라고 항의할지도 모른다. 메시지와 사회생활의 현실 간의 불일치를 감안한다면, 그 해법은 그저 세속적이고 성스러운 교리들을 사유 및 생활의 양식뿐만 아니라 사회조직의 형태로 철저하게 전환하는 활동을 방해하는 모든 제약 요소와 미봉책들을 점진적으로 제거하는 것이다. 이에 따르면, 교리와 현실의 불균형에 대한 불평은 교리에 대한 반박을 제공하기보다는 오히려 교리의 타당성을 전제 조건으로 삼는다는 것이다.

이러한 답변은 세계와의 투쟁의 가르침들과 이와 충돌하는 사유 방식 및 생활 형식의 평화로운 공존이 이러한 삶의 접근에서의 결함을 드러내는 두 가지 연관된 의미를 고려하지 못한다.

세계와의 투쟁 메시지의 가정을 부인하는 믿음뿐만 아니라 그 메시지의 약속을 좌절시키는 제도들에 맞서 세계와의 투쟁의 메시지를 급진화하는 시도는 자칭 정통파들이 지금 자신의 것으로 좀처럼 또는 전혀 인정하지 않는 재해석된 정통 이론으로 귀결될 것이다. 정신과 구조, 주체와 타자에 대한 억압된 쌍둥이 정통 이론은 신자와 불신자 모두의 지배적인 믿음과 충돌한다.

세계와의 투쟁의 성스러운 또는 세속적인 형태들은 그 추종자들에게 충격적인 방식으로 해석되는 경우에만 타협과 투항에서 구제될 수 있다. 교리의 급진적 해석과 급진적 재구성 간의 차이는 이러한 맥락에서 거의 중요하지 않다. 일부에 의해서, 심지어 예수 자신에 의해서 유대교의 완성으로 파악된 기독교를 대부분의 유대인들은 신성모독으로 배척했다. 종교와 이데올로기에서 파급력이 큰 개혁은 그 추종자들에 의해 종교적 · 정치적 · 도덕적 신앙의 배교로 격하되기 십상이다.

더구나, 내가 제안한 노선에 따라 이러한 세계접근의 급진적 재구성은 행위자들의 경험과 자의식을 변화시키려 할 것이다. 전진의 각 단계에서 행위자들은 자신들의 권능을 발견하는 쪽으로 더욱 나아가려 할 것이다. 세계와의 투쟁의 친숙한 형태들은 최고선을 살아 있는 개인의 수명을 넘어 신성한 섭리적 또는 역사적 변화의 미래에 둔다. 이 형태들은 이러한 최고선이 대체로 부재하는 현재를 수용한다. 이 세계접근의 추종자들은 이 상황을 더 이상 참을 수 없을지 모른다. 새로이 해석된 정통 교리는 그들을 미래의 위대함에 한정하지 않고 현재의 위대함으로 유도하려고 할 것이다. 새로운 정통 교리는 그들로 하여금 그들을 왜소화시키는 제도와 가정들에 맞서 반란을 일으키도록 요구할 것이다.

비판: 현재 삶으로부터의 소외

세계와의 투쟁은 우리의 자기이해뿐만 아니라 사회와 우리 자신을 변화시키려는 시도에서도 가장 희망적인 출발점이다. 그럼에도 불구하고, 세계와의 투쟁의 성스러운 혹은 세속적인 모든 현대적 형태들은 근본적으로 결함을 가진다. 세계와의 투쟁은 쇄신되거나 교체되어야 한다. 자체-재발명을 향한 노력에서 항상 그렇듯이 우리는 재구성과 교체 간의 명료한 구분을 제시할 수 없다. 우리는 포기하는 것만 소유할 수 있다.[53]

세계와의 투쟁의 엄호 아래서 우리의 최고선(우리를 신성한 존재, 가장 위대한 삶, 가장 완전한 실재, 가장 위대한 가치에 근접하게 이끄는 것)은 항상 미래에 있다. 최고선이 놓인 미래는 죽음 너머의 삶에 존재하는 우리의 구원일지도 모른다. 아니면 최고선은 인간을 인간 자신으로 회복시키고 인간의 권능을 강화시키는 미래 사회질서일지도 모른다.

어찌되었든 미래는 미래이다. 그 미래는 우리의 미래가 아니다. 달리 말하면, 그 미래는 전기적 시간을 살아가는 필멸적인 생명의 미래도 아니

---

53 이 역설적인 문장은 의미가 분명하지 않다. 앞 단락과 관계에서 의미가 통하지 않고, 뒤의 문장들의 흐름으로 보면 현재의 삶을 강조하려는 취지로 이해된다. 즉, 섭리적 미래(성스러운 형태)나 역사적 미래(세속적 형태)를 위해 현재의 삶을 포기하자는 주장에 맞서, 웅거는 오로지 우리가 직접적으로 취할 수 있는 것은 현재의 삶이라고 주장한다. 이렇게 보면 이 문장은 "우리가 포기할 수 있는 현재의 삶만 향유할 수 있다"는 취지로 읽힌다.

고, 완전하고 직접적인 접근이 허용된 유일한 경험인 현재의 순간도 아니다. 세계와의 투쟁의 모든 형태는 이 미래의 선에 대한 지향이 직접적으로 우리의 현재 상황을 변화시킨다고 주장한다. 이 주장에 따르면, 우리의 현재 경험은 미래의 선에 참여한다.

세계와의 투쟁의 각 형태는 참여를 다른 방식으로 표현한다. 예컨대, 기독교에서 참여는 특히 육화를 통해서, 역사에 대한 신의 구속적 개입에서뿐만 아니라 교회의 성사[성스러운 삶]로 쇄신되는 신의 현존에서도 나오는 은총이다. 그러나 그 교리는 추상 관념이며, 인격적 경험 속에서 교리의 실천은 모호하다. 문자 그대로 취한다고 하더라도 그 교리는 이승의 경계 너머에서 우리에게 손짓하는 선의 맛보기 그 이상을 결코 약속하지 않는다.

선이 일련의 정치적 경쟁과 제도적 쇄신들에서 나오는 미래 사회조직이라면, 우리는 인생 경로에서 선의 공유에 대한 희망의 근거를 찾지 못한다. 기성 구조에 대한 투쟁은 우리를 현존 질서에 도전하고 미래 질서를 예견하는 사유와 행동 방식에 참여시킬지도 모른다. 변혁적 정치와 비판적 사유의 실천은 일정 정도(그러나 어느 정도인가?) 더 나은 질서에 대한 예언이 되고 우리를 지금 당장 더 자유롭고 위대하게 만들지도 모른다. 더 일반적으로 미래를 위한 삶은 현재의 실존 여건에 전적으로 좌우되지 않는 존재로서 현재를 사는 방식으로 이해되고 경험될지도 모른다.

교리와 경험 사이에, 나아가 예감과 완성 사이에 격차는 지속한다. 세계와의 투쟁의 모든 형태에 보편적인 어떤 주제가 존재한다면, 그 주제는 미래의 군림이다. 미래지향성의 정념은 여건과 초월 간 변증법의 핵심 관념에 직접 연결되어 있다.

데카르트는 회의에 맞서 확고한 관념을 발견하기 위해 사변적 사유의 수단들을 전개했다. 어쨌든 어떠한 주장도 세계에서 인간 상황의 특성으로서 인간이 확실하게 소유할 수 있는 것이라곤 현재 순간 그리고 연속적인 현재 순간들로서 시간 속의 인간 경험뿐이라는 사실만큼 명확할 수는 없다. 우리는 현재 순간 외에 다른 모든 것을 고작해야 파생적이고 위축된 의미로 소유한다. 기억 속에 자리한 과거와 맛보기를 희망하는 미래는 오로지 현재의 연장이나 조정으로만 우리 앞에 나타난다.

연속적인 현재 순간들에 대한 경험이 삶의 경험이다. 현재에 대한 우리의 참여를 약화시키고 훼손하는 온갖 요인들은 그것이 자연의 사실이든, 사회의 통제 요소이든, 정신의 관념이든, 실제로 우리가 살고 있는 유일한 형식인 바로 현재에서 삶에 대한 우리의 접근을 통제한다. 우리가 일련의 기억과 예언, 일련의 반복과 기대로서 부분적인 삶을 살게 된다면 삶에 대한 우리의 경험은 그 정도에서 막연해질 것이다.

세계와의 투쟁의 성스러운 또는 세속적인 형태에서 미래를 위해 산다는 것은 현재의 순간에서 우리를 소외시킬 우려가 있고, 따라서 기억이나 예감을 통해 먼 발치에서 환기될 수 있는 삶보다는 현재 순간들의 연속 안에서 있는 그대로의 삶에서 우리를 소외시킬 우려가 있다. 이러한 우려를 불식시킬 완충적인 힘이나 믿음이 부재하여 이러한 우려가 현실화된다면, 우리는 개념상 실재적이지 않거나 바로 지금의 삶보다 더 실재적이지 않은 어떤 것을 포착하고 동경하느라 생의 시간을 탕진할 것이다. 그리하여 우리 자신의 어리석음 탓으로, 시간상 미래에 우리가 투사해 놓은 절대적인 것을 향한 욕구에 홀린 것처럼 가장 중요한 선, 실제로 유일한 선[현재의 삶]을 낭비할 것이다. 우리는 정신 속에 실재하는 현실로부터 실재하지 않은 미래로 도피하고 우리가 보유할 수 있는 유일한 조건에서 삶을 완전하게 펼치지 못함으로써 자연이 우리에게 죽음을 선고하기도 전에 우리의 생명을 야금야금 소멸시킬 것이다.

우리는 현재 우리가 살고 있는 세계와 그 속에서 일어나는 우리의 경험을 향해 "너희는 우리의 고향이 아니다"라고 말한다. 그리고 우리의 경험 속에서 결코 실현될 수 없고 미래지향적인 담론의 백일몽이 아니고서는 접근할 수 없는 미래 세계의 시민권을 주장한다. 현재 순간에서 우리의 내면적 거리가 (모든 마력이 마치 현상계에서 허깨비 같은 모사로 이행했던 것처럼) 냉정한 무관심의 형태를 취하는지 혹은 (멀리 있는 우리의 진정한 고향에 대한 현재 순간의 열등 의식에서 발생하는) 적극적인 반발의 형태를 취하는지는 그다지 중요하지 않다. 두 가지 다 지금의 현실을 환상적인 미래와 교환하도록 우리를 부추긴다는 점에서 똑같다. 그러한 거래는 이행될 수 없는 까닭에 우리는 거래에서 우리 몫의 급부를 이행하더라도 그 반대급부를 수령하기도 전에 죽음을 맞이한다.

세계와의 투쟁에 대한 가장 중요한 반박은, 세계와의 투쟁이 현재 삶이라는 절대적인 선에 맞서 전쟁을 일으키도록 유혹하고 그 대가로 미래라는 가짜 선을 제공한다는 것이다. 이 주장의 실패에 대처하는 방식으로 별로 좋지는 않지만 진부한 두 가지 응답이 존재한다.

첫 번째 응답으로, 철 지난 이교주의〔하이데거〕는 세계와의 투쟁을 대표하는 종교를 포함하여 모든 고등종교의 중심에 놓인 현존과 초월의 변증법을 반박한다. 그것은 초월을 현존에 희생시키고 현상계를 영접하는 방식이다. 이는 보통 다른 두 가지 실존지향에 의해 발전된 철학적 언어들(세계초극이나 세계인간화)의 하나로 위장된다. 두 번째 응답으로, 프로메테우스주의〔니체〕는 소외와 고향상실에서 탈출하여 역량강화와 자기 신격화에 이르려는 시도이다. 두 번째 응답은 인간의 취약성을 거부한다. 인간 조건의 치유 불가능한 약점들의 인정 혹은 수용을 거부한다. 그것은 소외를 권력 숭배로 대체한다.

철 지난 이교주의는 인간의 가장 근본적인 사실을 부정한다. 이교주의는 고등종교들과 내가 여기서 고려하는 세 가지 실존접근을 출현시킨 천년 세월의 격변을 이끈 종교적 삶의 순진무구한 힘을 결여하고 있다. 프로메테우스주의는 초월을 타자에 대한 권력으로 해석함으로써 초월을 타락시킨다. 일단 이 두 가지 응답을 거부하게 되면, 이제 우리에게는 세계와의 투쟁을 수정하거나 대체하는 과업, 즉 역사적 조건이 우리에게 할당한 결정적인 영적 작업만 남게 된다.

초월의 부담과 그에 따른 고향상실 위협으로부터 외견상 손쉬운 탈출구는 우리 자신과 현재 순간의 격차를 제거하고 현상계의 광채에 환호하는 것이다. 현대 사상에서 철 지난 이교주의의 명백한 실례는 하이데거의 후기 철학이다. 죽음, 무근거성, 충족불가능성과의 전면적인 대결로서 《존재와 시간》의 가공할 만한 수행과 그러한 대결이 가능하게 해 줄 수도 있는, 몽유병과 위축된 삶으로부터의 각성은 결과적으로 현존 세계에 대한 인간의 후속적인 투항을 인증하기 위해 설계된 것처럼 보인다.

일단 정치에 대한 환멸이 완전하다면, 찬란한 우주를 숭배하는 것, 즉 우주를 가변적이고 인위적이고 진화하는 있는 그대로의 구조가 아닌 자연의 형태 변화 뒤에 숨은 대존재로 숭배하는 것 외에는 아무것도 남지 않은 것처럼 보인다. 세계에 대한 투항도 이교적 형이상학의 계속이 아니라 그 극복으로 오해된 사변적 범재신론이나 일원론의 관점에서 기술되었기 때문에 (정치에 대한 환멸과 마찬가지로) 완전하다.

이와 같은 숨은 형이상학적 기획은 철 지난 이교주의의 정상적인 형태라기보다는 제약된 형태이다. 정상적인 형태는 사적인 체험들의 소소한 (우리에게 우리의 정체성을 상기시키지 않을 만큼 소소한) 즐거움으로의 도취적 혹은 절망적 퇴각이다.

소외 경험들로부터의 이 두 가지 도피 수단은 각기 우리 자신에 대한 거짓에 입각한다. 가변적이지만 명확한 구조를 가진 자연적·사회적 세계에서 여건에 대한 인간의 초월성은 선택지가 아니다. 인간의 초월성은 자연, 사회, 인성에 관한 사실이다. 인간은 초월성을 부인함으로써 자신을 부인하고, 급진적 자유를 향한 타고난 권리를 포기한다.

이러한 자발적 위축의 실천적 귀결은, 현재에 대한 우리 경험에 대해서도 우리 자신에 관한 진리에 대해서도 중요한 긴장을 와해시키는 경우에만 현재 순간에 대한 우리의 양가성을 극복할 수 있다는 것이다. 그러나 현재 순간으로 완전히 깨어나 활동하고 현재의 경험에 전적으로 집중하기 위해서는, 투항하지 않으면서 기성의 생활 형식에 참여하고 접근 가능한 변혁의 관점에서 기성의 생활 형식을 보고 이를 유사한 여건들과 비교하고 무엇보다 사유와 실천을 통해 기성 형식에 도전하고 저항하고 이를 수정할 수 있어야 한다. 우리는 이러한 왕래반복을 통해서만 기성의 생활 형식을 우리의 것으로 만든다.

상상력의 과업은 현재 순간에서의 소외를 극복할 능력에 대해 맥락에 대한 참여와 맥락에 대한 저항의 변증법이 갖는 의미를 드러내는 것이다. 상상력의 두 가지 회귀적 운동, 대상으로부터 거리두기(지각을 이미지로 수집하는 것)와 변혁적 변형(다음에 일어날 것과의 연관 속에서 사태를 파악하는 것)은 현상계의 각 부분에 대한 통찰의 요구 사항을 의미한다. 상상력의 두 가지 운동은 비전이 응시로 전락하지 않도록 하고 현상이 정신에 걸 수 있는 주문을 깨뜨린다.

상상적 통찰의 역설은, 현재 순간에서 우리를 제거함으로써 현재 순간에 대한 우리의 접근을 확장하는 것이다. 두 단계 작업을 통해 상상력은 첫째로 현상에 더 훌륭하게 접근하기 위해 현상을 밀쳐 두고, 둘째로 현상의 숨겨진 활동을 더 잘 파악하기 위해 현상을 일련의 현실적인 혹은 가정적인 변화를 통해 파악한다. 의식은 상상력의 두 단계 투쟁을 통해 깨어나 상승하고 예리해진다. 우리는 완전하게 각성된다면 더욱 완전하게 활력을 갖게 된다.

상상력의 사례들은 현재 순간에서의 소외의 원인이 초월과 참여의 변증법이 아님을 보여 준다. 소외의 원인은 오히려 최고선을 미래로 투사하고 우리가 실제로 보유하고 있는 현재와 그러한 미래를 적절하게 연결시키지 못한 데에 있다.

철 지난 이교주의는 문제를 근본적으로 해결하지 못한다. 대신에 더 기본적이고 일반적인 것, 즉 위대한 삶으로의 상승을 위한 주요 장치로 수용된 참여와 초월의 변증법을 공격한다. 철 지난 이교주의의 사주使嗾를 받아 초월의 변증법을 포기할 때 우리는 더 이상 미래를 향하지 못하게 된다. 어쨌든 우리는 현재에서의 소외도 극복하지 못한다. 우리의 실패 이유는 철 지난 이교주의가 미래지향보다 더 많이 현존과 활력의 조건들을 훼손한다는 데에 있다. 그 조건들은 고등종교들이 신적인 존재와 우주의 동일시[범신론]를 거부했을 때 인간의 경험과 의식의 중심에 설정했던 참여와 초월의 변증법에 달려 있다.

현재 순간에서의 소외 경험에 대한 두 번째 진부하고 잘못된 응답은 프로메테우스주의이다(제1장의 프로메테우스주의에 관한 논의 참조). 나는 프로메테우스주의를 권력 획득으로 인간의 취약성을 부인하거나 취약성을 보상하려는 시도로 규정한다. 최고선을 미래로 투사하는 것에서 생기는 소외에 대한 응답으로 프로메테우스주의가 고려되어야 한다면, 프로메테우스주의가 추구하는 권력은 간단히 역사적 시간 속에서 성취된 인류의 집단적 역량강화일 수 없다. 카를 마르크스에 따라 생산력의 발전과 궁극적으로 계급사회의 극복을 통해 인류가 획득하는 권력일 수 없다. 그 권력은 개인이 자신의 생애 안에서 행사하길 희망하는 권력이어야만 한다. 따라서 그 권력은 개인의 권력이어야 하고, 개인은 반드시 타자에 대해서뿐만 아니라 자연에 대해서도 그 권력을 향유할 수 있어야 한다.

프로메테우스주의자는 섭리적 시간 속에서 영생 혹은 역사적 시간 속에서 원대한 세속적 실존에 대한 집단적 접근에 관한 성스러운 또는 세속적인 서사를 제공하지 않는다. 그가 제공하는 것은 현재 권력이다. 현재 권력을 통해서 프로메테우스주의자는 세계와의 투쟁의 약점인 현재 순간에서의 소외를 극복하고자 한다.

프로메테우스주의는 현재 삶에서의 소외 문제에 대한 오답으로 변한다. 우선, 프로메테우스주의는 인생의 가교 불가능한 간극을 가교하려는 충동에서 시작하기 때문에 오답이다. 프로메테우스주의가 이 간극을 전면적으로 부인하지 않는 경우에는 신체의 보존과 강화를 필두로 외부 여건에 맞선 의지의 강철화에 이르기까지 적나라한 권력 숭배로 그 간극을 흐려 놓으려고 한다.

프로메테우스주의처럼 약점에 대한 견고함(또는 더 작은 취약성)의 추구는 우리를 둘러싸고 자라나기 시작한 일상과 타협의 껍데기(미라 안에서 우리는 작은 죽음을 수없이 맞이한다)를 벗어 던지게 할 주요한 수단, 즉 죽음을 피할 수 없고 근거를 알지 못하고 욕구를 충족시킬 수 없는 존재로서 인간 조건에 대한 진리와의 비타협적인 대결을 우리에게서 부정한다. 따라서 그러한 견고함의 추구는 인간이 삶의 고유한 특권을 행사하고 이로써 현재 순간에서의 소외를 극복하려는 것을 방해한다. 프로메테우스주의자의 권력 숭배는 삶의 고양의 졸렬한 모방이다.

프로메테우스주의자는 프로메테우스적 권력 강화책이 현재에서의 소외를 극복하려는 경우에도 그러한 방책이 우리가 더욱 신적인 존재이자 더욱 인간적인 존재가 되기 위해 인정해야 할 참여와 초월의 변증법의 범례라고 답변할지도 모른다. 그러나 프로메테우스적 권력 강화책은 이러한 변증법의 공허한 의인화일 뿐이다. 초월의 주요 관심은 기성 삶이나 사유 구조의 수정과 재구성에 있다. 프로메테우스주의의 강조점은 그 구조 안에서 우월한 권력의 보유에 있다. 프로메테우스주의자에게 중요한 것은, 구조의 내용이나 성격을 변화시켜야 한다는 점이 아니라 구조가 그 자신에게 고통을 주어서는 안 된다는 점이다. 노골적이든 은폐되었든, 프로메테우스주의자의 희망은 구조 쇄신의 수행자로 복무하는 것보다는 구조의 힘에서 면제를 주장하는 것에 있다.

그러한 권력은 타자에 대한 군림에서뿐 아니라 신체의 취약성에 대한 승리에서도 표현된다. 소위 프로메테우스자의 주요 관심은 그 자신이 강자여야 한다는 점에 있다. 그래서 약점과 취약성을 극복하려는 노력에서 동맹과 동료를 확보할지도 모른다. 그러나 타자의 상대적 실패와 견주어 자신의 성공을 평가한다.

그리스 신화의 프로메테우스는 인간에게 불을 건네 주려고 신에게서 불을 훔쳤다. 현대사의 프로메테우스는 쇠락과 죽음으로의 몰락에서, 소멸과 망각의 운명에서, 통상적인 인간 생활이 빠져드는 구차한 일상에 나타나는 운명의 전조에서 탈출할 수 없다면 그 도래를 늦추는 것을 첫 번째 야심으로 .삼는다. 프로메테우스주의자는 강력한 존재가 됨으로써 영생을 얻을 수 없다 하더라도 타인들이 사는 것보다 위대한 삶을 향유하고자 희망할 수 있다. 이 점을 액면 그대로 보자면, 프로메테우스의 노력은 인류의 정신적 삶에서 현재 우리가 필요로 하는 혁명과 유사한 것을 제공하는 것처럼 보일 수 있다. 그러나 프로메테우스의 기획은 타자를 지배할 권력을 둘러싼 경쟁, 세계 내 인간 상황에 관한 진리의 부인, 무엇보다도 타자의 이익을 위해 우리 삶과 사유의 기성 구조들에 대한 도전과 변화의 실패 등으로 인해 타락한다.

타자를 지배하려는 권력의 추구는 권력 추구자를 경쟁, 적대감, 경계심, 투쟁, 자기위장의 무한한 전략과 불안으로 이끈다. 구조를 바꾸는 것이 아니라 구조 안에서 특수한 위치를 확보하려는 투쟁의 계율은 현재 순간의 경험을 속박하고 오염시킨다. 프로메테우스주의자들은 활력을 고양으로 이해하기보다 지배로 오인한다.

프로메테우스주의자의 오류가 낳은 두 가지 악덕(인간 실존에 대한 진리의 망각과 활력을 권력으로 변질시키는 것)은 공히 현재의 삶에서 소외의 경험을 극복하기보다는 심화시키는 데에 기여한다.

철 지난 이교주의와 프로메테우스주의는 세계와의 투쟁에서 현재 삶에서의 소외가 제기한 문제에 대한 응답으로 역할하지 못한다. 이 문제에 대한 해답은 비전과 행동에서의 변화를 요구해야만 한다. 그와 같은 변화를 이룩하는 것이 미래의 종교의 본분이다.

제5장

현재의 종교혁명

그 호기와 수단들

종교혁명의 이유들

이 책의 앞 장들에서 과거 종교적 혁명을 통해 나타난 세 가지 주요한 실존지향을 논의하고 비판했다. 인간 조건에 대한 이 세 가지 접근(포괄적이지만 역사적으로 정착된 의미에서 말하자면 종교)은 종교사 전체를 망라하지 못한다. 종교들은 종교사에서 장구하지만 일정한 시기에 대응한다. 한때 우리가 종교의 관점에서 세계를 보지 않았던 시대도 있었다. 종교의 빛이 비록 완전히 꺼지지 않더라도 종교가 인간 상황에 대한 가장 포괄적인 믿음에 대한 유일하거나 심지어 지배적인 영향 요소로 작용하지 않게 될 시대의 도래를 상정할 만한 온갖 이유도 존재한다.

예언의 문들은 결코 닫히지 않는다. 예언적 가르침과 모범적 행동을 일정한 방식으로 결합한 종교적 혁명이 인류사에서 오직 한 번만 일어날 것이라고 상정하는 것은 모든 통찰, 특히 지난 몇 세기의 가장 위대한 성취중 하나를 나타내는 역사적 통찰에 반한다. 보통 사람들은 과거에 스스로 종교혁명을 성취할 능력을 보여 주었다. 우리의 불신앙조차도 종교혁명을 성취할 능력이나 최소한 종교혁명을 다시 한 번 성취할 전망을 파괴하지 못했다.

종교의 발전을 추동하는 결정적인 힘은 세계와 세계 속 인간의 위치에 대한 견해에 근거하여 인간의 필멸성, 무근거성, 충족불가능성과 같은 명백한 사실에 응답하며 상이한 방향으로 우리의 삶을 결단해야 할 필요성이다. 그러한 결단을 내리기 위해 우리가 확보하기를 바라는 근거들이 충분하지 않기 때문에 결단의 부담은 증가할 뿐이다.

우리로 하여금 그와 같은 결단을 내리도록 하는 관심사들은 지속적이고 심지어 불가항력적이다. 그 관심사들은 우리의 여건을 구성한다. 그러나 이러한 충동의 표현 방식은 결코 확정적이라 할 수 없다. 실존에 대한 우리의 가장 포괄적인 답변들조차 영구적으로 경쟁과 혁명에 열려 있다.

경쟁과 혁명은 우선적으로 종교의 내용과 관계된다. 어쨌든 경쟁과 혁명은 조만간 종교의 형식에도 관여한다. 즉, 하나의 종교에 그 특징적인 정체성을 제공하는 관행과 믿음의 성격, 영적인 생활에서 쇄신, 진화, 혁명의 방법, 나아가 종교와 다른 경험 영역의 관계 등에 관여한다.

이 책 앞부분[제1장 말미]에서 시도한 종교의 정의는 우리가 종교라고 부르며 실존의 다른 측면들과 어떤 식으로든 구별할 수 있을 정도로 안정적인 본질을 가진 인간 경험의 항구적 부분이 존재한다는 관념을 전제로 삼지 않았다. 그 대신에 종교의 가변성, 범위 및 기초를 인정했다. 그 핵심은 예언적인 유대교의 등장부터 이슬람교의 확립에 이르기까지 장기간에 출현했지만, 형식과 실체에서 보자면 불교와 유교처럼 셈족의 유일신교와는 동떨어진 믿음과 관행의 형태들을 수용할 만큼 포괄적인 방식으로 종교를 상정하자는 것이었다.

이렇게 하여 우리는 종교를 현대 서구인에게 가장 친숙한 모형으로 환원시키려는 유혹을 물리치면서 동시에 종교와 나머지 철학, 과학, 예술, 실천적 도덕을 구별하는 방식으로 종교를 이해할 것이다. 그러나 이같이 넓은 종교관도 결국 역사적인 전거, 즉 과거 종교혁명 이래로 지난 2,500년의 세월에 걸쳐 나타났던 주요한 영적 지향들을 기반으로 삼는다.

이 책의 주제가 된 세 가지 실존지향은 그것들 사이에 엄청난 차이가 존재함에도 불구하고 인류의 정신사에서 하나의 계기를 표현한다. 이 지향들은 유사한 자극 아래서 출현하였고, 이를 수용한 사회와 문화에 지속적인 영향 요소로 남았다. 이 지향들은 공통의 비전과 프로그램 요소들을 공유한다. 지향들 간 차이의 깊이는 지향들이 공유하는 바의 의미를 증대시킬 뿐이다.

세 가지 지향뿐 아니라 이를 표현하는 종교들이 무엇을 공유하는지를 상기해 보자. 첫째로, 세 가지 지향은 자연에서 신성을 제거하고 세계 안에 신성의 내재성과 세계에 대한 신성의 초월성 간의 변증법을 의식의 전면에 위치시킨다. 유교조차도 인격성과 인격적 만남의 신성한 체험에 초월적인 신성을 설정하였다. 둘째로, 이 지향들은 인류 안에서 분할의 궁극적 실재성과 권위를 부인한다. 셋째로, 이 지향들은 보편적 동료감정과 이타적 연대 윤리(어쨌든 세계와의 투쟁이 연대의 윤리보다 사랑을 우선시하지만 이 점은 불완전하고 불명료하다)를 위해 통치 및 전사계급의 지배적인 윤리를 거부한다. 넷째로, 이 지향들은 필멸성, 무근거성, 충족불가능성에서 집행유예를 약속한다. 다섯째로, 세 가지 지향 모두 세계에서 도피하는 허가장 혹은 세계를 변화시키는 초대장을 선택적으로 제공하거나 허가장과 초대장을 동시에 제공한다.

인간화하려는 사회적 세계에서 도피하려는 유혹에 유교는 면역된 것처럼 보일 수 있다. 이는 세계인간화의 추구에서 유가儒家와 세계초극 시도에서 불교도와 스토아주의자의 심리적 양가성을 오해한 것이다. 탁월한 행위자는 자신의 통찰과 자비심을 통해 변혁되어 자신이 살아가는 사회질서에 무조건 투항하지 않으면서 자신의 역할을 수행한다. 그러한 탁월한 행위자는 동시에 다른 세계의 시민이다. 그 세계는 불교도나 스토아주의자에게는 보편적 영적 실재일 수 있고 유가에게는 신성이 자리한 인격적 성스러움일 수 있다. 불교도와 유가에게 이 이중적인 시민권은 기성 사회체제에 대한 무비판적인 굴종을 금지한다. 또한, 신자들에게 그 자신이 때로 봉사하고 개선시킬 수 있을지 모르지만 근본적으로 변화시킬 수는 없는 질서의 결함들 앞에서 피난처를 찾도록 자극한다.

2천 년 이상의 기간 동안 인간의 영적 경험은 대체로 세계초극, 세계인간화, 세계와의 투쟁이라는 세 가지 영적 접근과 그 다섯 가지 중첩들로 설정된 한계 안에서 움직여 왔다. 이런 유형의 영적 대안들은 인간의 영적 야망을 통제하기에는 더 이상 충분하지 않다. 이 대안들이 실패하게 되는 이유에 대해서는 이 장 후반부에서 탐구할 것이다. 그 이유들이 미래의 종교혁명을 고취하고 혁명의 방향을 시사할 것이다.

그 이유 중 두 가지가 두드러진다. 그중 하나는, 세 가지 실존접근 중 하나가 성스러운 목소리이든 세속적인 목소리든 혁명적 행동을 통해 인간에게서 위대성(인류의 위대성뿐만 아니라 보통 개인들의 위대성) 관념을 일깨워 왔다는 점이다. 이러한 일깨움은 우리가 신성이라고 여긴 속성들에 대한 인간의 몫을 증강시키는 목표를 암묵적이고 불완전하지만 무수한 형태로 추구하도록 우리를 이끌어 왔다. 성스러운 것이든 세속적인 것이든 세계와의 투쟁이나 그 영적 경쟁자인 세계초극과 세계인간화의 기성 형태의 통제 범위 안에서는 우리는 이러한 목표를 이행할 수 없다.

종교혁명의 두 번째 이유는, 인간 실존의 근절할 수 없는 결함을 지속적으로 부인한다면 우리는 더 자유로운 존재가 될 수 없고 위대한 삶으로 상승할 수도 없다는 점이다. 그 결함들을 전면적으로 또는 제한적으로나 부분적으로 부인하는 것은 지금까지 종교의 역사를 이끈 지배적인 충동이었다. 미래의 종교는 이 결함들을 유보 없이 인정하는 것을 전제로 삼아야 한다. 우리는 자기기만으로는 상승할 수 없기에 미래의 종교는 그 결함들을 인정해야만 한다. 죽음, 무근거성, 충족불가능성의 진리를 단호하게 인정하는 것이 순응, 자기신격화, 권력 숭배로의 타락에 대항하는 유일한 보증 수단이기 때문에, 미래의 종교는 또한 인간 실존의 결함을 인정해야 한다.

이 장 나머지 부분에서 오늘날 종교혁명의 다양한 이유들, 종교혁명의 호기와 원천, 그리고 필요한 혁명적 관행의 형식과 방법들을 논하겠다.

내가 옹호하는 운동이 도대체 어떤 의미에서 종교적인가? 어떠한 의미에서 혁명인가? 이 혁명은 종교 역사에 존재하는 비극적 모순을 완전히 이해해야만 성공할 수 있다. 혁명가들은 그들의 프로그램이 특정 기성 종교의 한계 안에서 성취할 수 있는 것인지를 스스로 물어야 한다.

세계와의 투쟁의 독특한 위치

이 책의 주제인 세 가지 세계접근 중 하나인 세계와의 투쟁은 독특한 위치를 점하고 있다. 세계와의 투쟁은 처음부터 매우 투쟁적인 입장을 취해왔다. 셈족 계통의 유일신교들은 모두 자연의 신성을 부인하고 초월적 신의 유일성을 인정했다. 셈족의 유일신교들은 모두 초월적 신의 인정과 세 가지 지향을 대표하는 종교들의 공통된 충동에 대한 철저한 옹호를 결합시켰다. 각각은 메시지가 특정 장소와 특정 시간에 소수에게 알려졌다가 나중에 모든 인간에게 전파되는 플롯의 특수성과 그 메시지의 보편성 간의 차이를 당혹스러운 극단까지 밀고 갔다. 각각의 유일신교는 서사, 계율, 우화를 통해 구원의 경로를 더욱 명료화하고자 그 플롯을 완결된 경전의 교리로 서술했다. 각각의 유일신교는 당혹스러울 정도로 명료하게 구제할 정통과 저주할 이단의 경계선을 거듭 그려 놓았다. 그런 정신으로 유일신교들은 각각의 자매 종교를 포함하여 다른 종교들과 열정적인 때로는 폭력적인 갈등을 빚었다. 그 신조들은 반복해서 그 비전에 따라, 유대교와 이슬람교의 사례에서는 율법주의律法主義라는 영적 위험에도 불구하고 신성한 법에 따라 사회생활 전부를 개혁하려는 놀라운 기획을 구상했다.

세계와의 투쟁의 세속적인 형태 중 정치적 형태(민주주의, 자유주의, 사회주의)뿐만 아니라 인격적 또는 낭만적 형태도 성스러운 형태에 못지않게 반항적이고 전복적이었다. 세계와의 투쟁의 세속적 형태들은 지난 250년 동안 세상 모든 나라에 침투하여 세계혁명을 고취하는 데에 기여하였고, 그 메시지에 적대적인 기초 위에서 확립된 의식 및 생활 형식에 치명타를 가했다. 세속적인 형태들은 명백히 혁명적인 태도를 취하는 경우, 제도적 재구성의 공식과 사회와 문화의 일상들에 대한 도전의 공식을 수립하여 성서적 신앙을 대체했다. 세속적인 형태들은 스스로 사회적 재구성의 경로에 대한 명료한 관점을 보유하지 못했다고 판단한 경우에는, 기성 제도 아래서 특히 가장 심각하게 불이익을 당하는 사람들을 위해 삶을 개선하는 것으로 만족했다. 세속적인 형태들은 사적인 숭고함에서, 즉 사회제도를 위한 구체적인 결과를 갖지 않는 상상력의 모험주의에서 영감을 추구해 왔다.

우리는 미래의 종교의 주요 기초들 중 하나의 기초(위대한 삶으로의 상승이 우리의 약점들의 부인과 자기우상화의 유혹으로 타락하는 것을 허용하지 않으면서 초월의 신적 속성에 대한 인간의 몫을 확장시키고 위대한 삶으로 상승시키려는 목표)를 주로 이렇게 조직된 종교들과 세속적인 신조의 활동의 결과로 인정할 수밖에 없다. 그러나 우리가 이와 같은 구원과 해방의 기획들이 지닌 한계, 실제로는 과거 모든 종교의 한계를 넘어서지 못한다면 이 목표의 추구에서 진보를 이룩할 수 없음이 분명하다.

이 미완의 영적 혁명의 진보에서 다음 단계의 조치들은 무엇인가? 세계와의 투쟁의 성스러운 형태 및 세속적인 형태의 현대적 추종자들은 이 문제를 풀지 못했다. 바로 이러한 이유로 이 실존지향은 이제 상승과 동시에 쇠락, 강함과 동시에 허약함이라는 역설적 입장에 처하게 된다. 이 실존지향은 다양한 세계화의 투쟁 형태에서 세계에 전대미문의 영향력을 행사하기 때문에 강력하다. 반면에, 그 추종자들이 그 지향을 쇄신하고 지속하는 방법을 더 이상 알지 못하기 때문에 이 지향은 허약하다.

세계와의 투쟁이라는 실존지향이 상승과 쇠락, 강함과 약함의 상황에 처해 있는 한, 다른 종교혁명이 없다면 이 실존지향은 세계초극과 세계인 간화라는 다른 두 영적 지향이 스스로를 영구적이고 매력적인 영적 선택지로 재천명할 기회를 쇄신해 준다. 다른 두 지향들은 명료한 교리로서뿐 아니라 경험과 비전의 불명료한 형식으로서 그렇게 한다.

우리는 세계와의 투쟁을 생생하게 펼치기 위해서는 이를 재발명해야 한다. 재발명은 삶의 문제에 대해 세계와의 투쟁 접근이 내건 형이상학적 가정들(단일한 세계의 존재, 시간의 포괄적 실재성, 새로운 것의 가능성, 역사의 개방성, 주체의 심오함, 가치의 역전 등에 관한 견해)을 해명함으로써 시작된다. 재발명은 주체와 구조의 관계 및 주체와 타자의 관계에 관한 절삭되거나 억압된 정통 이론을 발전시키는 것을 고수할 것이다. 재발명은 사회뿐만 아니라 주체의 변화에 대한 비전을 고취할 것이다. 어떤 점에서 세계와의 투쟁의 성스러운 혹은 세속적인 가르침에서 그러한 쇄신은 영적 경험의 역사에서 또 다른 계기처럼 보일 것이다. 쇄신을 고취시키는 관념들이 과거 종교혁명의 공통 기반, 즉 내가 앞서 제시한 다섯 가지 공통 주제로 표시된 기반을 넘어 운동하는 데에 이르면 그 쇄신은 분명히 또 다른 계기처럼 보이기 시작할 것이다.

그러면 하나의 구제이자 재발명인 것처럼 보였던 것들이 자칭 개혁가들이 보존하려는 것들의 혁명적 대체물로 보이기 시작할 것인가? 그것은 실제로 새로운 종교, 다른 내용을 가진 종교가 될 뿐만 아니라 다른 의미에서도 종교가 될 것인가? 인간의 필멸성, 무근거성, 충족불가능성을 인간 조건의 치유 불가능한 결함들로 간주하면서 왜소화에 대한 인간의 취약성을 교정 가능한 삶의 특성으로 파악하려는 집요한 자세는 단순한 수정 그 이상이 필요하다는 점을 스스로 충분히 시사할 수도 있다. 주체와 사회의 재구성에 대한 메시지의 시각에서 세계도피보다는 세계변화를 위해 과거 종교들의 양가성을 조정하는 작업이 그러한 집요한 자세와 결합된다면 과업의 혁명적 성격은 아주 확연히 드러날 것이다.

그러나 수정이 무엇이고, 대체물이 무엇이고, 재생이 무엇이고, 전복이 무엇인지는 제도의 역사보다 의식의 역사에서 회고를 통해서만 분명해진다. 정통과 이단의 구분에 대한 소모적인 관심과 경전에 표현된 권위적 계시에 관한 신뢰를 바탕으로 고대 중동의 모든 세계종교 중 구원종교들은 수정과 극복 사이에서 조금도 주저하지 않은 것처럼 보일지도 모른다. 그러나 기독교도 다른 종교로 확립되기 전에 초기 개종자들과 심지어 창시자들에게 유대교의 계속이자 완성으로 보였을 것이다.

인간의 가장 근본적인 경험과 열망에 의존하는 세계지향의 어떠한 변화도 기성 종교 안에서 공명되어야 하고, 동시에 이 변화는 기성 종교의 경계를 넘어 전개된다. 어쨌든 나처럼 역사 안에서 초월적 신의 구속적 개입 서사에 대한 신앙이 없는 사람들은 종교의 경계를 넘어 작업할 도리밖에 없다.[1] 더욱 많은 사람들이 신앙과 불신앙의 중간 지점(종교적 교리를 세속적 인본주의로 해석하는 것)의 폐해와 기만을 깨닫고는 자신들이 불가피하게 같은 방향에 처해 있음을 알 것이다. 그들이 중간 지점을 포기한 후 전통적인 세속적 인본주의를 반박하고 과거 종교혁명들의 공통적인 한계 안에서 통제될 수 없는 방향 재정립의 필요성을 인식한다면, 그제야 이 책의 논의가 시작되는 지점에 이른 것이다.

---

1 이 부분은 웅거가 종교적 자연주의자, 자연주의적 신학관의 보유자로서 자신을 분명히 밝힌 것으로 이해된다.

세계와의 투쟁은 지금까지 획득해 온 혁명적 영향력을 누릴 만하다. 세계와의 투쟁에 입각한 현재 우리의 모습과 장래 우리의 모습에 관한 견해가 세계초극과 세계인간화의 특징을 견지한 믿음들보다 우리 자신에 관한 진리에 더 근접해 있기 때문이다.

유대교, 기독교, 이슬람교에서 중요한 신적인 개입에 관한 신앙을 포기하는 경우에도, 세계와의 투쟁은 민주주의나 낭만주의의 예처럼 철저하게 결함을 안고 있다. 세계와의 투쟁은 주체와 사회의 변화를 위해 적절한 지침을 제시하지 못할 뿐만 아니라, 그러한 변화의 대의를 정립하고 옹호하는 데에도 부족하다.

세계와의 투쟁을 이렇게 포용하면서도 동시에 비판하는 것이 이 책의 입장이다. 이러한 움직임을 포함하는 관념들은 단순하게 종교에 대한 논거를 제공하는 것이 아니라 종교 안에서의 논거를 대표한다. 그 관념들은 신학의 기초들을 개관한다. 그러나 이 신학은 모든 신학과 마찬가지로 특정한 종교, 그러나 아직 존재하지 않는 종교에 바쳐지는 낯선 신학이다.

인간이 알고자 희망할 수 있는 것의 한계 너머까지 밀고 나가는 주장을 내세울 때, 그 사람은 죽음을 무릅쓴다. 종교 안에서 개입을 주장하는 논거뿐만 아니라 개입에 대한 담론도 그 자체로 종교적 사유와 경험의 특성을 보유할 수밖에 없다. 그러한 특성 중 하나는, 특정한 방향으로 삶의 참여라는 실존적 결단의 하중과 결단을 내리는 이유의 불충분성 혹은 불완전성 사이의 가교 불가능한 격차이다. 모든 기성 분과와 방법들의 경계를 넘어 주장해야만 한다고 할지라도, 가장 중요한 사항을 논의하는 것이 정신의 전유물이라고 고수하는 태도는 사변적 사유에서 인성을 규정하는 초월 권능의 표현이다.

어쨌든 아직 존재하지 않는 종교(미래의 종교)의 신학조차도 인간의 무근거성에 관한 결론을 극복하기를 바랄 수 없다. 이 신학의 주장들은 범위에서는 단편적이고 힘에서는 불확정적이다. 그 주장들은 그 신학을 명료하게 하고, 고취시키거나 설득할지도 모른다. 그러나 그 주장은 미래의 종교를 증명할 수 없다. 그 주장들은 합리적 근거가 결코 충분치 않은 신앙을 실천할 때 이성의 증거를 초월하고 동시에 우리 자신을 타인에게 맡긴다는 신앙의 이중적인 의미에서 우리를 신앙의 명령에서 면책시킬 수 없다.

사변적 사유가 이러한 사실을 인식하지 못할 때, 그러한 사유는 자신을 철학으로 제시하든 반反신학적 신학으로 제시하든지 간에 종교를 계승한다는 부당한 주장에 오염된다. 우리가 더욱 명료하고 깊게 사고한다면 사변적 사유는 실존의 수수께끼를 풀 수 있다는 환상으로 더럽혀진다. 우리는 실존의 수수께끼를 풀 수 없다. 우리가 수수께끼를 풀 수 없다는 사실을 확인하는 것은 미래의 종교의 종언이 아니라 그 시작이다.

세계변혁에 대한 고등종교들의 양가성 해소

현존하는 사회 세계에서 도피하는 면허장이나 세계를 변화시키는 초대장, 이는 앞에서 논의한 세 가지 주요한 실존접근들이 각기 인류에게 제공한 이중적인 티켓이다. 이러한 지향들이 인류 안의 분할의 권위를 무시하고 분할의 궁극적 실재성을 부정하는 경우에 이러한 무시와 부정이 사회를 다르게 표상하거나 조직하는 방식을 내포하는지는 전혀 분명하지 않다. 미래의 종교의 최초의 출발점은 이러한 양가성을 세계 변화(위대한 삶으로 우리의 상승을 지지해 주는 주체와 사회의 특정한 변화 방향)에 유리하게 해소하는 것이다.

유교는 역할과 관례에 입각한 인간 상호 간의 의무 모형에 따라 사회를 쇄신하려는 결단을 통해 사회에서 도피하려는 욕구를 갖지 않는 것처럼 보일지도 모른다. 그러나 유교는 타자의 필요에 대한 각성을 통해 고양된 인격성과 인격적 만남의 경험이라는 내부 성소inner sanctum를 설치한다. 이러한 경험은 그 자체로 보상으로 봉사하고 사회의 타락에 맞서 가장 선한 인간에게 망명지를 제공하고자 한다. 타자의 경험을 상상하고 이러한 이해의 견지에서 타자에 대한 책임을 수행할 능력은, 역할도덕과 밀접하게 연결된 사회적으로 인정된 공적에 대한 존중을 제외하고는, 사회의 특정한 제도적 쇄신보다 더 중요한 것처럼 보일 수 있다.

세계와의 투쟁의 세속적 형태로서 사회적 재구성과 인격적 해방의 현대적 기획들은 도피와 변혁 사이의 양가성을 변혁에 유리하게 해소하는 것처럼 보인다. 그러나 이러한 기획들은 반복적으로 그래 왔듯이 사회를 재구성하고 주체를 재정립하려는 시도를 포기하는 때에 세계를 변화시키려는 노력을 단념하고 사회와 문화의 기성 질서와 타협한다.

세계도피와 세계변화 사이에서의 망설임이 고등종교들의 특성이라고 할 수 있는데 그 원인은 두 가지이다. 하나의 원인은 종교 바깥에 있다. 그것은 고등종교들이 통용되고 있는 사회에서 지배적인 현실 사회세력들과의 타협이다. 다른 원인은 종교 안에 내재한다. 그것은 과거 종교혁명들이 취한 실존접근들의 가장 중요한 공통적인 특성이라고 할 신성의 내재성과 초월성의 변증법이다.

초월종교들이 세속적인 영향 요소가 되었기 때문에 초월종교들은 기성 체제들 및 지배적인 이익들과 타협하지 않을 수 없었다. 결과적으로 세속 권력은 영적 비전을 포획하는 경우에만 영적 비전으로 하여금 세속 권력을 수정하도록 하면서 영적 비전과 결합해 왔다. 유럽 봉건사회의 의식 형태들은 예컨대 유럽 봉건제의 사회적, 정치적, 경제적 현실과 기독교적 삶의 비전 사이의 결합에서 나왔다. 그러한 결합의 공식은 모든 초월종교들에 의해 언제 어디에서나 무한히 반복되어 왔다.

신앙을 신성한 법에 대한 순종으로 파악하는 율법주의는 이제 그러한 수용적 방식에 대한 해법인 것처럼 보일지도 모른다. 그러나 이러한 해법은 엄청난 대가, 가소성可塑性[2]의 억압이라는 세속적인 비용과 모든 제도적 구조의 불완전성과 결함의 부인이라는 영적 비용을 치르며 실행된다. 영적 부담과 세속적 부담의 관계는 율법주의가 교정가능성의 속성을 가진 제도적 체제를 창조하려는 결단을 포기한다는 점에 있다. 우리는 신성한 법의 예정된 공식에 질서를 일치시키는 것으로는 결함 없는 질서를 수립할 수 없다. 어쨌든 우리는 시간이 지나면서 체제 자체의 결함을 인정하고 교정하는 것을 용이하게 하는 체제를 발전시킬 수 있다. 그러한 체제를 창조하려는 노력은 율법주의(특정 구조에 대한 우상숭배)와 낭만주의(모든 구조에 대한 전쟁)라는 쌍둥이 폐해에 대안을 제공한다.

현실의 사회세력들과 타협하려는 압력이 세계변화와 세계도피 사이에서 세계종교가 망설이는 원인의 하나라면, 다른 원인은 초월성과 내재성의 변증법의 진정한 고향을 인식하지 못한 점에 있다. 인간 자신이 그러한 변증법의 고향이다. 이러한 종교들의 신학이나 철학의 신봉자에게는 초월성과 내재성은 세계와 인격적 혹은 비인격적 신성의 관계와 관련된다.

어쨌든 자연으로서의 세계는 인간의 관심사들에 대해 냉담하다. 자연

---

2 가소성plasticity은 물질이 상온(정상 상태)에서 고체성을 가지지만 일정하게 열을 가하면 유연해지는 성질을 의미한다. 플래스틱에 열을 가하면 쉽게 확인할 수 있다. 웅거는 사회제도나 관념, 담론 구조도 가소성을 가진다고 주장한다. 그러한 가소성을 억압하고 동결시키는 방식으로 체제를 만들 수도 있고, 변화의 지속적인 압력을 행사하여 가소성이 드러나게 하는 체제를 만들 수 있다. 결국 보통 사람들의 이익과 이상이 제도속에 자유롭고 지속적으로 유입될 수 있는 유연한 사회plastic society를 만들자는 것이 웅거의 제도론이다.

의 궁극적인 수수께끼들은 불가해하다. 초월성과 내재성의 변증법은 인간 자신의 성질에 대한 설명으로 해석되는 경우에만 신뢰할 만한 진리다. 바로 우리는 실존의 모든 영역에서 사회적·개념적 맥락에 의해 형성되지만 그러한 맥락으로 확정적으로 통제될 수도 없다. 모든 유한한 실존 여건들을 초월하는 사람들은 바로 우리 자신이다. 따라서 평가해 줄 만하고 성취할 수 있는 경험, 연상, 통찰의 모든 형식을 결코 포용할 수 없는 사회나 사상의 구조들에 의존하는 문제에 직면한 사람들은 바로 우리 자신이다.

초월종교에서 자연의 신성함을 부인하는 것은 인간 본성을 적절하게 고려한 변증법을 우주에 투사하는 것으로 이어졌다. 불교뿐만 아니라 세계초극의 다른 철학에서 이러한 변증법은 격하되거나 무시되어야 했던 현상적 실재와 참되고 감춰진 유일한 존재 간의 차이라는 형식을 취했다. 그러한 견해에서 초월은 대승불교에서 보듯이 환상과 고통의 고역에 붙잡힌 모든 존재들에 대한 포용적 공감과 양립 가능한 세계체념을 의미한다.

구원종교에서 초월성과 내재성의 변증법은 초월적 신성에 의한 구원의 역사와 은총에 대한 인간의 결함 있는 응답 사이에 대화의 형식을 취했다. 개인은 육화된 영으로 인식되었고, 유비를 통해 자연에 대한 신의 초월성을 공유하는 것으로 인식되었다. 더욱 신과 같이 되려는 우리의 노력이 단순한 집행자로 관여하는 것에 그치는 신성한 계획 또는 역사의 계획의 그림자 아래 놓여 있었기 때문에, 어쨌든 맥락의존성과 맥락초월성의 변증법이 인성의 중심을 이룬다는 견해는 결코 완전하게 전개될 수 없었다.

초월성과 내재성의 변증법에 단호하게 인간적 형식을 부여할 호기가 공자의 초기 가르침(신유학이라는 형이상학이 발전하기 이전)과 정치적 인격적 해방을 위한 세속적 투쟁에서만 존재했다. 그러나 공자의 가르침에서 이러한 노력은 인간의 초월 능력의 결과를 인정하고 나아가 구조와 역할을 초월하는 행위자로서 개인의 존중과 온갖 기성 역할 및 구조들의 확정적인 권위를 부인할 필요를 연결하려는 정신관과 사회관을 발전시키지 못함으로써 제약되었다. 인격적인 것의 성스러움은 이 전통에서 개인의 무한한 심오함으로 결코 변모하지 못했다.

초월성과 내재성의 변증법의 고향이 우주가 아니라 우리 자신, 개별적으로는 인간 개인이고 집단적으로는 인류라는 인식에 매우 근접했던 입장은 바로 민주주의와 낭만주의의 혁명적 기획 형태로 나타난 세계와의 투쟁의 세속적인 목소리다. 그러나 이러한 견해의 전개에서도 세계와의 투쟁의 세속적인 형태는 나의 규정 방식에 따르면 주체와 구조 및 주체와 타자에 관한 억압된 정통 이론을 발전시키지 못함으로써 혼란에 빠졌다. 세계와의 투쟁을 포획한 이단(주체와 구조의 관계에 대한 헤겔적 이단과 사르트르적 이단, 주체와 타자의 관계에 대한 율법주의적 이단과 낭만주의적 이단)은 우리가 인성에 대한 진리로서 초월성과 내재성의 진리를 완전하게 표출하는 것을 불가능하게 만들었다. 나아가 세계와의 투쟁의 전제들을 시간, 역사, 주체에 관한 정합적이고 종합적인 견해로 발전시키지 못한 사정도 이러한 결과에 기여했다.

미래의 종교는 이러한 양가성의 결정적인 해소를 요구한다. 우리는 세계를 재서술하는 것 자체를 세계를 변화시키는 것으로 착각해서는 안 된다. 재서술과 변화의 혼동은 종교를 반쯤은 자장가와 기만으로 전환시킨다. 나머지 절반은 인간의 삶에서 치유 불가능한 약점들을 부인하려는 충동이다. 혼동과 부인은 합쳐서 지금까지의 종교의 모습을 이루어 왔으며 또한 더욱 위대한 삶으로 인간이 상승하는 데에 종교가 더 훌륭하게 안내하지 못하도록 했다.

과업은 인간 조건에서 근절할 수 없는 결함들과 사회의 교정 가능한 여건들의 경계를 정확하게 획정하는 것이다. 종교가 인간의 필멸성, 무근거성, 충족불가능성의 사실들을 인정하기를 거부한다면, 이윽고 종교가 인간이 실제로 교정할 수 있는 약점(왜소화에 대한 취약성)을 극복하는 방법을 보여 주지 못한다면 종교는 우리 인간에게 두 번에 걸쳐 무용지물이다.

세계와의 투쟁의 의미를 관념과 제도에서 급진화하기

세계와의 투쟁은 우선은 구원종교들의 형태에서, 다음으로 민주주의와 낭만주의의 형태에서 엄청난 권위를 행사함에도 불구하고 그 가르침들과 갈등하는 관념들과 제도들의 구조 안에서 지속적으로 이해되고 실행되었다. 다양한 형이상학적 관념들뿐만 아니라 사회의 재구성을 위한 제안들을 통해 이러한 모순을 인정하고 대면하고 극복하는 것은 우선 성스러운 혹은 세속적인 종교를[3] 전복하기보다는 완성해야 하는 것처럼 보일지도 모른다. 어쨌든 우리의 믿음과 우리 자신에 관한 경험뿐만 아니라 우리의 경험에 대한 함축들은 종교혁명의 기초를 창조할 정도로 파급력이 매우 크다. 완성하려고 시작한 일이 전면적인 교체로 매듭지어질지 모른다.

기독교의 역사에서, 그 정도는 덜하지만 이슬람교와 유대교의 역사에서도 신앙은 그리스 철학에서 차용된 용어로 표현되어 왔다. 그러나 고전적인 존재론의 기획에 집중된 그리스 형이상학 범주들은 육화되고 고난당한 신에 관한 종교에 적합한 것처럼 결코 보이지 않았다. 철학자들의

---

3 문맥상 '세계와의 투쟁의 성스러운 혹은 세속적인 형태'를 의미한다.

신과 아브라함의 신 사이에 존재하는 격차는 철학적 주석의 진부한 항목이 되었다. 그 격차가 결코 가교되지 않은 이유는 유일하고 명백한 대안(인격으로 표상된 의인적 신 관념[4])을 사용하는 데에 불편함뿐만 아니라 인격성의 경험을 중심적으로 취급하는 포괄적인 철학적 견해의 부재에서 찾을 수밖에 없다.

기독교 신앙과 고전적 존재론의 문제적이고 부적절한 결합은 근대사상사에서 내가 앞서 기술하고 비판한 두 체제 관념(실재는 두 존재질서로, 인간과 관련 있는 질서와 인간과 무관한 질서 간의 구분으로 균열되어 있다는 관념)의 두드러진 영향으로 이어져 왔다. 이러한 두 체제 교리는 일견 단일한 체제 이론보다 세계와의 투쟁의 가정들에 문제거리를 더 적게 일으키는 것처럼 보일지도 모른다. 어쨌든 두 체제 교리는 이러한 실존접근의 중요한 비전에 대해서도 파괴적이고 인간 상황의 사실들에 대해서도 배반적이다.

셈족의 유일신교에 대한 이러한 두 가지 유형의 관념(고전적 존재론의 프로그램과 두 체제의 교리)의 대립은 더 일반적인 문제의 가장 두드러진 사례를 나타낸다. 문제는 세계와의 투쟁의 성스러운 형태와 세속적인 형태가 공유하는 관심사와 결단을 이해시켜 줄 관념들을 발전시키지 못한 점이다. 이러한 믿음들 중 가장 두드러진 것은 이 실존지향에서 정신과 구조의 관계뿐만 아니라 주체와 타자의 관계에 대한 이해(도덕적 경험의 전개에서 이 타주의에 대한 사랑의 우월성, 모든 맥락이나 구조를 초월하는 육화된 영으로서 인격체의 관념)이다. 이러한 관점들은 삶의 영위뿐만 아니라 사회의 조직

---

4 이 용어를 신인동형적anthromorphic로 옮길 수 있으나, 웅거는 anthromorphic과 themorphic을 쌍방향적으로 사용하면서 신의 인간화와 인간의 신성화를 말하기 때문에 각기 '의인적', '의신적'으로 번역했다.

에 대해서 결론을 제공한다. 나아가 그러한 결론은 실재와 세계 안에서의 인간 위치에 관해 부분적으로 불명료한 비전으로 고취된다. 나는 단일한 세계의 존재, 시간의 포괄적 실재성, 새로움의 가능성, 역사의 개방성, 정신의 이탈하는 능력, 주체의 심오함, 평범한 것의 우월성을 앞서 말한 비전의 가장 중요한 요소들로 열거했다. 나는 이러한 비전을 기술하면서 그러한 비전의 주요 부분들이 자연, 사회, 역사, 정신에 대한 지배적인 믿음들로부터 오늘날까지 지속적으로 부딪히는 반발 요소들을 제시했다.

이러한 반발은 (고전 사회이론과 현대 사회과학에서) 사회와 역사에 대한 사유의 지배적인 전통뿐만 아니라 자연의 활동에 대해 현대 과학이 발견한 것들에 대한 가장 수용할 만한 해석에서도 유래한다. 단일한 세계만이 존재하며 이 세계에서 단일한 체제만이 존재하고 시간은 실재적이고, 그 무엇도 심지어 자연법칙조차도 시간의 예외가 되지 않으며, 새로운 것이 간단히 결정론적이고 통계적인 인과성의 무한한 시행 과정에서 출현을 기다리는 가능적 사태들의 예시가 아니라는 견해는 널리 수용된 믿음들과 지속적으로 갈등을 일으키는 가정들이다.

세계와의 투쟁의 형이상학적 배경(사회와 주체와 관한)의 여타 요소들은 세계와의 투쟁의 가르침이 제시한 메시지에 더욱더 중요하지만 그것들은 지배적인 견해의 지지를 더욱 적게 받는다. 사회의 제도적·이데올로기적 구조에 대해 사유하는 방법을 가르쳐 주고 구조의 내용과 성격을 변화시키는 인간의 권능을 인식하는 기성의 사회관은 존재하지 않는다. 상상력의 작업을 해명해 주는 기성의 정신관은 존재하지 않는다. 마찬가지로 초월성과 내재성의 변증법을 우주로 투사하기보다는 이를 인간의 성격 안에서 정면으로 장착시켜 줄 종합적인 인간관과 역사관은 존재하지 않는다.

이 논의의 전반부에서 제시한 방향에 따라 결여된(미발전된) 관념을 발전시키는 일은 우리가 세계와의 투쟁의 성스러운 혹은 세속적인 형태로서 지금 수용하고 있는 것에 대해 확고한 기초를 제공하는 것 그 이상을 수행한다. 결여된 관념의 발전은 우리에게 우리 자신을 초월성과 내재성의 변증법의 진정한 거점으로 삼도록 함으로써 세계와의 투쟁의 현재 형태의 성스러운 혹은 세속적인 가르침의 신자들이 교리로 인정할 수 없는 인성, 권능, 기획에 관한 견해를 산출한다. 이 신자들은 "이것은 우리의 종교가 아니라 다른 종교"라고 말할 것이다. 이 다른 종교가 신자들이 갖지 못했던 통찰의 도움으로 그들이 따르는 종교의 결론을 이끌어 내는 일만 하는 것처럼 우리에게 보일지라도 이 다른 종교가 그러한 변화 덕분에 상이한 종교로 변하지 않았다고 누가 말할 수 있겠는가?

제4장에서 논의한 바대로 세계와의 투쟁의 세속적인 혁명적인 형태에 적용된 주체와 구조에 대한 억압된 정통의 사례를 고려해 보자. 일단 우리가 헤겔적 이단과 사르트르적 이단을 거부하고 제도적 · 개념적 구조들의 결정적인 중요성을 깨닫고 이 구조들의 특수한 내용뿐만 아니라 이 구조들이 우리에게 힘을 미치고 구조들을 바꾸는 우리의 권능을 억제하는 방식까지도 변화시키는 기획을 구상한다면, 우리는 우리 자신에 관한 견해를 혁명적으로 변화시키기 시작하는 것이다. 이러한 변화의 결론 중 하나는 우리가 인간의 필멸성, 무근거성, 충족불가능성과는 달리 왜소화에 대한 취약성만큼은 수정 가능하고 극복 가능한 어떤 것으로 파악하는 것일지도 모른다. 우리는 인간 실존의 여타 약점들을 인정하고 수용하는 것이 위대한 삶으로의 상승에 대한 위협이기보다는 상승의 조건으로 기여할 수 있다는 사고를 포용하기 시작할 수 있다.

주체, 사회, 역사에 대한 지배적인 관념만이 해방과 역량강화의 세속적 기획들의 전진을 억제하는 것이 아니다. 무엇보다도 현대사회들의 실제

조직 방식도 이를 억제한다. 구조적 비전의 결여와 제도적 대안들에 대한 상상력의 결여가 기성 제도에 대한 인간의 체념을 강화한다. 도전과 수정에 대한 기성 제도의 반발은 역으로 변혁적 역량을 무시하는 관념들에 그럴싸한 외관을 부여한다.

이 책 전반부에서 나는 현대사회의 제도들이 세계와의 투쟁에서 중심적인 인성 관념을 실천하지 못하는 네 가지 방식을 열거했다. 그것은 다수의 보통 사람들에 대한 경제적 기회와 역량의 부인, 모듈적이고 공식적인 기계로서의 정신에 대한 상상력으로서의 정신의 우월성을 보장하는 교육 및 학습 방식의 보편화에서의 실패, 화폐보다 더 강력할 뿐만 아니라 인간의 창조적 권능의 행사에서 사회문화적 동질성보다 더 우호적인 사회적 연대의 실천적 기반의 부재, 변화의 위기의존성을 줄이고 새로움의 영구적 창조를 지지하는 민주정치의 조직 방식의 부재 등이다.

이러한 통제 요소들을 점진적으로 돌파하는 제도적 쇄신 관행을 생각해 보자. 그 방법은 실험주의적이고 점진주의적이다. 그럼에도 불구하고 그 누적적인 결과는 급진적일 수 있다. 이 노선을 따라 걸음을 내딛을 때마다 우리는 더욱 강력해지게 될 것이다. 위대한 삶이 신적인 구원의 섭리적 시간이나 미래 사회질서의 역사적 시간에서 일어날 것이므로 우리 스스로는 경험할 수도 없는 위대한 삶을 지향해 끈기 있게 활동하는 것을 달가와하지 않는 자세는 결과적으로 줄어들 것이다.

변화를 통해 나타날 존재들은 위대한 삶으로의 상승을 연기하는 것(세계와의 투쟁의 모든 성스러운 혹은 세속적인 기성 형태들이 수용하는 연기)에 더 이상 안주하지 않을 것이다. 그러한 존재들은 "바로 그 상승을 우리가 지금 원한다"고 말할 것이다. 그들은 위대한 삶으로의 상승을 완성하는 과정에서 자신의 성스러운 혹은 세속적 종교를 변화시키려고 하지 않겠는가?

생산의 제도들과 교육의 성격에서 변화의 결합 효과들의 실례를 고려해 보자. 경제적 재구성은 생산적 활동이 점증적으로 집단학습과 영구쇄신의 관행으로 변모하게 되는 선진 부문들에 대한 접근을 확장하도록 설계된 국가와 사기업 간의 분산적이고 실험적인 협력 형식들의 발전과 함께 시작될 것이다. 우리는 단계적인 조치를 통해 기계가 행할 수 있는 일이라면 어떠한 사람도 수행하지 않아도 되는 미래로 이동할 것이다. 우리는 아직 반복 방법을 터득하지 못한 일을 위해 모든 시간을 저축할 것이다. 일련의 변화를 통해서 독립 자영업과 협동〔기업〕은 다양하게 결합되어 자유노동의 지배적인 형태로서 올바른 지위를 차지하고 경제적으로 종속적인 노동을 대체할 것이다.

시장경제의 제도적 안배들을 계속 혁신하지 않으면 그러한 변화는 생존할 수도 없고 지속할 수도 없다. 시장 자체는 구축된 유일한 시장 형태에 속박될 수 없다. 사유재산과 사회적 재산의 대안적인 체제들, 나아가 이러한 체제들이 요구하는 계약 체계들은 동일한 경제질서 안에서 실험적으로 공존하기 시작할 것이다.

교육 방법의 혁신은 이러한 경제적 쇄신을 낳아야 할 것이다. 교육 방법의 혁신은 새로운 경제적 제도를 작동하게 하는 데에 필요할 것이다. 더구나 그러한 혁신은 경제적 제도들을 장려하고 고취하는 위대한 삶을 성취하려는 동일한 충동에 의해 자극 받을 것이다. 상상력은 언어적·수학적 분석의 역량을 겨냥한 학습, 백과사전식 겉핥기보다는 선택적 심오함을 선호하는 학습, 사회구조에서 개인주의적이거나 권위주의적이기보다는 협동적인 학습, 모든 주제를 대조적인 관점에서 접근하는 학습을 통해 강화될 것이다. 그러한 교육은 학교로 하여금 현재 안에서 미래의 목소리가 되도록 하고 가족의 모방과 국가의 서비스를 미래형성적인 역량의 획득에 종속시킨다.

우리는 우리 자신을 변화시키지 않는다면 경제적 교육적 쇄신(그 자체로는 더 포괄적인 재구성 프로그램의 단편에 불과하다)이 규정한 궤도에서 그렇게 멀리 전진할 수 없다. 단지 현재 우리의 모습 그대로 인정된 인간 본성(우리의 기존 성향들의 묶음)은 많은 점에서 현재 그대로의 모습으로 존재할 것이다. 새로운 제도들과 수정된 믿음들이 어떤 경험을 촉진하고 다른 경험을 억제하기 때문에 인간 본성은 천천히 한계에서만 변하게 될 것이다. 그럼에도 불구하고 최고선을 우리의 힘이 닿지 않은 섭리적인 혹은 역사적인 미래에 두는 성스러운 혹은 세속적인 종교를 포용하는 것으로 그치기에는 비전의 영역과 역량강화의 경험에서 우리는 이미 너무 원대한 존재로 변모하였을지도 모른다. 내가 서술한 여건 속에서 형성된 살아 있는 개인이 이러한 미래지향적인 신앙들의 극단적 형태를 고수하려고 한다면 그는 그럼에도 불구하고 미래에서 현재로 되돌아오는 통로의 개방을 고수할 것이다. 물려받은 성스러운 혹은 세속적인 종교에 대한 충실성의 주장에도 불구하고 그는 자신의 의지에 반해서 종교적인 혁명가로 변화되었을지도 모른다.

프로메테우스주의에 빠지지 않고 위대한 삶을 성취하기

세계와의 투쟁의 성스러운 형태와 세속적인 형태에서 우리가 발전시키고 살아가는 사회적 개념적 맥락들을 우리가 초월한다는 점에 대한 인정은 우리가 확실하게 보유한 유일한 선善인 현재에서의 소외에 의해 흐려지고 있다. 이러한 믿음에 따라 인간의 성스러운 혹은 세속적인 구제가 미래에 존재하는 한, 현재는 인간의 최고선을 제공하기에는 부족하기 때문에 우리 눈에 불완전하고 불만족스러운 것으로 변한다. 최상의 것은 항상 우리의 손이 닿지 않은 곳에 존재한다. 우리가 잡을 수 있는 것은 치명적으로 불완전하다. 그래서 우리가 보유한 부분의 의미와 가치는 부재하는 부분과 결합되지 못함으로써 제약되고 불확실하게 되었다.

프로메테우스주의(취약성의 부인과 약자들에 대한 승리를 통해 개인이 성취해야 할 권력을 향한 투쟁)[5]는 소외의 부담을 우리 자신에게서 제거하려는 기획에서 나오는 오류이다. 프로메테우스주의는 인간 삶에서 가교할 수 없는 균열에 관한 진리를 부인한다. 프로메테우스주의는 직접적인 맥락을 초월하는 인간 권능의 행사를 비교 우위를 둘러싼 경쟁에 속박시킨다. (니체의 철학은 이러한 관점의 두드러진 사례이다.)

존재의 숭배 혹은 세계의 광휘의 숭배는 맥락에 대한 저항의 필요를 부인하거나 오인하는 경우에만 소외의 경험에 응답한다. 그러한 숭배는 내가 앞에서 논의한 세 가지 영적 지향들을 낳은 일련의 종교혁명들의 전제를 한계에서만 전복하고자 한다. (하이데거의 후기 철학은 소외의 비애에 대한 그와 같은 답변의 비근한 사례를 제공한다)

대신에 우리에게 필요하고 우리가 원해야만 하는 것은 초월성과 내재성의 변증법을 인간의 속성으로 확립하는 것이고, 이러한 변증법에서 현재의 소외라는 오염을 말끔히 청소하는 것이다.

이러한 과업을 성취하기 위한 출발점은 다양한 일련의 추상적 관념들을 정리하기만 하면 마치 우리가 현재에서의 소외를 마감할 수 있는 양 철학적 관념들을 수정하는 것이 아니다. 그 출발점은 세계와의 투쟁이 이

---

5   제1장 및 제4장 후반부 참조.

미 보유한 변혁적 효과를 인간의 현재 믿음들과 제도들의 한계 너머로 철저하게 심화시키려는 결단이다. 세계와의 투쟁은 거의 모든 나라에서 보통 사람들의 신성이나 위대성 관념을 확립해 왔다. 세계와의 투쟁은 구원종교의 영향을 매개로 이러한 각성을 야기하지 못한 곳에서는 민주주의, 자유주의, 사회주의의 이름 아래 사회 재구성에 복무하고 동시에 주체의 표현과 주체의 형성에 관한 낭만적인 관념들에 헌신함으로써 더욱 효과적이고 보편적으로 그러한 관념을 확립했다. 여기서는 책 속에서만 써놓은 교리로 그치지 않고 세상에 진짜 불이 존재한다.

어쨌든 혁명적 힘은 결코 허비되지 않는다. 이와 같은 정치적 교리들의 지구적 확산의 가장 중요한 효과는 온 세상에, 심지어 구원종교들이 영향력을 거의 확보하지 못한 나라에서도 정치적 제도들이 보통 사람들의 역량강화(보통 사람들의 능력 향상, 경험의 고양, 사람들이 만들 수 있는 생활 설계 범위의 확장)에 대한 기여도로 평가받아야 한다는 관념을 수립하는 것이었다.

야망을 실현하는 데에 적합한 제도적 프로그램을 갖추지 못하는 동안 억제되거나 억압된 정치적 관념의 영향은 도덕적 모험으로서 낭만적 인생관과 결합됨으로써 강화되어 왔다. 이러한 정치적 관념의 전제는 주체의 무한성이다. 이러한 관념의 목표는 더 큰 범위, 더 높은 강도, 더 큰 역량을 가진 더 고귀한 생활 형식의 창조이다. 이러한 인격적 경험의 이상은 세계적으로 대중적인 낭만적 문화의 자극을 통해, 사랑의 가능성과 가치 있는 과업의 유용성에 대한 후기낭만파적인 회의주의의 그림자 아래서 이제 인류의 공유물로 변모했다.

이러한 정치적 관념은 반박도 입증도 되지 않았던 주장, 즉 인간의 필멸성, 무근거성, 충족불가능성과 달리 왜소화에 대한 취약성이 인간 실존에서 교정 불가능한 약점은 아니라는 주장을 정립한다. 모든 나라, 모든 계급, 모든 문화에서 이러한 주장이 제기되고 수용되면서 나타나는 흔쾌한 태도는 이러한 주장이 일상생활의 기조와 갈등한다는 측면에서 보면 더욱더 주목할 만하다. 보통 사람들의 경험은 압도적으로 여전히 허드렛일과 굴욕의 경험이고, 그러한 경험에서 가족과 공동체만이 피난처를 제공하고, 대중문화에서 역량강화의 환상들만이 도피구를 제공한다.

셈족의 구원종교들은 사회 재구성과 인격적 해방의 세속적 기획들과 더불어 세계에 불을 놓는 제3의 횃불〔세계와의 투쟁〕이었다. 셈족의 구원종교에서 인간은 인격적 신의 본성에 참여한다. 그러한 종교에서 비인격적인 신성 관념은 이교적인 것으로 거부된다. 셈족의 구원종교에서 신을 인격의 범주로 표상하려는 충동은 신을 순수한 부정(비인격-비존재)으로 표상하지만 이러한 부정성에서도 인간과 유사한 것으로 표상하려는 충동과 갈등한다. 셈족의 구원종교에서 대속의 역사歷史는 신의 삶에 대한 인간의 몫이 분명히 드러나고 확장되는 경로를 보여 준다. 셈족의 구원종교에서 이 참여의 의미는 비천한 것에 고상한 것을 옹립하고 평범한 것의 그림자들 가운데서 빛을 발견할 모든 전망을 우리에게서 부인하려는 가치위계제들을 전복하는 데에서 직접적으로 명백하게 드러난다. 셈족의 구원종교에서 인간의 얼굴은 신의 얼굴에 대한 우리의 가장 신뢰할 만한 응시로, 인간의 신체 전체는 심지어 죽음에서도 지울 수 없는 성스러움이 관여한 것으로 이해된다. 셈족의 구원종교에서 개인뿐만 아니라 신자들의 공동체에 대해서도 상승의 희망은 존재한다. 셈족의 구원종교에서 상승에 필요한 사회적 변화와 주체의 변혁을 위한 행동은 율법주의의 우상숭배적인 지름길(성스러운 법에 대한 순종으로 거짓되게 획득된 싸구려 구원)에 의해 좌절될지도 모른다. 이 모든 종교에서 구원의 확정적 역사役事는 신의 현존 앞에 인간을 인도한다는 약속을 통해 죽음 너머로 또 다른 순간으로 연기된다. 셈족의 구원종교에서 죽음과 무근거성의 끔찍한 사실들은 크고 작은 확신을 통해 부인된다.

현재에서의 소외에 대한 우려는 이러한 우려가 우리에게 선고하는 동경과 비애와 더불어 끔찍한 부담으로서 우리 자신에 대한 신의 탐색에 대한 이러한 암시들에 더해진다. 그럼에도 불구하고 중동의 구원종교들은 우리 자신을 뛰어넘어 우리가 여태 보지 못한 위대한 삶으로의 운동에 관한 명확한 예언을 제공한다.

온 세상의 보통 사람들이 이러한 몇 가지 요소들에 의해 자극받아 현재 모습보다 더 위대하고 더욱 신과 같은 존재로 자신들을 바라보고 그럼에도 불구하고 자신들이 도처에서 격하되고 억압되고 있다는 점을 깨닫게 되는 상황은 이제 종교혁명에 대한 가장 강력한 자극제이다. 세계와의 투쟁의 성스럽고 세속적인 형태들은 이러한 상승 욕구에 불을 질렀다. 그러나 그러한 형태들은 아직 상승 욕구를 만족시킬 수 없다.

세계화의 투쟁의 성스럽고 세속적인 형태들은 결과적으로 우리 자신을 변화시키는 경우에만 그 메시지를 제약하는 신념들과 제도들을 돌파할 수 있다. 그러한 형태들은 우리 자신을 현재에서 소외시키고 우리 각자를 분리시켜 갈등에 빠뜨리는 경우에는 미래에서 상승의 약속을 이행할 수 없다. 프로메테우스적인 권력 숭배와 이교적 존재숭배라는 그릇된 해법들은 그 실패를 통해 우리의 믿음과 생활 방식에서 더욱 급진적인 수정이 필요하다는 점을 증명한다.

인간 실존의 결함들 인정하기

미래의 종교는 또한 인간의 필멸성, 무근거성, 충족불가능성을 확고하게 인정하는 데에서 출발해야만 한다. 이를 인정하지 않은 한 미래의 종교는 자신의 결단에서 전진을 이룩할 수 없다. 특히 미래의 종교는 위대한 실존의 탐색에서 전진을 이룩할 수 없다.

모든 고등종교들 중 셈족의 유일신교들은 인간 실존의 약점들을 가장 견고하게 부정한다. 이러한 신앙은 육화된 주체에게 영생이나 죽음을 초월한 생명을 약속한다. 이러한 신앙은 신의 세계 창조에 대한 서사 및 역사에 대한 신의 구속적 개입의 형태로 실존의 궁극적 수수께끼를 풀 수 있다고 주장한다. 이러한 신앙은 마침내 인간의 충족 불가능한 동경을 잠재울 인간 욕구의 대상인 신과 신의 사랑을 제안한다. 세계초극이나 세계 인간화를 지향하는 종교는 인간 조건에서의 약점들을 부인하는 점과 관련해서는 더욱 모호하다.

세계초극의 가장 중요한 형태인 초기 불교에서 필멸성의 부정은 개인적 주체성을 무시하는 형태로 나타난다. 우리가 유일하고 숨겨진 존재에 대한 참여의 형태로서 영생을 확보한다면 영생은 이미 우리의 것이다. 상이한 실존의 환상들에 대한 애착은 우리가 진리를 통찰하고 진리대로 사는 것을 방해할 뿐이다. 우리가 진리를 깨닫고 진리의 기초 위에서 헌신적인 이타주의의 실천을 통해 나머지 존재들과 보편적인 연결을 확인한다면 우리는 욕구의 쳇바퀴에서 탈출할 수 있다. 이러한 기획의 성공 여부는 세계에 대한 정확한 이해에 달려 있다. 무근거성은 환상 너머에 있는 진리의 확고한 정초에 양보한다.

필멸성, 무근거성, 충족불가능성의 부인 방식이 이러한 영적 지향의 다른 부분들과 밀접하게 연관된 완고한 논리를 갖는다는 사정은 거의 2천 년이 흐른 후 불교보다는 베다의 가르침을 이용한 쇼펜하우어의 철학에서 그 논리가 재등장함으로써 증명된다. 이제 예술은 우리가 의지의 전제

專制에 저항하고 별들의 시선에서 우리 자신의 삶을 주목하는 데에 기여함으로써 철학을 보조한다.

공자의 가르침과 그 후대의 형태들(오늘날 전통적인 세속적 인본주의를 포함하여)에서만 인생의 지울 수 없는 결함들에 대한 전쟁이 부분적으로 포기되었다. 그러나 그러한 결함들의 인정은 위대한 삶으로의 고양에 중요한 의미를 갖지 못한다. 우리는 그러한 결함 때문이 아니라 그 결함에도 불구하고 문명을 형성하고 우리의 정신과 마음을 도야한다. 이러한 반형이상학적 형이상학에서 우리는 우리의 관심에 부응하는 사회질서를 형성함으로써 자연의 무관심과 우주의 무의미성에 응답한다.

이런 식으로 우리는 무의미한 세계에서 의미를 창조하고 자기정초가 가능한 유일한 방식으로 사회와 문화의 집단적 작업을 통해 우리 자신을 정초한다. 우리는 허위의 신학을 연대로 대체한다. 우리는 우리가 떠난 후 다른 좋은 사람들 속에 살아갈 선善에 헌신함으로써 죽음의 확실성을 인정한다. 우리 각자가 자신의 이익과 실존에 대한 아집을 감소시키는 한 우리 각자는 자신을 인간 공동체의 표현이자 행위주체로 간주하기 시작하고 자신을 세계의 중심으로 더 이상 상상하지 않는다.

타자를 지향한 염려mindfulness와 자비심의 함양을 통해 성취된 탈중심화는 마찬가지로 충족불가능성의 오점을 떨쳐내면서 욕구의 삶을 변혁한다. 세계인간화론자들은 관례로 고쳐지고 역할로 형성되고 타자에 대한 의식으로 활성화되는 욕구들이 우리에게 영속적인 갈망을 선고하지 않기를 바란다. 인간 실존의 약점들에 대한 이러한 취급 방식은 그 약점들의 위력을 무디게 하고 그 약점에서 사회와 주체를 와해시키는 힘을 제거한다. 그러한 방식은 약점들이 문명의 활동에 가하는 위협의 실재성을 무시하지 않으면서 그렇게 한다.

인간의 삶에서의 약점들에 대한 이러한 응답(법률가는 이를 승인과 이의[6]라고 부른다)은 미래의 종교에 대해 그다지 좋지 않다. 이러한 약점들의 철저한 인정이 출발점의 하나여야만 한다. 그와 같은 대면은 다른 세 가지 이유에서 필요하다.

첫 번째 이유는 인간 조건에 관한 진리의 부인이 우리의 모든 기획을 타락시킨다는 점이다. 종교를 위안의 형태로, 특히 가장 큰 공포(무근거성의 배경 아래 죽음의 공포)에 대한 위안의 형태로 전환하는 것은 세계에서 인간 상황의 가장 확실하고 가장 끔찍스러운 사실을 부인한다. 종교는 우리가 가장 격렬하게 바라는바 영생을 우리에게 제공함으로써 자기기만의 감언이설에 맞서 우리가 확립해 온 소망적 사고에 대항하는 모든 방어 수단을 좌절시킨다. 철학을 허무주의의 위협, 즉 무근거성의 불안을 확정적으로 물리치는 기획으로 전환하는 것은 지성 자체를 모순에 빠뜨린다. 우리가 자연과학에서 채택한 것과 유사한 절차를 통해 실존의 구조를 확립할 수 있다면 우리는 현재 우리와 같은 길들여지지 않은 존재 unaccommodated being가 되지 않았을 것이다. 우리는 알 수 있는 것과 알 수 없는 것 사이의 불확정적인 경계선에서 무엇이 가장 중요한 것인지에 대해 사유하는 특권을 행사할 필요도 없을 것이다.

종교의 타락과 철학의 부패는 함께 간다. 철학과 종교는 서로를 보강하고 위로와 가식으로 통찰을 대신하도록 한다. 철학과 종교는 양자가 흔히 그래 왔듯이 신앙과 이성의 협력이라는 위장 아래서 직접적인 동맹을 맺

---

6 소송에서 원고의 주장을 피고가 일단 인정하는 듯한 태도를 취하면서 본론에 들어가서 원고에게 사건의 책임이 있다는 식으로 주장하는 것을 '승인과 이의'라고 한다. 여기서는 인간의 약점에 대한 미지근한 인정 태도를 가리킨다.

고 작업하는 경우에 특히 우려할 만한 것이다. 인간 조건의 진리를 대면하지 못하는 사태에서 나오는 가장 중요한 결과는 상승의 경로(전체적인 것에 관한 지식의 속성을 포함해 신성의 속성에 대한 인간의 몫을 증강시킬 수도 있는 방식)를 엄격한 공식으로 위축시키는 것이다.

부패한 철학의 공식은 우리가 무근거성의 조건에서 출구를 이성적으로 추리하고 순수한 사유(쇼펜하우어가 자신의 철학에 대해 말했듯이)를 통해 실존 문제들에 대한 하나의 확답을 발견할 수 있다고 자만하는 방식이다. 철학은 우리가 일정한 추론 방법을 고수하고 일정한 형이상학적(또는 반형이상학적) 결론을 향해 절차를 이행하는 경우에만 우리가 인간 상황의 전체에 대하여 명료성을 획득할 수 있게 될 것이라고 오해한다.

타락한 종교의 공식은 일군의 희생, 관행 또는 율법들을 정신의 고유한 틀 안에서 순종하는 경우에만 구원의 길이 열린다는 것이다. 성스러운 희생은 종교 역사에서 성찬식, 공식적 기도문, 신성한 법으로 교체되었다. 종교가 사회적·개념적 타협책들의 해악들 가운데서도 율법에 대한 영靈의 우선성에 대한 믿음뿐만 아니라 사랑의 관념과 무한한 존재의 관념의 연결에 대한 믿음을 처음부터 인정하고 결코 완전히 포기하지 않았다는 사실은 바로 유대교와 이슬람교 내의 신비주의적 역류들뿐만 아니라 기독교가 갖는 특별한 위엄이다.

위대한 삶으로의 상승을 위한 제1 조건은 인간 여건에 관한 진리를 수용하고 위안을 거부해야 하는 것이다. 허무맹랑한 철학과 종교가 사유와 구원을 위해 우리에게 강요한 그 어떠한 공식에 대해서도 진리만이 해법이다.

정도의 차이가 있기는 하지만 고등종교들이 다 같이 연루되어 있는 죽음, 무근거성, 충족불가능성의 부인은 허위이고, 이러한 허위의 파괴적인 결과는 통찰이나 구원을 위한 엄격한 처방의 옹호에 한정되지 않는다. 이러한 부인은 또한 참여와 초월의 본질적 속성을 완전하게 인정하고 표현하는 것을 억제한다. 죽음의 확실성과 대결하지도 못하고, 실존 조건에 대한 극복할 수 없는 무지로 뛰어들지도 못하고, 가질 수 있는 것 그 이상을 원하지 않았던 사람은 사회와 사상의 어떠한 구조로도 만족하지 않는 사람이 아닐지도 모른다.

그가 실존의 구조를 파악하고 자신의 욕구를 진정시킬 수 있는 대상을 발견할 수 있다면, 그는 이러한 두 가지 발견을 사회와 사상의 전포괄적인 안배의 토대로 취할 수 있을 것이다. 헤겔이 말한 부정의 무한한 노동[7]은 필수적이지 않을지도 모른다. 나의 호명에 따르면 헤겔적 이단은 문제의 핵심에 의해 변호되어야 할 것으로 드러날지도 모른다. 개인이 죽음을, 최소한 차안적 주체의 죽음을 피할 수 있다면, 그의 실존은 초월과 참여의 변증법이 의존하는 숙명적이고 불가역적인 집중성을 상실할지도 모른다.

인간 조건에서의 약점들을 인정하고 수용하는 것이 미래의 종교에 대해 중요한 두 번째 이유는 이러한 각성이 인간을 바로 지금의 삶life now[8]으로 일깨울 수 있다는 점이다. 죽음의 공포, 허무주의의 그림자, 충족 불가능한 욕구의 힘은 우리를 몽유병에서, 삶을 허비하게 할지도 모르는 위축된 의식의 상태에서 일깨운다. 스피노자는 현자의 사고는 죽음보다는 삶을 지향한다고 썼다.[9] 그러나 우리는 인간 실존의 찰나적이고 꿈같은 성격

---

7 부정의 무한한 노동은 헤겔의 고유한 변증법(《정신현상학》)으로서 웅거가 작명한 '헤겔적 이단'과는 다른 것이다.

8 웅거가 삶의 영위와 고양의 관점에서 현재의 삶에 접근하기 때문에 바로 지금의 삶은 영생eternal life과 대조적인 의미를 가진다.

9 스피노자는 《에티카》에서 "자유인은 결코 죽음을 생각하지 않으며, 그의 지혜는 죽음이 아니라 삶

을 외면함으로써 일상, 반복, 소소한 타협에 대한 투항에 맞서 가장 강력한 저항 도구를 상실한다. 죽음에 속박되어 인간의 필멸성을 망각하거나 심지어 부인할 수 있게 하는 위희慰戲에 마음을 분산시키고 실존의 신비한 성격을 잊은 채 우리는 우리 자신이 위축되어 가는 것을 기꺼이 방치한다. 이제 생명은 조금씩 이지러진다.

인간 실존의 결함들을 외면하지 않음으로써 우리는 실존의 위축 앞에서 자신을 일깨운다. 인간을 짓누르던 왜소화는 이제 견딜 수 없게 된다. 우리가 자신의 운명을 기다리는 동안 흘러가는 모든 순간은 완전하고 소중한 것처럼 보인다. 죽음의 전망은 우리를 삶으로 완전하게 이끄는 데에 일조한다.

어쨌든 한번 일깨워진 생명에 대한 감정을 우리가 정신 속에서 지속시킬 수 있다면 이러한 감정은 인간을 압도하고 환희로 마비시킬지도 모른다. 생동하는 상태에 대한 환희는 이제 우리가 살아가는 것을 방해할지도 모른다. 그래서 우리는 죽음에 대한 두려움과 생명에 대한 감정의 공존을 통해서만 이러한 대조적인 공포와 환희를 통제할 수 있고, 이 두 가지 감정이 우리가 위축되지 않는 실존과 현재 순간의 각성으로 전향하는 것을 돕도록 만들 수 있다.

우리는 무근거성의 구조에서 죽음의 예감으로 공포심을 느낄 수 있다. 우리 자신에게 향해진 이러한 공포 때문에 우리는 망설임과 마비에서 깨어난다. 그러나 어떤 목적을 향해서? 그다음 무엇이 오는가?

우리 자신의 전복은 자명한 후속편이 없다. 파스칼이라면 죽음과 무근거성의 현기증과의 대결이 인간을 저 먼 곳의 엄격한 신에게 인도할지도

에 대한 성찰이다."라고 썼다.

모른다. 파스칼은 인간의 가장 강한 불안과 열망에 기초하여 신앙을 더욱 훌륭하게 부활시키기 위해 신앙이 없다면 인생은 어떤 모습을 할 것인지를 숙고하고자 기독교에 대한 신앙을 신중하게 중단하였다.

후기 하이데거에게는 전기 하이데거의 《존재와 시간》에서 시작된 자체 발전적 공포심과 각성을 위한 투쟁이 인간으로 하여금 세계의 광휘를 숭배하도록 유도하였을지도 모른다. 그리하여 전기 하이데거는 우리가 신앙의 역할을 행하는 이성의 능력에 대한 환상을 갖지 않은 기독교의 형태에 더욱 완전하게 참여하기 위해서 공포를 사용하기를 원했다. 그때 전기 하이데거는 후속 작업으로 정치와 사회의 정치적 재구성을 시도했다. 그의 말대로 "그릇된 방향으로 제대로 실족한" 후 그는 정치를 통해 삶의 고양을 달성하려는 희망을 송두리째 포기했다. 결국 그는 공포와 각성을 위한 전기 투쟁을 "대존재Being"에 대한 숭배적 투항의 형태를 취한 이교주의 부활의 예비 작업으로 수용하자고 제안했다.

이러한 사례들은 인생의 약점들과 대결하는 충동의 중요성을 증명한다. 대조적인 목표들을 가진 사상가들의 수중에서 그러한 충동은 평범한 것과 타협에서 또는 일상과 반복에서 인간을 구제하려는 동일한 목표에 봉사해 왔다. 그러한 충동은 20세기에 들어와 비본래적 실존, 즉 주체의 가장 내밀한 관심사들과 동떨어진 집단적 공식들의 강요 아래에 살아가는 실존으로 묘사되었던 것들과 투쟁하는 데에 사용되었다. 우리는 인간 여건의 공포스러운 진실을 인식함으로써 파스칼의 위희慰戲[10]나 하이데거

---

10 divertissement. 파스칼의 《팡세》에 매우 중요한 개념으로 등장한다. 본질적이고 실존적인 문제와의 대결을 외면하고자 온갖 다양한 일상적인 소재에 주의를 분산시키고 거기에 몰두하는 상태를 가리킨다. 위희 또는 위락으로 번역한다.

의 기분전환Zerstreuung에서 벗어날 수 있다.

그러나 이러한 각성의 어떤 것도 각성 이후에 무엇이 오는지를 결정해주지 않는다. 몽유병에서의 각성 이후 다양한 결과들이 나타날지도 모른다. 각성은 확립된 신앙의 역할을 수행할 수도 없고 종교적 프로그램을 대신할 수도 없다.

인간 실존에서의 약점들을 인정하는 것이 미래의 종교에 대해 중요한 세 번째 이유는 그러한 인정을 통해 삶의 긍정과 소외의 극복이 프로메테우스주의(자기 신격화와 권력 숭배)로 타락하는 것을 막을 수 있다는 점이다. 의지와 지배의 숭배는 모든 허약성의 부인을 하나의 전제로 삼는다. 죽음, 암흑(무근거성), 무제약적인 갈망이라는 불가피한 통제 요소들이 인간에게 부과한 허약성보다 더 근본적인 허약성은 없다.

이러한 제약 요소들의 진리를 의식의 이론적 관념이자 동시에 영구적인 특성으로서 직시하는 것은 프로메테우스주의에 대한 치유책을 준비하는 것이다. 고대 로마인의 관습에 따르면, 개선장군(개선 행렬에서 말을 타는 집정관이나 장군) 뒤에 선 노예는 개선장군의 귀에다 '메멘토 모리'(너도 죽게 될 것임을 기억하라)라고 속삭였다. 이런 식으로 승리자는 자신의 필멸성에 대한 의식으로 되돌아가서 자신을 신으로 착각하지 못하도록 했다. 이는 우리한테도 해당한다.

종교혁명의 기회와 원천들

제4장에서 종교혁명의 출발점을 논의했으므로 이제 나는 인간의 영적인 생활에서 그러한 변화의 여건들, 의미, 범위, 특징적인 형식과 관행들에 관한 일련의 문제들을 고려하겠다. 이 논의는 앞서 살핀 종교혁명의 출발

점에 대한 분석과 이 책 제6장과 제7장에서 살펴볼 종교혁명 프로그램에 대한 서술을 가교할 것이다.

혁명은 상황에 의존한다. 그러나 내가 앞에서 살펴보았던 바와 같은 정신적 격변에 대한 도발들이 존재하는 것만으로는 충분하지 않다. 특수한 사건들이나 조건들이 그러한 도발을 가시적이고 강력하게 만들고, 이렇게 하여 기성 세계종교들의 엄청난 관성적 힘을 중화시키는 데에 일조하는 것이 필수적이다. 여기서 그러한 단초들의 간략한 목록을 제시해 보겠다. 이 목록은 망라적인 것이 아니라 예시적이다.

1. 온 세상에 전대미문의 열기를 발산한 보통 사람들의 위대성 및 신성에 관한 관념

이러한 열기는 세 가지 근접하고 강력한 원천을 가진다. 이러한 원천들은 때때로 함께 작용한다. 더욱 빈번히 그러한 원천들은 독자적으로 작용하고, 심지어 다른 요소들과의 긴장 속에서 작용한다.

첫 번째 원천은 셈족 유일신교의 핵심적 신학으로서 인간과 신의 유비적 관계 또는 의신적擬神的 인성에 대한 관념이다. 어떤 특별한 범주의 사람들만이 아니라 모든 사람이 신과 유비적 연관을 갖는다.

두 번째 원천은 민주주의의 대의 및 자유주의나 사회주의의 재구성적이기는 하지만 현재로서는 지리멸렬한 상태에 있는 프로그램들을 통한 대의의 추구이다. 자유주의자와 사회주의자들의 고전적인 제도적 공식들은 더 이상 확신을 주지 못한다. 그러한 제도적 공식들이 공백으로 남겨 둔 공간은 20세기 중반에 물려받고 대체로 도전받지 않은 사민주의적 해법의 틀 안에서 경제적 유연성과 사회적 보호를 화해시키려고 고안된 일련의 타협책들로 채워진다. 그러나 보통 사람들의 건설적인 천재성이라는 핵심적인 민주적 관념은 초월의 신성한 성격에 대한 인간의 몫을 증강시키려는 희망과 기꺼이 연결됨으로써 관행적인 제도적 청사진들을 상실한 후 더욱더 뚜렷이 빛난다.

세 번째 원천은 보통 사람들의 주관적인 삶과 관련해서 소진 불가능한 잠재력이 존재한다는 메시지를 가진 세계적인 대중적 낭만적 문화의 영향이다. 개인이 누구나 연속극의 낭만적 영웅들의 경험을 공유할 수 있고 대중적인 음악으로 전달되는 격렬한 동경들을 충전할 수 있다는 것은 낭만적 대중문화의 핵심적 전제이다.

오늘날 세계 도처에서 보통 사람들의 도덕적·종교적 감성들은 성서적 신앙과 낭만적 신앙 사이에서 상이한 정도로 분열되어 있다. 그러한 감성들은 다른 전제들에서 출발하고 다른 장치들을 통해 영향력을 행사하고 행복에 관한 상이한 약속을 제시하지만, 보통 사람들의 위대하고 신적인 성격에 관한 관념을 암시하는 데에는 일치한다. 반동혁명적인 시대라면 이러한 관념과 일상생활의 기조 간의 명백한 충돌은 이 관념이 보유한 교란의 힘을 강화한다.

2. 보통 사람들의 신적인 성격에 관한 관념에도 불구하고 온 세상 대다수 인민대중을 괴롭히는 빈곤과 허드렛일, 압제와 왜소화에 관한 전반적인 경험

세계노동시장으로 수억 명의 농민과 시민권 없는 산업노동자의 편입, 일부 최빈국뿐만 아니라 일부 최부국에서도 존재하는 최다수 희생자로서 아동의 예속과 빈곤의 영속화, 주요한 신흥국(중국을 필두로)과 사회보호의 역사적 본고장(서유럽)에서 국가적 지원을 받는 전통적인 사회보호 장치의 약화, 가정생활과 공동체적 유대가 국가에 의한 보통 사람의 포기에 대한 해법으로서 가장 중요한 역할을 담당하게 될 시대와 장소에서 그러한 가정생활과 공동체적 유대의 붕괴 사태, 심지어 가장 자유롭고 부유하고 가장 평등한 현대사회에서조차 생산과 학습의 선진적인 분야들에 대한 접근 기회의 축소, 19세기 진보파들과 달리 현대 진보파들에 의한 자유노동의 적절한 지속적인 형태로서 경제적으로 종속적인 임노동을 거부하는 방침의 치욕스러운 포기, 자유사회에서 기계가 행해야 마땅한 반복적인 노동 형태에 대규모 노동자들의 지속적인 투입, 자유주의자들과 좌파들이 공언한 목표들을 제도적 재구성의 기획으로 전환하는 데에 보여 준 무능력과 소극적인 태도, 작은 국가에서 소규모로 이루어지는 경우를 제외하고는 대다수 국가에서 대다수 젊은이들에게 분석적 역량과 상상적 파급력을 제공하는 교육의 기회를 만들지 못하고 그들의 머리에 쓸데없는 정보를 채우는 경향, 보통 사람들의 위대성에 관한 신성하고 낭만적 관념들을 기성 종교들의 사사롭고 공식 같은 숭고함이나 대중문화에서 도피주의적 역량강화의 환상에 국한시키는 방식 등 이 모든 것은 구원종교, 민주주의, 낭만주의의 공통 메시지와 첨예한 대비를 이룬다.

아널드 토인비Arnold Joseph Toynbee에 따르면 세계종교들의 주요한 수용자들은 제국의 경계 너머에서 세계종교의 메시지를 전달받은 "외부 프롤레타리아트"가 아니라 고대 제국의 "내부 프롤레타리아트"였다.[11] 그러나 이제 내부 프롤레타리아와 외부 프롤레타리아트의 구별은 대체로 사라졌다. 인류 대중이 위대한 삶으로의 상승 욕구에서 각성과 좌절을 겪으면서 종교적 쇄신의 주요한 수용자로 변모했다.

---

11 이 내용은 《역사의 연구》 등에 나온다. 이 책의 부록에서 비교적 상세하게 다루어진다.

3. 교육받은 계급들이 유대교, 기독교, 이슬람교의 서사를 믿는 데에 겪는 어려움과 그로 인한 종교적 고급문화와 대중문화 사이의 연결의 약화

이러한 두 가지 종교문화는 상호 대화를 멈추었다. 서로 간에 점증하는 격차와 직접적으로 연결된 이유들로 인해 이러한 문화들은 각기 그 메시지를 보존하는 작업에 적절하지 않다는 점이 증명된다. 이러한 과업을 수행하기 위해서는 종교가 교리와 관행의 종교적 공식을 종교의 핵심적인 비전에 희생해야 한다. 또한 종교는 자신의 예언적 충동과 모순되는 믿음 및 제도들과 대결해야만 한다. 상호적인 소외에서 발생한 고급문화나 대중문화도 공히 이러한 과업을 수행할 수단을 갖고 있지 않다.

식자 계급은 구원종교에 대한 태도에서 어중간한 믿음half-belief으로 후퇴한다. 이들은 구원의 스토리의 문자적인 진리도 믿을 수 없고, 삶의 영위와 세계 속의 인간의 위치에 관한 이해에 대해 이러한 스토리의 함축을 알고 있다고 주장하는 전통적인 교리 체계도 믿을 수 없다고 생각한다. 따라서 이들은 그러한 서사에 들어 있는 메시지를 계시의 도움을 받지 않고 이성으로 파악하고 정당화할 수 있는 도덕적·사회적 관념들의 우화로 표상하면서 스토리와 교리를 해독한다.

이러한 탈신비화된 종교는 그러한 이해와 상충하는 온갖 요소들로부터 정화된다. 그러나 탈신비화된 종교는 그 사실로 인해 교란시키는 힘을 상실한다. 현대적인 구조에서 탈신비화된 종교는 거의 항상 전통적인 세속적 인본주의[12]에 복무한다. 이 종교가 만족스러운 해답을 주지 못한 불만사항은 이 종교가 우리에게 쓸모가 없다는 점이다. 신의 관념에 대해서

---

12 세속적 인본주의가 무엇인지는 정의되지 않았지만, 이 책에서 대체로 유물적인 시각 또는 인본주의적 시각에서 이루어진 포이어바흐의 종교 비판을 염두에 둔 것으로 보인다.

라부아지에[13]가 나폴레옹에게 했다는 '우리는 이러한 가정을 필요로 하지 않는다'는 말을 탈신비화된 종교에 대해서도 쓸 수 있겠다.

탈신비화된 종교적 의식意識은 세속적 인본주의가 할 수 없는 역할, 즉 필멸성, 무근거성, 충족불가능성 앞에서 인간을 위안하는 역할을 수행할 수 있다고 생각할지도 모르겠다. 그러나 탈신비화된 종교는 이러한 기초적인 책임조차 이행할 수 없는 것처럼 보인다. 죽음과 허무주의에 대한 답변과 욕구의 진정은 창조와 구속의 역사와 분리될 수 없다. 그러한 역사의 사건들이 없다면, 영생에 대한 희망은 더 이상 정당화되지 않는다. 그러나 종교의 서사와 교리들을 수용 가능한 진리의 은유와 상징으로 해독하는 활동이 멈출 수 있는 자명하고 확고한 지점은 존재하지 않는다.

세 가지 서로 다른 이성의 추문들[14]은 신앙의 어려움을 설명하고 어중간한 믿음이 유지할 수 없는 위치로 퇴각하는 것을 해명한다. 세 가지 추문 중 첫 번째 추문만 고려하는 것이 관례적이다. 결과적으로 우리는 이 문제의 심오함을 오해하고 어중간한 믿음으로 고안된 거짓 해법의 결과도 오해하고 만다.

이성의 첫 번째 추문은 초자연주의, 자연에서 인과관계의 작동에 대한 믿음의 중단을 의미한다. 이는 기적에 관한 문제이다. 어쨌든 더 일반적으로 말하면 역사에 대한 신의 모든 구속적인 개입은 구원종교들이 그려 왔던 것처럼 기적적이다. 초자연주의가 제기한 문제는 오로지 인과관계

---

13 앙투안 로랑 라브아지에(1743~1794)는 근대 화학의 아버지로 불린다.

14 제1장 무근거성의 문제에서 이성의 세 가지 추문을 거론했다. 전체적으로 신앙과 이성의 불협화에 관한 문제이다. 웅거는 이를 초자연주의 문제, 구원 메시지의 보편성과 플롯의 특수성, 신 관념의 부정합성으로 요약한다.

의 원초적 중단에 대한 신뢰성만이 아니다. 신의 기적적인 개입으로 수정된 세계의 작용 방식에 관한 사유에 대해 이러한 중단의 결과도 문제이다. 개입이 인과관계의 작용이나 그 바탕을 이루는 자연법칙의 작용을 중단시킨다면, 이제 우리는 중단의 결과를 이해하기 위해 이러한 동일한 (자연) 법칙들을 어떻게 원용할 수 있는가? 인과관계에 대한 접근에서 이러한 선택성은 반사실적인 설명을 괴롭혀 온 익숙한 문제이다. 일단 우리가 자연의 인과적 계속성을 침해했다면, 모든 내기는 끝난다. 우리는 구속과 은총으로 변화된 세계를 마치 일련의 예외들을 제외하고서는 세계 혹은 이해에 대해 아무런 결과도 야기하지 않고 세계가 전과 동일한 것처럼 계속해서 사고할 자격을 갖지 못한다.

어중간한 믿음의 입장은 그와 같은 자연 활동의 중단이 이루어져 왔다는 점을 부인함으로써 이성의 첫 번째 추문을 정리한다. 예컨대, 그리스도는 영적 힘, 자비, 소망의 집중적인 형태를 의미하는 것으로 여겨질지 모른다. 신이 세계의 불완전성에 대한 하나의 서술 방식이거나 우리 자신의 관심들의 궁극적 근거라는 점을 배제한다면 우리는 그리스도가 실제로 육화된 신이었다는 점을 이해할 수 없다. 따라서 동정 출생의 교리 등 수육과 관련된 가르침들은 인간이 보유한 와해와 초월의 권능의 은유적인 표현으로 이해할 수 있다. 우리 자신을 재창조하도록 우리 모두가 부름받고 있지 않은가?

이성의 두 번째 추문은 종교에 의해 전파된 메시지의 보편성과 플롯(고유명사들과 중요한 날짜들로 표시된 신적 개입과 구속의 서사)의 특수성 간의 모순이다. 그 메시지가 (유대교처럼) 인류의 일부에 대해서 특별한 역할을 구분하고 있을지라도 그 메시지는 모든 인간에게 결론을 제시하는 세계 비전이고 실존 명령이다. 왜 신은 유대인들과 언약을 체결하기로 결정했어야 하는가 또는 로마제국의 변경 지방에서 음험한 열심당원으로 육화되기로 결정했어야 하는가[15] 또는 아랍 상인에게 독특한 메시지를 전달하기로 결정했어야 하는가? 그리고 나중의 선택권들에 대한 앞선 선택권들의 영향력이 구분할 수 없다는 점을 제외하더라도 왜 이 모든 선택권이 지구의 한 귀퉁이에 의심스럽게 집중되어야 하는가? 그리고 멀리 떨어진 곳에서 태어나 그러한 신성한 플롯에 그와 같은 밀접하고 독창적인 연결을 원용할 수 없는 인류의 다른 집단들에게 해가 됨으로써 특정 장소와 시간에 발생한 사건들에 대한 소위 특권적인 연결로 그 메시지의 보편성이 위태로워지지 않을 수 있는가? 그 메시지가 어떤 다른 곳에서 다른 시간에 계시되고 특별한 사자들에 의해 전달되어야 한다는 주장에 대한 간단한 답변은 그 메시지가 특정 구조의 의미를 반감시키도록 직접적으로 설계된 방식으로 계시되고 전달될 수 있다는 것이다. 그러나 그것은 실제로 일어났던 것이 아니며, 심지어 바울의 기독교에서도 일어나지 않았다. 특수성의 오명은 너무나 명백하다. 특수성을 제거하려는 시도는 멀리까지 수행된다면 오로지 희미하고 무해한 호소만 남겨 놓을 우려가 있다.

어중간한 믿음의 입장은 마치 씨만 남을 때까지 윤기 있는 꽃잎을 따 버림으로써 시든 꽃을 개선하고자 하는 것처럼 이 모든 특수성을 하나씩 제거함으로써 이성의 두 번째 추문에 응답한다. 팔레스타인적 혹은 아랍적 구도의 폐기에서부터 신의 트랜스젠더적 성격의 주장에 이르기까지 정지점이라는 것은 존재하지 않는다. 플롯의 추문스러운 성격이 본질적이지 않은 것으로 무시된 이후에 남은 것은 오래전에 죽은 예언자들의 가르침의 수정

---

15 어중간한 믿음을 가진 사람들이 예수가 로마에 반기를 든 급진주의자로 몰려 십자가형을 받았다는 점만 주목하는 경우에 가능한 질문이다.

주의적인 해석으로 엷게 위장된 현재의 세속적 경건성이 될 공산이 크다.

이성의 세 번째 추문은 최소한의 것만 거론하겠다. 그러나 세 번째 추문이 가장 근본적이다. 그것은 고대 중동의 유일신교들 속에서 표상되거나 표상될 수 있는 바처럼 신 관념의 부정합성이다. 신 관념에 대한 몇 가지 안들이 존재한다. 그중 어떤 것도 만족스럽지 않다.

첫 번째 관념은 신을 비인격적 신적 존재the impersonal divine로 표상한다. 불교를 우주론적 무신론으로 기술하고 싶지 않다면, 불교의 신은 바로 이러한 신 관념의 사례이다. 더 일반적으로 말하면 이 관념은 철학사에서 스피노자, 셸링, 베르그송, 화이트헤드의 철학에서 제안된 범재신론汎在神論[16]상의 신이다. 이 경우 신은 세상에 덧붙여진 비인격적인 어떤 존재이다. 공간적 은유를 사용한다면 신은 자연을 구성하고 자연을 초월한다. 시간적 은유를 사용한다면 신은 가능한 것 혹은 미래의 지평이고, 범재신론의 메시지는 "당신은 아직 아무것도 보지 못했다"가 된다.

그러한 비인격적 신적 존재는 구원종교의 경전상의 서사와 풀 수 없는 모순에 빠진다. 비인격적 신적 존재는 신의 세계 창조나 역사 속에 신의 대속 활동의 이야기와 화해될 수 없다. 기독교에서 이러한 관념은 삼위일체와 수육을 정통 신학이 존재한다고 인정하는 신비들(역사적으로 종교의 메시지로 간주해 온 것들의 급진적 재해석을 통하지 않고서는 의미가 없는 관념들), 그 이상으로 만든다.

두 번째 관념은 신을 인격으로 표상한다. 이제 우리는 유비적 상상력의 자원을 활용하면서 신과 인간의 관계를 사람들 간의 관계에 유비하여 이

---

16 범재신론panentheism은 범신론과 구별된다. 범신론은 세계와 신을 동일시하는 입장이라면, 범재신론은 세계가 신의 구성적 부분이지 신 자체라고 보지 않는다. 신은 세계 플러스 알파이다.

해한다. 우리는 신의 삶에 대한 인간의 참여 관념에 호소한다. 그래서 의인적擬人的 신 관념은 의신적擬神的 주체 관념의 연장으로 보일지도 모른다.

그러나 유비의 한계는 파악할 수 있을 정도로 너무나 명백하다. 세계를 창조하고 세계를 구원하는 데에서 신이 행하는 것은 인간이 할 수 있는 것과 같지 않다. 신은 죽음, 무근거성, 충족불가능성 및 왜소화에 대한 취약성의 시련을 겪지 않는다. 신과 주체의 관념에는 비대칭성이나 불안정성이 존재한다. 구원종교의 메시지가 경전이 본래적으로 의미하는 것과 신앙 공동체의 역사에서 실제로 의미한다고 이해되어 온 것에 근접한 어떤 것을 의미하려면 의신적 주체 관념은 우화적 혹은 은유적 의미 그 이상으로 참이어야만 한다. 그러나 의인적 신 관념은 상대적인 의미에서만 참일 수 있고, 우리는 유비 관념을 원용하면서 그러한 신 관념을 확실히 모호하게 내버려 두려고 시도한다. 문제는 의신적 인격 관념이 의인적 신 관념에 의존한다는 점이다. 후자의 부정합성이 전자를 오염시킬 우려가 있다.

의인적 신 관념은 개념적 부정합성(인격이자 비인격으로서의 신)을 우상숭배(우리를 창조하기 위해 세계를 만들었던 자와 인간을 이미 죽음과 무근거성에서 구제해 온 자의 분리를 통해 실체화된 우리 자신에 대한 우상숭배)에 복무하게 하는 것처럼 보인다. 기독교가 인간의 권능과 본질을 소외시키는 종교라는 포이어바흐의 비판은 신자의 측면에서 자기신격화와 자기격하의 역설적 혼합을 표현하는 신 관념의 결론들을 낳는다.[17]

세 번째 관념은 이중부정을 통해 신을 비존재와 비인격으로 기술하는 것

---

17 포이어바흐는 《기독교의 본질》에서 "처음에 인간은 지식이나 의지를 갖지 않은 채 자신의 모습과 비슷하게 신을 만들었고 그 다음에 이 신이 지식과 의지로써 자신의 모습과 비슷하게 인간을 만들었다"고 적었다.

이다. 이 입장은 일반적으로 세 가지 구원종교의 고대 혹은 근대 영지주의자들과 신비주의자들이 선호한 입장, 즉 신에 대한 접근에서 의인관(신인동형론)과 존재론을 거부하는 부정신학via negativa[18]이다. 그러나 세 번째 관념은 이성의 불능상태에 대한 고백을 의미한다. 이는 다른 신 관념을 제시한 것이라기보다는 신 관념의 형성에서 인간의 무능력을 선포한 것이다. 다른 두 가지 신 관념의 부정합성은 이 신 관념의 공허성에 양보한다.

존재로서 신과 인격으로서 신에 대한 이중부정은 그럼에도 불구하고 적극적인 결과를 낳을 수 있다. 그러나 이러한 결과는 이단에 인접해 있다. 이중부정의 논리에도 불구하고 부정신학이 거부하는 두 관념 사이에서 부정신학은 실제로 중립적이지 않다. 신의 인격성을 부인하는 것은 확정적인 결과들을 가진다. 신의 존재론적 지위를 부정하는 것은 모호한 결과만 가진다. 유비에 의해 허용된 상대적인 의미에서조차 신이 인격일 수 없다면 신이 무엇이든지 간에 신은 인격성 혹은 특징적인 주체성의 경험과 관련을 갖지 않는다. 그러나 신이 고전적인 존재론이 인정하는 어떠한 의미에서도 존재일 수 없다면 그럼에도 불구하고 신의 비존재는 특수한 존재들의 세계에서 말하는 비존재의 의미와는 전적으로 다른 어떤 것을 의미해야만 한다. 비존재는 실제로 반드시 모든 특수한 존재들 너머에 있는 존재의 지평을 의미해야만 한다. 바로 그래서 셈족의 유일신교들 가운데 영지주의자들과 신비주의자들이 철학적 침묵의 서약을 지키지 못하였던 때에는 항상 사변적 일원론[19]의 방향으로 이동해 갔다.

---

18 via negativa는 위디오니시우스가 도입한 방법으로 부정신학으로 알려진다. 무한자로서 신을 유한적인 존재와 유한한 인격에 가두는 모든 시도를 지속적으로 부인하는 방식이다.

19 웅거는 《단일우주와 시간의 실재성》(254쪽 이하)에서 유일한 존재가 있고 우리 자신을 포함해

이중부정의 신 관념과 이러한 신앙들을 양립할 수 있게 하려면 신앙의 교리와 서사를 도덕적 우화로 전환시키면서 교리와 서사에 관한 이해를 근본적으로 수정하는 것이 필요할 수도 있다. 그러한 견해에서 역사는 더 이상 이러한 종교들이 지금까지 역사라고 가르쳐 온 것(구속의 플롯이 특정한 장소와 시간에서 연기하는 결정적인 사건들 및 주인공들과 분리될 수 없는 구조)과 일치하지 않을 수 있다.

결과적으로 정합적인 신 관념은 없고, 더욱 정확하게 말하자면, 정합적이면서도 구원종교가 원하는 바의 역할을 수행할 관념은 없다. 이러한 추론은 비공식적인 존재론적 역논증이다. 안셀무스가 처음 제안하고, 그 이래로 수많은 철학자들이 다른 형태로 다른 목적으로 재발명한 존재론적 신증명은 신의 관념에서 신의 존재를 추론할 수 있다고 주장한다. 존재론적 역논증은 신이 정합적으로도 상상될 수 없다면 신은 존재할 수 없다는 주장이다.

이러한 유일신교들이 가장 큰 목소리를 유지해 온 사회에서 식자 계급의 의식에는 세 가지 신 관념의 부정합성으로 제기된 문제를 처리하는 데에 만족스럽지 않지만 쉽게 활용할 수 있는 두 가지 방식이 존재한다.

첫 번째 방식은 두 번째 인격으로서의 신 관념이라는 위축되고 인간화된 형태를 포용한다. 세 가지 신 관념 중 두 번째 관념이 결국 종교의 역사적 담론과 가장 쉽게 화해될 수 있는 관념이다. 그러나 신의 인격성 관념은

서 나머지 차이나는 모든 것들은 환상적이고 파생적이고 피상적이라는 입장을 사변적 일원론 speculative monism이라고 한다. 웅거는 파르메니데스, 스피노자, 쇼펜하우어의 입장을 그 사례로 제시한다. 보통 철학에서 이러한 입장을 형이상학적 일원론metaphysical monism이라고 부른다. 웅거는 이러한 입장을 배격한다.

인간적 인격의 심층—"궁극적 관심"[20]의 근거(폴 틸리히의 철학에서와 같이)—에 대한 견해로 번역될 수 있다. 거기에서 의인적 신은 의신적 인간에 대해 발화하는 방식이 된다. 의인적 신은 신에 대한 담화라는 위장 속에서 인간 경험의 불가해하고 소진 불가능한 성격을 발화하는 방식이다.

그 난점에 응답하는 두 번째 방식은 세 가지 옹호될 수 없는 신 관념을 나란히 놓으면 마치 나쁜 세 가지 관념이 하나의 좋은 관념으로 변모할 수 있는 것인 양 관념의 각각을 다른 관념의 부정합성을 보완하도록 사용하면서 세 가지 관념 사이에서 동요한다.

식자층의 견해는 이성의 세 가지 추문에 위축되어서 어중간한 믿음half-belief으로 물러난다. 종교는 동화 양식으로 말한 도덕 이야기가 된다. 그와 같이 알맹이가 빠진 종교의 고급문화는 전통적인 세속적 인본주의에 대한 불필요한 장식으로 봉사한다. 그러한 고급문화는 그렇게 확립된 세속적인 지혜의 처방에 도전할 기초나 계기도 갖지 못한다. 고급문화는 종교의 대중적인 신앙과 관행에서 스스로 거리를 유지한다.

공식 같은 기도와 예배에 결부되고 화석화된 믿음에 몰입하는 대중적인 종교는 성서의 권위를 주장하든 그렇지 않든 관계없이 야만적으로 변한다. 대중종교가 이러한 야만화의 결과로 진화의 자체역량을 꼭 상실한다고 말할 수는 없다. 사회와 문화 속의 만물이 그렇듯이 유동적인 역사적 여건의 도발과 아래로부터 자연발생적인 쇄신에 의해 대중종교도 변화할 수 있기 때문이다. 그러나 대중적인 종교는 일반적 관념들의 변혁적

---

20 폴 틸리히가 종교의 본질을 규정하는데 사용한 개념이다. 사람들은 온갖 다양한 대상과 이익들에 대하여 관심을 갖지만 궁극적 관심은 그러한 모든 관심을 물리치고 오로지 여기에 온마음과 온정성을 다하여 집중하도록 하는 관심을 의미한다. 폴 틸리히는 "마음을 다 기울이고 정성을 다 바치고 힘을 다 쏟아 너의 하느님 야훼를 사랑하여라(신명기 6:5)"을 궁극적 관심의 의미라고 한다.

힘과의 관계를 모두 상실함으로써 자신의 시야를 제약한다. 대중종교가 특수한 믿음들과 관행들이 일반적인 관념들의 시각에서 재해석되고 수정되고, 일반적인 관념들도 특수자들의 경험의 시각에서 쇄신될 수 있는 변증법적 전체로서 신앙을 표상할 수 없기 때문에 대중종교의 시야는 가려지게 된다. 그러한 종교는 일련의 자극운동으로 변한다. 죽은 자들(독창적인 예언가라기보다는 현재 완결된 관행과 믿음의 기준의 건축가들)이 살아 있는 자들을 통치하기에 이른다.

종교는 그러한 통제 요소들 아래서는 자체적으로 쇄신할 수 없다. 종교는 자신의 메시지의 중요한 비전을 서사와 교리로 전개할 수 없고, 이러한 메시지를 모호하게 하고 위축시키게 되는 관습과 타협책을 전복할 수 없다. 종교는 그 공식들의 무한한 반복을 제외하고 어중간한 믿음과 세속적 경건성의 결합에 맞서는 데에 필요한 자원을 갖지 못한다. 종교는 세계와의 투쟁의 형이상학적 전제들과 모순되는 관행적인 믿음들에 저항하거나 정신의 무한성 및 이타주의에 대한 사랑의 우위성론이라는 절삭되고 억압된 정통을 발전시키거나 이러한 발전을 저해하는 대립적인 이단들(율법주의와 낭만주의)을 반박하거나 사회질서를 육화된 영의 감옥으로 전락시키는 제도적 안배들을 비판할 힘을 갖지 못한다.

식자층의 어중간한 믿음과 야만적인 대중적인 헌신의 공존은 과거에 수차례 그래 왔듯이 관념과 경험의 시각에서 구원종교의 자체 개혁을 방해한다. 관념과 경험을 결합하지 못하는 상태는 종교개혁을 방해한다. 종교개혁의 부재 상황이 종교혁명의 무대를 준비하는 데에 일조한다.

4. 인격적 경험의 비판 및 재정립과 제도적 안배의 재구성을 결합할 필요성, 나아가 이러한 결합이 요구하는 관념, 태도, 실천의 급진적 변화와

인식적 경험의 비판 및 재정립을 결합할 필요성

인간의 일로서 모든 혁명은 토크빌이 관찰했듯이 종교적이면서 동시에 정치적이다.[21] 혁명은 반드시 의식에서의 변화이자 동시에 제도에서의 변화이어야 한다. 세계변혁의 가장 포괄적인 기획에서 삶의 종교적 영역과 정치적 영역 사이의 단순한 구분은 존재하지 않는다.

온갖 야심적인 종교적인 변화는 시간의 실재성과 역사의 무게를 고려하지 않겠다고 공언하는 경우에도 사회를 변화시키려고 시도한다. 그러한 종교적 변화가 셈족의 유일신교처럼 역사를 신의 구원 계획의 실행 구도로 본다면 종교적 변화는 사회적 재구성을 희구할 특별한 이유가 있다. 정치적 변혁의 모든 원대한 기획은 제도적 변화의 프로그램 그 이상이어야만 한다. 그러한 기획은 사회생활의 각 영역에서 인간 결사체의 가능하고 바람직한 형태들에 관한 관념들에 영향을 주려고 시도한다. 경전에 연결되기보다는 우리의 관행과 제도 속에 살아 있는 그러한 관념들은 인민 생활의 제도화된 형식으로서 법에 표현된다. 그러한 관념은 또한 우리 경험의 한 부분으로서 그 자체로서도 중요하다. 예언자는 그러한 관념들을 도전받지 않은 채로 방임하지 않으려고 할 것이다.

예언자는 어떻게 할 수 있는가? 인간 상호 관계에서 우리가 공언하는 관념보다 우리가 실행하는 관념들이 예언자들의 관심사가 될 것이다. 우리의 이상과 이익은 실제로 이를 표현하는 제도와 관행의 십자가에 못박혀 있다. 법은 이상과 이익의 처형장이다.

고전적인 자유주의 원리의 가정들과는 달리 어떠한 일련의 제도적 안

---

21 토크빌은 《앙시앙 레짐》에서 이를 강조하고 있으며, 웅거는 토크빌의 이러한 관점을 다른 저작에서도 자주 원용한다. 정치제도의 혁명과 문화 인성의 혁명을 의미한다.

배들도 인간을 위한 선의 비전들 사이에서 중립적일 수 없다. 모든 제도적인 질서는 어떤 경험 형태를 장려하면서 다른 경험 형태를 기피한다. 중립성이라는 환상적인 목표는 생활 형식의 교정가능성(도전과 시정의 수용성 및 폭넓은 경험에 대한 개방성)이라는 현실주의적 이상의 추구를 방해한다. 특정한 제도적 체제가 선의 상충하는 비전들 사이에서 중립적이라는 주장은 이익과 이상의 동결된 견해의 고착화를 촉진하는 것으로 항상여겨질 것이다. 이는 헤겔주의적 이단의 한 종류가 된다.

종교와 정치 중 어느 하나가 변혁적 야망의 수위를 높이는 경우 종교와 정치 간에 선명한 경계 획정의 불가능성은 개인적 자유의 벗들을 꽤나 난처하게 만든다. 그러나 개인적 자유의 보호는 종교와 정치의 절대적 분리라는 허위 관념에 의존하거나 선 관념들에 대한 제도적 질서의 중립성이라는 실현 불가능한 관념에 의존해서는 안 된다. 대신에 제도적인 안배들이 모든·사람에게 보편적 최저한의 권리를 확보해 주는 경우에도 개인적자유의 보호는 국가적 또는 사적 억압을 통제하는 법에 표현된 제도적 안배들에 의존해야만 한다. 그러한 제도적 안배들의 정당화는 선에 관한 상충하는 비전들 사이에서 옳음의 질서라는 중립성의 환상과 같은 것에 편안하게 의존할 수 없다.[22]

인간의 필멸성, 무근거성, 충족불가능성[23]에 대한 확고한 인정에 기초하여 보통 사람들에게 위대한 삶을 예시하고 확립하려는 기획은 가장 자유롭고 가장 평등하고 가장 잘나가는 현대사회들에서조차 기성 제도적 조정들에 대한 도전을 허락한다. 그러한 기획은 또한 우리에게 인간 결사

---

22 여기서 웅거는 롤스의 정치적 자유주의에 등장한 '선에 대한 옳음의 우선성' 교리를 공격하고 있다.

23 원문의 불안정성instability을 충족불가능성insatiability의 오식으로 본다.

체의 가능하고 바람직한 형태들에 대한 확립된 믿음들을 비판하고 변화시킬 것을 요구한다. 그러한 기획은 관심사들의 성격상 개인적인 것과 정치적인 것 사이의 간극을 가교해야만 한다.

어쨌든 구원종교들은 역사 속에서 전개되어 왔고 현재 존재하듯이 개인적인 것과 정치적인 것을 결합하지 못하거나 양자를 인간에게 가장 위대하고 가장 영속적인 가치를 가진 신앙들과 모순되는 방식으로 결합한다. 거기에서 나오는 구원종교들의 개혁에 대한 억제는 종교혁명에 우호적인 여건을 창출하는 데에 일조한다.

구원종교들의 역사에는 종교와 정치가 연결되어 온 두 가지 주요한 대조적인 방식이 존재한다. 이를 율법종교religion of the law와 심정종교religion of the heart[24]라고 부르겠다. 두 극단 사이에는 그 각각의 부분을 반영한 수많은 중간 형태들이 존재한다. 이러한 혼성적인 해법도 미래의 종교를 자극하는 관심사들에 부응하는 정치적인 것과 개인적인 것의 결합방식(사회와 주체의 방향 재정립)으로 우리를 안내하지 못한다.

율법종교는 율법주의律法主義라는 지름길을 통해서 개인적인 것과 정치적인 것을 연결시킨다. 신과 인간의 관계에서 가장 중요한 특성은 인간이 신에게 복종한다는 점이다. 우리는 율법을 따름으로써 신에 대한 복종을 표시한다. 신의 율법은 율법의 명령에 따라 사회생활의 완전한 재조직을 요구한다. 살아 있는 신은 율법의 절대적인 공식들에 양보한다. 율법의

---

24 심정종교는 율법주의에 대한 대비 개념이다. 개념 자체로 완전한 종교성을 표방하는 것으로 이해할 수 있다. 그러나 웅거는 심정종교의 문제점을 지적하는 데에 방점을 두고 있다. 종교성을 오로지 자신의 내면에서의 완전성으로 파악하면 그것은 사사화로 귀결된다. 심정종교는 막스 베버의 종교사회학적 용어로 이해할 수 있다. 베버는 책임윤리와 심정윤리를 구분하였는데, 심정종교는 심정윤리와 같은 맥락에서 파악할 수 있다.

엄격성은 어떤 율법으로도 통제할 수 없는 명령을 내리는 신을 상대해야 할 필요성보다 덜 두렵게 느껴질지도 모른다. 천사와 씨름하는 야곱이 되기보다는 신성한 법의 노예가 되는 게 낫다. 국가권력이 율법의 집행을 밑받침하는 경우 율법종교는 예컨대, 고대 유대교, 소승불교, 이슬람교, 몰몬교의 역사에서 때때로 그랬던 것처럼 신정적 율법주의의 형식을 취한다.

율법종교의 신학자들은 율법에 대한 외형적 일치가 구원에 이르기에는 충분하지 않으며, 율법의 공식들은 우리가 타인을 대우하는 방식에서 명백하게 드러나는바 영혼의 전향에 필수적인 구조일 뿐이고, 율법에 대한 복종은 우리가 개인으로서뿐만 아니라 공동체로서도 역사 속에서 신의 구원 작업에 응답하는 제일의, 최고의 결정적인 운동이라고 자주 주장한다. 그럼에도 불구하고, 율법종교는 주체와 구조의 관계에 대한 견해에서 헤겔적 이단(육화된 영을 완전하게 다룰 수 있는 확정적인 생활 형식이 존재한다는 허위적인 관념)에 동참하도록 한다. 동시에 우리가 타인을 사랑할 수 없을지라도, 달리 말하면, 우리가 타인을 위해서도 홀로 자신의 평정을 확인하기 위해서도 타인을 상상하고 수용할 수 없다면, 마치 우리가 타인들과의 관계에서 규칙과 관례에 따름으로써 구원을 얻을 수 있는 것처럼, 율법종교는 율법주의의 이단을 인간 상호 간의 관계로 이전시킨다.

율법종교의 공식에 투항하고 공식을 구원의 보증으로 수용한 개인은 자신의 경험 속에서 초월성과 내재성의 변증법을 더 이상 실현하지 못한다. 그러한 개인은 신성한 삶에 대한 자신의 몫을 증가시키거나 위대한 실존으로 상승할 수 있게 할 구조에 도전하고 구조를 초월하는 활동들을 신에 대한 복종으로 대체했다. 신과의 교통에서 자의적인 자기배제가 (기독교 신학의 오래된 관념에 따르면) 지옥이라면, 율법종교는 일종의 저주(공식에 대한 투항)를 구원으로 착각한다.

그리하여 율법종교는 개인적인 것과 정치적인 것을 결합하지만, 그러한 결합은 오로지 현재 종교혁명에 근거를 제공하려는 목표와 대립적인 형태로만 이루어진다. 율법종교는 그러한 종교혁명이 거부해야 할 대상이다.

심정종교는 개인적 영혼의 직접적 참여와 신과 선택받은 자들의 공동체의 직접적인 참여를 그 중심으로 삼는다. 심정종교를 가능하게 하는 전제는 종교적 숭고함의 사사화私事化이다. 국가뿐만 아니라 비교적 큰 사회의 제도적 질서에 대한 심정종교의 요구 사항은 최소 수준이다. 그래서 심정종교는 개인뿐만 아니라 신자들의 공동체에 의한 구원의 추구에 개입하지 않는다. 제도적 체제가 이러한 온건한 기준을 충족시키면 소극적인 수용을 누릴만하다. 제도적 체제가 자기 신뢰의 기초에서 종교적 관용과 더 일반적으로 개인적 경건성의 조건들을 창조함으로써 이러한 결과(소극적 수용)에 적극적으로 기여한다면, 그러한 체제는 심정종교에 따라 적극적인 지지를 받을 만하다.

기성 제도들에 대한 적극적인 지지는 기성 제도들이 어떤 종교적 · 정치적 · 경제적 자유(종교적 자유뿐만 아니라 그 나름 선의 향상 수단으로서 경제적 · 정치적 자유)의 구조에서 본질적이고 필수적인 부분을 이룬다는 전제에 입각할 필요가 없다. 대신에 그러한 지지는 현재 제도들에 대한 알려진 대안이 어느 것이나 자유를 침해할 것이라는 부정적 원칙에 입각할 수도 있다. 그것은 종교적 개인주의자의 실천적 자유주의이다.

심정종교에서 개인적인 것과 정치적인 것은 오로지 부정적으로만 연결된다. 사회의 누적적인 변혁은 구원의 계획에 주변적이다. 그러한 계획의 주요 부분은 나중에, 죽음 이후의 삶에서 이행되어야 한다. 개인은 (구원이나 저주가 예정되어 있지 않다면) 신적인 은총에 부응하여 개인적 신앙과 경건성에 의해 영생에 대한 자신의 몫을 획득할 수 있다. 가능하다면 개인은 정치적·경제적 자유의 더 촘촘하고 더 포괄적인 구조 안에 종교적 자유를 결착시킴으로써 개인적 구제에 대한 탐색을 지속시키는 제도적 질서의 배경 아래 영생에 대한 자신의 몫을 획득할 것이다. 어쨌든 필요하다면 개인은 종교적·정치적·경제적 자유의 부인에도 불구하고 구원의 획득을 바랄 수 있다. 사회의 특정한 제도적 조정에 의존하지 않은 신과 영혼의 관계에서 구원은 궁극적으로 획득된다. 개인이 신의 사랑을 받고 신을 사랑한다는 것은 사회의 잔인함과 세상의 부정의에도 불구하고 심정종교의 주요한 관심사이다.

율법종교는 개인적인 경험과 정치적인 경험을 공식, 즉 성스러운 법의 공식에 속박함으로써 개인적인 것과 정치적인 것의 관계를 다룬다. 이러한 공식은 초월성과 내재성의 변증법에 족쇄를 채우고, 마치 복종이 해방을 의미하는 것처럼 사회와 주체에 대한 이러한 변증법의 의미를 복종으로 위축시킨다.

심정종교는 정치적인 것을 개인적인 것의 순전한 배경으로 전환시킴으로써 개인적인 것과 정치적인 것의 관계를 다룬다. 그러나 인간은 그런 식으로 사회에서 살아가지 않는다. 개인의 삶에서 대부분의 시간은 성스러움이 박탈되고 구원의 역사와 미약한 관계만을 가진 세상사에 대한 참여로 허비된다. 종교는 황홀한 성격을 가진다. 종교는 전적으로 다른 기초 위에서 이루어지므로 삶의 경험에 대한 예외가 된다. 종교는 사회조직에 대한 포괄적인 프로그램을 갖지 않으며, 세속적 권력이 낙태 금지나 혼인의 불가해소성과 같은 개인과 가정에 관한 일정한 믿음들을 존중하는 것으로 만족한다. 심정종교는 영이 세계를 관철시켜야 한다는 요청을 중시하지 못한다. 심정종교의 세계 포기는 이승에서 우리가 더욱 신처럼 되어 감과 동시에 더욱 인간적으로 되어 가는 것을 방해하는 절망의 형식이다.

구원종교의 역사에 출현한 다수의 혼성적 또는 중간적인 안배들이 개인적인 것과 정치적인 것을 연결하면서 종교적 숭고함의 사사화를 수용하지 않고 신정적 율법주의의 도그마와 족쇄가 필요하지 않은 처리 방식을 암시하는 것처럼 보일지도 모른다. 그러나 이러한 타협들은 실제로 율법종교나 심정종교의 완화된 형태에 불과한 것으로 드러난다.

예컨대, 성전 파괴[25] 이후 발전한 유대종교의 근간은 주로 율법종교였다. 소승불교나 이슬람교의 역사적 핵심과 달리 유대교는 성스러운 법을 국가법으로 전환시킬 권력을 갖지 못했다. 다른 한편 프로테스탄트 종교개혁의 여파로 창설된 국가교회들은 대체로 심정종교로 향했다. 헌법적 제도들 속에 표현되는 경우에도 국가교회의 체제(국교회)는 성스러운 법을 사회생활에 부과하는 역할을 하지 않았다. 대신에 그러한 국가교회는 심정종교의 정신에서 성스러움의 사사화를 보호하고 촉진하는 데에 국가권력을 사용했다.

어떠한 의미에서 종교혁명인가?

이 책의 논의들이 예시하는 정신적 경험에서의 변화는 어떤 의미에서 종교적인가? 그러한 변화는 어떤 의미에서 혁명인가? 변화가 구원종교의 모형에 따라 역사 안에 초월적인 인격신의 개입을 원용할 수 없다면, 그 변화는 전혀 종교적인 것으로 보이지 않을지도 모른다. 그것은 더 정확하

---

25 유대-로마전쟁 또는 유대독립전쟁은 기원후 66년에 시작되었다. 70년 티투스가 이끄는 로마군이 예루살렘을 함락시키고, 예루살렘 성전을 불태우고 유대인 저항군을 진압함으로써 끝이 났다. 이 유대인 반란의 패배의 결과로 유대인은 자신의 국가를 잃어 버리고 흩어져 로마 제국의 전역으로 퍼져나가게 되는 디아스포라가 본격적으로 시작되었다.

게 말하자면 익숙한 세속적 인본주의에 대한 비판과 수정으로 기술될 수 있는 것처럼 보일지도 모른다.

종교의 범주는 어떤 항구적인 핵심을 결여한다. 인간의 경험에서 종교적이라고 말하는 측면과 다른 측면들의 관계를 확정짓는 방식은 존재하지 않는다. 그러나 종교의 범주가 역사적이라는 것은 그 범주가 내용을 결여한다는 것을 의미하지 않는다. 종교의 구별권력은 인류의 역사가 종교에게 부여한 권력이다. 종교의 내용에서 주요한 변화는 어느 것이든지 종교라는 용어가 가장 유용하게 가리키는 것에 대한 관념들에서 변화를 자극한다.

종교를 중동 지역의 세 가지 유일신교들만 포함하도록 정의하는 것은 무의미하다. 그러한 정의를 채용한다면 대부분의 인간은 지난 2천 년 동안 종교 없이 살아온 셈이다. 나는 불교, 유교, 유대교, 기독교, 이슬람교를 포함하여 문제와 비전을 둘러싼 1천 년 동안의 영적 격변기에 출현한 세 가지 주요한 경향들을 포용할 만큼 넓은 의미로 종교라는 용어를 사용하자고 제안한다. 어쨌든 그 의미는 상대적이기는 하지만 종교적 경험과 철학, 예술, 정치를 구별할 수 있는 힘을 상실하게 할 정도로 넓지는 않다.

인간 실존에서 위안할 수 없는 상처들에 응답하는 것, 그리하여 기술적인 것과 규정적인 것의 구분을 극복하면서 삶에 대한 지향을 세계 비전에 착근시키는 것, 합리적인 근거들이 항상 불충분할 수밖에 없는 상황에서 실존의 결단을 요구하는 것, 결과적으로 위태롭게도 우리 자신을 타자에게 넘겨 주도록 우리에게 요청하는 것 등이 역사적 범주로 채용된 종교의 뚜렷한 특징들이다. 우리가 철학이라 부르는 것도 종교의 성질을 공유할 수 있지만, 철학이 종교의 이러한 징표를 보유하는 한에서만 그렇게 말할 수 있다. 그러나 철학은 오로지 합리적인 논증의 권위를 주장할 권리를 잃어버릴지 모른다는 우려만으로 이러한 성질을 보유하는 것을 거의 탐탁지 않게 여겼다.

이러한 기준에 따를 때 내가 여기서 주장하는 변화는 단순히 또는 주로 철학적 태도에서의 변화가 아니라 실제로 종교적 비전에서의 변화이다. 어쨌든 또 다른 중요한 의미에서 이러한 변화를 종교적이라고 부르는 이유는 논쟁에 열려져 있다. 역사, 즉 불교와 유교를 포함하여 현재 세계 종교들이 위력을 발휘해 온 지난 2,500년 역사의 교훈은 종교가 어떤 조건들, 예컨대, 성서적 정전에 대한 의존, 믿음의 공동체의 조직, 종종 믿음의 공동체와 인민(하나의 민족이 아니라면 일련의 민족들)의 동일시와 같은 조건을 충족함으로써 세상에서 성공을 거두었다고 말한다. 이러한 요구 조건을 만족시킴으로써 그리고 앞서 기술한 속성들을 범례화함으로써 하나의 경험 형식이 종교가 되며, 그러한 의미에서 여기서 논의한 세 가지 주요한 실존지향들을 범례화한 신앙들은 종교에 해당한다. 바로 이러한 방식에서 메시지와 운동은 철학이나 시와는 다르다.

어쨌든 종교의 발전을 위한 이러한 역사적 요구 조건들의 충족은 비극적 모순을 발생시킨다. 종교의 실천적 성공을 위해서 그러한 요구 조건들을 만족시키는 것은 필수적이다. 그러나 모든 사례에서 종교를 고취하는 비전의 발전에 강력한 통제라는 세속적인 대가가 우선적으로 지불되었다. 비전은 타협(기성의 사회 세계와의 타협, 기성 권력 및 마음의 습관과의 타협)에 희생된다.

미래의 종교는 이러한 대가를 지불할 수도 없고, 지불해서도 안 되며, 그 이유는 내가 곧 제시할 것이다. 미래의 종교는 이러한 실천적 조건들을 충족시킬 수도 없고 미래의 종교를 고취시키는 동기와 열망에 충실할 수도 없다. 이러한 조건들이 요구하는 타협에 비전을 희생시키는 것은 새로운 종교혁명의 이유를 구성한다. 우리가 그러한 조건들의 충족을 거부할 때 우리는 종교 개념의 역사적 기준에서 보자면 명확하게 종교도 아니고 비종교도 아닌 경험과 믿음의 형식을 창조하기 시작한다. 이는 가장 중요한 것(현재의 삶)을 위해 우리가 늘이고 구부리고 재발명해야만 하는 확립된 범주들에게는 더욱 나쁜 일이다. 이러한 필요성 때문에 미래의 종교는 또한 미래의 비종교이다.

종교에서 혁명을 정의하고 종교를 규정하기 위해 우리는 역사에서 시작해야만 한다. 내가 앞에서 탐구한 지향들(문명의 정신사에 지배적인 선택지들)은 그 지향들 간의 실제적이고 엄청난 차이가 존재함에도 불구하고 공유된 비전의 강력한 요소를 갖고 있다고 나는 주장한다. 종교의 한 가운데에 초월성과 내재성의 변증법을 도입함으로써 자연의 성스러움을 부인하는 태도, 인간 사이의 벽들의 전복이 단지 사고 및 감정 형식에서만 이루어져야 하는지 또는 사회생활의 실제적인 조직에서도 이루어져야만 하는지에 대한 모호성을 수반하지만 인간 사이의 구분들을 무시하고 격하하는 것, 군사적 용기, 자부심과 복수심에 불타는 자기주장의 윤리를 포용적이고 헌신적인 이타주의의 윤리로 대체하는 것, 세계도피 혹은 세계변화를 이중적으로 허용하는 태도(이중티켓), 인간 조건에서 극복할 수 없는 한계들(필멸성, 무근거성, 충족불가능성)을 부정하거나 혹은 그에 대한 해법이나 위안을 인간에게 제공하려는 경향, 그로부터 왜소화에 대한 취약성을 인간 조건의 세 가지 다른 결함들과 똑같이 치유할 수 없는 것으로 취급하려는 태도 등이 바로 그러한 지향들이 공유하는 비전이다.

인간의 영적 삶에서 이러한 유산의 주요 측면과 단절하려는 변화는 혁명적이다. 미래의 종교의 출발점에 대한 논의가 시사하듯, 미래의 종교가 대표하는 혁명은 인간 조건에 대한 끔찍스러운 진리의 수용에서, 죽음의 확실성과 허무주의에 대한 방책의 허약성 안에 교정 가능한 왜소화에 대한 취약성을 포함하는 것에 대한 거부에서, 구원종교들이 탁월하게 신에게 귀속시킨 초월 권능에 대한 인간의 몫을 확대시키면서 위대한 삶을 자력으로 성취하려는 결정에서, 세계를 단순히 다른 말로 기술하기보다는 세계를 변화시켜야 한다는 확신에서 시작된다.

종교혁명의 실천

실재에 관한 비전과 삶의 영위에 대한 제안에서 엄청난 차이가 존재함에도 불구하고, 고등종교들은 역사적 성공을 위한 공식을 공유해 왔다. 일련의 관행들은 고등종교들의 계속과 확산의 이유를 해명해 준다. 각 종교마다 단일한 개인은 창시자로서 결정적인 역할을 수행했다. (모세의 역할을 인정하더라도 유대교는 부분적인 예외였을 뿐이었다.) 항상 한 인간으로서 개인은 제국의 변경지역에서 교사나 예언자로 출현했다. 그는 자신을 제국의 권위에 대한 추종자로 묘사하지도 않았고, 제국의 권위에 노골적으로 도전하지도 않았다. 그는 제국의 권위가 지지하거나 허용한 생활 방식에서, 무엇보다도 자신의 백성들의 의식과 태도에서 근본적인 변혁을 촉구하면서 제국의 권위와 자신의 관계를 모호하게 설정했다. 다시 유대교(하나의 민족으로 변모한 종교)나 유대교 안에서 하나의 이단으로 시작되었던 기독교가 부분적인 예외가 되지만, 창시적 예언자는 어떤 하나의 민족이나 국가에 국한되지 않은 예언을 선포했다. 그러한 예언자는 자신의 메시지를 전 인류에게 전달했다. 놀랍게도 그 예언을 모든 민족들이 들었다.

고등종교의 창시자들의 가르침들은 내가 이 책 전반부에서 탐구한 대조적인 방향으로 발전했다. 이러한 영적 지향들 각각에서 상대적으로 소수만이, 즉 메시지를 수용한 사람들 가운데 열성파들만이 공유하는 성스러움의 범형적範型的 경험이 존재했다. 이러한 성스러움의 경험은 자연의 신성함의 부인에서 나오는 초월성과 내재성의 변증법과의 직접적인 (우리의 세속적인 조건이 허락할 수 있을 만큼 직접적인) 만남을 표현했다. 거룩한 자들 사이에 자신을 위치시킬 수 없었던 다른 사람들은 이러한 경험을 희석된 형태로 멀리 떨어진 곳에서 공유했다. 이들은 교리와 관례를 유념하면서, 성스러운 것에 대한 접근으로 이해되고 사용된 특정한 전례들의 상징적인 의미를 존중하면서 자신의 신앙을 유지했다.

종교의 범주 자체와 마찬가지로 종교혁명의 실천은 신앙의 내용에 따라 달라진다. 불변적인 패턴에 따라 우리가 인간 경험에서 어떤 항구적인 부분을 종교적인 것으로 선별할 수 없고 이를 인간 실존의 다른 부분과 연결시킬 수 없다면, 우리는 또한 종교혁명의 실천이 혁명의 프로그램에 따라 변화할 것이라고 기대해야만 한다. 지금까지 역사에서 종교혁명들의 오직 하나의 흐름, 즉 주요한 삶의 접근들과 이를 대표하는 종교들을 낳았던 흐름만이 존재해 왔다는 것은 어쨌든 검증되지 않은 추측이다. 결과적으로 종교에서 프로그램과 실천의 관계에 대한 견해를 수립하기에 적절한 하나의 사례만이 존재한다.

따라서 종교혁명의 더 영속적인 측면과 더 일시적인 측면의 구분(몇 백 년이 아니라 몇 천 년의 눈금으로)은 무엇이든지 사변적일 수밖에 없다. 그 구분은 종교적이라고 이름붙인 영역 이외에 사회생활의 영역에서 변화가 어떻게 일어나는지에 관한 이해에 정당한 이유를 발견해야만 한다.

우리가 문제를 이러한 시각에서 고려하면, 현재 세계종교들의 예언적 창시자들의 방법은 신뢰할 만한 모형으로 더 이상 봉사하지 못한다. 그들의 방법은 이러한 신앙들이 출현하였던 고대 농업적·관료제적 제국이나 그 위성국가들의 사회적·문화적 조건들에 대한 적응을 대변한다. 그러한 방법은 현재의 급진적인 종교적 쇄신 관행에 이르는 길을 제시하지 못할지도 모른다.

변혁적 행동이 어디에서나 어떻게든 일어난다는 기준에서 보자면, 종교혁명가들이 실천한 방법의 가장 지속적이고 보편적인 부분은 예언적 가르침과 모범적 행동의 결합이었다.

삶의 영위에 대한 가르침이 현재 관념과 경험이 허용하는 것보다 더 위대하고 더 좋은 삶에 대한 견해로 고취되는 경우에 그 가르침은 예언적이다. 예언적인 교사는 기성의 통제 요소들이 우리에게 허용하지 않는 통찰 형식, 무엇보다도 생활 형식, 즉 실존의 시험되지 않은 기회를 통찰한다. 이러한 기회의 비전은 익숙한 사유 방식과 확립된 행동 방식과 충돌한다. 이러한 비전은 따라서 기성 제도와 마음의 습관 속에 뿌리내린 정당화의 인정된 기준들에 의해 전망적으로 정당화될 수 없다. 그러한 비전은 회고적으로만 옹호될 수 있다. 비전을 의미 있게 해 줄 기준들은 비전의 공식화 이전이 아니라 이후에 도래하기 때문이다.

쇼펜하우어는 출중한 사람은 다른 사람이 맞추지 못하는 표적을 맞추는 명사수라면, 천재는 다른 사람이 볼 수 없는 표적을 맞추는 명사수라고 언급했다.[26] 예언적인 가르침은 천재의 특성을 공유한다. 어쨌든 예언적 가르침의 목표는 우리의 삶, 세상에서 우리의 존재 방식을 바꾸는 것이다.

예언적 가르침이 종교혁명가들의 실천에 제1의 지속적인 요소라면 모범적 행동은 제2의 요소이다. 우리는 위대한 삶을 통찰하고 이를 위해 첫 할부금을 납부해야 한다. 그렇지 않으면, 예언적인 교사의 교리는 설득하

---

26 쇼펜하우어가 《의지와 표상으로서의 세계》에서 그렇게 말했다.

지도 못하고 심지어 이해조차 되지 못할 것이다. 종교적 · 정치적 상상력의 제유提喩를 사용한다면 멀리 있는 전체는 구체적인 부분으로 파악된다.

세계종교의 창시자들은 실례와 우화를 통해 가르쳤다. 창시자들의 담론이 우화적이었듯이 그 행동도 모범적이었다. 창시자들은 많은 사람들이 관련될 만한 사례들 속에서 교리를 구체화하는 것으로는 만족하지 못한 까닭에 행동을 통한 실례를 제공하는 일에 착수했다.

담론과 행동에서의 실례들은 항구적인 특성을 가졌다. 창시자들은 듣는 자들에게 촉구하였던 고귀한 삶의 단초나 단서를 스스로 내장한 인간의 관심과 역량을 구체화하면서 보통 사람들이라면 누구나 쉽게 접근할 수 있는 현재적 경험의 어떤 부분을 주목했다.

모든 사람에게 직접적으로 이해될 수 있는 것은 가까이 있는 다른 개인을 고려하고 일상적인 삶의 여건에서 그들과 관계하는 방식이다. 인격적 만남의 소우주에서 이러한 예언과 행동의 양식은 인간의 고차적인 소명에 대한 이해를 표현하고 인격성의 친밀한 측면들에서 시작하여 이방인들 사이의 사회적 삶에 이르기까지 인간 경험의 모든 부분에서 삶의 변화를 예시한다.

예언적 가르침과 모범적 행동의 통합은 미래 혁명가들이 생략할 수 없는 과거 종교혁명의 요소이다. 어쨌든 이러한 요소는 과거 종교혁명가들에게 알려지지 않은 관행과 결합되어야 한다. 이제 그러한 관행의 다섯 가지 요소를 제시해 보겠다.

첫째로, 지도자와 추종자의 관계를 고려할 때 내가 여기서 탐구해 온 동기와 목표에 충실한 종교혁명이 역사에서 단일한 개인과 그의 결정적인 행동에 예언적 권력을 집중시킨다면 종교혁명은 자신의 과업을 이행할 수 없다. 종교혁명은 종교적 쇄신을 지속시키기 위해 역량과 권위를 분산시켜야만 한다. 이 점에서 종교혁명은 랍비식 유대교, 유교, 정치적 혹은 개인적 해방의 세속적 기획들에 매우 근접한다. 만인사제주의를 선포한 것에 그쳐 버린 프로테스탄트 종교개혁과 달리 종교혁명은 만인에게 예언적 권능을 인정해야만 한다. 따라서 종교혁명은 예컨대 각 주제를 대조적인 관점에서 논의하고 현존 사회와 문화가 제공할 수 있는 것보다 더 폭넓은 경험을 정신에게 채워 줌으로써 상상력에 예언적 권능을 장착시켜 주는 교육에 대한 접근 기회를 추구해야만 한다.

둘째로, 파급 범위를 고려할 때 종교혁명은 개인적인 것과 정치적인 것의 결합을 요청한다. 종교혁명의 관심은 사회와 그 제도들의 재형성뿐만 아니라 주체와 그 습관의 재정립을 포함해야 한다. 어쨌든 그렇게 넓은 범위에서 변혁적 행동을 조정할 분명한 행위주체는 존재하지 않는다. 정당은 지난 몇 백 년의 역사에서 이익과 여론을 특별히 수렴한다는 명분 아래 권력투쟁을 수행하고자 등장했다. 전통적인 교회를 포함하여 시민사회에서 다소간 조직된 운동들은 개인적 도덕에 대한 여론을 형성한다.

그러나 이러한 영역들에서의 변화를 지휘하고 이러한 변화를 공동 목표로 이끌 수 있는 행위주체는 누구이고 무엇인가? 그러한 행위주체는 존재하지 않으며, 만약 존재한다면 그러한 행위주체는 종교적 자유뿐만 아니라 정치적 자유를 전복하는 권력을 향유할지도 모른다. 사회뿐만 아니라 주체에 대해서도 개방적인 함축을 가진 19세기 미국에서의 종교적 열정에 입각한 운동들[27]은 개인적인 것과 정치적인 것 간의 경계를 허문 역

---

27 19세기 미국 사회에서 일어난 신앙운동이 정확히 무엇을 가리키는지 알 수 없다. 19세기에는 서유럽 이외의 지역에서 다양한 이주민들이 미국에 유입됨으로써 다양한 종파, 교파들이 나타났으며, 미국 독립 이후 미국 사회가 팽창하면서 기성 교회 조직에서 이탈하거나 사회적 이슈에 활발하게 참여하는 기독교운동도 등장하였다. 제2차 대각성, 회복운동, 흑인 미국교회, 노예폐지운동, 노동

사적 사례들이다. 중첩적인 운동들의 수렴이 개별적인 예언자이자 교사를 대체해야만 한다.

관념들은 이러한 운동들을 북돋워 주기 위해 요구된다. 그러나 그 관념은 어떤 하나의 사상가이자 교사의 관념일 것 같지 않다. 관념들의 전개는 현재 조직된 지식 분과들의 변혁에 의존할 것이다. 종교혁명은 사변적 사유로서 이러한 분과들 위로 그저 떠돌 수만 없기 때문이다. 종교혁명이 사회의 재조직과 개인적 행위의 재정립에 대해 하나의 방향을 제안하고자 한다면 지식은 법분석과 정치경제학의 수정된 관행의 형식으로서 제도적 상상력의 도구들에 의존할 수 있어야만 한다.

종교혁명이 인격적 경험과 타자와의 관계의 변화된 형식의 이미지를 고수하고자 한다면, 종교혁명은 포스트-낭만주의 문학과 예술이 탐구해 온 타자에 대한 우리의 양가성과 우리의 자기분열에 대한 견고한 진실을 대면해야만 한다. 종교혁명은 강단의 도덕철학자들이 하듯 구체적인 내용을 결여한 방법론적 논쟁들과 변혁적 비전을 상실한 도덕적 결의론決疑論 사이에서 부유하는 것을 스스로 용납해서는 안 된다. 종교혁명은 지금 우리가 확보하고 있는 실존보다 위대한 실존의 가능성에 대한 비전에 충실해야 하고, 불가해한 실존의 수수께끼의 그림자 아래서 죽음으로 나아가고, 충족시킬 수도 없고 벗어날 수도 없는 갈망으로 고갈되며, 꿈과 고통의 가운데에서도 기쁨으로 버티고 있다는 점을 꿋꿋하게 인정하는 프로그램에 일치하는 삶의 방향성을 제공해야만 한다.

셋째로, 프로그램과 관련하여 종교혁명은 과거 종교혁명들이 보유하

조합운동, 청년운동 등이 19세기 미국 교회의 사회운동의 특징으로 거론된다.

지 못했던 비전, 즉 확정적인 공식이나 청사진에 대한 복종이나 율법종교에 대한 추종을 거부하는 사회의 누적적 변혁에 관한 비전을 요구한다. 예언적 가르침과 모범적 행동의 결합의 필요성은 사회 재구성론의 특징들 속에 반영된다. 누적적 변혁의 비전은 건축물이 아니다. 즉, 성스러운 법전 속에서 우리가 발견했다고 공언할지도 모르는 완성된 구조가 아니다. 그러한 비전은 일련의 단계들로서 음악[28]이다. 누적적 변혁의 비전의 가장 중요한 두 가지 특성은 비전이 방향을 정하고 동시에 특정한 상황에서 그러한 방향으로 운동을 시작하기 위해 취해야 할 최초의 조치들을 지시한다는 점이다.

종교혁명은 일련의 제도적 안배들과 문화적 가정들을 다른 제도로 대체하는 것뿐만 아니라 무엇보다도 우리가 살고 있는 제도적·개념적 질서에 투항하지 않으면서 참여할 수 있도록 그 질서의 성격을 변화시키는 것까지 원한다. 이렇게 하여 사회 속 인간의 삶은 육화된 영의 조건에 적대적인 세계에서 망명지와 감옥으로서의 성격을 점차 탈피하게 된다.

넷째로, 종교혁명은 인간 삶의 직접적인 제도적 혹은 개념적 맥락에 대해 인간이 저항 권능을 행사하는 데에서 현재에서의 소외가 낳는 폐해를 제거하는 것을 추구한다. 종교혁명은 그러한 소외가 인간의 가장 확실한 선을 탕진하는 것이라고 인정한다. 이러한 노력의 실천적 귀결은 이러한 선이 역사적인 또는 섭리적인 미래에 도래하는 것을 마냥 학수고대하지 않는 것이다. 종교혁명은 아무리 파편적이고 깔끔하지 않은 형태라고 하더라도 이러한 삶의 고양을 지금 체험해야 한다고 주장한다.

---

28 웅거는 건축물과 음악의 비유를 즐겨 사용한다. 이 말은 괴테에서 유래한다. 괴테는 '건축물은 동결된 음악'이라고 말하였다.

따라서 종교혁명은 현재 여건에 의해 자신의 행동과 통찰의 지평을 제약받지 않은 존재들로서 미래를 현재로 번역하고 미래를 위한 삶을 현재를 사는 방식으로 전환하는 개인적·사회적 실험들을 발명하는 일에서 대범해야만 한다. 그 가장 중요한 실험중 하나는 사회생활의 모든 영역에서 영구혁신의 협력적 관행들을 위한 제도적이고 교육적인 기초를 발전시킴으로써 삶의 재정립과 사회의 재조직을 연결하는 것이다. 사회와 문화 두루두루 그러한 관행들의 확산이 없다면 보통 사람들의 예언적 권능에 대한 인정은 공허한 겉치레에 불과하다.

다섯째로, 종교혁명은 현재 자유주의적 사회에서 종교혁명을 억제하는 두 가지 금기, 종교에 관한 종교적 비판에 대한 금기와 공언한 종교적인 이유에서 정치적 입장을 취하는 것에 대한 금기에 도전해야만 한다. 그러한 금기들은 그릇되게도 다원주의와 관용의 요구 사항으로서 현재 정당화되고 있다.

정치적 기획의 진지함은 그 기획이 사회의 제도적 구조 및 다양한 사회생활의 영역에서 사람들의 관계 방식에 대한 비전과도 교전을 벌이고 있는지에 따라 평가된다. 정치에 그러한 실체를 부여하고자 하는 것은 정치와 종교 사이의 명료한 차이를 지워 버리는 것이다.

종교적 확신에서 명료하게 자극받아 공적인 목소리를 형성할 권리는 정치에서 진지함의 요청 사항이다. 그러한 권리는 또한 과거의 종교혁명에서 출현하였던 종교들과 마찬가지로 초월성과 내재성의 변증법을 진지하게 고려하고 자신의 비전을 세상에서 실현하고자 하는 종교의 요구이다. 종교에서의 율법주의는 이러한 요구의 타락을 의미한다.

종교에 대한 종교적 비판의 금기에 도전하는 것은 동일한 기초와 동일한 결론을 가진다. 정치가 진지한 한에서 종교적이라면, 종교에 대한 종교적 비판을 금지하는 것은 정치의 심화가 의존하는 담론의 일부를 제거하는 것이다. 종교가 사회를 기술하기보다는 사회변화를 요구한다면, 종교는 공적인 토론 공간에서 다른 종교들과 기꺼이 대결해야 한다.

종교에 대한 종교적 비판의 금기는 우리가 종교의 사사화(개인의 양심속에 종교를 유폐하고 사회 속의 삶에 대한 종교의 영향력을 포기하는 것)를 수용하는 경우에만 의미를 가진다. 그러나 종교의 사사화는 정치 생활의 실체에서 많은 부분을 공동화共同化할 뿐만 아니라 세계종교들과 그 후속편들 및 그 세속적인 대응물들이 공유하는 충동과도 대립한다. 같은 맥락에서 종교의 사사화는 미래의 종교의 결단과 양립하지 않는다.

종교적 관용과 종교적 다원주의는 정치를 빈곤하게 하는 것과 사회를 비종교적인 것으로 포기하는 것에 의존해서는 안 된다. 종교적 관용과 다원주의의 실천적인 요청들은 종교적 자유의 법적·헌법적 보호, 종교의 수립에서 국가 개입의 거부, 보편적인 존중 및 절제와 가장 중요한 관심사에 대한 공적인 토론을 양립시킬 수 있는 시민적 문화이다. 이러한 요청들은 정치적 비전의 종교적 고취에 대한 금기를 지지하지 않는다. 그러한 금기가 정치와 종교를 동시에 위축시킴으로써 저항하고 초월하는 인간의 권능을 훼손시키기 때문이다.

종교의 역사에서 비극적 모순

종교의 세속적 생존과 성공을 위한 실천적 조건과 종교의 메시지에 대한 충실성의 요청 사이에는 갈등이 존재한다. 이 갈등은 종교사의 과정에서 해소되지 않는다. 이 갈등은 종교사에서 비극적 요소로 지속한다. 내가 제안한 방향에서 보자면, 이러한 갈등은 명백한 해답이 없는 문제를 제기한다. 미래의 종교의 관행은 이 문제를 해결하기에는 무력하다.

　부처, 공자, 유대 예언자들, 예수, 마호메트를 동시에 포괄하도록 폭넓게 규정한 역사적 종교들의 창설 모형을 고려해 보자. 개인적 교사는 예언적 가르침과 모범적 행동을 결합한다. 이는 불특정의 실천적 결론을 가진 사변적 철학이 아닌 삶의 영위에 관한 단호한 결론을 가진 특수한 예언일 수밖에 없다. 인간을 인간의 방식으로 지도하기 위해서는 그러한 예언은 명백한 무근거성과 무한한 갈망의 맥락에서 직면한 죽음의 사실에 응답해야만 한다. 그러한 예언은 예언이 결론적으로 옹호하기를 바랄 수 있는 것보다 특정한 방향에서 내린 삶의 결단을 통해 더 많은 것을 요구해야만 한다.

　교사는 주변에 추종자를 모은다. 교사는 기성 권위에 대해 양가적인 태도를 취한다. 그는 기성 권위가 주재하는 질서를 단호하게 수용하지도 않고 기성 권위가 세속적인 권력을 지배하는 데에 대해 공개적으로 도전하지도 않는다. 그럼에도 불구하고 그의 메시지는 사회 조직을 위한 결론을 내포한다. 그의 추종자들이 늘어나 조직된다면, 그들은 스스로 권력을 장악하려고 시도한다. 혹은 그들은 스스로 통치하는 대신에 자신의 설계도에 국가를 복종시키는 것으로 만족할지도 모른다.

　종교의 역사는 세 가지 조건들이 세계에 종교적 메시지를 확산시키고 존속시키는 데에 불가피하지는 않더라도 중요했다는 사정을 보여 준다. 첫 번째 조건은 그 메시지가 정전canon의 지위를 획득한 텍스트 속에 구체화되어야 한다는 점이다. 권위 있는 경전적 원천은 정전 바깥에서 이루어지는 후대의 종교적 쇄신 행위를 방해하지 않는다. 그러나 이러한 원천은 가르침의 해석에 대한 논쟁들이 결코 완전히 제거할 수 없는 진정한 교리의 초석이 된다. 이러한 원천은 정전 이후의 또는 정전 이외의 모든 사유와 저술을 정전에 근거하여 직접적인 도전을 받도록 만든다.

두 번째 조건은 믿음의 공동체가 조직되어야 한다는 점이다. 그러한 제도들은 신적 존재the divine에 대한 특수한 밀접성(또는 최소한 정전에 대한 전문 식견)을 주장하는 전문 사제들과 신자 일반 간의 구분을 포함할 수 있고 그렇지 않을 수도 있다. 믿음의 공동체는 따라서 교회 조직의 형태를 취할 수도 있고 그렇지 않을 수도 있지만 사회적 세계에서 뚜렷한 인격을 가지며 등장한다. 정전의 수호자들이 다른 조직, 특히 국가를 식민화하는 경우 교회의 명백한 부재는 오도작용을 할지도 모른다. 그러한 유명한 사례는 유가적 학자-관료층과 국가 사이의 관계이다. 조직의 주요한 역할은 올바른 교리를 유지하는 것이다. 부차적인 역할은 세계에서 메시지를 이행하는 것이다.

세 번째 조건은 종교가 고립적인 존재로서 사회에 수몰된 개인들의 집합을 위한 종교로 그쳐서는 안 되고 최소한 한 국민 또는 일군의 민족들의 종교가 되어야 한다는 점이다. 불교, 기독교, 이슬람교와 같은 가장 보편적인 세계종교에서도 종교와 국민의 결속은 세대를 넘어 종교에 생기를 불어넣는 신앙의 공동체들을 창조한다. 이러한 결속은 신앙을 가정생활의 독보적인 힘에 정박시킨다. 이러한 결속은 교회와 국가의 헌법적 분리에도 불구하고 지속한다.

세 번째 조건은 때로는 두 번째 조건의 대체물로, 두 번째 조건이 세 번째 조건의 대체물로 기능할 수도 있다. 더욱 흔하게 두 가지 조건은 결합되어 왔으며, 그 경우 하나의 요소가 우세하고 다른 요소가 배후로 물러나기도 한다.

두 번째와 세 번째 조건 사이에는 반비례의 관계가 존재한다. 종교가 하나의 국민으로 변모하면 할수록, 신자들의 조직의 필요성은 그만큼 두

드러지지 않는다. 종교와 국민 간의 결합이 약할수록, 신자들이 조직되어야 한다는 점은 더 중요해진다. 국민이 믿음의 공동체의 조직을 요구하지 않았을 정도로 종교와 국민의 일치는 결코 그렇게 자연발생적이고 완전하지 않았다.

역사적인 종교에서 세 가지 조건들은 세속적인 성공의 대가를 의미했다. 이러한 대가가 지불되지 않는 경우에는 종교(종교가 종교와 철학, 예술, 정치를 구별하는 표준을 상대적으로 만족시킨다고 하더라도)는 용해성의 인공물, 즉 모범적 행동으로 육화된다고 하더라도 안정적인 힘을 결여한 일련의 관념에 그친다. 그러한 관념들과 유일한 교사가 동일시된다면 그러한 범위에서 관념들은 독자적인 삶을 획득하지 못한다. 그 관념들을 다른 사람들이 취하고 재발명한다면, 그러한 범위에서 그 관념들은 고착된 윤곽을 상실한다. 여타 종교 및 철학과 이러한 관념들의 차이의 명료성은 사라지거나 모호하게 된다.

쇼펜하우어의 철학은 많은 점에서 부처의 가르침을 닮았다. 그럼에도 불구하고 그의 철학은 종교가 아니었고 종교가 될 수도 없었다. 쇼펜하우어는 자신의 철학을 지성의 연습으로 전개하고 제시하였는데, 그는 철학이 요구하거나 추천한 생활 방식과 철학이 제공하는 세계 이해 간의 어떠한 간극도 남겨두지 않으면서 실존의 수수께끼를 풀었다고 주장했다. 그러나 쇼펜하우어의 가르침은 종교의 세속적인 성공에 중차대한 세 가지 조건 중 어느 하나도 충족시키지 못했다.

이러한 성공의 삼중적인 대가가 너무 과한 것인지 여부는 메시지에 달려 있다. 공자의 메시지는 제국 질서의 사회적·경제적·정치적 현실에 채용되었다. 제국 질서는 기성 정치적·경제적·사회적 권력을 위태롭게 하지 않으면서 좁게 이해된 업적주의 원리를 수용할 수 있었다.

불교의 메시지는 있는 그대로 현상적 역사적 세계를 무시하고 이러한 무시에 입각하여 보편적 이타주의의 명령을 인정하면서 세속적인 권위와의 화해라는 대안적인 방식(도전할 의향이나 역량을 갖지 못한 사회적 분할 및 현실의 기성 구조의 사슬에 매여 있는 사람들에 의한 세속적 권력의 포기, 다른 이익과 믿음에 통제된 질서 안에서 대체로 소극적인 역할을 떠안은 왕조적인 조직들로의 구체화, 불교가 존재하지 않았던 많은 사회들과 마찬가지로 지속적으로 분할되고 위계화된 사회에 대한 정치적·영적 통치)에 의탁했다.

성전 파괴 이후에 유대교의 메시지는 그 종교에서 제의적이고 희생적인 요소를 제거한 후 율법에 헌신하고 무권력 상태와 무국가 상태에서 체념적으로 수용하는 신앙과 담론의 공동체 안에서 언약Covenant종교의 보존과 쇄신을 허용했다.

이슬람교의 메시지는 율법과 권력을 결합하려는 초대장으로 해석되었다. 그 메시지는 사회의 개혁에서 드러난 법에 대한 복종을 신의 의사에 대한 복종의 근본적 신호로, 신의 의지에 대한 복종을 독실함의 제1의 요구 사항으로 간주했다. 유대교나 이슬람교에서 카발라와 수피즘 같은 신비주의적 전통은 개인의 결함 있는 세속적 상태를 방치하고 유일하고 참된 신과 개별신자 간의 유대에 중심적인 지위를 부여했다.

기독교의 메시지는 강박 상태 아래서 또한 확신에 의해서 역사적 국면마다 지배적인 이익집단과 기성 제도들과 결합했다. 이러한 강요된 결합은 상호이익을 위해 세계의 세속 권력과 공존하기로 결정한 보편적 또는 민족적 교회의 시각에서 이루어졌다. 그와 달리 기독교의 메시지는 사적으로 변하여 개인의 의식에 내맡겨졌다. 타락한 상태에도 불구하고 개인은 구속 덕분에 신의 영원한 생명을 공유하는 것을 희망했다.

이러한 각 사례들에서 세계와 메시지의 순응은 교리의 요구에 따라 조직되지 않았다. 타협은 내가 앞서 제시한 세속적인 성공의 세 가지 조건들—성서적 정전, 믿음의 공동체의 조직, 신앙과 국민의 일치—을 초월종교들이 충족시키고 조합하는 방식에 의해 이루어졌다. 그러한 임시변통은 다른 영적 지향들보다 주체와 사회의 변혁을 통해 고차적인 삶으로의 상승을 핵심적인 관념으로 인정하는 세계와의 투쟁에서 본질적으로 더욱 의심스럽고 위험스러운 것이었다. 율법종교를 정신의 대체물이 아니더라도 구원을 향한 일보로 수용하였던 유대교나 이슬람교보다 특히 율법주의의 거부를 메시지와 세계의 화해로 가는 지름길로 인정한 기독교에서 그러한 임시변통은 더욱 문제적이었다.

세계와의 투쟁의 세속적인 형태들은 종교의 세속적인 성공에 이러한 조건들이 불필요하다는 점을 증명하는 것처럼 우선 보일지도 모른다. 실제로 세계와의 투쟁의 세속적 형태들, 즉 정치적이고 인격적인 해방의 프로그램들에서는 세 가지 모든 조건, 즉 (마르크스주의적 사회주의의 분파적인 프로그램은 아니겠지만 미국 민주주의와 그 헌법적 안배들과 같은 국민적 기획들과 같은) 헌정적인 텍스트들에 대한 숭배, (정당 형태로) 신자의 조직, (민족주의와 이데올로기의 결합에서 확인된) 신조와 국민의 연결 등은 종종 상이한 정도로 충족되어 왔다. 이러한 조건들이 충족되지 못하는 상황이라면 언제 어디서나 세속적 종교는 현실적이고 상상된 경쟁자들과의 갈등을 통해서 뚜렷한 정체성과 자체 쇄신 역량을 상실했다.

어쨌든 이 장 논의에서 예고된 미래의 종교는 메시지의 성격상 앞서 제시한 세 가지 조건들에 적대적이다. 미래의 종교는 모든 신자들이 예언적 권능을 갖는다는 관념을 자연적이고 역사적인 형태로서 끝까지 관철한다. 미래의 종교는 종교적 쇄신의 역량이 고립된 예언자들이나 유일한 역사적 전환점에서, 달리 말하면 교사가 세계에 출현하여 예언적 가르침과 모범적 행동의 결합을 위한 확정적인 모형을 제공하였던 그 순간에 집중적으로 드러난다는 견해를 거부해야만 한다. 결과적으로, 미래의 종교는 어떠한 성서적인 정전, 교사, 그의 가르침에서 필연적으로 파생하는 것들의 권위, 그가 말하고 행동하는 순간을 수용할 수 없다.

　미래의 종교는 정치적인 것과 개인적인 것을 동시에 포용하는 프로그램을 고수하고 신정통치와 율법주의를 배격함으로써 스스로 어떠한 기성의 제도적 방편도 거부한다. 사회의 제도적 안배들에서 시작하여 가능하고 바람직한 인간 결사 형태들에 관한 믿음들까지 펼쳐지는 변화를 지휘할 역량을 가진 유일한 행위자는 아마도 사보나롤라[29]와 같은 사람도 감히 보유하지 못한 권력을 향유하게 될지도 모른다. 그 정도 권력 행사에 미치지 못한 접근 방식조차도 우리가 여태 경험했던 그 어떤 것보다 더 공포스러운 정치적이고 정신적인 전제專制를 보여 줄지도 모른다. 그와 같은 접근 방식은 미래의 종교가 열망하는 생활 및 사유의 형식들과 모순될 것이다.

　미래의 종교와 국민의 일치는 마찬가지로 상상할 수 없다. 미래의 종교의 주체이자 대상으로 소환된 국민은 인류이다. 인류의 서로 다른 부분들이 서로 대조적인 포괄적인 실존 접근들을 채택하는 것은 문제가 아니라 해법이다. 그러한 접근들을 개발할 인간 역량을 고양시키고 강력한 개인들 속에서뿐만 아니라 확고한 집단적 생활 형식(이것이 주권적 국민들과 연

29　지롤라모 사보나롤라(1452~1498)는 이탈리아인으로서 루터 이전에 후스, 위클리프와 더불어 종교
　　개혁의 선구자이다. 그는 로마교회의 부패와 메디치가의 무능을 비판하는 설교로 주목을 받았고,
　　프랑스의 샤를 8세의 이탈리아 개입 이후 4년간 피렌체의 정치개혁을 종교적·도덕적 차원에서
　　주도하였으나 로마교회로부터 파문당하고 나중에 화형당하는 비운을 맞았다. 마키아벨리는 《로마
　　사 논고》 제1권 제11장에서 사보나롤라의 신앙관이나 기적에 대한 견해는 제쳐 두고 그의 개혁이
　　정치개혁의 본령에서 벗어난 것임을 시사하고 있다. 시민의 자유를 위한 제도적 구축이 아니라 종
　　교적 열정에 기초한 인격적 지배로 귀결되었다고 평가했다.

결되어 있는지에 상관없이) 속에 그러한 접근들을 육화시키는 것이 우리의 과업이다. 인류는 이러한 접근들을 서로 다른 방향으로 전개하는 경우에만 자신의 권능을 계발할 수 있다. 삶과 의식에서 이러한 차이를 발명할 권능이 향상되도록 세계를 조직하는 것이 미래의 종교의 역할이다.

종교의 성공과 생존을 위해 역사가 요구해 온 조건들에 대한 저항이 이 메시지에 본질적이다. 따라서 관념의 진정성과 관념의 영향력을 위해 세계가 치르는 대가 간의 갈등(과거의 모든 종교를 괴롭힌 갈등)은 증가할 뿐이다. 교리의 역량상실과 타락 사이의 선택은 불가피한 것처럼 보인다. 외견상 불가피해 보이는 이러한 선택에 대한 유일하게 신뢰할 만한 해법은 인류의 발전하는 의식에서 표현되고 우리에게 발명과 도전 수단들을 제공하는 제도, 관행, 관념들로 유지되는 현재 우리 자신과 장차 되어갈 만한 우리 자신에 대한 관념이다.

철학과 종교

어떠한 세계종교도 그 창시자에 의해 체계적인 철학으로 수립되지 않았다. 어쨌든 궁극적 실재에 대한 비전이 공자의 반형이상학적 형이상학(나중에 신유학의 형이상학적 형이상학으로 대체된다)처럼 부정적이고 자기부인적 비전이라고 하더라도 모든 종교는 궁극적 실재에 관한 비전에 의존해 왔다. 모든 주요 종교들은 출현과 초기 전파의 시기를 거치고 나서 한참 후에 개념적으로 정교화된 교리의 수혜자나 희생자가 되었다. 이러한 과업의 성취로 이어진 사변적 추론이 이른바 신학이다. 신학은 외양에서만 철학이다.

종교사회학이나 종교철학과 달리 신학의 특성들은 근대사상사에서 매장된 다른 분과와 담론들(언어학과는 대비되는 문법학, 법사회학이나 법인류학과는 구별되는 법리학)과 신학이 공유하는 특성들이다. 오늘날 이러한 담론들은 확립된 사유 기준들에 비추어보면 매우 변칙적인 것으로 보여서 우리는 겨우 이해할 수 있다. 교리나 도그마의 분과들은 이러한 분과들과 순전히 철학적이거나 사회과학적인 시도들을 구별해 주는 세 가지 특성을 결합한다.

첫째로, 교리나 도그마의 분과들은 자신의 주제, 종교의 말과 운동, 법질서, 자연적인 언어를 그러한 상징들이 완전히 소진시킬 수 없는 비전과 경험의 형태로 취급한다. 상징들은 경로이지 종착지가 아니다. 둘째로, 교리나 도그마의 분과들은 고차적인 담론, 즉 그러한 상징들의 권위와 계시적 힘을 존중하는 특정한 공동체를 결속시키는 믿음과 관행에 대한 담론으로 작동하지 않는다. 분과들은 일차적인 담론이고, 분과가 해명하기로 공언한 주제(정치공동체 속에서 법의 합리적 정교화를 통해서 누적적으로 순화된 법, 언어적 공동체 속에서 정확한 언어적 관행, 신자들의 공동체에서 정통적인 믿음)의 발전에서 영향력을 추구한다. 셋째로, 그러한 분과들은 믿음과 담론의 공동체에 대하여 외부적 관점이 아니라 내재적 관점을 취함으로써 그러한 공동체와 운명을 같이한다. 결과적으로 이러한 분과들은 규범적인 것과 기술적인 것 사이의 차이를 극복한다. 더구나 권위가 국가, 교회 또는 언어공동체의 것이든 상관없이 교리와 도그마의 분과들은 이 권위의 행사에 영향을 미친다.

신학은 종교의 구성 부분이기 때문에 문법이나 법리가 공유할 수 없는 속성을 하나 가지고 있다. 그것은 신학이 삶의 결단을 요구하고 이러한 결단에는 결코 확정적이거나 적절한 근거들이 존재할 수 없다는 점이다. 종교에서 에너지와 권위의 핵심은 경험에 있으며, 이는 예언적 가르침과 모범적 행동의 결합으로 표현되고 환기된다. 이러한 경험은 추상적인 수준에서 신학과 예배식에 반영된다.

각 종교의 핵심에 있는 성스러운 것의 경험에 대한 상대적으로 소원한 관계나 신학이 다른 교리적 분파들과 공유하는 특성들이 신학의 관행을 결코 전적으로 좌우하지 않았다. 신학의 관행은 종교의 세속적인 성공의 요구 사항(신학이 자신의 직접적인 주체로 간주한 성서적 정전, 신학이 개입하고자 하는 신자들의 집단, 심지어 신학이 밀접하게 연결될 수도 있는 민족적 생활)에 의해서도 영향을 받았다.

우리는 어떻게 신학의 소명을 가장 유용한 방식으로 이해해야 하는가? 그렇게 이해하는 경우 철학과 과거의 종교 간의 관계는 무엇인가? 철학은 미래의 종교에 대하여 어떠한 기여를 해야 하는가? 철학과 신학의 이러한 관념들은 이 책의 주장에 어떤 빛을 제공하는가?

서구 철학은 역사의 많은 부분에서 자기구원에 복무하는 초과학이었다. 초과학으로서 철학은 고차적인 통찰의 관점에서 특정한 생활 형식과 사유 양상들에 대한 판단을 제공할 수 있다고 주장해 왔다. 이러한 의미에서 철학은 인간의 무근거성에 대한 (허위적) 부인이다. 때로는 명료하게 되지만 더욱 빈번하게는 감춰져 있는 철학의 진정한 야심은 허무주의를 물리치는 것이었다.

자칭 이러한 정초적 과학은 통상적으로 자기구원을 위해서 전개된다. 정초적 과학의 핵심은 인간 조건의 결함들, 즉 (초과학의 프로그램에 의해 직접적으로 부인되는) 인간의 무근거성뿐만 아니라 필멸성과 충족불가능성에 맞서 인간을 무장시키는 것이었다. (쇼펜하우어의 철학과 같이) 가장 비관주의적인 철학조차도 인간에게 희망의 이유를 제공하는 일을 결코 멈추지 않았다. 어쨌든 이러한 철학이 습관적으로 실존의 수수께끼를 해결하겠다고 약속하고 충족불가능성을 벗어나는 길을 인간에게 가르쳐 주겠다고 제안하는 반면, 인간의 가장 큰 공포, 죽음의 공포에 대한 철학의 답변은 간접적인 것이었다. 계시의 권위를 부인당한 철학은 죽음 앞에서도 평온한 자세를 유지하도록 돕는 데에 동원할 수 있는 논거들을 무엇이든지 사용해 왔다.

어쨌든 그러한 초과학은 존재하지 않는다. 우리는 인간 실존의 수수께끼 같은 성격과 세계의 실재성의 맥락에서 죽음의 예감으로 제시된 허무주의의 위협을 결코 확정적으로 피할 수 없다. 우리는 필멸성, 무근거성, 충족불가능성을 종교로 피할 수 없듯이 철학으로도 피할 수 없다. 위안용 형이상학은 위안용 신학과 마찬가지로 신앙과 전례의 공동체에 속하지 않은 불편을 야기하므로 정당화되지도 않으며 설득력도 갖지 못한다. 그러한 공동체는 믿음과 충성을 이끌어낼 다른 수단을 갖고 있기 때문에 소망적 사고에 의한 상상력의 타락을 그다지 필요하지 않을지도 모른다.

자기구원에 복무하는 초과학 관념은 이제 대체로 무시되고 포기되어 왔다. 초과학의 현대적 계승자들은 우리에게 사유와 논의 방법을 가르쳐준다고 선언하면서 철학을 사상경찰이라는 근거 없는 역할로 격하시킨다.[30]

초과학과 자기구원의 결합이라는 유지 불가능한 관념에서 가치 있고 구제 가능한 잔여를 구원하는 일이 역사적 상황에서 우리에게 부과된다. 초과학 대신에 철학은 인간의 본질적인 초월역량에 대한 사유에서 하나의 연습이 될 수 있다. 철학은 가장 중요하고 우리가 생각하고 말할 수 있는 것의 가장자리에 있는 쟁점들을 거론할 특권을 고수한다. 이러한 목적을 위해 철학은 분과들뿐만 아니라 방법들을 가로지르고, 방법을 비전에

---

30 인간의 문제를 영원의 상하에서 접근하는 철학이나 사유를 언어분석적 역할로 축소시키거나 신 혹은 윤리적 언명의 학문적 무의미성을 주장하는 신실증주의가 사상경찰로서 철학에 해당하지 않을까 생각된다.

복종시킨다. 철학은 따라서 특수한 지식 분야들에서 자신의 작업을 지속하고, 모든 지식을 탐구하고 평가할 수 있는 아르키메데스의 지점을 확보했다고 공언하지는 않지만 각각의 지식을 다른 지식의 관점에 고찰하려고 노력한다. 철학은 자체적인 수정을 용이하게 하면서 일상과 혁명적인 과학 간의 차이와 구조 안에서의 작업과 구조에 대항하는 작업 간의 차이를 약화시키는 탐구 관행들을 발전시키려고 시도한다. 철학의 권능은 세계를 신의 눈으로 볼 권능이 아니라 한계에 도전할 권능이다.

철학이 환상 없이 교시를 희망할 수 있는 자구책은 필멸성, 무근거성, 충족불가능성을 철저하게 인정하는 것이다. 철학은 삶의 고양에, 즉 우리가 신성(전지성이나 전능성이 아니라 급진적인 초월성)으로 부르는 가장 중요한 속성들에 대한 인간의 몫을 확장시키는 것에 복무한다. 이렇게 해서 철학은 사유의 작업에서 왜소화를 인간 조건의 불가피한 약점으로 수용하지 않으려는 결단을 실천적으로 표현한다.

이러한 방식으로 이해된 철학은 종교의 역사에서 통상적으로 철학이 수행해 온 두 가지 역할을 수행할 수 없다. 첫 번째 역할은 신학의 하녀로서의 역할이다. 하나의 사례는 자연적 이성이 부분적으로 인간을 신성한 진리로 인도한다고 생각하면서 자연적 이성을 계시와 평행하는 트랙으로 본 아퀴나스의 방식이다. 두 번째 역할은 종교의 참칭 상속자의 역할이다. 그 사례는 죽음의 확실성을 무릅쓰고 희망을 유지하는 데에 필요한 것처럼 보이는 전부(영혼 불멸, 신의 존재, 의지의 자유)를 요청으로 수용하면서 도덕철학을 종교의 비공인 상속자로 본 칸트의 수행 방식이다.

철학은 이러한 두 가지 역할을 이중적 부인(기성 분과들과 그 방법들의 확정적인 권위를 부인하고 실존 구조에 대한 신뢰할 만한 통찰에 대한 접근가능성을 부인하는 것)을 결합하는 관행의 역할로 교체해야만 한다. 철학의 곤경은 이제 인간 조건에 대한 사유에서 하나의 표현으로 변모한다.

철학은 신학의 시녀도 아니고 종교의 상속자도 아니다. 철학은 신학의 시녀가 되기에는 너무나 막강하고 자립적이고 성실하며, 종교의 상속자 노릇을 하기에는 너무나 성실하고 약하고 자의식적이다.

이 책의 논의는 두 가지 사유 방식을 결합한다. 첫 번째 사유 방식은 종교와 관계에서 내가 기술해 온 방식으로 표현된 철학이다. 이는 인생의 극복할 수 없는 약점들의 해명과 세 가지 주요한 영적 지향들의 분석과 비판에서 예고된 사유 방식이다.

두 번째 사유 방식은 반反신학의 일종이다. 먼저 현재 종교혁명의 출발점, 이어서 미래의 종교의 요소들을 다루는 이 장과 이 책의 마지막 두 장에서 나는 종교에 대한 담론만이 아니라 종교 안에서의 담론도 전개하겠다. 어쨌든 미래의 종교는 이미 존재하는 종교가 아니다. 미래의 종교가 존재할 수 있다고 하더라도, 그것은 과거의 세계종교와 동일한 의미에서 종교도 아닐 것이고, 심지어 불교와 유교처럼 역사에 개입하는 초월적 신성 관념이 부재하는 종교도 아닐 것이다.

이러한 두 번째 담론을 철학 그 이상 또는 그 이하로 만드는 것은 다른 종교처럼 반신학도 자신이 정당화할 수 있는 것 그 이상을 제안한다는 점, 즉 반신학의 프로그램이 반신학이 제공할 수 있는 근거를 초월한다는 점이다. 반신학은 "순수 이성의 한계 안"[31]에 머물지 않는다. 반신학을 신학과 연결시키는 것은 반신학이 죽음, 무근거성, 충족불가능성의 사실들에 응답할 때, 삶의 지향을 세계 비전 속에 정박시킬 때, 특정한 방향에서 실존

---

31 칸트의 저작 《순수이성의 한계 안에서 종교》를 염두에 둔 표현이다. 그것은 결국 존재를 증명하지도 못하고, 믿지도 못하는 어중간한 믿음을 표현한다.

의 결단을 옹호할 때 종교의 관점을 취한다는 점이다. 이 책의 논의가 제안하는 바와 같은 종교가 존재한다면, 이러한 담론은 신학의 의미가 종교의 의미와 더불어 변하기 때문에 온갖 종류의 종교에 관한 신학을 대표한다.

이러한 신학 담론을 역사적으로 존재해 온 신학과 구별하고 이러한 담론을 반신학으로 전환시키는 것은, 이 담론이 철저하게 자연주의적인 주장과 지식만을 내세운다는 점이다. 더구나 미래의 종교라는 이름 아래 이러한 담론이 가리키는 믿음과 관행의 형식들은 고등종교들의 역사적 성공을 확보해 주는 특성들(경전적 정전, 조직된 믿음 공동체, 한 인민이나 여러 국민들과의 일치) 중 어느 것도 갖지 못할지도 모른다.

이러한 담론은 그 자체로 미래의 종교가 아니며, 심지어 그와 같은 종교의 구성 부분도 아니다. 예언적 가르침과 모범적 행동의 생생한 결합이 없거나 개인적 사유를 집단적 경험으로의 변형이 없는 경우 이러한 담론은 책 속에 죽은 언어들로 머문다.

그러한 기도祈禱는 위험하다. 그 기도의 위험은 기도의 진실성의 엄격함에 의해 통제되고 또한 그 위험은 기도가 지지하려는 기획, 즉 인간 실존에서의 약점들이나 통찰의 한계에 관한 환상으로 오염되지 않은 상승에 의해 정당화된다.

미래의 종교의 방향과 오류들

앞선 지면에서 탐구한 종교혁명의 이유들은 종교혁명의 방향을 예시한다. 이 책 제6장과 제7장에서 그 방향을 탐구해 보겠다. 논의의 첫 번째 부분은 인간의 최고선인 현재 삶을 탕진할 위험을 가진 몽유병(인간을 왜소하게 만드는 일상에 대한 자포자기)로부터 우리 자신을 떼어 놓을 수 있는 방식에 관련된다. 두 번째 부분은 주체의 변혁, 즉 우리가 살아가는 방식 및 인간 실존을 바라보는 방식과 관련된다. 세 번째 부분은 사회의 조직에서, 나아가 인간의 상호 관계의 성격에서 변화와 관련된다. 네 번째 부분은 이러한 포상을 추구하는 경우에 우리가 반드시 직시해야 할 보상과 부조화, 즉 종교혁명의 야심과 우리의 상황 및 본성 간의 관계의 결과로서 이러한 추구 과정을 괴롭히는 암류들을 다루겠다.

논의의 순서상 나는 이 프로그램의 세 번째 부분인 사회의 재구성을 먼저 논의하고 이어서 나머지 세 부분, 실존의 위축 상태로부터의 각성, 실존을 살아가는 방식에서 삶의 긍정, 우리가 희망할 자격을 가진 것들에 대한 이해 등을 검토하겠다.

미래의 종교 관념의 중심에 단순하고 강력한 동경, 즉 원대한 실존에 대한 동경이 존재한다. 이러한 동경은 이 책에서 앞선 논의들의 대상이 되었던 다수의 방식들에서 길을 잃을 수도 있다. 그러한 오류들은 내가 지금 토론하려는 영적 프로그램의 각 부분에 암운을 드리운다.

첫 번째 과오는 위대한 삶에 대한 욕구를 인간의 자기신격화로 해석하는 것이다. 우리는 인간을 구원하기 위해 역사에 개입하는 신에 대한 신앙을 상실하지만 세계와의 투쟁이 고취해 온 주체관에 대한 신앙을 유지하면서 우리 자신을 집단적으로 신의 대리자들로 간주하려는 유혹에 빠질지도 모른다. 철학과 정치의 역사에서 이러한 오류의 수많은 사례들이 존재하며, 오귀스트 콩트의 "인류교ᄉ類敎"만큼 직접적인 사례는 없다.[32] 그

---

32 콩트Auguste Comte(1798~1857)는 《실증적 정체의 체계》에서 인류교를 제안했다. 콩트는 역사발전 단계에 따라 마지막 실증과학적 시대에는 과학적 지식으로 무장한 최고 사제가 조화와 정의, 진실과 평등으로 세상을 지배하게 된다고 보았다. 이제 인간의 이기적 성향은 이타주의로 바뀌게 된다. 콩트의 인류교는 간단히 '그리스도 없는 가톨릭교회' 또는 '가톨릭교회 플러스 과학'으로 요약된다.

러나 우리의 과업은 우리 자신을 숭배하는 것이 아니라 우리 자신을 변화시키는 것이다. 집단적인 자기숭배는 변혁적인 프로그램에 직접적인 위협을 제공하고 우리 안의 악을 은폐하며 삶에 대한 양가성과 분열된 인간 상호 관계에 대한 양가성을 은폐한다.

내가 앞서 프로메테우스주의라고 불렀던 도덕적 충동은 인간의 자기 신격화와 밀접하게 연결되어 있다. 프로메테우스주의는 위대한 삶에 대한 욕구를 권력 추구로 해석한다. 프로메테우스주의가 인류의 집단적 역량강화가 아니라 타자를 지배하는 권력을 추구하는 경우에는 가장 타락한 형태를 취한다. 그러나 프로메테우스주의의 가장 강력하고 가장 끔찍스러운 동기는 권력이 아니다. 그것은 인간의 필멸성, 무근거성, 충족불가능성에 대한 진리를 부인하는 권력 행사이다. 직접적이든 간접적이든 이러한 진리를 부인할 때 프로메테우스주의는 우리 자신의 모습에 대하여 허위이다. 프로메테우스주의는 진리의 부인을 위해 우리를 이익투쟁으로 내몰아감으로써 개인적이고 집단적인 상승의 기획을 동시에 부패시킨다.

두 번째 과오는 구원종교들과 해방의 세속적인 프로그램들의 중심에 있는 오류로서, 최고선을 미래에 두고 결과적으로 우리가 현재에서 소외되도록 하는 것이다. 이러한 이탈의 본질적인 논리는 그릇되게도 이러한 소외를 맥락에 대한 인간의 초월성에서 나오는 불가피한 결과나 조건으로 취급한다. 미래의 종교가 이러한 유혹에 굴복한다면 미래의 종교는 초점을 잃게 될 것이고, 과거 종교의 결정적인 패착을 반복하게 될 것이다.

세 번째 과오는 미래의 종교의 발전을 지난 2,500년 동안 엄청난 영향력을 행사해 온 세 가지 삶의 지향들을 대표하는 종교들의 형성적 시기에 범례화된 종교혁명의 모형에 꿰맞추려는 점이다. 예언적 가르침과 모범적 행동의 불가피한 결합은 이제 우리의 현재 조건에 대해서 제한적인 의미를 가진 실천(자기 주변에 일단의 추종자를 모집하고 당대의 기성 권력과 모호한 관계를 유지한 개인적 교사)과 그릇되게 연결된다.

네 번째 과오는 내가 앞에서 논의한 제안에 따라 재해석되고 재정립된 경우에도 철학과 신학이 향유할 수 없는 특권을 철학과 신학에 부여하는 점이다. 독자들이 이 책에서 확보한 것은 철학적인 논거와 비신학적인 신학적 논거다. 이러한 논거는 철학과 신학이 지금까지 종교에서 거룩한 것의 경험에 가까이 접근했던 것보다 미래의 종교에 중요할지도 모르는 동경(성스러운 것의 비전)에 더 가까이 접근할 수는 없다. 우리는 영적 생활의 대변동에 중심적인 경험과 그러한 담론의 괴리를 단지 극복하려는 희망만으로는 극복할 수 없다. 철학과 신학은 종교를 대체하기에는 과거와 마찬가지로 현재에도 무력하다. 철학과 신학은 영적 변화의 경로를 전조하고 해석할 수 있지만 우리를 대신해서 여행할 수 없다. 철학과 신학이 가진 전부는 관념이다. 철학과 신학에게 부족한 것은 찬란한 경험이다.

미래의 종교로서 기독교?

이 책의 나머지 부분에서는 내가 이 장에서 논의했던 종교혁명의 자극들에 상응하는 비전을 다루겠다. 이러한 비전은 서구에서 오랫동안 모든 종교의 핵심으로 간주되어 왔지만 셈족의 유일신교와 연결된 일군의 믿음, 즉 세계를 창조하고 역사 속에 지속적으로 개입하는 초월적 신에 대한 신앙에 의존하지 않는다. 이러한 서사를 수용하는 신앙을 가진 사람들의 시각에서는 내가 여기서 주장하는 삶의 지향은 전혀 종교가 아니며, 심지어 종교에서의 이론적 요소도 아니다.

그럼에도 불구하고 이러한 비전은 이 책의 전반부에서 종교의 특징이라고 주장하였던 모든 기준을 충족시킨다. 이러한 기준을 통제하는 원칙은 모든 초월종교와 이들이 주창하는 세 가지 주요한 실존지향을 포함할 수 있을 만큼 포괄적으로, 우리들의 경험의 다른 부분들과 구별할 수 있을 만큼 배제적으로 종교를 규정해야 한다는 점이다. 이러한 관점에서 종교는 세계나 궁극적 실재에 대한 비전 속에서 실존에 대한 접근을 정초한다. 종교는 인간 조건의 치유 불가능한 결함들에 응답한다. 우리가 그다지 중요하지도 않은 결정에서 통상 적용하는 기준에 비추어 볼 때 종교가 제공할 수 있는 근거들이 결단을 내리기에는 항상 불충분한 것처럼 보이지만 그럼에도 불구하고 종교는 특정한 방향에서 삶의 결단을 요구한다. 논거로서 정당화할 수 있는 것보다 더 많은 것을 우리에게 요구함으로써 종교는 신앙에 입각한 행동경로에서 우리 자신을 타자의 수중에 맡기도록 요구한다. 이성의 경계를 넘어설 때 신앙은 우리를 취약하게 만든다.

이 모든 기준들에 비추어 보면 내가 여기서 옹호하는 사유와 행동에서의 변화는 종교적이다. 그러나 이러한 변화는 중동의 유일신교의 가장 특징적인 믿음의 의미에서 보자면 종교적이지는 않다. 이러한 변화는 중동의 유일신교의 모형에 따라 이해된 종교의 목소리, 즉 성스러운 목소리보다는 세속적인 목소리로 말하기 때문이다.

세속적인 관점에서 미래의 종교를 논의하기 전에 나는 이러한 유일신교들이, 오히려 그중 하나가 내가 제안하는 재정립 수단으로 자체적으로 어느 정도 봉사할 수 있는지를 고려하겠다. 어떠한 기성 종교도 나름대로 재해석되고 혁신되는 경우 진정한 미래의 종교로 또는 최소한 그러한 미래의 종교들 중 하나로 주장할 수 있을 것이다. 이러한 개념적 실험은 우리에게 종교혁명의 프로그램에서 성스러운 형태와 세속적인 형태를 비교할 수 있게 해 준다. 양자 간의 차이는 실재적일 것이지만, 그 차이는 종교혁명의 두 형태 중 어느 하나와 전통적인 세속적 인본주의 혹은 구원종교의 친숙한 신앙과 관행 간의 차이만큼 크지 않을 것이다.

이와 같은 목적에서 나는 기독교의 사례를 활용하고 어떠한 변화를 더해야 기독교가 미래의 종교로 변모할 것인지를 묻고자 한다. 기독교가 미래의 종교가 되려면 현재 종교혁명의 이유를 제공하는 경험들에 응답하는 것이 필요할 것이다. 2천 년 전에 출현한 이래 기독교의 특징이 되어 온 현재에서의 소외를 극복하지 않는다면 기독교는 미래의 종교로 변모할 수 없다. 그 결과는 믿음에서 사소한 적응으로 그치지 않을 것이다. 그 결과는 루터가 시작했던 것보다 더 급진적인 기독교의 개혁으로 귀결될 것이다.

미래의 종교의 성스러운 목소리를 탐구하는 종교로서 기독교를 선택하는 이유는 직접적이다. 세계와의 투쟁은 미래의 종교의 주요한 원천으로 남는다. 유대교, 기독교, 이슬람교는 세계와의 투쟁의 주요한 흐름일 뿐만 아니라 사회적·철학적 타협책들이 그 메시지를 오염시키고 그 위력을 감소시켰음에도 불구하고 예언적 저항의 원천으로 존속해 왔다. 이러한 종교들의 전복적이고 변혁적인 잠재력은 결코 소진되지 않는다. 이러한 종교중 기독교는 인격적·정치적 해방의 근대적 세속적 기획들과 가장 긴밀하고 발전된 관계를 보유한다.

어쨌든 답변은 달라질 수 있겠지만 동일한 문제를 유대교와 이슬람교에게도 제기할 수 있다. 내가 미래의 종교라고 지칭한 비전과 경험의 변화들이 세속적인 목소리로 말하면서 대다수의 사람들을 세계에 실제로 동참시킬 수 있다면, 유대교도와 이슬람교도들도 자신의 신앙을 통해 자신들에게 전달된 구원의 약속을 다시 생각하는 데에 이를 것이다. 나는 이제 기독교를 위해 그러한 약속을 탐구하겠다.

나는 이 장 전반부에서 토론한 억제와 혼동을 다시 한 번 고려함으로써 논의를 시작하겠다. 억제는 종교에 대한 종교적 비판의 금기다. 혼동은 믿음과 불신의 중간 지점에 안주하면서 신앙의 난점들에서 도피하려는 시도이다. 우리가 억제에서 우리 자신을 해방시키고 이러한 혼동에 맞서 투쟁한다면, 우리는 신앙의 근거들에 관한 문제를, 그리하여 세속적인 목소리뿐만 아니라 성스러운 목소리로 종교혁명의 메시지를 들어야 할 이유를 직접적으로 다룰 수 있다.

모든 자유민주주의 체제에서 종교적 이유에 입각한, 달리 말하면 특정한 종교의 관점에서 다른 특정한 종교의 비판에 대한 강력한 반대의 추정이 오랫동안 존재해 왔다. 이러한 비판은 특정한 종교 안에서 정통에 대한 정의를 둘러싼 논쟁과 구별된다. 이러한 비판은 기껏해야 넓은 의미에서 개인적 자유의 토대에 대한 공격에 가까운 불관용의 징표로 간주된다. 비판에 반대하는 추정은 근대 초기의 종교전쟁에서 그 기원을 가진다. 종교적 차이가 폭력을 자극하거나 정당화하는 데에 기여하였기 때문에 종교를 사사화私事化하고 종교적 확신과 정치적 생활을 분리하는 벽[33]을 수립하는 일은 중차대한 것처럼 보이기 시작했다.

자유민주주의 체제는 상충하는 종교적 확신을 가진 사람들이 종교적 믿음들을 공적인 담론에 도입하지 않으면서 서로 공존하고 정부 권력의 행사를 말할 수 있는 체제여야 했다. 제도와 법은 궁극적 실재에 대한 견해들 사이에서 중립적이어야 했다. 이러한 가르침의 귀결은 궁극적인 실

---

33 국가와 교회의 '분리의 벽wall of separation' 관념은 식민지 아메리카의 로드 아일랜드 침례교 신학자 로저 윌리엄스(1603~1683)에 의해 처음 사용되었다. 이러한 사상은 버지니아 권리장전에 반영되었으며, 이후 미국 수정헌법에 도입되었다. 이러한 분리주의 또는 세속화는 종교개혁 이후 유럽의 정치 과정에서 일반적인 것이었다.

재에 대한 관념과 삶의 지향에 대해 종교 비판이 공적 담론의 정당한 부분을 구성해서는 안 된다는 것이다. 종교 비판은 다른 종교의 관점에서 시작되었든 혹은 종교적 권위나 의미를 주장하지 않은 관념의 이름으로 시작되었든 공적 담론에서 추방되어야 한다는 것이다.

어쨌든 종교에 대한 종교적 비판의 금기는 수용될 수 없다. 이러한 금기는 미래의 종교를 포함한 종교에서도, 민주주의, 특히 현존하는 민주정체들보다 더 실재적인 민주주의에서도 수용될 수 없다.

종교에 대한 종교적 비판의 금기는 지난 2천 년의 주요한 영적 지향들을 고취해 온 초월성과 내재성의 변증법에 대한 신앙에 입각해서 말하는 모든 사람들에게 참을 수 없는 것이다. 영이 반드시 육으로 변모해야 하고 세계도 변화시켜야 한다면, 그와 같은 육화의 부인이 영에 대한 저항이라면, 이제 영의 육화가 어떻게 이해되고 성취되어야 하는지가 결정적으로 중요하다. 종교의 종교적 비판을 잠재우는 것은 세계의 완전한 방치를 향한 부당한 일보를 내딛는 것이다.

종교에 대한 종교적 비판의 금기는 분명히 민주주의에 대한 모욕이다. 민주주의의 대의는 우리의 이익과 이상에 인도되어 사회생활의 조건들을 집단적으로 창조하자는 대의이다. 바로 종교에서 우리의 정체성뿐만 아니라 희망 사항에 대한 비전이 매우 강력하게 표현되고 전개된다. 종교에 대한 공적인 목소리를 부인하는 것은 슬프게도 민주주의의 진보가 의존하는 비전들 간의 경쟁을 약화시키는 것이다. 어쨌든 종교에 대해 공적인 목소리를 부여하는 것은 종교의 종교적 비판을 공적 이성[34]의 관행의

---

34 공적 이성public reason은 칸트의 이성의 공적 사용öffentlicher Gebrauch vpn Vernunft에서 유래를 찾을 수 있고, 현대 철학자 중에서는 롤스, 하버마스, 가우스가 이 개념을 발전시켰다. 공적

일부로 인정하는 것이다. 어떠한 종교도 다른 견해들에 맞서 우리의 소명과 인성에 대한 이해를 옹호하지 않는다면 사회 속에서 인간의 상호 관계를 어떻게 조정해야 하는지에 대한 견해를 전개할 수 없다. 결과적으로 종교는 경쟁적인 종교들과 갈등에 빠진다.

종교에 대한 종교적 비판의 금지는 자유주의 정치철학의 특징을 이루는 관념, 즉 사회의 제도들은 선의 상충하는 비전들 사이에서, 그리하여 대립한 종교적 전망들 사이에서 중립적이어야 한다는 관념으로부터 부당한 철학적 지지를 획득한다. 어떠한 사회생활의 배열 방식도 이러한 중립성을 획득할 수 없다. 각각의 질서는 특정한 형태를 장려하고 다른 형태를 억제한다. 환상적인 중립성의 이상은 사회생활 형식을 더 포괄적인 경험에 개방해야 하고 이를 경험의 관점에서 자체적으로 교정할 수 있어야 한다는 특징적인 교정가능성의 이상을 대신한다.

미래의 종교가 성스러운 목소리로 말하고 하나의 구원종교 안에서 자신의 목표를 성취할 수 있는지 여부를 우리 스스로 물을 때 우리는 억제와 혼동을 동시에 대면해야만 한다. 혼동은 더 많은 사람들이 인간사와 자연사에 대한 신의 구속적 개입 서사를 스스로 믿는 데에 경험하는 난점을 논의할

인 토론은 토론 공동체가 공유하는 공적인 이유에 의존해야 하고, 그러한 의미에서 보편적이지 못한 주장은 공적 토론에서 배제된다. 이는 정치적 자유주의의 핵심 개념이라고 할 수 있다. 공적 이성이 사전적인 방호벽 역할을 하도록 설계된다면, 아마도 종교적 이유는 사적인 이유가 되어 공적 토론에서 배제되어야 할 것이다. 이 논의는 공적인 이유public reasons와 비공적인 이유non-public reasons 또는 사적인 이유private reasons 간의 구별에 대한 것이라고도 할 수 있다. 그러나 웅거는 공적 이성을 사전적인 방호벽보다는 토론의 과정이나 그 결과로 이해한다. 웅거의 공적 이성은 공화주의적 정치적 용광로로 이해된다. 웅거는 종교적 이유가 사적인 이유로서 처음부터 배제되는 것을 거부한다.

때 용기와 명료성의 결여에서 나온다. 사람들은 믿기 원하고, 믿으려는 감상적인 의지에 스스로 의탁하려고 한다. 그들은 할 수 있는 만큼만 믿는다. 그들은 일상의 현실을 가능한 한 가장 적게 흔들면서 지속적으로 믿을 수 있게 해 주는 최소주의적인 재해석이라면 무엇이든지 환영한다.

그러한 재해석은 믿음과 불신의 중간 지점을 대변한다고 주장할 것이다. 그러한 재해석은 신의 구원 역사에 관한 스토리와 신과 인간의 거래 관계에 관한 스토리를 우리 자신의 삶과 인간 상호 간의 관계에 대한 일련의 세속적인 관념으로 번역할 것이다. 그러한 서사들이 인간의 세속적인 결단과 열망의 우화로 재해석된다면, 이성과 상충하는 것은 어쨌든 신앙에 존재하지 않을 것이다. 그럼에도 불구하고 신자들은 위축되고 왜곡된 신앙이 환원적인 번역의 텍스트를 구성하는 세속적 경건 의례의 개요집 그 이상이라고 주장한다.

예컨대, 예수 그리스도는 문자 그대로 육화된 신이 아니다. 그러나 예수 그리스도는 이 책의 독자나 나와 같은 사람이 아니라 신적인 에너지의 집중적 육화였다. 그러나 신적인 에너지는 무엇인가? 그것은 영의 활동이고 우리는 초월의 경험에서 이를 발견하고 진화하는 자연 속에서 재발견한다. 이미 부패했다가 지금 복원된 유기체들 속에 다시 정착하면서 우리가 죽은 자 가운데 피와 살을 가진 현재의 개인으로 부활할 것이라고 상정하는 것은 난센스이다. 그러나 죽음은 끝이 될 수 없다. 형언할 수 없는 후속편이 우리를 기다리고 있다 등등.

믿음과 불신의 중간 지점의 징표는 명백하게 세속적인 인본주의에 안주하지 않으면서 믿을 수 없는 것들을 피하려는 시도이다. 이러한 시도의 작업가설은 우리가 적응된 덜 불합리한 의미에서 신자로 머물면서 우화적인 것을 필요로 하지 않는다는 믿음이다. 문제는 우리가 일단 구원종교의 메시지를 자연주의적 용어들로, (다음에 논의할) 이성의 추문들을 회피하는 용어들로 번역하기 시작하면 이제 중단할 장소가 없다는 점이다. 성스러운 서사를 이러한 서사와 무관하게 서술해도 괜찮은 관념과 이상의 우화로 보는 데에 주저할 장소도 없다.

그러나 중간 지점의 구실은 모든 정당화된 번역이 완료된 후 독창적인 스토리의 어떤 것, 달리 말하면 우리가 단지 우화적으로만 취급할 수 없는 어떤 것, 철저한 자연주의적 담론이 제대로 파악할 수 없는 어떤 것이 남아 있다는 데에 있다. 소위 해독된 종교와 그 지성적 대응물을 구별해 주는 기타의 것은 무엇인가?

중간 지점의 얼버무림은 신학자들과 철학자들의 지원이 없다면 결코 되풀이될 수 없었을 것이다. 이러한 지원의 표준적인 형식은 20세기 탈신비화된 의사신학疑似神學[35]이다. 철저하게 탈신비화된 기독교와 신성한 개입자가 필요하지 않은 인간의 자체구성의 교리로서 포이어바흐의 기독교관[36]을 구별해 줄 만한 것은 거의 없다.

신자와 불신자가 공히 왜, 어떻게 믿음과 불신의 중간 지점을 이성과 신앙의 타락으로 배격해야 하는지를 이해하고자 한다면 중간 지점 자체와 중간 지점으로 쉽게 오인되는 입장을 구별하는 것이 중요하다. 신이 예언자들을 통해, 심지어 신-인, 즉 자신의 아들을 통해 인간에게 말한다면, 그의 메시지의 언어들은 신이 말하거나 신이 출현한 역사적 상황에 놓인 사람들에 의해 파악될 수 있는 말이어야만 한다. 다른 시대에 사는 다른 사람들은 변

---

35 이 말이 지칭하는 신학이 무엇인지 드러나지 않는다. 기독교의 핵심 교리를 대체로 부정하면서 신학의 외관을 취하는 입장으로 이해할 수 있다. 종종 기적중지론을 이러한 신학의 사례로 언급한다.

36 《기독교의 본질》 및 《종교의 본질》 참조.

화된 상황에 비추어 그 메시지를 재해석하고 고전적 법률가들의 수법으로 말하자면 언어를 그 정신으로 파악하는 것이 필요할 것이다.

그러나 이러한 맥락적인 해석을 제공하는 문제와 확고한 자연주의 정신에서 종교의 우화적 탈신비화를 성취하는 문제는 다르다. 신이 인간의 신체로 육화되었다는 믿음은 오늘날 감성적인 어중간한 신자들에게도 그렇듯이 2천 년 전 팔레스타인 지역의 유대인들에게도 최소한 충격적이고 우상숭배적인 것이었다.

믿음과 불신의 중간 지점에 대한 두 가지 주요한 반박이 존재한다. 반박은 각기 치명적이다. 반박들은 공히 중간 지점을 신자의 시각에서는 배교라고 비난하고 비신자의 시각에서는 임시변통을 위한 자기기만이라고 비난한다.

중간 지점에 대한 첫 번째 반박은 인식적이다. 중간 지점은 부정직하고 자기기만적이라는 것이다. 진정한 혹은 정당한 중간 지점은 존재하지 않는다. 중간 지점은 이성의 한계 안에서 신앙으로 위장된 신앙의 상실이다.[37] 신의 계시가 특정한 역사적 맥락들에서 나타나고 수용되기 때문에 그러한 계시는 자체적으로 해석이 필요하지 않다. 신자들이 가장 잘 구분할 수 있듯이 맥락에 의존하는 것과 신성한 메시지에 고유한 것은 반드시 구분되어야 한다. 그러나 어떤 것도 신의 계시와 구원의 역사가 없다면 보이는 그대로의 세계와 신의 창조적 현존과 구속 활동의 시야에서 보이는 세계 간의 간극을 가교할 수 없다.

중간 지점에 대한 두 번째 반박은 실천적이지만, 그러한 이유로 첫 번

---

37 칸트는 《순수이성비판》에서 세 가지 신존재증명을 논파하지만, 《실천이성비판》에서 신의 존재를 실천이성의 요청으로 상정했다.

째 반박보다 결코 약한 것이 아니다. 탈신비화의 작업이 일단 성취되면, 그 교리적 잔재는 탈신비화의 작업이 수행된 시대의 관습적인 도덕적 정치적 경건 의례라고 이해될 것이다. 결과적으로 탈신비화 작업은 불필요하다. 성스러운 목소리를 세속적인 목소리로 번역하는 일은 어느 누구에게도 필요하지 않다.

　세계와의 투쟁의 성스러운 형태와 세속적인 형태는 모두 기성의 제도와 관념에 저항할 잠재력을 보유한다. 그렇지 않았더라면 그러한 형태는 지난 2백 년간 인간을 각성시켰던 민주주의와 낭만주의의 세속적 프로그램을 고취하는 데에 일조할 수 없었을 것이다. 성스러운 목소리를 세속적인 목소리로 번역한 결과물이 많은 사람들에게 그럴싸하고 설득력 있는 것처럼 보일지라도 사람들은 그러한 번역이 이미 동의하고 기다리는 결론을 포함하는 경우에만 안도하며 수용할 것이다. 이러한 번역이 구속자救贖者가 간단히 현대의 도덕적·정치적 개혁가들의 가르침을 예고하였거나 우리 시대의 문화와 환상들의 도그마들을 예상하였다는 듯이 주장한다면 그러한 번역은 흥미도 유발하지 못하고 힘도 발휘하지 못할 것이다. 다른 한편에서는, 사려 깊고 영향력 있는 사람들이 포용하는 좋은 행동의 표준들, 정치적·도덕적 철학자들의 이론적 보편주의, 이타주의, 평등주의, 가족과 나라에 대한 헌신, 직업의 존중 등과 같은 공유된 집단적 견해가 분명히 존재한다. 그러나 믿음과 불신의 중간 지점의 주저함 없이 수용된 고난당한 신의 종교라면 이 모든 것들을 아마도 의문시하고 부인하였을 것이다.

일단 우리가 믿음과 불신의 중간 지점의 혼동들을 배제한다면, 우리는 세계와의 투쟁의 성스러운 목소리를 진지하게 고려하는 것에 대한 주요한 반박뿐만 아니라 기독교와 같은 기성 종교 안에서 미래의 종교를 창조하려는 전망도 직시할 수 있다. 기성 종교의 철저한 재구성이 요구될지 모른다. 어느 누구도 재구성의 결과가 여전히 동일한 종교라고 할 것인지 혹은 다른 종교라고 할 것인지 미리 알 수 없을 정도로 철저하게 재구성되어야 한다. 어쨌든 우리가 기성 종교를 우리의 영적 생활에서 그러한 혁명의 출발점으로 상상할 수 있는지 여부가 문제로 남는다. 이 문제에 대한 긍정적인 답변이라면 이성의 추문들을 고려해야 한다.

구원종교에 드리워진 이성의 추문들은 앞에서 주장했듯이 세 가지다. 초자연주의의 추문, 특수성의 추문(특정한 플롯에 부여된 보편적인 메시지, 특정한 시간과 장소에서 신성한 개입과 계시의 서사), 그리고 신 관념(최소한 구원종교가 신 관념에 대해 요구한 작업을 수행할 수 있는 관념 형태)의 부정합성과 이해불가능성의 추문이다. 믿음과 불신의 중간 지점에 대한 반대논증의 시각에서 그리고 기독교적 맥락에서 이성의 추문들을 고려해 보자. 핵심은 이러한 추문들과 대결하는 사람이 어떤 조건에서 또는 어떤 의미에서 중간 지점의 얼버무림 없이 추문들에게 합당한 지위를 부여하고 그럼에도 불구하고 기성 종교의 한계 안에서 필요한 종교혁명을 시작할 수 있는지를 결정하는 것이다.

결국 종교혁명으로 가는 성스러운 경로와 세속적인 경로 사이에 격차는 남는다. 즉, 삶의 영위에 대한 결론을 함축하는 비전들의 차이는 남는다. 그러한 격차를 고수하는 것은 우리가 중간 지점의 자기기만적인 유혹들에 굴복하지 않았고 우리가 또 다른 신앙을 위장하거나 더 그럴듯하게는 신앙의 결손을 위장하기 위해 형해화된 신앙을 현재 사용하지 않는다는 점을 확실하게 인식하는 유일한 방법이다.

초자연주의의 추문은 다른 구원종교들과 마찬가지로 기독교의 서사에서 자연의 규칙적인 활동(일상적인 인식이 관찰하거나 과학이 발견하는 인과 관계와 법칙)을 부정하는 행위와 사건들에 의해 수행된 역할이다. 신은 세계를 창조한 후 정기적으로 세계에 개입한다. 신의 개입은 모든 규칙적인 인과관계들을 중단시킬 수도 있을 뿐만 아니라 인과관계를 통해서도 활동한다. 정상적인 자연 활동을 중단시키거나 변화시키는 권력은 신의 삶에 대한 원대한 참여의 신호로서 때때로 특정한 개인들, 즉 성인聖人들에게 부여될지도 모른다. 육화, 그리스도의 동정 출생, 그리스도의 몸의 부활로 시작되는 육신의 부활은 기독교 안에서 초자연주의의 모든 사례들이다. 이러한 사례들은 자신이 창조한 자연의 활동에서 조용히 소극적으로 떨어져 있는 신에 관한 이성주의적 또는 이신론적理神論的 관념[38]과 대립한다.

신이 시간 바깥에 존재하고 또한 우리가 시간으로 체험하는 모든 순간들이 신에게는 영원한 지금an eternal now[39]이라고 한다면, 신의 고차적 지성의 관점에서는 인과율이나 자연법칙의 중단과 같은 것은 존재하지 않을지 모른다. 어쨌든 우리에 대해서는 세계 속에 신의 존재가 갖는 효과는 자연에서 인과관계를 초월하고 교란시키고 변화시킨다. 이러한 변화는 초자연주의의 뚜렷한 특성이다.

교란과 관련된 이러한 더 작고 더 구체적인 초자연주의는 더 거대한 초자연주의, 즉 신의 존재, 삼위일체적인 신의 내적인 삶, 삼위일체적 신

---

38 계몽주의 시대에 유행한 신 관념의 하나이다. 세계를 창조한 하나의 신을 인정하되, 그 신은 세계와 별도로 존재하며 세상을 창조한 다음에는 물리 법칙을 바꾸거나 인간에게 접촉하는 인격적 주재자로 보지 않는다. 그에 따라 계시, 기적 등이 없다고 보는 철학, 종교관이다. 계몽주의에서 이신론은 신이 인간을 초월한 존재이며 또 우주의 창조주라고 생각하는 점에서는 일종의 유신론有神論이지만, 인간이 이성理性을 가지고 있기 때문에 신의 존재나 우주의 법칙을 이성으로 알 수 있다고 보았다. 영국의 존 톨런드와 매슈 틴들, 프랑스의 볼테르, 디드로, 장 자크 루소, 특히 미국에서 토머스 제퍼슨, 벤저민 프랭클린 등이 이신론자로 알려졌다.

39 '영원한 지금'은 아우구스티누스의 《고백록》에 등장하며, 폴 틸리히의 설교집 제목으로도 유명하다.

성의 창조적이고 구속적인 활동과 관련된 초자연주의에 둘러싸여 있다. 이 모든 궁극적 실체들은 우리의 자연적 이해뿐만 아니라 제한적인 지각 장치를 가진 필멸의 유기체로서 우리의 시각에서 관찰할 수 있는 자연의 규칙적인 활동까지도 초월하기 때문이다.

우리는 초자연주의에 관한 자연적 해명을 제공하는 지점까지 갈 수 있다. 존재의 유형뿐만 아니라 변화의 양상도 변한다는 점은 자연의 원초적인 특성이며, 인과율과 자연법칙에 관한 우리의 전통적 관념들은 이를 제대로 포착하지 못한다. 우리의 인과적 판단을 밑받침하는 불변적 자연법칙의 구조 관념은 과학적 사실주의의 주장과 배치되고 사실상 형이상학적 미신에 불과하다.

우주의 전체 역사로 보자면 변화는 불연속적으로 변한다. 존재의 새로운 유형들은 출현하고 새로운 규칙성들이나 법칙들은 그러한 존재 유형들과 동시적으로 발전한다. 현쮓우주의 초기역사에서 자연은 분화된 구조의 형태로, 즉 입자물리학에 의해 기술되고 있는바 분화된 구조나 서로 다른 현상들의 형태로 명료화되지 않았을지 모른다. 자연법칙과 그 법칙이 통제하는 사태의 구별이 불가능했을지 모른다. 우주의 초기역사에서 심지어 일반적이고 회귀적인 규칙들의 실례라기보다는 자연의 원초적 특성으로서 앞의 사태와 뒤의 사태 간의 인과적 연결과 같은 법칙 없는 인과율이 존재하였을지 모른다.

우리의 자연적 이해가 받아들일 수 있는 초자연주의는 반자연주의ant-naturalism가 아니라 '새로운 초자연주의super-naturalism'[40]이다. 새로운 초자연

---

40 웅거는 자신의 입장을 전통적인 초자연주의supernaturalism와 대비하기 위해 초–자연주의super–naturalism라고 표현한다. 역자는 본문에서 이 용어를 일률적으로 '새로운 초자연주의'로 번역하

주의는 자연의 철저한 가변성과 시간의 포괄적 실재성을 자유로이 인정한다. 새로운 초자연주의는 조만간 변하지 않는 것이 없다고 인정한다. 새로운 초자연주의는 우리의 철학에서 꿈꾸는 것보다 더 많은 것이 하늘과 땅에 존재한다고 인정한다.

어쨌든 새로운 초자연주의가 자연의 활동 방식에 대한 이해의 경계를 확장시키기는 하지만 그것은 구원의 스토리의 의미, 즉 믿음과 불신의 중간 지점의 이쪽(믿음)을 보존하는 데에 필요한 전통적인 초자연주의를 수용할 정도까지 결코 멀리 나갈 수는 없다. 자연철학에서 정당화될지도 모르는 새로운 초자연주의와 우주 및 그 규칙성의 창조자에게 창조한 세계 안에서 우주의 진화하는 체제에 대한 직무를 유기한 가운데 행동하는 것을 놀랍게도 허용하는 전통적인 초자연주의 사이에는 가교 불가능한 간극이 존재한다.

관찰과 이론화 간의 어떠한 변증법도 우리와 전통적인 초자연주의를 결코 화해시킬 수 없을 것이다. 의미와 경험의 신질서를 수립하는 인물들과 사건들을 인식할 권능을 보유한 엄청난 사건만이 그러한 결과를 낳을 수 있을 것이다. 그러한 사건은 그러한 현현顯現[41]들의 중심에 있는 만남, 달리 말하면 항거 불능으로 느껴지는 실체나 가르침과의 직접적인 접촉에 의해 고취된 비전이다.

고, 그와 대조되는 의미를 가지는 초자연주의를 맥락에 따라 편의상 전통적 초자연주의로 옮겼다. 웅거는 시간의 실재성을 인정한다는 의미에서 새로운 초자연주의를 '시간적 자연주의temporal naturalism'라고 부르기도 한다. 이는 과정신학적 시간관으로 이해할 수 있다. 시간적 자연주의는 물리학자 리 스몰린의 용어이다.

41 the Epiphany로 쓰일 때에는 예수의 공현(이방인인 세 박사에게 메시아의 출현을 알려 주는 것)을 의미하지만, epiphanies로 쓰일 때는 신이나 초자연 현상의 발생을 의미한다.

이성의 두 번째 추문은 특수성의 추문이다. 이는 특정한 시간들과 특정한 장소들에 놓인 특수한 개인들에 의한 보편적 메시지의 전달이 갖는 기이함에서 기원한다. 왜 신은 그의 구원 계획에서 유대인에게 주요한 역할을 배정하였는가? 왜 신은 아우구스투스 치세 로마제국의 변방 속주에서 팔레스타인 열심당원으로 육화되었는가?[42] 왜 이 종교의 초기 역사에서 유대교와 헬레니즘의 만남이 다른 시대의 다른 문화들의 대면들과는 비교할 수 없을 정도로 큰 영향력을 행사하도록 허용하였는가? 왜 진리의 빛을 접하지 못하고 죽은 많은 사람들의 영적 은혜를 위해 신의 인간적 육화가 더 일찍 일어나지 않았는가? 혹은 왜 그 메시지가 로마제국의 권력과 타협으로 타락할 가능성이 더 작았을지도 모르는 더 늦은 시기에 신의 인간적 육화가 일어나지 않았는가?

그 플롯은 특수하고, 그 메시지는 보편적이다. 플롯의 특수성과 메시지의 보편성 간의 긴장은 모든 구원종교들에 공통적이다. 그러한 긴장은 인류의 다른 부분들에 맞서 한 부분에게 구원의 역사에서 특별한 장기적 역할을 부인하는 기독교와 이슬람교에서 심화된다.

다시 한 번, 우리는 유일한 플롯에 대한 보편적인 의미의 부여를 전적으로 세속적으로 해명하고 변호하는 데까지 멀리 갈 수 있다. 구원의 서사는 신이 인간의 역사를 관통하고 인류에게 경험의 새로운 조류들과 새로운 기회들을 가져다주는 굴절과 파열의 지점들을 둘러싸고 조직된다. 이러한 전환점들에서 적극적인 인물들(육화된 신과 그가 동심원의 확장을 통해 접촉하는 사람들)은 삶과 통찰의 새로운 방식의 창안자들이다. 그러

---

42 이 질문은 이성의 추문이라는 시각에서 어중간한 믿음을 가진 사람들이 제기할 수 있는 가상적인 것이다.

한 사건들the events은 그 직접적인 맥락을 넘어서는 의미를 가진다.

우리는 구원의 보편적 메시지를 담지하는 특수한 사람들과 사건들의 힘을 인류의 역사적 경험 속에 확산된 현상의 제한적 사례로 이해할 수 있다. 혁명가들은 정치적·경제적 삶뿐만 아니라 종교적 미적인 체험에서도 사상이나 사회의 기성 구조를 다시 상상하거나 쇄신하고 우리 자신에 대한 새로운 관념을 제공하는 사람들이다. 사건들은 범례적인 중요성을 갖는다. 사건들은 또 다른 장소들과 시간들에 놓인 다른 사람들이 걸어야 할 길을 열어 놓는다. 그 사건들이 그러한 상황의 언어로 구체화되고 표현되어 있다는 사실은 터무니없는 추상적 관념들이라면 가질 수도 없는 힘을 사건들에게 제공한다. 사건들은 삶의 제도적 개념적 전제들을 쇄신하는 우리의 권능을 집중적으로 나타낸다.

맥락에 구속되는 플롯과 맥락을 초월하는 메시지의 긴장은 맥락에 구속되고 동시에 맥락을 초월하는 개인들로서 우리의 본성들의 변증법에서 궁극적인 기초를 가진다. 이러한 갈등이 사상이나 사회의 신질서를 출범시키는 범례적 행동을 위한 전기로 전환될 때 갈등은 더 이상 당혹스러운 일이 아니라 기회로 변모한다.

그러나 기독교와 자매 종교들에서 구원 서사는 간단히 사상과 사회생활의 신체제들, 새로운 방법과 새로운 제도의 창조와 관련되어 있지 않다. 구원 서사는 단순히 사상이나 협동의 세속적 삶에서 구조적 변화의 불연속적인 성격에 관련되어 있지 않다. 그것은 역사 너머에서 발원하는 힘(삼위일체적인 신의 내적인 삶)이 역사적 시간 속으로 돌입하는 것을 이야기한다.

창시적 행위자는 범례적 인간(예언자나 기적수행자)일 뿐만 아니라 육화된 신이기도 했다. 결정적인 사건들은 대체로 우리가 유비를 통해 다른 맥락들에서 반복 가능한 관념 또는 인간 상호 관계의 배열 방식의 실행으로 여겨지지 않는다. 사건들은 그 자체로 메시지이며 희생, 즉 인간의 모습을 한 신의 형언할 수 없는 희생이다. 사건들은 그 자체로 범례적이라기보다는 세계변혁적이라고 여겨진다. 사건들은 유비로 확장되는 사례의 논리를 통해서가 아니라 성령의 지속적인 현존과 교회의 성사적인 삶으로 유지되는 신의 직접적 행동을 통해서 세계 안에 신의 구속적 출현의 또 다른 무대나 단계를 시작한다. 교회의 교도권敎導權으로 조문화된 교리는 신앙의 원천과 영감이 아니라 단지 신앙의 회고적인 표현으로서 믿음이다.

이러한 주장들과 역사 속에서 범례적 개인들 및 사건들에 대한 관념 사이에는 헤아릴 수 없는 엄청난 격차가 존재한다. 어떤 것도 이러한 간극을 가교할 수 없다. 특수성의 추문에 대한 자연적이고 역사적인 대응 형태들은 당혹과 동요를 불러일으키는 특수성의 힘을 감소시키지 못한다.

이성의 세 번째 추문은 신성한 존재의 추문이다. 이는 유대교도나 이슬람교도와 마찬가지로 기독교도에게도 해당하는 신 관념의 부적절성과 부정합성의 문제이다. 우리는 그러한 세 가지 신 관념들 각각에 대하여 그것이 그 자체로 이해 가능하지 않다거나 혹은 신앙이 부여한 기능을 수행할 능력을 상실하는 경우에만 이해 가능하게 된다고 말해야만 한다.

인격으로서의 신 관념은 구원 서사에서 주장된다. 기독교에서 그러한 신 관념은 수육을 통해 불가피한 것으로 만들어진다. 어떠한 신자도 파악할 수 없는 것은 신이 어떻게 세계를 근본적으로 초월하고 인간의 유한한 실존의 어느 부분과도 비교할 수 없는 인격이자 동시에 존재일 수 있는지이다.

기독교 신학은 다양한 형태의 유비 교리를 통해 이러한 딜레마에 응답할지도 모른다. 그러한 교리의 관점에서 보자면, 우리는 인간들 사이의 관계를 유추하여 신과 인간의 관계를 이해할 수 있다. 인간과 신의 상호적 참여는 이제 인격성과 인격적 만남에 관한 우리의 경험에 더욱 심오한 의미를 부여하고 도덕적·사회적 개선에 관한 그 어떤 희망보다 더 위대한 희망을 이끌어 낸다.

인격으로서의 신 관념의 권능은 우리의 가장 중요한 속성(개념적·제도적 질서가 인간을 소진시킬 수 없다는 특징)에 대한 우리의 통찰과 공명할 수 있다. 그러나 이러한 관념의 결함은 마치 신이 단순히 소인국 사람들에 대해 걸리버와 같은 거인인 것처럼 신 관념을 인간의 경험과 역량의 차원으로 환원하는 데에 있다. 인격으로서의 신 관념은 의인화적 투사의 오염에서 완전히 정화될 수 없다. 이러한 의미에서 인격으로서의 신 관념은 유한한 것 안에 무한한 것을 담으려고 시도한다. 인격으로서의 신 관념은 우상숭배에 근접한다.

존재로서의 신 관념은 이러한 오염에서 자유롭다. 그러나 이러한 관념은 신의 창조적이며 구속적인 역사役事의 서사와의 충돌이라는 대가와 인격적인 존재에 대한 비인격적인 존재의 우월성을 긍정하게 되는 대가를 치르는 경우에만 이러한 자유를 성취한다. 신의 창조와 구속에 관한 역사의 서사는 종교의 우연적 특성이 아니다. 즉, 이해할 수 없는 것을 더 잘 이해시키기 위해 그 메시지를 일상적인 언어로 치환한 것이 아니다. 꼬집어 말하자면 이러한 서사는 오히려 신앙의 핵심이다.

비인격적 존재는 살아 있는 신일 수 없다. 비인격적 존재는 아브라함의 신이나 신약성경의 신이 아니라 철학자들의 신이다. 비인격적 존재로서의 신 관념의 수용은 일원론적 범신론이 아닌 경우에는 범재신론汎在神論의 각종 형태에 이른다. 일원론자나 범신론자에게는 신과 세계가 동일하다. 범재신론자에게 비인격적 존재로서의 신은 세계 혹은 세계신the world God을 구성하지만 세계 플러스 알파이다. 이 알파는 공간적으로, 영적으로 현상적인 자연을 초월하는 실재로서 상상될지도 모른다. 더 큰 권능과 더 큰 실현가능성을 갖는 이 알파는 시간적으로 아직 실현되지 않고 결정되지 않은 세계의 미래로 표상될지도 모른다. 지금 확정된 것처럼 보이는 모든 것은 시간의 흐름에 따라 흐트러지고 변형될 것이다.

세계 자체에 성스러움을 부여하는 것 말고는 성스러움을 어디에 부여할지를 알지 못하지만 고등종교를 자극하는 변증법, 즉 초월성과 내재성의 변증법을 명백하게 전복하는 것을 꺼리는 정신에게는 범재신론이 매력적으로 보일지 모른다. 그러나 범재신론은 기독교 신앙에서 핵심적인 구원의 약속으로 우리를 인도할 수 없다. 범재신론은 기독교 신앙에서 구속의 서사를 구성하는 특별한 사건들(이스라엘과의 약속에서 시작하여 대속자의 출현, 수난, 부활 그리고 교회를 통한 신의 역사役事의 지속에 이르기까지)에 연결될 수 없다. 이러한 전체 스토리는 비인격적 신 관념의 자극에 따라 이 스토리의 기반을 이루는 역사적 사실의 잔여가 지탱할 수 없는 영적 우화로 쇠잔해간다.

최고의 지위를 노리는 세 번째 신 관념, 비인격과 비존재로서의 신, 즉 신은 철저한 부정이기 때문에 존재의 근거라는 신 관념이 남아 있다. 그것은 기독교뿐만 아니라 유대교와 이슬람교 안에서도 신비주의자들에게 항상 매력적이었던 신 관념이다. 그러한 신 관념은 신에 대한 하나의 관념이라기보다는 그 어떤 신 관념도 성취하지 못한 신자로서의 무능함에 대한 고백이다. 그것은 두 가지 이유로 이단에 접해 있다. 첫째로, 그러한 신 관념은 인격적 경험과 인격적 만남의 언어로 표현된 창조와 구원의 스토리에 그 문자적인 의미와 동떨어진 의미를 부여할 수밖에 없다는 점을 함축하기 때문이다. 둘째로, 마치 인간이 이해할 수 없는 세계에서 임박한 소멸의 예감이 최후의 순간 설명할 수 없는 구제의 기대로 대체될 수 있는 것인 양, 계시 신앙의 일부조차도 병행시킬 수 없는 이성의 무능력이 구원의 메시지를 인간이 원하는 그 어떤 것으로도 채울 수 있는 빈 그릇으로 방치하기 때문이다.

이와 같이 활용 가능한 신 관념들의 부적절성이나 부정합성은 신앙을 근본적으로 위협한다. 이러한 결함이 신자의 믿으려는 의지will to believe[43]와 그의 이해를 부조화 상태에 빠뜨린다. 신 관념의 부적절성과 부정합성은 생각조차 할 수 없는 (비)존재에 대한 믿음의 근거들을 무너뜨리면서 신의 존재에 대한 존재론적 논증을 전복한다. 우리는 우리의 인식적 경험의 한계를 초월하는 실체의 변형들을 믿어야 할 이유를 자연과학에서 발견할지도 모른다. 어쨌든 우리가 자신의 이성적 추론이 이해할 수 없는 추상적 관념을 만들어 내는 때 우리는 우리의 지성적이고 영적인 삶을 위험에 처하게 할 수 있다.

그럼에도 불구하고 이러한 세 가지 신 관념의 실패들에 대해 자연주의적 해석을 가할 수 있다. 이는 인간중심적인 담론에서 신중심적인 비전을 재생산하는 방향으로 상당히 나아가는 해석이다. 어쨌든 여기서도 여전히 자연주의적 이해와 살아 있는 신에 대한 신앙 사이에 간극은 존재한다. 중간 지점의 타협은 이 격차를 극복하지 못한다. 그러한 자연주의적 관점에서 보자면 신 관념은 생활 경험에서 두 가지 다른 요소들에 관한 응축되고 결합된 해명을 제시한다.

신의 관념을 사유하는 노력을 독려하는 첫 번째 요소는 우리의 불완전

---

43 '믿으려는 의지'는 윌리엄 제임스의 용어이다. 윌리엄 제임스는 이 개념으로 신앙의 본질을 해명하고, 신앙의 실용주의적 차원을 주목했다. 그러나 웅거가 제임스의 맥락에서 이러한 용어를 사용했다기보다는 실존지향의 측면에서 믿으려는 의지의 결함을 지적하고 있다.

성에 대한 인정이다. 인간 조건의 결함들은 치유불가능하기 때문에 우리는 이를 극복할 수 없고 또한 극복하더라도 우리 자신을 완전하게 회복할 수 없다. 우리의 무근거성은 우리의 실존을 확고한 기반에 정초시킬 어떠한 희망도 우리에게 허락하지 않는다. 충족불가능성은 우리에게 유한한 것에서 무한한 것을 영원히 추구하라고 선고한다. 우리의 필멸성은 근거와 무한한 존재에 대한 탐색을 화급한 것으로 만들고 우리에게 경험의 무한한 다산성과 소멸의 최종성 간의 끔찍한 차이를 직시하게 한다.

신 관념을 원용하려는 노력을 독려하는 두 번째 요소는 비탄의 가운데에서 우리의 상황이 보기보다는 절망적이거나 당혹스러운 것은 아니라는 희망과 불가해한 방식으로 우리가 위대한 삶으로 인도될 것이라는 희망이 출현한다는 점이다. 우리는 우리의 행동과 믿음을 변화시킴으로써 우리의 덧없고 결함 있는 실존에서 그와 같은 위대한 삶을 예감한다.

인간의 자연적 경험의 이러한 특성들은 신 관념에 대한 문호를 개방한다. 이러한 특성들은 특정한 형태의 신 관념을 결코 정당화하지 않는다. 더구나 이러한 특성들은 어떠한 신 관념도 필요로 하지 않은 다른 수많은 서술과 해석들을 허용한다. 기독교도에게 문제는 이러한 특성들이 하나의 신 관념을 선택하고 지지하지 못한다거나 활용 가능한 세 가지 신 관념의 부적절성과 부정합성을 전혀 교정하지 못한다는 데에 있지 않다. 문제는 철저한 불완전성과 철저한 희망에 대한 경험과 기독교를 특징짓는 계시와 변혁의 독특한 요구들 사이에 무한한 간극이 존재한다는 데에 있다. 기독교도라면 계시된 진리와의 대결을 통해서 살아 있는 신과 직접적으로 만난다고 반드시 느껴야 한다. 기독교도라면 세상의 어둠 저편에서 인간적인 얼굴a human face, 즉 기독교도의 관심을 공유하고 기독교도의 삶에 참여할 수 있고 그럼에도 불구하고 모든 존재의 근거가 되는 존재를

상상해야만 한다.[44]

감각의 모든 증거들에 비추어 본 우리의 실제 모습 그대로 우리가 우주 속에서 홀로 존재하지 않는다는 점을 기독교도가 믿는 것만으로는 그다지 충분하지 않다. 우리가 신의 삶을 더욱 완전하게 공유할 수 있도록 우리의 동반자로서 신이 심지어 우리 가운데 육화되는 지점에 이르기까지 우리의 삶을 공유하는 것에 개방적이어야 한다는 것이 필수적이다. 신과 인간 사이에 이와 같은 상호개방성은 특정한 시간과 장소에서 독특한 사건들을 통해 실현되어야만 한다. 이러한 사건들은 인간 조건에서 불가역적인 변화를 나타낸다.

우리는 앞서 기술한 불완전성과 희망이라는 두 가지 자연적 경험의 강력한 힘에 대해 그와 같은 확신들을 결코 획득할 수 없다. 우리는 동의를 강제하고 의심을 불식시킬 정도로 압도적인 호소력을 지닌 사건들의 위력 아래서만 그와 같은 확신을 얻을 수 있다. 그러한 사건들은 그 자체로 사건들에 권위를 부여하는 변혁적 힘의 징표를 가져야만 한다.

이러한 힘을 보유하기 위해 사건들은 인간적 존재와 신적 존재 사이에 있는 경계를 넘는 것, 달리 말하면, 죽을 수밖에 없고 근거를 알 수 없고 충족 불가능한 존재로서 죽음과 부조리의 그림자 아래서 자신의 한계를 넘어서 영생은 아닐지라도 최소한 고차적이고 위대한 삶을 향유할 수 있는 우리의 능력과 연관되어야 하고 이를 범례화해야 한다. 그러한 삶은 영원성의 잣대로는 갖지 못하는 바를 맹렬함intensity으로 우리에게 제공할 것이다. 계시와 구속의 범례적인 사건들이 우리에게 이러한 고통과 열망

---

44 여기 문장은 폴 틸리히 신앙에 근접하는 것 같다:

을 표상하는 또 다른 방식을 제공하는 것만으로는 충분하지 않다. 범례적인 사건들이 우리의 상승에 대한 구체적인 징표를 제공하는 것이 필수적이다. 오로지 그때에만 범례적 사건들은 구원의 메시지에 대한 신앙을 이끌어낼 것이다. 범례적 사건들의 구원적인 힘은 어떤 사람들에게는 범례적 사건들의 지속과 그 결과에서 분명하게 드러날 것이다. 인간적 존재와 신적 존재 사이에 있는 경계를 넘는 것 이외의 다른 어떤 주제도 범례적 사건들에게 그와 같은 구원적 힘을 부여하기에는 충분하지 않을 것이다.

삼위일체와 수육의 신비들은 기독교에서 자연적인 경험들로부터 이러한 드물고 열정적인 신앙으로의 도약이 얼마나 위대한 것인지를 정확히 보여 준다. 범재신론의 방식으로 세계 속에서 우리의 인식적 경험과 확립된 관념이 제대로 파악할 수 없는 실체와 가능성의 반음영半陰影을 식별하는 것과 삼위일체적인 신과 삼위일체의 각 위격의 활동에 대한 니케아 신조의 공식들에 귀의하는 것은 서로 다른 문제이다. 영감을 받은 개인들의 행동과 가르침으로 촉발되어 우리로 하여금 우리 자신을 더욱 신처럼 만드는 일을 가능하게 하는 초월성과 내재성의 변증법의 가속을 상상하는 것과 신이 팔레스타인에서 유대의 성자로, 로마제국 치하에서 이단자로 출현했다고 믿는 것은 서로 다른 문제이다. 어떠한 탈신비화와 우화화도 이러한 믿음들 간의 격차를 줄일 수 없다.

이성의 추문에 대해 효험을 가질 만한 유일한 답변은 비전과 삶에 대한 확고한 체험이다. 신자라면 루터처럼 "저는 달리 어찌할 도리가 없습니다"[45]라고 말할 수 있어야만 한다. 그러한 체험이 신자를 압도하는 것처럼

---

45 수도사 루터가 1517년 비텐베르크성 교회에 교황의 면벌부 판매를 비판하는 95개조 반박문을 게시한 후 로마 가톨릭교회의 심문 과정에 제출한 답변서의 말미에 "여기 제가 서 있습니다. 저는 달

보인다는 사정은 자신의 삶을 환상에다 도박할 위험에 맞서 신자를 보호하지 않을 것이다. 그것은 거래의 일부이다. 종교의 지속적인 특성은 결단의 근거들이 항상 불충분함에도 인생의 결단을 요구하는 것이기 때문이다.

◆　◆　◆

이성의 세 가지 추문은 기독교(또는 유대교나 이슬람교)를 미래의 종교의 출발점으로 삼으려는 시도에 대한 예비적 반박과 근본적 반박을 망라하지 못한다. 또 하나의 추가적인 반박도 존재한다. 성격이 완전히 다르다는 사실을 제외하면 이 반박은 이성의 네 번째 추문이라고 말할 수도 있다. 이 반박은 너무나 친숙해서 이를 쓸모없는 진부한 이야기로 간단히 오해할 수 있다. 그 명백한 주제는 신앙의 정당화라기보다는 믿음의 심리학이나 사회학이다. 인간 상황의 진리나 희망의 자극들에 대해 이 반박이 함축하는 바는 추상적이고 모호하다.

그럼에도 불구하고 이 반박은 구원종교중 하나를 진지하게 고려하는 사람이라면 어느 누구도 빠져나가기 어려운 곤경을 제시한다. 이 곤경과의 교전은 기독교 신앙이 미래의 종교의 출발점으로 봉사하고자 한다면 혁명적으로 변화되어야 한다는 점을 보여 주는 데에 유용하다.

세계종교들(과거 종교혁명들로 탄생한 종교들)의 추종자들이 자신의 부모가 지켜 왔기 때문에 또는 그들이 신앙을 개인의 정체성 및 자신의 가족, 공동체 또는 민족과의 유대의 일부처럼 취급하는 여건에서 살고 있기

리 어찌할 도리가 없습니다. 하느님, 이 몸을 도우소서. 아멘"이라고 썼다. 물론 루터는 교황청에 출두할 기회가 없었다.

때문에 대체로 자신의 신앙을 유지한다는 사정은 특별히 언급할 필요도 없이 아주 분명하고 흥미를 유발하지 않을 정도로 자연스러운 사실이다.

분명히 다른 종교로 개종하는 사람들도 있다. 선교를 도모하는 종교들, 특히 기독교, 이슬람교와 그 변주들이 존재한다. 이러한 종교들의 역사에서 일찍이 모든 개인은 개종자였다. 그럼에도 불구하고, 확립된 신조에서 그러한 종교들이 존재하는 거의 모든 시기에 개종자의 특징적인 경험은 신앙의 공동체에 대한 참여의 경험이고, 압도적인 다수의 구성원들은 자신들의 부모가 신앙공동체에 참여했기 때문에 거기에 참여한다.

이러한 사실에 대한 예외들은 매우 소수이고 제한적이다. 수백만의 사람들은 오늘 기독교의 한 분파에서 다른 분파로 지속적으로 이동한다. 다른 수백만의 사람들은 신앙에서 어중간한 신앙으로, 어중간한 신앙에서 무신앙으로 천천히 이동한다. 그러나 종교 간에 그리고 종교 안에서 이동하는 사람들의 종교적 구성원 자격은 출생, 가족의 영향, 인류의 역사적 분할이라는 우연적 사실들로 정해진다.

어느 누구도 자연이 작동하는 방식에 대한 우리의 믿음들이 부모의 확신에 의해 결정되거나 심지어 영향을 받는 상황을 합당하다고 여기지 않는다. 신앙의 심리학과 사회학은 인식론적인 의미를 획득한다. 이러한 사실들은 자기기만으로 환상을 고양시키는 것을 달가워하지 않은 신자들을 의기소침하게 만든다. 종교가 계시와 근본적이고 보편적인 진리의 수용에 기초하여 모든 인류에게 열려 있는 구원의 길을 제공한다고 주장하는 한, 종교는 공유된 교리 체계에 부차적이고 우연적인 시멘트의 역할만을 수행하는 일련의 전통적인 관행과 상호적인 충성들로 귀결되어서는 안 된다.

그러나 기독교의 가장 이른 시기 이후에 대다수의 기독교 사제들을 포함해 압도적인 다수의 기독교도들은 그들의 부모가 기독교도였기 때문에, 그들이 선조의 신앙을 고수하였기 때문에 기독교도가 되었다. 그들은 자신들의 국경 넘어 대부분의 사람들이 비기독교도로 머물던 세계에서 기독교도였다.

보편적 구원의 보편적인 진리에 대한 주장과 물려받은 영향의 사실 사이의 갈등은 기독교처럼 민족적인 구분과 역사에 대한 모든 연계성을 단절하고 인류 전체를 그러한 진리의 담지자로 겨냥하는 종교에서 첨예하게 될 수밖에 없다. 그러한 종교에서 공동체와 정체성 앞에 신앙이 투항한다는 것은 순전한 신성모독이고 신앙으로 위장된 이교주의이자 우상숭배이다.

바로 이러한 이유로 다른 모든 종교에 앞서 구원종교들이 지배적인 지위를 차지한 문명 속에 살았던 합리주의자들과 회의주의자들은 구원종교가 구원에 관한 유일한 진리와 유일한 경로를 제시한다는 주장을 배척하고자 했다. 그들은 종종 종교의 중심적 가르침을 다른 여건에서 대략 등가적인 형태를 허다하게 제공할 수 있는 영적 통찰과 결단의 정황적인 표현으로 재해석하려고 시도했다.

그러나 정통 이론의 이러한 수축은 셈족의 유일신교의 본성과 불화한다. 신이 단 한 번 수육되어 그 추종자들에게 만인을 위해 단일한 보편적 교회와 단일한 성사적인 삶을 수립할 책무를 부여했다면 기독교가 어찌하여 많은 방식 중 하나의 방식으로 그칠 수 있겠는가? 세계교회주의적 합리주의자들[46]이 권고한 신앙의 수축을 수용하는 것은 믿음의 굳건한 집

---

46 ecumenical rationalist. 이 용어에 완전히 일치하는 신학자나 철학자의 예로 라이프니츠를 들 수 있다. 라이프니츠는 종교전쟁 직후에 가톨릭교회와 루터교의 화해와 통합을 모색했고, 나아가 서양

을 믿음과 불신의 중간 지점과 맞바꾸는 것이다. 이 장 후반부에서 논의하겠지만 이 문제(가족, 사회, 문화의 권력에 종교적 확신을 현실적으로 굴종시키는 문제)는 자신의 신앙의 주장과 내용에 대한 기독교도의 이해의 관점에서 철저한 변화 외에는 해답이 없다. 그러한 변화의 조건들 아래서 그 문제는 해법의 일부로 변할 수 있다. 기독교는 현재의 모습 이외의 것으로 전환하는 경우에만 미래의 종교의 발전에 토양이 될 수 있다.

기독교 안에서 빛과 길잡이를 발견해 왔던 사람이 세계와의 투쟁에 대한 비판을 명심하고 현재의 종교혁명을 지지하는 근거들을 이해했다고 상정해 보자. 그는 영적 변혁의 주요한 목표가 미래를 위한 삶이 현재에서의 삶의 방식이 되도록 삶의 향유를 더욱 완전하게 착수하거나 단지 장차가 아니라 지금 당장 더 위대한 삶을 성취하는 것이라고 이해한다. 그는 먼저 이러한 종교적 변화를 자신의 신앙의 범위 안에서 성취할 수 없다면 자신의 신앙이 제공하는 자료들을 통해 최소한 이러한 변화를 성취할 수 있는지 여부를 알고자 한다. 무엇이 가장 중요한 것인지에 대해 오류에 빠지지 않고자 염려하면서 그는 아무리 급진적인 비판이라고 하더라도 종교(자신의 종교)에 대한 종교적 비판에 열린 태도를 취해 왔다. 그는 중간 지점의 망설임에서 벗어나고자 결단을 내렸다. 이제 그는 동요를 일으키는 종교의 주장들을 시대의 인본주의적 상식들로 치환하는 현재 또는 미래의 종교 해석에 만족하지 않을 것이다. 그는 자신을 속이거나 혼동과 태만 속에서 피난처를 구하지 않고 신앙이 범하는 이성의 추문들과 대

종교와 중국 종교의 화해와 통합까지 염두에 두었다. 세계교회협의회WCC 등은 바로 이러한 에큐메니칼 흐름의 현대적 진원지이다.

결해 왔다. 그는 일단 재해석되고 다듬어진 자신의 신앙이 이성의 추문을 덜 일으키게 하는 방법을 이해해 왔다. 그럼에도 불구하고 그는 처음으로 신앙을 강력하게 만들어 주었던 비전과 체험에서 신앙을 탈피하지 못한 다면 신앙은 이성의 추문으로 남는다는 점도 알아챘다. 그는 믿음에 대한 여건의 영향력을 성찰함으로써 차분함을 유지해 왔다. 이러한 성찰은 그로 하여금 자신의 종교적 상상력에 대한 가족, 사회, 문화라는 우연적 사건들의 지배와 살아 있는 자들에 대한 죽은 자들의 통치를 용인하는 것을 막기 위해 영적 탐색을 지속하도록 이끌어 왔다. 그는 자신의 확신 중 가장 포괄적인 부분, 즉 세계 속에서 우리의 위치에 대한 비전과 생활 방식에 대한 선택을 연결하는 부분에서 그러한 타락을 참지 않을 것이다.

이제 그는 기독교의 과거와 현재에서 무엇이 필요한 종교혁명을 촉진하고 무엇이 방해하는지를 이해하기 원할 것이다. 기독교, 기독교와 유대교의 관계, 종교개혁 및 기독교가 북돋웠던 신앙들의 역사를 성찰하면서 그는 도래하는 종교가 쇄신되었지만 여전히 오래된 종교인지 아니면 전적으로 신흥종교인지 여부를 그 자신이 미리 말할 수 없다는 것을 안다. 그는 기독교가 스스로 미래의 종교로 변모할 수 있기를 희망한다. 그러나 그는 더욱이 이러한 투쟁의 경험이 미래뿐만 아니라 바로 지금 보통 사람들로 하여금 더욱 신처럼 됨으로써 더욱 인간적으로 되게 하도록 돕기를 희망한다.

그러한 태도는 일종의 예언이다. 그는 그러한 태도가 현재의 경화된 종교나 공식화된 세속적 인본주의보다 실험주의적이고 민주적인 사회에 더욱 적합하다고 생각할 근거를 확보할 수도 있다. 그러한 태도는 적어도 우리를 변화시키고 나아가 새로운 생활 형식을 발명하는 데에 기여할 잠재력을 가진다.

이러한 정신에서 자신의 신앙을 검토하는 신자는 종교의 역사 안에서 기독교 정통의 근간뿐만 아니라 이단, 분파, 반란의 주요 사례들을 고려하면서 자신의 그물을 넓게 펼쳐야 할 것이다. 그의 목표는 신학자, 호교론자 또는 교리교사의 수법으로 교리의 전체를 체계적으로 해석하는 것이 아닐 것이다. 그의 목표는 정통과 이단의 전통 속에서 무엇이 혁명적 목표를 촉진하고 좌절시키는지를 확인하는 것이 될 것이다. 그는 감히 정통이 문제이고 이단이 해답이라고 주장하지 않을 것이다. 이단 또는 기독교의 역사에서 이단이 취했던 전통적인 형식으로서의 종교개혁이 해법이었다면 기독교는 이미 미래의 종교가 되었을 것이다.

　이러한 시각에서 보자면, 기독교 정통의 근간은 혁명적 대의에 대해 두 가지 서로 연관된 장애물을 만든다. 그러한 장애물은 종교의 역사에서 많은 기간에 걸쳐 지속되었다. 첫 번째 장애물은 기독교 신앙 및 그 행위자로서 교회와 기독교 신앙을 수용한 사회의 지배적인 체제들 간의 타협이다. 두 번째 장애물은 역사 속에 신이 극적으로 개입하는 것에 집중된 기독교 철학과 존재의 범주를 둘러싸고 조직된 그리스 철학 간의 결합이다.

　내재성과 초월성의 종교로서 기독교는 사회를 방치해서는 안 된다. 기독교는 지상 국가의 쇄신안을 가져야만 하고 구원의 역사가 역사적 시간 속에서 시작한다고 주장해야 한다. 성전 파괴 이후 유대교나 이슬람교와 달리 기독교는 그러한 비전의 대체물로서 성스러운 법전에 의지할 수 없다. 기독교 신학자와 법률가들의 자연법적 사고는 성스러운 법체계의 대체물이 아니다. 자연법적 사고는 논쟁 불가능한 미래뿐만 아니라 바로 지금 보통 사람들로 하여금 신앙의 핵심과 내밀한 연결성을 갖지 않은 철학적 사변이다. 수태의 시점부터 생명의 성스러움이나 혼인성사의 불가해소성과 같은 특정한 요구와 금지에 대한 결단은 사회 속의 인간의 삶이 마땅히 취해야 할 형식에 대한 종합적인 견해를 결코 제시하지 못한다. 로마 교황의 회칙回勅이나 개혁교회들의 사회복음社會福音[47]에서 범례화된 사회 교리社會敎理는 신뢰할 만한 사회조직의 모형을 제공하지 못한다. 교회의 사회 교리는 사회경제적 권리의 효과적인 이행을 확보해 주는 제도적 장치를 결여한 채 사회경제적 권리의 단순한 옹호와 20세기 간전기에 나타난 교황의 회칙들[48]상의 공동체주의적 조합주의처럼 이내 무시되고 폐기되어 온 제도적 청사진 사이에 우왕좌왕했다.

어쨌든 기독교에서 신앙의 원천과 매우 근접해 있는 반율법주의적 요소는 약점보다는 장점을 보유한다. 반율법주의[49]는 구체화되고 육화된 영으로서 인격 관념, 즉 사회적·제도적 구조가 인격을 형성하지만 인격은 구조의 여건에 좌우되지 않고 구조를 초월한다는 관념에 밀접하게 연결되어 있다. 이러한 이유로 반율법주의적 충동은 기독교도들이 신의 삶

---

47 사회복음social gospel은 프로테스탄트 내의 사회적 문제들—경제적 불평등, 빈곤, 음주벽, 범죄, 인종적 갈등, 환경, 아동노동, 불합리한 근로조건, 열악한 학교, 전쟁 위험—에 대한 응답으로서 등장한 운동이자 교리이다. 사회복음주의 신학은 자유주의 신학의 한 갈래로 다루어지며 19세기 후반에 미국과 캐나다에서 발흥했다. 이러한 신학은 복음의 사회적 의미를 강조하고 사회윤리와 사회구원을 주장했다. 워싱턴 글래튼(1836~1918), 발터 라우셴부시(1861~1918) 등이 주요 인물이다. 그 성경적 기원은 주기도문(그 나라가 임하옵시며, 하늘에서와 같이 땅에서도 이루어지이다. 마태오 6: 10)이다. 사회복음의 급진적인 뿌리는 원시 기독교 공동체, 토마스 뮌처의 천년왕국운동, 영국의 디거파 운동에서 찾을 수 있다.

48 가톨릭교회는 1891년 〈새로운 사태〉라는 교황의 회칙을 통해 사회 교리의 윤곽을 제시하였고, 1931년에 〈40주년〉이라는 회칙을 채택했다. 본질적으로 반공주의 입장에서 사회적 약자의 권리를 강화하는 방향을 수립했다. 남미의 가톨릭 해방신학은 가톨릭 사회 교리의 가장 급진적 형태라고 할 수 있다.

49 반율법주의antinomianism는 도덕 원칙을 반대하는 종교적 태도로서 기독교 종교개혁의 초기부터 등장했다. 오로지 믿음과 신성한 은총으로 구원받는다는 논리는 프로테스탄트 신학으로 강화될 수 있으나 도덕 원칙에 복종을 중시하는 경향과 대립한다. 대체로 반율법주의는 루터교회와 감리교회에 의해 이단으로 단죄되었다. 이러한 반율법주의는 영지파나 신비파에서 자주 나타나며 이슬람교나 불교, 힌두교에서도 반복적으로 등장한다.

에 대한 자신의 몫을 확장하려는 경로를 형성한다. 반율법주의는 평가해 주어야 할 모든 경험을 포괄할 수 있다는 삶과 사상의 확정적 구조에 대한 탐색으로서 헤겔적 이단에 맞서 신앙을 보호한다. 반율법주의는 자체 변혁을 회피하기 위한 변명으로서 그러한 확정적 구조를 우리가 원용하는 것을 금한다. 반율법주의는 우리 자신의 근본적 불완전성과 전복적인 통찰 및 변혁에 대한 역사적 경험의 영구적 개방성에 대한 인식을 실천한다. 반율법주의는 지난 몇 세기에 걸쳐 세계를 변화시켜 온 정치적·인격적 해방의 세속적 기획들에 대한 기독교의 엄청난 영향을 해명하는 데에 일조한다.

그럼에도 불구하고 반율법주의는 대가를 수반한다. 사회조직의 기반으로 복무하는 성스러운 법체계의 부재가 사회질서의 특수한 청사진을 수용하려는 유혹 앞에서 종교를 보호하는 것과 꼭 마찬가지로, 그러한 부재는 현존하는 세속적 제도를 판단하고 비판할 기성의 기준으로서 종교의 역할을 부정한다. 할라카와 샤리아는 구조에 도전할 인간 권능을 존중하고 고양시키는 사회와 사상의 구조를 발견하고 수립하려는 탐색을 억압하는 우상숭배(영을 대신하여 법)라는 대가를 치를 수도 있지만 사회질서의 미덕을 평가할 황금 기준을 제공한다.

기독교는 신앙의 공동체이자 조직된 종교로서 2천 년 동안 일련의 사회체제 및 의식 형태들과의 타협들로 찌들어 왔다. 도덕철학자들의 대체로 공허하고 그릇된 추상적 관념보다는 이러한 체제와 의식 형태들이 기독교가 압도적인 힘을 발휘하였던 모든 사회와 문화에서 도덕적 경험의 주요한 형성 요인으로 작동해 왔다. 다른 무엇보다도 봉건적인 기사도 윤리와 빅토리아조의 경건한 절제와 책임 윤리는 기독교 신앙과 사회질서의 관계에 관한 두 가지 사례이다. 각 사례에서 신앙은 사회질서에 개입하면서 사회질서의 잔인성을 순치하고 그 시선을 고양시킨다. 그러나 사회질서는 신앙에 개입하면서 신앙의 전복적이고 변혁적인 힘을 둔화시키고 신앙을 종교의 교리와 갈등하는 제도들에 결착시킨다.

사회에서 기독교 관행들은 한결같이 그러한 타협의 형태를 취해 왔다. 언제 어디서나 타협은 계급사회 구조의 인정을 포함했다. 그러한 타협은 사회적 역할들의 확립된 배정을 인간 상호 간의 의무의 기초로 존중해 왔다. 그러한 타협은 노동 분업의 현재 형식과 지배적인 사회질서를 그러한 의무 이행의 기반으로 수용해 왔다.

그러한 타협이나 그 결과는 결코 신앙의 핵심, 특히 정신과 구조의 관계에 대한 견해와도 화해될 수 없고, 개인으로 하여금 신의 삶에 참여할 수 있게 하는 초월적인 힘에 대한 비전과도 화해될 수 없다. 신앙과 사회질서 간의 이러한 거래들(그중 하나가 아니라 모든 거래, 달리 말하면, 거래들의 진정한 관행)의 이행은 아마도 신앙의 성격과 본질에서 중요한 변화를 낳을 수도 있다. 이러한 거래들의 이행은 반율법주의적 충동을 이 충동이 지금까지 너무 자주 봉사해 온 세속적 타락의 원천이라기보다는 예언적 저항의 원천으로 전환시킬 수도 있다. 신앙이 열광과 모반의 집단적 운동을 촉발해 온 기독교 사회에서 많은 기회들이 존재했음에도 불구하고, (수도원 생활과 복음주의 덕분에) 기독교 역사가 풍요롭게 간직한 사회생활과 인격적 경건성의 대항 모형들이 존재했음에도 불구하고, 예언적 저항의 원천으로서 기독교는 결코 존재한 적도 없으며 현재 존재하지도 않는다.

종교적 신앙과 사회적 타협 간의 갈등에서 근본적인 쟁점은 사회적 계급과 역할들의 체계 안에서 지위 보유자로서보다는 우리 스스로 자각한 참된 주체로서 세계에서 살려는 희망의 크기에 있다. 왜소화에 대한 취약성의 경험에 대한 승리가 현재의 삶에서의 소외를 극복하고 더불어 새로운 종교혁명이 도래하는 데에 대한 주요한 자극이라면, 기독교가 타협의 역사를 끝내고 이를 또 다른 정치 관념으로 교체하는 경우에만 기독교는 종교혁명이 추구하는 종교로 변모하기 위한 경쟁을 시작할 수 있다. 나는 그러한 관념이 무엇인지를 세속적인 목소리로 이 책 제6장에서 기술하겠다.

기독교는 사회와 타협해 왔듯이 철학과도 타협해 왔다. 기독교는 매우 일찍부터 나사렛 예수의 가르침에서 벗어나서 고대 그리스인들에게서 유래한 그리스 철학 및 그 철학적 전통과 결합했다. 기독교 신앙과 그리스 철학의 결합은 기독교의 우연적이거나 주변적인 특성이 아니다. 기독교는 나사렛 예수의 독창적인 가르침에서 벗어난 후 로고스에 관한 사도 요한의 철학[50]과 헬레니즘 철학과 친해지기 시작했다. 철학은 정통의 경로를 설정한 초기 공의회들에 의해 확립된 수육과 삼위일체의 중심적인 신비들에 관한 정통적 견해를 고취했다. 철학은 신학적 정통의 가장 영향력 있는 대표자들의 가르침을 지배했다. 오늘날 우리는 그리스 철학의 범주들로 번안되기 이전의 기독교 신앙이 어떤 것인지에 대해 명확한 지식을 갖고 있지 않다.

그리스 철학에 대한 이러한 고려가 기독교에 제출하는 문제는 플라톤주의 자체와 시간의 실재성과 역사의 의미에 대한 플라톤적인 격하에 국한되지 않는다. 오히려 문제는 인격성과 인격적 만남보다 비인격적 존재의 실재성과 가치의 우월성을 더욱 근본적으로 주장하는 데에 있다. 근대과학에 대해서 그랬듯이 기독교에 흔적을 남긴 철학적 전통을 관류하는

---

50 사도 요한은 그리스 철학의 입장에서 예수의 복음과 행적을 다루었다고 평가받는다. 요한복음은 "태초에 말씀이 계셨다. 말씀은 하느님과 함께 계셨고 하느님과 똑같은 분이셨다"로 시작한다. 여기서 말씀은 그리스 철학자들이 즐겨 사용하는 로고스를 의미한다.

것은 고전적 존재론의 기획, 즉 세계 이해를 근본적이고 지속적인 구조에 정초하려는 기획이다. 이 기획은 우리가 메타과학적 관념에서 동일한 견해를 발견하고, 이에 따르면 현대 입자물리학의 표준 모형은 실체의 근본적이고 영구적인 구조에 관한 종합적인 설명에 의존한다.

고전적 존재론의 기획에 대한 대안들을 발견하려면 서구 철학사에서 소크라테스 이전의 철학자들이나 근대 서구 철학자들에게 접근하는 것이 필요하다. 우리는 "모든 사물은 서로에게서 발원하고 … 시간의 지배 아래서 필연성에 따라 서로 안에서 소멸한다."고 썼던 아낙시만드로스를 상기할 필요가 있다. 또는 우리는 파스칼, 키르케고르, 베르그송 또는 기독교 안팎에서 블롱델[51]과 레비나스[52] 같은 20세기에 등장한 행동과 인격성의 철학자들에게 접근할 필요가 있다. 이들은 기독교 정통의 철학적 교사들에 속하지는 않는다.

고전적 존재론이 기술했던 것과 같은 세계 속의 인간의 지위는 무엇인가? 신과 인간의 극적인 상호작용을 통해 최정상에서 바닥까지 실재의 변혁을 위한 어떤 여지가 그러한 세계에 남아 있는가? 고전적 존재론의 프로그램이 끼친 영향은 그 후 서구 철학사에 지속되어 왔다. 이러한 프로그램의 영향은 기독교 신앙의 표현에 빈번히 어둠을 드리우고 이를 타락시켜 왔다.

시간의 포괄적 실재성과 비인격적 존재에 대한 인격적인 것의 우월성을 긍정하는 것은 세계와의 투쟁의 표현으로서 기독교의 형이상학적 층

---

51 모리스 블롱델Maurice Blondel(1861~1949)은 프랑스 철학자로서 저작 《행위L'Action》를 통해 자율적인 철학적 추론과 기독교 신앙 간의 정확한 관계를 확립하려고 시도했다.

52 에마뉘엘 레비나스Emmanuel Levinas(1906~1995)는 리투아니아 유대계 프랑스 철학자로서 유대 철학, 실존주의, 윤리학, 현상학, 존재론을 탐구했다.

동을 구성하기 때문이다. 세계의 구조적 구분도 영원히 지속하지 않는다. 더구나 인류의 역사에서 기독교에 결정적인 사건들을 대표하는 것은 비인격적인 존재가 아니라 도리어 인간 상호 간의 거래[관계]들이고 인격적 만남의 모형에 입각하여 상상한 우리와 신 사이의 거래들이다.

사회와의 타협과 그리스 철학(특히 고전적 존재론 기획)의 수용은 기독교 정통의 발전에 암운을 드리웠다. 이러한 타협과 수용이 없었더라면 기독교가 어떤 모습을 하게 되었을지 누구도 확실히 알 수 없을 정도로 타협과 수용은 암운을 드리웠다.

그럼에도 불구하고 타협과 수용은 받아들일 만한 것이 아니다. 타협과 수용은 미래의 종교에 대한 기독교의 가장 중요한 유산을 의미하는 쌍둥이 관념, 앞에서 탐구한 주체와 타자에 관한 관념 및 정신과 구조에 대한 관념의 진정성을 침해하고 그 효과를 억제한다. 그 두 관념은 실제로 자매 종교인 유대교와 이슬람교뿐만 아니라 인격적 정치적 해방의 세속적 프로그램에도 존재한다. 어쨌든 나는 논제를 기독교의 개혁 및 미래의 종교와 기독교의 관계에 국한시키겠다. 비록 싹이 잘리고 왜곡되었으나 이러한 관념들이 가장 완전하게 표현된 곳은 바로 기독교로부터 영감을 받은 사상과 예술이다.

이제 기독교 정통의 근간에서 기독교 내부의 긴장과 운동의 장구한 원천으로 이동해 보자. 긴장과 운동의 원천이 그 역사의 모든 시기에 종교의 원천 가운데 하나였다는 점을 제외하고 우리는 그 참된 기원까지 거슬러 올라가 이를 이단의 축이라고 부를 수도 있겠다.

나는 비존재-비인격으로서의 신 관념, 사변적 일원론에 대한 철학적 애착, 정신에 대한 우상숭배적 죽음으로서 모든 구조와 반복에 대한 공격등에 기초한 신비주의 대항신학을 거론하지 않는다. 유대교와 이슬람교 역사와 마찬가지로 기독교 역사에서 이러한 신비적 요소는 명백한 배교와 항상 접해 왔다. 신 관념에서 이러한 요소는 구원의 서사를 로고스의 비유로 전환한다. 개별적 인격의 실재성은 아닐지라도 자연에서 시간의 실재성과 진화하는 구조적 구분을 완전하게 인정하는 것에 대한 반감 속에서 이러한 요소는 세계초극의 형이상학적 프로그램을 포용할 우려가 있다. 구조와 반복에 대한 전쟁에서 이러한 신비적 요소는 나의 표현에 따르면 사르트르적 이단(부정의 길이라는 이단으로 불릴 수도 있으며, 신비적 요소와 낭만주의는 이러한 이단을 공유한다)을 전조한다. 일상에 대한 투쟁처럼 보이는 것은 키르케고르가 이해한 바대로 실제로 삶에 대한 투쟁으로서 신앙의 정통적 진술을 이미 오염시켜 온바 현재의 향유에서의 소외를 심화시킨다.[53]

오히려 내가 종교사에서 긴장과 급진화의 주요한 원천으로 거론한 경향은 바울에서 시작되어 아우구스티누스를 거쳐 루터와 칼뱅에서 일종의 완성에 이르고 슐라이어마허[54]와 바르트[55]의 신학과 현대 복음주의 프

---

53 웅거는 키르케고르의 《반복》과 연관지어 말하는 것 같다.

54 슐라이어마허Friedrich Daniel Ernst Schleiermacher(1768~1834)는 19세기 최고의 개신교 신학자이다. 계몽주의, 경건주의, 낭만주의의 영향을 받았으며 현대 자유주의 신학의 아버지로 불린다. 보편적 해석학의 발전에 지대한 영향을 남겼다. 웅거가 거론한 맥락에서 보자면, 그는 종교를 "절대적 의존의 감정"이라고 규정하였다. 이 개념은 많은 논란과 비판을 야기하였다. 신학자 폴 틸리히는 이 말이 "존재의 근거와 의미에 대한 궁극적 관심"과 유사한 의미를 갖는다고 해석하였다.

55 카를 바르트Karl Barth(1886~1968)는 스위스 바젤에서 태어나 교회일치운동에 참여한 20세기 최고의 개신교 신학자이다. 자유주의 신학에 맞서 《교회교의학Church Dogmatics》에서 철저하게 복음주의에 입각한 신학이론을 전개하였다. 그의 입장은 신정통주의라고 불린다. 구원예정과 관련하여 바울–아우구스티누스–칼뱅류의 이원론을 따르지 않고 오리겐류의 그리스도교 보편주의에 따라 인간과 하느님의 화해는 오직 예수 그리스도 안에서만 가능하다고 주장했다. 독일 괴팅엔, 뮌스터, 본에서 신학을 가르치다가 1935년 히틀러에 의해 해직되자 스위스로 돌아가 반나치 신학운

로테스탄티즘의 종교적 관행에서 포괄적으로 탐구되어 왔다. 이 경향은 정통의 그림자로서 기독교 전체 역사와 함께해 왔다. 이 경향의 창시자 바울은 많은 사람들로부터 기독교의 진정한 창시자, 즉 나사렛 예수의 가르침과 구별되는 사람의 아들〔예수〕에 관한 종교의 창시자로 간주되기 때문에 이 경향을 이단의 축이라고 부르는 것을 의아스럽게 여길지 모르겠다. 그러나 얼마 지나지 않아 조직된 교회들의 관행적 기독교가 이러한 기준에 비추어 볼 때 결함이 있다고 여겨진다면 이러한 경향은 이단이 아니라 하더라도 종파 분열의 영원한 원인이다. 따라서 이러한 경향은 정통과 이단의 이중적인 얼굴로 문 앞에 나타난다.

두 가지 큰 주제가 이러한 종파분리주의자들의 종교적 사유의 진화를 관통하고 있다. 첫 번째 주제는 이성에 대한 신앙의 우위이다. 우리는 이성적 사유를 통해 구원에 이를 수 없다. 우리는 폭풍우에 휘말릴 수밖에 없다. 우리는 필멸성, 무근거성, 충족불가능성의 고통 아래서 우리의 자연적 경험에 대한 신적 존재의 공격에 직면해 있을 수밖에 없다.

두 번째 주제는 살아 활동하는 신에 대한 인간의 근본적인 의존성이다. 이러한 의존성은 우리가 우리 자신을 고양시킬 수 없고 우리 자신의 장치들로 죽음, 암흑, 절대적 존재에 대한 동경의 약점에서 우리 자신을 치유할 수 없음을 의미한다. 첫 번째 주제를 신앙이 이성에 우선한다는 공식으로 기술하듯이, 두 번째 주제는 은총이 행적에 우선한다는 관념으로 표현된다. 어쨌든 그 심리적인 본질 징표는 해명 불가능하고 정당화되지도 않는 구원의 원천의 발견에서 비롯된 순수한 공포이다.

동을 전개했다.

공포는 종교혁명의 과거 물결에 선행하였던 종교들에 해당하는바 자연의 위력들과 관련해서 나아가 종교혁명에서 유래한 모든 종교들이 응답하는 인간 조건의 치유 불가능한 결함들과 관련해서 우리의 불운에 대한 의식에서 나온다. 우리가 이와 같이 근본적인 약점에서 도대체 구원된다면 우리는 자연과 온갖 존재 바깥에 있는 권력에 의해 구원될 수 있다. 우리는 이러한 권력을 신이라고 부른다.

어쨌든 신의 본성에 관한 활용 가능한 모든 관념의 부정합성이나 부적절성으로 증명된 신 존재에 대한 불가해한 성격은 신자로서는 기쁜 만큼 두려운 성격을 이러한 구원에 부여한다. 구원은 대가 없이 제공된다. 구원은 인간의 업적들과 무관하기 때문이다. 구원은 불가해한 것이다. 우리에게는 구원의 원인을 꿰뚫을 희망이 없기 때문이다. 누가 구원받을 것인가? 구원은 어떤 모습을 취할 것인가? 우리는 대체로 이승에 매우 결착되어 있고 이승의 다가올 소멸은 우리에게 절대악으로 나타나는데, 저승은 이승과 어떤 관계를 가질 것인가? 그리하여 불운의 경험을 수반하는 공포는 대기 시간을 구원의 기대에 넘겨 주고, 그 시간에 우리는 우리의 생을 허비한다.

종교 안에서 이렇게 관류하는 모반과 종교의 발전에 대한 이러한 주요한 영향 요소가 이 장의 전반부와 이 책의 나머지 장에서 논의하는 종교적 변화를 위해 어떤 자원과 장애물을 제공하는지 고려해 보겠다.

이 대항적 전통의 첫 번째 요소는 근본적으로 재해석되는 것이 필요하겠다. 두 번째 요소는 정통 교리의 핵심에서 이끌어 낸 관념의 확장으로 대체하는 것이 필요하겠다.

이성보다 신앙이 우위에 선다는 진리를 고수하는 측면은 종교적 확신의 부수적인 특성을 가진다. 신앙에 대해 사기를 가장 저하시키는 도전을 의미하는 것, 즉 우리가 통상 믿음을 가족과 공동체에서 이끌어 낸다는 것, 심지어 개종하는 경우에도 특정한 신앙으로 고무된 교사와의 만남이라는 우연적 사건들을 통해 개종한다는 것은 변화된 의미를 가져야만 할 것이다.

신자에게 계시의 체험은 그 나름의 진정성과 권력의 흔적을 간직해야만 한다. 계시의 체험은 동의를 강제하고 동의에 입각한 행동을 통해 주체의 변혁을 강제해야 한다. 종교(셈족의 구원종교뿐만 아니라 여타 모든 종교)는 본성상 결단의 근거들이 항상 불충분해 보이는 상황에도 실존의 결단을 요구한다. 특정한 방향에서 삶을 살겠다는 결단의 무게와 그와 같이 중요한 결단을 위한 정당화 사유들의 허약성 또는 논쟁 가능성 사이에 존재하는 엄청난 불균형은 최후의 날에도 변함없다.

사랑에서 발원하는 연결만이 차이를 보완할 수 있을 것이다. 종교의 시작 단계에서는 본래 이러한 연결은 고양된 창시자나 교사, 그 주위에 모인 작은 서클과 관련된 것으로 존재할지도 모른다. 다음 단계에서 이러한 연결은 가족, 민족 또는 국민의 일부에서 모범적인 신자들의 공동체와 관련된 것으로 변모한다. 집단적 선택의 압력에 휘둘리지 않은 자발적인 개종자들은 예언적인 가르침과 특정한 개인들의 모범적 행동에서 드러난 메시지를 듣게 될 것이다. 메시지는 육화되어야만 하고 메시지는 수용하는 사람뿐만 아니라 전파하는 사람에 대해서도 사랑의 방식이 되어야만 한다.

어린 시절부터 믿도록 양육된 신자 혹은 우연한 만남을 통해 다른 신앙을 선택한 개종자에게 왜 그가 믿는지를 질문한다고 상정해 보자. 그가 솔직하고 열정적이라면, 그의 신앙이 종족의 우상들 앞에서 단순한 비하가 아니라면, 그는 다음과 같이 답변할 것이다.

나는 사랑했기 때문에 나는 감동하였기 때문에 나는 믿는다. 나는 나의 가족, 나의 공동체 또는 나의 선생을 사랑했고, 나는 추상적 관념에서 추론할 수 없는 크고 작은 것들에 대한 암묵적 지식을 그들로부터 수용했다. 오로지 내가 거기에 속했기 때문이 아니라 오히려 소속을 통해서 나는 믿기에 이르렀다. 나의 믿음은 단지 약속된 미래가 아닌 바로 지금 더 활기찬 존재 상태에 이르게 된 체험에서 재확인되었다.

내 체험의 원천과 성격에 대해 내가 솔직하다면, 나는 다른 시대와 장소의 다른 부모에게서 태어났더라면 다른 믿음을 가졌으리라는 점을 인정하지 않을 수 없다. 내가 포옹하게 된 진리의 배타성은 그러한 진리의 근접성과 권능보다 나한테는 덜 중요하다. 당신이 그 진리가 경쟁 종교들이 간직한 진리와 어떻게 비교할 수 있는지를 내게 묻는다면 나는 모른다고 말하겠다. 내가 할 수 있는 전부는 외부에서 그것을 연구하는 것이고, 책에서 그것들을 읽는 것이고, 다소간 거리를 둔 채 소문으로 그것들을 알아내는 것이다. 다른 일련의 주변적인 영향력과 불가피한 만남들이 나를 다른 신앙들의 방향으로 인도하지 않는다면, 나는 내 자신의 신앙에 대해 가지고 있는 바와 같은 내밀한 지식을 다른 경쟁 종교들에 대해서 가질 수 없다.

이와 같은 신앙관에서 희생되는 것은 신앙의 배타성 요구[56]이다. 신자가 배타성 요구를 분열된 세계종교들의 배후에 있는 공통종교共通宗教에 대한 탐색에 기초한 세계교회주의적인 이상으로 교체하기 때문에 배타성 요구가 희생되는 것은 아니다. (그러한 탐색에서 진리의 유일한 요소는 주요한 세 가지 삶의 접근을 대표하는 종교들과 철학들이 공유하는 최소 핵심의 존

---

56 배타성은 우리 신, 우리 종교, 우리 교회 안에서만 구원이 가능하다는 주장을 의미한다. 박해 시대 북아프리카 카르타고 주교 치프리아누스가 255년경 한 편지에서 '교회 바깥에는 구원이 없다salus extra ecclesiam non est'고 언명했다. 종교적 맥락 안에서 배타성의 요구를 최종적으로 완화시키는 태도를 종교다원주의라고 부른다. 존 힉은 종교다원주의를 '신들의 신' 개념으로 해명하고 있다.

재이다.) 이러한 설명에서 그와 같이 포용된 믿음의 맹렬함과 신앙의 변혁적 효력이 신앙의 배타적 진리에 대한 믿음을 증명하는 데에 아무것도 하지 못하기 때문에 배타성 요구는 희생되는 것이다. 오히려 믿음의 맹렬함과 신앙의 변혁적 효력은 배타성 요구에 의문을 던진다. 우리는 필연적인 연결과 변혁적인 믿음의 유사한 체험이 인류의 정신사에서 상충하는 신앙을 가진 신자들에게 무수하게 일어날 수 있고 또한 일어났다는 점을 알고 있기 때문이다.

어쨌든 신과 구원에 이르는 길에 대한 배타적 진리의 요구는 초월적 유일신교의 온갖 형태들, 특히 중동의 세 가지 구원종교와 내밀하게 연결된다. 이러한 요구는 유대교에서만 폐기되지 않고 제약되었다. 즉, 유대인과 신 사이의 언약covenant과 유대인의 역사에 대한 신의 개입은 이방인들의 신앙, 특히 초월적인 유일신교라는 점 이외에 역사와 메시지를 통해 유대인의 종교와 연결된 신앙들(기독교와 이슬람교)의 지위 문제를 남겨 놓는다.

그래서 배타성 요구의 결정적인 약화나 명백한 포기는 종교에 대한 단순한 적응이 아니라 급진적인 변화이다. 배타성의 요구의 약화나 포기는 기독교가 미래의 종교의 역할을 차지하고자 한다면 기독교가 겪어야 할 급진적 변화 중 하나에 불과하다.

기독교 안에서 오랜 반란의 두 번째 요소, 즉 신에 대한 무한한 의존성 관념은 재해석과 수정 그 이상이 이루어져야 할 것이다. 두 번째 요소는 교체되어야 할 것이다. 놀랍게도 필요한 대체물은 정통의 중심에서 나온다.

신에 대한 무한한 의존성 관념은 보통 사람들이 더욱 신처럼 됨으로써 더욱 인간적으로 되기를 바라는 신앙의 비전들과 양립할 수 없다. 그러한 의존성 관념은 우리에게 분투를 그만두라고 설득하지 않는다. 오히려, 베버와 다른 종교사회학자들이 주장하였듯이 구원의 불확실성에 대한 번뇌는 분주한 일상이 우리가 선택받은 자임을 전조할 것이라는 희망 속에서 우리를 열광적인 행동으로 이끌 수 있다.

그럼에도 불구하고, 사랑으로 충만하지만 불가해한 신에 대한 근본적 의존성이 인간 조건의 가장 결정적인 특성이라는 견해는 맥락을 초월하고 쇄신하고 초월을 통해 신성의 속성들에 대한 우리의 몫을 증강시키는 우리 자신의 권능의 의미를 위축시킨다. 이러한 의존성 관념은 삶의 상승을 출발점으로 취하는 종교혁명에 봉사할 수 없다. 이러한 견해는 현재에서의 소외의 경험 앞에 우리 자신을 무방비 상태로 방치한다.

실제로 우리는 죽음, 무근거성, 충족불가능성을 더 이상 부인해서는 안 된다. 우리는 위대한 삶으로의 상승에 대한 빈약한 대용품인 위안을 버리고 자장가 대신에 불편한 진실을 마주해야 한다. 이러한 재정립은 일상과 타협의 위축된 실존에서 우리를 일깨운다. 그것은 인간 상승의 길을 열어 놓는다. 무제약적인 의존의 경험과 신비스러운 구원의 기다림에서 나오는 공포는 인간 상승의 기획이 요구하는 관념과 감정을 와해시키고 위축시킨다.

우리는 근본적인 의존성 관념을 대신하게 할 믿음의 단초들을 기독교 정통의 한 가운데서 발견할 수 있다. 우리는 신앙의 주변부가 아니라 니케아 신조의 주요한 창시자인 아타나시우스[57]에서 시작하여 수세기 동안 기독교 신학의 엄밀성에서 가장 영향력 있는 중재자인 토마스 아퀴나스와 그 밖의 인물에 이르기까지 기독교 정통의 경로를 형성해 온 기독교 신학자들의 근

---

57 아타나시우스(296?~373)는 로마 가톨릭교회, 동방정교회, 성공회로부터 성인으로 존경받고 있으며, 개혁교회로부터는 위대한 교회의 신학자요 지도자로 여겨진다. 325년 기독교 최초의 세계 공의회인 니케아 공의회에서 성부와 성자의 동일한 본질을 말한 주장을 인정받아 '정통 기독교 신앙의 아버지'로 불린다.

간에서 그러한 단초를 발견할 수 있다. 이 관념은 수육에 관한 신학 이론에서 가장 빈번히 전개된다. 수육이 드러날 때마다 그것이 액면 그대로 신성모독처럼 보이기 때문에 우리는 뒤로 물러설지도 모른다.

예컨대, 그리스도 성체성혈대축일Feast of Corpus Christi 강론에서 토마스 아퀴나스는 "인간이 신성을 공유해야 한다는 것은 신의 독생자의 의지였기 때문에 그는 인간을 신으로 만들기 위해 인간이 됨으로써 인간의 본성을 취했다"고 서술했다. 만일 수육과 성체(성사)에 관한 후속 담론에서 기독교 설교자–신학자의 받들 만한 언어와 확고한 정통 이론이 없었더라면 우리는 아퀴나스보다는 포이어바흐[58]나 에머슨[59]의 저작에서 〔유사한 입장을〕 골라내는 것도 생각할 수 있다.

아퀴나스의 강론보다 600년 전에 고백자 막시무스[60]가 자신과 다른 많은 사람들이 정통으로 간주하고, 나중에 동방정교회正敎會에 주요한 영향력을 행사하게 된 신격화의 신학을 위해 신플라톤주의[61]를 원용하지 않았는가? 그 견해에 따르면 신과 인간 사이에 본성들은 교환된다. 신이 겸양

---

58 포이어바흐는 《종교의 본질》에서 "처음에 인간이 지식과 의지를 갖지 않은 채 자신의 모습과 비슷하게 신을 만들었고, 그 다음에 이 신이 지식과 의지로써 자신의 모습과 비슷하게 인간을 만들었다"고 적었다. 포이어바흐의 사상이 이 맥락에서 적절하게 원용할 만한 것인지는 의문이다.

59 랠프 왈도 에머슨은 《미국의 학자》에서 "우리는 우리 발로 스스로 걸을 것이며, 우리는 우리 손으로 스스로 일을 할 것이다. 또한 신성한 영혼이 모든 이들에게 영감을 줄 것이다"고 말하였다.

60 막시무스(580~662). 비잔틴 제국의 신학자. 위디오니시우스의 제자로서 플로티누스와 프로클루스를 포함하여 초기 신플라톤주의의 철학을 보존하고 해석한 신학자이다. 인간은 신의 모상으로 만들어졌고, 구원의 목적은 인간을 신과 통합되도록 회복하는 것이라고 보았다. 그리스도가 완전히 인간으로 변화하지 않았다면, 인간도 완전히 신으로 변할 수 없으므로 구원은 더 이상 가능하지 않다고 보았다.

61 고대 말기를 풍미한 철학 사조로서 플로티누스가 대표자이며 기독교 신학의 발전에 지대한 영향을 미쳤다.

에 의한 인간이 된다면, 인간은 은총에 의한 신이 되고 또 그렇게 불린다.

이미 아퀴나스와 그보다 앞서 막시무스에 의해 표현되었던바 이러한 관념의 발전에서 성스러운 목소리와 세속적인 목소리를 구별해 주는 것은 인간이 신이 되는 것보다 신이 인간이 되는 것이 필연적으로 앞서며, 인간이 신이 되는 것은 신이 인간이 되는 것에 의해 가능하다는 (계시와 경험에 입각한) 가르침이다. 신이 된다는 것이 무한성의 결핍으로 방해받지 않은 그리스-로마의 신들처럼 되는 것을 뜻하지 않는다면, 신이 된다는 것은 신의 삶에 참여한다는 것을 의미할 수밖에 없다. 이는 우리가 우리 자신 그 이상으로 변모하고 존재하는 경우에만 자신 속에 현존하게 된다는 것을 의미할 수밖에 없다. 니콜라스 쿠사[62]의 언어를 사용하자면 이는 신이 됨으로써, 달리 말하면 신의 본성에 참여함으로써 우리는 우리 자신과 일치하게 된다는 것을 의미한다.[63] 우리가 오로지 우리 자신으로 머무른다면 우리는 우리 자신과 계속해서 분리될 것이다.

이제 우리가 신이 된다는 것은 은총이나 행적의 결과로서 우리가 겪는 어떤 즉각적이고 파악하기 어려운 성변화聖變化만을 의미하지 않는다. 우리가 신이 된다는 것은 하나의 투쟁이고 이는 일상과 타협으로 위축된 실존에 대한 인간의 각성에서 시작하여 주체와 사회의 변화 속에서 지속한다. 변화의 내용은 역사적 기독교와 그 자매 종교들의 가르침 속에 싹이 잘린 채로 잠복해 있는 주체와 타자의 교리 및 정신과 구조의 교리에 의

---

62 중세 말 르네상스 시대에 철학자, 신비주의 신학자. 웅거는 《주체의 각성》에서 자신의 '해방된 실용주의'의 철학적 배경으로 니콜라스 쿠사를 지목한다. 소우주로서 인간, 세계형성적 능동적 주체, 깨달음의 무한전진, 신적인 능력으로서 상상력, 신의 모상으로서 인간 등이 웅거의 사상에 남아 있다.

63 쿠사 《무지의 지》 제3권 참조.

해 예고된다. 이 교리는 다음 장들에서 탐구할 인격적 정치적 방향의 운동을 통해 더욱 완전하게 실현될 것이다.

새로운 기독교도는 세속적인 혁명가들과 아주 많은 부분을 공유하게 될 것이다. 세속적 혁명가와 기독교도를 구분하는 기준은 아퀴나스의 그리스도 성체성혈대축일 강론의 용어를 사용하자면, 신이 먼저 인간이 되었기 때문에 오로지 그 이유로 인간은 신이 될 수 있다는 기독교도의 확신이다. 세속적 혁명가와 기독교도를 구분하는 또 다른 기준은 역사적 시간에서 시작한 변혁이 역사적 시간을 넘어, 마침내 우리에게 그 본성이 감춰져 있지만 그럼에도 불구하고 우리가 이승에서 예감할 수 있는 삶 속에서 계속된다는 믿음이다.

기독교도가 더 이상 그리스도의 신성을 믿지 않는다면, 육신으로부터 분리할 수 없는 것은 아니겠지만 주체로부터는 분리할 수 없는 영생의 약속을 신뢰하지 않는다면, 그리스도를 신적 존재에 대한 접근의 밀접성으로 인해 고무된 예언적 교사이자 모범적 행위자 정도로만 여긴다면, 부활의 기대를 인류의 집단적 작업 속에서 인류의 존속에 대한 비유 정도로 격하한다면, 그는 믿음과 불신의 중간 지점에서 피난처를 발견했다고 볼 수도 있다. 그는 이제 자신의 신앙에 덧붙여 놓은 우화적 잉여에서 아무것도 얻지 못하는 믿음의 수작업繡作業으로 자신의 신앙을 위축시키고 만다. 그의 종교는 이제 회피로 변하고 무의미로 떨어진다.

그러나 새로운 기독교도가 이 지점에서 신앙의 노선을 고수한다면, 그는 미래의 종교의 세속적 형태가 담아내지 못하는 메시지를 성스러운 목소리로 지속적으로 전파한다. 그는 (카를 라너의 구별을 사용하자면) 삶의 변화에 대한 더 작은 희망을 넘어서 삶의 더 위대한 희망을 영원히 볼 수 있다고 주장한다. 그는 세속적 인본주의의 한계를 수용하지 않으면서도 자신의 종교만이 유일한 구원 경로라는 주장을 포기하기에 이른다.[64] 그는 자신을 신으로 오인하지 않으면서 더 인간적으로 되어 가게 됨과 동시에 더 신적으로 되게 해 주는 신성화 관념으로 신에 대한 근본적 의존성 관념을 대체할 것이다. 이러한 종교는 이 책의 나머지 부분에서 탐구할 미래의 종교의 무신론적 형태와 구별되는 종교가 될 것이다. 그러나 이러한 종교는 기독교일까?

어떠한 이론적 분석도 이와 같은 수정에서 나오는 종교가 여전히 기독교인지 결정할 수 없다. 그것은 최소한으로 말해서 성격, 의도, 효과에 있어서 프로테스탄트 종교개혁과는 다른 기독교의 급진적 개혁에 이를 것이다. 프로테스탄티즘은 다른 무엇보다도 계시와 은총에 대한 근본적 의존성을 긍정함으로써 바울-아우구스티누스 전통 혹은 기독교 안에서 대항 전통을 심화시키는 데에서 하나의 전기였다. 프로테스탄티즘은 구원의 배타적인 경로를 제공한다는 신앙의 강고한 주장을 유지하였고, 그리스도가 살아 있는 신의 확정적이고 유일한 수육임을 인정했다. 프로테스탄티즘은 모든 역사적 기독교의 특징을 이루는 견해, 즉 결정적인 선이 전기적 역사적 시간 너머에 존재한다는 견해를 고수했다. 인간의 정신과 마

---

64 이러한 입장을 종교다원주의적 관점에서 이해할 수도 있지만 맥락상 라너의 《익명의 그리스도인》에 나타난 종교관을 가리키는 것처럼 보인다. 물론 존 힉과 같은 종교다원주의자는 '익명의 그리스도인'이라는 용어 자체가 기독교적 전제로 인해 부적절하다고 지적하는 반면, 한스 큉과 같은 가톨릭 신학자는 기독교의 본질에 반하는 과도한 양보라고 지적한다. '익명의 그리스도인' 외에도 라너는 동일하게 '익명의 불교도'라는 용어도 사용한다. 이러한 개념들이 완전히 호환적일 수 있다고 생각한다면 종교다원주의라고 볼 수도 있겠다. 라너의 입장은 전체적으로 가톨릭교회의 포용적 태도의 과장된 표현으로 볼 수 있다. 웅거 자신은 가톨릭 신앙에서 출발한 것으로 알려졌다. 어쨌든 웅거 자신이 제기한 미래의 종교의 성스러운 형태(새로운 기독교)는 배타성의 요구를 거두어들인다는 점에서 다원주의적이다.

음속에 성스러운 은총이 현전함에도 불구하고 이승의 경험은 회복할 수 없을 정도로 파괴되었다. 우리가 이승에서 경험하고 성취하는 것은 고작 이승의 삶이 끝난 후에만 성취되는 위대한 변화의 준비이자 예감일 뿐이다. 앞선 지면에서 토론한 변화들에 의해 규정된 종교는 모든 점에서 프로테스탄티즘과 또 다른 경로를 취할 것이다.

종교가 급진적인 수정을 겪은 후에 여전히 동일한 종교로 남는지 혹은 다른 것으로 되는지에 대한 답변은 집단적 선택의 고유한 여분에 의해 좌우될 문제이다. 종교적 혁명가들은 변화된 종교를 기성 종교들의 계속 혹은 재정립으로 규정할 수도 있고 그렇지 않을 수도 있다. 종교적 혁명가들은 신자들의 공동체가 자신의 견해를 수용하게 하는 데에 성공할 수도 있고 실패할 수도 있다. 신학적 명제 분석은 신자들의 공동체의 선택을 압도하기에는 무력하다. 종교가 체험에 대한 생생한 호소라면 종교는 명제적 도식 안에 한정될 수 없다.

분별하기 좋아하는 현대의 학자들에게 최선의 형태로 말하자면 나사렛 예수의 종교는 유대교 안에서 하나의 거룩한 인간이자 기적 수행자가 이끈 운동이었다. 로마 통치 아래 유대인이 겪은 지속적인 통제와 재난의 맥락에서 나사렛 예수의 종교는 가까운 미래에 수립될 신의 왕국에 대한 기대를 주장했다. 그 종교는 서사, 우화, 계율을 통해서 대속을 향한 길에서 전진의 희망과 긴밀하게 연결된 것으로 제시한 삶의 방식과 일련의 태도들을 가르쳤다.

이윽고, 바울과 다른 인물을 통해 예수의 종교religion of Jesus는 예수에 관한 종교religion about Jesus로 전환되었다. 헬레니즘 철학의 공식들은 처음에 수육에 관한 그리스도론을, 나중에는 삼위일체의 신비한 도그마를 표현하는 데에 사용되었다. 과거 유대교 안에 머물렀던 운동은 이제 이방인을 전도 대상으로 받아들이기 시작했다. 임박한 종말론적 미래에 직결된 도덕적 계율들은 그러한 미래가 불확정적으로 연기됨으로써 이제 어떻게 살아야하는지에 대한 포괄적 비전으로 전환되었다. 이렇게 발명되거나 재발명된 종교가 강력한 혹은 상당한 영향력을 행사했던 사회에서 그러한 비전은 조직과 의식의 현실에 순응했다. 교리의 조문화와 조직되고 확립된 교회의 권위는 신앙의 쌍둥이 지주로 변모했다.

우리가 이러한 두 가지 종교들을 냉정하게 바라본다면, 나사렛 예수의 종교와 나사렛 예수에 관한 종교를 그 명제적 내용이 생산된 맥락의 관점에서 본다면, 우리는 우리 자신에게 그 두 종교가 같은 종교라고 설득하는 데에 곤란을 느낄 것이다. 그러나 신자들과 그 교회의 어중간하게 의식적인 선택에 의하여 그 둘은 동일한 종교로 변했다.

내가 이 장에서 탐구해 온 변화된 기독교는 같은 이유로 전혀 기독교가 아닌 것처럼 보일지도 모른다. 액면 그대로 보자면 명제들을 맥락 속에서 독해함으로써 변화된 기독교는 또 다른 종교에 이른다. 그러나 변화된 기독교가 또 다른 종교인지 아니면 같은 종교인지에 대한 판단은 아직 착수조차 하지 못한 도전의 결과에 달려 있다.

제6장

깊은 자유

미래의 종교의 정치

신이 없는 정치신학

국민 생활의 제도적 형태, 달리 말하면 법은 다양한 사회적 이상들 혹은 선善의 비전들 가운데 중립적일 수 없다. 모든 질서는 특정한 형태의 경험을 장려하고 다른 경험들을 위축시킨다. 특정한 제도들에 유리한 중립성 요구가 회고해 보면 편협하고 배타적인 이상의 고착화에 기여하고 위대한 삶을 향한 운동을 억제한다는 점을 항상 알게 될 것이다. 더구나 중립성이라는 가짜 목표는 실현 가능한 두 가지 목표, 체제가 개인적 사회적 생활에서 폭넓은 실험들에 개방되어야 한다는 목표와 무엇보다도 그러한 체제가 경험의 시각에서 교정에 최대로 부응해야 한다는 목표를 성취하는 데에 전진을 방해한다.

선에 관한 사회적 이상과 비전들은 우리 자신의 정체성에 대한 견해와 불가분적으로 연결되어 있다. 우리 자신과 세계 안에서 우리의 상황에 대한 근본적인 관념들은 종교의 특성을 일부 공유한다. 그러한 관념들은 기술적記述的이면서 동시에 규정적이다. 그러한 관념들은 우리가 결단을 위한 적절한 근거를 확보하지 못한 상황에서도 삶을 특정한 방향으로 결단하는 과정을 이룬다. 정치가 그 범위에서 궁극적으로 종교적인 하나의 이유는 제도와 관행을 둘러싼 경쟁에서 우리가 취한 입장이 궁극적으로 또는 부분적으로 우리 자신에 대한 관념에 의존한다는 점이다.

선의 관념들뿐만 아니라 우리 자신에 관한 견해와 관련해서도 사회생활 체제가 중립적이지 않다는 관념에서 체제가 선 혹은 인간 정체성에 관한 어느 하나의 설명과 독특하게 연결되어야 하고 그럴 수밖에 없다는 결론은 나오지 않는다. 특정한 경험 형식들을 촉진하고 다른 경험 형식들을 무시하는 확고한 편향들을 가진 체제의 제도들은 이러한 설명들의 일정한 범위 안에서 특징적으로 옹호될 수 있다. 정치적으로 조직된 어떤 사회에서 내포된 선과 인간 정체성에 관한 견해의 범위는 다른 정치적 사회들에 의해 포용된 선과 인간 정체성에 대한 견해들의 범위와 다를 것이다.

사회생활의 모든 조직 형식들이 성격상 불완전하고 결함을 가진다는 점을 감안할 때, 우리의 관심은 어느 하나의 제도적 청사진 혹은 선과 정체성 관념이 세계의 모든 인간에게 부과될 수 없다는 점에 있다. 어쨌든 우리의 관심은 또한 민족들 또는 국가들의 협력이 사회생활의 형식에서 존재할 수 있는 변형들에 한계들, 더구나 넓은 한계들을 부과한다는 점이다. 이러한 한계들의 규정(관행적으로 "인권"이라는 가장 공허한 이름으로 기술된다)에서 우리는 개별적인 정치사회 내부에서 제도적 안배들과 선과 인간 정체성에 대한 가정들의 관계를 다룰 때 처음 직면했던 똑같은 문제에 거듭 봉착한다. 그러한 한계들을 정식화하고 정당화하는 모든 방법은 우리로 하여금 인간 본성과 선에 관한 믿음의 이름으로 사유하고 행동하도록 요청한다. 이상과 이익 그리고 제도와 관행 간의 변증법의 폭은 이제 더욱 넓게 그려지게 될 것이지만, 그럼에도 불구하고 그 폭은 한계를 가질 것이다. 그 폭이 한계를 갖지 않는다면 그것은 어떠한 의미나 가치도 갖지 못할 것이다.

이러한 한계들은 어디에서 도출될 수 있는가? 우리는 제1원칙들에 입각해서 이 문제에 답할 수도 없거니와 철학자의 체계에서 하나의 답을 이끌어낼 수도 없다. 우리는 살아 있는 경험의 시각에서만 이 문제에 답할 수 있다. 세계와의 투쟁의 세속적인 형태인 민주주의와 낭만주의라는 혁명적 관념들은 지구상의 모든 지역에서 인간을 각성시켜 왔다. 그러한 혁명적 관념은 희망, 즉 모든 보통 사람들에게 자신의 여건을 초월하고 위대한 삶에 참여할 권능이라는 관념의 이름으로 세계 전체를 흔들어 왔다.

나는 이 장에서 이러한 혁명적 관념에서 사회생활의 실천적 조직을 위한 일련의 결론들이 나온다는 점을 논의하겠다.

그럼에도 불구하고 그 관념은 핵심적으로 종교적이다. 내가 종교를 정의해 온 방식에 따라 이러한 관념이 종교적이라고 말하는 것은 이 관념이 여전히 논쟁적이라는 점을 인정하는 것이다. 우리 자신의 현재 모습과 미래 모습에 대한 견해는 비할 데 없는 권위를 가짐에도 불구하고 우리의 선과 정체성에 관한 다른 관념들과 불화한다. 이 관념이 종교적이라고 말하는 것은 또한 이 관념을 포용하는 데에 논란이 많은 근거들과 이 관념의 채택에서 귀결되는 단호한 결과들 간의 불균형을 인정하는 것이다.

어떠한 사회체제도 인간과 선에 대한 견해들 가운데 중립적일 수 없고 결과적으로 정치가 궁극적으로 종교적일 수밖에 없다면, 제5장에서 논의한 동기와 목표들 속에서 영감을 발견한 종교는 어쨌든 사회를 그 장치들에게 방치할 수 없다. 다른 무엇보다도 세 가지 요소들이 그와 같은 종교에 대해 정치적 내용을 부여하고자 노력한다.

첫 번째 요소는 이 책에서 앞서 논의한 세 가지 실존지향들을 대표하는 고등종교들의 공동징표가 된 초월성과 내재성의 변증법을 심화시키고 급진화하려는 기획이다. 이러한 변증법의 관점에서 사회체제, 즉 사회의 형성적인 제도적 및 이데올로기적 구조는 현재의 우리를 형성하는 데에 조력하기 때문에, 동시에 미래의 우리에 대해 최종적인 발언권을 보유해서는 안 되기 때문에 중요하다. 사회체제는 우리로 하여금 사회생활의 실천적 성공을 달성할 수 있게 해야 한다. 어쨌든 사회체제는 또한 우리가 사회체제의 제도적 안배들과 이데올로기적 가정들의 온갖 부분들을 재발명하는 것을 허용하고 장려하고 강화해야만 한다.

두 번째 요소는 우리의 필멸성, 무근거성, 충족불가능성의 진리를 인정하는 토대 위에 그러한 제도적 안배와 이데올로기적 가정을 수립하려는 요구이다. 저항과 초월의 권능의 이면은 인간의 근절할 수 없는 유한성과 심연, 죽음의 선고, 우리가 소유할 수 없고 무가치한 대상에 부단히 투사하는 절대적인 것을 향한 동경이다. 그러한 결함의 인정에서 나오는 정치적 결론은 부정적임에도 불구하고 역시 중요하다. 어떠한 체제도 (우리가 실존의 궁극적 근거를 파악할 수 없기 때문에) 실존의 궁극적 근거에 의해 승인된다거나 (우리가 불사의 존재들이 아니기 때문에) 불사의 존재들의 인내심에 의지할 수 있다거나 혹은 (어떠한 편익과 역할도 현재 인간에게 충분하지 않기 때문에) 특정한 편익과 역할에 대한 만족감을 이용할 수 있다는 점을 주장할 수 없다.

세 번째 요소는 (프로메테우스주의의 환상과 타락에 빠지지 않고) 인간 조건의 치유 불가능한 결함으로 오해된 왜소화의 악에서 개인적 집단적 탈출이라는 혁명적 관념(우리를 소외시키는 역사적 또는 섭리적 미래보다는 바로 지금의 삶의 상승)이다. 사회의 정치적 변혁은 소외와 왜소화의 극복을 포괄하지 못한다. 사회의 정치적 변혁은 그 일부에 불과하다. 그러나 그것은 다른 모든 부분들을 좋든 나쁘든 변화시키는 일부분이다.

이 장의 논제는 마키아벨리와 홉스 이래로 서구 정치사상사의 일반적인 시각인 정치의 관점이 아니라 종교의 시각에서 본 정치와 종교의 만남이다. 마키아벨리와 홉스, 그 계승자들이 해 왔듯이 정치가 종교를 통해 무엇을 해야 하는지를 묻는 대신에 나는 종교, 미래의 종교가 정치에서 무엇을 해야 하는지를 묻겠다. 그러한 정치신학 혹은 반신학反神學은 종교적 관념, 즉 자유사회 관념에서 시작한다. 내가 주장하는 종교혁명은 하나의 정치혁명을 포함한다.

자유사회의 관념

자유사회란 상황 속에 구체화되면서도 초월적이기도 한 육화된 영으로
서의 인격성의 진리(세계와의 투쟁의 모든 형태들이 다양하게 보존하고 미래
의 종교가 더욱 급진적으로 발전시키는 진리)를 표현하고 존중하는 제도들을
가진 사회이다. 자유사회 관념은 결코 확정적이거나 전포괄적인 것이 아니
다. 어떠한 관념도 역사의 주어진 순간에 인간의 자기이해와 현실적 또는
상상적 제도적인 실험들 사이의 변증법으로 도달된 한계를 반영한다.

 사상과 제도적 관행의 역사에서 우리의 위치가 가능하게 만든 자유사
회 관념에 따르면, 우리가 물려받은 다양한 자유관들은 단편적이고 불완
전하다. 이러한 자유관들은 사회의 미래적 변화상에 대한 제한된 관점과
인간 정체성에 대한 제한된 통찰을 표현한다. 항상 그렇듯이 제도적 상상
력의 한계와 인간의 자기이해의 한계는 서로를 보강한다.

 예컨대, 19세기의 역사에서 발전되고 지금도 사회적 · 개인적 해방의
세속적 기획들을 고취시키는 고전적인 자유주의적 자유관은 개인적 역
량강화의 이상과 사회의 제도적 재구성의 프로그램을 결합했다. 그러나
그 프로그램이나 이상은 결함을 가지고 있다. 압제에 대한 보호 장치로서
불충분하고 개인적 집단적 역량의 발전을 위한 기초로서 부적절하다고
밝혀진 특정한 사적-공적 권리 체계(경제와 국가의 조직 방식)에 그러한 프
로그램은 부당한 신뢰를 두었다. 과오는 간단히 다른 제도적 공식을 택하
지 않고 그와 같은 특정한 제도적 공식을 선택했다는 점에 있지 않았다.
과오는 무엇보다도 온갖 제도적 공식 자체에 독단적으로 몰입했다는 점
에 있었다. 더구나 이러한 제도적 공식과 결합한 개인적 역량강화의 이상
은 자기지배라는 협소한 귀족주의적 이상을 너무 닮아서 지금 우리에게

위대한 삶의 성취에 대한 안내자로서 복무할 수 없다.

그럼에도 불구하고 역량강화의 이상과 제도적 재구성의 프로그램 간의 고전적인 자유주의적 결합은 정치사상사에서 후대에 등장했던 것들보다 지금 우리가 필요로 하는 과업에 더 좋은 모형을 제시한다. 이러한 자유주의적 결합은 제도적으로 보수적인 사민주의를 위한 일련의 철학적 지주들에 의해 계승되었다. 그러한 지주들은 20세기 중반에 확립된 사민주의 해법을 변혁적 기획들의 초극할 수 없는 지평으로 무의식적으로 수용하는 것 이외에는 어떠한 제도적 비전도 갖고 있지 않다. 그러한 지주들의 지배적인 충동은 내가 이 장 후반부에서 용어화한 얕은 평등(제도적 재구성 없이 보상적 재분배를 통해 성취할 수 있는 좀 더 큰 여건의 평등)의 사변적 정당화이다.

자유사회 관념의 전개 과업을 서술하는 간단한 방법은 자유사회 관념이 고전적 자유주의자들과 사회주의자들이 중단하였던 곳에서 출발하겠다고 말하는 것이다. 그 목표는 제도적 독단주의를 배격하는 것이어야 하고 사상과 사회의 후속 역사의 시각에서 미래에 대한 우리의 희망을 수정하는 것이어야 한다. 세계와의 투쟁의 중단과 통제에 대해 철학의 특권을 더해 준 사람들이 우리에게 더 작은 것을 희망하도록 설득해 왔는데 우리는 독단주의를 배격하고 희망을 수정함으로써 더 작은 것이 아닌 더 큰 것을 희망하는 법을 스스로에게 가르치고자 한다. 그러한 기획은 더욱 배가된 힘으로 위대한 삶의 비전(19세기 자유주의자들과 사회주의자들은 더 큰 여건의 평등을 추구하는 작업을 바로 이러한 위대한 삶의 비전 아래에 두었다)과 이러한 비전을 향해 제도적 구조를 변화시키는 결단을 결합하려던 19세기 자유주의자들과 사회주의자들의 결정을 탈환한다.

자유사회 관념에 대한 개요는 제도적 변화 방향에 대한 나의 후속적인 옹호의 맥락에서 독해해야 한다.

자유사회 관념을 먼저 주체와 사회구조의 관계, 다음으로 개인과 타자의
관계에 대한 이 관념의 함축들을 통해 고려해 보자. 그 각 측면에서 자유
사회 관념은 자유사회로 향하는 제도적 변화의 경로를 획정함으로써 더
큰 의미를 획득하는 한계와 이상을 서술한다.

　나는 사회구조를 사회 안에서 일상적인 관행들, 갈등들, 관계들을 형성
하고 나아가 마치 사물들의 본성인 양 심지어 전혀 알아채지 못할 정도로
대체로 당연시되는 제도적 · 이데올로기적 가정들로 정의한다. 자유사
회에서는 이러한 제도적 · 이데올로기적 구조가 변혁적 의지와 상상력의
범위를 벗어난 낯선 운명으로 등장하지 않는다. 자유사회에서 제도적 ·
이데올로기적 구조는 구조 안에서 수행하는 운동과 구조를 바꾸기 위한
운동 사이의 격차를 줄이는 방식으로 수립된다. 이와 같이 자유사회의 제
도적 · 이데올로기적 구조는 자연성과 필연성이라는 기만적인 고색창연
에 오염되지 않은 것처럼 보인다. 이러한 사회에서 구조는 있는 그대로
결함을 가졌지만 수정할 수 있는 집단적 구성물로 등장한다.

　구조에 대한 변혁적 상상력과 의지의 접근가능성이 확보됨에 따라 구조는
다음에 도래할 것을 결정하는 힘을 잃기 시작한다. 자유사회가 더욱 자유롭
게 변할수록 그만큼 살아 있는 자에 대한 죽은 자의 권력[1]은 약화된다.

　자유사회에서 개인은 구조를 당연시하면서 펼치는 활동과 구조에 대
해 의문을 제기하는 활동 간의 경계를 가로지르는 교육적 역량 계발뿐만

1　웅거는 과거로부터 물려받는 제도들이 현재와 미래의 삶을 지배하는 상황을 '살아 있는 자에 대한
　죽은 자의 권력 또는 통치'라고 표현한다. 이러한 상황은 당연히 극복되어야 한다.

아니라 경제적 · 정치적 기회도 확보한다. 개인은 상상력으로서의 정신이 기계로서의 정신을 극복하도록 교육을 받는다. 그는 모든 기획에서 크고 작은 개혁의 씨앗을 인정한다는 의미에서 행동을 통해 철학하는 방식을 터득한다. 사회와 문화의 관행들은 상상력으로서의 정신이 공식화된 장치로서의 정신보다 우월하다는 점을 인정할 기회를 증가시킨다.

개인은 그가 살고 있는 사회적 · 경제적 세계에서 혁신과 불안정을 두려움 없이 맞닥뜨릴 수 있게 해 주는 중요한 보호 이익들과 역량 계발 기금들(무엇보다 독창적이고 지속적인 교육의 기금들)의 안식처에서 안전을 확보한다. 정체성과 안전성에 대한 개인 감정은 집단생활의 특수 형식들의 영구성에 의존하지 않는다.

개인은 자신에게 역할을 배정하고 그 수행 방식을 말해 주는 사회적 혹은 문화적 대본의 요구에 따라 행동하거나 사고하지 않는다. 개인은 역할 수행이 기대와 의무를 발생시키기는 하지만 사람에 대한 충성 혹은 과업에 대한 헌신을 배제할 정도로 중요한 기대와 의무를 자동적으로 발생시키지 않는다는 점을 인식한다. 역할의 굴절과 확장이 개인에 대한 배반으로 귀결되지 않은 한에서 역할들은 때로는 이용될 수 있고 때로는 굴절되고 확장될 수 있다.

삶의 기회는 가족을 통한 경제적 · 교육적 편익의 세습, 달리 말하면, 계급사회를 재생산하는 기제로 결정되지 않는다. 존중respect과 기회opportunity의 평등은 신성불가침적이다. 여건circumstance의 불평등은 (통상 계급사회에서 일어나듯이) 존중과 기회의 불평등에서 유래하거나 존중과 기회의 불평등으로 귀결되는 한에서 금지된다. 유사하게 여건의 불평등이 우리가 현재 안에서 미래를 규정하는 데에 이용 가능한 정치적 · 경제적 · 문화적 재원들에 대하여 특권적인 족쇄를 반영하거나 재생산하는 한에서 여건의 불평등은 금지된다. 자유사회는 계급 구조를 가질 수 없다. 계급 구조의 특히 해로운 형태는 존중과 기회의 평등을 침해할 뿐 아니라 자기신뢰self-reliance와 자체형성self-construction의 실천적 조건들을 파괴하는 절대적 빈곤이나 상대적 박탈의 수준에다 일군의 사람들을 묶어 두는 형태이다.

자유에 대한 더욱 미묘하지만 역시 위험스러운 공격은 자유의 실현과정 자체에서 이미 강력한 유인책들을 발견한 비상한 재능과 타고난 역량에 대한 숭배와 보상에서 나온다. 일종의 권력 숭배는 실천적 필요로 위장한 채 이른바 수혜자들뿐만 아니라 그 명백한 희생자들(모든 타인들)에게도 반발을 불러일으키고 자유사회가 의지하는 포용적 협동을 위태롭게 한다.

이러한 결단과 통제들은 자유사회에서 여건의 중대한 불평등과도 양립 가능하다. 자유사회가 추구하는 것은 결과result의 엄격한 평등을 고수함으로써 허접하게 된 더 작은 삶a less life이 아니라 바로 만인을 위한 더 위대한 삶a greater life, 즉 많은 사람들에게 확산된 활력의 고양이다. 이러한 자유사회 관념과 양립할 수 있는 불평등의 허용 범위를 판정할 수 있다는 계산 척도는 모조리 공상적이다.

그 기준은 더 큰 부를 만인에게 혹은 가장 불우한 집단에게 제공함으로써 정당화될 수 있을 정도의 불평등을 우리가 용인한다는 것이 아니다. 그 기준은 불평등이 발생하는 역사적 맥락을 고려하는 가운데 사회생활의 모든 영역에서 자체적으로 초극하는 사회의 역량에 불평등이 미치는 효과이다. 사회적 분할과 위계제의 온갖 구축된 구조의 족쇄에서 협동을 해방시킴으로써 사회는 자체적으로 초극한다. 사회는 또한 모든 사람들의 재능을 활용하고 계발하는 최상의 기회를 갖춘 공적인 믿음과 제도적 안배의 구조를 발전시킴으로써 자체적으로 초극한다. 그러한 구조는 지속적인 도덕적 및 물질적 이익을 고착된 불평등의 어떤 단기적 편익(이 편익이 경제적 유인책의 언어로 표현되든지 혹은 불평등에 입각한 경제적 잉여의 강제 추출의 언어로 표현되든지 간에)에 희생시키지 않는다. 이러한 종류의 제도적 안배들을 발전시키면서 우리는 사회적 안배들의 가소성可塑性에 대한 물질적 이익과 소수뿐만 아니라 다수가 왜소화를 극복하려는 도덕적 이익 간의 관계를 활용하는 결정을 확인한다.

개인과 타자의 관계 측면에서 자유사회 관념은 개인이 타인(직접적으로 개인들의 수중에서 또는 간접적으로 개인들의 도구로 행동하는 국가의 수중에서)에 의한 어떠한 강요 형태에도 종속되지 않기를 요구한다. (다른 온갖 형태의 왜소화와 달리 국가에 의한 억압에만 관심을 집중시키는 태도가 지금까지 다수의 자유사회 관념들의 본질징표였다.) 자유인은 물질적으로나 정신적으로나 강요되어서는 안 된다. 인간의 본질을 규정하는 초월의 속성은 모든 순간에 존중되고 권장되어야 한다.

자유사회에서 경제적으로 종속적인 임노동은 (19세기 자유주의자들과 사회주의들이 그렇게 보았듯이) 그 자체로 일시적이고 결함을 가진 타협으로 이해된다. 종속적인 임노동은 점진적으로 자유노동의 우월한 형태인 (분리되든 결합되는) 독립 자영업과 협동〔기업〕에 길을 내어준다. 사회의 상대적인 부와 기술적이고 과학적인 진보가 허용하는 즉시 개인은 누구나 기계가 감당해야 마땅한 반복적인 작업을 수행하도록 요구받아서는 안 된다. 자유사회에서 우리는 이미 반복을 터득한 모든 일에 기계를 투입함으로써 아직 반복을 터득하지 못한 과업을 위해 삶의 모든 시간을 확보한다.

자유사회에서 협동은 완전한 동일성이나 포괄적인 일치를 요구하지 않는다. 협동은 차이와 불일치로부터 활력을 얻는다. 차이는 경제적 경쟁과 조직적인 정치적 대결의 선택적인 기제들이 작동할 수 있는 질료를 생성시키기 때문에 차이는 문제라기보다는 해법이다. 우리가 창조하는 차이는 우리가 상속받고 기억하는 차이보다 중요하고 예언은 기억보다 중요하다.

자유사회 관념은 현실적인 혹은 상상적인 제도적 실험들로 확장되는 경우에만 세부적인 내용과 의미를 획득한다. 우리는 제도적 작업을 마치 관념과 목표를 디자인으로 전환하는 작업으로, 즉 도구적인 사회공학으로 간주해서는 안 된다. 제도적 작업을 통해서 우리는 자유사회 관념 속에 집약된 관념들을 포함해 사회의 미래에 대한 관념들을 발전시킨다. 우리는 우리 자신의 승인된 이익과 공언한 이상들을 제도적 형태로 구현하는 대안적인 방식들 중에서 선택해야 하는 문제에 직면함으로써 우리의 결단 속에 존재하는 모호성을 발견하고 우리가 진정으로 원하는 바를 규정한다.

자유사회 관념의 유일한 정당화 방식은 존재하지 않으며, 자유사회의 내용을 소위 허약한 전제들 속에 미리 은근슬쩍 집어넣고서 그 내용을 전제에서 추론한 것처럼 꾸미는 야바위도 존재하지 않는다. 자유사회 관념은 상향식으로 그리고 하향식으로 정당화될 수 있다.

상향식으로 보자면, 그 정당화는 자유사회가 장려하는 관행과 제도들이 우리의 이익과 이상에 대한 현재적 이해를 실현하고 동시에 변화시키는 힘에 있다. 자유사회는 우리의 이상과 이익에 대한 우리의 이해가 이상과 이익에 더 큰 미래를 제공하고 이익과 이상을 우리의 가장 강력한 열망 및 불안과 직접적으로 교통할 수도 있도록 이익과 이상에 대한 우리의 이해를 변화시키는 범위에서 정당화된다.

하향식으로 보자면, 자유사회 관념의 기초는 세계와의 투쟁의 혁명적 정통이다. 우리가 세계와의 투쟁이 제안하는 우리 자신에 관한 믿음들로 전향할 때 우리는 자유사회 관념에 이르고, 이러한 믿음들이 사회생활의 재편에 대해 결론을 포함하고 있다는 점을 깨닫고, 나아가 사회생활의 관행을 현재 억제하고 그 의미를 형해화하는 타협과 회피에 맞서 반란을 일으킨다. 자유사회 관념의 추종자는 세계와의 투쟁의 메시지를 사회생활의 실제 경험 속에서 실행함으로써 그 메시지를 생생하게 유지하는 데에 이러한 믿음의 전통적인 지배 형태만으로는 충분하지 않다고 생각하는 사람이다.

미래의 종교는 이러한 태도를 우리의 정체성과 소명에 대한 종합적인 견해로 전환한다. 그렇게 할 때, 미래의 종교는 내가 방금 개관한 자유사회 관념에 추가적인 지원을 제공한다. 어쨌든 지원의 가치는 이러한 종합적인 견해의 불가피한 논쟁 가능성에 의해 제약된다.

실존 문제들에 대한 접근(세계초극, 세계인간화, 세계와의 투쟁) 중 우리의 결단은 확고한 정당화를 확보할 수 없다는 것이 이 책의 일관된 주제였다. 결단의 요구는 항상 결단의 근거들을 그지없이 초월한다. 결단은 "나를 따르라"고 말한다. 결단은 따라야 할 확정적인 이유를 결코 제공할 수 없다. 결단이 할 수 있는 전부는 불완전한 논기와 논파 가능한 호소를 제출하는 것뿐이다. 결단은 모든 원대한 변혁적 기획들에서 순환성을 벗어날 수 없다. 좋든 나쁘든 그러한 기획들은 모두 부분적으로 자기충족적 예언이다. 자기충족적 예언이 수용되고 예언이 작동한다면 이 예언은 자신의 이미지 속에서 경험의 일부를 쇄신한다.

자유사회 관념과 여기에 에너지와 권위를 부여할 수 있는 미래의 종교도 이러한 원칙에 대한 예외가 아니다. 자유사회 관념과 미래의 종교는 성격상 자유사회 관념과 미래의 종교가 가능하게 만드는 생활 형식과 인간의 유형을 기준으로 평가받아야 할 기획들이다.

온갖 세계접근의 논쟁가능성은 이 장의 도입부에서 진술했던 정치적 결과를 내포한다. 사회생활의 규율 방식은 어느 경우이든 사회적 이상들, 선의 관념들, 인간성의 비전들과 관련해서 중립적이라고 주장할 수 없다. 이러한 이상, 관념 혹은 비전도 확정적이라고 주장할 수 없다. 우리는 이러한 이상, 관념 또는 비전이 최선의 방향에 대한 안내자로 봉사한다고 확신조차 할 수 없다. 이 사실은 신성불가침적인 배교권의 기반일 뿐만 아니라 자유사회의 정치적 안배들이 조직되어 유지해야 할 정치세력들의 다원주의를 위한 기반이기도 하다.

내가 여기서 개관한 포괄적인 자유사회 관념은 이 관념이 구체화하는 견해보다 더 확장적이고 야심적인 자유관에 양보할 수도 있다. 나의 포괄적인 자유사회 관념의 어떤 측면들을 강조하고 다른 측면을 무시하거나 배척하는 또 다른 더 제약적인 자유관들도 존재한다. 자유사회의 공공문화는 그와 같은 불일치뿐만 아니라 자유사회의 가장 기본적이고 편재적인 의도에 대한 반대에서도 이득을 취한다.

견해들의 상위와 경쟁 때문에 자유사회 관념은 힘과 권위라는 이원적 척도의 지배를 받게 된다. 첫 번째 척도는 더 포괄적인 관념과 더 제한적인 관념의 차이에도 불구하고 또는 그러한 차이 때문에 관념의 제도적 형태가 결함을 가지고 있음에도 불구하고, 그 제도적 형태가 다수의 보통 사람들에게 제2의 천성이 된다는 점이다. 제도적 형태는 이를 철저하게 거부하는 사람들을 호소력과 영향력으로 압도해야 한다. 두 번째 척도는 자유 관념의 더 넓고 더 근본적인 형태들이 사회의 공공문화에서 더 단편적인 형태들보다 우월하다는 점이다. 이와 같은 희망의 심화 경로가 미래의 종교가 추구하고 기대하는 바이다.

네 가지 원칙

지금 수행할 과업은 미래의 종교의 정치적 결단을 통제하고 자유사회의 조직을 북돋워 주는 원칙들을 정식화하고 정당화하는 것이다. 이 과업은 정치 생활에 대해 종교와 정치의 중첩이 보유한 실천적 함축들을 이해하는 것이며, 이러한 함축들은 기술적이고 동시에 규정적인 인간 본성 관념이 정치와 종교에서 수행하는 중요한 역할을 통해 명료해진다. 이 과업은 종교를 수립하기보다는 자유를 수립하는 방법을, 하지만 초월성과 무근거성의 이중적인 진리에 충실한 방식으로 자유를 수립하는 방법을 통찰하는 것이다. 그 과업은 상충하는 사회적 이상들이나 인성의 개념들 사이에서 중립적인 제도적 질서의 신기루를 포기하고 미래에 대한 정치 생활의 개방성을 최상으로 보존하고 향상시키는 방법을 발견하는 것이다.

나는 네 가지 원칙을 기술하고 옹호함으로써 이 과업을 논의하겠다. 네 가지 원칙은 모두 함께, 선의 관념들 사이에 중립적인 제도적 안배들을 수립하려는 환상적인 시도에 의존하지 않으면서 자유 보존적인 민주주의가 미래의 종교의 중심적인 믿음들과 화해를 이룰 수 있는 지반을 드러내 준다.

이 원칙들은 두 가지 상이한 정당화 방식에 의존한다. 첫 번째 정당화 방식은 구원종교와 낭만주의 및 민주주의의 세속적 프로그램이 다른 방식으로 발전시켜 온 우리의 현재 모습과 미래 모습에 관한 관념들의 힘이다. 그러한 관념들은 그 위력, 즉 우리 경험의 모든 측면에 침투하여 이를 변형하고 모든 위대한 문명들의 고급문화 속에 그때까지 고양되어 온 관념들을 전복하고 지구 구석구석에 혁명의 충동을 자극하는 힘을 무진장하게 시위해 왔다. 다수의 세대를 넘어 다양하고 폭넓은 사회들을 관류했던 경험의 시험은 철학에서 자연과학과 수학의 방법을 모방하려는 사변적 논거와 시도가 가진 것보다 더 큰 비중을 갖는 관념들을 옹호한다.

이 원칙들의 두 번째 정당화 방식은 이 원칙들의 지지를 받는 정치적·사회적 생활 형태들이 복무하는 폭넓은 실천적, 도덕적, 영적 이익들이다. 이 장 후반부에서 이러한 생활 형식의 특징적인 제도적 속성들을 논의하기 전에 생활 형식의 가장 가시적이고 편재적인 특성들을 명료화해야 한다. 이러한 특성들은 그러한 이익들의 폭도 제시한다. 이러한 특성들은 인간이 습관적으로 투항하는 고착된 제도적·개념적 구조들의 상대적 조해성潮解性, 큰 위기의 한가운데서만 우리가 기대하는 수준의 각성된 분투와 교전이 이 일상생활에 끼친 영향, 고전적 자유주의와 세속적 인본주의가 민주정치에서 매우 열정적으로 배제하고 싶었던 영감과 도전의 모든 원천들(종교를 필두로 하여)의 이용을 포함한다. 이 원칙들이 나타내는 결단들에서 무엇이 관건적인지를 파악하는 것은 정치의 종교적 성격과 종교의 정치적 함축을 동시에 인정하는 것이다.

여기서 예고된 고에너지 민주주의는 변화의 위기의존성을 감소시키고 또한 당연시되는 구조 안에서 수행하는 일상적인 운동과 구조를 변화시키는 비일상적인 운동 간의 차이를 상대화함으로써 삶의 선을 고양하려는 도덕적 관념에 부합하는 정치적 기제이다. 우리는 민주주의를 심화함으로써 인간의 고양을 지속시키고 인접한 가능성의 범위를 확장하고 환상에 의존하지 않은 방식으로 인간의 필멸성과 무근거성을 다룬다. 우리는 유일한 해법을 통해서 현재에서의 소외라는 문제를 해결한다. 우리는 우리가 수행하는 사회적 역할과 사회와 문화가 우리에게 부과한 공식에 구애받지 않은 채로 살아가고 사유하고 느끼는 힘을 행사할 더 좋은 기회를 바로 지금 우리에게 제공하는 제도들을 수립함으로써 문제를 풀어 간다.

다음에 논의할 원칙들의 중요성은 특수한 역사적 구조를 갖는다. 이러한 구조는 종교적 혁명을 요청하는 동일한 상황의 한 측면이다. 유럽의 근대 초기에 집필 활동을 했던 마키아벨리와 홉스에게 정치 생활의 가장 중요한 쟁점은 사회통합과 내전이었다. 그들은 갈등을 통합 및 통합의 제도에 대한 위협으로 파악했다. 국가의 첫 번째 과업은 상호 살육에서 사람들을 구하고 사회생활에서 영구적으로 반복되는 무질서에 질서를 부과하는 것이었다.

국내적 평화와 통합은 예외적인 조건을 제외하고는 오늘날 대체로 정치의 중심적인 문제가 되지 못한다. 우리 시대의 특징이 되어 버린 인종적 또는 민족적 갈등의 형태(현실적 차이의 쇠잔으로 인해 더욱더 폭력적이고 비타협적으로 변질된 집단적 차이를 향한 공허한 의지에 입각한 분노)로 시민적 삶이 오염되는 때에 예외 상황이 발생한다.

그럼에도 불구하고 그러한 사상가들에게 중심적이었던 문제는 특수하고 더욱 끔찍스러운 형식(인간의 정치적 발전에서의 모순)을 취한다. 인간은 자신의 힘을 다른 방향으로 발전시킴으로써만 자신의 힘을 발전시킬 수 있다. 논쟁의 여지가 없는 사회체제는 존재하지 않을 뿐만 아니라 자명하게 정당화되는 자유사회의 형식도 존재하지 않는다.(이는 네 가지 원칙 중 두 번째 원칙에 의해 탐구된 사실이다.) 세계 속에서 서로 분리된 국가들의 존재 혹은 국가 안에서 서로 분리된 집단들의 존재는 인간에게 엄청난 가치를 가진다. 국가는 다양한 생활 형식의 형성을 위한 정치적 보호 장치이다. 연맹으로 기획된 세계정부는 개별적인 국가들의 존재가 완전하게 보장할 수 있는 정도만큼 생활 형식의 차위差違들을 결코 보장하지 못할 것이다.

어쨌든 개별적인 국가들은 무장을 하고 있다. 철저한 차위를 가능하게 하는 국가들의 주권은 전쟁을 개시할 능력의 이면에 불과하다. 따라서 자유사회의 형식을 포함해서 생활 형식의 근본적인 차이와 보편적 평화(전쟁의 억압)의 결합은 인간의 도덕적 발전을 위한 근본적인 요청이다. 이러한 결합은 지구적 체제에 대한 국가의 평화로운 참여를 온갖 제도적 공식, 즉 정치적 민주주의, 시장경제 혹은 자유시민사회의 조직에 관한 온갖 청사진의 수용에 의존하지 않도록 하는 세계적 정치경제 질서를 요청한다.

경제적 개방성과 정치적 안정성이 특정한 공식에 대한 국민국가들의 복종에 의존해야만 한다면, 국가가 고립을 선택할 수도 없고 선택하지 않으려 한다면, 국가는 이제 투항과 전쟁 사이에서 선택하지 않을 수 없을 것이다. 지구적인 정치경제 질서는 제도적 최소주의의 원칙에 입각하여 수립되어야 할 것이다. 이러한 질서는 다른 국가들의 참여를 최대로 허용하지만 국민적 사회의 제도적 조정들에 대한 통제를 최소한만 부과해야 한다. 제도적 최소주의는 차위와 평화의 공존을 가능하게 한다.

국내적 갈등과 통합이 더 이상 정치 생활의 중심 주제가 되지 못하고 또한 평화와 차위 간의 불안스러운 모순이 해소됨에 따라 국민의 정치 생활에 대한 중요한 과업은 내용적으로 변한다. 정치적 과업은 일군의 혜택 받은 사람 혹은 재능 있는 사람들만을 위한 것이 아니라 다수의 보통 사람들을 위한 위대한 삶의 발전을 위한 독특하게 정치적인 조건들을 실현하는 것이다. 민주주의는 소수의 권리에 의해 제약된 다수의 정부로 그치지 않고 인간이 어떻게 살 수 있고 무엇을 할 수 있는지에 대한 기성의 제도적·이데올로기적 조정의 지배력을 이완시키고 새로움을 창조하게 하는 최고 관행으로 변모한다.

이하 지면에서 기술하고 옹호하는 네 가지 원칙은 미래의 종교의 관점에서 자유사회의 기반을 부각시킨다. 그럼으로써 네 가지 원칙은 정치가 궁극적으로 종교적이고 동시에 더 좋은 종교는 또한 정치적이라는 점을 이해해 온 사람들을 위해 정치와 종교를 연결하는 방식을 기술한다.

배교의 원칙

미래의 종교의 시각에서 보자면 정치 생활의 첫 번째 원칙은 배교의 보장, 달리 말하면, 미래의 종교에 대한 이견뿐만 아니라 격정적인 반대의 보장이다.

우리가 선의 관념들이나 인간의 이상들 사이에서 정치적 질서가 중립적이어야 한다는 실현 불가능하고 자체논파적인 목표를 포기한다면, 우리는 체제를 장려하는 비전이나 이상을 기성 종교로 전환시키는 것을 어떻게 회피할 수 있는지를 자문해야 한다. 시민들이 이와 같이 확립된 가정들에 자유로이 도전하는 것만으로는 충분하지 않다. 시민들은 개인적 행동뿐만 아니라 집단적 행동으로 그러한 가정들을 적극적으로 반대할 자유를 가져야만 한다. 이러한 특권의 행사와 관련하여 허용 가능한 유일한 통제는 폭력과 내전의 배제이다. 배교의 특권을 보장할 세 가지 이유가 존재한다.[2]

첫 번째 이유는 정치 생활의 조직에서 우리 인성을 규정하는 데에 일조하는 초월과 참여의 변증법을 인정하고 존중한다는 점이다. 우리가 공격

---

2 배교의 원칙의 근거와 관련해서 세 가지 이유들이 명료하게 구분되는지는 분명하지 않지만, 기독교 복음으로서 형성적 주체관(니콜라스 쿠사)으로서 자유의 법lex libertatis, 밀의 자유론의 핵심 관념으로서 문화 창조의 기반인 개성individuality으로서 자유관, 시간의 포괄적 실재성과 역사의 개방성과 계속—역사의 종언의 거부—에 입각한 것으로 이해된다.

불가능한 사회적 이상들이 사회의 제도들로 고착되어 있다고 생각한다면 우리는 더욱 신처럼 됨으로써 더 인간적으로 될 수 없다. 우리는 비판과 변화에 열려 있는 사회적 안배들과 비판 이후에도 유지되는 관념을 구별할 수 있어야 할 것이다. 그러나 우리는 그러한 구별을 할 수 없다. 법은 국민의 제도적인 생활 형식이고, 이러한 생활 형식은 법을 의미 있게 해 주는 이상과 이익에 관한 이해를 통해 이해되고 정교화된다. 배교의 안전장치가 중립성의 이상에 대한 거부를 수반할 수 없다면, 중립성의 실패가 자유를 훼손할 것이라고 우려하는 사람들이 옳다고 할 것이다.

배교의 특권을 확보해야 할 두 번째 이유는 체제의 교정가능성을 보증해야 한다는 점이다. 기성 질서의 내부의 적들이 기성 질서를 단지 피상적인 반대가 아닌 철저한 반대에 복종시킬 수 있기 때문에 내부의 적들만이 체제의 교정가능성을 보증할 수 있다.

교정가능성은 체제의 사소한 속성이 아니라 가장 중요한 특성중 하나이다. 교정가능성의 중요성은 모든 제도적 설계가 불충분하고 일시적인 성격을 갖는다는 통찰에서 기원한다. 그래서 배교의 보호는 자유사회의 진정성, 즉 새로움을 더 훌륭하게 창조하기 위해 자체적으로 쇄신하는 자유사회의 지속적인 힘과 긴밀하게 연결된다.

배교의 특권을 방어해야 할 세 번째 이유는 미래의 종교의 안내 아래서 우리가 사회의 제도적 질서와 맺고자 하는 관계와 연관된다. 세 번째 이유는 첫 번째 이유의 근저를 이루는 주체에 관한 견해와 두 번째 이유에 대하여 관건적인 제도의 교정가능성이 갖는 가치를 결합한다.

우리는 특정한 제도적 틀을 육화된 영의 확정적인 고향home이자 역사의 완성으로 취급하려고 기도하는 헤겔적 이단을 거부해야만 한다. 이러한 과오에 대한 명백한 대안은 이제 모든 체제들을 그 만큼 많은 역사적인 지방색으로 취급하는 것이다. 이러한 대안적 견해에 따르면 우리는 이러한 지방색 중 하나를 선택해야 하고 우리의 경험과 교육이 활용할 수 있게 해 주는 온갖 표준에 따라 이를 개선해야만 한다. 그렇게 되면 우리는 주체와 제도적 또는 개념적 구조 간의 관계를 누적적으로 변화시키는 것을 희망할 수 없다.

그러나 우리가 사회생활의 규율 질서들을 실제 그대로 수정 가능한 집단적 구성물들로 간주하고 우리의 일상적인 처리 과정에서 도전과 수정을 가능하게 함으로써 그 질서들의 내용과 성격까지도 변혁할 수 있다면, 체제의 원칙들에 대한 배교의 특권은 신성불가침적인 것으로 변모한다. 바로 체제의 근본 요소들과의 갈등과 논쟁을 지속하는 경우에만 우리는 인간 존재를 결코 제대로 포착할 수 없는 삶과 사회의 구조가 인간 존재에 적합하도록 하기 위해 그 구조를 발전시키는 역설적 과업을 목전에서 강력하게 수행할 수 있기 때문이다.

이제 체제에 대한 이견뿐만 아니라 체제를 지지하는 비전이나 이상에 대한 이견의 특권이 갖는 실천적 내용을 고려해 보자. 이러한 특권의 일부는 체제를 비판하고 체제의 정신적 기초들을 공격할 권리, 나아가 전쟁과 내전을 제외한 온갖 개인적·집단적 행동 방식으로 체제에 저항할 권리이다. 헌법적 제도의 가정들에 대한 박력 있는 비판을 허용한다고 공언하면서 헌법적 제도에 충성을 요구하는 것만으로는 충분하지 않다. 가정들은 제도 속에 구체화되어 있기 때문에 중요하다. 제도들은 가정들의 시각에서 이해되고 옹호된다.

규칙들은 충성을 누릴 자격이 없다. 오로지 국민만이 충성을 향유할 수 있다. 헌법적 규칙들이나 여타 비인격적 규범들에 대한 충성을 요구하는 것은 우상숭배(우리가 오로지 살아 있고 고통당하고 초월하고 동시에 구체화된 인격에게만 바치는 존경을 일시적이고 결함 있는 조직 형식에 투사하는 태도)를 더 잘 수행하기 위해서 인격체의 내부 성소에 침입하는 것이다.

배교를 소극적으로 보호하는 것만으로는 충분하지 않다. 대중매체에 대한 접근을 포함해서 생활 형식을 유지하고 그 덕성들을 옹호할 실천적 수단을 이단자적 의식에 제공하는 것은 또한 바람직하다. 국가의 다양한 부분들이나 사회의 다양한 부문들이 사회의 미래에 관한 대항 모형들을 발전시킬 수 있도록 연합주의聯合主義[3]는 확장되어야 한다. 어쨌든 이러한 적극적인 수단들은 두 가지 중요한 제약을 받아야 한다.

첫 번째 제약은, 이단자적 집단이 자신의 특수한 비전을 내세워 그 구성원을 어린아이 취급하면서 억압하거나 우연히 태어난 공동체나 신앙에 대하여 구성원들로 하여금 반란을 일으킬 역량을 강화할 수 있는 공교육을 구원성에게 부인하는 것은 허용되지 않는다는 점이다.

두 번째 제약은, 개인은 다른 이해理解들에 기초하여 다른 방향으로 구성된 다른 나라로 자유로이 탈출할 수 있어야 한다는 점이다. 그리하여 세계를 독립적인 국가들로 분할하는 것은 인간의 권능 발전의 조건일 뿐만 아니라 자유의 불가피한 안전장치다. 그러나 그러한 분할은 앞서 기술한 제도적 최소주의로 그 위험성이 완화되기는 하지만, 반복해서 전쟁의 위험으로 나갈 수도 있다.

이러한 주장과 제안에서 말하는 배교의 철저한 보호는 너무 극단적이어서 정치 질서의 안정성 및 사회의 통합과 양립 불가능한 것처럼 보일지

---

3 여기서 연합주의는 사회의 다양한 결사체적 조직 방식의 옹호론으로서 이른바 프루동주의자들이 내세우는 모토였으며, 오늘날에서 다양한 사회문화 맥락에서 옹호되고 있다. 그 대립 관념은 국가 중심주의state centralism이라고 할 수 있다.

모른다. 실제로 그러한 도전을 감당할 수 없고 비무장한 내부의 적들 가운데서 번영을 구가할 수 없는 체제는 존속할 가치가 없다. 우리는 스스로 배교의 보호를 선택함으로써 이중적인 도박을 한다. 우리는 이견과 혁신이 나란히 가고 혁신이 세속적 성공의 가장 중요한 조건이라는 데에 도박을 한다. 우리는 또한 위대한 삶을 위해 전개된 더 위대한 자유의 편익들이 일단 향유된 이후에는 불가역적인 것으로 드러나게 될 것이라는 데에 또한 도박을 한다.

여기에 자유사회의 질서를 장려하는 비중립적인 이상들로부터 배교를 보호하려는 결단의 내용과 복잡한 결과에 관한 하나의 사례가 있다. 21세기 초반인 지금 동화와 고립의 정도에서 많은 차이가 나지만 브라질 아마존 지역에서 여전히 흩어져 생활하는 인디오 부족들의 실례가 바로 그것이다.

국가는 많은 대규모 토지를 인디오 부족들을 위해 유보해 놓는다. 그러나 인디오 문화의 보호라는 명분 아래 인디오들은 보통 경제적 교육적 기회가 부인된다. 중앙정부에 의한 의무적인 기회제공이 인디오의 집단적 정체성에 대한 위협요소로 여겨지기 때문이다.

인디오에 대한 정책 시행은 전통적으로 인류학자들에게 배정되어 왔으며, 이러한 인류학자들은 초기역사에서 인디오 문제의 주요한 전문가들이자 인디오의 이익을 비인디오로서 가장 단호하게 옹호하였던 사제들을 계승했다.

인류학의 근간은 서구문명 안에서 이단, 즉 세계와의 투쟁의 주요가정들과 갈등하는 사상경향을 대표한다. 이러한 이단에 따르면 세계사의 주요한 주인공은 개인들이 아니라 상이한 생활 및 의식 형식들로 조직된 문화이다. 이러한 견해에 따르면 개인의 정체성과 그 최상의 도덕적 이익은 이러한 문화의 보존과 분리될 수 없다.

이러한 이단자들은 인디오들이 내재성의 신학과 자족성의 수행론 pragmatics을 신봉한다고 말한다.[4] 내재성의 신학은 이교주의, 즉 우리에게 공포감과 동시에 매혹을 주는 자연세계에 대한 숭배의 다른 이름이다. 자족성의 수행론은 냉혹한 축적을 향한 충동이나 주체의 변혁과 세계변혁의 변증법을 가속시키려는 기획 없이 관습적인 생활수준을 확보하기 위해 필요한 정도만큼 일하려는 성향이다. 이단자들의 주장에 따르면 이러한 특성들을 간직한 생활 및 의식 형식은 다른 생활 및 의식 형식과 마찬가지로 보호받을 가치가 있으며, 개인의 자율과 역량강화의 명분 아래 이러한 형식의 파괴는 영구적인 보호를 받을 만한 인간 생활의 한 형태에 대한 허용할 수 없는 모욕이다. 이러한 교리에 따르면 인디오에 대한 국가의 주요 책무는 인디오들을 방치하는 것이다.

이러한 이단은 미래의 종교에게 인디오들에 대한 견해나 그들의 물질적 도덕적 이익과 그들에 대한 자유국가의 책무에 대한 이와 같은 견해를 포기하라고 요구하지 않는다. 이러한 이단을 거부하고 권리 부여에 대한 이단의 실천적 귀결을 거부하는 것은 세계와의 투쟁의 모든 성스러운 또는 세속적 형태에 의해 요구된다. 인디오들은 집단으로나 개인으로나 내재성의 신학과 자족성의 수행론을 포기하도록 강요받아서는 안 된다.[5] 그러나 인디오들은 자신의 문화에 반란을 일으키고 자신의 문화를 바꾸는 수단들

---

4 제1장에서 이 문제가 일부 다루어졌다.

5 이 부분에 대한 진술 배경은 웅거 자신이 아마존의 개발과 인디오의 이익의 공존을 위해 착수했던 정치적 실험(2009)과 관련을 가진다. 웅거는 2007년부터 2년간 룰라 행정부에서 장기계획부장관을 처음 역임하였던 시기에 사회적으로 포용적이면서 생태적으로 지속 가능한 아마존 개발 정책을 제도화했다. 종래 아마존은 대규모 지주들에 의해 난개발과 환경파괴로 점철되었다. 웅거의 법제는 대규모 토지 보유자들의 이익에 반해 아마존 정글에 산재하는 원주민 거주자들에게 직접적으로 토지보유권을 인정함으로써 경제적 기회를 보장하고 아마존의 보호를 동시에 추구하고자 했다.

을 거부당해서는 안 된다. 우리가 우리 자신에게 그러한 수단이 필요하다고 주장한다면 우리는 그들에게 그러한 수단을 부인할 자격이 없다.

자신의 역량을 확보한 성인은 아동으로 취급되어서는 안 된다. 우리 자신의 문화를 포함해서 어떠한 문화도 상대적이고 일시적인 가치 그 이상을 보유하지 못한다. 우리는 우리를 형성해 온 제도적·문화적 맥락에서 형세를 역전시킴으로써 주체가 되어 간다. 우리는 그렇게 되는 데에 경제적 교육적 수단들을 필요로 한다.

내재성의 신학과 자족성의 수행론에 대한 대안들이 일단 경험된 후에는 불가역적인 것으로 증명될 것이라는 점은 세계와의 투쟁 또는 미래의 종교의 형태를 취한 그 계승 형태들의 추종자들이 공유하는 확신이다. 더구나 현재의 실제 여건에서 인디오들은 우리나 그들이 원하든 원하지 않든지 간에 백인과 접촉하게 될 것이다. 경제적·교육적 여건을 박탈당한 채, 인디오들은 집단으로서나 개인으로서나 무방비 상태에 놓여 있다.

집단에 대한 이러한 주장들의 함축은 두 가지 다른 문제(집단의 역량강화와 개인의 역량강화)가 다른 수단에 의해 반드시 해결되어야 한다는 점이다. 집단에 대해서는 그 고립이나 동화의 정도에 상응하는 방식으로 경제적·교육적 기회를 정부가 확보해 주어야 한다. 인디오 부족이 고립되어 있을수록, 인디오 부족에 대한 정부의 교육적·경제적 기회의 제공 방식이 그러한 기회를 활용함으로써 그 수용 여부를 놓고 인디오들의 집단적 결정 사항이 되어야 할 수준의 완전한 동화(거기에서 나오는 특정적인 문화의 파괴)의 결과를 미리 결정하지 않도록 보장하는 데에 대한 배려의 필요성은 그만큼 더 커진다.

그러나 인디오 개인은 국가의 시민이다. 그는 원한다면 집단의 경로에서 이탈하는 데에 필요한 경제적·교육적 도구를 국가로부터 받아야 한다. 다시 말하자면, 그러한 도구들은 실질적인 선택지가 될 수 없을 정도로 개인에게 접근하기 너무 어려워도 안 되고, 동시에 그러한 도구들은 별도의 경로를 밟으려는 집단적 선택을 와해시킬 정도로 접근하기 너무 용이해서도 안 된다.

그러한 여건에서 인디오들에 대한 정책의 옳고 그름은 자유사회에서 자유사회의 교리로 강화된 이견의 옳고 그름과 궤를 같이한다. 우리는 인디오들에게 부담하는 것을 결국 우리 자신에게도 부담한다.

복수성의 원칙

사회의 제도적 구조는 우리의 모든 물질적 · 도덕적 기획에서 결정적이다. 우리의 이익과 이상은 실제로 이를 표현하는 제도와 관행에 항상 속박되어 있다. 미래의 종교가 사회의 조건에 대해 말하고자 한다면, 미래의 종교는 자유사회의 특정한 관념을 옹호하고 지지하는 것 그 이상을 수행해야만 한다. 미래의 종교는 제도적 프로그램을 가져야만 한다. 미래의 종교는 사회의 제도적 설계를 사회의 정치적 원칙들의 선언에 대한 사후적인 덤으로 취급하기보다는 이상과 이익에 대한 사고와 제도와 관행에 대한 사고 간의 내적인 관계가 존재한다는 점을 인정해야만 한다.

자유사회의 나머지 원칙들이 묘사한 방향은 미래의 종교의 정치적 귀결을 드러낸다. 그 방향은 또한 우리가 위대한 삶에 대한 욕구를 충족시키는 것을 오늘날 최상으로 희망할 수 있는 토대로서 정치적 · 경제적 · 사회적 제도들의 일반적 성격을 제시하는 것을 의도한다. 여기서 과업은 이러한 제도적 변화의 방향을 기술하는 것이 아니다. 과업은 자유사회 관념이 그럴듯하게 현실화될 수 있도록 매개가 되는 다양한 체제들에서 발생하는 문제와 기회를 논의하는 것이다. 자유사회 혹은 미래의 종교의 열망에 충실한 사회가 취해야 할 유일하고 자명한 제도적 형식은 존재하지 않는다.

현대 사민주의자들은 경제적 유연성과 사회적 보호를, 효율성과 공정성을 화해시키려는 자신들의 특징적인 기획을 실현하는 데에서 기성의 물려받은 제도적 조정을 다소간 자연적이고 필연적인 틀로 취급하는 과오를 범한다. 많은 정치철학자들은 사회의 제도적 구조를 정치 생활의 원칙 선언에 대한 주변적인 관심사로 취급하는 과오를 범한다.

19세기 자유주의자들과 사회주의자들은 이러한 환상에 사로잡히지 않았다. 그러나 그들은 이윽고 독단적인 제도적 공식에 대한 정치적 희망을 신뢰하는 과오를 범했다. 독단적 제도적 공식은 자유주의자들에게는 시장경제와 민주주의의 특정한 형태를 의미하고 사회주의자들에게는 민주주의의 다른 방식을 병행시키면서 경제에 대한 정부 통제를 포함해 특수한 사적 및 공적 권리 체계의 구축을 의미한다. 모든 사례에서 그들의 제도적 프로그램은 그들의 목표들에 적합하지 않은 것으로 드러났다.

그들의 과오는 특정한 제도적 공식 대신 다른 제도적 공식을 선택했다는 사실에만 있지 않다. 그들의 과오는 자유사회에 주어진 온갖 제도적 형식들이 결함 있고 상황적이고 일시적인 성격을 가진다는 점을 파악하지 못했다는 데에 있다. 우리는 확정적인 청사진을 선택하기보다는 제도적 변화의 방향을 선택해야만 한다. 더구나 항상 다른 방향들이 존재한다는 점과 전체적으로 어떠한 방향을 선호해야 하는지에 대한 판단을 변경할 근거가 나타날 수도 있다는 점을 의식하는 가운데 우리는 그 방향을 선택해야만 한다.

체제를 함축하는 선의 비전들과 인성의 이상들에 대해 배교할 특권을 존중하는 것만으로는 충분하지 않다. 자유사회의 제도적 안배들과 관련해 세계적인 수준에서뿐만 아니라 개별적인 국가의 공간에서도 영구적인 실험을 조직하는 것이 또한 필요하다. 배교자들은 자유로운 질서, 즉 세계와의 투쟁의 신성한 혹은 세속적 형태 또는 미래의 종교에 의한 이러한 형태들의 급진화 및 개혁과 연관된 이상들이나 비전들에 대하여 이견을 가질 수도 있다. 이러한 기획들의 주창자들은 자신의 결단의 제도적 귀결들에 대한 이해에 있어서 그들 간에도 차이를 보일 것이고 보여야 한다. 그러한 차이는 수렴과 합의를 통해 극복되어야 할 혁명적 관념에 대한 우연적이고 일시적인 제약 요소가 아니다. 차이는 정치에 대한 진리와 자유에 대한 진리의 항구적인 특성이다. 복수성의 원칙은 자유사회의 관념과 설계를 고취하는 두 번째 원칙이다. 복수성의 원칙은 배교의 보호에 관한 첫 번째 원칙을 보완한다.

복수성의 원칙에서 세 가지 결론이 나온다.

복수성 원칙의 첫 번째 귀결은 세계의 조직 방식이 자유사회의 대안적 형식들에 대한 집단적 실험에 우호적이어야 한다는 점이다. 세계의 조직은 안보 혹은 무역협정을 특정한 제도적 공식의 수락에 의존시켜서는 안 된다. 세계 조직은 제도적 최대주의보다는 제도적 최소주의의 특성을 가져야 한다. 국제적인 의미에서 제도적 최소주의는 국내적 제도적 실험들에 대한 최소한의 통제에 입각하여 국민들 상호 간에 최대한의 초국경적인 경제적 · 문화적 교류를 보장하는 것이다.

예컨대 세계 무역협정들은 경제적 활동을 분산시키고 생산 자원 및 기회에 대한 접근을 조직할 수 있는 다양한 방식들을 조직하려는 기획에서 정부와 사기업을 결부시키거나 재산과 계약의 기본적인 규칙들을 혁신하는 실험을 포함해서 시장경제를 쇄신시키는 실험을 방해해서는 안 된다.

그러나 자유사회의 대안적 형식들을 그럴듯하게 표현하는 제도적 실험들과 자유를 억압하는 실험들 간의 구분은 획정되어야 한다. 자유사회의 이상들에 대한 배교는 어떠한 자유국가 안에서도 신성불가침적인 것이다. 배교의 성스러움은 개인들과 국민들이 처해 있는 구조에 대한 판단을 내릴 수 있게 하는 정치적·경제적·문화적 수단들을 그러한 개인들과 국민들에게 제공하는 것을 거부하는 체제들에 대한 관용의 요청을 함축하지 않는다.

그러한 체제들은 인간성의 핵심적 속성을 무시한다. 경제적 붕괴와 군사적 패배와 같은 시험을 제외하고는 체제가 기반으로 삼는 요청들의 온갖 시험에 맞서 특징적인 비전의 이름으로 스스로 참호를 구축하고자 한다. 주어진 상황에서 체제에 개입하지 않으려는 이유들은 오로지 실천적이다. 그럼에도 불구하고 그러한 이유들은 압도적일지도 모른다. 열강들이 자신들의 이익과 인류의 이익을 구별할 수 없고 자신들이 수용하고 종종 나머지 인류에게 부과하려는 결함 있는 제도적 조정들과 자유사회 관념을 구별할 수 없는 세계에서 자유의 이름으로 이루어진 개입은 단순히 거대한 권력의 헤게모니에 봉사할지도 모른다.

우리는 세계를 자유로운 국민들의 협연으로 전환시키는 데에 기여하는 제약만을 제도적 실험주의에 부과하도록 희망해야 한다. 정치적 안정성과 경제적 개방성이라는 지구적 공공재에 대한 접근이 유일하고 세계적인 제도적 공식에 대한 복종에 덜 의존하게 될수록, 자유사회의 다양한 유형들이 세계에 더욱 활기차게 수립될수록, 이러한 목표를 성취할 기회는 그만큼 더 나아지게 된다.

복수성 원칙의 두 번째 귀결은 우리는 자유사회의 대안적인 제도적 형식들에 대한 실험을 가능하게 하는 제도적 안배들뿐만 아니라 관념들과 역량들에도 특수한 중요성을 부여해야 한다는 점이다. 우리의 현재 제도들보다 더욱 완전하게 수정가능성의 속성을 보여 주고 차이를 단순히 기억하고 보존하는 것보다 차이를 창조하는 인간의 능력을 고양시키는 제도를 수립하는 것만으로 충분하지 않다.

미래를 가능하게 하는 자원들의 하나는 상상력으로서의 정신이 기계로서의 정신보다 우월한 지위를 얻게 하는 교육이다. 이러한 교육은 학교를 기성 질서가 포함할 수 있는 것보다 더 광범위한 경험과 비전에 대한 접근 도구로 전환시킨다. 이러한 교육은 학교가 가족이나 국가의 도구로 복무하는 것을 막는다. 이러한 교육은 모든 아동을 말문이 막힌 예언자로 인정한다.

사회역사 연구, 사회과학, 정신과학, 행동과학, 인문학의 전 영역에 걸쳐 인간의 자기이해는 우리에게 대안들에 대한 상상력을 고취할 수 있는 관념을 제공해야 한다. 이러한 목적을 위해 각 분과들은 현재까지 내려온 사회에 대한 이해와 좋든 나쁘든 앞으로 변모할 사회에 대한 통찰 간의 연결을 모범적으로 제시하도록 개혁되지 않으면 안 된다. 제도적 상상력의 쌍둥이 분과로서 법분석과 정치경제학은 사회생활의 회고적 합리화에 복무하는 것을 중지해야 하고, 오랫동안 양 분과의 비밀스러운 철학으로 남았던 우파헤겔주의, 즉 현존하는 것의 회고적 합리화를 포기해야 한다.

복수성 원칙의 세 번째 귀결은 자유사회의 삶의 각 영역이 그 분야에서 실험적 차이를 강화시키는 방향으로 조직되어야 한다는 점이다. 자유사회의 제도적 형식을 혁신하는 능력은 체제의 각 부분의 조직에서 그 특징적인 문제들과 기회에 맞게 명료화되어야 한다. 사회생활의 모든 영역은 사회체제의 성격 변화, 즉 인간의 일상적이고 구조보존적인 운동과 비일상적이고 구조변혁적인 활동 간의 차이의 축소를 범례화하고 고양시켜야 한다. 경험의 각 영역은 그 영역의 특수한 통제 요소와 기회들에 맞게 제도적 이데올로기적 구조의 모든 부분을 도전하고 쇄신하는 우리의 권능 범위 안에 두는 사회의 규제적 이상에 접근하도록 조직되어야 한다.

복수성 원칙의 세 번째 귀결은 세계의 각국 또는 각 지역 내부에서 제도적 수렴과 차이 간의 관계에 대해 필연적 결과를 가진다. 자유사회들은 시장, 민주주의, 시민사회를 형성하는 방식에서 혁신을 수행하고 자유사회 안팎으로도 차이를 발생시키는 역량을 향유해야 한다. 자유사회들은 정치적 · 경제적 · 사회적 다원주의의 새로운 변형들을 창조할 제도적 · 개념적 수단을 보유해야 한다. 시장경제, 대의민주주의, 독립적인 시민사회의 기성 형식들은 이러한 실험에 적대적이다. 실제상으로도 이론상으로도 세계에서 현재로서 활용 가능한 제도적 안배들과 관념들이 범위에서 매우 제한적이고, 현존하는 제도적 대안들의 재고가 성격에서 항상 상대적으로 비탄력적이라는 점을 고려하면 이러한 목표는 의제 형성에 기여한다.

시장경제는 사법 체계에서 구체화되고 종종 경제생활의 자생적 질서의 자연적이고 필연적인 형태로[6] 정당화된 시장질서 관념의 특수한 형태에 붙잡혀 있다. 대신에 재산과 계약의 대안적인 체제들은 경제질서의 다양한 부분들에서 크고 작은 발판을 마련하면서 실험적으로 공존하게 되어야 한다. 결과적으로 생산과 교환의 불변적인 구조 안에서 생산요소들을 재조합할 자유는 이러한 구조를 구성하는 제도들을 지속적으로 쇄신하는 자유로 확장될 것이다.

시민사회는 계약법, 회사법, 노동법의 규정 아래서 조직되지 않거나 불

---

6 하이예크와 미제스의 '카탈락시'로서 시장질서관을 가리킨다.

균등하게 조직되어 있고, 이로 인해 대안적인 사회적 미래들을 창조하는 데에 직접적으로 참여할 기회를 부인당하고 있다. 시민사회는 상향식으로 법을 창조할 수도 없고 시민사회의 조직에 관한 법조차 창조할 수 없다. 시민사회가 할 수 있는 것은 국가의 입법 과정에 목소리와 영향력을 놓고 다투는 것뿐이다. 사회생활에서 연대성의 유대들은 자신의 가족 외부에 있는 타인을 포함해서 타자에 대한 배려에 기여할 직접적인 책임이라는 강한 토대에 의존하기보다는 정부에 의해 조직된 금전 이전이라는 약한 시멘트에 의존한다.

시민사회가 대안적인 사회적 미래들의 발전에 적극적이고 직접적으로 더 훌륭하게 참여하기 위해서는 국가 바깥에서 독자적으로 조직되어야 한다. 시민사회는 간단히 선출된 공직자들과 정당들의 작업을 통해 조직되어서는 안 되며 그렇게 될 필요도 없다. 이러한 참여 기회의 하나는 공공서비스 제공에서의 참여, 특히 공공서비스 가운데 우선적으로 맥락초월적인 개인을 육성하는 교육에서의 참여이다. 다른 기회는 신체적으로 건강한 성인은 누구나 자신의 가족 바깥에 타인을 때때로 돌볼 책임을 져야 하고 그리하여 사회적 연대에 돈보다 강력한 기초를 제공해야 한다는 원칙을 일반화하는 것이다.

민주주의는 지금까지 계속해서 변화를 위기에 의존시키고 또한 살아 있는 자들에 대한 죽은 자들의 권력을 반복하고 다음 위기가 올 때까지 기성 구조가 자연성, 필연성, 권위의 외관을 보유하도록 용인하는 방식으로 구축되어 왔다. 민주정치에서 과업은 민주주의를 정치적 · 사회적 소수자들의 권리에 의해 제약받는 다수자의 지배가 아니라 사회생활에서 새로움의 집단적 발견과 창조로 이해하고 조직하는 것이다. 헌법적 안배들은 정치의 속도(구조 변화의 용이성) 뿐만 아니라 정치의 온도(공공생활에 대한 대중적 참여 수준)를 높여야 한다. 헌법적 제도들은 연합주의의 실험주의적 잠재력을 활용하여 사회적 미래의 대항 모형들을 발생시키고 자신들에게 허용된 집단적 행동을 통해서도 극복할 수 없는 배제와 불이익 상태에서 사람들을 구출하는 권력[7]을 국가 안에 수립해야 한다. 헌법적 제도들은 대의민주주의에 직접민주주의의 특성들을 부여해야 한다. 이 모든 장치들을 통해서 헌법적 제도들은 변화의 조건으로서 위기를 필요로 하지 않으며 새로움과 차이를 창조하는 우리의 권능을 광범위하게 확장시켜야 한다.

그리하여 복수성의 원칙을 실현하는 데에는 자유사회의 다양한 형태들이 서로 분리된 주권적 국가들의 엄호 아래 수립되고 국가의 법질서에 육화되는 것을 보장하는 것만으로는 충분하지 않다. 각 민족이 시장, 민주주의, 시민사회를 재발명할 수 있게 하는 제도와 이상을 수중에 확보하는 것이 필수적이다. 오로지 이러한 재발명의 권력과 실천을 통해서만 자유를 파괴하는 기성 구조의 무게는 가벼워질 수 있고 미래에 대한 과거의 권력은 축소될 수 있고 예언은 기억보다 더 큰 목소리로 말할 수 있게 된다.

깊은 자유의 원칙

제도의 설계에서 깊은 자유는 온갖 형태의 여건의 평등보다 우선성을 가진다. 기회의 평등은 깊은 자유의 단편적 측면이다.

자유와 평등이 기성 제도적 구조를 당연시하고 그러한 구조의 한계 안에

---

7 웅거는 이를 《비판법학운동》에서 제4부(the fourth branch)라고 표현한다.

서 이해되고 실천된다면 이는 얕은 자유와 얕은 평등이다. 자유와 평등이 기성 구조의 재편을 통해 전진하는 경우 이는 깊은 자유와 깊은 평등이다.

따라서 깊은 자유는 제도와 관행의 변화를 통해, 단지 일회적인 변화가 아니라 미래를 생성시킬 수 있는 관행을 통해, 즉 사회의 제도적 질서에서의 지속적인 변화를 통해 파악되고 실현되는 자유이다. 그래서 깊은 자유는 내가 앞서 자유사회의 관념으로 기술한 것의 경계 안에서 이해된 자유이기도 하다. 깊은 자유의 관념은 자유사회의 관념 자체와 이를 현실화하는 데에 필요한 제도적 안배들 간의 상호작용을 통해 발전한다. 깊은 자유의 관념은 제도적 대안들의 창조를 고취한다. 대안의 창조는 깊은 자유의 관념을 풍부하게 하고 수정하도록 우리를 일깨운다.

이 책을 쓰는 시기에 널리 퍼진 믿음에 따르면 정치에서 좌파와 우파, 진보파와 보수파의 구분은 주로 그들이 자유나 평등에 부여하는 상대적 비중의 차이에 달려 있다. 좌파와 진보파는 평등, 공정성, 사회정의에 우선성을 부여하는 사람들이고, 보수파나 오늘날 유럽적 맥락에서 자유주의자는 자유에 우선성을 두는 사람들이다. 이러한 규정 방식은 얕은 자유와 평등과 깊은 자유와 평등 간의 혼동에서 기원한다. 더구나 그러한 규정 방식은 진보파나 좌파의 관념사에 비추어 보면 거짓이다. 우리는 이러한 구분 방식을 거부해야 한다. 그러한 구분은 실천적 정치뿐만 아니라 정치적 사고에서도 잘못된 방향을 드러내고 강화한다.

거의 보편적으로 19세기 자유주의자들과 사회주의자들은 평등을 자유의 한 측면으로 이해했다. 그들은 개인과 종의 역량강화, 즉 원대한 인류와 원대한 주체 형성을 핵심적으로 선택했다. 자유주의자와 사회주의자의 차이는 이 위대성에 대한 이해뿐만 아니라 그들이 희망을 부당하게 결착시킨 제도적 공식에도 존재한다. 그들은 대신에 위대한 삶을 향유할 수 있는 건전한 사람이라면 결과나 여건의 경직된 평등에 안주하지 않을 것이라고 이해했다. 그들은 계급사회의 불의와 경제적으로 종속적인 임노동의 폐지를 원대한 자유를 향한 투쟁의 중요한 부분으로 간주했다. 그들은 국가에 의해 조직된 금전 이전이나 사회권 프로그램을 통한 소득의 보상적 회고적 재분배에 의해 사회생활의 거악들을 교정할 수 있다는 견해를 결코 수용하지 않았던 것 같다. 그들은 이러한 믿음을 공언할 때 현재와 미래의 우리가 그렇듯이 기성 체제를 반대하고 인류를 위해 위대한 삶을 예언하는 혁명가들이었다.

자유에 대한 평등의 우선성을 진보적 대의의 기조로 파악하는 사람들은 자신도 모르게 결정적인 입장을 취한다. 즉, 그들은 기성의 제도적 안배들을 수용한다. 만약 그들이 부유한 북대서양 국가들에 거주한다면, 그들이 주로 수용하는 제도적 안배들은 20세기 중반에 확립된 사민주의적 타협(미국에서는 뉴딜)이다. 진보파들이 세계의 다른 지역에 산다고 하더라도 사민주의적 타협을 민주적 희망들의 지평과 한계로 간주할 개연성이 높다.

진보파나 좌파는 이제 사회민주적 타협안의 한계 안에서 더 많은 평등을 원하는 사람들로 변모한다. 이 말의 개략적인 의미는 기성 제도적 안배들을 존중한다는 전제 위에서 생산이나 정치의 쇄신보다는 사후적 재분배와 규제에 치중한다는 것이다. 그러한 타협의 조건에 따라 생산적이고 정치적인 안배들을 근본적으로 바꾸려는 시도는 모조리 포기되었다. 국가는 경기순환에 맞서 경제를 규제하고 재분배하고 관리하는 광범위한 권력을 획득하도록 허용되었다.

동일한 사고방식에 따르면 보수파는 역사적 타협의 무게중심을 자유와 효율성의 방향으로 이동시키려는 사람들이다. 그들에게 자유는 시장경제와 입헌민주주의의 기성 형식에 의해 설정된 조건 안에서 더 큰 폭의 재량을 의미한다. 즉, 그 자유는 국가의 엄호로부터 자유로운 개인적 활동과 자기결정의 더 많은 공간이 존재할 수 있도록 하는 더 적은 규제와 더 적은 분배를 의미한다.

이러한 원초적인 이데올로기적 구조들은 종합으로 제시되는 정치의 폭을 더욱 협착시킨다. 정치의 목적은 경제적 유연성과 사회적 보호를 화해시키는 것으로 변모한다.

얕은 자유와 얕은 평등은 지배적인 제도적 안배가 설정한 제약 사항들 안에서 파악된 자유와 평등을 뜻한다. 정치 생활의 실제적 경험은 이러한 견해가 부적절하다는 점에 대해 무수한 단서들을 제공한다. 예컨대, 20세기 말과 21세기 초에 사민주의의 실례로 널리 칭송받은 일부 국가들은 "유연안정성flexsecurity"으로 불리게 된 창의적 활동, 즉 특정한 직업의 고용 보장 대신에 보편적 상속을 실험하였으며, 결과적으로 더 많은 공정성과 더 많은 유연성을 동시에 향유하는 것은 매우 작은 규모에서 가능한 것처럼 보였다. 그러나 어느 누구도 시장경제를 형성하는 재산과 계약의 안배와 공적 권력과 사적 활동의 관계에 관한 안배를 포함한 제도적 안배들의 개혁을 통해 훨씬 더 큰 규모에서 유사한 기획을 실천할 수 있다는 점을 상상하지 못했다.

얕은 자유와 얕은 평등은 잘못된 선택지들이다. 이러한 선택지들은 가장 최근의 주요한 제도적 개혁의 우연적 결과인 현존 제도적 구조의 부당한 수용에 입각해 있다. 얕은 자유와 평등은 더 많은 시장과 더 작은 국가인가 혹은 더 많은 국가와 더 작은 시장인가 혹은 시장이 발생시킨 불평등을 국가의 재분배적이고 규제적인 활동으로 시정하려는 의도로 설계된 국가와 시장의 조합인가라는 이데올로기적 논쟁의 단순하고 그릇된 유압식油壓式 모형[8]의 유효성을 전제한다.

바로 이러한 단순하고 그릇된 도식은 서구 사회에서 가장 큰 영향력을 행사한 분배적 정의의 철학들에 의해 전제되고 있다. 이러한 철학의 추상성과 비역사성은 제도적으로 완결된 사민주의 아래서 보상적 재분배의 정당화라는 조작적 의도를 숨길 수 없다. 이러한 철학의 이론적 평등주의는 그 제도적 공백이나 제도적 보수주의의 이면이기 때문에 이 철학은 자신이 공언한 목표를 실천할 수 없다. 이러한 철학은 그 전문가들이 스스로 다시 상상하고 쇄신시킬 수 없다고 판단한 세계에 대해 인간화를 주창하고 인간화를 철학이 지지하고 있는 장치들에 부합하게끔 협소하게 정의한다.

소위 불가피한 것을 인간화하려는 시도 그 이상을 요구하는 경우 우리는 얕은 자유와 얕은 평등에서 깊은 평등과 깊은 자유로 방향을 전환하게 된다. 그러나 깊은 평등은 사회주의, 자유주의, 민주주의에 중심적이었던 이상들 및 이익들과 대립한다. 좌파의 가장 원대하고 가장 지속적인 목표들에 충실한 사람들이 깊은 평등을 최초로 거부했다. 이러한 사람들은 미래의 종교에서 깊은 평등을 배척해야 할 또 다른 이유를 발견할 것이다.

깊은 평등은 이러한 평등을 달성하는 데에 필요한 제도들의 쇄신을 통해 성취된 일정한 형태의 여건의 평등equality of circurnstance이나 결과의 평등equality of outcome에 부여된 우선성을 의미한다. 존중의 평등equality of respect과 기회의 평등equality of opportunity은 자유와 자유사회의 관념에 본질적이다. 즉, 존중과 기회의 평등은 앞서 제안한 급진적 관념뿐만 아니라 세계

---

8 유압식 모형은 밀폐된 용기에 담긴 비압축성 유체에 가해진 압력은 유체의 모든 지점에 같은 크기로 전달된다는 파스칼의 원리에 입각한 모형이다. 이를 제도 개혁에 적용하면 총량 불변적이고 양자택일적 사고로 이어진다. 웅거는 이러한 사고를 거부한다.

와의 투쟁의 세속적인 혹은 성스러운 형태들이 지지하는 이상들과 밀접하게 연관된 모든 관념에 대해서도 본질적이다. 얕은 평등과 깊은 평등은 모두 여건의 평등에 우선성을 부여한다는 점에서 일치한다. 이러한 평등주의적 결단은 생활수준, 소득 또는 부에서 극단적 불평등의 금지로 담백하게 정식화될 수도 있다. 달리 말하면, 이러한 평등주의적 결단은 특정한 불평등이 존중과 기회의 평등이라는 근본적 원칙들을 침해하지 않은 범위 안에서 가장 불우한 사람들의 여건을 시정하는 것으로서 정당화될 수 있는 불평등이라면 모두 수용하려는 의향으로 규정할 수도 있다.

깊은 평등은 시장경제를 형성하는 제도적 안배들을 포함해 기성 제도적 안배들을 당연시하지 않는다는 점에서 얕은 평등과 구별된다. 깊은 평등의 특징적인 장치는 얕은 평등에서 보듯이 조세와 이전을 통한 보상적인 재분배가 아니다. 깊은 평등의 장치는 부와 소득의 기본적인 재분배에 더 훌륭하게 영향을 주기 위하여 제도적 안배들, 특히 생산과 교환을 조직하는 제도적 안배들에서 일어날 변화이다.

기본적 제도들이 성찰과 개혁의 대상으로 변모하게 되면 가장 불우한 사람들과 같은 특별히 호소력을 가진 집단의 여건을 개선하는 방식을 통해 여건의 평등으로부터 이탈을 정당화하는 제한적인 평등주의 형태는 더 이상 적절한 관념으로 작동하지 못한다. 보상적 재분배는 자원 이전의 형태로 그 효과를 즉각적으로 산출한다. 제도적 변화는 그와 같은 효과를 역사적 시간에서 산출한다. 적절한 시간적 범위가 임의적으로 한정되지 않는다면, 현재 가장 극단적인 불평등도 가장 불우한 사람들의 조건을 개선하는 데에 기여했다는 사변을 통해 훨씬 나중의 시점에서 원리적으로 정당화될 수도 있다. 어떤 의미에서 카를 마르크스의 역사유물론에서 계급사회의 정당화는 그러한 예라고 할 수 있다. 계급위계제와 계급억압으로

가능해진 강제적 잉여추출은 계급억압의 희생자들이 사망하고 난 한참 후 희소성의 극복을 허락하는 물질적 조건을 창조한다는 식의 정당화이다.

　가장 불우한 사람들과 같은 특정 집단들의 처지에 유리한 결과를 야기하는 경우에만 결과의 평등이나 여건의 평등으로부터의 이탈을 정당화하는 평등주의는 이러한 이유로 얕은 평등에 불과할 뿐이다. 얕은 평등은 실제로 현대 평등주의적 정의론의 영역이다. 이러한 정의론에 함축된 제도적 보수주의는 이론적 평등주의를 축소시킨다. 평등주의적 정의론은 시장과 민주주의의 구조를 방치하면서 시정적 재분배와 규제를 통해 성취의 희망을 가질 수 있는 것만 성취해야 하기 때문이다. (그러나) 깊은 평등주의는 이러한 제약을 허용할 수 없다.

　깊은 평등은 예컨대, 헤일로타이(스파르타의 국가노예들)를 제외하고 스파르타 시민들이 그들끼리 향유했던 평등이다.[9] 깊은 평등은 프루동[10]과 윌리엄 모리스[11], 과거의 많은 사회주의자들이 바란 바였다. 깊은 평등은 재산 매매와 자본 축적에 대해 철저한 제한을 부과함으로써만 확보될 수 있다. 그와 같은 기획의 두 가지 주요한 역사적 실례들이 존재한다.

　하나의 사례는 많은 고대 제국들에서 나타난 바와 같이 토지개혁을 통

9　플루타르코스의 《인물비교열전》에 의하면, 리쿠르고스는 스파르타 시민들에게 일정한 양의 토지몫 kleros을 부여하고, 이를 국가노예(헤일로타이)에게 경작하게 하고 스파르타 시민 사이에는 경제적 불평등을 원칙적으로 허용하지 않았다. 헤일로타이는 피정복민으로서 스파르타 시민을 위해 경작하는 농노와 같았다.

10　프루동Pierre-Joseph Proudhon(1809~1865)은 프랑스의 상호주의 철학자이자 언론인이다. 프루동은 스스로를 '아나키스트'라고 칭한 최초의 인물로서 비국가적 사회주의 운동에 투신하였다. 평자에 따라서 웅거가 프루동의 영향을 크게 받았다고 한다.

11　윌리엄 모리스William Morris(1834~1896)는 영국의 시인, 건축가, 소설가, 사회주의자이다. 영국 옥스퍼드 대학에서 고전학을 공부하였으며 마르크스주의와 아나키즘에 영향을 받아 사회민주연맹에 관여하고 1884년 사회주의자동맹을 창설하여 혁명적 사회주의 운동에 참여했다.

해 지주계급에 불리한 방향으로 평등화를 실현하려는 기획이었다. 이러한 기획은 성공한 경우 대체로 안정적인 농업사회에서 비교적 거대한 평등을 산출했다. 그러나 제국의 권좌에 앉았던 개혁가들을 움직였던 것은 깊은 평등의 이상이 아니었다. 그들의 동기는 대지주들과 군벌들의 통제를 받지 않은 조세수입과 징집 대상자들을 국가에게 확보해 주려는 것이었다. 소규모 토지 보유 계급을 좌지우지하던 대지주들과 군벌들의 과두 권력에 대한 통제는 (그것이 성공한 경우라고 한다면) 뚜렷하게 위계적인 더 큰 사회적·역사적 질서 안에서 성공했다. 이러한 질서는 인류 사이에 분할들의 실재성이나 권위를 부인하려는 고등종교의 예언적 창시자들이 공유한 시도의 영향력에 저항했다.

깊은 평등에 대한 결단의 두 번째 역사적 사례는, 평등주의가 결정적인 힘을 발휘하던 시기에 스탈린의 농업 집단화운동이나 마오쩌둥의 문화대혁명과 같은 20세기 국가사회주의이다. 생산수단의 집단화 및 국유화, 자본의 사적 축적의 불법화, 중요한 재산의 양도와 취득에 대한 광범위한 통제, 사적인 임노동에 대한 지속적인 억제 등 이 모든 것이 이러한 경험들의 일부를 형성했다. 새롭고 분산적인 재산 형태들이 부재한 상황에서 유고슬라비아의 자주관리 체제조차도 재산의 양도와 확장에 대한 광범위한 제약을 부과하지 않고서는 그 기업 체제를 안정적으로 유지할 수 없었다. 그럼에도 불구하고 20세기 국가사회주의에서도 경제적 여건에서의 불평등은 없었다고 하더라도 권력과 교육에서 심각한 불평등이 여전히 존재했다. 정치적·문화적 불평등은 거의 언제나 직접적 혹은 간접적 경제적 결과를 발생시켰다.

누가 깊은 평등을 원하는가? 농촌에서 도시로 탈출한 수억 명의 사람들은 도시에 일자리가 없는 경우에도 깊은 평등을 원하지 않는다. 역량강화의 환상적인 서사들과 대중적인 낭만적 문화의 도피구를 지켜보면서 스크린 앞에 찰싹 달라붙은 대중들도 깊은 평등을 원하지 않는다. 더 많은 소비, 더 많은 재미, 더 많은 기분전환, 더 많은 능력을 추구하는 사람들도 깊은 평등을 원하지 않는다. 어느 정도 풍요 속에서 다른 어떤 것을 소유할 수 있는 사람들은 깊은 평등을 원하지 않는다. 그들이 깊은 평등을 원하고 실제로 이해한다면, 그들은 그보다 더 호소력 있는 선이 존재하지 않는 상황에서 위안거리로서만 깊은 평등을 원한다. 검약, 허드렛일, 단조로움, 행위 대안들의 위축은 완전한 압제에 대한 유일한 대안처럼 보이는 경우에만 수용할 만한 실존 형식처럼 보일지도 모른다. 고대 스파르타와 유사한 사례는 거의 찾을 수 없다.

깊은 평등은 진보파 프로그램의 핵심이 될 수 없다. 깊은 평등은 역사적으로 진보파를 추동했던 관심과 열망을 포착할 수 없다. 자유보다 평등에 우선성을 부여하는 것이 좌파의 특성이라는 공통 관념은 얕은 자유와 얕은 평등을 비교하는 일에 국한하는 경우에만, 달리 말하면, 정치세력들이 재구성의 충동을 갖지 못한 제도적 체제 안에서 경제적 유연성과 사회적 보호의 균형을 달성하는 지점까지 프로그램적인 논의 지평을 축소시키는 경우에만 그럴싸하다. 그러나 제도적 쇄신의 포기는 진보적 내의를 격하시킴으로써 진보적 대의가 현대사회의 주요한 문제들의 어떤 것도 짚을 수 없게 만든다.

깊은 자유는 세계와의 투쟁의 정치적 결론을 이해하고 이러한 실존지향의 파급력을 지속적으로 제한하는 타협책들과 투항들에서 이러한 지향을 구출하려는 진보파에게는 옹호할 만한 유일한 정치적 목표이다. 따라서 깊은 자유는 또한 미래의 종교의 방향에서 운동하는 사람들의 정치적 원칙이다. 완전한 의미에서 깊은 자유는 자유사회의 관념과 이를 현실화할 수 있는 누적적 제도적 혁신 사이의 변증법이다.

자유의 관념과 제도의 두 가지 요소는 공진화共進化한다. 상호 연결성에서 나오는 변혁적 과정은 관념과 제도의 결합에서 다른 어떤 요소보다 더 중요하고 더 계시적이다. 자유의 관념은 현실적 또는 상상적·제도적 발전 양상들과 연관되어 의미를 획득한다. 그러나 제도적 혁신은 독자적으로 확립된 견해를 사회 현실로 간단히 기술적으로 번안하는 것이 아니다. 대신에 제도적 선택지들은 관념 속에 항상 은폐되어 있는 모호성들과 가능한 대안적인 방향들을 드러낸다.

한번 시행하기만 하면 자유사회 관념을 사회 현실에서 생존할 수 있게 만드는 제도적 안배들의 완제품은 존재하지 않는다. 제도적 발전 형태들은 폭넓게 존재하며 그중 많은 것은 다른 제도적 안배들에 대해 대략적이고 불완전한 기능적 등가물들이다. 중요한 것은 방향이고, 그 방향은 이해理解와 그 제도적 표현 사이의 상호작용을 통해 정확하게 규정된다.

우파와 좌파 간의 구분은 그 의미를 상실하지 않았다. 그럼에도 불구하고 그 구분을 다시 획정하는 것이 필요하다. 그 구분을 얕은 평등과 얕은 자유 간 구분의 한계 안에서 다시 규정하는 것은 그 구분을 미래의 종교에 의해 유지되고 발전되어야 할 세계와의 투쟁의 역동적인 정치적 열망들에 대해 적대적이고 반혁명적인 사유의 두 형태 간의 차이로 축소시키는 것이다.

이러한 설명에 따르면, 보수파들은 사회(세습적인 경제적·교육적 편익의 형태로)나 자연(위대한 유전적 소질의 형태로)에 의해 우호적으로 취급받는 집단을 위해서가 아니라 모든 사람을 위해 제도 변혁을 통해 우리가 스스로를 위대한 삶으로 향상시킬 수 없다고 체념한 사람들이다. 진보파들은 만인을 위한 위대한 삶의 성취라는 목적에 맞도록 사회의 제도적 구조의 변혁을 고수하는 사람들이다. 진보파들은 구조를 부인하는 구조에 우호적인 형태로 사회질서를 형성함으로써, 달리 말하면, 사회질서를 자유에 우호적으로 변화시킴으로써 현재의 확립된 구조가 하나의 구조일 뿐이라는 취지에서 구조에 대한 이해를 변화시키기 원한다. 이러한 변혁은 발전 중인 자유 관념에 고취되고 특정한 방향으로 일단 전진한다면 방법에 있어서는 점진적이고 단편적이지만 결과에서는 급진적일 수 있다.

깊은 자유의 실천적 의미는 여건의 불평등에 대한 깊은 자유의 함축을 낱낱이 밝힘으로써 분명해진다.

첫째로, 존중의 평등이나 기회의 평등을 위협하는 여건의 불평등은 허용되어서는 안 된다. 존중의 평등과 기회의 평등은 자유의 본질적인 부분이다. 이러한 평등은 미래의 종교가 가장 포괄적인 지지를 제공하는 포용적인 자유 관념의 공적인 옹호와 경제적 · 교육적 기회에 대한 접근의 제도적인 확장이 결합되는 경우에만 확보될 수 있다. 여건의 불평등이 영향력을 발휘하는 것은 바로 수정에 저항하는 제도적 안배들이 갖는 힘의 결과이다. 여건의 불평등은 바로 불완전하고 파편적인 자유 관념에 호소함으로써 권위를 확보한다. 따라서 여건의 불평등에 대한 시정은 최우선적으로 제도의 변화와 믿음의 비판에 의지해야 하고 보상적 재분배에는 부차적으로만 의지해야 한다.

둘째로, 기회나 존중의 불평등으로 귀결되는 여건의 불평등이 우리가 현재 안에서 미래를 창조하는 데에 활용할 경제적 · 정치적 혹은 문화적 재원에 대한 특권적인 지배로 표현되는 경우에 그러한 불평등은 특히 유해하다. 예컨대, 여건의 불평등의 결과가 사회의 특정한 계급에게 민주적 제도의 가식 아래서 정부에 대해 결정적인 영향력을 행사하고 실제로 정치적 영향력을 매수하도록 허용하는 것이라면, 자유의 체계는 훼손된다. 다시 말하자면, 현재 안에서 미래의 창조를 위한 포용적인 교전은 무엇보다도 시장경제, 민주정치, 시민사회의 조직에 관련해서 제도와 믿음의 쇄신을 요구한다.

셋째로, 자유노동의 전복, 자유노동의 우월형태인 독립 자영업과 협동에 대한 그 열등 형태인 임노동의 우세, 또는 기계가 수행할 만한 일에 사람의 배정을 결과적으로 낳은 여건의 불평등은 바로 그와 같은 사실로 인해 정당성이 의심스럽다. 어쨌든 이러한 불평등에 대한 부정적 추정은 상대적이고 반박 가능하다. 과학적 · 기술적 발전의 우세한 조건에서 실현 가능한 대안들의 존재는 이러한 부정적 추정이 반박될 수 있는지 여부를 결정한다. 어쨌든 다시 말하자면, 대안들의 존재가 그와 같은 결정을 내릴 수 있는 경우에도 중요한 것은 궤도이다. 즉, 과학과 기술로 창조된 불확정적인 가능성들을 활용하고 특정한 방향으로 운동하면서 제도들과 제도 너머로 밀치는 관념들의 변화 경로를 개척하는 것이 중요하다.

넷째로, 가족을 통해 불평등한 경제적 · 교육적 편익의 상속에 의한 계급사회의 재생산에서 귀결되는 여건의 불평등은 투쟁의 대상이다. 경제적 · 교육적 기회들의 제도적인 확장만이 여건의 불평등을 효과적으로 극복할 수 있다. 자연적 재능의 불평등으로 환원될 수 있는 여건의 불평등에서 더욱 다루기 어려운 문제가 나타난다. 재능 계발이 보통 그 자체로 재능에 대한 주요한 보상이므로 재능의 발휘에 대해 추가적인 보상을 제공하려는 유혹은 모방적이고 포상을 추구하는 개인들에게 합당하고 실현 가능하다고 여겨지는 한도에서 반대해야 한다.

다섯째로, 여건의 불평등은 사회의 부와 실천적 권력의 발전에 대한 기여를 통해서 옹호될지 모른다. 그러나 그렇게 정당화된 불평등이 첫 번째 두 관념(존중과 기회의 평등의 우선성 및 미래 형성에 대한 특권적 족쇄로 귀결되는 불평등의 배제)으로 표현된 관심들을 침해하는 지점까지 축적되는 것은 결코 허용되어서는 안 된다. 여건의 불평등이 다수의 보통 사람들을 종속적인 임노동 혹은 공식이나 기계와 같은 노동에 배치하는 상황에 이르는 것을 방지해야만 한다(세 번째 관념). 더구나, 여건의 불평등이 계급사회의 정당화나 공적功績이라는 이름 아래 비상한 재능의 존숭에 대한 변명으로 복무하는 것도 허용되어서는 안 된다. 이러한 존숭은 권력 숭배의 일종으로서 전도된 프로메테우스주의이다. 이러한 존숭은 자유사회의 대중문화에 해롭고 이러한 문화와 미래의 종교가 공유하는 인간관과 양립할 수 없다.

여섯째로, 우리는 사회의 생산적 역량들의 발전을 위한 제도적 조건들과 사회적인 지배와 종속의 극복을 위한 제도적 요구들 간의 잠재적 교차 지대에 자리한 제도들에 대한 개방적이고 실험적이고 희망적인 탐색의 정신으로 다섯 번째 관념과 나머지 네 관념들을 화해시키도록 노력해야 한다. 우리가 그러한 두 가지 선을 동시적으로 발전시킬 제도적 공식에 대한 19세기 자유주의자들과 사회주의자들의 신앙을 폐기했기 때문에, 이제 우리는 그러한 신앙의 대체물로서 두 가지 선들 사이에 비극적인 모순이 존재한다는 식의 똑같이 독단적이고 거짓된 믿음에 매달리지 않도록 유의해야 한다. 우리는 그 대신 희망에 입각하여 두 번째 선(사회적 지배와 종속의 극복)에 봉사하는 첫 번째 선(경제적 생산 역량의 발전)의 제도적 조건들의 부분집합과 첫 번째 선을 향상시키는 두 번째 선의 제도적 요구 사항들의 부분집합을 확인하고 발전시키는 데에서 전진해야 한다. 경제성장의 제약 요소로서 현재 소비를 초과하는 경제적 잉여의 규모보다 쇄신과 역량이 우선한다는 해묵은 입장[12]은 이러한 희망의 합당성과

---

12 웅거는 《지식경제의 도래》(2019)에서 고전적인 발전경제학의 담론을 비판적으로 재구성한다.

다산성을 강력하게 지지한다.

존중과 기회의 평등, 나아가 이러한 평등이 요구하고 이러한 평등을 촉진하는 한에서 여건의 평등과 같은 평등의 이상은 깊은 자유의 원대하고 더 포괄적인 이상에 종속되는 경우에 가장 잘 옹호된다. 바로 이러한 이상이 우리 자신을 더 신처럼 만듦으로써 우리 자신을 더 인간적으로 만드는 데에 대한 우리의 관심에 가장 직접적으로 연관되기 때문이다. 이러한 이상의 혁명적 파급력은 우리가 이러한 이상에 그 가장 유용한 도구(사회의 제도적 개편)를 집요하게 제공하자마자 분명하게 나타난다.

앞에서 열거한 여섯 가지 명제들과 같은 허용 가능한 여건의 불평등에 대한 한계치에 관한 관념에서 분배적 정의의 척도를 이끌어내려는 사람들은 실망하게 될 것이다. 사회의 제도와 공공문화에서 지배적 관념은 오로지 회고적이고 보상적인 재분배로 성취할 수 있는 즉각적인 재할당보다 더 중요하다. 사회적·개인적 변화의 방향은 재분배의 단기적 산술보다 중요하다. 우리가 허용 가능한 불평등 형태와 허용 불가능한 불평등 형태를 궁극적으로 구별하는 데에 사용할 기준은 일부 사람들을 왜소한 존재로 만들지 않으면서 이들에게 위대한 삶으로 동반 상승할 기회를 제공하는지, 더 이상 현재의 시간에서 소외당할 필요 없이 바로 지금 그 상승을 시작할 기회를 우리에게 제공하는지이다.

고차적인 협동의 원칙

여건의 평등에 대한 깊은 자유의 우선성은 우리의 협동 관행의 성격에서의 변화를 보완 수단으로 삼는다.

협동 관념은 자유사회 관념의 본질적인 부분이다. 다른 여건이 동일하다면, 우리가 예속과 종속에 오염되지 않은 노동 분업을 통해 인간 활동을 더 많이 조직할 수 있다면 우리는 그만큼 더 자유로운 존재가 된다. 우리가 이러한 목표를 성취하는 한에서 우리는 개인적으로나 집단적으로나 더 많은 것을 할 수 있고, 더 큰 존재로 변모할 수 있다. 우리는 자기주장의 가능 조건들(연결의 필요와 독립적인 행위주체성의 필요) 간의 갈등을 완화시킨다. 우리는 연결을 위해 지불해야 하는 자유 상실이라는 대가를 줄인다. 더구나 사랑이 그와 같은 화해의 최고 형식으로 나타나는 친밀한 인격적 관계들의 영역 바깥에서 우리는 그렇게 한다. 협동은 이방인들과의 삶에서 이와 같은 사랑을 대신한다.

협동의 능력은 동시에 우리의 실천적 역량 계발에 가장 강력하고 파급력이 큰 요소이다. 생산에서 과학과 기술의 동원과 함께 협동의 역량은 사회의 물질적 진보에서 가장 중요한 요소이다. 이러한 능력은 제도적 안배로 형성되지만, 이러한 능력은 행위와 마음의 습관으로 지속되는 독자적인 삶을 취득한다. 노동 분업으로서 협동을 구체화하는 관행과 제도들은 협동적 체제를 규정한다. 협동적 체제는 협동의 역량들의 발전을 독려하기도 하고 억제하기도 한다.

우리는 장구한 경제사에서 재화와 용역을 생산하는 역량(우리가 인생에서 빈곤, 병약함, 고역의 부담을 제거하고자 한다면 인간의 실천적 역량들의 가장 근본적인 요소들)의 발전을 세 단계로 구별할 수 있다. 가장 원시적인 제1단계에서 현재적 소비를 초과한 경제적 잉여의 크기는 생산의 확장과 생산성의 향상에 강력한 제약 요소가 된다. 세계사에서 두드러진 농업적-관료제적 제국들과 같은 거대 국가는 뚜렷한 사회적 위계제와 분할의 배경 아래 그와 같은 강제추출(착취)을 조직할 이유를 이러한 제약 요소에서 발견할지도 모른다. 어쨌든 경제이론가는 이러한 제약 요소의 중요성과 지속성을 과장하고 싶어 할지도 모른다. 경제적 중요성에서 이러한 제약 요소는 곧 기술적인 작업 도구와 협동의 제도들을 혁신하는 역량으로 극복되었다. 카를 마르크스는 노동 분업의 역사에 대한 해명에서 불가피한 강제적 잉여추출에 필수적인 것으로 계급사회를 기능적으로 설명하던 때에 혁신 역량을 과장했다. 애덤 스미스는 핀 공장에서 노동의 고도전문화와 그로 인한 노동자의 비인간화brutalization를 당시 보유한 기술 아래서 규모의 경제를 실현해야 할 필요의 결과로 기술한 노동의 기술적 분업의 분석에서 역시 혁신 역량을 과장했다.[13]

생산적 역량 발전의 제2단계에서 생산은 기술로 체화된 과학의 지지를 받게 된다. 19세기와 20세기에 가장 선진적인 경제를 지배하던 공장제 대량생산은 그 특징적인 사례이다. 이러한 체제 아래서 노동자는 기계와 함께 마치 기계처럼 노동한다. 생산적 과업의 공식화와 감독은 생산적 과업의 집행과 엄격하게 구별되었고 모든 직무는 여타 모든 직무와 경직되게 구별되었다.

생산의 역사 제3단계에서 생산은 과학으로 밑받침되기보다는 과학의 구체화(지속적인 실험, 영구혁신 관행, 정신의 분석적·종합적 작용의 표현으로 협동적 활동의 전환)로 변모한다. 이 단계에서 노동자는 기계처럼 행동하지 않기 위해 기계를 사용한다. 달리 말하면 노동자는 공식에 얽매이지 않은 채, 즉 생산 계획을 집행하는 과정에서 그 계획을 지속적으로 수정하면서 작업한다.

이러한 방식은 오늘날 흔히 새롭고 창의적인 또는 포스트-포드주의적

---

13 본문의 내용은 각각 마르크스의 《자본론》과 애덤 스미스의 《국부론》에 나온다.

인 경제로 기술되는 경제의 약속이다. 이 책을 쓰는 시기에 이러한 생산 방식은 대체로 전위 부문들에 한정되었고, 각 국민경제의 다른 부문들과는 약하게 연결되었다. 부유한 국가뿐만 아니라 주요한 개발도상국의 경제에서도 대부분의 노동자들은 이러한 경제적 전위주의에서 소외되어 있다. 그럼에도 불구하고 전위주의의 관행은 원칙적으로 모든 부문에 적용가능한 것이었다.[14]

우리가 마지막 제3단계의 시선에서 생산의 역사를 되짚어 보면, 우리는 이러한 진화에서 주도적인 원칙은 과학에서 자극받고 기술로 시행된 자연에 대한 실험들과 협동 형식에 관한 실험들 간의 관계였다는 점을 알 수 있다. 두 유형의 실험이 서로 밀접하게 결합될수록, 두 유형이 서로에게 더 큰 자극으로 변할수록, 협동의 필요와 혁신의 필요 사이의 긴장을 완화시키고 협동적 제도들을 자연뿐만 아니라 협동 자체에 대한 영구혁신에 가장 우호적인 형태로 설계하고 최대 다수의 사람들에게 기회와 물질적 개념적 역량을 제공하는 데 더 큰 성공을 거둘수록, 사회의 생산 역량들이 그만큼 더 급속하게 발전한다.

어쨌든 이러한 역사의 전환점마다 두 가지 요소는 경쟁한다. 한편으로는 자연뿐만 아니라 협동 자체와 관련하여 더 큰 쇄신 역량이 제공하는 기능적 장점이 존재한다. 다른 한편으로 지배적인 이익과 믿음을 최소한으로 동요시키면서 쇄신을 수행하라는 압력이 존재한다. 이와 같이 제한된 동요를 각 역사적 여건에서 우리는 최소 저항의 경로the path of least resistance라고 부를 수 있다. 예컨대, 신경제[15]의 관행을 상대적으로 고립된

---

14 웅거는 2019년 《지식경제론》에서 생산적 전위주의라는 대안적 확산 및 조직모델을 전개하고 있다.

15 1994년부터 2005년 사이 컴퓨터와 새로운 기술혁신에 입각해 미국에서 일어난 경제부흥을 말한다.

선진적인 부문에 국한시키는 태도는 부상하는 생산방식의 발전에 대한 최소 저항의 경로였다. 변혁적 사상과 정치의 과업은 최소 저항의 경로를 대체할 방안들을 창조하는 것이다.

기능적 장점은 항상 복수의 방식으로 실현될 수 있다. 그러한 장점의 성취는 최소 저항의 경로로 통상적으로(필연적이 아니라) 환원되는 것 이외에도 과거 변화와 타협들의 느슨하게 연결된 다수의 시퀀스들로 생성되어 현재 우연히 수중에 있는 제도적·지성적 질료들을 통해 성취된다. 제도적 선택지들의 예정된 차림표는 없으며 유럽의 고전적 사회이론이 상정했던 것처럼 역사적 변화의 법칙에 따라 전진하는 불가분적인 제도적 체계들의 예정된 계기繼起는 더더욱 없다.

어떤 나라들은 매우 다른 일련의 제도적 안배들을 상황에 맞게 배치함으로써 번영을 구가했다. 예컨대, 국민생활에서 매우 활기차게 작동하는 실험주의적 충동의 영향권에서 제도적 안배들을 배제하고픈 유혹에 빠지는 공공문화를 가진 미국은 그럼에도 불구하고 제2차 세계대전 중 시장경제에 관한 물신숭배적 시각을 배격하였고 지배적인 공공 이데올로기와 상반된 원칙들에 입각해서 전쟁과 생산을 수행했다. 다른 나라들도 경제를 조직하는 데에 다수의 대안적 방식을 시험하였지만 모조리 실패했다. 계급, 신조, 문화, 인종 또는 젠더의 모든 구분선을 넘어 협동 능력의 상대적 확산이 사회의 실천적 과업을 수행하기 위해 어떤 제도적 모형이 어느 정도 성공적으로 투입될 수 있는지를 결정하는 데에 일조한다.

제도와 교육은 우리의 협동적 역량의 발전을 장려하기도 하고 억제하기도 한다. 어쨌든 종교혁명의 과거 물결이 고취시켜 온 인간들 사이의 분할의 천박성 관념도 그와 같은 역할을 수행한다. 이러한 관념이 행사하는 권위와 사회의 계급 구조 간의 관계는 단순하지 않다. 관념의 힘은 계급

질서 한가운데서 계급의 부인을 유도할 수도 있고, 계급 구분선을 넘어 협동의 성향을 완전히 독자적으로 밑받침할 수도 있다. 미래의 종교는 사회 분할을 무시하는 데에서 왜소화의 운명을 거부하는 데로 이행함으로써 자신이 확보할 수 있는 가장 강력한 기초(우리의 현재 모습과 장래 모습에 대한 이해라는 기초) 위에서 이방인들과 협동할 성향을 수립한다. 더 일반적으로 말해서, 어떠한 확정적 제도적 공식도 경험과 창조에 대한 우리의 권능을 공정하게 파악할 수 없기 때문에 협동의 잠재력을 포착할 수 없다. 그러나 어떤 제도는 자체 수정을 용이하게 함으로써 협동적 관행에서 쇄신을 가능하게 하기 때문에 다른 제도보다 낫다고 할 수 있다.

협동이 자유 관념의 구성 요소이자 세속적인 성공 경로의 중요한 구성 요소일 수 있다는 사실은 우리의 물질적 이익들의 발전의 제도적 조건들과 우리의 도덕적 이익의 향상을 위한 제도적 조건들의 중첩지대를 확인할 수 있다는 희망 속에서 우리를 독려하게 될 것이다.

깊은 자유의 방향으로 운동하려면, 협동적 체제는 네 가지 특성을 보여주어야만 한다. 체제를 규정하는 제도뿐만 아니라 체제를 재생산하는 관행과 믿음에서도 그러한 협동적 체제의 특성들은 명료하게 드러나야 한다. 이 특성들은 사회적 노동 분업의 조직과 경험을 동시에 수정한다.

경제활동의 조직에 대한 결론들을 포함해서 그러한 체제의 내용을 종교적인 저작이자 종교에 관한 저작 안에서 고려하는 것은 이상하게 여겨질 수도 있다. 그러나 미래의 종교는 우리의 경험 전체를 자극하려는 충동에서 과거 2,500년간의 종교들을 빼닮지 않으면 안 된다. 더구나 미래의 종교가 맥락에 저항하고 이를 수정하는 우리의 권능을 약화시키고 부인하는 관행과 제도에 사회의 물질적 생활을 넘겨준다면 미래의 종교는 세계와의 투쟁에서 물려받은 육화된 영으로서의 인격의 모상에 충실할 수 없다.

고차적 협동의 첫 번째 특성은 가능한 한 최대로 협동 체제뿐만 아니라 참여자들이 떠맡은 과업들의 성질과 범위도 사회의 분할과 위계제의 구조나 그 구조를 고착된 사회적 역할 체계로 번안한 기성 대본으로 미리 결정되어서는 안 된다는 점이다. 모든 사람과 모든 사회적 지위는 역사를 가지고 있다. 그러나 협동이 더욱 완벽할수록, 살아 있는 자에 대한 죽은 자의 통치는 그만큼 줄어들고, 살아 있는 자들은 협동적 활동을 통해 사회와 문화의 현재 조식에 내포된 일련의 공식에 그만큼 덜 복종해도 된다.

살아 있는 자들이 (사회계급이 파괴되지 않는 한) 다양한 사회계급의 일원이든지 혹은 감정이나 믿음의 공동체의 일원이든지 상관없이 그들이 만나서 협동한다면 인간들 간의 분할 속에 그들이 각기 차지한 지위의 중요성은 가능한 한 최저 수준으로 낮아질 것이다. 사회와 문화의 현실이 허용하는 한에서 사람들은 로빈슨 크루소가 하인 프라이데이를 만나는 식이 아니라 또 다른 나alter ego를 만나는 방식으로 타인을 만나야 한다.

세계에서의 온갖 활동과 관련하여 협동은 암묵적이면서 또한 현장적인 지식을 요구한다. 어쨌든 이러한 암묵적이고 현장적인 지식과 통상적으로 이러한 지식을 수반하는 역할이나 계급에 특수한 금지들은 분리되어야 한다는 사정이 중요하다. 그러한 결과를 성취하는 것이 얼마나 용이하거나 어려운지는 사회의 제도적 구조가 구조를 부인하는 구조의 이상, 달리 말하면, 자체 수정의 기회와 도구를 증가시키고 이를 통해 변화의 위기의존성과 미래에 대한 과거의 영향력을 약화시키는 제도적 구조의 이상을 향해 얼마만큼 움직여 왔는지에 달려 있다. 그럼에도 불구하고 협동에서 우리의 실험은 이러한 제도적 진화의 전선으로서 봉사하면서 제도적 진화를 선도할 수 있다.

협동 체제에서 추구해야 할 두 번째 특성은 협동 체제가 협동과 혁신 간의 긴장을 조정할 수 있도록 조직되고 이해되어야 한다는 점이다. 다른 조건이 동일하다면, 최상의 협동 체제는 집단적 학습과 영구혁신에 가장 우호적인 체제이다.

협동하는 것만으로는 충분하지 않다. 혁신하는 것이 또한 필요하다. 협동 역량과 마찬가지로 혁신 역량도 도덕적·물질적 측면을 동시에 가지고 있다. 조직과 관념뿐만 아니라 기술에서도 혁신 능력은 곧 경제성장의 주요한 통제 요소로서 현재 소비를 초과한 경제적 잉여의 규모보다 더 중요하다. 혁신 능력은 행정에서부터 전쟁에 이르기까지 실천적 활동의 전 영역에 중심적인 요구 사항이다. 혁신 능력은 또한 사람, 자원, 기계를 기존의 가정과 안배들이 부과한 한계를 초월하는 방향으로 조합하려는 요구이다. 혁신 능력은 자연의 변혁을 인류의 자체 변혁의 자극제로 이용한다.

혁신은 협동을 요구한다. 혁신 과정에서 모든 조치는 혁신을 전개하고 동시에 혁신을 이행하기 위해 협동적 활동을 요구한다. 그러나 모든 혁신은 또한 기성의 협동 체제가 탄생시킨 기득권과 안정된 기대를 동요시킬 우려가 있기 때문에 협동을 위태롭게 한다.

기술적 혁신의 단순한 사례를 고려해 보자. 현재 기술적 노동 분업과 이를 내장하고 있는 권리, 기대, 관행의 구조를 고려할 때 기술혁신은 하나의 기업이나 산업 부문의 일정한 노동자 집단에게는 이익을 가져다주고 다른 집단에게는 피해를 가져다줄 것이다. 결과적으로 처음에는 기술혁신의 도입을 둘러싸고, 그다음에는 분배적 결과를 둘러싸고 긴장과 갈등이 발생할 우려가 높다. 우리가 기술혁신에서 조직 혁신으로 이동함에 따라 유사한 결과들이 귀결되면서 일취월장한다.

협동과 혁신의 요구 사항들 사이에 상호 충돌하는 정도는 사회의 안배와 관행들에 따라 달라진다. 혁신을 유도하고 협동의 필요와 혁신의 필요 간의 긴장을 조정하는 문제에서 협동 체제들은 차이를 보일 수 있다.

이러한 두 가지 필요를 화해시키려는 노력에서 성공의 유일하고 가장 중요한 조건은 보호받은 중요한 이익들과 기부 재원들의 안식처 안에서 개인의 안전성이 사회적·경제적 공간의 고양된 가소성과 결합되어야 한다는 점이다. 그것은 변증법적 운동이다. 어떤 것을 보호해 주어야만, 나머지 많은 것을 실험과 변화에 더 잘 열어 놓을 수 있다.[16]

다시 한 번 20세기 후반과 21세기 초반 스칸디나비아와 네덜란드 노동 시장 개혁의 익숙한 사례들을 고려해 보고, 그러한 개혁들이 실제로 진행 되었던 것보다 더 많이 전진했다고 상상해 보자. 개별적인 노동자와 시민 은 경제적 불안정의 결과에 대한 향상된 보상과 동시에 강화된 경제적 교 육적 상속기금[17]에서 혜택을 보게 된다. 보호 수단들은 직업별 형태를 취 하지 않으며 현재 직업의 종신보유권과 같은 권리의 형태를 취하지도 않 는다. 보호 수단들은 보편적이고 휴대 가능하며, 사람, 기계, 자원간의 관 계에 대한 빈번한 재조정과도 양립 가능하다. 특정 직업의 보유와는 무관

---

16 웅거의 유연한 사회 이상을 신자유주의적 유연화(생산 영역에서 수익의 지속적 확보를 위해 노동 자에게 손실을 귀착시키기 위한 정책 기조)의 변형으로 파악하는 것은 적절하지 않다. 사회구조, 생산구조의 재편에 연관되어 전체적인 유연화를 웅거는 주장하고 있기 때문이다. 그것은 부의 독 점을 저지하고 재산의 분산을 추구한다는 의미에서 신자유주의 유연화와 다르며 사회나 국제사회 는 영구적인 경쟁 압박에 놓여 있기 때문에 영구적인 혁신을 불가피한 것으로 받아들인다. 실제로 인류의 역사는 그렇게 진행되었다. 따라서 특정 직역職域, 특정 생산 영역에서 철통같은 방어망을 수립하려는 의도는 단기적으로 성공을 거둘지 모르지만, 역사적으로 보면 쇠락에 직면했다.

17 사회상속제, 기본소득 등을 의미한다. 이러한 제도적 밑받침, 이러한 제도의 강화를 통해서 개인은 변화에 능동적인 태도를 취하게 된다. 웅거는 강화된 교육을 가장 중요한 사회상속으로 파악한다. 웅거는 모든 개인에게 생애의 전환점(대학 입학, 결혼, 창업)마다 국가가 일정한 경제적 급부를 제 공해야 한다는 사회상속 관념을 줄기차게 주장해 왔다.

하게 국가에 의해 보편적으로 보장된 교육적·경제적 기금의 향상은 영구혁신에서 귀결되는 불안정성의 한가운데서도 개인이 성공할 개연성을 더욱 높여 준다. 그러한 여건에서 협동은 다른 경우에 기대할 수 있는 것보다 혁신에 더욱 우호적으로 될 것이다. 협동의 필요와 혁신의 필요의 갈등은 사회생활의 제한적인 범위를 넘어 조정될 것이다.[18]

이러한 사례는 훨씬 더 일반적이지만 덜 친숙한 현상의 특수 사례이다. 우리가 이러한 사례의 파급 범위를 파악한다면 우리는 그 혁명적 함축들을 인정하기 시작할 수 있다. 이러한 사례의 일반성과 함축들은 상이한 권리체제들의 대조적인 성격과 결과에서 가장 명료하게 드러난다.

개인의 정체성, 안정성, 경제·교육 기금은 일정한 생활 형식의 보호와 깊이 연루되어 있을지 모른다. 그러한 여건에서 개인의 면역immunity과 그러한 사회적 공간의 방어나 심지어 경화 사이에는 구분이 존재하지 않는다. 그러한 체계가 의식에서 필수적이고 권위 있는 것으로 표상되지 않는다면 그 체계는 안정적이지 못할 것이다. 기성의 사회제도에 우주론적 혹은 신학적 토대를 제공하겠다고 호언장담하는 표상보다 더 모욕적인 주장은 없다. 고대 인도에서 경전상의 카스트제도가 그 사례이다. 물론 우리는 역사적 카스트제도가 그 어떠한 표상이 제시하는 것보다 변형과 수정에 항상 훨씬 더 개방적이었음을 알고 있다.

그러나 우리는 사회적 가능성들의 스펙트럼 속에서 반대 상황을 상상할 수 있다. 개인의 보호와 기금은 사회를 변혁에 최대한으로 열어 두도록 설계되어 있다. 사회생활의 여타 더 많은 부분을 더 잘 개방하게 하려

---

18 노동하는 모든 사람(생산직·사무직 고용노동자뿐만 아니라 자영업 종사까지 포함해서)이 자본과 국가를 상대로 협상하는 구조를 상정한다. 이에 대해서는 웅거, 《민주주의를 넘어》 참조.

면 개방적인 실험의 대상에서 뭔가(개인의 보호와 재능을 규정하는 규칙들)는 제외시켜야 한다.

보호 수단을 통해 안전을 누리고 기금에 의해 역량을 강화한 개인은 거침없이 불안정과 대결하고 불안정의 한가운데서도 번영할 수 있다. 이러한 기획은 기본권 관념에서 형이상학적이고 신학적인 겉치장을 제거한다면 기본권 관념의 구제할 만한 실천적 내용을 드러낸다. 노동 조직에서 유연성과 안정성을 양립하도록 고안된 실험은 이러한 원대한 비전의 파편적인 전조에 불과하다.

원민주적인 자유주의와 19세기 사법私法 체계에 대한 후속편으로서 현대 시장경제와 대의민주주의의 제도들은 이러한 재구성을 범례화하지 못했다. 오히려 이 제도들은 경전상의 카스트제도와 그 상상적 대립물의 대조적인 두 한계 사례 간의 불확정적인 중간 공간에 위치한다. 바로 이 상상적 대립물의 방향으로 운동하기 위해서 우리는 시장, 민주주의, 사회를 형성하는 제도들을 점진적으로 변화시키는 것이 필요하다.

고차적인 협동의 세 번째 특성은, 고차적인 협동이 새로움에 대한 무수한 자극들과 결과에서의 경쟁적 도태의 냉혹한 기제를 연결한다는 점이다. 전망적 자극들은 회고적 판단에 양보해야 한다. 여과작용은 다산성을 유발해야 한다.

이러한 관념은 사유의 작업에서, 발견의 논리와 정당화의 논리[19]의 구

---

19 이는 과학철학에서 제기된 발견의 맥락context of discovery과 정당화의 맥락context of justification 을 의미한다. 토마스 쿤은 패러다임을 통해서 과학의 방법론이 실제로 발견의 맥락에 있다는 점을 보여 주었다(이러한 구분을 거부하는 입장도 존재한다). 웅거는 이러한 구분에 입각하여 발견이 정당화에 선행하고, 정당화는 부수적인 과정으로 파악한다. 이는 비전과 방법의 차이로 이해할 수 있

분에서 가장 직접적으로 범례화된다. 사유에서 발견의 영감들은 다양하고 개방적이며 공식도 따르지 않고 한계도 인정하지 않는다. 그러나 관념을 발명하는 것은 관념을 변호하는 것이 아니다. 영을 불렀기 때문에 우리는 영이 오는지를 보고자 기다린다. 우리는 추측을 정당화된 믿음으로 전환하는 시험에 영감의 피조물을 복종시킨다.

이러한 시험은 정상적으로 특수한 분과에서 수립된 것이다. 지적인 발명이 더 혁명적일수록 어쨌든 발명의 수용과 발전이 분과의 관행뿐만 아니라 관념의 정당화 방법에서도 변화를 요구할 기회는 그만큼 더 커진다. 우리의 지적인 실천이 더 심층적이고 더 풍부할수록, 정상과학正常科學은 그만큼 더 혁명적 과학의 성격을 띠게 되고, 발견의 관점에서 방법의 변화가 그만큼 더 빈번해질 개연성이 높다.

협동 관행과 협동 체제가 전망적 다산성과 회고적 도태의 유사한 조합을 특징으로 갖게 됨에 따라 그러한 관행과 체제는 실천적 효과에서 더 풍부해지고 상상력의 속성들에 더 근접하게 된다.

재화와 용역 생산은 이러한 원칙의 실천적 결과들을 가장 기꺼이 범례화할 수 있는 사회생활 영역이다. 국가는 기업가적 활동과 혁신의 열정을 장려해야 한다. 그러나 국가는 또한 이러한 열정의 결과들이 시장에서 엄격한 경쟁적 도태에 복종하는 상황을 확보해야 한다. 국가가 생산적 활동을 장려하는 데에 더 많이 관여할수록, 그에 따르는 경쟁적 도태를 강화할 이유는 그만큼 더 커진다.

다. 비전은 선도적이고 미래지향적이지만, 방법은 회고적인 정당화나 안정화를 추구한다. 실제로 근거가 불충분함에도 결정을 내려야 하는 실존적인 측면에서 웅거는 이러한 구분이 더 중요한 의미를 갖는 것으로 상정하는 것 같다.

경제의 전 분야에서 정부와 사기업 간의 온갖 행위조정 형식을 표현하는 특수 용어로서 산업정책의 범례를 고려해 보자. 생산은 정상적으로 유비적 확장을 통해서 발전한다. 새로운 생산라인은 기존의 생산라인에서 출현한다. 여건이 하나의 생산 분야 중 또는 전체 국민경제 중 상대적으로 후진적이거나 새로운 생산라인이 기존 생산라인보다 선진적이라면, 유비의 연쇄는 약화될지도 모른다. 이제 정부는 신용, 기술, 역량, 관리인력 등 부족한 투입 요소에 대한 접근 기회를 제공함으로써 이를 보완할 수 있다. 정부의 활동이 특정한 부문이나 생산라인들의 선택에 대한 불가지론(어떤 생산라인과 어떤 제품이 미래를 감당할 수 있는지를 결정하는 것은 미래이다)과 유비의 연쇄의 약화를 보상하도록 설계된 활동을 결합하는 경우에 정부의 활동은 편익을 발생시킬 개연성이 더 높다.

부유하든 빈곤하든 다양하고 폭넓은 현대 경제에서 착수된 이러한 활동이 현재 세계적으로 활용할 수 있는 정부와 기업 관계에 관한 두 가지 모형들(기업에 대한 정부의 '팔길이 규제'라는 미국식 모형과 정부 관료 주도의 하향식 통일적인 무역 및 산업정책 형성이라는 동북아시아 모형) 중 하나를 선택하기를 거부한다면 이 활동은 불가지론, 장려, 열정을 결합하는 정신에 충실할 개연성이 더 높아질 것이다. 정부와 기업 간의 전략적 조정 형식은 분권적이고 다원주의적이고 참여적이고 실험적이어야 한다. 규모는 작지만 전위적인 사업을 벌이는 기업들은 그들 상호 간에 협력적 경쟁 관행(서로 경쟁하면서 자원, 사람, 관념을 공동으로 활용하는 관행)을 수립한다면 영구혁신의 문화를 발전시킬 최상의 기회를 확보할지도 모른다.

다원주의적 전략적 조정과 협력적 경쟁은 이윽고 시장경제의 제도적 안배에 대한 혁신, 더 많은 혁신을 가능하게 하도록 설계된 혁신을 예고한다. 이러한 전망적인 자극 기제의 진정성과 유효성은 그러한 기제가 철저한 경쟁적 도태 방식을 수반할 것을 요구한다. 이러한 자극에 봉사하는 사전적前的 제도적 혁신들이 이윽고 시장경쟁의 사후적事後的 제도적 구조의 구성 부분이 된다. 이는 사유에서의 혁신 경험을 실질적인 생활에서 재연하는 연결 방식이다.

정부와 기업의 관계를 지도하는 안배들의 쇄신에서 이윽고 계약과 재산의 대안적인 체제들이 일어날 수 있다. 이러한 체제는 각기 생산 자원과 경제적 활동의 기회들에 대한 분산적인 접근을 서로 다른 방향으로 조직한다. 각 체제는 특정한 생산 자원들에 대한 표결권을 다수의 주주들에게 주는 것과 지배적인 의견에 맞서 모험을 감행하는 기업가들의 권능을 확보하는 것 사이에서 각기 다른 방식으로 균형을 맞춘다. 변형은 국민경제들 사이에서뿐만 아니라 국민경제 안에서도 증가할 것이다. 이제 더 많은 사람들이 아마도 더 많은 시장, 역량, 자본에 대한 더 많은 접근 기회를 더 많은 방식으로 확보할 수 있을 것이다. 조직뿐만 아니라 경험과 전망에서의 다양성은 다산성에 대한 자극제로 복무할 것이다. 자본을 통제하는 권력을 소수의 수중에 두는 방식보다는 아주 다양한 방식으로 동일한 이유로 동일한 양상으로 규모가 달성될 것이기 때문에 경쟁은 규모를 위태롭게 하지 않으면서 더 용이하게 강화될 수 있다. 열정이 창조한 결과를 경쟁이 심판할 것이다.

발명의 전망적인 자극과 회고적 도태 절차의 유사한 결합은 민주정치의 조직과 시민사회의 조직에서도 수립될 수 있고 수립되어야 한다. 이러한 결합의 정치적·사회적 형식들은 경제적 형식들보다 덜 분명하고 더 미묘하다.

고에너지 민주주의의 헌법적 조정들은 예컨대, 특정한 장소와 부문이 국민적 미래의 대항 모형(연합주의의 실험적 활용들의 철저화)을 창조할 수 있도록 허용하면서 다양하고 폭넓은 실험의 창출을 촉진해야만 한다. 그러나 교착상태를 극복하고 이러한 실험의 관점에서 전진로를 선택하는 정부와 유권자들의 권력은 정부의 정치적 부문들 간의 교착상태를 저지하거나 극복하고 국가의 대안적 미래들에 대한 지속적인 대화에 국민을 참여시키는 여타 제도들을 통해 향상될 수 있다.

경제에서 경쟁적 도태에 상응하는 민주정치의 장치는 그래서 한 나라 또는 일군의 나라들의 방향에 관한 잠정적이고 가역적인 선택이다. 이러한 고려에서 최고 수단은 국가이다.

국가는 두 가지 이유에서 중요하다. 하나는 비극적인 이유이고, 다른 하나는 희망적인 이유이다. 비극적인 이유는 전쟁의 위험을 안고 있는 상이한 생활 형식들에 대한 정치적 보호의 필요이다. 유사한 제도적 안배들의 수렴에 대한 온갖 요구와 정치적 안정 및 경제적 개방이라는 두 가지 선을 분리시키는 세계질서는 이 위험을 완화시킬 수는 있어도 회피하지 못한다.

희망적인 이유는 깊은 자유에 기초하여 협동을 조직하려는 결단이 유일하고 자명한 제도적 형태를 갖지 않는다는 점이다. 이러한 결단이 내용상 공허하기 때문이 아니라 오히려 옹호 가능하고 유망한 대안적인 내용으로 가득하기 때문에 이 결단은 확정적인 형태를 갖지 않는다. 우리는 자유로운 협동의 이상에서 특정한 협동적 체제의 제도들을 결코 이끌어 낼 수 없다. 국가는 상이한 생활 형식을 보호하기 위해서뿐만 아니라 선택된 내용과 국가적 방향의 범위를 법에 규정하기 위해서도 필요하다. 이러한 선택은 다양한 실험적 변주들로 고쳐되지 않는다면 맹목적인 것으로 전락할 것이다.

국가적 정책이 이러한 결정적인 선택의 거점으로 봉사하기 위해서는 정부의 헌법적 제도들은 국가권력의 자유주의적 분절화 원칙이 정치의 속도를 줄이는 보수적인 원칙(예컨대, 미국 대통령제에서 매디슨식 견제와 균형의 구도로부터 귀결되는 사회의 정치적 변혁에 대한 신중한 억제)과 혼동되지 않도록 구성되어야 한다. 보수적인 원칙은 반박해야 하지만 자유주의적 원칙의 가치는 재확인해야 한다. 주도권과 권력에 관한 다양한 원천들은 단호한 행동을 취할 수 없는 분열된 정부로 계획적으로 귀결되어서는 안 된다.

정부, 경제, 시민사회 안에서 다양하고 폭넓은 실험주의적인 변주들로부터 자극을 받으면서 전환점마다 방향의 변화를 낳을 수 있는 도전들에 열려있는 단호한 행동 권력은 바로 우리가 갈구해야 할 바이다.[20] 하나의 장소나 부문에서 일어난 실험들과 가역적이지만 방향을 둘러싼 전사회적인 투쟁 간의 변증법은 경제생활에서 일련의 전망적인 자극과 회고적 도태에 맞물리는 국민정치상의 장치로 봉사한다. 이러한 유비에 따라 행동하는 것은 생산과 정치를 공히 사유와 더욱 닮게 만드는 것이다.

고차적 협동의 네 번째 특성은 실험적인 사고의 특성들과 정치적·생산적 관행들의 특성들의 격차를 좁힐 필요와 기회에서 유래한다. 협동적 체제는 노동 분업의 작동과정에서 상상력의 육화를 규제적 이상으로 삼아야 한다. 협동적 체제의 쇄신과 제2의 상상적 측면으로서 정신활동의 관계는 상동 관계에 이르지 못할지 모른다. 그러나 상동 관계는 은유 그 이상이다.

우리는 협동적 관행을 상상력의 모형에 따라 쇄신함으로써 우리의 가장 근본적인 이익의 다수에 복무한다. 우리는 모든 경험 영역에서 혁신에

---

20 웅거는 《민주주의를 넘어》에서 이러한 국가를 '경성국가hard state' 또는 '민주적 경성국가'라고 부른다. 경성국가는 동구 사회주의 붕괴 이후 신자유주의적 경향에 맞서 학자들이 사용한 개념이다.

우호적인 구조를 수립한다. 온갖 구조의 권력이 사회생활에서 상상력의 적이라는 점을 감안하면 우리는 사회적 분할과 위계제의 구축된 구조의 힘과 영향력에 반대한다. 우리는 일상생활 속에서 기성 구조들을 다시 사유하고 쇄신하는 권력을 획득함으로써 그러한 구조와 인간의 관계를 결정적으로 변화시킨다. 결과적으로 우리는 물질적 이익들의 요구 사항과 도덕적 이익들의 요구 사항 간의 교차 지대에서 전진할 기회를 제고한다.

협동과 상상력 간의 유비에 실체를 부여하는 첫 번째 길은 협동의 특성들과 상상력의 특징들을 연계시킴으로써 추상으로 나아간다. 이 방법은 하향식으로 작업한다. 두 번째 길은 유비를 협동적 관행들과 제도들 속에 이미 발생 중인 변화들과 연계시키면서 역사적 여건 분석을 출발점으로 삼는다. 이제부터 협동적 관행들을 상상력의 사회적 표현으로 전환시키는 기획을 성공적으로 이어 나가는 이 두 가지 길을 순차적으로 탐구해 보겠다.

상상력은 모듈이나 공식으로 만들 수 없고 회귀적 무한성recursive infinity의 능력[21]을 드러내고 부정의 능력negative capability[22]을 지닌 정신의 측면이다. 정신은 회귀적 무한성의 능력을 통해서 관념들 혹은 해석된 인식들을 무한수의 방식으로 결합할 수 있다. 정신은 부정의 능력을 통해서 정신이 일상적으로 의존하는 방법과 전제들을 부인하고 이탈함으로써 정신이 전망적으로 정당화할 수 있는 것보다 많은 것을 발견하거나 발명할 수 있다. 우리는 관행과 규칙들이 동의하는 것보다 많은 것을 보고 이해할 수 있다. 이제 우리는 도전에서 권능을 이끌어 내면서 관행과 규칙을 회고적

---

21 반복 속에서 무한한 차이를 드러내는 정신의 능력.

22 웅거는 부정의 능력을 단순히 어떤 것을 부정하는 능력이 아니라 비판하고 재구성하는 능력으로 표현한다.

으로 수정한다.

협동 관행이 모듈적이지 않는다는 점은 협동 관행 아래서 역할의 전문화가 상대적인 것에 불과함을 의미한다. 역할 배정의 상대성은 특정한 과업의 관념(규정)과 과업 집행 간의 경계의 개방성과 밀접하게 연결된다. 협동의 고차적인 형식 아래서 과업의 이해는 지속적으로 과업의 집행 과정에서 수정된다. 역할들의 유동성 및 그 구분의 유동성은 이러한 실험적인 수정의 당연한 귀결이다.

뇌의 가소성(뇌 구조의 개별적인 부분들이 새로운 기능을 획득하는 능력)은 상상력으로서의 정신의 비모듈적인 성격을 유도하는 물리적 특성이다. 어떠한 제도적ㆍ이데올로기적 조정도 우리들의 연상 가능성들에 대한 상대적으로 일천하고 일시적인 고착 그 이상을 표현하지 못한다. 어떠한 사회적 역할도, 기술적 노동 분업의 어떠한 자리도 인간 존재를 규정하지 못한다. 더 일반적으로 말해서, 특정한 삶의 경로에 대한 선택이 부과하는 상실을 겪지만 우리는 특정한 삶의 경로를 선택해야만 한다. 어쨌든 우리가 행동과 사유에서 이와 같이 불가피하게 치우친 결과들에 저항하지 못한다면 우리는 완전하게 인간적으로 되지 못하고 위대한 삶으로의 상승도 중단한다.

협동 관행이 공식으로 되지 않다는 점은 협동 관행이 어떤 확정적 구조를 허용할 수 없다는 것을 의미한다. 협동 관행은 임박한 실천적인 목표들의 달성에서 효과를 발휘하도록 조직되어야만 한다. 어쨌든 협동 관행의 조직은 경험의 측면에서 수정에 열려 있어야만 한다. 협동 작업과 협동적 체제의 개혁 사이에 절대적 구분은 결코 존재할 수 없으며, 협동적 체제의 개혁은 빈번히 쉽게 협동 작업에서 일어나야만 한다.

협동적 체제가 사회의 분업과 위계제의 기성 구조에 순응하는 한 이러한 이상은 실제로 존중될 수 없다. 환언하면, 기술적 노동 분업이 사회적 노동 분업의 위계제와 분할들을 수동적으로 반영하고 보강해서는 안 된다. 기술적 노동 분업은 자유사회에서의 협동의 첫 번째 특성—인간 상호 간의 협동 방식이 사회적 위계제와 분할의 기성 구도에 제약받지 않는다는 점—을 구체화함으로써 사회적 노동 분업의 위계제와 분할들에 선수를 놓쳐서는 안 된다.

협동 관행이 상상력의 모형에 따라 회귀적 무한성의 능력을 향유한다는 점은 이러한 능력이 이에 기초한 결합과 쇄신의 다산성을 통해 그 장점을 확인한다는 것을 의미한다. 협동 관행은 다양하고 폭넓은 여건에서도 성공적으로 작동할 수 있다. 그러한 여건들 속에서 협동 관행은 더욱 빈번히 더욱 급진적으로 쇄신을 달성할 수 있다. 이러한 다수의 쇄신들은 이미 친숙한 요소들의 재조합에서 혹은 더 친숙한 것에서 덜 친숙한 것으로 이동하는 유비적 확장에서 시작할 것이다.

협동 관행이 상상력과 마찬가지로 부정의 능력을 보여 준다는 것은 협동 관행이 사회와 문화의 기성 질서가 수용하는 것처럼 보이는 것보다 혹은 현재의 여건들이 가능하게 만드는 것처럼 보이는 것보다 더 많은 것을 우리에게 수행할 수 있게 하는 집단적 장치라는 것을 의미한다. 협동 관행은 어떠한 공식도 거부하면서 이탈을 이용한다.

상상력의 이러한 특성들을 구비한 협동 관행은 무구조의 구조a structure of no structure[23]라는 이상의 방향으로 이미 멀리 나아간 사회에서 번창할 개연성이 높다. 협동 관행은 그러한 제도적 안배들의 결과라기보다는 그 선

---

23 웅거는 다른 곳에서 고도로 유연한 사회plastic society나 질서 있는 아나키ordered anarchy로 표현하기도 한다.

구 형태로 봉사할 수 있다.

상상력의 모형에 따라 협동적 체제를 쇄신하려는 시도는 제도적 재구성의 기획에서 가장 일반적이고 동떨어진 지침만을 제공하는 것처럼 보일지도 모른다. 그러나 이러한 쇄신 시도는 실천적인 사회생활의 규율과 관련하여 풍부한 결론을 내포한다. 이러한 결론을 이해하기 위해서 그러한 시도가 경제적·정치적 생활의 조직에서 거부해야 할 것들을 살펴보자.

첫째로, 협동 체제의 쇄신 시도는 비록 그 형태가 자연발생적인 경제질서의 제도적 결정체結晶體로서 오인되고 있을지라도 시장을 유일하고 독단적인 형태로 속박하는 온갖 시장경제의 조직 방식들을 반대해야 한다. 교환과 생산의 제도들의 이러한 동결凍結은 우선 현상에서 거리를 두고 그다음 현상을 다시 일련의 변혁 아래 포섭함으로써 전진하는 상상력의 본성과 갈등한다.

둘째로, 같은 이유로 그러한 시도는 정치의 온도(정치 생활에 대한 대중의 조직적 참여의 수준)를 낮추고 (특히 정부의 정치적 부문들 간의 교착상태의 의도적인 영속화을 통해) 정치의 속도를 늦춤으로써 사회의 정치적 변혁을 억제하는 정치 생활의 온갖 형식들에 반란을 일으켜야 한다. 오늘날 저에너지 민주주의는 상상력의 정치적 육화에 봉사할 수 없다. 상상력의 특징 하나는 위기가 없는 상황에서 위기의 역할을 대신하는 점이다. 다른 특징은 인식과 통찰의 굴성屈性을 감소시키는 점이다. 어쨌든 현존 민주 체제들은 지속적으로 위기를 변화의 불가피한 조건으로 삼고, 미래에 대한 과거의 권력을 되풀이한다. 현존 민주 체제들은 기성의 사회구조를 변혁적 의지의 관할범위 안으로 포획할 수 있는 정치 생활의 형식을 발전시키지 못함으로써 그렇게 한다.

셋째로, 그러한 시도는 정치경제적 대안들의 발전이 의존하고 있는 실험과 이단에 적대적인 세계 정치경제 질서를 수용해서는 안 된다. 이러한 세계 정치경제 질서는 엄격한 제도적 청사진의 수용을 정치적 안정성과 경제적 개방성이라는 지구적인 공공재에 대한 접근의 요구 사항으로 지구 전체에 부과하기 위해 정치적 · 경제적 자유의 이름을 헛되이 사용한다. 이러한 정치경제 질서는 사람들에 대해서는 국민국가에 가두어 놓고 지속적인 이주를 통해 인류의 통일성과 다양성을 건설하지 못하도록 하면서 물건과 돈에 대해서는 세계를 배회할 자유를 부여하려고 추구한다. 이러한 질서는 세계에 대한 상상력의 지위를 부인하는 열강들의 음모이다. 이러한 음모의 성공은 이익과 공포에 의존할 뿐만 아니라 그에 못지않게 상상력의 빈곤에도 의존한다.

넷째로, 그러한 시도는 이러한 구조를 최고로 위협할 수 있는 힘, 즉 종교와 고급 및 대중문화 속에 휴면하고 있는 예지적이고 예언적인 힘을 민주주의의 공적 토론에서 사사화私事化하거나 배제해서는 안 된다. 재난으로만 전복되는 숭고함의 사사화는 결과적으로 상상력의 작업이 요구하는바 현존하는 것을 일련의 대안적 가능성들 안에 포섭할 수 없는 공공 담론을 산출한다. 이러한 결과는 현존하는 것에 대한 통찰과 접근 가능한 대안들에 대한 상상력 사이에 연결 고리를 차단하는 사회적 · 역사적 연구의 지배적 관행들의 방법과 관념으로 보강된다.

다섯째로, 그러한 시도는 어떠한 사람도 그저 일하고 생계를 꾸리기 위하여 기계가 할 수 있는 반복적인 작업을 수행하도록 강요받아서는 안 된다는 점을 고수해야 한다. 기계는 반복 방식을 터득한 어떤 것을 기술하는 공식으로 통제되는 장치다. 그 자체로 보자면 기계는 상상력의 대립물이다. 기계적인 일에서의 해방은 공식에 친하지 않은 일자리를 대규모로 창출하는 것을 허용해 주는 대규모 경제적 · 문화적 변화에 달려 있다. 임노동이 자유노동의 지배적 형식으로서 독립 자영업과 협동(기업)의 결합에 양보하기 시작한 다음에야 비로소 이러한 변화들은 이루어질 것 같다. 대다수의 보통 사람들은 이윽고 자신에 대하여 주인이 되고 또한 사유재산이나 국가의 이름으로 자신들을 통제하는 사람들의 이익에 대항할 수 있게 된다.

상상력의 모형에 따른 협동적 체제의 혁신이 갖는 의미를 명료하게 해주는 이러한 목표들은 유토피아적 꿈으로 쉽게 기각당할 정도로 우리의 현재 권력이나 우리의 근접한 이행 권력과 매우 동떨어져 있다. 그러나 이러한 목표들의 역할은 하나의 방향을 제시하는 것이고, 그 방향은 그 의도들의 비타협적 고수로 인해 더욱더 명료해진다. 방향을 제시하는 것은 변혁적 기회의 이해로 고취되는 프로그램적 주장의 첫 번째 속성이다. 프로그램적 주장의 두 번째 속성은 특정한 여건에서 그러한 방향으로 운동을 시작하는 데에 필요한 시작 조치들을 확인하는 것이다.

이러한 조치들을 예견하는 정신 아래 작업과 생산의 조직에서 이미 일어나고 있는 중요한 변화의 시각에서 협동적 관행과 상상적 삶의 친화성을 고려해 보자. 새로운 협동 방식은 세계 도처에서 출현하기 시작한다. 새로운 협동 방식은 산업생산의 형식으로 대단히 상세하게 연구되어 왔지만 경제의 다른 부문뿐만 아니라 행정에서 시작하여 교육에 이르기까지 비경제적 활동에도 적용된다.

새로운 협동 방식의 본질적인 특징들은 과업의 관념(규정)과 집행 간의 엄격한 대립의 완화, 전문화된 작업 역할들의 영구적인 재발명, 같은 영역에서의 협동과 경쟁의 혼합, 정체성과 이익들의 이해 방식에서의 지속적인 수정, 생산 안팎에서 실천적 활동의 집단적 학습과 집단적 혁신 관행으로의 전환 등이다.

이러한 특징을 갖춘 실천적 활동 부문들은 부유한 나라나 가난한 나라나 마찬가지로 대다수 보통 사람들의 접근 기회를 배제하는 실험주의의 세계적인 군도群島로 머물 것인가? 아니면 이러한 선진적인 관행들이 사회와 경제의 넓은 영역들에 점진적으로 침투하여 이를 변혁할 것인가?[24] 이러한 중차대한 문제들에 대한 답변은 시장경제, 대의민주주의, 독립적인 시민사회의 제도적 재편에 달려 있다. 그러한 재편은 기성 제도적·이데올로기적 조정의 한계 안에서는 이룩될 수 없다.

이러한 변화의 사회적으로 배타적인 형식으로서 현재 수요한 것은 최소 저항의 경로이다. 이는 막강한 이익들의 현재 구조를 최소한으로 동요시키기 때문에 밟아나가기 가장 쉬운 경로를 의미한다. 경제와 사회의 넓은 부문에서 실천적 생활의 새로운 형식들을 확산시키려는 대안은 시장경제와 민주정치의 조직에서의 누적적인 제도적 쇄신과 이익과 이상의 재해석 간의 결합을 요청한다.

이 새로운 작업 방식은 깊은 자유에 도달하기 위해 우리가 탈 수 있는 말이 아니다. 그럼에도 불구하고 우리는 새로운 작업 방식을 우리의 원대한 목적을 위해 사용할 수 있다. 물론 우리는 새로운 작업 방식의 방향을 다시 조정하고 쇄신하는 경우에만 그렇게 할 수 있다. 새로운 작업 방식을 방법에서 급진화하고 범위에서 확장하고 그 사회적 기초에서 더 포용적으로 만든다면 우리는 경직된 구조를 해소하고 상상력이 운명을 극복하는 데에 이를 활용할 수 있다.

---

24 웅거는 《지식경제의 도래》에서 바로 고립적인 전위주의에 대해 포용적 전위주의로 응답하고 있다. 보통 사람들에게 지식, 교육, 신용, 경제적 기회와 접근을 제공함으로써 가장 선진적인 생산 관행을 심화하고 사회 도처에 확산시켜 '모두가 함께 더욱 커지자'고 제안한다.

그리고 새로운 작업 방식은 어떠한 역사적 상황에서도 나타날 것이다. 미래의 종교의 신이 없는 정치신학에서 초월은 더 이상 선(위대한 삶 혹은 영생永生으로의 상승)을 현재의 삶에서 우리를 소외시키는 역사적 혹은 섭리적 미래로 투사하는 형태를 취하지 않는다. 초월은 최소 저항의 경로를 거부하는 형태를 취하며 여건의 논리에 맞서 여건의 도구들로 작업하고 참여와 저항을 통해 바로 지금의 우리 자신을 우리가 되고자 희망하는 우리 자신으로 만들기 시작한다.

제 7 장

신성화를 통한 인간화

미래의 종교에서 삶의 영위

삶의 고양

모든 종교는 우리의 현재 모습과 장래 모습, 세계 안에서의 우리 위치에 대한 포괄적인 견해 속에서 실존지향을 정초한다. 이러한 포괄적인 견해가 세계와 세계 안에서의 우리 지위에 대한 이해의 한계들을 강조하는 견해일지라도 모든 종교는 그렇게 한다. 이러한 포괄적인 견해의 의미는 우리가 어떻게 살아야 하는지에 대한 결론을 통해서만 명료하게 드러난다. 우리는 무엇보다 삶의 영위에 대한 포괄적인 이론의 관계를 판난함으로써 종교의 메시지를 읽는다. 이 점은 미래의 종교에 대해서도 달라질 수 없다.

종교혁명의 기회와 목표에 대한 전반부의 논증은 수백 년 전에 성취된 영적 혁신의 산물인 고등종교가 어떻게 살아야 하는지 그리고 삶에서 무엇을 해야 하는지에 대해 우리가 바로 지금 결정하는 데에 불충분한 기초를 제공하고 있다는 주장을 중심적 테제로 삼고 있다. 사회적 재구성의 배경 아래서 실존의 재정립은 종교적 믿음에서의 변화가 제시하는 예언적 핵심이다.

첫 번째 과업은 지금 이러한 재정립의 중심적 관념을 기술하는 것이다. 두 번째 과업은 미래의 종교에서 삶의 영위에 대한 논거와 제안들이 취해야 할 형태에 대해 명료성을 획득하는 것이다.

◆ ◆ ◆

이 책 전반부 주장에 따라 우리가 추구해야 할 삶의 변화는 우리가 오직 한 번 죽는다는 자세로 살아가는 것이다. 이러한 삶의 변화는 우리가 신적인 존재에게 돌리는 속성의 일부에 대한 우리의 몫을 증가시키고 다른 속성들을 공유하려는 (헛된) 시도를 포기하는 것이다. 신성의 징표들에 대한 인간의 몫의 확장은 그 추구 과정에서 횡단해야 할 엄청난 간격이 존재한다는 점을 인정하는 데에서 시작해야 한다. 인간의 소명이 신처럼 되는 것이라면, 현재까지의 인간은 에머슨의 말에 따르면 '몰락한 신'이다.[1] 필멸성, 무근거성, 충족불가능성, 자연의 무관심과 사회의 잔인성, 의지의 타락이라는 결코 치유할 수 없는 상처들 위에 외부에서 강요되기도 하고 스스로 자초하기도 한 왜소화의 부담이 추가될 것이다.

우리는 세상에서 위축된 존재 방식에 투항함으로써 삶이라는 선을 탕진한다. 우리는 일상과 타협에 안주한다. 우리는 어중간한 의식의 상태에서 동요하며 세계를 살아간다. 우리는 미래를 근심하면서 우리가 가진 유일한 시간인 현재의 삶을 상실한다. 이러한 탕진은 여러 차례 반복적인 죽음을 의미한다. 우리의 관심은 우리가 홀연히 죽음을 맞이할 때까지 살 수 있도록 이 반복적 죽음을 멈추는 것이다.

삶의 고양에서 관건적인 것을 파악하기 위하여 충일성, 다산성, 자발성과 같은 생명의 징표들뿐만 아니라 경이로움을 주고받는 능력을 인식해야 한다.

충일성은 구조를 능가하는 것, 즉 통찰, 경험, 비전에 기성 질서가 부과한 한계들에 대한 초월을 의미한다. 기성 질서는 인간 결사의 가능하고

---

1 몰락한 신은 신과 같이 되지 못한 인간을 의미한다. 에머슨은 《자연》에서 이 말로 인간의 창조 또는 재창조하는 역량을 시사했다. "인간은 몰락한 신이다. 인간이 어린아이처럼 순진무구함으로 돌아간다면 불멸성에 이르고 죽음조차도 꿈에서 깨어나는 것처럼 부드럽게 다가온다(A man is a god in ruins. When men are innocent, life shall be longer, and shall pass into the immortal, as gently as we awake from dreams)." 이데아의 세계로 진입한 신의 영혼과 이데아의 세계를 잠깐 들여다보고 추락하여 레테강의 물을 마신 후 보았던 것을 망각한 인간의 영혼에 대한 플라톤의 우화가 이러한 관념의 기원일 수 있겠다.

바람직한 형태들에 관한 견해에 반영된 사회의 제도적 안배들일지도 모른다. 이러한 질서는 또한 인간 자신의 성격 속에 있는 주체의 경화된 형태일지도 모른다. 충일성은 기성의 사회질서와 성격질서가 용인하지 않는 일과 행위를 통해서 표현된다.

다산성은 삶의 향유 속에서 우리가 행하고 만드는 것과 관련하여 활기, 다양성과 범위를 의미한다. 다산성의 외적인 신호는 그지없는 활기, 오로지 죽어야만 끝나는 활력이다.

자발성은 미래에 대한 과거의 영향력의 약화, 즉 인간 경험에서 경로의 존성의 약화이다. 자발성은 우리 자신뿐만 아니라 타자에게 경이로움을 제공하는 능력으로 확인된다.

다른 보완적인 시각에서 보면 주체 변혁의 목표는 우리가 신적 존재에게 부여하는 속성들 중 어떤 것에 대해서는 우리의 몫을 증대시키고 다른 속성들에 대해서는 보유하거나 모방하려는 노력을 피하는 것이다. 우리는 첫 번째 속성의 맥락에서 우리 자신을 신과 같이 만들 수 있다. 그러나 우리는 신이 될 수 없다. 두 번째 속성은 인간의 능력 범위를 영원히 초월할 뿐만 아니라 인성과 양립하지도 않는다.

우리가 열망할 수도 없고 해서도 안 되는 속성은 영원성, 전지성, 완전성이다. 우리는 필멸의 존재이기 때문에 영원을 열망할 수 없다. 우리는 심연을 알 수 없기 때문에 전지성을 열망할 수 없다. 우리는 충족 불가능한 존재이기 때문에 완전성을 열망할 수 없다. 우리의 모든 활동은 우리가 그저 제한적인 역량을 가지고 있는 유한한 세계에서 이루어진다. 우리의 권력 강화는 결코 전능성의 한계에 도달할 수 없다.

우리는 이러한 속성들을 갖지 못하고 가질 수 없기 때문에 우리는 신을 증오하거나 오히려 우리에게 부인되는 신적인 권능들의 결여를 스스로

혐오할지도 모른다. 이러한 증오와 자기혐오는 삶의 향유와 고양에 장애 요소가 될 수 있다. 증오와 자기혐오는 인간 실존의 치유 불가능한 약점 들을 인정하는 것을 거부하는 데에 흔적을 남긴다. 바로 자기혐오와 절망 에서 태어나 속임수를 통해 잔인함 속에 표현된 거부가 모든 세계사적 종 교들, 특히 구원 종교들에서 암류暗流 충동으로 남아 있다. 역사에 개입하 는 초월적이고 전지전능한 신 관념을 가진 이러한 종교들이 우리가 결코 되고자 희망할 수 없는 것을 대조적으로 우리에게 보여 주기 때문이다.

세계와의 투쟁의 후속편의 하나로서 프로메테우스주의의 본질은 바로 이러한 의미에서, 인간에게는 금지된 속성들의 의미에서 더욱 신과 같이 되려는 시도이다. 프로메테우스주의가 수반하는 승리주의, 분노, 잔인함 은 인간 조건에 대한 이러한 오해의 심리적인 결과물이다.

신적인 존재에 대한 인간의 몫은 다른 방향, 즉 육화된 영의 방향에 있 다. 우리는 유한한 여건을 초월한다. 우리는 또한 불완전하다. 그러나 타 자와의 연결을 통해서만 우리는 주체로 존재하고 동시에 주체를 발전시 킨다는 감정을 고양시킨다. 그러한 모든 연결이 또한 개인적 구별과 자유 의 상실을 야기할지도 모른다는 점은 우리의 존재 안에 기입된 모순이다. 이 모순이 도대체 해결될 수 있다고 한다면 자유로이 주고 자유로이 거절 당하는 사랑 안에서 가장 완전하게 해결된다. 이 모순은 사랑보다 완전하 지는 못하지만 고차적인 협동 형식들을 통해서도 해결된다.

유한한 구조를 초월하고 사랑과 협동을 통해 우리의 불완전성에 응답 하는 권능은 우리의 경험에서 모순적이 아닌 보완적인 특성이다. 우리가 우리 자신을 삶, 사상, 성격의 기성 체제에 대한 꼭두각시로 경험하고 행 동하는 한에서 우리는 타자나 세계에 더욱 완전하게 참여할 수 없다. 구 원종교에서 초월적인 신조차도 불완전한 존재로 표상된다. 신은 자신이 창조한 인간을 필요로 한다. 이는 그리스 철학의 범주 안에서 유일하고 초월적인 신을 표상하려고 애썼던 신학자들과 철학자들을 당혹스럽게 하는 관념이다.

유한한 구조를 초월하고 사랑과 협동을 통해 불완전성의 결론들을 실행함으로써 우리는 타자와 세계에 우리 자신을 열어 놓는다. 이것, 바로 이것만이 우리가 공유하기를 희망할 수 있는 신적인 것의 체험이고, 이는 프로메테우스주의자들이 인류를 위해 주장하려 한 비인간적인 권능에 대한 체험이 결코 아니다. 이와 같은 신직인 것의 두 번째 유형의 속성과 관련해서 우리는 더 인간적으로 되는 것과 동일한 수단과 방식으로 우리가 더욱 신처럼 되는 것을 열망할 수 있다.

삶의 고양과 신에게 돌리는 어떤 속성(다른 속성은 제외하고)의 공유는 우리의 주체 변혁이 최상으로 지향하는 목표의 두 가지 수렴점을 나타낸다.

방법과 비전

내가 여기서 전개한 견해를 북돋워 주는 중심적인 관념을 이미 진술하였기 때문에 나는 이제 이러한 견해를 전개하고 유리하게 주장할 수 있는 방법을 고려해 보겠다. 나는 삶의 영위에 대한 비전의 진술과 옹호를 위한 네 가지 방법론적인 예비적 고찰 형태를 펼쳐 보겠다. 이러한 예비적 고찰은 도덕철학과 도덕적 결의론의 전통적인 방법들이 이 과업에 불충분하다는 점을 증명할 것이다. 이를 위해서 우리는 사유와 논의의 다른 방식을 필요로 한다.

첫 번째 예비적 고찰은 내가 여기서 제안하는 모든 주장 형태가 존재와 당위 간의 구별, 즉 우리의 현재나 장래 여건에 대한 기술과 주어진 여건에서 살아가야 할 방식에 대한 옹호 간의 구별을 무시한다는 반박을 다룰 것이다. 문제의 사실들(세계에서 우리의 정체성과 우리의 상황에 대한 진실)에서 규정적인 관념을 추론함으로써 우리는 사유의 명료성에 대한 불가피한 구분을 침해할 수도 있다. 이러한 추론 규칙은 어느 정도는 흄에게서 유래하는데, 그는 스스로 이타주의와 동료감정의 윤리를 인간 본성에 관한 견해에서 이끌어 냈지만 존재와 당위에 관한 어휘들의 모호한 사용 속에 이러한 추론이 통용되는 것을 당연히 거부했다.

우리의 정체성과 세계 안에서의 우리의 상황에 대한 믿음이 더욱 포괄적으로 됨에 따라 서술과 규정 사이의 구분은 적절성을 상실하기 시작한다. 우리가 삶을 어떤 방향으로 정하는 데에 확보할 수 있는 일반적인 이유들만이 우리가 경험하는바 필요, 욕구, 열망을 수용하고 저항하고 수정할 원인을 우리에게 준다. 그러한 이유들은 세계 안에서 우리의 본성과 위치에 관한 견해를 제안하거나 전제함으로써 행위 근거를 우리에게 제공한다. 실존적인 명령(삶의 지향)을 세계에 대한 관계에서 우리의 정체성에 관한 비전(비록 그것이 반형이상학적 형이상학일지라도 고전적 유교를 북돋는 비전처럼)에 착근시키는 것은 고차적인 종교의 출현 이전과 이후에도 종교적 경험의 편재적이고 지속적인 특성이다. 철학이 종교의 관심을 공유하게 되거나 종교를 대체하겠다는 위험한 야망을 품게 된다면 이러한 특성은 철학의 특징이 된다.

존재와 당위를 경직되게 구별하려는 노력은 특정한 여건에서 특정한 시간에서 무엇을 하고 무엇을 하지 말아야 하는지에 대한 국부적인 주장의 구조에서 의미를 가진다. 그러나 우리가 세계 안에서의 우리의 상황과 이 상황에 최상으로 대응하는 방식에 관한 포괄적인 견해들의 지평에 접근하게 됨에 따라 이러한 구분은 와해된다. 이러한 조건 아래서 그 구분이 와해되는 이유를 이해하는 방식의 하나는 이 책의 제1장에서 주장한 자연철학에 대한 유비를 상기하는 것이다.

갈릴레오와 뉴턴이 시작한 과학의 전통에서 지배적인 설명 관행은 약정된 초기 조건들과 이러한 조건들로 규정된 배위공간을 구분하는 것이다. 이러한 배위공간에서 불변적인 자연법칙은 반복적인 자연현상들을 통제한다. 이 같은 뉴턴 패러다임은 자연의 한 부분을 설명하기 위해 채택할 때 작동할지도 모른다. 그러나 이를 우주와 우주 역사 전체에 적용하고자 할 때 뉴턴의 패러다임은 작동하지 않는다. 이제 우리는 설명될 현상들과 초기 조건들을 더 이상 구별할 수도 없고 현상들의 모사를 관찰하거나 준비할 수도 없고 배위공간의 바깥에 마치 신처럼 자리잡은 관찰자들을 상상할 수도 없다. 국부적 용도에 적합한 설명 양식을 부당하게 보편화하는 우주론적 오류는 도덕이론에서 존재와 당위의 구분을 국부적으로 사용하는 것에 대한 반론을 기술에서 결단으로의 그와 같은 이행을 전면적으로 금지하는 것으로 전환시키는 오류와 우주론적인 등가물이다.

우리는 이 문제를 반대의 시각에서 즉, 삶의 영위를 지도하기 위해 우리의 포괄적인 견해들이 어떤 권위를 갖는가의 시각에서라기보다는 우리가 삶의 지향을 위한 지지를 어디에서 발견할 수 있는지의 시각에서 고려한다면, 우리는 동일한 결론에 이른다. 우리의 정체성과 세계 안에서 우리의 지위에 대한 포용적인 설명 이외에는 이러한 삶의 지향을 위한 지지가 존재할 수 없다. 이러한 포괄적 설명은 항상 결함을 갖고 논파 가능한 정초일 것이다. 어쨌든 이러한 설명은 우리가 혹여 발견을 희망할 수 있는 유일한 기초이다. 계시의 도움을 받지 못한 이성으로서는 획득하기 불가능한 것이지만 구원종교들도 우리가 어떻게 살아야 하는가에 관한 견해를 궁극적 실재에 관한 이해에 정초하기 때문에 구원종교들도 이러한 규칙에 대한 예외가 아니다.

서술에서 규정으로의 부당한 이행이라는 비난은 그럼에도 불구하고 진리의 요소를 간직한다. 어떤 관념이 포괄적으로 확장되는 경우에 그 관념도 논쟁의 여지를 낳게 된다. 그러한 관념을 유지하는 데에 우리가 경험할 수 있는 내적 확신의 정도가 아무리 강할지라도 우리는 그러한 관념을 유지해야 할 충분한 근거를 결코 갖지 못한다. 관념은 지식과 경험의 다른 측면에서 항상 도전받고 의문시되고 믿음의 상실로 이어질 수 있다.

더구나 그러한 관념은 자기충족적 예언이다. 자기충족적 예언은 우리에게 그 명령에 따라 세계를, 최소한 우리의 세계를 변화시키라고 요구한다. 이렇게 세계를 변화시킴으로써 우리는 세계를 포괄적인 견해에 따라 이미 존재하는 세계에 더욱 근접하게 만든다. 그러나 자연적이고 사회적이거나 심리적인 실재의 사실들은 자기충족적 예언에 반발하고, 그러한 예언도 공격에 열려 있는 관념으로 지속하기 때문에 결정적이지는 않지만 하나의 시험을 제공한다.

이 관념이 내포한 논쟁가능성은 그 관념에 입각해야만 하는 삶의 접근을 오염시킨다. 포괄적인 견해는 여러 방향들 중에서 특정한 방향으로 우리의 삶을 결단하도록 요구한다. 결단의 하중과 결단 근거들의 적합성 사이에는 끔찍한 불균형이 존재한다. 이러한 불균형은 종교에서는 본질적인 존재에서 당위로의 이행에 대한 (다른 경우라면 정당화되지 않은) 반대에서 나오는 제한된 진리다.

두 번째 예비적 고찰은 이 논의에서 우리가 우리 자신을 변화시킨다고 언급할 때 우리가 무엇을 변화시키고자 하는지를 확인하는 것이다. 우리가 변화시키고자 한 것은 우리의 구성적 성질이나 본성이다. 그러나 우리의 본성은 어떤 유형의 실체인가? 우리는 사회와 문화들의 역사로 형성된 현재 우리의 모습으로만 우리 자신을 알고 있다.

미래의 종교가 추구한 주체의 변혁은 사실에 관한 두 가지 중요한 가정을 취한다. 지난 몇 세기에 걸쳐 사상에 영향력을 발휘했던 관념들의 관점에서 볼 때 두 가정은 모두 논쟁적이다. 이 관념들은 세계와의 투쟁의 형이상학적 배경을 이룬다. 미래의 종교는 이러한 배경을 교체하기보다는 해명하고 심화시킨다.

사실에 관한 첫 번째 가정은 주체가 출생에서 죽음에 이르기까지 지속하고 주체가 규정할 수 없는 심오함을 가진다는 점이다. 주체의 지속성을 부정하거나 제약하고 주체를 찰나적인 존재 상태로 해소하는 어떠한 믿음도 세계와의 투쟁의 성스러운 혹은 세속적인 모든 형태들과 양립하지 않았듯이 미래의 종교와도 양립할 수 없다.

사실에 관한 두 번째 가정은 우리 모두가 특수한 종으로서 인간 본성을 공유하고 있다는 점이다. 인간 본성의 불변적인 측면과 가변적인 측면의 단순한 구분은 존재하지 않는다. 우리의 경험의 모든 측면은 사회와 문화의 역사에 의해 관통된다.

예컨대, 정신의 두 가지 측면, 즉 기계로서의 정신과 반反기계로서 정신 또는 상상력의 차이를 고려해 보자. 뇌의 물리적 구조는 상상력의 활동을 전조하고 가능하게 하지만 정신의 두 측면의 관계와 상대적 힘을 미리 결정하지 못한다. 정신의 두 측면 간의 상대적 우위는 교육의 성격에 따라 달라질 뿐만 아니라 상상력의 공간을 확대시키거나 위축시키는 사회와 문화의 조직 방식에 따라 달라진다.

어떤 상황에 처해 있으면서 동시에 상황을 초월하는 육화된 영의 근본적인 조건, 나아가 (인격적 사랑과 고차적인 협력 형태에서 최상으로 표현되는) 타자와의 연결의 필요와 연결로 야기된 예속 및 주체감과 자기통제력의 상실을 회피하려는 우리의 분투 사이의 갈등을 포함하여 우리의 구성적 특성의 모든 부분에서도 정신의 두 측면의 상대적 우위는 마찬가지로 나타난다. 정치사가 정신사에 내재적이듯이, 정치사는 또한 실존의 모든 주요 부분의 역사에 내재적이다.

경험의 단지 일부가 아닌 모든 경험은 역사에서 위태롭다. 사회 속에 제도화되고 문화 속에 개념화된 모든 생활 형식들은 어떤 경험 형태의 표현과 발전을 장려하고 다른 경험을 억제하면서 편향성을 띤다. 그럼에도 불구하고 우리는 변혁적인 정치적·도덕적 기획들을 통한 급진적인 쇄신에 자유로이 열려 있는 수정 가능한 성향들의 가소적인 집합이 아니다. 우리는 시간이 감에 따라 주변적 영역에서 간신히 변한다. 시인이 말했듯이, 우리는 변화되기보다는 도리어 황폐화되는 것 같다.[2]

역사와 인간 본성의 관계의 대조적인 특성들을 인정한다면 우리는 인간 본성을 오로지 개인적으로나 집단적으로나 현재 우리 모습으로 또는 지내온 모습으로 또한 우리 자신과 사회를 동시에 변화시키려는 기획 덕분에 인접한 가능성들의 반음영 속에서 미래의 모습으로 안도하며 이해할 수 있다.

우리는 맥락 속에서 형성되지만 우연히 처한 사회와 사상 체계에 전적으로 포획될 수 없기 때문에 맥락수정적이고 맥락초월적인 정신으로서 주체라는 중심적 관념으로 돌아가야 한다. 그 다음 우리는 부조화적인 경험, 반역적인 사상 또는 의도하지 않았으나 변혁적인 실험이 우리의 권

---

2 에머슨이 인간을 '몰락한 신God in ruins'으로 말한 부분을 고려한 것 같다.

능 범위를 제한하겠다는 체제와 그 주창자들과 변호인들의 주장을 좌절시킬지도 모른다. 체제는 인간의 체제보존적인 운동과 체제개혁적인 운동 사이의 격차를 넓히고 그리하여 변화를 위기에 의존시키고 살아 있는 자들에 대한 죽은 자들의 지배를 강화시킴으로써 인간의 잔여 역량을 억압하는 방향으로 조직될지도 모른다. 어쨌든 그러한 억압은 결코 완전하지 못할 것이다. 사회나 사상의 현존 질서가 용인하지 않은 방식으로 보고 생각하고 느끼고 행동하고 연결하고 생산하고 조직하는 인간의 권능은 비록 잔여의 형태일지라도 남아 있을 것이다. 그 잔여는 이제 하나의 예언으로 환영받고 하나의 길로 선택될지 모른다.

사회와 관련해서 말하자면 체제를 체제 나름의 기준으로 판단하고 이 기준이 구현한다고 하는바 인간 결사의 규정적인 관념에 따라 제도와 관행들을 비판하고 나아가 그러한 관념을 개혁에 대한 현실적 또는 상상적 실험의 관점에서 재해석하면서 규범적 논증이 오로지 맥락적이거나 오로지 내재적이거나 할 필요가 없다는 결론이 나온다. 사상과 과학에 대해서 말하자면, 우리의 논증 방법과 정당화의 표준이 항상 논쟁과 수정의 대상일 뿐만 아니라 발견을 통제하고 우리 자신 혹은 세계에 대한 통찰을 제약할 권위와 권능을 결여하고 있다는 결론이 나온다. 우리는 우리가 알아내는 것을 회고적으로만 정당화할지도 모르기 때문이다.

자연에서 인간의 지위를 고려할 때 우리의 정체성에 대한 포괄적인 관념들은 이러한 설명 속에서 마치 인간 본성이 사물이거나 한 것처럼 간단히 또는 주로 자연현상에 대한 추측으로 이해될 수 없다. 그러한 포괄적인 관념들은 입자물리학이나 주기율표의 표준모형을 산출하였던 사고와 유사하지 않다. 내가 종교 개념의 옹호에서 논의하였듯이 그러한 관념들은 예언이며 실제로 불완전하기는 하지만 자기충족적인 예언들이다.

그럼에도 불구하고 그러한 관념들은 두 가지 유형의 경험적 추측과 확고하게 결부된 예언들이다. 첫 번째 추측은 현재 우리의 정체성을 변화시키는 데에 우리가 얼마나 멀리까지 전진할 수 있는지를 겨냥한다. 예컨대, 이 책 전반부에서 고려한 세 가지 실존지향의 창시자들이 지배적인 경험 및 지배적인 관념들과의 전면적인 충돌에서 거만하고 냉혹한 자기주장의 에토스를 이타적인 자비의 에토스로 대체할 것을 요구하던 때에 그들은 인간이 장차 될 수 있을법한 모습을 주장했다. 두 번째 추측은 우리의 모순적인 욕구들의 상대적 강도와 지속성을 다룬다. 이러한 추측은 수용이 승리보다는 낫고, 주든지 받든지 사랑은 이타주의보다 더 중요하고, 이 세상의 번영도 무한하고 무조건적인 존재에 대한 갈망을 인정하고 존중하지 못한다면 그러한 번영은 삶의 고양과 화해할 수 없다는 가르침 등은 (다른 사람이 아니라) 동일한 예언자들의 가르침이었다.

　미래의 종교의 프로그램이 추구하는 주체의 변혁은 우리의 인간적 조건을 주제로 삼는다. 주체의 변혁은 육화되고 상황 속에 구체화된 우리 자신에 대한 견해뿐만 아니라 정체성의 긍정을 훼손하고 부패시키는 인간 내부와 이를 둘러싼 요인들에 대한 견해에서 출발한다. 우리가 역사와 초월에 적절한 몫을 부여하고 결과적으로 합리화하는 목적론을 경로 의존성과 예언적 혁신의 변증법으로 대체하는 방식으로 주체의 변혁을 이해할 수 있는 경우에만 주체의 변혁은 우리가 참다운 우리 자신이 되는 것을 원한다.

　세 번째 예비적 고찰은 현대 강단철학이 선호하는 방법들과 메타담론들이 거의 쓸모가 없다는 사정에서 올바른 결론을 이끌어 낸다. 내가 여기서 탐구하고 옹호하는 주체의 변혁이라는 의제는 일차적인 제안이다. 이

제안은 도덕적 결정 상황에 적용할 규칙과 기준을 제공하지 않는다. 그럼에도 불구하고 이 제안은 삶의 영위에 관한 비전으로 귀결된다.

삶의 영위에 대한 이 주장은 방법과 전제에 대한 고차적인 담론과 이를 통해 무엇을 할 것인지에 대한 일차적인 담론 간의 연결을 고수하는 사유 관행에 의존한다. 이러한 관행에서 모든 고차적인 담론의 가치는 반드시 일차적인 담론의 다산성으로 증명되어야 한다. 일차적인 제안의 파급력과 권능은 고차적인 전제와 방법의 변화를 위한 일차적 제안의 결론들로 드러난다.

우리는 똑같은 일차적인 결론에 이르기 위해 또는 일차적 결론에 전혀 이르지 않기 위해 전개된 메타담론들 간의 차이점을 탐구하는 철학의 방식에 만족할 수 없다. 우리는 어떻게 사유해야 하는지에 대한 문제가 저절로 해결될 수 있는 것처럼 여타 모든 담론을 공격하기 위해 오로지 부정적으로만 고차적인 담론을 사용하는 철학적 관행을 수용해서도 안 된다.

오늘날 강단철학에서 우리가 발견하는 바를 짚어 보자. 정치철학에서 거의 모든 사람들은 의도된 귀결, 즉 자유주의적인 사민주의, 달리 말하면 20세기 중반에 확립된 사민주의적 해법의 개선된 일부 형태에 동의했다. 그들은 단지 미리 확정된 정치적 노선을 옹호할 수 있는 철학적 언어(사회계약론, 공리주의, 공동체주의) 중에서 무엇을 선택하는지에서만 다르다. 그들은 스스로 새로이 상상하거나 쇄신할 수 없다고 생각하는 제도들을 인간화하기 위해 철학적 주석을 달 뿐이다.

도덕적 의무에 대한 결과주의적(특히 규칙공리주의적), 칸트적인, 계약주의적 접근 간의 차이점을 가진 도덕철학의 유사한 저작을 펼쳐 보자. 이러한 접근들을 화해시키는 것은 용이하다. 이 접근들은 인간 상호 간의 의무를 규정하고 더구나 이기심을 문제로 여기고 율법주의적인 이타주의나 타자에 대한 의무의 이타적인 보편성을 해법으로 여기는 관점에 입각해 그러한 의무를 규정하는 것이 철학의 과업이라는 관념을 공유한다. 그러한 견해는 세 가지 측면에서 오류를 범한다.

첫째로, 보편성의 통제가 여러 경로들 가운데 하나의 행위 경로를 선택하기에는 결코 충분하지 않기 때문에 그러한 견해는 오류이다. 보편성의 통제는 다른 많은 행위 경로들과 항상 양립할 수 있다. 선택된 내용이 독립적으로 다른 이유와 동기에서도 선택되고 이제 보편성의 언어로 반성적으로 표현되는 경우에만 보편성의 통제는 내용을 획득한다. 마르크스의 이데올로기 관념을 이와 비교해 보자. 계급이익이 정당화의 힘을 획득하려면 인류의 보편적 이익으로 표상되어야만 한다. 실제로 보편성을 수반하는 권위를 획득하기 위해서는 계급이익들은 어떤 방식으로든 통제받는 것을 용인해야만 한다. 우리는 오로지 보편성 관념 자체에서 가장 참된 이익(참된 이익에 대해 아는 바가 전혀 없지만)을 추론하는 것을 희망할 수 있을지도 모른다. 그러나 우리는 이러한 관념에 은밀하게 미리 집어넣은 것만 실제로 거기에서 이끌어 낼 수 있다. 이와 같은 은밀한 배치가 도덕적 메타이론들의 주요한 조작적 의미다.

둘째로, 도덕적 삶의 조직원리로서 이타주의의 선택이 세계종교들의 공통적인 흐름이지만 바로 앞에서 내가 논의하였듯이 세계와의 투쟁이 정당하게 기각한 믿음이기 때문에 그 견해는 오류이다. 그러한 견해는 신학적 가르침의 성스러운 목소리뿐만 아니라 낭만주의의 세속적인 목소리에 대한 믿음도 기각했다. 유한한 것에 갇힌 무한한 존재로서 인간에 대한 관념과 도덕적 삶의 조직원리로서 이타주의보다 사랑이 우월하다는 관념 사이의 변증법을 통해서 세계와의 투쟁이라는 실존접근은 인간에 대한 심층적인 비전을 확립했다. 이러한 비전은 지난 몇 세기에 걸쳐 온 세상을 흔들어 온 정치적·개인적 해방의 혁명적 기획을 북돋워 줌으로써 실체와 영향력을 획득했다. 벤담적 및 칸트적 원리들의 대략 등가적인 언어들 속에 확인된바 이타주의의 문제가 우월하다는 관념으로 복귀하는 것은 이러한 혁명에서 퇴각하고 혁명의 메시지를 희석하려는 시도를 의미한다. 도덕이론의 반동 혁명가들은 이러한 경건주의적인 반동을 지지하기보다는 이를 합리성으로 위장한다.

셋째로, 우리의 의무 관념들이 우리의 정체성과 세계와의 관계에 대한 잠재적이고 불명확하고 미발전되고 외면당하지만 포괄적인 견해들 속에 우선적으로 뿌리내리고 다음으로 사회의 관념들과 이를 실행하는 제도적 프로그램에 뿌리내리는 경우에만 실제로 작동하기 때문에, 달리 말하면 그 관념들이 의미와 방향을 획득하기 때문에 그러한 견해는 오류이다.

고차적인 담론과 일차적인 제안을 분리하고 그 내용적 공허성을 불모성으로 보상하는 철학적 양식을 폐기하자.

네 번째 예비적 고찰은 정신과 구조의 관계 및 주체와 타자의 관계에 대한 세계와의 투쟁의 억압되고 오해받은 가르침을 이해하고 발전시키는 것이다. 이러한 가르침들은 삶의 고양이 무엇을 의미하는지, 나아가 세계에서 우리의 활동을 통해 삶의 고양이 무엇을 필요로 하는지를 제시한다.

모든 초월종교들은 각기 나름의 방식으로 과거 위대한 국가들의 전사 및 통치자 계급이 선호한 군사적 용맹, 자부심 또는 자기주장의 윤리를 포용적인 연대와 동료감정의 윤리로 대체하려는 입장을 고수했다. 이러한 대체는 인간 사이의 모든 분할의 실재성과 권위를 부정하는 데에서 지지를 받았다. 이러한 대체는 불교, 유교, 유대교, 기독교, 이슬람교에서도 선포된 진리였다. 윤리적 보편주의를 강조하는 도덕철학자들은 자신의 메타이론 사이에서 벌어지는 피와 생명을 결여한 허위적인 경쟁에서 이러한 관심을 유지한다.

이러한 윤리적 보편주의를 다른 도덕적 비전, 즉 사랑과 고차적 협동 형식을 통해 서로를 상상하고 수용하는 우리의 능력과 삶 및 사상의 기성 구조들의 한계 너머까지 통찰하고 행동하는 우리의 역량이 지배적인 충동으로 작동하는 도덕적 비전에 복속시킨 것은 특히 기독교, 민주주의와 낭만주의라는 모든 성스럽고 세속적인 형태를 통해 세계와의 투쟁이 특징적으로 성취한 결과였다. 기성 종교와 사회질서 안에서 이러한 도덕적 비전은 그 비전의 통찰을 부정하고 그 의도를 좌절시키는 믿음, 관행, 제도들로 포위되고 제약된다. 우리가 이러한 장애물과 대결하고 이를 극복하고자 한다면 우리는 이미 우리의 믿음에서 혁명을 준비한 상태라고 할 수 있다.

이러한 전환에서 세계와의 투쟁이 취한 중요한 요소는 연결과 협동의 관념과 무한한 존재에 대한 동경(우리가 살아야만 하는 삶 및 사상의 제약 구조들이 우리에게 허용하지 않는 통찰과 권능을 향한 분투)에 대한 관념을 결합하는 것이다. 이러한 통찰과 권능의 추구는 이윽고 위대한 실존에 이르는 경로에 대한 결정적인 관심을 낳는다. 이러한 경로는 인간의 필멸성, 무근거성, 충족불가능성을 부인하는 것보다는 도리어 이를 인정하는 것에서 정립되어야만 한다. 이러한 경로는 실존의 현재 조건으로 결정되지 않는 존재로서 미래를 위해 살려는 우리의 욕구를 재확인해야 한다. 이러한 경로는 그럼에도 불구하고 최고선, 즉 우리가 오로지 현재 순간에서만 향유할 수 있는 삶에서의 소외를 탈피하기 위한 투쟁을 대변해야만 한다.

이러한 논제들은 미래의 종교의 출발점을 이룬다. 이러한 논제들은 배가 하중으로 인해 가라앉고 있을 때 우리가 누구를 바다에 내던져야 하는지 혹은 삶의 방식을 숙고하는 경우에 규정집과 결의론이 비전의 결함을 보상해 줄 수 있다고 생각하는 사람들의 시간을 축내는 온갖 난제들을 우리가 어떻게 풀어야 하는지를 말해 주는 규칙을 우리에게 제공하지 않는다.

세계와의 투쟁 전통이 우리에게 함양하도록 가르쳐 온 야망들은 서로 다르지만 연결된 두 가지 문제를 우리에게 제공한다. 그중 하나는 서구의 역사에서 친숙하지만 그릇된 방식으로 기술되었다. 다른 하나는 널리 퍼져 있지만 거론되지 않았다.

첫 번째 친숙한 문제는 기독교적 사랑과 이교적 위대성의 화해로 부적절하게 기술되었다. 인격적 사랑과 고차적인 협동 속에서 타자를 상상하고 수용하는 우리의 능력은 도덕적 생활의 조직에서 이타주의보다 우선성을 가진다는 관념은 기독교 신앙에 중심적이다. 어쨌든 이러한 관념은 지난 2세기 동안 온 세계에 반향을 일으켜 온 서구 세속적 문화와 정치적 인격적 해방 프로그램에서 가장 심오하고 강력한 모든 부분에서도 근본적이다.

우리가 곧잘 위대함의 이교적 관념으로 부르는 바는 전혀 이교적일 필요가 없다. 이는 제도들과 가정들을 상대로 형세를 역전시키는 권능 행사를 그렇게 명명한 것일 수 있다. 우리는 후견에서 더 높은 삶으로 상승하면서 세상에 더 이상 망명자로 살지 않고 육화된 영의 조건을 모욕하는 제도와 원리에 더 이상 복종하지 않기 위해 실존과 사상의 기본 구조의 내용뿐만 아니라 성격까지도 변화시키는 목표를 품을 수 있다.

왜소화에 대한 반란과 무한한 존재에 대한 동경은 연대를 향한 노력을 지배하고 변혁함으로써 노력의 성격도 변화시키고 그 경로도 재정립한다. 자신에게 배정된 사회적 지위를 수용하고 기성 문화의 도그마를 신뢰하고, 동일성이나 수렴에서 친밀성을 발견하는 사람들 간의 연대와 삶 및 사상의 기성 구조들이 자신들을 대변하지도 못하고 길들이지도 못한다고 믿는 사람들 간의 연대는 다른 문제이다. 그 다르다는 점이 의미하는 바가 정확히 무엇인지, 그 다르다는 점이 삶의 재정립뿐만 아니라 사회의 재구성을 통해 요구하는 바가 무엇인지는 미래의 종교의 내용을 기술하는 하나의 방식이다.

기성 구조 너머에 존재하는 것은 동시에 현재 순간 너머에 존재한다. 우리는 우리가 갖지 못한 것을 탐색하고 우리가 갖고 있는 것은 경멸한다. 그래서 연대와 역량강화를 화해시키려고 시도하는 과정에서 우리만이 겪을 수 있는 현재의 삶에서의 소외라는 벅찬 문제가 등장한다.

미래의 종교에서 주체의 변혁에 관한 견해는 이 문제와 직접적으로 관련된다. 사회의 재구성은 역사적 시간[3]에서 발생한다. 우리는 자신의 수명과 사회적 사건들의 관계를 통제하지 못한다. 고작해야 우리는 자신의 인생 체험 안에서 우리가 추구하는 사회적 미래의 맛보기 정도를 열망할 뿐이다.

그러나 삶의 재정립은 전기적 시간[4]의 경계 안에서 정직하게 부과된 과업이다. 그것의 성취 여부는 우리의 몫이다. 그 과업은 우리가 변화시킬 수 있는 것과 변화시킬 수 없는 것에 대한 명료한 이해를 획득하는 데에서 시작한다. 우리는 필멸성, 무근거성 혹은 충족불가능성에서 벗어날 수 없다. 이 세 가지 조건을 부인하거나 극복하려는 시도는 인간 실존의 본성을 상대로 한 허망한 투쟁으로, 인성의 부정으로 귀결된다.

---

3 종으로서의 거대한 시간. 세기적 시간을 의미한다.

4 개인의 생애적 시간. 간단히 생애를 의미한다.

이러한 진실을 알게 될 때 우리는 어쨌든 인생의 네 번째 치유 불가능한 결함으로 오인되기 쉬운 인간 경험의 다른 측면(왜소화에 대한 취약성)과 대결하도록 우리 자신을 해방시킨다. 왜소화에 대한 취약성의 주요 형태는 사회와 사상의 기성 체제들을 초월하는 우리의 역량을 행사하지 못하는 상태와 기성 체제들이 인간의 상호 관계를 확정적으로 형성하도록 용인하는 의향이다.

이러한 실패는 사회의 재구성과 삶의 재정립을 통해서 치유될 수 있다. 이러한 두 가지 치유책은 서로를 보강한다. 어떤 사회의 제도가 고차적인 협동 형식에 우호적이고 그 사회의 공공문화와 교육이 인간 조건을 육화된 영으로 인정하고 유지한다면 그 사회에서 필요한 삶의 재정립은 더욱 용이하게 일어나고 더욱 신속하게 전진할 수 있다. 이러한 결과들을 허용하는 제도적·문화적 변화들이 존재하지 않은 사회라면 삶의 재정립은 더욱 힘겨운 일이면서 동시에 그래서 더욱 중요한 일이 된다. 넓은 범위에서 주체의 변혁은 사회와 문화의 쇄신을 대신할 수 있다. 재정립된 덕성들은 기성 제도들과 지배적인 믿음의 결손 부분을 만회하는 데에 일조할 수 있다.

현재 삶에서의 소외는 왜소화의 원인으로 타락한다. 세계와의 투쟁이 정치적·도덕적 경험의 모든 분야에서 인간 영혼의 구제나 사회의 개선을 향하는 길로 수립해 온 미래지향은 이러한 소외로 인해 모순에 빠진다.

신의 계획에 따른 섭리적인 미래이든지 인류를 위한 위대한 삶의 역사적 미래이든지 미래를 위해 산다는 것은 기성 제도와 지배적인 가정들의 종국성에 저항하는 것이다. 미래를 위해 산다는 것은 우리가 현재 처해 있는 여건으로 비전과 경험의 가능성을 제약받지 않는 존재로서 우리 자신을 긍정하는 것이다. 우리 자신에 대한 이러한 선포는 일상 세계의 한 가운데서 위대함의 예언이며 고차적인 존재 상태로의 상승에 대한 암시이다.

그러나 미래지향이 세계와의 성스럽고 세속적인 투쟁의 역사에 그랬듯이 현재에서의 소외로 변한다면 미래지향은 우리에게 주었던 것을 이제 도로 빼앗는다. 바로 지금의 삶에 대한 혐오는 우리의 최고선에 대한 존중을 훼손하고 최고선의 보존을 위한 모든 길잡이를 우리에게 제공하는 것을 거부한다. 바로 지금의 삶에 대한 혐오는 우리에게서 〔육체적〕 죽음에 앞선 〔정신적〕 죽음을 회피하는 수단을 박탈한다. 우리는 수중에 들어온 보물을 부지불식간에 탕진한다.[5]

그리하여, 미래의 종교는 세계와의 투쟁과 긴밀한 관계에서 세 가지 서로 관련된 과업을 이끌어 낸다. 첫 번째 과업은 초월과 연대를 철학의 추상 관념 속에서가 아니라 삶의 영위와 사회의 조직에서 화해시키는 것이다. 두 번째 과업은 미래지향을 현재에서의 소외를 극복하는 형식으로 재정립하는 것이다. 세 번째 과업은 세계와의 투쟁의 성스럽고 세속적 형태들이 사람들의 마음에 수립해 온 충동, 즉 우리의 정체성에 제대로 합치하는 방식으로 우리의 삶을 살고 이해해야만 한다는 충동을 실천하는 것이다. 우리는 신이 되겠다는 동경을 포기하고 대신 더욱 신처럼 되어 갈 것이다. 우리는 죽음을 피할 수 없는 우리 자신의 삶을 더 훌륭하게 향유하기 위하여 영생의 희망을 제쳐 둘 것이다.

전복: 주체의 전복에서 주체의 변혁으로

이러한 관심 사항들, 경험들 및 관념들에 대한 신조를 유지하는 생활 방

---

5 죽음에 앞서 무수한 작은 죽음들의 반복을 거부하고 오로지 딱 한 번만 죽어야 한다는 웅거의 주장은 "하느님의 나라는 바로 너희 가운데 있다"(루가복음 17:21)는 가르침과 통한다.

식은 우리 자신의 전복에서 시작해야 한다. 죽음, 무근거성, 충족불가능성에 대한 확고한 인정을 통해서 우리는 삶으로 각성된다.

위대한 삶으로의 전진에서 우리는 최초의 장애물에 직면한다. 이러한 장애물을 제거하거나 극복하지 못한다면 우리는 더 이상 상승할 수 없다. 우리는 각성되지도 않고 잠들지도 않은 채로 위축된 실존의 현혹 속에서 시간을 탕진한다. 우리는 지배적인 문화의 범주들이나 기성의 사유 방법들을 통해 세계를 바라보면서 타협과 일상에 스스로 체념한다. 우리는 특정한 삶의 경로를 시작하던 때에 우리가 수용하기 시작했던 경험의 위축에 안주한다. 우리는 나이가 들어감에 따라 우리를 둘러싸고 형성된 위축된 경험의 변덕들에 제압당하는 것을 스스로 용인한다. 대다수의 보통 사람들에게는 엄청난 경제적 곤궁과 고역이 마비 상태를 압도하고 덮어 버리지만 경제적 곤궁과 고역이 없다면 이러한 마비 상태는 명백히 드러났을 것이다. 사회의 물질적 진보를 통해 끝없이 괴롭히는 물질적 제약에서 해방된 상당수의 사람들에게 그러한 위장은 존재하지 않는다.

이런 방식으로는 우리는 육화된 영으로서, 즉 맥락에 구속되지만 동시에 맥락에 저항하는 주체로서 더 이상 살지 못한다. 우리는 가장 값진 것(삶 자체)을 공짜로 허비한다. 우리는 우리의 왜소화를 우리의 필멸성, 무근거성, 충족불가능성과 동일한 수준의 불기피한 운명으로 오인하면서 우리 자신을 격하시킨다.

이러한 위축에 대한 해법은 인간 조건의 끔찍한 진리를 직시하는 것이다. 우리가 우리 자신을 인도하여 이 진리를 실천할 수 있는 경우에만 인생의 세 가지 거대한 공포와의 대결은 우리 자신을 항상 끝까지 흔들고 각성시킨다.

첫 번째 공포는 인간의 무근거성의 맥락에서 파악된 죽음의 확실성이다. 인간은 누구든지 소멸할 것이다. 어느 누구도 자기기만을 하지 않고서는 이러한 소멸이 보기보다는 덜 실재적이라거나 덜 확정적이라거나, 비유적인 의미 이외의 온갖 방식으로 우리가 타자 속에 장차 살게 될 것이라거나 혹은 마치 사실 그대로 결함 있고 부분적이고 우연적일 뿐인 우리의 결단, 부책, 이익, 이상이 엄청나고 무제한적이고 비할 데 없는 생생함의 경험을 대신할 수 있는 것인 양 주장할 수 없다. 다산성(우리가 될 수도 있고 실행할 수도 있는 모든 것)에 대한 감각은 우리가 필멸의 존재라는 의식과 충돌한다.

인간이 모든 측면에서 수수께끼에 둘러싸여 있고 세계 및 시간의 실재성과 인간 실존의 신비를 해독하기에는 영원히 무력하다는 사실은 결과적으로 죽음의 확실성을 더욱 두려운 것으로 만든다. 우리는 삶과 죽음을 설명하는 기본 구조 안에서 삶이나 죽음을 우리의 경험이나 관심과 소통시킬 수도 없기 때문이다. 인간의 관심에 냉담하고 인간의 수명에 비해 터무니없이 거대한 규모로 활동하는 자연은 마치 인간에게 결정적으로 중요한 것이 자연에게는 아무것도 아닌 것처럼 작동한다. 우주에 대한 우리의 지식이 증가할수록 인간의 내부적 관점과 외부적 관점의 단절은 커져만 가는 것처럼 보인다. 단일한 우주가 존재하든지 또는 다중 우주나 일련의 우주가 존재하든지 간에 스토리 안에서 우리의 역할은 우리가 스스로 생각하고 되고 싶은 것과 우리가 알고 있는바 우리를 실제로 기다리는 것〔죽음〕 간의 격차만 우리에게 남겨 준다. 우주에 대해서라면 더 중요한 것보다는 덜 중요한 것을 겨우 발견할 수 있을 뿐인 우주에서 죽음이 우리를 기다리고 있다.

두 번째 공포는 필멸성의 배경에서 인간의 무근거성의 인정이다. 우리가 태어나고 죽어야 한다는 것, 즉 삶은 사건들로 가득하고 무로 종결된다는 것, 시간 및 세계의 연속이 다른 어떤 상태가 아니라 현재의 상태로 있다는 것, 자연에 대한 우리의 통찰의 발전이 실재(존재하는 모든 것)의 근거에 대한 지식에 우리를 결코 가까이 다가서게 하지 않는다는 것 등—이 모든 것이 인간 실존에 꿈같은 성격을 부여한다.

어중간한 의식의 일상적인 상태 가운데서 우리가 잠시 멈추어 우리 자신의 실존뿐만 아니라 모든 존재의 불가해한 성격을 고려한다면, 인간 상황의 환상적인 성격은 순간적으로 우리에게 분명하게 된다. 실존의 근거를 드러내겠다고 그릇되게 주장하는 종교나 철학 중 하나를 어중간한 믿음 속에서 고수하는 것을 그다지 선호하지 않는다면, 우리는 수수께끼를 풀 수 없기 때문에 삶으로 뛰어들지 모른다.

우리는 단호하게 또는 확정적으로 허무주의의 위협(우리의 삶과 세계 자체가 무의미하고, 달리 말하면, 존재하는 것이 왜 존재하는지를 해명해 줄 만큼 포괄적이거나 인간의 덧없고 신비스러운 실존에 대한 인간의 관심들과 소통하는 용어로 표현된 어떠한 설명도 가능하지 않다는 우려)을 결코 제거할 수 없다.

인간의 모든 이해는 단편적이다. 모든 이해는 논쟁의 여지가 있는 전제들에 기반을 두고 있다. 우리의 방법과 분과들은 진부하다. 우리의 통찰들은 부분적이고 불확실할 뿐만 아니라 단일한 포괄적인 비전으로 합류하지 못한다. 오히려 우리는 그러한 통찰들을 매우 많은 다양한 비전들 속에 수렴하도록 만들 수 있으나 통찰의 수렴이나 일관성은 우리를 실존의 근거에 대한 진리에 더욱 접근하도록 하는 데에 쓸모가 없다.

우리 기획의 기점에서도 그랬던 것처럼 종점에서도 우리는 소중한 실존에서 멀리 떨어져 있다. 우리는 처음에는 고갈과 당혹감을 느끼지만 세계에 대한 희미한 의식을 통해 배양된 냉담 속에서 교육되었기 때문에 종교와 철학의 역사에 중단 없이 생성된 실존의 근거에 관한 간편한 해명방식중 하나를 끌어안을지도 모른다. 그러나 우리가 이러한 거짓된 정초의 위안들이 기만적이고 비겁하고 나아가 위대한 삶을 위한 투쟁과 양립 불가능하다고 기각한다면, 우리는 무장해제 상태로 인간 실존의 수수께끼 같은 본성과 대면하게 된다.

죽음의 그림자 아래서 우리가 실존의 수수께끼 같은 본성을 직시해야 한다는 사실은 우리가 뒤늦은 계시를 희망함으로써 자신을 위안할 수 없다는 점을 확인해 준다. 필멸성이라는 제약 요소는 인간 실존과 실존의 어둠에 단호한 집중력을 부여하면서 우리와 관계를 단절한다.

우리가 경험할 수밖에 없는 세 번째 공포는 인간 욕망의 무제약성이다. 우리는 세계나 다른 어떤 사람이 제공할 수 있는 것보다 더 많은 것을 특히 인간 상호 간에 원한다. 우리는 불가능한 것, 무한으로 표상되는 절대적인 것을 원한다. 우리는 서로에게서 세계 안에서 무조건적인 자리의 보증을 원한다. 우리는 동시에 차이와 통합을 원한다.

욕망의 불안정성은 우선적으로 욕구, 충족, 권태 그리고 더 많은 욕구의 리듬으로 나타난다. 욕망은 집착과 중독에서 광란적인 성질을 얻는다. 욕망은 상호 간의 욕망에서 무진장하게 되고 우리의 에로스적 삶에 지울 수 없는 흔적을 남긴다.

사람들은 흔히 욕망과 사랑에 대한 이러한 견해가 기독교의 발명품이고 낭만주의에 의해 쇄신된 것이라고 말해 왔다. 이 견해에 따르면, 이 믿음들이 관철되어 온 문화에서만 절대적인 존재에 대한 욕망이 타인에 대한 욕망과 결합되며 결과적으로 현실의 인간과 사회가 만족시킬 수 없는 기대를 발생시킨다.

어쨌든 기독교와 낭만주의는 육화된 영으로서, 즉 맥락에 구속되지만 맥락을 초월하는 인격으로서 주체의 본성을 발견하는 길을 열어 놓는다. 믿음과 정치의 역사에서 모든 것은 동일한 방향으로 작동한다. 즉, 주체성의 발전과 심화는 심화된 주체를 무한한 잠재성과 매혹의 대상이자 타자에 대한 위험으로 전환시키고, 나아가 주체 인정의 가능 조건들 간의 갈등, 달리 말하면 타인에 의한 포용과 타인과의 분리 사이의 갈등을 완화시킬 수 있는 부책의 형성에 관한 희망을 일깨운다. 이러한 포용 속에서 우리는 죽음의 전망과 실존의 불가해성을 견뎌 낼 수 있는 존재의 보증을 추구한다.

그러나 유한한 여건과 부책은 무한한 것에 대한 무제약적인 동경의 무게를 감당할 수 없다. 접근 불가능한 절대적인 것(주체의 규정할 수 없는 심오함과 모호성)에 대한 대용으로서 우리 자신을 서로에게 봉사하는 주요 후보자로 만들어 주는 속성은 그 자체로 우리가 죽음과 무근거성의 공포를 제거할 수 있을 만큼 무조건적인 수용에 대한 욕구를 충족시킬 수 없다는 점을 확인해 준다.

사물과 사람에 대한 욕망의 삶은 위축된 삶과 의식의 그릇된 구제 수단으로만 빠져나올 수 있는 불안정한 상태이다. 우리가 어떤 상황에 처해 있지만 동시에 이를 초월하는 존재로서 주체의 성격을 발견하고 긍정하면 할수록, 우리는 우리 자신이 충족 불가능한 욕구의 쳇바퀴에 묶여 있고 상대적인 것에서 절대적인 것을, 조건적인 것에서 무조건적인 것을, 유한한 것에서 무한한 것을 요구하도록 정해졌다는 사실을 그만큼 더 알게 된다.

우리가 죽음의 확실성으로 겁에 질리고, 존재와 실존의 근거를 이해하는 데에서의 무능함을 인정할 수밖에 없고, 사물이 아니라면 사람에 대한 충족 불가능한 욕구로 고통을 받지만 우리에게는 왜소화에 대한 체념의 현혹에서 벗어나 삶 자체에 대해 각성할 이유가 존재한다. 실존의 치유 불가능한 약점들에 대한 확고한 인정은 세 가지 대단하고 특징적인 편익을 제공한다.

첫 번째 편익은 인간 실존의 근본적 사실들에 대한 성실성[6]이 자기이해에 기여하고, 또한 이러한 자기이해가 위대한 삶으로의 상승에 기여한다는 점이다. 세계와의 투쟁의 역사에서 성스럽고 세속적인 담론은 모두 정도의 차이는 있지만 의지의 고양을 촉진하는 데에 환상을 동원했다.

구원종교와 같은 성스러운 형태에서 환상은 인생의 결함들이 치유 불가능하다는 사실을 직접적으로 부인하는 것이고 역사에 개입하는 초월적 신의 도움으로 그러한 결함들을 치유할 수 있다고 믿는 것이다. 이러한 믿음들의 독려로 이룩된 의지의 강화는 죽음과 수난에 직면하여 우리자신을 평정시키고 나아가 우리 자신과 사회를 향상시키는 등 인내와 분투의 결합을 성취할 수 있도록 하였을지도 모른다.

세계와의 투쟁의 세속적인 형태로서 정치적 · 인격적 해방의 세속적인 프로그램들은 구원종교에서 신성한 섭리와 같은 지위를 갖는 역사적 섭리에 대한 호소를 통해 의지의 강화를 자주 시도해 왔다. 지난 150년간 좌파에게 가장 중요한 지적 영향력을 행사한 마르크스주의의 예를 들어 보자. 역사가 계획을 가진다는 사정은 의지를 무로 위축시키는 것처럼 보일지도 모른다. 그럼에도 불구하고, 역사가 우리 자신에게 무적의 동맹으로 작동한다는 믿음은 여타의 방법으로는 극복 불가능해 보이는 온갖 장애물들에 맞서 행동하려는 의지를 자극할 수 있다.

6　여기서 말하는 성실성은 키르케고르나 사르트르가 말한 '불성실'과 대비된다.

낭만주의도 고려해 보자. 낭만주의에는 어떠한 구조든지 마찬가지로 인간에게 유해하기 때문에 우리가 사회와 사상의 구조들을 변화시키지 않고서도 우리 자신을 구원할 수 있다는 환상이 존재한다. (개인주의적이고 정치적인 낭만주의의 다양한 프로그램들에 따르면) 개인적 혹은 집단적 행동에 의해 착수된 와해만이 인성이 번창할 수 있는 간주기間奏期를 열어 놓는다. 구조를 와해시키는 행동은 우리에게 최소한 위축되지 않은 실존의 맛보기를 제공할 것이다.

이와 같은 해방의 세속적 운동을 고취하는 관념들은 직접적으로 인간의 필멸성, 무근거성 및 충족불가능성을 부인하지 않는다. 그럼에도 불구하고 이 관념들은 전체적으로 성취하려는 의지의 힘 안에서 즉자적으로만 정당화되는 영웅적인 정치적 혹은 인격적 행동의 세계를 일깨운다. 이러한 세계에서 우리는 인간 조건의 진리를 망각할 수 있다. 예컨대, 마르크스주의 혁명가라면 우리는 필멸적인 개인에게서 상대적으로 불멸적인 종으로 초점을 이동시키려고 시도할 수 있다. 우리가 낭만주의자라면 우리는 충족불가능성을 모험으로, 무근거성을 자기정초로 기술하고 싶어할 수 있다. 오로지 죽음만이 이러한 기술을 향한 인간의 노력을 좌절시킬 것이고 낭만주의자들에 따르면 우리가 쉽게 이용할 수 있는 유일한 방식으로, 권력과 초연함의 징표를 통해 죽음에 대처하도록 요구할 것이다.

직접적이든 간접적이든 인간 조건의 진리를 부인하는 것은 위대한 삶을 위한 우리의 투쟁을 자기기만으로 타락시킨다. 신비화는 의지의 고양을 위해 지불하기에는 너무나 비싼 대가이다. 모든 사례에서 신비화는 마르크스주의와 낭만주의가 시사하고 있듯이 오류로 귀결된다.

우리의 필멸성, 무근거성, 충족불가능성을 인정하는 데에서 나오는 두 번째 편익은 그러한 인정이 삶을 더 완전하게 향유하려는 노력이 프로메테우스주의나 권력 숭배로 타락하지 못하도록 한다는 점이다. 자기신격화를 막는 데 믿을 만한 유일한 안전장치는 인간이 실존과 실재의 근거를 영원히 알지 못한 채 죽을 수밖에 없고, 소유할 수 없는 무조건적이고 절대적인 존재를 그지없이 갈망하도록 예정되어 있고, 그러한 존재를 우리 주위의 유한하고 결함 있는 존재들로 오인하도록 우리가 항상 유혹받는다는 사실을 유보 없이 인정하는 것이다. 어떠한 승리도 곧 소멸이 예정되어 있고 삶의 구조를 파악하지 못한 채로 살 수밖에 없고 자신이 달성할 수 있는 만족 수준을 터무니없이 초과하는 욕구를 가진 인간에게는 찬양받을 수 없다.

앞선 두 가지 편익이 크기는 하지만 그 편익은 인간 조건의 진리를 부정하지 않음으로써 얻게 된 세 번째 편익만큼 중요하지 않다. 세 번째 편익은 몽유병, 사유 없는 일상, 반복의 주문呪文을 깨는 것이고, 나아가 흘러가는 시간을 습관적으로 소비하는 기성 문화의 범주들에 대한 의식의 투항을 깨뜨리는 것이다.

우리가 마침내 인간 상황의 실재성을 더 이상 부인하지 않기로 결정할 때 우리는 한밤중에 저승사자에 의해 깨어나 눈을 크게 뜬 채로 자신의 최후의 순간들이 한동안 온갖 사건들로 가득 채워지고 자신의 생이 그 앞을 주마등처럼 지나가는 것을 보는 사람처럼 될 수 있다. 이제 우리는 전복하는 자이자 동시에 전복된 자이다. 오류를 대가로 의지를 유지해 온 습관과 환상의 보호를 내팽개침으로써 우리는 우리의 삶이라고 할 수 있는 한 그 삶을 직시하고 향유하게 된다.

세계 안에서 우리의 상황에 대한 고양된 의식을 통해 우리 자신에 대한 공포는 어떤 고정된 후속편을 갖지 않는다. 이러한 공포는 사상과 경험의 역사에서 매우 다양한 다음 단계들에 대한 예비적인 고찰로 복무해 왔으며 현재에도 그렇게 복무할 수 있다. 대체로 철학자들이 전복을 자극하였던 경험과 거의 관련성을 갖지 않은 방향으로 전복의 후속편을 상상해 왔다는 점이 두드러진다. 전복에 대한 후속편은 철학자들의 사상에서 스토리와 밀접한 연관을 갖지 않은 추기追記로 나타난다. 내가 앞서 열거한 세 가지 공포 중 첫 번째 가장 강력한 공포, 즉 죽음의 공포에 집중했던 서구 철학사의 두 사례, 파스칼과 하이데거를 상기해 보자.

파스칼에게는 우리가 반드시 우리 자신을 일깨워야 하는 조건은 본질적으로 인간의 궁극적인 염려를 받을 가치가 없는 대상들에게 우리의 노력들과 헌신들을 분산시키는 것, 즉 위희慰戲의 여건이다. 우리는 연달아 나타나는 위희에 자신을 의탁함으로써 죽음의 기대와 시간의 경과를 억압한다. 각 위희는 거짓 초월의 사례이고 우리 자신에 대한 경시다.

우리는 엄청나고 놀라운 빈 공간 같은 곳에서 길을 잃고 죽을 것이라는 공포스러운 주장을 우리 자신에 사용함으로써 이렇게 스스로 부과한 저주에서 탈출하기 시작한다. 이러한 설명에서 우리가 그다음 할 일은 먹구름 사이로 우리의 마음을 꿰뚫어 보며 먼발치에 존재하는 소리 없는 신의 수중에 우리 자신을 내던지는 것이다. 오로지 신만이 우리가 가장 원하는 것, 영생을 우리에게 줄 수 있다. 이렇게 스스로 부과한 공포의 귀결은 모든 기분전환을 있는 그대로 보여 주는 것과 이러한 공포 다음 덧없는 세상살이 과정에서 우리의 모든 노력을 영생의 열쇠를 가진 분의 눈길 속에 호의를 발견하겠다는 유일한 목표에 복종시키는 것이다.[7]

---

7 이 부분은 파스칼이 체험한 공포와 연관된 것 같다. 파스칼은 벼락 속에서 죽음의 공포를 느끼고 이후 기독교의 호교론을 펼친 것으로 알려졌다.

하이데거에게는 공포와 그 후속편은 사유 발전 과정에서 상이한 순간에 거론된다.《존재와 시간》은 가감없이 있는 그대로 공포의 메시지를 전달한다. 우리는 주의의 분산이나 기분전환에 빠져든다. 하이데거의 기분전환은 파스칼이 말한 위회의 역할을 수행한다. 우리의 실존은 진짜가 아니다. 우리는 우리의 사상과 경험을 사회와 문화의 집단적 공식에 투항시키기 때문이다.

이 집단적 자동증automatism은 인간의 근심과 권능을 자동증의 미사여구에 복종시킴으로써 우리한테서 우리의 주체성을 빼앗아 간다. 그러나 자동증은 죽음의 맛보기에서 한계에 직면한다. 죽음 및 죽음에로의 전진에 대한 각자의 경험은 그 자신의 경험으로 그친다. 우리가 이 사실의 함축을 추구하고 인간 실존의 관점에서 이 사실을, 나아가 죽음의 그림자 속에서 인간 실존을 다시 읽어 내기 시작함에 따라 가짜의 삶에 자신을 의탁하려는 태도는 동요한다.

파스칼에서처럼 초점은 다시 인생의 첫 번째 가장 공포스러운 결함, 즉 무근거성의 맥락에서 죽음의 공포에 놓인다. 무엇이 이러한 각성을 뒤따라야 하는가? 하이데거의 궤적에서는 정치가 잠시 동안 인간 조건에 관한 진리, 지극히 중요한 인간 실존의 관점에서 파악된 존재의 진리에 대한 깨달음을 뒤따르는 것처럼 보였다. 그러한 정치는 (태도와 상징의 유사성 이외에는) 전술한 실존 분석을 갖지 않고 (낭만적 상상력의 반제도적인 편향들 외에는) 확정적인 제도적 내용을 갖지 않은 폭력적인 정치적 낭만주의[8]

---

8 정치적 낭만주의는 카를 슈미트의 저작《Politische Romantik》을 연상시킨다. 카를 슈미트의 정치적 낭만주의는 '실존 없는 실존주의'로서 웅거가 이 책에서 말하는 프로메테우스주의의 개인주의적 해법이라기보다는 종족적 해법으로 보인다.

의 일종인 것으로 드러났다.

이러한 정치적 개종의 실패와 포기는 하이데거의 후기 철학의 "전향", 즉 고등종교로 귀결되는 종교혁명을 이교적 존재 숭배에 유리하게 전복하려는 전면적 시도로 이어졌다. 다신교는 세계와의 투쟁의 모든 형태에 핵심적이었던 내재성과 초월성의 변증법을 대체하도록 예정되었다. 이러한 이교주의의 처방에 따라 이교적 철학자들이 항상 가르쳐 왔듯이 우리는 다시 한 번 휘황찬란한 세계에서 평정심과 안락at-homeness을 추구한다. 우리는 이제 세계와의 투쟁의 모든 성스럽고 세속적인 형태들을 괴롭히는 병약함과 현재의 삶에서의 소외에서 우리 자신을 구제하고 우리 자신을 직접적인 경험의 현존들에 개방한다. 어쨌든 우리는 우리를 실제로 인간적이면서 동시에 신처럼 만들어 주는 속성(우리를 형성하는 삶과 사유의 맥락들에 저항하는 우리의 권능)을 포기하는 조건에서만 그렇게 한다.

파스칼 혹은 하이데거의 답변이나 주체의 전복의 원인과 주제들에 막연하게만 연결된 그 어떤 답변도 인간 조건에 대한 진리와의 대면의 더 좋은 후속편이 아니다. 더 좋은 후속편은 어둠에 물들지 않는 삶으로의 전향이다. 죽음, 무근거성, 충족불가능성의 공포들은 실존의 결함들과 관련된다. 그 결함들과 대결함으로써 우리에게 보상으로 돌아오는 것은 있는 그대로의 실존이며, 우리는 실존이 변모해 감에 따라 그러한 실존을 실천할 수도 있다.

현혹에서 깨어난다면 우리는 최고선, 즉 바로 지금의 삶life now을 회복하기 시작한다. 이윽고 우리는 세계와의 투쟁의 성취와 통찰뿐만 아니라 실패와 환상이 우리에게 인정하라고 가르쳐 온 난제와 대결한다. 우리는 현재의 삶에서 소외되지 않으면서 미래를 위해 사는 방식을 발견해야만 한다.

미래를 위해 산다는 것은 실존의 현재 조건에 의해 자신의 의식과 궤적이 최종적으로 결정되지 않은 존재로 산다는 것을 의미한다. 특히 이러한 존재들은 사회와 사상의 기성 구조에 제약받지 않는다. 이 존재들은 위대한 삶을 상상하고 그러한 삶에 이르는 경로를 기획할 수 있다. 그들의 모든 행동과 사고들은 맥락에 의해 형성되지만 맥락을 초월한 행위자로서 자신의 정체성과 그들이 처한 상황 간의 불균형에 대한 통찰에 입각해 있다. 결과적으로 그들은 왜소화의 취약성을 필멸성, 무근거성, 충족불가능성과 같은 수준의 결함으로 인정하지 않는다. 그들은 삶의 불변적인 여건들과 사회의 가변적인 조직 간에 경계선을 올바르게 획정하는 일의 결정적인 중요성을 이해한다.

어쨌든 주체의 전복의 전체 요지가 삶의 향유에 있다면, 미래를 위해 사는 존재들은 결코 향유할 수 없는 선의 비전에 자신들을 내맡기려 하지 않을 것이다. 왜냐하면 그러한 비전은 그들의 힘이 미치지 않은 미래에 결부되어 있기 때문이다. 맥베스는 "너는 장차[9] 왕이 될 것이다Thou shall be king hereafter"라고 들었다. 그는 이 말의 의미(그가 향유할 수 있는 현재에서는 결코 왕이 되지 못할 것이다)를 이해하지 못한다. '장차'는 결코 존재하지 않는다. 초월의 힘을 행사하는 데에 현재 삶에서의 소외라는 오염을 정화하면서 우리가 욕망하는 상승을 바로 지금 시작하는 방식으로 미래를 위해 사는 것이 미래의 종교의 본질적인 관심사가 된다.

인생의 치유 불가능한 결함들을 무조건적으로 인정함으로써 우리가 얻게 될 마지막 편익이 남아 있다. 우리가 인간 조건의 진리에 대한 의식

---

9 영어 hereafter는 "장차"뿐만 아니라 "내세"라는 의미도 가진다.

으로 깨어나 삶에 대해 각성되면 우리는 살아 있음에 대한 고조된 기쁨으로 압도될 것 같다. 철학자들은 우리에게 태양을 정면으로 응시할 수 없는 것처럼 죽음을 정면으로 바라볼 수 없다고 말해 왔다. 그러나 우리가 직접적으로 고려할 수 없는 것은 죽음보다는 삶이다. 우리가 어쨌든 태어나서 삶과 개체성을 향유한다는 것은 불가해한 유일한 환희이다. 우리가 이 환희를 상쇄시킬 수 없다면, 이 환희는 우리를 마비시킬지도 모른다.

이 환희를 통제할 수 있는 두 가지 방식이 존재한다. 하나의 방식은 우리에게 최고선을 빼앗는 것이고 다른 방식은 최고선을 향유하도록 돕는 것이다. 전자의 방식은 필멸성, 무근거성, 충족불가능성을 망각하거나 부인하는 것에 기반을 두고 있고 후자는 그 결함들을 있는 그대로 인정하는 것에 입각해 있다.

전자의 길은 위축된 실존과 의식(분산과 전환)에 안주하는 것으로서 우리는 우리의 시간을 대체로 소비하고 최고선을 탕진하고 만다. 이제 우리는 더 작은 삶a lesser life을 경험함으로써 살아 있음의 고양된 환희 앞에 우리를 보호한다. 이러한 접근의 중요한 조건은 인간 조건의 진리를 부인하는 것이다.

후자의 길은 이러한 진리가 삶의 비전을 암울하게 할 수 있다는 점을 유보 없이 항구적으로 인정하는 것이다. 우리는 이제 이러한 원대한 빛과 그 동반자인 그림자로 표시된 공간에서 살고 통찰하기를 희망할지도 모른다.

◆ ◆ ◆

관념과 스토리만으로는 우리가 위축된 실존의 현혹에서 깨어나 삶을 완전하게 향유하는 것을 충분히 보증해 주지 못한다. 이러한 목표를 달성하기 위해서 우리는 사회와 문화가 수립한 관행들로 혹은 관행의 부재를 만회해 주는 덕성들로 관념과 스토리를 보완해야 한다.

제1차 세계대전 중 하이데거의《존재와 시간》을 소지하였던 독일 병사들은 일상적 경험의 몽유병에서 깨어나기 위해서라면 이 철학자의 관념들을 필요로 하지 않았다. 그들은 자신들이 죽을 수밖에 없다는 점을 상기하기 위해 항상 고투를 벌였다. 지면에 쓰인 말들은 많은 사람들이 읽지 않고서도 겪었던 공포의 체험을 표현하는 것처럼 보였기 때문에 소수의 사람들에게는 중요했다.

활기를 얻기 위해 우리가 전쟁(혹은 다른 제약적이고 공포스러운 경험)에 대한 헌신을 더 이상 요구하지 않으려면 우리는 우리의 경험을 어떻게 형성해야 하는가? 사회와 문화는 당연시되는 제도적인 혹은 이데올로기적인 구조 안에서 수행하는 일상적인 운동과 그 구조의 부분들을 부인하고 변화시키는 비상적인 운동 사이의 격차를 줄이도록 조직되어야 한다. 예컨대, 우리의 정상과학은 혁명적 과학의 특성들의 일부를 가져야 한다. 우리의 교육은 기성 문화를 지배하는 관념이나 비전과는 매우 다른 관념과 비전을 정신에게 함양하고, 정신을 전환점마다 대조적인 시각에 노출시킴으로써 정신을 수동성과 굴종에서 해방시킬 수 있도록 설계되어야 한다. 우리의 민주주의는 변화의 위기의존성을 감소시키면서 정치의 온도(정치 생활에서 조직적인 대중 참여 수준)를 높이고 정치의 속도(교착을 해소하고 구조 개혁을 유발하는 능력)를 올리는 방식으로 짜여져야 한다. 우리의 시장경제는 과업의 집행 과정에서 과업을 재규정하는 작업의 조직과 사람, 기술, 자본의 결합에서뿐만 아니라 생산과 교환의 제도들을 자유로이 혁신하는 시장경제의 조직을 우대해야만 한다.

이러한 방식으로, 이와 같은 다양한 방식으로 우리는 구조 수정이라는 예외적인 경험에서만 익히 보아 왔던 특성을 일상적인 경험에서도 실현하는 구조들의 창조를 향해 운동한다. 일상적인 경험의 성격에서 이러한 변화는 우리가 죽음, 무근거성, 충족불가능성을 인정함으로써 처음으로 성취할 수 있는 생명의 각성을 확인하고 지속시킨다.

그러나 이러한 제도적 안배들도 없고 제도적 관행들에 의지하면서도 이를 재생산하는 관행들도 없다면 어찌해야 할 것인가? 그 경우에는 어떤 습관적인 행동 성향들, 달리 말하면 덕성들이 관행과 제도들의 역할을 대신해야 한다. 정치적 제도들이 존재한다면, 정치적 덕성들은 불필요하게 되지는 않지만 그 필요성은 줄어든다. 우리는 정치적 제도를 수립함으로써 정치적 덕성들에 대한 의존을 줄일 수 있다.

우리의 안배들과 우리의 성향 간의 똑같은 관계가 도덕적 영역에서, 삶의 각성과 긍정이라는 가장 중요한 부분을 필두로 다시 등장한다. 제도적 개념적 구조들의 재생산과 수정 사이의 격차를 줄이는 제도와 관행을 갖추지 못했다면 그 상황을 일정한 행동과 의식 형태로 보완해야만 한다. 이러한 행동과 의식 형태들은 인간의 상승에 항상 중요할 것이다. 그러나 이러한 속성들을 가진 구조들이 부재하다면 그러한 행동과 의식 형태들은 더욱더 중요해질 것이다. 이러한 행동과 의식 형태조차 없다면 우리는 인간 조건의 현실을 직시하던 때에 우리가 얻었던 것〔최고선으로서 바로 지금의 삶〕을 보존할 수 없을 것이다.

주체의 변혁으로서의 덕성

이러한 예비적 고찰들을 염두에 두고 미래의 종교가 요구하는 삶의 영위에서 변화에 대한 두 가지 상보적인 해명을 고려해 보자. 하나의 시각은 덕성들의 교리 형태를 취한다. 다른 시각은 실존 경로에 대한 관념, 즉 우리가 삶의 선을 유지하거나 탕진하게 되는 형성적인 사건들에 대한 관념이다.

덕성은 습관적인 행동 성향이다. 우리의 경험에서 습관과 반복의 정당한 역할은 새로움을 경험에서 가능하게 하는 구조를 형성하는 것이다. 우리는 사회와 문화의 기성 체제에 예속되지 않아야 하듯이 주체의 경직된 형태인 성격에 사로잡혀서는 안 된다.

어쨌든 목표는 모든 규칙적인 일상과 반복에 대한 전쟁을 일으키려는 것이 아니다. 이러한 전쟁은 실존 자체에 대한 전쟁에 이를지도 모른다. 이러한 전쟁은 현재에서의 소외를 극복하기보다는 소외를 격화시킬지 모른다. 우리는 아마도 낭만주의자들의 과오를 저지르고 주체와 구조에 대한 사르트르적인 이단을 재현할지도 모른다. 요체는 모듈화되고 공식화된 기계와 같은 정신의 삶이 상상력으로서 정신의 활동을 해명하는 데에 일조하는 것과 꼭 마찬가지로 반복과 일상을 초월의 능력에 복무하도록 동원하는 것이다. 새로운 것, 달리 말하면, 습관적이지 않은 것을 상상하고 실천할 권능의 향상이 심지어 이러한 습관적인 성향 중 하나라는 점이 사실일지 모른다.

덕성의 담론(덕의 윤리학)과 연결된 도덕철학의 전통에서 특징적인 가르침은 어떤 행동들을 실천하는 데로 기울어지는 성격을 형성하는 것이 중요하다는 점이다. 정치적 제도들이 정치적 숙고, 시민적 덕성 또는 실제로는 덕 일반(희소자원)을 효율적으로 사용하듯이, 성격은 도덕적 숙고(희소자원)를 효율적으로 사용한다.

어쨌든 내가 여기서 미래의 종교라고 부르는 견해를 포함해 세계와의 투쟁에서 발전한 견해들에서 보자면 성격은 의문의 여지가 있는 선으로서 포용되는 것과 동시에 부인되어야 하거나 새로운 제약된 의미에서 수용되어야 할 것이다. 프리드리히 폰 슐레겔Friedrich von Schlegel[10]은 체계를 갖는 것과 체계를 갖지 않는 것, 이 두 가지 사태는 모두 정신에 치명적이라고 썼다. 성격은 개성의 체계이다. 성격을 갖는 것과 성격을 갖지 않는 것은 우리의 도덕 발달에 치명적이다. 여건에 대한 초월성은 효과적인 행위주체를 요구하고 이러한 행위주체는 이윽고 일련의 반복적인 성향들, 이른바 성격과 결부된 응집적인 인성에 의존하기 때문에 성격을 갖지 않는 것은 치명적이다. 경직된 주체는 변혁적인 주체에 적으로 작동하기 때문에 성격을 갖는다는 것은 치명적이다.

도덕적 경험의 조직에서 이 명백한 딜레마에 대한 해법은 사회적 경험의 조직에서 수정과 실험에 개방적인 구조가 의미하는 것과 유사하다. 우리는 구조보존적인 운동과 구조수정적인 운동의 격차를 줄이고, 결과적으로 변화의 위기의존성과 미래에 대한 과거의 영향력을 약화시키면서 제도와 관행들의 자체 수정이 용이하게 이루어지는 방식을 추구해야 한다. 이러한 구조파괴적인 구조는 구조 자체에서 자연성과 필연성의 아우라를 제거한다. 구조파괴적인 구조는 우리에게 구조 자체를 선택하지 않은 운명으로, 사물의 일부로 제시하지 않는다.

이러한 방향으로 사회생활의 제도적·이데올로기적 질서를 변화시키면서 우리는 거대한 편익을 획득한다. 우리는 가장 기본적인 물질적 이익과 도덕적 이익(개인으로서나 집단으로서 실천 역량들의 발전과 계급사회의 악령에서 협동의 해방)의 제도적 조건들 사이의 교차 지대에서 더 훌륭하게 전진할 수 있다.

---

10 낭만주의 시대의 독일 철학자이다. 초기에 프랑스혁명에 자극을 받아 급진적인 정치관을 보여 주었으나 후기에는 보수주의로 기울어졌다. 이 문장은 쉴레겔이 1798년 발간한 《단편(53)》에 실려 있다.

유사한 원칙이 도덕적 경험의 조직 방식에도 적용된다. 성격의 경화는 충일성, 다산성, 자발성과 같은 생명의 속성들을 각기 부인한다. 성격의 경화는 우리가 오직 한 번 죽는 것을 방해한다.

어쨌든 해법은 인성의 본질에서 습관과 반란의 변증법을 거부하려고 시도하는 무성격의 상태가 아니다. 해법은 경험의 개방성과 변화의 수용성을 특징으로 갖는 성격을 형성하는 것이다. 이러한 성격은 끈기 있고 희망적인 접근 수단을 가지며 활력을 질식시키기보다는 보호한다. 영의 조건으로서 초월 역량은 우리가 타인을 여건의 산물 혹은 사회적 분할과 위계 구조 아래서의 지위 보유자 그 이상으로 상상하고 수용할 수 있도록 한다. 더 일반적으로 말해서, 성격은 우리로 하여금 자기몰입을 상쇄시키고 더 넓고 맹렬하게 실재의 인상들을 수용하도록 허용한다. 성격은 우리의 비전을 더 포용적이고 보편적으로 만든다. 그렇게 함으로써 성격은 일종의 구원을 제공한다.

이러한 성격부인적인 성격을 형성하는 데에 성공의 징표 중 하나는 우리가 우리 자신뿐만 아니라 타자에게도 경이로움을 더 훌륭하게 제공할 수 있다는 점이다. 사회에서 더 높은 수정가능성을 지닌 구조는 변혁을 하는 데에 트라우마를 덜 필요로 하면서 경로의존성의 위력을 감소시킨다. 우리의 도덕적 경험의 조직 방식에서 이러한 활력의 집중화에 상응하는 징표는 사회의 통제와 육체의 쇠락을 겪으면서도 경험의 매 순간 우리가 과거의 인생 경로가 미래를 위해 보존하고 있는 것처럼 보였던 것보다 더 많은 것을 더 훌륭하게 보고 행할 수 있게 된다는 점이다.

서구의 도덕 관념사는 여행, 순례, 모험의 비유를 친숙하게 만들었다. 기독교인의 마음에 그러한 비유들은 세속적인 사회에서 삶을 어떻게 살아야 하는지에 대한 몇 가지 시사점을 제공했다. 낭만적 상상력에서도 이와 동일한 비유들이 실제 사회에서 현실적인 실존의 경로에서 체험할 수 있는바 반복과 구조에 대한 전쟁 그리하여 삶 자체에 대한 전쟁의 성격을 띠었다. 지난 2세기 동안 사회를 급진적으로 변화시키자고 제안했던 정치적 프로그램의 주창자와 투사들에게 일상에 대한 전쟁은 사회적·경제적 예속의 극복을 통해 인간 상호 간의 모든 관계가 변혁된 것처럼 보이게 될 미래의 사회질서를 향한 투쟁으로 대체되었다.

도덕 관념사에서 덕성에 관한 비유들이 불명확하게나마 전달하는 삶의 가능성들에 관한 견해를 실천하려고 시도하는 사람의 습관적 성향들(덕성들)에 관한 상세한 견해는 항상 구비되지 못했다. 이러한 문제들에 대한 더 위대한 통찰을 모색해 볼 수 있는 전통 안에는 최소한 두 지점이 존재한다. 이러한 두 지점들은 모두 적합하지 않다.

이러한 통찰의 원천 중 하나는 서구의 고대 및 근대 철학자들이 격찬한 이교적 덕성들에 새로운 차원의 자유와 가능성을 추가했다고 일반적으로 이해된 신학적 덕성들(믿음, 희망, 사랑)[11]에 관한 기독교 교리다. 믿음, 희망, 사랑의 해석은 내가 제4장에서 기술한 정신과 구조 및 주체와 타자에 대한 억압된 정통들(일단 이해되고 수용되었다면 구원종교들의 일반적인 의미를 혁명적으로 변화시켰을 법한 정통들)을 구원종교들이 성취하지 못했다는 사정으로 거의 항상 오염되었다. 결과적으로 신학적 덕성들의 교리는 우리가 모든 인생 경험을 어떻게 변혁할 수 있고 어떻게 변혁해야 하는지, 그리고 신학적 덕성들의 출현의 결과로서 세속적 덕성들이 각기 어떻게 변하게 될 것인지에 대한 상세한 견해로 발전하지 못했다. 우리가

---

11 고린도전서 13:13.

신의 개입 서사에 대한 신앙을 상실한 후 이러한 서사의 지원이 없는 가운데 인간의 초월 권능을 합당하게 반영하는 인성론을 발전시키려고 시도하는 때에는 그와 같은 상세한 견해가 더욱더 필수적인 것이 된다.

이러한 통찰의 다른 원천은 19세기와 20세기의 소설이다. 이러한 예술 형식은 우리 자신을 다른 어떤 것으로 취급하는 사회에서 우리가 육화된 영으로서 살아가는 경험과 살아가지 못하는 경험들에 다채로운 변화를 준다. 그러나 예술은 철학이 아니다. 예술은 변질되지 않고서는 예술의 발견을 삶의 영위에 대한 가르침으로 전환시킬 수 없다. 예술은 이러한 가르침이 의존할 수 있는 비전의 영역을 단지 확장할 수 있을 뿐이다.

덕성들의 교리는 무엇보다도 이러한 침묵을 만회하는 장치로 봉사한다.

연결의 덕성들

주체의 형성에서 우리가 직면하는 기본적인 장애물은 자기중심성이다. 아동기 초기에 세계가 자기를 중심으로 조직되지 않는다는 점을 깨달은 후에도 개인은 자기중심성을 포기하거나 사회 규율에 복종하는 데에 저항한다. 모든 사회적·문화적 체제에서 중시되는 도덕의 시각에서 보자면, 인간 상호 간 의무의 전제는 우리 각자가 수많은 사람 중 한 사람에 불과하다는 점이다. 매우 위계적인 질서조차도 위계제의 가장 높은 지위를 차지한 사람들을 상호적인 의무들의 망에 집요하게 연루시킨다.

자기중심성의 극복은 우선적으로 자신의 이익 추구 과정에서 타자(그들이 완전히 이방인들이든지 혹은 우리가 친밀한 부책을 지고 있는 사람들이든지 관계없이)의 이익을 고려하여 개인이 승인하고 준수해야 할 제약 요소들에서 현시된다. 도덕철학자들은 일반적으로 이러한 과업의 정당화와 통제(이기심을 타인에 대한 의무로 순치하는 것)를 도덕의 전체 대상이나 도덕철학의 전체 주제로 취급해 왔다. 이러한 편향은 근대 도덕철학이 대체로 윤리적 보편주의의 다양한 변형들을 낳았던 사정을 해명해 준다. 도덕철학은 냉정하고 온건한 형태로 과거 종교혁명들의 도덕적 잔여(대체로 공정하고 이타적인 의무의 교리로 위축된 포용적 이타주의의 옹호)를 표현하는 것에 만족해 왔다.

그러나 실제로 자기중심성의 극복은 도덕적 경험의 조직과 방향에서 불가피하지만 예비적인 통제 요소를 의미할 뿐이다. 도덕철학이 일반적으로 그래 왔듯이 그러한 통제 요소에 중심적이거나 심지어 독점적인 역할을 부여하는 견해가 다른 사람들과의 관계 형성에 연관된 사항들에 대한 조야하고 유치한 표상처럼 우리에게 보일 것이다. 이러한 견해의 정교화에 몰두한 작품들이 우리가 소중하게 여기는 문학에서 표현된 존재 유형보다 더 단순하고 더 어리석은 존재 유형, 더 결함 있는 존재 유형을 다루는 것처럼 보이는 이유이다.

우리의 인간상에서 아쉬운 첫 번째 요소는 우리가 서로에게서 가장 원하는 것, 즉 우리가 있는 그대로 또한 장차 되어 갈 바대로 상상되고 수용되는 것에 대한 긍정이다. 그러한 긍정은 위대한 사랑의 방향이며 그렇지 않은 경우, 즉 그러한 사랑이 결여된 경우에는 완벽한 이타주의가 아닌 고차적인 협동 형식의 방향이다. 이러한 방향의 요구는 고양된 감응성의 수용이다. 이러한 방향이 반드시 극복해야 할 장애물은 주체의 무한한 심오함의 결과 자체라고 볼 수 있는 인간 상호 간의 모호성이다. 이러한 방향이 다루는 주제는 인간의 자기주장의 조건들, 즉 연결의 필요와 독립적인 인성의 필요 간의 갈등이다.

이러한 갈등은 우월적인 자비심의 태도를 유지하는 이타주의로 해결되지 않고, 투항과 예속을 덜 요구하는 모든 부책과 결사 형식들의 발전으로 해결된다. 이 형식들의 발명과 발전은 도덕적 상상력의 중차대한 과업이다. 우리가 무덤덤하고 초탈한 이타주의를 인격적이고 관계적인 사랑보다 열등한 것으로 취급할 때 혹은 사회적 노동 분업에 관한 기성 제도를 버리고 제6장에서, 내가 앞에서 서술한 속성들을 보유한 협동 체제를 선호하는 때에 우리는 이러한 과업을 전진시킨다.

인간이 서로에게 의무를 진다는 설명에서 아쉬운 두 번째 요소는 우리의 부책들에 대해 드리워진 그림자, 즉 타자에 대한 우리 자신의 양가성에 대한 고려이다. 이러한 양가성은 어떤 의미에서는 우리가 타자의 이익에 더 큰 비중을 부여하지 못하는 원인이다. 다른 의미에서 이러한 양가성은 이기심에 대한 이타주의의 우월성과 상관없이 인간의 연결을 괴롭히는 복잡성이다.

증오는 사랑 안에서 일어나고 사랑도 증오 안에서 일어난다. 연결의 맥락에서 생각하면 모든 감정은 쉽게 그 반대로 변한다. 오로지 무관심만이 양가성 앞에서 어느 정도 보호를 제공한다. 그러나 무관심은 자기주장의 가능 조건들 간의 갈등을 완화시키는 진보를 억제하는 대가를 치르면서 그렇게 한다. 타자는 우리의 천국이자 동시에 지옥이다.

이러한 양가성이 드러내는 것은 우리가 타자에게 요구하는 것을 통해 제기된 문제가 궁극적으로 해결될 수 없는 성격을 지닌다는 점이다. 문제는 우리가 타자에게 그들의 적정한 몫을 제공하기 어렵다고 여긴다는 점이 아니다. 실제로 많은 일상적인 인간 생활은 가정, 국가, 미래를 위해 헌신적이며 항상 헌신해 왔다. 문제는 타자에게 우리가 줄 수 있는 것보다 더 많은 것을 우리는 타자한테서 요구한다는 점이다. 즉, 필멸성과 무근거성의 해법으로서 세계 안에서 우리의 지위에 대한 보증을 요구한다는 점이다. 그리하여 욕구의 전체 경험을 규정하는 충족불가능성은 타자와의 관계에서 열정적이고 통제 불가능한 정도로 과열된다. 이러한 진실에 대한 터놓지 못하는 우리의 우려는 타자에 대한 양가성(우리가 가장 중요한 것을 타자로부터 얻을 수 없음을 이미 알면서도 타자로부터 그것을 구한다)에서 명백하게 드러난다.

타자에 대한 우리의 유대의 관념에서 아쉬운 세 번째 요소는 세계와의 투쟁 전통에서 삶에 대한 사유에 중심적이었던 두 가지 문제(주체와 타자의 문제 및 정신과 구조의 문제) 간의 관계가 함축하는 바에 대한 통찰이다. 우리를 사회와 문화의 기성 질서의 포로와 꼭두각시로 혹은 성격의 죄수로 전환시킴으로써 우리를 하찮은 존재로 만드는 것은 무엇이든지 또한 우리를 연루시킨 부책들의 심오함과 가치를 훼손한다.

우리가 맥락과 성격에 대해 형세를 역전시키지 못하거나 육화된 영의 관념을 실천하지 못한다면, 우리는 서로를 사랑 안에서, 차이의 공동체 안에서 인정하고 수용할 수 없거나 고차적인 협동 형식 속에서 함께 일할 수 없다. 초월의 권능을 실천하는 것은 연대의 경험을 확산시키고 변형한다. 무한한 것에 대한 동경은 타자에 대한 우리의 동경에 지울 수 없는 흔적을 남긴다. 사회와 사상의 맥락을 초월하는 우리 권능의 약화는 우리가 갖는 타자에 대한 필요와 타자들이 우리에게 초래하는 위험에 대한 우리의 저항 간의 갈등을 완화시키는 우리의 능력도 허비한다.

이와 같은 이유에서 우리는 과거의 그리스인과 로마인이나 현재의 도덕철학자들과 같이 연결의 덕성들을 이기심에 대한 단순한 통제(반성적 이타주의자의 습관)로 이해해서는 안 된다. 우리는 연결의 덕성들을 도덕적 경험에서 그 지위나 잠재력과는 분리될 수 없는 복잡성들의 관점에서 이해해야 한다. 이러한 목적을 위해 우리는 이교적 도덕철학의 언어들을 차용하고 그 의미를 확장하고 일정하게 방향을 조정해야만 한다.

첫 번째 연결의 덕성은 존중respect이다. 존중은 우리의 공통적인 인성, 즉 우리가 육화된 영의 조건을 공유한다는 점에 대한 인정으로 이해된다. 이러한 인정은 타자의 주관적인 경험에 대한 상상력이 뚫고 들어가기 전까지는 불완전하다. 이와 같은 경험의 발전은 과거의 많은 종교들(그중에서도 특히 유교)이 이해해 왔듯이 문명의 최고 과업들 중 하나이다. 그것은 특히 인문학의 과업이다.

존중의 가장 중요한 실천적 형태는 타자를 눈에 보이는 것 그 이상으로, 달리 말하면, 사회에서 특정한 지위 보유자 그 이상으로, 심지어 행동을 통해 보여 주는 성격 그 이상으로 인정하고 대우하는 능력이다. 존중은 더욱 신처럼 되리라는 희망으로 우리를 자극하면서 신이 아니기 때문에 자기혐오를 포기할 자격을 우리에게 부여하는 우리 안의 것들에 대한 일종의 존숭이며 숭배이다. 이러한 태도는 이타주의 철학의 배후에 의식하지 못하고 원한에 찬 충동을 은폐하는 자의적이고 자기방어적인 자비심을 기각한다.

타자의 존중은 일련의 제도적 안배들의 숭배나 사회적 역할의 확정적인 수용과 양립할 수 없다. 어떤 제도적 체제들이 다른 제도적 체제들보다 육화된 영에게 더 적절한 거점을 제공한다고 할지라도, 사회생활의 어떠한 제도적 형식도 인간 본성에 부합하는 구조를 인간에게 제공하지 못한다. 어떠한 사회적 역할도 개인에게 안성맞춤이 아니다.

주체의 변혁에 관한 작업들 중 일부는 우리가 만나는 개인들에게 덜 양가적으로 되기 위해서는 우리가 차지해야만 하는 역할들과 우리가 살아야만 하는 체제들에 대해 더욱 양가적으로 되는 것이다. 우리가 우리 자신을 전통적인 사회적 역할뿐만 아니라 이 역할이 일으키는 기대와 완전하게 일치시키거나 스스로 사회와 문화의 기성 체제의 굴종적인 하인으로 자처한다면, 우리는 우리 자신이나 타인을 진실되게 인정할 수 없다. 그 경우 우리는 타자를 존중하고 자신을 존중하는 데에 실패한다. 이타적인 자비심이 아무리 크더라도 우리의 실패를 만회할 수 없다. 그 경우 우리는 육화된 영이 아닌 관대하고 자기부인적인 사회적 벌레들을 더욱 닮아가게 될지도 모른다. 상상력의 부족은 우리의 연대를 위축시키고 타락시킬 것이다.

과업은 역할에 선행해야 한다. 우리는 변혁적 행동이 발생시키는 안배들과 믿음들에서 시간이 지남에 따라 다른 역할들이 나타날 수 있을 때까지 기존의 역할들을 활용하는 데에서 시작해야 할 것이다. 기존의 사회적 역할을 수행하면서 우리는 어쨌든 그러한 역할을 재발명하기 시작할 것이다. 각 역할이 추구하는 것에 대한 관행적인 이해가 행위의 기대를 발생시킴에 따라 이러한 재발명의 소소한 행동들은 까다로운 문제를 제기할 것이다. 이러한 행동은 이기심으로 추진되는가 아니면 연대로 추진되는가? 이 행동들은 단지 배반에 대한 변명이자 자기확장 장치인가? 아니면 초월의 불로 연대의 정교화에 이르는 길을 열어 놓는가? 자기희생, 나아가 이타주의의 명령은 그 권위와 중요성을 유지한다. 어쨌든 그러한 명령은 우리가 존중의 의무를 중시하고 존중의 덕성을 함양하고자 한다면 우리에게 필요한 것의 일부만을 기술한다.

두 번째 연결의 덕성은 인내forbearance이다. 인내는 타자도 자신의 견해와 이익을 표현하고 발전시킬 공간을 확보할 수 있도록 우리 자신의 견해 표명과 이익 옹호에 우리가 부과하는 통제이다. 인내의 덕성을 실천하기 위해서 우리는 타자에 대한 우리의 양가성과 자기중심성을 극복해야만 한다. 인내는 자기부인과 상상력(타자의 내면에 대한 통찰)의 결합을 요구한다. 이러한 통찰이 배제된 관대함은 실제로 맥락에 저항하는 독창적 존재들로서 타자에 대한 존중과 양립할 수 없는 잔인과 예속의 형태에 불과하다.

초월 권능을 부인하는 인간관을 보유한 사람들과의 교전은 인내의 덕성을 시험한다. 그 경우 인내는 정치적인 배교 원칙에 대한 도덕적 등가물로 변한다. 그리하여 인내의 덕성에 힘을 실어 주는 근거들은 정치적 자유주의의 도덕적 진리(제약적이고 일방적이지만 그럼에도 불구하고 진리)의 많은 부분을 포함한다.

이러한 진리의 힘은 연결되지만 서로 구별되는 두 가지 기초에 의존한다. 인내의 첫 번째 기초는 독립적인 주체성의 조건들에 대한 존중의 요청이다. 인내가 없는 경우에는 이타주의도 권력투쟁으로 변모한다. 인내의 두 번째 기초는 미래의 종교를 규정하는 결단을 포함해 모든 결단의 논쟁 가능성이다. 모든 개인적 삶은 모든 사회와 문화처럼 인간에 대한 하나의 실험이다. 우리는 선택의 숙명성에 어울리는 근거를 확보하지 못한 가운데 개인적으로나 집단적으로나 하나의 방향을 결정해야만 하는 상황에 처해 있다. 인내는 인간됨의 방식들을 실험할 재량의 폭을 보호함과 동시에 육화된 영의 조건에 대한 존숭을 표현한다.

세 번째 연결의 덕성은 공정fairness이다. 우리는 공정을 각자에게 그의 몫을 주는 것으로 이해해서는 안 된다. 우리 각자는 타자에게 의무와 부책을 지고 있을지라도 우리 중 누구도 타자에 대한 책무의 한계를 결정할 수 없다. 우리의 의무는 우리의 희망뿐만 아니라 약속과 이탈에도 비례한다. 인간 각자의 도덕적 채권과 채무를 작성한 거대한 회계장부는 존재하지 않는다. 그러한 계산 방식이 존재하는 것처럼 논증하는 것은 구원종교들이 신에게 유보해 놓은 심판권을 인간에게 부여하려는 타락한 주장이다. 이러한 허위 주장은 더욱 신처럼 되려는 우리의 정당한 기획을, 잃어버린 신앙을 율법주의적인 도덕주의로 대체하려는 기획으로 전환시킨다.

우리는 오히려 타인에 대한 공정한 처우를 온갖 연결이 초래할 예속의 대가를 감소시키면서 타인을 처우하는 것으로 이해해야 한다. 이러한 방식으로 우리는 주체 형성 간의 갈등(우리와 타자를 연결할 필요와 이러한 연결이 초래할 수 있는 위험에서 벗어나려는 투쟁)을 약화시키는 데에 조력한다.

타인들이 우리를 위해 해 주기를 우리가 원하듯이, 우리는 우리 자신을 위해서가 아니라 타인을 위해 그렇게 한다. 우리는 타인들의 주체 형성에 협력한다. 이렇게 실천되는 공정은 존중과 인내에 밀접하게 연결된 공감의 일종이다. 나는 너에게 너 자신을 변화시키라고 강요하지 않을 것이다. 또한, 나는 네가 내 의지에 복무하기를 기대하지 않는다. 결과적으로 너는 이전의 너보다 조금 더 자유롭게 되고 존재 감정에서 조금 더 확고해질 것이다.

이러한 공정이 실천될 수 있는 네 가지 주요한 맥락이 존재한다. 이 맥락들은 각기 이러한 덕성의 특징적인 변형을 허용하고 요청한다. 첫 번째 맥락은 인격적 사랑이고, 이는 타자에 대한 상상력과 감응성의 고양된 수용에 근거를 두며, 인격적 사랑이 살아남은 경우에는 자기주장의 모순적인 요구들을 성공적으로 화해시키는 가장 완전한 경험을 낳는다. 두 번째 맥락은 관심과 심성 구조의 동일성이나 유사성이 더 이상 상호적 연결의 전제가 되지 않는 공동체에 대한 공동 참여이다. 우리의 관심은 차이가 존재하는 가운데 꽃피는 이상적 연결과 인격적 충성으로 이러한 전제를 대체하는 것이다. 세 번째 맥락은 고차적인 협동 형태이다. 이러한 협동 형태의 특성 중 하나는 과업의 개념 정립과 집행을 더 이상 엄격하게 구분하지 않는다는 점이다. 네 번째 맥락은 사랑, 공동체 혹은 협동의 맥락 바깥에서 존경을 표현하고 존중만을 대가로 요구하는 이방인들에 대한 처우방식이다.

네 번째 연결의 덕성은 용기courage[12]다. 용기는 공포, 특히 우리가 더 자유롭고 더 위대해지려면 직면해야 할 해악들의 공포를 극복하려는 성향이다. 우리는 사회, 사상, 성격의 구조들에 저항하고 타자와의 관계에서 중경中徑에 안주하는 것을 거부함으로써 더 자유롭고 더 위대한 존재가 된다.

용기는 우선적으로 전혀 연결의 덕성이 아닌 것처럼 보일지도 모른다. 용기는 타자와 우리의 관계에 단순하고 직접적으로 관련되지 않으나 실존의 모든 측면에 관련된다. 용기는 시민과 사상가의 제1 덕성으로 그치지 않는다. 용기는 또한 다른 덕성들을 가능하게 하는 덕성으로서 이 덕성이 없다면 존중, 인내, 공정을 포함해 다른 모든 덕성들이 불모의 것으로 변한다.

용기는 타자와의 연결에 결정적인 관련성을 가진다. 우리는 용기를 발휘하지 않고서는 위대해질 수 없다. 위대해지지 못한다면, 우리는 타자와의 유대를 미래의 종교가 추구하는 방향에서 변혁할 수 없다. 비겁은 왜소화이다. 왜소화의 수용은 미래의 종교가 주창하는 정신적 변혁이라는 규정적인 목표를 부인하고 인간 상호 간의 모든 관계를 타락시킨다.

고등종교들이 출현하기 전에 지배적이었던 도덕의식 형태에서 용기는 전사적 기개의 윤리와 연결되었고, 세계종교들은 이러한 윤리를 배격하고 보편적으로 포괄적인 동료감정과 이타적이고 헌신적인 자비의 윤리를 채택했다. 세계종교들은 그렇게 함으로써 또한 '용기 있는'이라는 말이

---

12 플라톤은 《국가론》에서 수호자들의 덕성으로 용기를 거론하였다.

무엇을 의미하는지, 용기를 그토록 중요하게 만드는 것이 무엇인지를 다시 규정했다. 세계종교들은 용기를 투쟁과 지배에서 분리하였고, 대신에 용기를 아가페와 타자에 대한 염려mindfulness와 연결했다.

미래의 종교는 바로 이와 같은 용기의 재발명을 재확인하고 발전시켜야 한다. 미래의 종교가 재확인해야 할 것은 자부심이 넘쳐나는 자기주장과 지배의지의 케케묵은 윤리를 거부하는 것이다. 미래의 종교가 발전시켜야 할 것은 용기와 연결의 경험 및 덕성들의 내적인 연관성이다. 서구 문명의 도덕적 언어에서 이러한 노력은 더 완전하게 이교적인 위대성의 이상과 기독교적인 사랑의 이상을 화해시키고, 기독교 안에서는 사랑의 이상과 유한한 것 안에서 무한한 것으로서 육화된 영의 관념을 화해시키려는 시도처럼 보일지도 모른다.[13]

정신적 갈등과 지성사에서 2천 년 이상 된 부담을 안고 있는 이러한 범주들은 용기의 재발명에서 매우 중요한 인간 경험을 공정하게 파악하지 못한다. 동일한 주제는 각 연결의 덕성들에 대한 이와 같은 설명에서 반복해서 등장한다. 우리의 부책들의 성질은 초월 권능의 관철을 통해 수정된다. 정신과 구조의 문제에 대한 우리의 해법은 주체와 타자의 문제에 대한 우리의 고려 방식에 흔적을 남긴다. 우리가 위대한 삶으로 더욱 성공적으로 상승할수록, 경험의 두 영역은 우리에게 그만큼 덜 분리된 것처럼 보인다. 우리는 두 영역을 동일한 운동의 두 측면으로 인정한다.

우리의 부책을 고려하면, 가장 중요한 용기의 형식은 더 큰 감응성의

13　성경에는 다음과 같이 표현되어 있다. "내가 비록 모든 재산을 남에게 나누어 준다 하더라도 또 내가 남을 위하여 불 속에 뛰어든다 하더라도 사랑이 없으면 모두 아무 소용이 없습니다." 고린토 1서 13:3.

수용이며, 이러한 감응성은 이타주의에는 불필요하지만 사랑에는 불가피하다. 타자에 대한 우리 자신의 양가성을 습관적으로 확인하게 해 주는 방어 태세를 이완시키지 않는다면 사랑은 유지될 수 없다. 사랑을 제공하는 것뿐만 아니라 사랑을 인정하고 수용하는 것도 감응성의 수용을 요구한다. 사랑을 제공할 때 우리는 퇴짜와 실패의 위험을 감수한다. 사랑을 수용할 때 우리는 사회의 자잘한 용품으로 스스로를 발가벗기고 타자의 시선 아래 발가벗겨진 채 서게 된다. 감응성의 덜 급진적인 형태는 고차적인 협동 형태들에 의해서, 나아가 동일성과 모방보다는 차이와 상호적 참여에 기초한 다양한 공동체들에 의해서도 요구된다.

여건과 맥락에 대한 저항과 관련해서 용기는 사회와 사상의 기성 질서로부터 물려받은 대본을 거부하고 환멸과 고립의 위험을 감수하려는 의향에서 시작된다. 우리의 상승은 온갖 까다로운 도덕적·정치적 신앙으로부터 반어적인 거리두기 자세가 제공하는 안정성과 양립할 수 없다. 미래의 종교에 의해 요구된 용기는 아이러니의 자기보호보다 신앙과 환멸의 고통스러운 변증법을 선호한다. 변증법은 자기 발견과 동시에 세계 발견을 가능하게 한다. 이러한 변증법은 우리의 생명을 조금씩 제거하는 일상들과 타협들을 용해한다.

용기의 유사한 실천을 통해 우리는 자신의 성격에 대해 투쟁을 벌인다. 우리는 직접적인 의지행동을 통해 성격을 변화시킬 수 없기 때문에 우리한테서 방패를 제거하는 상황으로 스스로 돌입한다. 미래의 종교의 첫 번째 부분으로 내가 제시한 전복은 경화된 주체의 유대들을 이완시키려는 시도의 한계 너머로 이러한 투쟁의 의미와 범위를 일반화한다. 전복은 우리에게 필멸성, 무근거성, 충족불가능성에 대한 진리를 유보 없이 전면적으로 직시하고 이러한 그림자 속에서 삶의 상승을 추구하라고 요구한다. 전복은 우리에게 더는 믿지 않는 신에 대한 우리의 선망을 포기하라고 요구한다. 전복은 환상 없이 신성의 속성 중 인간의 몫을 식별하라고 요구한다.

용기를 재발명하여 우리 자신을 변화시킴으로써 우리는 왜소화에 의존하지 않은 연대의 기초를 창조한다.

정화의 덕성들

두 번째 일군의 덕성들은 고등종교들의 혁명적 줄현 시기 이전의 칠학적 종교적 전통에서는 존재하지 않았다.[14] 이 덕성들은 스스로 기독교도로 표방하는 철학자들을 포함해 도덕철학자들 사이에 공통적인 숨은 이교주의에서 오늘날에도 자리를 확보하지 못하고 있다. 이 덕성들은 이왕 고려되는 경우에도 이타주의와 윤리적 보편주의를 향한 결단의 외골수적인 시각, 달리 말하면, 타자에 대한 의무의 관점에서 고려된다. 이 덕성들은 감정과 경험의 심층에서 당연히 가치 있는 것으로 혹은 고차적인 생활형식의 발전을 위한 조건으로 여겨지지 않는다. 그리하여 예컨대, 이타주의자나 윤리적 보편주의자는 우리의 헤픈 씀씀이를 가난한 사람들과 미래 세대에 대한 부당한 탈취라고 보기 때문에 우리가 지구상의 재생 불가능한 자원 중 과도한 몫을 소비하지 말라고 충고할 것이다.

정화의 덕성들이 다루는 문제는 실존에서 중심적인 것과 주변적인 것을 구분하지 못하는 상태와 이로 인해 우리를 우리 자신에게서 분리하고 우리의 관심을 삶의 고양에서 분산시키는 것들에 몰입하는 상태에서 나

---

14 플라톤이 전하는 《파에드로스》에 의하면, 소크라테스는 철학을 영혼의 정화 수단으로 이해하였다.

오는 왜소화이다. 주변적인 것에 대한 몰입은 삶의 위축된 경험을 낳고 이러한 경험을 극복하는 것은 주체 전복의 목적임이 분명하다.

자기몰입은 사회, 사상, 성격의 구조에 대한 초월 권능의 행사를 억제한다. 자기몰입은 우리를 포로로 삼음으로써 현상계의 인상들을 수용하고 우리의 여건에서 변혁적 가능성들을 긍정하는 능력을 약화시킨다. 이러한 인상들에 대한 개방성은 삶의 일상적인 경험을 형성하는 제도적·개념적·심리적 구조들에 저항하고 이로부터 이탈하려는 의향과 분리될 수 없다.

초월하는 권능과 더 많은 것을 통찰하는 권능을 상실하는 것은 육화된 영의 조건을 공격하는 것이다. 이러한 권능 상실은 위대한 삶으로의 상승을 중단시킨다. 초월성과 객관성 간의 이러한 연결은 우리를 인간적이면서 동시에 신적으로 만드는 것의 일부를 이룬다. 우리는 이러한 연결을 더욱 많이 보유함으로써 우리는 더욱 인간적으로 되면서 동시에 더욱 신적으로 된다.

정화의 덕성들의 목표는 삶의 향상이고, 이는 초기 기독교 교부신학자들이 말한 케노시스kenosis[15]로 성취된다. 케노시스는 삶의 고양으로 평가된 저항과 수용 능력을 향상시키기 위한 비움이다. 이러한 덕성들의 효과에 대한 척도 중 하나는 이 덕성들이 생명력의 속성들(충일성, 다산성, 자발성)을 각기 밑받침한다는 점이다. 정화의 덕성들이 싸워야 할 적은 삶 속에 숨어 있는 죽음, 즉 우리 자신에게 무가치할 뿐만 아니라 삶의 강화에 유해한 것들에 대한 몰두이다.

15　케노시스에 대해서는 Unger, *What Should Legal Analysis Become*, Verso, 1996, 119쪽 참조.

물질적 희소성의 짐이 인간에게서 제거되기 시작함에 따라 정화의 덕성들이 담당하는 역할은 더욱 중요하게 된다. 어쨌든 덕성들의 역할은 결코 물질적 실존에 국한되지 않는다. 우리는 실존의 모든 측면에서 정화의 덕성들을 실천하는 데에서 실패할지도 모른다. 물질의 긁어모으기를 사람에 대한 의존성에 대한 대안으로, 필멸성과 무근거성에 대한 위안으로 혹은 충족 불가능한 요구를 진정시키려는 허망한 노력으로 활용하려는 시도들은 그러한 실패의 가장 분명한 형태를 표현할 뿐이다.

첫 번째 정화의 덕성은 단순simplicity이다. 단순은 타자에 대한 헌신과 실존의 제도적 · 개념적 · 성격적 구조들과의 싸움이라는 중요한 문제에 집중하기 위해 일상적 경험의 유형적 · 무형적 꾸밈들을 포기하려는 성향이다. 사소한 것에 대한 의식의 몰두는 작은 우상숭배이다. 이러한 몰두는 우리 경험의 두 가지 주요한 측면, 즉 타자와의 화해나 맥락(우리가 살아가고 있는 맥락이 사회, 사유, 혹은 성격인지 관계없이)의 전복 중 어느 것과도 관련을 갖지 않는 일에 우리의 궁극적인 자원인 시간을 탕진한다. 단순의 덕성을 실천함으로써 우리는 모든 순간의 가치를 인정할 우리의 의도를 표현하고 현재의 삶에서의 소외를 극복하려고 준비한다.

두 번째 정화의 덕성은 열광enthusiasm이다. 열광은 연결의 덕성들을 무시하거나 연결의 의무들을 침해하지 않는다는 판단을 내린 후 여한 없이 유보 없이 한동안 우리를 몰입시키고 또한 이를 지속하는 동안 영원한 것처럼 보이는 활동에 전념하려는 태도이다. 우리는 열광의 경험에서 필멸성, 무근거성, 충족불가능성의 고통에 대한 부분적인 해법, 즉 자기기만에 의존하거나 냉담을 필요로 하지 않는 해법을 발견한다.

우리가 전심전력으로 헌신할 수 있는 활동들은 시간이 흐른다는 느낌도 정지시키고 우리에게 일시적인 불멸성을 제공한다. 그러한 활동들은 나름의 정당화 근거를 제공하고 나름의 조건을 설정하는 경험으로 우리를 인도하지만 세계와 실존의 수수께끼에 해법을 제공하겠다고 허세를 부리지 않는다. 그러한 활동은 욕구를 대상이나 심지어 사람에 고정시키지 않고 우리가 우리 자신을 육화된 영으로 인식할 수 있는 활동에 고정시킨다. 그러한 활동은 동경, 충족, 권태, 다시 더 많은 동경의 슬픈 행진을 잠시 동안 중단시킨다. 열광을 통해 시계는 멈추고 경험은 자체적으로 강화되는 것처럼 보이고, 욕구의 성취는 주체의 격하보다는 역량강화를 낳는 것처럼 보인다. 우리는 그 이상 무엇을 구할 수 있는가? 오로지 우리가 보유할 수 없는 어떤 것, 영원히 지속하는 것.

열광은 내적 구조에서 맥락초월성과 세계 수용성 간의 관계를 재생산하기 때문에 정화의 덕성이다. 이러한 관계는 육화된 영의 조건의 본질적인 속성을 구성한다. 열광의 징표는 열광적인 사람이 열광에 빠진 순간 열광이 그와 관련된 안배들, 관념들, 습관들을 액상화液狀化한다는 점이다. 그 경우 안배들, 관념들, 습관들은 마치 예언적인 충동의 열기로 해체되는 것처럼 보인다. 열광의 순간 활동의 도구와 기회들은 활동의 의도에 최종적으로 부합하는 것처럼 보인다.

구조와 비전 간 차이의 찬란한 해소가 보여 주는 역설적인 결과는 우리가 실재의 어떤 측면이 주는 인상들에 대해서는 비교적 더 개방적이라는 점이다. 열광이 찾아오기 전에는 우리는 마치 다른 사람이 나를 대신해서 따분한 똑같은 일을 수행할 수 있는 것처럼 구조의 렌즈를 통해 보았고 구조의 명령에 따라 행동했다. 이제 우리의 눈에서 콩깍지가 벗겨진다.[16]

---

16 원문에서는 비늘scales이라는 용어를 사용했다. 다마스커스 체험을 통해 바울은 눈에서 비늘이 떨어져 나가고 나서 각성되었다. 사도행전 9:18.

혹은 열광이 일어나는 순간 열광이 구원이라기보다는 집행유예가 된다는 점을 우리가 망각하기 때문에 그렇게 보인다.

열광의 후속편을 정치에서 재정립의 계기들의 유산과 비교해 보자. 위기의 압박 아래서 전형적으로 채택된 정치적·경제적 체제 개혁은 기성의 제도적 안배들의 권력을 일시적으로 중지시키거나 약화시킨다. 이러한 개혁이 성공하려면 지속적인 제도적 유산을 남겨야 한다. 이 개혁은 기성의 제도적·이데올로기적 안배의 일부를 변화시키는 것 외에도 변혁적 야망의 절정에서 기성 구조의 내용과 성격도 변화시키는 데에 일조할 수 있다. 이 개혁은 후속적인 여건에 기여할지도 모르며 그러한 여건에서 개혁의 일부(인접한 가능성들의 반음영 지대를 확장하는 것과 살아 있는 자들에 대해 죽은 자들이 보유한 권력을 약화시키는 것)가 일상화된 개혁 이후 사회에 통용된다.

열광에서도 상황은 유사하다. 일상적인 경험 체계의 일부는 시간을 정지시키는 환희의 열기 속에서 용해된다. 그러나 다음에 무엇이 일어나는가? 열광이 잦아들면 경험의 지속적인 형태는 변화될 것인가? 열광의 속성 중 어떤 부분이 우리의 일상적인 실존을 구성하게 될 것인가? 열광이 보유한 변혁적 권력의 정점에서 열광의 유산은 현재 삶으로의 개종이며 일상적인 삶의 지루한 산문 속에서 〔육체적〕 죽음에 앞선 〔정신적〕 죽음의 회피이다.

종교적, 예술적 혹은 정치적 열광의 현상은 그것이 실제로 우리 인성에 대한 계시인 때에 세계에 대한 계시로 쉽게 오해될 수 있다. 이러한 식으로 오해된다면, 그러한 현상은 (하이데거의 후기 철학에서 보듯이) 존재의 광휘를 숭배하는 데에 대한 유인책이나 구실로 봉사할 수 있다. 그것은 과거 종교혁명들을 역전시킬 이교주의의 메시지다. 그러나 우리의 과업은 과거의 종교혁명들을 역전시키는 것이 아니라 그러한 혁명들이 인류를 이끌어 온 방향에서 더 전진하는 것이다.

세 번째 정화의 덕성은 경청attentiveness이다. 경청傾聽은 단순과 열광의 과업을 완전하게 한다. 경청은 단순과 열광의 완성이자 보상이다. 경청의 덕성을 통해 우리는 현상계로 전향하고 어떤 것도 놓치지 않은 정신의 이상에 접근한다.[17] 시인에 의해 잃어버린 천국으로 찬양된 아동기에 세계에 대한 지각적 직접성은 어른에 의해 강화되고 식별력 있는 비전으로 복원된다. 이러한 직접성의 회복의 한 측면은 자연스러운 것으로 보이는 것이 이제 낯설고 나아가 자연이 기성 사유를 초월한다는 감각을 복원하는 능력이다.

단순과 열광이 우리가 맥락에 사로잡히지 않도록 해 주는 도구들로 주로 봉사한다면, 경청은 주체를 넘어가는 실재 및 주체가 처한 사회, 사상, 성격의 맥락들과 우리의 관계를 주로 기술한다. 현상계의 자극들에 대한 우리의 상대적인 개방성은 인간에게는 육화된 영의 흔적이고 삶의 고양의 신호이다. 천재가 더 잘 사유하기보다는 더 많은 것을 본다면, 경청은 경청하는 사람에게 천재의 경험을 공유할 수 있게 한다.

어쨌든 경청은 전리품일 뿐만 아니라 투쟁이기도 하다. 경청의 계율은 선입견, 즉 온갖 유형의 방법, 전제, 범주들이 육화시키고 있는 불가피한 선입견에 대한 투쟁이다. 우리는 선입견이 없다면 아무것도 할 수 없다. 우리는 경험을 이해하기 위해서도 선입견을 필요로 한다. 어쨌든 어떤 형태의

---

17 경청은 불교에서 관세음觀世音에 가깝다. 세상의 모든 고통스러운 소리를 듣는다는 것은 보살도의 큰 바탕을 이룬다. 불교에서 육바라밀, 보살도, 심지경 등은 신성화를 통한 인간화를 완전하게 보여 준다.

선입견에 굴복하는 때에 우리는 비전을 확장시킬 전망을 모조리 상실하고 천재의 권능에 대한 우리의 보편적인 몫을 차지하지 못한다. 선입견을 이용하는 경우에도 선입견에 대한 저항은 인식과 사유의 영역에서 초월에 대한 하나의 정의定義이다. 그리하여 정화의 덕성들을 관통하고 통합하는 초월성과 객관성의 연결은 경청의 내적 구조에서도 마찬가지로 출현한다.

신성화의 덕성들

연결과 정화의 덕성들은 세 번째 덕성들의 기초를 창조하며, 세 번째 덕성들은 역으로 연결과 정화의 덕성들의 성격과 효과를 수정한다. 세 번째 덕성들은 고대 행복주의에서는 견줄 만한 짝이 없다. 이러한 덕성들은 세계종교 중 믿음, 희망, 사랑과 같은 신학적 덕성들에 관한 기독교적 관념 이외의 곳에서는 확고한 자리를 잡지 못한다. 그러나 기독교적 관념에서도 중요한 변화가 요구된다. 사랑은 아가페를 대신한다. 희망의 축은 미래를 위해 사는 것과 더 이상 소외되지 않아야 할 현재의 삶의 경험을 변화시키는 것 사이의 관계로 발전한다. 믿음은 인간의 얼굴을 하고 나타난다. 믿음은 첫째로, 결단에 대한 적절한 근거를 확보하지 못한 상태에서도 특정한 방향에서 우리의 삶을 결단해야 할 필요로 나타나고, 둘째로, 그러한 결단을 존중하기 위해 타인의 수중에 우리 자신을 내던지려는 충동으로 나타난다.

신성화의 덕성들이 응답하는 문제는 미래의 종교에 첫 번째 영감을 불러일으키는 문제이다. 그것은 왜소화의 시정, 육화된 영으로서의 자기이해와 실존의 일상적 여건 사이에 존재하는 격차의 극복, 인간에게 허용되지 않은 무한한 권능과 영생의 포기 및 신적 존재의 속성 중 우리에게 접근가능한 속성들에 대한 우리의 몫을 확장하려는 노력 등이다.

시인은 "사람이 자신을 어떻게 영원하게 만드는지를 내게 가르쳐다오"라고 쓴다.[18] 우리가 이 표현에서 '영원하게'를 '더 위대하게, 더 생생하게, 더 신처럼, 따라서 더 인간답게'라는 말로 교체한다면, 우리는 신성화의 덕성들이 내포한 과업을 기술한 셈이다.

신성화의 덕성들은 기독교 교리의 신학적 덕성들에 비견된다. 타자에 대한 개방성은 사랑의 등가물이다. 새로움에 대한 개방성은 희망의 등가물이다. 항상 불충분하게 정당화되지만 특정한 방향에서 삶의 결단이 요구하는 취약성의 수용은 믿음의 등가물이다. 이러한 취약성의 수용은 참여와 부책의 위험들에 대한 희망적이고 끈기 있는 접근 수단에서 명백해진다. 그렇게 이해된 신성화의 덕성들은 상승의 경로이면서 동시에 그 귀결이다. 신성화의 덕성들은 위대한 삶을 약속하지만, 우리에게 바로 지금의 이러한 삶을 부여하는 경험과 참여의 형식을 통해서만 위대한 삶을 교부한다. 신성화의 덕성들이 제공하고 전달하는 포상은 우리로 하여금 오로지 한 번만 죽을 수 있게 하는 것이다.

신성화의 세 가지 덕성 중 마지막 덕성, 즉 특정한 방향에서 내린 실존의 결단에 내포되어 있는 위험과 취약성의 수용이라는 덕성을 우선적으로 고려해 보자. 우리가 선택한 방향이 무엇이든지 간에 진실한 것에서 시작해 보자. 우리는 삶을 결단해야 한다. 사람들은 보통 명확하게 인식한 가운데 결단하지 않는다. 대신에 사람은 자신의 여건에서 지배적 관념

---

18 단테의 《신곡》 〈지옥편〉 제15곡에 나오는 구절이다. 단테의 스승 부르네토 라티니가 영원한 길을 가르치는 주체로 등장한다. 웅거는 이 문구만 편의상 오렸기 때문에 원래 시의 의도를 고려할 필요는 없다.

을 수용하고 어중간하게 믿는다. 그들의 삶의 경로가 일련의 의지행동으로 결코 경험되지 않은 선택임에도 불구하고 삶의 경로는 그들이 어떤 선택을 내려왔는지를 보여 준다.

개인은 사회의 통제 요소들이 허용하는 범위 안에서 특정한 삶의 경로를 선택하는 경우뿐만 아니라, 또한 무엇보다도 사회가 부과하였을법한 삶의 경로에 자신이 가져온 태도와 믿음에서도 다양한 방향으로 실존을 결단한다. 개인이 극단적으로 예속되어 있다면, 개인은 이러한 예속 상태에 어떻게 응답해야 하는지를 결정해야만 한다. 더구나 개인은 세계에서 인간의 지위에 대한 자신의 비전을 드러내는 방향으로 그 예속 상태에 응답해야만 한다. 어떠한 사회와 문화도 스스로 복화술사가 되고 우리를 꼭두각시로 만들어 버릴 만큼 견고하게 구축되거나 자연화自然化되지 못한다는 사정도 육화된 영의 조건의 일부를 구성한다.

그러나 우리가 우리에게 자명해 보이는 믿음이나 우리에게 저항 불가능한 것으로 보이는 신호(신자들의 눈에 종교적 계시가 보여 주는 것 등)의 손아귀에서 결단을 내릴지라도 결단의 숙명성과 결단 근거들의 적절성 사이에는 극복할 수 없는 격차가 존재한다. 결단의 근거들은 그 목표의 중요성과 비교해 볼 때 항상 터무니없이 허약하다. 우리는 좀 더 많은 시간을 가지면 결론을 내릴 수 있을 것처럼 더 탐구할 때까지 잠시 기다려 달라고 말할지도 모른다. 도덕철학자들은 그 공허한 추상 관념과 자의적 결의론의 결합이 삶의 영위에서 마치 어떠한 지침이라도 제공할 수 있는 것처럼 객관적인 도덕을 따르라고 가르친다.

우리는 경험에서 배우고 그에 따라 결단을 수정하고자 분투를 전개할 수 있다. 그러나 이러한 누적적 성찰이 선택을 확정적으로 정당화하는 일에 우리를 더 가까이 데려다 줄 것이라 상정한다면 우리는 자신을 기만하는 것이다. 우리가 제시한 근거들이 삶의 경로의 선택에 관련된 무게를 감당하지 못한다는 점은 핵심적인 믿음들의 형성에서 실존의 무근거성을 반영한다.

우리는 결단과 근거들 사이에 있는 벅찬 불균형을 수용해야 할뿐만 아니라 충분한 근거를 갖지 못한 결단의 최초의 결과(우리 자신을 타자의 수중에 놓은 결과)를 수용해야만 한다. 이러한 이유의 결손에 대해 사회는 우리의 모든 활동을 독려하는 공유된 믿음들을 제공한다. 우리의 모든 활동은 공유되지만 동시에 명확지 않은 전제들에 의존하는 불완전한 계약의 형식을 취한다. 다른 모든 불완전한 계약처럼 이러한 활동도 타자(우리의 삶에 의미와 방향을 주는 집단적인 영적 · 실천적 기획들에서 우리가 협동해야 할 사람들)에게 재량과 권력을 부여한다.

첫 번째 신성화의 덕성은 삶의 결단과 결단 근거들 간의 이와 같은 불균형이 내포하는 위험과 취약성을 수용하고, 삶에서 눈을 돌리는 것이라기보다는 삶을 향해 운동함으로써 이러한 불균형에 응답하는 것이다. 그것은 더 많은 참여, 더 많은 연결, 더 많은 결단, 더 많은 위험, 더 많은 취약성이다. 신성화의 덕성은 반어적인 거리두기와 자기보호의 건조한 자세보다 믿음, 환멸, 수정된 믿음의 활기찬 변증법을 선호할 것이다. 그 결과는 희망적이고 끈기 있는 접근 수단, 즉 이러한 변증법과 변증법이 부과하는 고통에 대한 접근 수단의 함양에서 분명해진다.

타자에 대한 개방성과 새로움에 대한 개방성은 신성화의 다른 두 가지 덕성이다. 용기가 모든 덕성을 가능하게 하는 덕성이기 때문에 부책과 참여의 위험들에 대한 고양된 감응성의 수용은 이 두 가지 신성화의 덕성의 가능 조건으로 봉사한다. 그에 관해서는 이 책 앞부분에서 많이 다루었기 때문에 여기서 더 할 얘기는 없다.

타자에 대한 개방성은 주체와 타자 간의 관계에 대한 교리가 가르치는 바이다. 미래의 종교는 세계와의 투쟁에서 이러한 견해를 물려받고, 세계와의 투쟁 전통에서 이러한 견해를 둘러싸고 있는 모호함을 배제한 가운데 이러한 견해를 추구한다. 타자에 대한 개방성의 최고 형식은 저 높은 곳이나 먼 곳에서 제공되는 자비심이라기보다는 동등한 자들 간의 인격적 사랑이다. 우리의 가장 근접한 부책들의 서클 바깥에 있는 타자에 대한 개방성의 더욱 확산된 표현들은 동질성에 의해서라기보다는 차이에 의해 강화된 공동체들이고, 생산, 정치, 시민사회의 관행들 속에 제도적으로 조직된 고차적인 협동 형식들이다. 타자에 대한 개방성의 과업은 그 전제와 동일하게 우리에 의한 타자의 필요와 타자들에 의해 초래되는 위험에서 벗어날 필요 간의 갈등을 약화시키는 것이다.

새로움에 대한 개방성은 정신과 구조의 관계에 관한 교리의 도덕적 결론을 기술해 주는 덕성이다. 미래의 종교는 이러한 교리를 세계와의 투쟁에서 물려받고 이를 급진화한다. 이러한 덕성은 삶과 사유의 확립된 맥락들과 인간의 관계에 대한 인간적 진리를 실천한다. 맥락들은 일시적이고 결함을 가진다는 것, 그러한 맥락들은 우리가 평가해 줄 만한 모든 경험과 통찰을 수용할 수 없다는 것, 맥락들 안에 존재하거나 존재할 수 있는 것보다 개인적으로나 집단적으로나 우리 인간 안에 더 많은 것들이 존재한다는 것—바로 이 안에 구조에 맞서 반란을 일으킬 집요한 이유를 우리에게 공급하는 사실들이 존재한다.

우리는 이러한 구조들에 반란을 일으키면서 구조들의 내용뿐만 아니라 성격(구조에 도전하는 인간의 자유와 구조의 관계)도 바꾸려고 시도해야 한다. 우리가 구조들에 투항하고 마지막 발언권을 우리 자신의 것으로 만드는 대신에 구조들이 마지막 발언권을 갖게 해 준다면 우리는 신성의 속성들에 대한 인간의 몫을 증대시키려는 노력을 중단하게 된다. 더 완전하게 인간적으로 되는 것을 중단하게 된다.

개념적 혹은 사회적 체제가 그 참여자들을 포획하고 이들을 그 꼭두각시 상태로 위축시키는 정도는, 체제의 성격에 달려 있을 뿐만 아니라 소위 꼭두각시들이 체제의 지원을 통해서든 체제에 대한 도전을 통해서든 발전시켜 온 통찰력에 달려 있다. 어쨌든 기성 제도적·개념적 질서가 도전과 변화에 맞서 참호를 구축하고 그럴싸한 필연성과 확고한 권위의 아우라로 성공적으로 포장되었다고 하더라도 기성 체제는 실제로 기성 체제의 전제들과 모순되는 경험들을 억압할 수 없다. 기성 체제는 대안적 질서들의 역사, 선택하지 않은 길들의 역사, 사상과 제도들의 역사에서 거부당하거나 제약된 해법들의 역사를 지워 버릴 수 없다.

이러한 대조적인 경험들은 정치적 예언과 지적인 비전들이 다루어야 하는 자료를 제공한다. 우리는 포기한 경로들을 활용하여 실현 가능한 다음 단계들의 가능성 안에서 대안들을 구상한다. 우리 모두가 기질과 조건에 따라 그 일을 할 수 있다는 것은 민주주의의 신조의 일부일 뿐만 아니라 인성에 관한 진리의 일부이기도 하다. 새로움에 대한 개방성은 자신과 타자에 대한 개방성이다.

이렇게 삶과 사유에서 새로운 것은 출현한다. 새로운 것이 출현할 수 있다는 점은 인성의 귀결이자 자연 활동의 귀결이다. 새로움은 인성에서 나온다. 우리는 삶과 사상의 조직된 구조를 초월하기 때문이다. 또한 새로움은 자연의 활동 방식에서 나온다. 시간이 실재적이고 포괄적이라면, 자연의 법칙들과 관찰된 우주의 구성 요소들조차도 시간의 영향권에서 벗어날 수 없기 때문이다. 자연법칙들조차도 원리적으로 가변적일 수밖에 없다. 우주론적인 시간의 장구한 범위에 걸쳐서 자연법칙들은 그 법칙이 규율하는 현상과 함께 진화할지도 모른다.

세계에서 실제로 어떤 새로움이 존재할 수 있으려면, 그것은 현실화의 조건들이 성취되는 것을 그저 기다리기만 하던 가능적 사태들의 단순한 현실화가 아님이 틀림없다. 현실로의 구체화라는 최종적인 속성만 빼놓고 실재의 모든 속성을 구비한 유령 같은 여건에서 실재하지만 현실적이지 않은 가능적 사태의 닫힌 지평은 결단코 존재하지 않는다.[19] 가능성들에 대한 견해는 새로움에 선행하는 것이 아니라 새로움의 창조에 뒤따라오는 것임이 틀림없다. 새로운 것이 자연에서 출현하거나 인간에 의해 창조되는 때에 우리는 회고적으로 가능성들에 대한 우리의 이해를 변화시킨다. 자연의 작용에 대한 그와 같은 해명은 인간의 구성 행위 이외에 새로운 것에 대한 관념의 또 다른 원천을 제공한다.

새로움에 대한 개방성은 인간 상호 간의 개방성과 연결된다. 그 두 가지는 동일한 종합적인 견해와 수렴하는 충동에서 영감을 발견할 수 있다. 생명의 첫 번째 속성이 구조들에 대한 충일성이기 때문에 우리가 사회와 사상의 구조들에게 마지막 발언권을 허락한다면 구조들은 우리한테서 생명을 빨아들일 것이다. 구조들은 구조 안에서 우리가 차지한 지위나 구조가 우리 각자에게 배정한 역할에 따라 서로를 바라보고 취급하라고 요구할 것이다. 그러나 우리는 단순히 대본에 나오는 주인공들이 아니라는 바로 그 점 때문에 우리는 우리 자신이다. 우리는 그러한 대본을 무시하지 않고서는 서로를 존중할 수 없다.

신성화의 덕성들의 실천은 연결의 덕성들의 의미와 내용을 수정한다.

---

19 웅거는 '라플라스 악마'가 말하는 결정론을 거부한다.

그러한 실천은 존중을 (자의적인 자비심의 자기방어적 술책에 오염되지 않은) 공감이나 동료감정으로, 인내를 헌신으로, 공정을 연민으로 전환시킨다. 그러한 실천은 또한 주체를 더 훌륭하게 복원하기 위해 정화의 덕성에 중심적인 주체 상실의 경험을 변화시킨다. 단순, 경청, 열광을 통한 주체의 상승은 이제 결정적인 재정립을 체험한다. 평정을 유지하기 위해 문제에서 거리를 두는 대신에 주체는 자기 자신의 무한성을 발견하고 긍정하고 표현하기 위하여 문제를 찾아 나선다.

삶의 경로: 탈중심화

우리는 특정한 시간과 장소에서 우리가 선택하지 않았던 부모에게서 영원히 우리 자신의 것으로 남을 유전적 소질을 안고 태어났다. 출생과 양육의 여건은 사회에서 어떤 지위들은 우대하고 다른 지위들은 대체로 닿을 수 없는 곳에 둔다. 인류의 결정적인 다수는 고통스러운 물질적 제약 아래서 빈곤, 고역, 병약함 속에서 노동을 계속한다. 우리 모두는 우리의 부책과 활동들에서 나아가 우리의 육체적 생존과 활력에서 행운과 불운에 의해 좌우된다. 주체의 형성을 위해 존재했던 모든 공간은 사회, 사유, 성격의 체제들로 점차 위축된다. 우리는 한순간에 소멸될 수 있고 (구원종교는 부인하지만) 소멸이 우리를 대기하고 있으며 우리 중 가장 운 좋고 위대한 인물조차도 기나긴 왜소화와 비하에 굴복했다는 것을 알고 있다.

우리가 이러한 제약 요소들과의 씨름에 대체로 몰두하는 동안 우리의 꿈같은 실존은 지나간다. 이러한 제약 요소들은 우리에게 마치 합체된 것처럼 나타나고 의지에 부과된 운명의 형식을 인간의 삶에 부여하려고 위협한다. 우리는 육체적 갈구들에서 시작하여 (우리의 양가성으로 오염된)

서로에 대한 동경과 (가치 있는 대상들의 결여로 좌절되고 오도된) 절대적인 것에 대한 갈망에 이르기까지 충족 불가능한 욕구로 항상 시달린다. 우리는 (형이상학적·신학적 환상의 경우를 제외하고는) 실재와 실존의 근거에 대한 어떠한 통찰도 얻지 못하며, 실재와 실존은 필연성과 우연에 맡겨진 것처럼 보인다.

우리의 환희는 비록 강렬하고 성찰로 훼손되기보다 강화될지는 모르지만 덧없고 우리의 장구한 고난만큼이나 신비하다. 우리는 환희를 체험하는 순간에도 그 환희가 실재의 수수께끼에 대한 어떠한 해법도 제시하지 않을 것이고 체험의 온갖 충일성과 다산성도 죽음으로 마감될 것임을 안다.

운수의 변덕에 따라 출렁대지만 그 기본적인 요소들에서는 항구적인 바로 이와 같은 배경 앞에서 우리는 더욱 완전한 삶을 향유하려는 희망을 품고 실행해야 한다. 우연성과 통제 요소의 지배는 사회의 재구성과 개인의 방향 재정립으로 제약될 수 있다. 인간의 삶에서는 인간 조건의 치유 불가능한 결함들만큼 보편적이며 반복적인 사건들이나 전환점들이 존재한다.

나는 앞서 미래의 종교의 도덕적 의제를 덕성의 교리로 제시했다. 이제 도덕적 의제를 인간 실존에서의 변곡점들에 대한 응답의 관념으로 다시 서술하겠다. 두 가지 서술은 상호수렴하고 상호보완적이다.

아동기 초기에 모든 인간은 자신이 세계의 중심이 아니라 구분된 주체임을 발견한다. 다른 인간들도 존재하며, 자신은 그중 하나일 뿐임을 깨닫는다.

이러한 발견은 의식의 탄생과 동일한 시기에 이루어지는 것처럼 매우 일찍 일어난다. 의식은 두 가지 근본적인 측면들을 갖기 때문이다. 의식의 한 측면은 신체 혹은 오히려 정신으로 사는 신체에 대한 염려이다. 바로 이러한 의식의 근본적 특성으로 인해 스피노자는 정신을 신체에 대한 관념이라고 과장했다.[20] 인간의 신체적 조건의 모든 변화는 우리에게 직접적 체험으로서, 달리 말하면, 의식으로서 현전한다. 정신으로서 신체의 이러한 현전을 통해서만 우리는 세계를 만나면서 감각과 지각을 향유한다.

의식의 다른 측면은 우리 각자와 타자 간의 경계에 관한 경험이다. 많은 형이상학적 교리들, 특히 세계초극과 연결된 교리들은 정신을 가진 주체들 간 구분의 궁극적 실재성을 부인하고 통일적이고 보편적인 정신이나 존재를 긍정했다. 이와 같은 교리들의 다수는 개별적 인간의 의식적인 삶을 보편적 정신의 찰나적인 부분으로 이해한다.

우리는 이러한 교리들에서 진리의 요소와 허위의 요소를 구별해야 한다. 허위는 진리와 너무 밀접하게 연결된 까닭에 허위가 진리를 타락시킨다. 진리의 요소는 우리가 통상적으로 생각한 자연의 영원하고 일반적인 조건이 우주 및 그 역사에 대한 현대적인 최선의 이해에 입각해서 보면 우주의 형태 중 하나, 즉 성숙하고 냉각된 우주에서 지배적 형태에 불과한 것으로 드러난다는 점이다. 이러한 형태에서 자연은 더욱 근본적인 수준(소립자물리학)에서뿐만 아니라 덜 근본적인 수준(화학)에서도 기술되는바 분화된 구조로 존재한다.

이제 자연법칙을 수학의 언어로 말하면 자연법칙이 통제하는 현상들과 분리된 채로 하나의 사실로 표상할 수 있으며, 이 사실은 인과관계가 자연법칙의 파생적인 사례인 것으로 상정하도록 우리를 오도한다. 실제로 진실은 그 반대이다. 자연이 우리가 살고 있는 냉각된 우주에서처럼

---

20 《에티카》 제2부에서 그렇게 말했다.

지속적인 분화된 구조의 형태를 취하는 경우에만 인과관계들은 자연적 실재의 원초적인 특성이며 법칙 같은 규칙성을 획득하기 때문이다. 냉각된 우주에서는 어떠한 사태를 둘러싸고 다음에 일어날 수 있는 것들에 관해서 매우 드문 정도의 자유와 제한적인 범위의 인접한 가능성들만이 존재한다.

자연은 다른 변장도 한다. 자연은 또한 이러한 특성들 중 어떤 것도 갖지 않는 형태로도 존재한다. 초기 우주 역사에서(또는 어떤 우주론적인 모형에 따르면 우주 역사의 종말에 혹은 실제로 우주의 계기繼起가 존재한다면 반복적으로 우주의 계기나 "바운스"[21]에서) 거의 모든 것이 달랐다. 현상들은 고도의 자유를 가진 (비록 유한하지만) 매우 높은 온도와 에너지의 집중으로 활성화되어 있었고, 매우 다양하고 넓은 인접한 가능성들에 대한 접근을 허용했다. 자연은 서로 다른 건물 구역처럼 자연종의 형태로 아직 조직되지 않았거나 그전에 조직되는 것을 멎었다. 사태들과 이를 통제하는 자연법칙들은 구별될 수 없었다. 실제로 사태들은 인과율에 법칙적인 형상을 부여하는 반복가능성을 아직 획득하지 않았거나 상실하였을지 모른다. 보편적 정신이나 존재의 교리들에서 진리는 우리가 아는 자연이 영원하지 않다는 점, 주체들 혹은 정신들 간의 구분을 포함해 모든 구분이 시간의 바다에서 소멸에서 소멸로 여행한다는 점에 대한 인정이다.

이러한 교리들 중 허위는 우리가 출현하고 우리의 존재를 갖게 된 자연의 유구한 변형에서 정신들 간, 주체들 간, 생명체와 비생명체 간의 구분

---

21 우주의 기원에 대한 대폭발(빅뱅)이론에 맞서 주장된 가설(빅 바운스 이론)로서 우주가 영원히 수축과 팽창을 반복한다는 이론이다. 이 이론은 1930년대 아인슈타인이 제안한 순환우주론과 맥을 같이한다.

의 실재성을 기각하거나 격하하는 것이다. 개별적 실존이 실재한다는 점과 우리가 핵심을 차지할 수 없다는 점을 발견한 것은 따라서 세계 및 세계 안의 인간 지위에 대한 문제의 핵심을 발견한 것이다.

이러한 통찰은 인간 실존의 출발점에서부터 충족불가능성의 본성으로 진입한다. 충족 불가능한 욕구에 대한 인간적 경험에서 우리는 세 가지 요소를 구분할 수 있다. 첫 번째 요소는 결핍, 만족, 권태 그리고 더 많은 욕구와 결핍의 동학動學이다. 이 동학은 자연이 작용하는 방식에 대한 우리의 전향적인 이해로 수정되며, 그 이해는 이윽고 다른 여건에서 혹은 다른 개입의 결과로서 자연이 어떻게 변화할 수 있는지에 대한 통찰과 분리될 수 없다. 우리의 실천적인 관심들은 우리의 인지적 발전을 추동하고 인지적 발전은 순차적으로 우리의 실천적 관심들을 자극하고 초월한다. 우리는 비교적 이타적인 통찰을 획득할 수 있기 때문에 우리는 그 순간 충족 불가능한 욕구의 압박에서 일시적으로 벗어날 수 있다. 쇼펜하우어는 실재에 대한 사변에서 의지를 초극하는 이러한 인간 능력을 욕구의 불안정성에 내재한 고통을 떨쳐내는 구원의 형식으로 이해했다. 실제로 이러한 동학은 일시적인 집행유예에 그칠 수 있다. 또는 동학은 생명의 활기를 빨아들이고 충일성, 다산성, 자발성이라는 생명의 속성들을 인간에게 부인할지도 모른다. 살아 있다는 것은 충족 불가능하다는 것을 의미한다. 우리가 더욱 생생할 때에 더욱더 충족 불가능하다. "세계는 충분하지 않다"는 말이 살아 있는 자들의 모토이다.

충족불가능성의 두 번째 요소는 타자와 우리 관계의 모순적이고 양가적인 성격에서 발생한다. 그러한 성격은 아동기 초기에 탈중심화된 주체성의 발견에서 직접적으로 유래한다. 자신이 많은 사람들 중 하나에 불과하고, 타자의 의식은 우리와 구별될 뿐만 아니라 우리가 거기에 거의 접근할 수 없다는 점을 발견하였기 때문에 우리는 세계에서 우리 자신의 가치와 실존에 대한 수용과 인정을 갈망한다. 이러한 욕구는 충족 불가능하다. 이러한 욕구는 무한하며 결코 완전하게 충족될 수 없다. 실존의 수용과 인정의 모든 신호는 사랑으로 지지되고 확장되는 경우에도 반송될 가능성 아래 조건부로만 배달될 수 있는 상품 교환권이다. 수용과 인정의 신호는 결코 완결될 수 없는 거래에서 계약금을 의미한다.

타자가 우리에게 결코 완전하게 줄 수 없는 것에 대한 무한한 동경은 욕구의 대상이 사람이 아니라 물건인 때에도 욕구 생활 전체를 관통하며 수정한다. 우리는 어떤 때에는 사람에 대한 의존성에 대한 무익한 대체물을 물건의 긁어모으기에서 찾고 다른 때에는 개인들에 의해 우리 안에 유발된 무한한 동경을 특정한 사물들에 투사한다. 그 결과는 매우 물질적인 욕구들을 인격적 만남의 대체물이나 저당물로 만들면서 그러한 욕구들의 충족불가능성을 키워 놓는다.

충족 불가능한 욕구의 경험에서 세 번째 요소는 좀 더 늦은 시기에 죽음과 무근거성의 발견에서 등장한다. 위안용 철학과 신학의 매력에도 불구하고 죽음과 무근거성의 발견은 결코 완전히 피할 수 없다. 이러한 발견이 부인되더라도 체험되는 정도에 따라 이 발견은 개인 안에서 절대적인 것에 대한 동경을 불러일으키는데, 구원종교는 이를 초월적이고 개입하는 신성으로 표상하고, 세계초극의 종교는 이를 비인격적이고 감춰지고 통일적인 존재와 결부시킨다. (공포와 양가성을 수반하는) 타자에 대한 무제약적인 동경이 물질적인 욕구들을 관통하고 수정하는 것과 마찬가지로 죽음과 무근거성과의 대결로 고취된 절대적인 것에 대한 동경은 욕구 생활의 모든 부분에 들어와 그 성격을 변화시킨다. 중독과 집착적 욕구에서 절대적인 것에 대한 동경은 물질적 대상들에게로 전치된다. 타자와의 관계에서는 인간 실존의 허위성에 관한 경험에서 벗어나는 구제책으로 우리의 부책을 이용하는 것은 낭만주의에서 극명하게 드러났던바 실패할 수밖에 없는 시도로 보인다.

충족 불가능한 욕구의 두 번째 요소(타자에 대한 우리의 무제약적인 동경)는 다른 두 가지 요소와 병치를 통해 수정되고, 또한 그러한 요소는 우리가 뛰어들기를 바랄 수 없는 주관적 경험의 심오함을 가진 수많은 타자들 가운데 위치한 하나의 구속된 주체로서 우리의 상황에 대한 의식에서 직접적으로 나온다. 에로스적 삶을 통해서 그 너머로 작동하는 타자에 대한 무제약적인 동경은 내가 앞서 언급하였던 양가성으로 균열된다. 어렵사리 무관심의 중경에서 안주하는 경우에만 우리는 이러한 양가성에서 안도감을 얻는다. 그러나 이러한 중경에서는 우리가 추구하는 무조건적인 보증이라는 전리품을 결코 획득할 수 없다.

이 양가성은 사소하고 일시적인 타락이 아니다. 양가성은 사회적 경험 전체에 암운을 드리운다. 양가성은 우리의 신체적 욕구의 영구적인 재탄생과 절대적인 것을 향한 동경의 불가피한 좌절과 결합되어 삶을 더욱 완전하게 향유할 권능을 우리에게서 부인하려고 위협한다. 이 실패는 자기혐오와 우리가 더는 믿을 수 없는 신에 대한 혐오로 쉽게 전환된다.

만남의 삶에 암운을 드리우는 양가성은 주체에 관한 진리를 표현한다. 이 진리는 독립적인 주체성의 조건들이 모순성을 가진다는 점이다. 이러한 모순들의 본성과 해결은 세계와의 투쟁의 전통에서 주체에 관해서뿐만 아니라 주체와 타자의 관계에 관한 미발전된 억압된 정통의 주제이다.

이타주의는 인간 서로에 대한 양가성으로 인한 사회생활의 오염에 대해 충분한 해법으로 봉사할 수 없다. 도덕철학에 주요한 논제와 주제를 제공한 이타주의는 해법이라기보다는 문제에 더 가깝기 때문이다. 이타주의는 이기심에 부과할 통제 요소들에 대해서만 주목한 나머지 타자에 대한 우리의 필요와 타자가 우리에게 초래할 위험 간의 갈등을 다루지 못한다. 이타주의는 타자와의 화해의 근본적인 조건, 즉 타자를 상상하는 능력에 대해 침묵한다. 이타주의는 그 자체로 권력의 행사와 잔인성의 형태라고 할 수도 있는 먼 곳에서 제공되는 가부장적인 자비를 지지한다.

인간 상호에 대한 양가성을 약화시키고 자기주장의 가능 조건들의 갈등을 조종하려는 전망을 제공할 수 있는 도덕 발달의 유일한 축은 우리의 지속적인 부책들 가운데 가장 내밀한 경험인 사랑에서 유사성과 동질성보다는 상호적인 참여와 인정된 차이에 입각한 공동체로 나가는 축이다. 거기에서 사랑은 고차적인 협동 형식의 정신 속에서 노동 분업의 개혁에 확장적으로 적용된다.

사랑의 본질적 속성은 자기 자신의 실존의 완성과 긍정으로서 사랑의 상대방을 인정하고 포용하는 것이다. 사랑의 변혁적 권능에 관한 본질적인 척도는 낭만주의가 사랑의 척도라고 간주한 일상적 경험의 음역 音域에서 황홀한 이탈로 머무는 능력이라기보다는 반복과 일상 속에서 꽃피우는 능력이다.

더 좋은 공동체 형식의 두드러진 징표는 공동체가 기원, 경험, 시각 등의 차이와 심지어 갈등을 견뎌 내고 결단이 기억을 이기도록 만들 수 있다는 점이다. 성공의 결정적인 척도는 차이의 다양한 형식들에도 불구하고 상호적인 참여를 심화시키고 갈등을 통합의 원천으로 전환시키는 것이다.

고차적인 협동 형식들의 특성들, 즉 사회 분업과 위계제의 기성 구조 안에서의 지위와 상관없이 사람들을 연계시키는 능력, 과업을 규정하는 책임과 과업을 집행하는 책임 간의 차이의 완화, 아직 반복을 터득하지 못한 활동들을 위해 시간을 아끼려는 의도에서 기계를 사용하는 것, 다른 모든 것을 개방하려는 유인책으로서 보호받는 면제들과 역량들의 영역을 제고하는 것 등을 상기해 보자. 고차적인 협동 형식의 모든 사례는 사회를 조직하는 방식에 대한 실천적 예언이다. 그 성공의 가장 중요한 척도는 가장 넓은 범위에서 다양하고 가변적인 여건에 맞서 자체적으로 개혁하고 쇄신하는 능력이다.

사랑, 공동체, 협동이라는 세 가지 화해 사례들은 다소간의 차이가 존재하지만 동일한 도덕적 경험에 속한다. 세 가지 사례 모두 똑같은 이중적인 요구에 의존한다. 첫 번째 요구 사항은 타자들, 즉 사랑의 상대방, 차이에 입각한 공동체의 다른 구성원들, 협동이 불변적이고 위계적인 구조에 더는 따를 수 없는 때 우리와 협력하는 타자들에 대한 고양된 감응성을 수용하는 것이다. 두 번째 요구 사항은 이질적인 경험, 우리가 고통스러운 탈중심화를 겪을 때 우리가 발견한 타자들의 경험에 대한 상상력을 함양하는 것이다. 이러한 능력을 발전시키는 것은 시, 상상적 문학, 인문학의 권능들 중 하나이다.

우리가 이러한 경로(유일하게 실재적이고 신뢰할 만한 구원관)를 택한 경우에만, 우리는 잔인성을 완전히 벗어난 이타주의를 희망할 수 있다. 오로지 그때에만 관대함은 타자성에 대한 상상력으로 통제받고 회복될 수 있다.

삶의 경로: 몰락

삶의 경로에서 두 번째 형성적 사건은 죽음 및 무근거성과 우리의 애매한 만남이다. 그러한 사건은 탈중심화 단계 이후 곧 이루어지고, 두 번째 더욱 결정적인 몰락으로 귀결된다. 우리의 관심은 몰락을 헛되이 되돌리려고 시도하는 대신에 몰락을 고차적 실존의 조건들의 하나로 인정하는 것이다.

나는 이 책의 서두에서 인간의 무근거성이 죽음의 사실, 죽음의 인식, 나아가 신체적·정신적 쇠락에서 죽음의 기대를 동반하지 않는다면 무근거성은 완전히 다른 의미를 가질 것이라고 논의했다. 실재의 궁극적 근거 및 시간의 시초와 종말을 알지 못하더라도 죽지 않는다면 우리는 느긋하고 끝없는 배회 속에서 살 수 있을지도 모른다. 그러면 삶은 극적인 집중력을 상실할지도 모른다. 인간의 경험은 동물의 경험과 더욱 가까워질 수도 있다. 인간의 경험은 현재 우리가 보유하고 있는 선별적 기억 없이 존재할지도 모른다. 인간의 경험은 우리를 기다리는 소멸에 관한 사전 정보를 포함하지 않을지도 모른다. 우리는 우리가 지금 알 수 있는 형태(과거와 미래에 대한 관심에서 우리를 일시적으로 해방시키는 완전 몰입의 활동 형태)가 아닌 지속적이고 정상적인 실존의 특성으로서 영원한 지금에 대한 경험에 접근할지도 모른다.[22]

우리는 미래에 언젠가 답변할 수도 있을 것이라는 희망 속에서 실재의 근거에 대한 물음을 중단해 버리거나 무기한으로 연기하여 방치하거나 무한한 현재의 한가운데서 이를 간단히 기각할 수 있을지도 모른다. 인간의 영원성은 인간이 진 무근거성의 짐을 철저하게 줄여 줄지도 모른다.

다른 한편, 우리가 필멸성에도 불구하고 존재의 근거를 알아내고 시간의 시초와 종말을 파악할 수 있지만 그럼에도 불구하고 우리가 죽어야 한다는 판결을 선고받았다고 상정해 보자. 죽음은 가정의 일부를 구성하고

---

22 영원한 지금eternal now은 본디 기독교에서 영원한 존재자인 하느님과의 관계에서 초시간적 시간을 의미한다. 그것은 수직적이고 선형적인 시간(크로노스)이 아니라 질적이고 계기적인 시간(카이로스)을 의미한다. 신 앞에서는 과거, 현재, 미래가 구분되지 않고 언제나 현재만이 존재한다. 인간이 죽지 않는다면 인간에게 시간은 영원한 지금이 될 것이다.

있기 때문에 실재의 근거는 죽음의 실재성을 부정하였던 근거가 될 수 없을 것이다. 실재와 실존의 수수께끼에 대한 해법들의 내용이 없다면 그러한 여건들이 인간 경험에 대해 함축하는 사항들을 고려할 수 없다. 그러나 다음과 같은 사항은 분명한 것처럼 보인다. 답변이 무엇이든지 간에 답변은 우리를 세계와 화해되지 않는 채로 방치한다. 우주의 풍요로움과 시간의 자궁에 붙잡힌 경이로움도 우리가 그러한 미래의 일부가 되지 못한 것을 보상해 줄 수도 없을 것이다. 오히려 우주의 미래가 더욱더 경이롭게 보일수록, 죽음의 확실성으로 우리에게 부과된 형벌은 그만큼 더 끔찍스러울 것 같다.

그러나 사상사에서 인간 상황에 대한 이러한 이해 방식은 공허하다. 궁극적 실재의 본성을 규명할 수 있다고 주장해 온 온갖 철학이나 신학은 죽음을 부인해 왔다. 구원종교들은 영생을 약속함으로써 죽음을 부인한다. 세계초극(불교, 베다, 쇼펜하우어와 플라톤의 철학)은 상이한 주체의 심오한 실재성을 부인함으로써 또는 우리를 무한한 윤회의 바퀴에 묶인 것으로 기술함으로써 죽음을 부인한다. 그러한 철학과 신학은 또한 우리가 실제로 가장 두려워하는 것, 즉 임박한 해체를 두려워할 필요가 없다는 취지의 복음을 우리에게 전파한다는 바로 그 점 때문에 위안용 신학과 철학이다. 죽음이 실제로 존재하지 않기 때문에 우리는 죽음을 두려워할 필요가 없다는 것이다. 그러나 죽음에 대한 승리는 환상적이거나 일시적이다.

(공자의 가르침이나 현대의 전통적인 세속적 인본주의를 통해 범례화된) 반형이상학적 형이상학에 입각한 세계인간화는 인간의 필멸성과 무근거성을 전면적으로 부인하지 않는다. 그러나 세계인간화는 필멸성과 무근거성에서 우리가 수립하고 통제하고 있는 세계로 결정적으로 전향한다. 세계와의 투쟁의 제약된 유형으로서 철학을 전개했다고 볼 수 있는 스피노

자는 현자라면 죽음이 아니라 삶을 생각한다고 언급했다.[23] 이러한 정신으로 세계인간화는 사회 속에서 인간의 관심을 반영하고 있는 생활 형식을 고취하려는 노력에 더욱 집중하기 위해서 죽음과 허무주의의 공포를 제쳐 둔다. 그러나 세계인간화는 그렇게 함으로써 인간 조건에 대해 위증을 하고 인간의 상승에 필수적인 도구를 내팽개친다.

우리는 죽음의 실재성과 불가피성을 지속적으로 인정하면서 실존의 근거를 규명할 수 있다고 주장하는 관념을 자연과학에서 찾을 수 없다. 자연과학은 정반대 방향으로 작동한다. 심지어 우주론에서의 지식의 진보도 왜 무無가 아니라 유有로 존재하는지 혹은 우주가 왜 다른 어떤 것이 아니라 현재의 모습으로 존재하는지에 대한 이해에 우리를 데려다 주지 못한다. 자연이 어떻게 활동하는지 혹은 자연이 어떤 경로를 취하는지에 대한 온갖 발견도 '왜'라는 질문을 낳는다. 그리고 이 온갖 물음에 대한 온갖 답변은 그다음 추가적인 '왜'를 유발한다. 그러나 실재와 실존의 근거를 조명하는 데에 자연과학의 무능력은 죽음과 쇠락이 어떻게 지연될 수 있는지뿐만 아니라 심지어 어떻게 회피할 수 있는지를 자연과학이 스스로 묻는 것을 막지 못한다.

죽음과 암흑은 원치 않은 동일한 진리의 두 측면으로서 우리의 경험의 초기에 함께 출현한다. 그 각각은 다른 것과의 결합을 통해서 수정된다. 그러나 우리가 양자의 관계를 더욱 성찰할수록, 우리는 경험의 형성에 대한 효과에서 필멸성이 무근거성을 지배한다는 점을 그만큼 더 명료하게 볼 수 있다. 인간의 무근거성은 인간의 필멸성의 의미를 증폭시키지만 인

---

23 스피노자가 《에티카》의 막바지에서 그렇게 말했다.

간이 불멸의 존재라면 무근거성의 공포도 대폭 제거할 것이다.

따라서 필멸성과 무근거성의 결합을 통해 그리고 이와 같은 불균등한 조합을 통해 우리는 죽음의 발견, 세계 자체와 그 안의 필멸적인 존재의 수수께끼에 직면한다. 죽음의 발견에서 우리의 첫 번째 관심은 죽음의 발견을 인정하고, 일상생활 가운데 죽음의 발견을 마음에 명확하게 새기고, 그러한 이유로 위안용 철학과 신학의 매혹들을 물리치고, 자연과학을 그 본래 자리로 돌려놓는 것이다.

죽음과 무근거성에 대한 진리를 인정하는 것에서 나오는 세 가지 커다란 편익을 상기해 보자. 첫 번째 편익은 우리의 여건의 가장 기본적인 특징들에 관한 자기기만에서 우리를 구출한다는 점이다. 우리가 자장가에 호소하는 것만으로 영웅적인 저항 의지를 자극한다면 우리는 자기기만이 그 추정적인 역할을 수행하는 것을 넘어서 저항 의지의 후속적인 실천을 오염시키고 혼란을 초래할 것이라는 점을 걱정해야 한다. 두 번째 편익은 우리를 어중간한 삶에서 실존과 시간에 대한 완전한 의식으로, 그리하여 최고선을 향유하도록 각성시키는 데에 일조한다는 점이다. 우리는 우리 자신에게 공포에 입각한 논증argument ad terrorem을 전개함으로써 우리 자신을 삶의 변화, 무엇보다도 우리에게 삶 자체를 제공하는 변화에 개방한다. 세 번째 편익은 미래개방성에서 비롯되는 위험을 저지한다는 점이다. 미래에 대한 개방성은 우리를 현재에서 소외시킬 우려가 있다. 이러한 소외에 대한 잘못된 답변의 하나가 프로메테우스주의로서 자기신뢰에 가득 찬 개인이 자신을 결함 있는 필멸의 피조물이 아닌 다른 어떤 것으로 만들려는 희망 속에서 권력을 강화하는 것이다. 또 다른 부적절한 답변은 인류 상승의 로맨스, 즉 인류의 미래적 승리에 대한 대리참여의 로맨스이다. 이 두 가지 답변은 우리를 기만하고 변화시키지 못한 상태로 방치한다. 다행스럽게도 이 두 가지 답변은 무근거성의 배경 아래 경험하는 죽음의 예상에는 필적하지 못한다.

죽음의 의식意識은 무한한 현재 속에서 우리가 길을 잃지 않도록 하고 승리주의와 영웅숭배에 의한 인성의 오인과 타락으로부터 우리를 보호한다. 죽음의 의식은 자기신격화의 형태를 취한 우상숭배를 막는다.

무근거성의 인정은 사회나 사상의 어떤 특정 조직에 대해 무조건적인 가치를 부여하려는 온갖 시도를 제약한다. 무근거성의 인정은 역사적으로 우연적인 사회와 사상의 조직에 절대적 가치를 부여하려는 온갖 형태의 우상숭배를 중화시킨다. 허무주의와의 대결은 우리가 믿음에서 우상숭배적인 미신의 요소를 제거하는 데에 필요한 장치다.

우리는 우리가 삶의 향유에 착수하는 데에 조력하도록 필멸성, 무근거성, 충족불가능성에 응답할 수 있다. 이러한 응답의 하나는 우리의 모든 정념을 휘어잡는 활동들에 대한 참여이다. 그러한 활동 속에서 삶의 치유 불가능한 결함들이 우리의 삶의 경험에 대해 보유한 지배력은 일시적으로 중단된다. 얼마동안 충족 불가능한 욕구는 잦아든다. 충족 불가능한 욕구는 맥락초월적인 인성에 적합한 것처럼 보이는 대상과 표현을 발견한다.

이러한 참여 속에서 우리는 우리의 관심을 사로잡고 나름의 준거와 정당화의 틀을 생성시키는 활동들을 통해 인간의 무근거성에 대해 응답한다. 무의미한 세계에서 의미를 창조한다는 관념이 대체 진리를 함축한다면, 바로 그와 같은 여건 아래서일 것이다.

완전한 집중을 요구하는 활동에 전면적으로 헌신하는 이와 같은 상황에서 우리는 한동안 시간의 속박에서 해방된다. 이 경험을 통해 우리는 초시간적 존재에 대해 가장 근접한 이해를 갖게 된다. 초시간적인 존재는 극단적으로는 과거에 대한 선별적 기억과 미래의 예상이나 우려를 폐기하고 영원한 지금에 우리를 위치시키려 하지만, 시간에 사로잡힌 우리의 의식적 생활은 우리를 영원한 지금에서 추방한다.

그러나 열정을 일으키는 것에 대한 이와 같은 간헐적인 자기몰입의 경험으로 인간 실존의 치유 불가능한 결함들을 교정하는 것은 오래가지 않는다. 실제로 우리는 그러한 경험을 통해서 인간의 필멸성, 무근거성 혹은 충족불가능성을 극복하지 못한다. 이러한 활동을 통해 일어날 수 있는 초극의 감정은 실제로 환각이다. 열정이 허비되고 주문呪文이 풀리고 나면, 현실의 단조로운 산문散文 가운데 삶은 문밖에서 기다린다. 오로지 우리의 필멸성과 무근거성을 인정하고 수용한다는 조건 아래서만 우리는 삶을 위축되지 않은 채로 향유할 수 있다. 몰입의 순간에 인간이 보고 경험한 것이 그러한 삶을 고양시키려면 변혁적 비전의 척도를 충족시켜야만 한다. 그와 같이 보고 경험한 것은 반드시 개인의 경험에서 일상과 반복을 이겨내야 하고 사회의 제도들을 관통하고 변화시켜야만 한다.

삶의 경로: 상실

충일성, 다산성, 자발성이라는 생명의 징표들은 거대한 불운을 저지하면서 모든 개인이 향유할 수 있는 무한한 범위의 경험과 활동을 드러낸다. 육화된 영의 조건의 일부는 많은 존재 방식과 많은 의식 형태들에 대한 소상한 식견을 보유하는 것이다.

이제 우리 각자는 자신의 실존이 맥락초월적인 정신으로서의 본성을 부인하고 전복하지 않도록 사회에서 어떻게 살아야 하는지를 결정해야만 한다. 이렇게 추구하는 과정에서 각자는 실존의 정상적 경로에서 세 번째 결정적인 사건에 직면한다. 개인은 아무것이나 될 수도 없고 모든 것이 될 수도 없고 아무 사람이나 될 수도 없고 모든 사람이 될 수도 없다. 개인은 반드시 특별한 어떤 사람이 되어야 한다. 특별한 어떤 사람이 되기 위해서 개인은 그가 될 수 있는 다른 많은 인간 형식들을 포기해야 한다. 헤겔은 청소년의 성격적 곤경은 "특수성 속에서 방황하는 것", 달리 말하면 실존과 사회의 무형식적인 풍부함 속에서 방황하는 것이라고 지적한다. 그러나 그의 곤경은 보편성(특수하며 상대적으로 배타적인 활동 방향의 형태를 취하지 못하는 경험의 보편성) 속에서 방황하는 것이라고 더 적절하게 기술할 수도 있다.

하나의 것이 되기 위해 많은 것이기를 멈추어야 하고, 하나의 실존을 더 잘 계발하기 위해 실존의 많은 가능성들을 포기해야 할 필요는 하나의 상실이다. 우리는 이러한 상실을 두 가지 주요한 변형으로, 즉 특정한 삶의 경로를 발전시키거나 수용해야 할 필요와 사회에서 어떤 지위를 차지하고 포용해야 할 요구의 형태로 직면한다. 삶의 경로와 사회 안에서의 지위는 너무나 밀접하게 연결되어 있기 때문에 그 둘을 구분하기 어려울지도 모른다. 그럼에도 불구하고 그 둘은 각기 다른 측면에서 우리에게 상실의 문제를 제기한다. 삶의 경로는 청춘의 꿈에서 시작하여 죽음으로 마감하는 실존의 궤적과 관련되고 우리 자신뿐만 아니라 타자에 대한 이해와 이러한 궤적의 관계와도 관련된다. 사회적 지위는 우리가 사회의 노동 분업 속에서 우리가 차지한 위치를 의미한다. 사회적 지위는 우리의 내적 세계와 외적 세계의 관계, 즉 우리 자신을 신과 같은 존재로 보려는 관념과 왜소화의 지속적인 경험 간의 관계 형식에서 상실의 문제를 제기한다.

우리는 바로 이러한 갈등에 대한 일정한 응답을 통해서 우리의 다면성의 상실을 다룬다. 이러한 응답을 통해서 우리는 참여하고 동시에 저항하는 우리의 양면성을 긍정한다. 우리는 있는 그대로 육화된 영으로서 살아가는 것에 근접하게 된다.

삶의 경로와 사회적 지위의 철저한 단순화들과 배제들은 우리 안에 보편적인 것을 특수적인 것으로 위축시키거나 보편적인 것을 개인적 실존과 사회 속에서의 그 위치의 불변적인 현실 위에 부유하는 원한과 후회의 정신으로 방치할 우려가 크다. 상실은 우리에게 왜소화의 메시지와 실재성을 제공한다. 결과적으로 이 상실은 미래의 종교에 대해 주요한 관심 주제가 된다.

삶의 경로는 아주 빈번하게 사회의 냉혹한 통제 요소들의 배경 아래 개인이 내린 결정들의 누적적 결과에서 나온다. 이러한 통제 요소들은 지금까지 존재해 온 모든 사회에서 삶의 기회들을 불평등하게 분배한다. 현재까지 모든 사회는 계급사회였으며 가족을 경제적·교육적 이익의 불평등한 분배 수단으로 이용해 왔다. 현재까지 등장한 온갖 사회질서에서 업적주의는 계급이익의 기제에 대한 균형추나 보완 수단 정도에 그쳤다. 업적주의는 계급이익의 기제들을 약화시키는 범위 안에서는 균형추로 작용하지만, 결과적으로 각자가 타고난 불평등한 자연적 재능들의 영향력을 강화시킨다.

이와 같은 감당하기 어려운 통제 요소들 안에서 개인은 어중간한 의식 상태에서 하나의 방향을 우연히 발견하고 주어진 경로를 위해 다른 행동 가능성들을 포기하기 때문에 그러한 방향은 형태를 취하고 통제력을 획득하기 시작한다. 개인은 다른 삶들과 그 삶에 딸린 경험의 가능성들을 지속적으로 상상할지도 모른다. 개인은 영웅적인 의지로 혹은 행운과 불운의 장난으로 때때로 삶의 경로를 바꿀 수도 있다.

그러나 개인은 그가 살아가는 삶이 그가 살아갈 유일한 삶이라는 것을 언젠가 깨닫기 시작한다. 개인은 보편적인 것의 특수적인 것으로의 위축과 육화된 정신의 조건에 대한 모욕을 확인하면서 이러한 현실에 체념할지도 모른다. 그는 사회적으로 인정된 노동 형식(장인적 혹은 영예로운 직업)과 관련된 삶의 경로에 자부심을 갖고 이러한 노동 형식이 제공하는 효능과 미덕의 온갖 기회에 만족감을 느낄지도 모른다. 혹은 이러한 대안들 어느 것에서도 위안을 발견할 수 없는 개인이라면 덫에 갇혔다고 느낄지도 모른다. 덫에 갇혔다는 감정은 삶의 경로가 주체에게 강요한 상실에서 나오는 특징적인 경험의 하나이다.

도대체 상실에서 인간을 구제할 수 있는 활동이 있다고 한다면, 우선적으로 철학과 정치라는 두 가지 활동이 그 역할을 하는 것처럼 보일지 모른다. 철학과 정치는 특수한 어떤 것을 다루는 것이 아니라 모든 것을 다룬다. 철학은 사상의 모든 것을 다루고, 정치는 행위의 모든 것을 다룬다. 사회의 제도적 질서(또한 이러한 질서가 실행하는바 가능하고 바람직한 결사에 관한 견해)이든지 아니면 사상의 무의식적인 부당한 전제들이든지 상관없이 정신을 예속할 위험을 지닌 구조가 철학과 정치의 진정한 주제이다. 철학과 정치는 총체화의 야망 때문에 우리의 역량과 에너지를 끝없이 투입하도록 요구한다.

그러나 철학과 정치는 그와 같은 구제를 제공하지 않는다. 우선적으로 철학과 정치는 역사적 실천과 현재에서가 아닌 규제적 이상 속에서만 모든 것을 다룬다. 스스로를 철학자로 부르는 사람들은 대체로 철학 교수들, 달리 말하면 철학이 스스로를 사상경찰의 직분으로 격하하지 않는 경우에도 특정한 철학적 전통의 역사로 형성된 경로의존적인 의제들이나 취급하는 어떤 지적 관행의 전문가들이다. 정치가들은 일반적으로 전문적 공직 추구자들, 공직 보유자들 혹은 주어진 정치 체계의 관행들 안에서 특수한 이익들과 열망들을 대변하는 데에 나름의 역할을 하는 전문가들이다.

온갖 분과적이고 방법론적인 제약 요소들과 교전하는 정신으로 이해되고 추구되고 재발명된 철학만이 이러한 이상을 실현할 것이다. 그러나 오늘날 그러한 이상이 도대체 접근 가능한 것이라면 그런 이상은 어떠한 분과나 담론의 출발점에서도 접근할 수 있는 이상이다. 그러한 이상은 전문적인 탐구 양상들 위에 군림하는 철학적 슈퍼과학의 형태로 실행될 수 없다.

필연주의적인 사회이론들의 환상들에서 자유롭고 위기를 변화의 조건으로 수용하지 않으려는 변혁적인 정치만이 정치 생활에서 이러한 이상을 실현할 수 있다. 이러한 정치는 현재로서는 관행이기보다는 기획이다. 이러한 정치는 정부 권력의 획득과 행사를 둘러싼 경쟁뿐만 아니라 사회생활의 모든 영역에서 우리가 착수할 수 있는 기획이다.

둘째로, 철학과 정치가 특수한 어떤 것보다는 모든 것 (또는 형성적이고 근본적인 것)을 다루겠다는 이상으로 전진하는 경우에도 철학과 정치는 서로 분리된다. 그러한 분리는 그 자체로 상실의 형태이다. 헤겔은 철학으로서의 사상의 삶과 정치로서의 행동의 삶을 통합하는 것을 철학자와 나폴레옹의 공상적 듀오라는 꿈속에서만 상상할 수 있었다.[24] 그래서 철학과 혁명적 전제專制의 결합은 철학사에서 매우 자주 그래 왔듯이 이상적으로 그려지기는 하나 완성되지 못한 결합에 대한 공상적 지름길이 되었다. 철학과 정치의 통합은 위대한 삶의 원천일 수 없다. 그러한 통합은 기껏해야 위대한 삶의 많은 결과 중 하나임이 틀림없다. 오늘날 개인들의

---

24 헤겔은 1806년 자신이 살았던 예나Jena에 입성한 나폴레옹을 가리켜 세계정신world soul을 실현한 위대한 영웅으로 찬양했다.

삶 속에서 통합의 삶의 단편적인 실현은 예외적인 재능보다 훨씬 더 비상한 행운에 의존한다.

따라서 우리는 미래의 종교에 충실한 응답을 다른 방향에서 찾아야만 한다. 상실에 대하여 육화된 영의 조건을 재확인하고 강화하는 세 가지 해법이 존재한다. 해법들의 각각은 문제들의 일부만을 다루며 그것도 매우 불완전하게 다룬다. 각각의 해법은 개인이 통제력을 갖지 못한 사회의 조직과 문화 및 교육 방향의 변화들에 의존한다. 사회가 이러한 변화에서 한참 멀리 있을수록, 개인에 대한 주체 변혁의 요구는 그만큼 너 커진다. 세계초극의 교리에 경멸당하고 세계인간화의 가르침들을 통해 사회를 위한 복무로 전향된 저항적 의지는 우리가 상승하는 데에 필수적인 수단으로 인정되어야 한다.

상실의 왜소화 작용에 대한 첫 번째 해법은 노동, 즉 변혁적 소명으로서의 노동 관념의 수용이다. 오늘날 세 가지 노동 관념은 영향력을 두고 경합한다. 첫 번째 관념은 명예로운 직업으로서의 노동 관념, 즉 노동 분업 속에서 인정된 자리, 흔히 역사적으로 발전된 집단적 기준들의 보호 아래서 사회가 부여한 명예의 편익을 가진 전문기술직, 수공예 전문직 혹은 고등교육에 기초한 전문직으로 조직된 노동 관념이다. 개인의 정체성은 이러한 역할의 수행과 결부되기에 이른다. 해당 개인은 자긍심을 높이는 방식으로 생계를 확보한다. 이러한 직업에서는 삶의 경로가 야기한 상실의 문제에 대한 해답이 있을 수 없다. 사회는 개인들에게 자신의 우연적이고 특수한 지위를 포용하고 그 지위의 잣대에 따라 자신의 정체성을 규정하도록 가르친다.

두 번째 노동 관념은 도구적이다. 이러한 노동은 신성함과 매혹을 상실한다. 개인은 다른 영역, 전형적으로 가족 안에서 가치를 유지하는 수단을 얻기 위해서만 노동한다. 세속적인 노동의 역할과 가족의 안식처의 결합은 개인의 전체 세계가 된다. 이러한 개인은 자신의 일상적인 노고의 감수를 희망할 수 있으나 결코 이를 변혁하거나 초월하지 못한다.

세 번째 노동 관념은 변혁적 소명 관념이다. 이러한 관념의 본질 징표는 변혁적 소명 관념이 주체의 변혁과 사회의 재구성 간에 수립하는 관계이다. 우리는 제도적 혹은 관념적 구조의 일정 부분을 쇄신하려고 시도하지만 빈번히 실패한다. 실패에도 불구하고 우리는 우리 자신을 변화시키는 데에 성공할지도 모른다.

우리는 주체의 변혁 자체를 의욕할 수 없다. 그럼에도 불구하고 우리는 우리가 살고 있는 구조에 최종적인 발언권을 주는 것을 거부하면서 구조와 우리의 관계에서 변화를 의욕할 수 있다. 이렇게 해서 우리는 구조의 독침에서 특수성을 제거한다. 우리는 구조가 정신의 감옥이 되는 것을 허용하지 않는다. 우리는 감옥을 집으로 기술하려는 유혹에 저항한다.

변혁적 소명의 관념은 대체로 천재들, 영웅들, 성자들과 같은 엘리트의 전유물이 되어 왔다. 미래의 종교가 포용하고 일반화한 민주주의의 열망은 변혁적 소명 관념을 인류의 공유재산으로 전환시키는 것이다. 그러나 이러한 소명의 일반화는 도덕적 신념의 권위 그 이상의 것에 의존한다. 변혁적 소명의 관념은 또한 사회의 개혁을 요구한다. 특히 일상적인 재생산과 맥락의 비상적인 수정 간의 차이를 해체하는 정치적·경제적 제도의 발전을 전제한다. 유일하고 배타적인 형태를 고집하지 않는 민주화된 시장경제, 변화를 유발하기 위해서 위기를 필요로 하지 않는 고에너지 민주주의는 이러한 목표에 복무하는 주요한 쌍둥이 제도적 기획들이다. 두 가지 기획은 현재의 여건에서 떨어져 있는 경험과 관념들의 지도와 자극을 받아 분석하고 해체하고 재구성하는 역량을 정신에게 육성하는 교육 관행의 불가피한 우군이다.

상실의 왜소화 작용에 대한 두 번째 해법은 전심전력을 유발하는 활동에 참여하는 것이다. 전심전력의 대상과 기회는 이러한 헌신에 부합하지 않을지도 모른다. 맹렬함과 그 대상들 간의 공백은 처음부터 왜소화에 대한 취약성을 보여 주는 주요한 징표이다. 그러나 허비되고 오류에 빠진 맹렬함이라고 하더라도 전혀 맹렬함이 없는 것보다 낫다. 맹렬함은 죽음 앞에서 삶이라는 선을 긍정하고 향상시키며, 무근거성과 충족불가능성에서 일시적인 해방을 인간에게 제공한다. 우리는 더 가치 있는 대상을 형성하려는 노력에 복무하면서 삶이 생성하는 힘을 동원할 수 있다.

어쨌든 여기서도 사회의 조직은 정치의 대체물로서의 덕성에 비중을 가감함으로써 우리의 주체의 변혁을 독려하거나 억제한다. 노동의 조직은 세 가지 원칙에 일치하는 한도 내에서 왜소화에 저항하는 인간을 지원한다.

첫 번째 원칙은 감독 활동과 집행 활동의 구분, 계획 수립과 계획 집행의 구분, 나아가 일반적으로 분화된 노동 역할의 구분을 상대화해야 한다는 원칙이다. 생산적 실험주의와 협동의 선진적인 관행들이 경제와 사회의 광범위한 부문들로 확산되는지 여부는 선도적으로 정부와 기업 간의 관계에서 이윽고 재산과 계약의 체제들에서 제도적 쇄신의 방향에 따라 달라진다.

두 번째 원칙은 인간이 반복을 터득한 모든 일에는 기계가 인간을 대신하도록 기술의 이용을 조직해야 한다는 원칙이다. 우리는 그러한 발견 결과들을 공식으로 전환하고 이제 공식을 기계에 구현할 수 있게 된다. 가능한 한 최대한 사회는 인간이 아직 반복의 방식을 터득하지 못한 일을 위해 시간을 저축할 수 있도록 인간을 돕는다. 공식화되지 않은 활동들은 우리의 필멸성, 무근거성, 충족불가능성에서 일시적 집행유예를 제공하는 열정적인 참여를 유발할 더 높은 개연성과 가치를 가진다. 공식화되지 않은 활동은 이러한 맹렬함이 반복의 가수(假睡) 상태에 오염되지 않도록 하는 데에 일조한다.

세 번째 원칙은 경제적으로 종속적인 임금노동이 자유노동의 지배적인 형식으로서 협동[기업]과 독립 자영업에 점차 양보해야 한다는 원칙이다. 계약적 고용관계는 그 조정 조건들과 재산상 특권들의 안정적인 융합태와 더불어 실험주의적이고 유연한 생산이나 공식화되지 않은 노동의 일반화에 우호적인 구조를 제공하지 못한다. 임금노동이 자유노동의 지배적인 체제로서 독립 자영업과 협동의 결합에 양보하는 경우에만 상상력은 더욱 완전하게, 나아가 더욱 많은 사람들에게 실천적이고 생산적인 활동들을 조직하는 모형으로 변할 수 있다.

이와 같은 변화들이 존재하지 않은 경우 전심전력을 유발하는 활동에 대한 몰입의 경험은 황홀한 변칙태들(도피구와 위희)로 그칠 공산이 크다. 몰입 경험의 도덕적·사회적 의미는 전심전력에 기초한 참여가 일어나는 맥락 자체를 수정하기 위한 출발점으로 그 경험을 사용하는지에 달려 있다.

상실의 왜소화 결과에 대한 세 번째 해법은 우리가 되었을 수도 있는 주체들, 즉 우리가 포기하였던 경로에서 귀결되었을 수도 있는 주체들뿐만 아니라 우리의 유전적 소질이나 사회적·역사적 운명을 고려할 때 항상 우리의 영향권 너머에 존재하였던 주체들까지도 상상할 수 있는 우리의 능력을 개발하는 것이다. 하나의 삶의 경로를 택할 때 우리는 다른 많은 경로들을 포기한다. 많은 경로를 포기할 때 우리는 이러한 삶의 경로들이 형성했을 수도 있는 개인들이 되기를 멈춘다. 우리는 그럼에도 불구하고 마치 잃어버린 지체들의 허깨비 같은 운동을 느끼는 능력을 계발하는 것처럼 우리가 포기했던 경험 형식에 대한 상상력을 함양할 수 있다.

우리가 포기한 경험을 상상하는 능력은 이 책 전반부에서 논의한 세 가지 위대한 영적 지향의 역사들과 결부된 하나의 역사를 가진다. 미래의 종교는 고등종교들의 공통적인 전제, 즉 사람들 간 구분들의 실재성과 권위를 무시하는 것을 재차 확인한다. 미래의 종교는 삶과 사상의 구조들에 대한 우리의 초월에 부여한 중요성의 결과로서 이러한 구분들의 실재성과 권위를 무시하는 것에 더욱 현실적인 의미를 부여한다. 이러한 구분들의 힘은 그와 같은 삶과 사상의 구조들에 달려 있다.

세계초극의 교리 중 특징적인 테제의 하나는 공감의 진정한 기초가 구분된 주체의 비실재성에 있다는 주장이다. 이는 서구 철학사에서 쇼펜하우어가 체계적으로 표현한 관념이다. 세계와의 투쟁의 철학과 신학에서 주체는 실재적일 뿐만 아니라 헤아릴 수 없는 차이와 깊이를 가진다. 미래의 종교는 이러한 견해를 세계와의 투쟁의 세속적이고 성스러운 형태들에게서 유산으로 물려받았다. 이 견해는 왜소화에 대한 반란의 전제이자 신성한 존재의 속성 중 인간으로서 접근 가능한 속성에 대한 우리의 몫을 증강시키려는 시도의 전제이다.

이러한 믿음들로 형성된 사상 전통에서 작업한 흄과 같은 철학자들은 그럼에도 불구하고 개인적 주체들을 분리하는 장벽을 가로질러 타자와의 유대의 인정 위에 동료감정을 정립하려고 했다. 이 견해에 따르면, 공감은 공유된 본성의 존재와 인정에 의존한다.

그러나 동료감정의 기초는 종의 그 어떤 본성보다 심오하면서 동시에 더 적극적이다. 그 기초는 모든 개인의 형성적 경험에서 힘을 얻는다. 그래서 개인은 다른 경로를 취하고 다른 주체가 되었을지도 모르고, 개인이 포기했던 다른 경험의 가능성들은 그가 보유했을지도 모르는 인성의 형태들이다. 주체가 택하지 않은 경로 중 어떤 것은 그의 신체나 여건에 기입된 계급, 젠더 온갖 특성들 때문에 접근 불가능한 것처럼 보인다. 그럼에도 불구하고 개인은 상실에 대한 상상력의 응답을 통해서 생물학적 사회적 행운이 다른 결과를 산출했더라면 이러한 다른 인성들도 자신의 인성이 되었을지도 모른다는 점을 배워 왔다.

괴테는 여건이 조금만 달라졌더라면 그가 저지르지 않았을 것 같은 범죄란 존재하지 않는다고 언급했다.[25] 일단 우리가 불가피한 상실이 공유된 인성에 미치는 영향을 인정하게 되면 우리 모두는 동료와 연관되어 있다는 점을 깨닫는다.

상상력이 상실에 제공할 수 있는 답변조차도 그 힘은 사회에 따라 달라진다. 그 답변은 무엇보다도 다른 시대와 상황에 놓인 타인의 주관적인 경험을 상상하는 능력을 발전시키는 교육의 성공에 달려 있다. 시와 소설 속에서, 생활과 의식의 형식들의 역사적 부침에 대한 연구에서 우리는 경험의 다양성을 평가할 역량을 향상시킨다. 우리는 인류가 그 권능을 서로 다른 방향으로, 서로 다른 제도적 체제들로 전진하는 경우에 자신의 권능을 발전시킨다는 진리를 파악하게 된다.

삶의 경로: 미라화

인생의 또 다른 결정적인 사건은 사회적 여건의 일상들뿐만 아니라 주체의 경화된 형태인 성격에 대한 습관적인 투항이다. 성격과 여건은 동행한다. 우리가 나이를 먹어 감에 따라 성격과 여건은 우리 각자를 에워싸고

---

25 이 말은 괴테의 비서였던 요한 페터 에커만이 남긴 《괴테와의 대화》에 나온다.

미라를 형성하고 그 안에서 우리는 수많은 작은 죽음들을 체험한다. 우리는 이와 같은 생명의 위축을 '미라화'라고 부를 수 있다. 여건과 성격에 대한 양면적인 투항의 위험은 너무나 일상적으로 실현되어서 이러한 위협은 내가 앞에서 논의한 상실과 마찬가지로 인생에서 항구적이고 결정적인 사건을 이룬다. 우리가 미라화의 위협을 막지 못한다면 우리는 상승할 수도 없고 삶이라는 선을 긍정할 수도 없고 신적 존재에게 돌리는 속성들 가운데 인간의 몫을 증강시킬 수도 없다.

미라화는 다른 두 가지 측면을 가진다. 우리가 이러한 악을 물리치고 삶을 더욱 완전하게 향유하고자 한다면 그 두 측면의 관계를 이해하는 것이 중요하다.

미라화의 첫 번째 측면은, 특수한 사회적 여건 속에서 일상화된 역할과 관행에 대한 투항이다. 그러한 여건 안에서 개인은 일련의 역할을 맡는다. 각 역할은 말하고 느끼고 행동하는 방법을 개인에게 가르치는 확립된 대본을 통해 완성된다. 개인은 타인이 그 자신에게, 동시에 그 자신이 타인에게 제기하는 촘촘한 요구들로 형성된 사회생활의 한 부분 안에서 이러한 역할을 포용하고 수행한다.

개인이 여건에 참여하는 방식은 탈출과 역량강화의 환상들을 포함한 환상의 날개를 자르는 일련의 타협들과 통제 요소들에 따라 형성된다. 개인은 일상과 반복의 껍데기 안에서 스스로 체념한다. 그 순간, 상실은 미라화로 이어진다. 개인은 희망을 상실한 채 삶을 허비한다.

미라화의 두 번째 측면이 존재한다. 주체는 마음과 행동의 습관에 고착되어 간다. 극단적으로는 경화된 주체는 사회적 역할과 마찬가지로 생각하고 느끼고 행동하는 방법을 개인에게 가르쳐 주는 대본을 제공한다. 경화된 주체는 자발성과 경이로움과 같은 생명의 징표를 파괴한다. 경화된 주체는 그지없는 동경들과 여건에 대한 비동조성을 지닌 불확정적인 주체를 대체한다. 경화된 주체가 일단 마스크가 되면 마스크는 얼굴로 변한다. 헤라클레이토스가 성격은 운명이라고 말했을 때 그는 이러한 재앙을 인간 조건의 근절할 수 없는 부분으로 기술했다. 그러나 삶의 경험에서 성격의 지위는 불변적인 운명보다는 생활 방식 및 세계 안에서의 인간 지위에 대한 관점의 결과이다.

우리에게 쉽게 떠오른 관념에 따르면, 재앙은 존재하지 않는다. 개인은 과도하게 경직될 수도 있고 또한 이 경직성은 현대의 정신분석이 말하는 집착적-강박적 장애로 서서히 변할 수도 있고, 극단적인 경우 히스테리와 정신분열에서 보듯이 인성은 대조적인 충동들을 통합하고 규제하는 데에서 결함을 보일 수도 있다. 아리스토텔레스의 윤리학을 떠올리게 하는 사유 양상으로 표현하면, 성격은 이러한 파괴적인 극단들 사이에서 행복한 중용이 될 것이다.

어쨌든 주체의 경화는 이렇게 안도감을 주는 행복주의가 행복한 중용으로 파악한 것에서 이미 드러난다. 어느 누구도 이와 같은 주체의 규율 질서를 획득하지 못하고 어느 누구도 인성의 큰 부분을 자신의 동결된 주체인 성격에 투항시키지 않고서는 이와 같이 규율된 주체를 악기처럼 연주하지 못한다. 어느 누구도 경험의 지평을 축소하지 않고서는 이러한 조화를 달성하지 못한다. 극단적인 경직성과 강박의 해악은 헤라클레이토스가 인간의 운명으로 기술하였던 현상(성격)에서 예고된다. 미래의 종교의 이와 같은 측면에서 제기된 문제는 주체의 경화를 있는 그대로 기술하고 이를 인간의 운명으로 수용하는 것이 아니라 주체의 경화에 대해 우리가 무엇을 해야 하는지다.

미라화의 두 가지 측면(특정한 사회적 지위에서 우리가 수행하는 역할에 대한 체념과 주체의 고착된 형태로서 성격에 대한 투항)은 서로 긴장 상태에 있는 것처럼 보일지도 모른다. 주체가 단순히 사회질서의 대리인이고 사회질서가 운명예정의 신학에서 신처럼 각 주체에 대해 계획을 가지고 있다면, 모든 유연성의 결여는 우리의 복무에 대한 제약 요소가 될 것이다. 이러한 설명에 의하면, 우리는 타인에게 우리의 행동이 이해 가능하고 예측 가능한 만큼만 경직성을 가져야하지만 우리의 여건에 따라 정신과 행동의 습관을 변화시키게 할 만큼 유연성도 가져야 한다. 사회의 제약과 성격의 강박요소들은 쉽게 화해시키는 것은 불가능한 것처럼 보인다.

그러나 그것들은 화해된다. 양자의 화해는 우리 각자를 에워싸고 삶이라는 선을 우리에게서 부인하고 우리로 하여금 오직 한 번만 죽는 것을 방해할 우려가 있는 미라를 형성한다. 우리의 행위 형식은 성격의 강박에 의해 고안된다. 그러나 우리가 갖는 욕구의 내용은 좀체 우리 자신의 것이 아니다. 우리의 믿음처럼 우리의 욕구도 대체로 다른 사람들의 욕구를 모방한 것이다. 우리는 보통 타인이 욕구하는 것을 욕구한다. 우리의 욕구는 동물들의 욕구처럼 불확정적이지만 그 내용은 우리가 형성할 만큼 텅 빈 것이라기보다는 대체로 사회에 의해 충전된다. 그리하여 마치 욕구의 모방적 특성이 사회의 요구와 성격의 강박 간의 온갖 긴장을 완화시키기에 충분한 것처럼 모든 것이 일어난다. 어떤 사람은 내향적이고 다른 사람은 외향적이며, 어떤 사람은 용의주도하고 다른 사람은 충동적이고, 어떤 사람은 쉽게 의기소침하고 다른 사람은 유연하다. 각자는 여건과 운수에 따라 이용하고 이용당하지만 모두 다 부르도록 배워 온 노래를 부를 것이다. 그들은 자신을 위해 노래하고 심지어 작곡했다고 믿는 경우에도 사회를 위해 노래할 것이다.

원칙적으로 온갖 제약된 맥락에 대한 우리의 초월성을 표현하는 욕구가 공허하고 불확정이라는 점은 그리하여 우리 안에서 모순을 야기한다. 우리의 욕구들은 사회나 역사가 우리를 포획하는 틀이 될 것이고 우리가 경직성의 한 가닥이기를 희망할 수도 있었을 자율성을 우리에게서 부인한다. 사회가 욕구의 삶에 침입하기 때문에 우리는 더욱 완전하게 우리 자신을 향유하는 일에 착수할 온갖 전망을 상실한다.

이와 같이 미라의 두 측면(사회에 대한 순응과 성격에 대한 투항)은 공존하고 심지어 수렴하기에 이른다. 두 측면의 수렴은 우리를 위축시킨다. 그러한 수렴은 현재의 삶을 더욱 완전하게 향유하는 일을 시작할 권능을 우리에게서 부인하고, 우리를 실존의 나른한 모조품으로 선고한다. 그러한 수렴은 우리를 조금씩 죽임으로써만 우리에게 죽음을 준비시킨다. 결과적으로 우리는 또한 신성의 징표들에 대한 우리의 몫을 더는 증가시키지 못한다. 우리는 우리의 신성을 미라에게 양보하면서 동시에 우리의 인성마저도 미라에게 넘겨준다.

인류의 역사적 경험의 많은 부분에서 미라화의 힘은 베일에 싸여 있다. 경제적·문화적 압제는 여타 모든 통제를 덮어 버리고 대다수의 보통 사람들을 생산의 바퀴에 묶어 두고 그들에게 생존을 위한 반복적이고 비루한 노동을 부과한다. 동시에 이러한 압제는 굴종을 수용하게 하는 데에 종교와 철학의 권위를 동원한다.

비판가들과 예언가들의 상상에 따르면 사회질서가 완전히 전복되고 또한 고착된 사회적 분업과 위계제의 오염에서 정화되기만 한다면 우리는 마침내 자유로워질 것이다. 이렇게 기다리던 해방 대신에 시장의 민주화, 민주주의의 심화, 교육의 해방적 임무를 통해 가능해진 사회계급 구조의 약화가 그럼에도 불구하고 우리를 미라로 만들 수 있다는 점을 우리는 깨닫게 될지도 모른다. 우리는 이윽고 사회 재구성의 보상이라고 생각했던 자유에 기만당했으며, 하나의 예속 상태에서 깨어나서 결과적으로 다른 예속 상태에 굴복하게 되었다고 느낄 수 있을 것이다. 이러한 자각이 사회의 제도들에 반란을 일으키지 않을 이유나 사회제도들을 쇄신하지 않을 근거를 제공하지 않는다. 대신에 그 자각은 사회질서의 개혁이 인간의 상승을 위한 불완전한 기초를 의미한다는 점을 이해할 수 있게 한다.

인간의 희망들이 세계와의 투쟁의 성스러운 전통과 세속적인 전통에서 영향을 지속적으로 받고 있는 사회와 문화라면 미라화에 대한 유일한 방책은 우리가 정치적 재구성의 미래나 신에 의한 구원의 미래에서 추구하는 위대한 삶이라는 선인 것처럼 보인다. 그러나 이와 같이 위대한 삶을 역사적 혹은 초역사적 미래에 투사하는 것은 현재의 삶에서의 소외를 수용하는 것이다. 미라화는 이와 같은 현재에서의 소외를 확정한다. 미라화는 삶에 대한 자초한 위축 형태로 현재에서의 소외를 확정하고 우리는 절망, 공포, 소진 속에서 그러한 위축 형태에 투항한다.

그리하여 삶은 두 가지 위축 형태 사이에서 하나의 움직임으로서 허비된다. 우리는 우리 자신에 맞서 우리의 최고선을 탕진하는 데에 공모한다. 미라화를 통해 우리는 시간, 우리의 삶에서 쏜살같이 지나가는 비할 데 없이 소중한 시간을 죽인다. 고차적인 것을 우리가 붙잡을 수 없는 미래에 투사함으로써 우리는 삶을 우리가 결코 살고 있지 않게 될 시간에 넘겨준다. 우리가 마음 깊숙한 곳에서 예전에 믿지 않게 되었던 세속적 혹은 성스러운 반란의 희망을 줄곧 품고서 우리는 몽유증과 근심 사이에서 우리 자신을 생매장하기 시작한다. 성격의 굴성과 여건에 대한 순응 사이에서 우왕좌왕하고 현재를 부인하는 환상 속에서 위안을 구하면서 우리는 소중히 여기고 보존해야 할 선을 파괴하는 데에 공모한다. 죽음의 공포에 흔들린 나머지 우리는 미라와 몽상가처럼 삶을 계속 살아감으로써 죽음을 예기한다. 미래의 종교의 중요한 관심사는 이러한 조건에서 우리를 구원하는 것이고 최고의 가치, 살아 있는 동안의 삶에 대한 우리의 권리를 재확인하는 것이다.

답변의 시작은 인간 경험에서 반복의 역할을 논하는 것이다. 성격의 강박과 여건의 제약들에 투항하는 것은 미라화의 본질 징표이다. 미라화의 두 측면은 경험에 대한 반복의 우위성을 공유한다. 그런데 이 우위성은 삶에서 충일성, 다산성, 자발성의 특성들을 제거할 우려가 높다.

어쨌든, 키르케고르가 반복과의 전면전을 실존에 대한 전쟁으로 본 점은 옳았다.[26] 어떤 관념의 시각 아래 조직된 반복들은 사회의 제도적·이데올로기적 구조와 우리가 덕성이라 부르는 선을 행하는 습관적 성향을 규정한다. 반복이 없다면 삶도 없고 집단적 실존도 없다.

반복에 대한 무제한의 적대성은 정신과 구조 관계에 대한 앞선 논의에서 '사르트르적 이단'으로 불렸던 것의 특성이다. 이 이단의 첫 번째 계기는 셈족 구원종교 안에서 신비적이고 일원론적인 요소들[27]이었다. 중동종교의 정통들에 대한 이러한 역류들에서 구원에 이르는 경로는 끝없는 부정을 거친다. 역설적으로 이 경향들은 또한 전체 세계를 신과 동일시하지 않고 신의 구성 부분으로 표상한다. 그러나 여기서 전체 세계는 구체적이고 분화된 형식을 취하는 세계가 아니라 오로지 모든 분화를 뛰어넘는 통

26　키르케고르는 《반복Wiederholung》(1843)에서 반복은 과거의 느낌을 되살려 내려는 시도로 이해한다. 약혼녀와 약혼을 깨뜨려야 할지 고민하는 부분에서 약혼녀 레기나 올센과의 파혼 과정에서 윤리적 딜레마를 표현하고 있다. 진실로 행복한 기억은 반복되지 않는다.

27　신비주의 혹은 부정신학via negativa을 가리킨다.

일체로서 세계를 의미한다.

반복에 대한 전쟁의 두 번째 계기는 19세기 낭만주의 운동과 그 후기 낭만주의 후속편들에 있다. 우리가 영霗을 사회, 사상 또는 성격의 구조들이 소진시킬 수 없는 우리의 권능에 관한 것으로 정의한다면 이제 모든 반복은 그것이 제도적이든, 개념적이든 혹은 성격적이든 상관없이 영에 대해 불가피한 것이자 동시에 영을 파괴하는 것으로 간주된다. 낭만주의자는 구조들의 반복적이고 집요한 인정으로 귀의한다. 낭만주의자는 구조들의 성질뿐만 아니라 내용을 변화시킴으로써 구조와 우리의 관계를 영구적으로 변화시키는 우리의 능력을 포기한다. 그럼에도 불구하고 낭만주의자는 우리가 정기적으로 구조들의 지배를 민중봉기, 비합리주의 사상, 낭만적 사랑, 끝없는 모험을 통해 흔들 수 있다고 믿는다. 낭만주의자에 따르면, 우리는 바로 이러한 간헐적인 순간들에서만 참되고 완전하게 산다.

이 주제들에다 주체의 통일성 혹은 통일적인 주체의 가치에 대한 불신을 더하면 세 번째 실존적 계기가 도래한다. 구조에 반란을 일으키는 자는 구조 부정적인 권능을 행사하면서 더 이상 영으로서의 주체가 아니라 자신의 시간적 상황에서 일시적인 경험과 동일시되는 인격으로 변한다.

세 가지 모든 계기에서 사르트르적 이단은 인간 조건의 주요한 측면(구조에 대한 반란을 통해서가 아니라 구조를 쇄신하고 구조에 저항하는 우리의 권능에 구조를 더욱 개방시킴으로써 구조와의 관계에서 형세를 역전시키는 우리의 능력)을 통찰하는 데에 실패했음을 보여 준다. 우리는 사회에서든, 사상에서든, 성격에서든 평가해 줄 만한 모든 경험을 수용하는 구조가 존재한다는 믿음인 헤겔적 이단에 귀의하지 않고서도 이러한 권능을 올바르게 포착할 수 있다.

경험에서 반복의 편재성을 올바르게 다루려면, 세계와의 투쟁에서 정신과 구조의 억압된 정통을 반드시 명료화하고 급진화해야 한다. 세 가지 원칙은 경험에서 반복이 하는 역할에 대한 답변과 관련하여 이 억압된 정통의 결론들을 계시한다.

첫 번째 원칙은 반복은 반복에서 탈피하기 위해 사용되어야 한다는 원칙이다. 이 원칙과 매우 대조적인 두 사례(기계와 노동의 바람직한 관계와 음악에서 협화와 불협화의 관계)를 고려해 보자.

반복의 방법을 터득한 것이라면 무엇이든지 우리는 이를 공식으로 표현할 수 있다. 우리는 공식의 형태로 표현하는 방법을 터득한 것은 무엇이든지 물리적 장치인 기계로 구현할 수 있다. 인간 권능을 전개하는 데에 기계를 최상으로 이용하는 방법은 반복의 방법을 터득한 일에 우리 대신 기계를 투입함으로써 반복의 방법을 아직 터득하지 못한 일을 위해 우리의 최고 자원, 어떤 의미에서는 유일한 자원인 인생의 시간을 아껴 두는 것이다. 인간의 경험에서 반복적이지 않은 일의 역할을 증대시킴으로써 우리는 더욱 신처럼 됨과 동시에 더욱 인간적으로 된다. 반복의 올바른 위치를 확립하는 것은 우리에게 구차한 삶을 선고한 주문을 깨뜨리는 것과 관련된다.

음악의 형성적 특성은 반복에서 새로움으로의 움직임이다. 반복은 협화로 들리고 반복에서의 이탈은 불협화로 들린다. 음악이 유일하게 혹은 심지어 기본적으로 반복이라면 음악은 우리가 죽음을 기다리듯이 우리를 몽롱한 의식 상태로 몰아넣은 최면과 유사한 주문이다. 1770년경부터 1820년까지 유럽 음악사의 고전파 같은 음악 양식은 우선적으로 협화와 불협화 간의 공존을 유지하는 특수한 방식이다. 불협화를 평가하고 협화에 대한 우리의 감각을 확장하는 능력의 향상은, 굳이 말하자면 음악 양식사에서 수열數列 규칙이다.[28] 여기서 우리의 음악적 역량의 계발은 인성의 신성화 기획과 합류한다.

덕성도 마찬가지다. 습관적 성향으로서 덕성은 반복에 의존한다. 그럼에도 불구하고 신성화의 덕성 중 새로움에 대한 개방성의 역할과 이러한 개방성과 타자에 대한 개방성의 연결은 반복이 반복되지 않은 것과의 연결을 통해서만 가치를 획득한다는 점을 시사한다.

비非반복의 심리적인 의미는 종점을 향해 단호하게 불가역적으로 움직이는 인생에서 시간의 흐름에 대한 지각을 포함해 의식을 예리하게 하는 데에 있다. 반복이 경험을 지배한다면 반복은 죽음의 암시다. 반복이 반복되지 않은 것을 위해 기초를 제공한다면, 반복은 생명의 벗이다.

두 번째 원칙은 반복의 성격을 변화시키려 노력하는 것뿐만 아니라 용이하게 반복하는 방법을 아직 터득하지 못한 것을 위해 공간을 확장하려는 목표와 반복을 결부시키는 것도 중요하다는 원칙이다. 나는 반복의 성격에서 이러한 변화가 사회의 제도적 조직에 대해 무엇을 의미하는지(점진적인 쇄신의 기회를 증가시키고, 그 수단을 창조하면서 자체 수정을 용이하게 하는 구조)를 기술해 왔다. 시장경제, 민주국가 혹은 독립적인 시민사회를 조직하는 그러한 방식은 일상적인 구조보존적 활동과 예외적인 구조변경적 운동[29] 간의 격차를 축소한다. 그렇게 함으로써 이러한 조직 방식은 구조에 투항하지 않으면서 우리가 생활 형식에 전심전력으로 참여할 수 있도록 하며, 정신과 구조 관계의 진리를 더욱 완전하게 실행하도록 허용한다.

---

28 예컨대 고전파 음악에서 소나타 형식은 수학적 황금분할 비를 반영하고 있다.

29 원문에서 '구조보존적인structure-preserving'이라는 표현이 두 번 사용되었는데, 하나는 '구조변경적인structure-changing'의 오식으로 보인다.

정상과학[30]이 혁명적 과학의 속성을 획득하기 시작하는 때에 사유 관행에서도 유사한 변화가 발생한다. 특정 분과의 담론은 자기 담론의 전제들을 고려하기 시작한다. 분과담론은 사상사의 특성을 이루는 내용의 변화와 방법의 변화 간의 변증법을 촉진시킨다. 우리는 드문 "패러다임 이동"을 더 이상 기다릴 필요가 없다. 패러다임 이동은 세계에 대한 우리의 지식을 향상시키려는 일상적인 시도의 과정에서 점진적으로 일어난다. 패러다임 이동을 생성시키는 권능은 소수의 천재들의 수중에 유보되지 않는다. 그 권능은 인류 속에 더욱 널리 확산되어 있다.

제도적 질서나 사상 분야의 실체에서보다는 그 성질에서의 변화는 경험의 더 일반적인 양상의 특수한 경우가 된다. 우리는 반복이 혁신에 기여하게 할 뿐만 아니라 반복의 작동 방식도 변화시킨다. 우리는 반복이 더욱 용이하게 스스로를 극복해 나가도록 반복의 작동 방식을 쇄신한다. 삶의 영위에 대해 쇄신이 갖는 의미는 다음 단계 논의에서 고려해야 할 주제이다. 당분간, 반복이 우리로 하여금 더욱 완전하게 현재의 삶을 향유할 수 있게 할 목적을 위해 반복에 맞서 반복을, 습관에 맞서 습관(심지어 유덕한 습관도)을 이용하는 성격(성격과 개인의 관계가 제도적·이데올로기적 질서와 사회의 관계 그리고 포괄적인 이론이나 패러다임과 과학의 관계와 동일하다면)의 형성을 요구한다고 말하는 것으로 충분하다.

세 번째 원칙은 정치와 사상에서 이러한 이상을 향한 집단적 전진과 생활 방식에서 이러한 이상을 향한 진보 사이에는 상호의존성과 부분적 대

---

30 '정상과학'은 토마스 쿤이 《과학혁명의 구조》에서 주장한 개념이다. 과학의 역사에서 특정한 시기에 당대 과학자들에 의해 공식적으로 인정되는 사고틀로서 패러다임이 존재하며, 패러다임이 형성되고 나면, 그 다음에는 개별적인 상황을 통해 해석하는 일만 남게 되는데, 바로 그러한 역할을 수행하는 것이 정상과학이다.

체성이라는 친밀한 관계가 존재한다는 원칙이다. 앞서 기술한 방향에서 반복의 짐을 완화시키고 반복을 독특하고 새로운 것에 동원하고자 그 제도적 인식적 구조들이 변화해 온 사회와 문화에서라면 성격과 여건에 개성을 투항시키는 것에 대한 개인의 저항은 더 용이해질 것이다. 집단적 성취는 개인의 해방을 용이하게 하고 삶의 경험을 강화할 것이다. 실존을 재정립하고자 걸어야 할 여정은 더 단축될 것이다.

대조적으로 이러한 방향으로 사회와 사상의 개혁이 덜 되어 있는 사회에서라면, 우리의 도덕적 분투는 사회질서의 결함을 그만큼 더 보완해야 한다. 역사는 개인의 전기傳記에 그림자를 드리우지만, 우리는 그럼에도 불구하고 역사가 우리에게 주지 않았던 것을 우리 자신에게 부여하기 위해 행동할 수도 있다. 역사에 최종적인 발언권을 주지 않으려는 것은 도덕적 경험에서 영웅적 요소를 구성한다.

사회의 조직은 미라화를 물리치기 위한 노력에서 개인의 힘을 엄청나게 강화시킬 수 있다. 사회의 조직은 깊은 자유 관념의 각 측면에 관련된 세 가지 요구 사항을 만족시킴으로써 그렇게 한다.

첫 번째 요구 사항은 우리의 물질적 삶, 즉 노동의 일상 세계가 더는 굴욕과 압제의 영역이 되지 않아야 한다는 것이다. 이를 위해 우리의 목표달성이 과학의 발전과 사회의 풍요, 생산과 교환의 제도에 의존할지라도 우리는 (마르크스, 케인스 외 다른 많은 사람들이 바라고 예측했듯이) 희소성의 극복 상태를 마냥 기다릴 수 없다. 개인에게는 사회에서의 그의 지위와 상관없이 자원 자체뿐만 아니라, 자원에 밑받침되는 역량과 기회의 보편적 최저 수준이 보장되어야 한다. 경제적으로 종속적인 임노동은 자유노동의 지배적인 형태로서의 지위를 점차 내놓아야 한다. 종속적인 임노동은 자유노동의 고차적인 변형들, 즉 분리하든 결합하든 독립 자영업과 협동(기업)에 점차 양보해야 한다. 기계가 수행할 수 있는 반복적인 일을 사람에게 수행하도록 해서는 안 된다.

두 번째 요구 사항은 개인은 현재의 믿음과 제도의 전제專制에서 자신을 해방시키는 교육을 사회로부터 받아야 한다는 것이다. 이 교육은 지식을 해체하고 재구성하게 하는 기술에 역점을 둔다. 이러한 교육은 분석적 및 종합적 역량을 획득할 도구로 정보를 심층적으로 선별적으로 이용한다. 이 교육은 현재 맥락 안에서 사유하고 행동하는 능력을 강화시키려는 목표와 낯선 경험에서 영감을 더 훌륭하게 발견하기 위해 현재 맥락과 간격을 유지하려는 노력을 결합한다. 이러한 교육은 이중적인 시각, 즉 우리 자신의 눈을 통한 통찰과 우리 자신의 시공간과 떨어져 있는 의식 형태의 눈을 통한 통찰을 추구한다. 이러한 교육은 대조적인 관점에서 모든 주제에 접근함으로써 모든 관념의 논쟁적이고 조건부적인 성격을 활용하고자 한다. 그래서 무수한 보통 사람들 안에서 예언적 권능을 확산시키고자 한다.

세 번째 요구 사항은 반복의 올바른 지위에 관한 앞선 논의에서 제시한 방향으로 제도들의 내용뿐만 아니라 성격까지도 변화시켜야 한다는 것이다. 이 변화의 가장 중요한 거점은 민주정치의 재조직이다. 즉, 권력의 파편화(자유주의적 원칙)와 정치의 속도저하(보수적 원칙)를 분리하고, 공공생활에 대한 조직적인 대중참여 수준을 향상시키고, 정부 부서 혹은 권력들 간의 교착상태를 신속하게 극복하고, 국가의 특정 부분이나 사회의 특정 부분에서 미래의 대항모형의 탄생을 촉진하는 고에너지 민주주의의 창조이다. 민주주의 제도들은 우리가 다른 모든 제도를 변화시킬 기본 조건들을 설정하는 데에 기여하기 때문에, 여타 제도 변화의 실행보다 자연스러운 우선성을 가진다.

민주정치의 온도와 속도의 상승은 사람들이 사회 분업과 위계제의 거만한 구조의 그림자 아래 살기보다는 무수한 적대와 통합 기제들을 통해 의견과 이익으로 이합집산하는 다양한 집단적 활동으로서 민주정치의 관념을 사회질서가 따르도록 만드는 데에 일조한다. 사회는 민주정치라고 여기지는 것으로 변모할 것이다. 그러나 이러한 변화가 이루어지려면 민주정치는 현재의 모습과는 다른 것으로 변해야 한다. 개인적인 삶의 기회가 교육적·경제적 이익의 가족적 세습으로 형성되지 않고, 사회의 제도적 조직이 일상 정치의 중요하고 집요한 화제로 변하고, 사회와 사상의 기성 구조들에서의 혁신이 지금까지 진행되어 온 것보다 위기에 덜 의존하게 될 때 비로소 우리의 목표에 근접할 것이다.

정치적 제도와 관행에서 변화의 방향을 고취하는 원칙은 경제의 조직과 시민사회의 조직에도 시사점을 제공한다. 경제 문제에서 원칙은 시장이 유일하고 배타적인 법적·제도적 형태로 고착되어서는 안 된다는 점을 의미한다. 자본의 분산적 배정은 동일한 경제 안에서 사유재산과 사회적 재산이 공존하는 대안적 체제들을 통해 조직되어야 한다.

시민사회에 관해서, 이러한 원칙은 우리의 관행과 제도들이 국가 바깥에서 시민사회가 자체적으로 조직하는 것을 가능하게 해야 하고 또한 시민사회가 사회생활의 다른 영역의 재편을 위한 출발점으로 복무할 수 있는 실험을 시민사회 내부로부터 생성시켜야 한다고 시사한다. 공법과 사법이라는 전통적인 장치는 이러한 과제에 적합하지 않음이 입증되었다. 공법과 사법이라는 전통적인 장치는 제3의 사회법 영역 혹은 공적인 비국가법을 발전시키는 데에 충분하지 않다. 국가가 만들어서 사회에 부과하는 법과 나란히, 사회 자체가 상향식으로 창조한 다른 법을 수립할 필요가 있다.

동일한 충동과 관념은 정치, 경제, 시민사회에서의 이 모든 변화를 독려한다. 과업은 일상적인 구조보존적인 활동과 맥락수정적인 운동 간의 격차를 좁히는 것이다. 이와 같이 우리는 특정한 역사적 세계에 투항하지 않으면서도 참여할 수 있는 권능을 향상시킨다. 우리는 참여의 가운데서 우리의 권능을 보존하고 발전시킨다.

　이러한 방향으로 움직이는 사회와 문화는 미라화에 저항하는 우리의 역량을 향상시킨다. 그러한 사회와 문화는 우리를 각성시키고, 모든 순간에 너무나 간단히 망각하고 포기하는 선으로 우리를 소환한다. 그러나 사회질서의 재구성이 우리에게 도덕적 시련을 면제해 줄 수 없듯이, 사회생활의 고차적인 형식을 향한 우리의 전진은 주체 변혁의 요구에서 우리를 면제시켜 줄 수 없다. 이윽고 우리는 미라화에 대해 생각해야 하는 핵심 문제에 도달한다. 사회와 문화가 인간을 타락에서 구제하는 데에 거의 도움을 주지 못하거나 우리가 죽음을 맞이하기도 전에 우리에게서 생명을 앗아 가는 일에 적극적으로 공모한다면 우리는 어떻게 해야 하는가?

　삶을 미라에게 양도하지 않는 방식은 삶을 하나의 탐색으로 살아가는 것이다. 무엇을 탐색하는가? 그것은 마음을 다해 헌신할 사람들과 과업을 탐색하는 것이다. 미라화에 대한 저항은 우리에게 이러한 답변들 간의 올바른 관계를 파악하고 그에 따라 실존의 영위를 정립하도록 요구한다.

　이러한 이상은 물질적인 박탈과 사회적 압제로 신음하지 않는 인류의 소수 집단에게 유보된 사치품처럼 보일지도 모른다. 모든 사람에게 이 관심의 중요성은 물질적 희소성의 지배가 약화되고 예속의 구속력이 완화되는 때 더욱 분명해질 것이다. 통제 아래에 있을지라도 모든 사회 안의 인간은 보이는 것 그 이상이다. 회복과 저항을 위한 개인의 전략들은 최고선에 대한 사랑으로 추동되는 경우 또 다른 미래를 예언한다. 그 과업의 일부는 미래지향성을 현재를 살아가는 변화된 방식으로 전환시키는 것이다.

나는 이제 미라를 부수고 나오려는 노력으로 고취되는 삶의 영위에 대한 견해를 차근차근 전개해 보겠다. 인류의 정신사에서 지대한 영향력을 발휘했던 도덕적 관념들과 삶의 영위에 대한 견해를 비교함으로써 논의를 시작하겠다. 이어서 미라에 맞서 자신의 선과 권능을 재확인해 주는 삶의 징표들을 기술하겠다. 마지막으로 세 가지 반박을 검토하겠다.

여기서 옹호하는 방향으로 삶을 정립하려면 우리가 무엇을 해야 하고, 어떻게 살아야 하는지에 대한 믿음들을 다양한 방식으로 지배해 온 도덕적 관념들과 태도들을 제압하고 재해석하고 혹은 거부할 의향을 가져야 한다. 명료성을 위해서 특별한 논증 없이 차이점부터 열거해 보겠다. 논증은 이 책 전체에 걸쳐 있다.

우선, 그 힘과 매력을 그냥 흘려 버릴 수 없는 두 가지 전前철학적인 도덕적 태도들을 고려해 보자. 그 태도들은 그릇되지만 그럴싸한 삶의 고난에 대한 답변이기 때문에 모든 문화와 시대에 무수한 변주 속에서 반복된다.

쇼펜하우어가 썼듯이 붙잡기 어렵고 고통스럽고 수수께끼 같은 실존은 우리를 폭풍이 휩쓸고 간 난파선에 붙잡힌 사람들의 위치에 놓는다.[31] 세계초극이 제공한 통찰과 같은 고차적인 통찰의 빛을 확보하지 못한다면, 그러한 빛을 확보할 때까지 우리가 궁극적으로 소유한 것이라곤 오로지 우리 서로이기 때문에 우리는 서로에게 집착하게 된다. 존재의 심연을 관통하

---

31 쇼펜하우어는 《의지와 표상으로서 세계》에서 삶이란 암초와 소용돌이로 가득 찬 바다이고, 무진
    애를 써서 헤쳐 나가려 하지만 결국 이 비참한 여정의 최종 목적지인 죽음이라는 난파선에 이른다
    고 적었다.

려고 하는 경우, 우리는 거기에 미치지 못하거나 혼동 속에서 헤맨다. 흄의 가르침에 따르면, 우리가 사변을 멈추고 사회와 관습에 참여하고 동료에 의한 우리 자신의 구제를 허용하는 때 우리는 환각에서 정상으로 귀환한다.[32] 집착과 참여는 우리가 희망할 수 있는 것으로서는 최상이다.

이 견해에 따르면 우리는 미라화에 대한 투쟁처럼 이러한 희망의 성취를 위협하는 모든 관행이나 이상을 거부해야 한다. 연대는 문화와 사회로 조직되거나 개인들 사이에 은혜로서 자발적으로 주어진 경우에만 고통을 경감시킨다. 이러한 태도가 답변할 수 없는 문제는 어떤 기초에서, 어떤 생활 및 사상의 형식에서 우리가 서로에게 매달릴 것인지이다. 어떤 형식은 우리를 위축시키기도 하고 다른 형식은 우리를 고양시킨다. 어떤 형식은 한탄이고 다른 형식은 예언이다. 미라화에 대항하는 운동에서 드러나는바, 미래의 종교의 전제는 사회와 믿음의 조직이 더 작은 삶에 안주할 수도 있고 더 많은 삶을 가능하게 할 수 있다는 것이다.

또 다른 전前철학적인 태도는 가장 단순한 이상(골칫거리를 피하라)을 강조한다. 골칫거리를 피하는 최상의 방법은 집에 박혀 있는 것이다. 집은 온갖 형식에서 삶과 사유의 제한된 여건이다. 볼테르의 조언에 따르면, 우리가 허황된 모험을 더 이상 상상하지 않기만 하면 우리는 고통을 훨씬 적게 겪을 것이고 타인에게 고통을 훨씬 적게 끼칠 것이다.[33] 그 허황된 모험이란 정치와 사상의 원대한 변혁적 기획을 의미한다. 그 모험들은 다른 사람들의 욕구와 중첩되는 많은 것 혹은 상상이 빚어낸 어떤 환상적인 선에 대한 개인의 무한한 분투이다. 미라화의 거부는 골칫거리를 찾아 나

---

32 흄의 《인간본성론》에 나오는 말이다.

33 볼테르의 철학적 풍자소설 《캉디드》 속 비관주의자가 그렇게 말하고 있다.

서는 성향에서 시작된다. 골칫거리를 찾아 나서지 않는다면 우리는 삶을 더욱 완전하게 향유할 수 없다.

삶을 미라에게 제물로 바치는 것에 저항하려는 우리의 결단을 약화시키는 실존접근들의 명단에는 바로 이어서 셈족의 유일신교들에 의해 부각된 구원의 길을 세속화하고 사소화하면서 현대 도덕철학을 자극하는 다양한 형태의 이론적 이타주의가 등장한다. 이론적 이타주의의 첫 번째 형태는 우리에게 최대 다수의 최대행복을 추구하라고 말한다. 안정적인 규칙들의 통제를 받지 않은 상황적 판단에 따라 혹은 쾌락이나 복지 계산법에 입각하여 우리가 평가하고 수정하는 규칙에 따라 우리는 최대 다수의 최대행복을 추구할 것이다. 이론적 이타주의의 두 번째 형태는 우리에게 우리가 보편화시킬 근거를 가진 규칙에 따라 행동하라고 가르친다. 규칙들의 보편성은 이익과 욕구로 오염된 견해의 치우침을 극복하고 타인을 목적 자체로 공정하게 대우할 수 있게 한다. 두 번째 견해와 그렇게 명료하게 구별되지는 않지만 이타주의의 세 번째 형태는 무지, 예속 혹은 이기심으로 왜곡되지 않은 상황에서 동의할 근거가 있는 규칙과 관행을 채택하라고 우리에게 조언한다. 그러한 여건에서 도량은 합리적 숙고로 정화되고 통제될 수 있다.

모든 이론적 이타주의 형태는 한결같이 공허함으로 기운다. 그 형태들은 독자적으로 창조할 수 없고 반드시 외부에서 가지고 들어와야 할 내용들에 형식을 부여한다. 이 형태들은 우리와 타자의 관계라는 근본적인 문제(이기심의 무분별한 영향이라기보다는 주체의 투항과 예속 없이 연결하고 참여할 우리의 필요)를 오인한다. 모든 형태는 떳떳하고 싶은 욕구, 우리가 대금을 지불하고 채무에서 벗어나고 깨끗한 손을 보여 줄 방법을 알고 싶은 욕구를 본디오 빌라도와 공유한다. 그 형태들은 고난이나 변혁이 없는 가운데 기독교의 위축된 잔여에 이른다. 따라서 미라에 맞선 투쟁을 자극하는 목표인 삶의 고양에 해롭다.

미라화에 대한 저항을 밑받침하는 관념들뿐만 아니라 이 저항이 자극하고 동시에 의존하는 태도들에 대한 더 가공할 적수는 세계초극과 세계인간화에서 나오는 실존지향들이다. 이 지향들은 단순한 철학적 사변이 아니다. 그 지향들은 인류의 영적 경로에서 영구적이고 위험한 선택지들로 남는다. 이 지향들은 도덕철학자들의 추상적 관념들보다는 미라화에 맞선 투쟁과 더욱 밀접하고 흥미로운 연관을 갖는다.

이 책에서 세계초극으로 규정된 삶의 접근은 근저에 있는 유일한 실재의 삶이나 존재를 더욱 훌륭하게 공유하고 현상계의 각 부분과 우리의 연관성을 더욱 잘 인식하기 위하여 우리에게 환상들의 번거로움에서 탈피하라고 재촉한다. 이러한 삶의 접근과 미라화에 대한 투쟁이 중첩되는 지점은 이러한 접근이 단순, 열광, 경청과 같은 정화의 덕성들에 부여하는 가치다. 이러한 접근은 필수적인 케노시스kenosis에 형이상학적 기초를 제공한다. 케노시스는 중심적인 것을 더 잘 파악하기 위해 우리 자신을 주변적인 것에서 거리를 두게 하는 비움을 의미한다. 이러한 접근이 요청하는 감춰진 통일적인 존재에 대한 참여의 예민한 의식은 시간의 실재성을 부인하거나 위축시키는 경우에도 미래의 원대한 선의 약속뿐만 아니라 현재의 선을 제공한다. 이 접근이 요구하는 공감적인 행동은 신봉자들에게 이와 같은 고차적 수준의 실존으로의 상승에 대한 세속적인 장애물에 도전하려는 의향을 요구한다. 이 모든 방식을 통해 세계초극의 계율들은 내가 여기서 규정하고 옹호하는바 미라화에 대한 투쟁에 수렴한다.

어쨌든 세계초극의 계율은 삶의 영위에 중요한 최소한 두 가지 점에서 미라화에 대한 투쟁과 달라진다. 첫째로, 양자는 평정심이라는 최종 목표에 부여하는 가치에서 서로 다르다. 그러나 소란스러움이 없다면 삶도 없고 삶의 고양도 없다. 그 이유는 우리의 가장 중요한 일부 속성들에 대한 함축에 있다. 우리는 특수한 사회적·개념적 맥락들 속으로 투신하는 경우에만 삶을 긍정할 수 있다. 그러나 그러한 맥락들의 한계에 맞서 투쟁하지 못한다면 우리는 참되게 살지 못하거나 삶을 위축시키게 된다.

실존의 선에 대한 긍정을 희구한다면, 우리는 불가피하게 내부자이자 동시에 외부자가 되어야 한다. 어떤 과업에 마음을 다하는 참여의 경험 혹은 우리의 사랑을 수용하거나 거부할 수도 있는 우리와 동등한 타자에 대한 마음을 다하는 사랑의 경험은 시간이 한동안 멈춘 것처럼 보이게 한다. 그러나 실존의 정상적인 경로는 사회나 사상의 기성 체제에서 가장 우대받는 사람에게조차 냉혹하게 강요되는 여건의 한계들에 대한 고려를 요구한다. 그 한계와 투쟁하는 경우에만, 필멸성, 무근거성, 충족불가능성의 그림자 아래서 그렇게 투쟁하는 경우에만, 우리는 삶으로 깨어난다.

세계초극의 계율들이 미라화에 대한 저항 요구와 갈등하는 두 번째 지점은, 현실적인 역사적 세계에서 주체들 간의 구분을 포함해 시간과 구분의 실재들에 대한 태도이다. 우리는 우리의 기획과 연결에 붙잡혀 있다. 우리의 기획과 연결은 이윽고 우리가 통제할 수 없는 사건들에 인질로 잡혀 있다. 우리가 가장 사랑하는 사람들과 우리가 가장 소중히 여기는 과업의 운명을 포함해서 우리에게 가장 중요한 것은 우리의 삶의 시간적 범위 너머에 있다. 세계초극이 주장하는 행복관은 시간, 구분, 독립적인 주체성이 그 자체로 비실재적이거나 감춰진 통일적인 존재보다 덜 실재적이기 때문에 이 위협들은 비실재적이라고 가르친다.

어쨌든 미래의 종교가 세계와의 투쟁으로부터 인수한 믿음에 대해 그 위협들은 너무나 실재적이고 바로 이러한 위협의 부인은 실존에 해로운 환상을 의미한다. 현재의 삶에서 소외의 극복은 이 환상을 전제로 삼아서는 안 된다. 소외의 극복은 시간과 구분의 실재적 세계에서 미래, 실재적인 미래를 위해 사는 방식을 사유와 경험에서 항상 실존의 현재 여건들을 초월할 수 있는 행위주체로서 현재를 살아가는 방식으로 반드시 전환시켜야 한다. 이 확신들은 우리의 탐색에 하나의 방향을 제공하지는 못하지만, 이러한 탐색을 가능하게 하고 탐색에 생생한 의미를 부여한다.

세계인간화는 미라화의 악에 대해 다른 종류의 답변을 제공한다. 세계인간화는 근본적인 교리와 헌신에 기초하여 답변을 제공한다. 그 교리와 헌신의 내용은 인간의 관심들에 낯선 자연과 항상 무정부상태, 폭력, 압제로 빠져드는 사회라는 무의미한 세계에서 의미와 질서의 창조, 우리가 차지한 역할들로 인해 타인에게 지는 일련의 의무 위에 사회질서의 정초, 사회의 역할, 규칙, 관례들과 타인의 경험과 열망을 상상하는 능력의 누적적인 발전 간의 변증법을 통한 개선의 희망, 기성 사회체제에서 그 잔인성을 제거하려는 시도를 촉진하면서 기성 체제를 혁명적으로 변화시키려는 노력의 포기 등이다. 자기 계발에서 가장 앞서가는 사람들에게 유보된 세계인간화의 최고 이상은 우리 욕구와 의무의 자연발생적인 일치다. 그 경우 모든 타율성은 소멸한다.

이러한 사유 방식의 많은 부분은 이 책의 논의 및 제안과 일치한다. 예컨대, 우리와 타자의 관계라는 핵심적인 문제가 타자와 연결해야 할 필요와 온갖 연결이 야기할 수 있는 예속과 주체상실의 위협을 탈피해야 할 필요 간의 화해라는 관념, 그러한 화해를 성취하지 못하는 경우 삶을 고양시키거나 자유를 획득하지 못한다는 믿음, 이러한 방향으로 우리의 전진이 협동적 제도들의 개혁뿐만 아니라 타자의 경험에 대한 상상력의 강화에 달려 있다는 교리 등이다.

그러나 최소한 세 가지 중요한 지점에서 미라를 깨부수려는 기획을 정당화하는 관념들은 세계인간화의 중심적인 관념들과 상충한다. 첫 번째 지점은 예속 없는 연결의 성취를 희망할 수 있는 기반으로서 기성 사회질서를 수용하는 것을 거부해야 할 필요성이다. 역할에 기초한 의무와 상호적 책무의 이행을 통해서 또는 업적과 역량에 대한 강조를 통해서 기성 사회체제의 잔인성을 완화시키는 것만으로는 결코 충분하지 않을 것이다. 그 제도적 내용의 쇄신이 필수적이다. 사회와 문화의 구조를 격하시키지 않고서는 개인들을 존중할 수는 없다.

두 번째 상충 지점은 어떠한 역할이나 역할 체계도 가장 자유롭고 가장 평등한 사회에서조차 부적절하다는 점이다. 어떠한 역할도 어떠한 인간 존재에게도 딱 맞아떨어지지 않는다. 개인의 역할 수행이 양가적일 수밖에 없다는 사실이 드러난다. 우리는 역할을 원래 고려하지 않았던 목적으로 전향시키면서 역할을 수행하고 동시에 역할에 도전해야 한다.

세 번째 상충 지점은 우리와 타자의 관계에 드리워진 양가성이다. 사랑은 증오로 변하고 증오는 사랑으로 변한다. 이러한 양가성의 위치를 확인하고 이를 성격, 사회 혹은 사상의 공식으로 통제하려는 기획은 오로지 삶의 향상과 표현을 억압하는 경우에만 평정심과 평화의 유사품을 성취할 수 있다. 만일 해법이 존재한다면, 해법은 연결, 정화, 신성화 덕성들의 누적적 작용을 통해 주체를 고양시키는 것이다. 이와 같은 고양은 가능하다면 고차적인 협동 형식의 배경 아래서 일어나야 하고, 필요하다면 그러한 배경 없이도 일어나야만 한다.

역할에 기초한 상호성에 따라 자기 도야와 절제를 통해 자신의 고귀함을 신뢰하고 사회 및 자신과 화해를 이루며 포괄적인 자비심을 성취하는 거장의 이상은 오직 한 번만 죽는다는 희망 속에서 미라에 대한 저항을 고취하는 비전과 충돌한다.

미라화에 대한 승리의 토대로서 세계초극과 세계인간화가 부적절하다는 주장은 하나의 적극적인 견해, 즉 미라화의 위협을 방지할 수 있는 삶의 성격들에 대한 견해를 낳는다. 이 주장들이 일깨운 목표들로 규정된 삶은 몇 가지 징표들을 가질 것이다. 그 징표들은 동일한 생활 방식의 다른 측면들로 잘 파악될 정도로 서로 밀접하게 연결된다. 그 징표들의 어떤 것도 고립적으로 파악하면 오해를 유발한다. 징표들의 의미와 파급 범위는 그 징표들을 인간 상호 관계의 관점에서 보면 더욱 분명해진다. 그 징표들을 성취하는 것은 분투의 목표이자 성공의 확인이다.

그 징표들은 규칙들의 체계를 낳지 못한다. 다시 말하면, 우리의 도덕적 관념들을 규칙 체계로 조문화하는 것은 이러한 사유 방식에 이질적인 기획이다. 이 규칙들이나 원칙들이 삶의 영위에 지침을 제공하는 데에 공허하거나 무능하지 않다면 그것은 너무 많은 내용을 포함하고 우리 관심의 중심에 있어야 할 주체의 변혁과 사회의 변혁이라는 과업을 대체할 것이다.

이러한 생활 방식의 첫 번째 징표는 그 방식이 성격의 형태를 취한 주체의 경직화에 저항하려는 성향을 드러낸다는 점이다. 이 성향은 또한 삶의 가능성들과 경험의 자극들에 끝까지 개방적인 성격을 형성하려는 노력으로 기술될 수 있다. 이러한 성격 혹은 반反성격은 어떤 모습인가? 그것은 충일성, 다산성, 자발성의 특성을 지닌 존재양상을 보인다. 그러면서 성격과 생명 간의 차이점을 해소하고 성인에게서 아동의 매력과 맹렬함을 재발명하려고 한다.

성격으로서 충일성은 친숙한 것의 범위 바깥에 있는 경험의 영감과 가능성들에 대한 접근성을 의미한다. 인접한 가능성들은 주체의 과거가 제공하는 모범과 모형들과 같은 정도로 실재적인 것으로서 정신 속에 살아 있어야 한다. 삶의 경로에서 접근 가능한 것들을 걸러 내는 깔때기는 죽음의 도래에도 불구하고 좁아지기보다는 넓어져야 하고, 그 결과 성인도 아동과 마찬가지로 주변 세계에 의해 환희나 공포로 꼼짝 못하게 된다. 규칙적인 일상과 반복에 내맡겨진 위축된 삶의 잠에서 성인의 각성은 이제 다음에 해야 할 실현 가능한 조치들에 대한 감각으로 유지된다. 그는 더욱 완전하게 삶으로 깨어났기 때문에 활달할 뿐만 아니라 귀를 기울인다.

성격상 자발성은 주체의 발달에서 현재에 대한 과거의 지배가 약화됨을 의미한다. 그전에 우리가 했던 것은 다음에 무엇을 할지를 예측하는 데에 그다지 도움이 되지 못한다. 경로의존성은 항상 존재한다. 그러나 우리가 경로의존성을 감소시킬 때 우리는 더욱 활기차게 된다. 불교와 연관된 형이상학적 관념들이 제안하였듯이 실존은 일련의 찰나적인 주체들로 분해되지 않는다. 오히려 성격의 굴성屈性에 기입된 공식 같은 계속성이 주체의 계속성에 가하는 압박은 가벼워진다.

충만성과 자발성은 혁신된 경이로움과 다산성, 새로움(무엇보다도 새로운 경험, 새로운 연결, 새로운 참여들)의 영구적인 창조를 가능하게 한다. 그러한 창조의 의미는 사회, 사상, 성격의 확정적인 모든 여건을 초월하려는 우리의 권능을 보여 주고 발전시키고 그렇게 함으로써 더욱 생생하게 변화시키는 데에 있다.

이러한 생활 방식의 두 번째 징표는 주체와 특정한 역할의 동일시에 대한 거부뿐만 아니라 역할과 연결된 규칙과 기대를 무턱대고 수용하는 것에 대한 거부이다. 역할 체계의 배후에 있는 것은 사회체제와 문화적 비전의 결합이다. 사회체제는 협동을 위계제에 결부시킨다. 문화적 비전은 사회의 추상적 관념을 일련의 인간 결사 모형(다양한 사회생활의 영역에서 사람들이 서로를 어떻게 처우할 수 있고 처우해야 하는지에 대한 규정적 견해들)으로 변환시킨다. 사회적 역할은 사회체제뿐만 아니라 그 체제 안에서 문화적 비전까지 포함한다. 사회적 역할을 수용하는 것은 체제와 비전을 수용하는 것이다. 이를 수용하는 것은 사회와 문화의 구조들과 우리의 관계에 대한 가장 중요한 사실, 즉 권능과 파급 범위에서 우리가 우리 자신의 집단적 창조물을 능가한다는 사실, 만일 그러한 창조물을 우리의 분투와 사상의 절대적 준거틀로 간주하면 우리는 완전히 인간적일 수 없다는 사실을 부정하는 것이다.

이러한 사실이 접근 가능한 관행적인 역할들의 수행에 대해 의미하는 것은, 우리가 관행적인 역할들에 연관된 표준들과 이 역할이 발생시키는 기대를 아무런 도덕적 의미도 없는 것처럼 무시할 수도 없고, 그 표준들과 기대들을 인간 상호 간의 의무와 우리 자신에 대한 의무의 결정적인 요소로 간주할 수도 없다는 점이다. 이 경쟁적인 고려 사항들을 저울질할 수 있는 공식은 존재하지 않는다. 차등제만 존재한다. 역할 체제를 출현시킨 사회적·문화적 체제가 깊은 자유의 원칙들을 더 많이 표현할수록, 고차적인 협동 형식을 더 많이 지지할수록, 역할에 기초한 표준과 기대들이 합당하게 누릴 권위는 그만큼 더 커지게 된다.

헤겔적 이단(우리가 가치를 부여할 만한 모든 경험과 활동을 수용할 수 있는 확정적인 구조가 존재한다는 믿음)의 허위성이 함축하는 것은 이러한 차등제의 어떠한 지점에서도 역할과 결부된 대본에 전적으로 굴복해서는 안 된다는 점이다. 사회문화적 질서는 무제약적인 신용을 누리지 못한다. 어떠한 사회문화적 질서도 예언가적 비전(뛰어난 영감을 가진 소수의 비상한 개인들의 대단한 비전들뿐만 아니라 상당히 운수 좋은 인간들의 쏠쏠한 깨달음)

의 필요를 억압하지 못한다. 역할 체계는 기성 사회 세계의 재생산을 위해 존재하는 반면, 크든 작든 비전은 도전을 요구한다.

우리는 크든 작든 대본을 찢어 버려야 한다. 대본에 의존하는 사람들을 실망시키지 않고서는 대본을 찢을 수 없다. 역할들 및 이 역할들이 발생시키는 요구와 충성은 나란히 간다. 역할들에 도전하는 때에 우리는 역할들과 연관된 충성을 밀쳐 낼 의도를 드러낸다. 우리는 그렇게 해서 개인적 배반의 경계에까지 이르고, 도전적이고 변혁적인 경로를 선택할 때 경계를 넘어가는 위험을 감수해야 한다.

우리는 역할이 본래 지지할 의도가 전혀 없었던 목적에 복무하도록 역할을 동원하면서 기성의 역할을 수행해야만 한다. 그러나 성실하게 역할을 수행하려고 하는 경우에도 역할과 내적인 간격을 유지해야 한다. 더 훌륭하게 비전을 실행하거나 다른 미래를 예고하고자 한다면, 역할을 재발명하는 투쟁을 전개해야 한다. 역할을 수행하고 동시에 역할에 저항함으로써 우리는 더욱 크고 더욱 활기찬 존재로 변화한다. 그러나 타자와 우리 자신에게 문제를 일으키지 않고서는 그러한 일을 수행할 수 없다.

이 같은 열망의 빛 아래서 사는 삶의 세 번째 징표는 사회적 역할들에 대한 이중적인 관계의 의미를 일반화한다. 우리가 참여하고 있는 사회와 사상 체제들에 대해 우리는 내부자임과 동시에 외부자여야 한다. 내부자가 된다는 것은 마치 우리가 참여하는 삶이나 사상의 질서가 사유할 가치가 있는 모든 사상의 표현에 적합한 자연적 언어를 닮은 것인 양 사유하고 느끼는 것이다. 내부자가 된다는 것은 가치 있고 위험한 것뿐만 아니라 실재적이고 가능한 것에 대한 가정들을 통찰과 판단의 유일하게 신뢰할 만한 기초인 양 취급하면서 그러한 세계의 단호한 기능 수행자로서 행동하는 것이다. 내부자가 된다는 것은 세계를 수정하는 데에 수용 가능한 유일한 수단이 그 세계가 제공하는 실천적 · 개념적 도구들이라고 믿는 것을 뜻한다. 다른 어떤 것에 의존한다는 것은 권위주의, 형이상학적 오만 또는 배신에 해당하는 것처럼 보인다. 이는 연대의 표현, 즉 특정한 사회와 문화나 인간 집단 속에서 그 구체적인 표현을 그릇된 이성관으로 대체하는 것일지도 모른다.

외부자가 된다는 것은 삶이나 사상의 규율의 통제에 짜증 내고 그러한 체제를 낯선 것으로 경험하는 것이다. 행동, 제작, 발명, 상상, 경험을 가장 필요로 하는 것에 그러한 체제가 부적절하기 때문에 그 체제는 낯선 것이다. 따라서 외부자가 된다는 것은 또한 동조를 거부하는 것, 나아가 이러한 질서를 수정하거나 전복하기 위해 행동하는 것이다.

역할들에 대한 양가성의 필요에 대해 앞에서 말한 모든 것은 더 일반적으로 내부자가 되는 것과 외부자가 되는 것에도 적용된다. 내부자가 된다는 것은 참여의 길이다. 참여가 없다면 우리는 자유롭지 못하다. 그러나 맥락에 대한 모든 저항을 포기하고 마치 맥락이 우리 인성을 규정하고 인간의 권능을 한정하는 것처럼 태도를 취한다면 우리는 또한 자유롭지 못하다.

우리의 가장 중요한 모든 물질적 · 도덕적 · 정신적 이익들은 맥락이나 구조를 유지하는 일상적인 운동과 구조 혹은 맥락을 변혁하는 비상적인 활동 간의 격차를 줄이는 제도들을 창조하는 작업과 연관된다. 우리가 그 격차를 좁혀 감에 따라 변화는 위기에 의존하지 않게 된다. 우리가 살아가고 있는 제도 혹은 가정들의 틀을 변화시킬 기회는 우리의 일상적인 업무 가운데서 등장한다.

이러한 방향의 운동은 내부자임과 동시에 외부자가 되어야 한다는 요구에서 우리를 면제하지 않는다. 오히려 이 이상은 사회의 제도들과 문화 관행들에 자신의 징표를 남긴다. 결과적으로 우리는 이러한 이상을 비非

영웅적인 방식으로 항상 추구할 수 있다.

　우리에게 내부자임과 동시에 외부자여야 할 필요를 부과하는 태도들의 확산을 장려하는 세 가지 큰 요인이 세계에 존재한다. 첫 번째 요인은 내가 세계와의 투쟁이라고 명명한 실존지향이 전달한 보통 사람들의 신성이나 위대함의 메시지다. 두 번째 요인은 사회생활 조건들의 지속적인 수정을 위해 제도적인 기반을 창조하기 시작하는 바로 그 순간에도 보통 사람들의 건설적인 천재성에 대한 신앙을 일깨우는 민주주의이다. 세 번째 요인은 민족 혹은 개별 국가들로의 인류의 분할을 인류 안의 일종의 도덕적 분화로 재발명하는 것이다. 이러한 재발명을 통해 우리는 민족이나 국가들을 상이한 방향으로 발전시킴으로써 우리의 권능을 발전시킨다.

　세계의 상이한 민족들과 국가들에 대한 이러한 견해의 전제는 법에 표현된 생활 형식, 즉 국민의 삶의 어떠한 제도적 형식도 인류의 확정적인 구조로 복무할 수 없다는 것이다. 하나의 실천적인 결론은 누구든지 우연히 태어난 나라에서 벗어날 자유, 다른 나라로 들어갈 자유, 나아가 그곳에 머물게 되면 비판과 저항의 목소리를 낼 자유를 향유해야 한다는 점이다.

　이러한 세 가지 요인의 영향으로 외부자로서의 의식과 활동은 내부자로서의 의식과 활동에 대한 예리한 차이를 상실한다. 그러나 그 요인들이 변혁적 작업에서 억제당하는 세계에서는 내부자와 외부자가 명료하게 구분되고, 내부자와 외부자는 모두 우리 각자 안에서 살아야 한다. 내부자임과 동시에 외부자인 사람은 세상에 거하되 세상에 속하지 않는다는 성서적 명령[34]에 세속적인 의미를 부여한다. 그는 시간의 흐름을 정지

34　요한복음 17:16.

시키는 것처럼 보이는 지점까지 자신을 몰입하게 하는 특수한 활동(예컨대 술책으로 전환된 열정)에 온 마음을 다해 참여할 수 있다. 그러나 자신의 여건에서 확립되었다고 판단한 사회나 사상의 체제들에 그처럼 온 마음을 바치는 방식을 스스로 용인해서는 안 된다. 그러한 체제들을 향한 그의 충성은 틀림없이 갈등 상태에 빠지게 된다. 그는 체제들이 공유하거나 내포하는 가치와 실재성의 표준들을 기껏해야 불완전하고 논의의 여지가 있는 것으로 간주한다. 그의 행동과 결사는 현재 제도적이고 개념적인 활동 맥락 안에서 다른 질서뿐만 아니라 다른 종류의 질서까지도 예고한다. 그의 행동과 결사는 하나의 실천적 예언이다.

내부자임과 동시에 외부자의 태도로 그는 미래를 위한 생활 여건에 결코 최종적인 발언권을 주지 않는 존재로서 현재적 삶의 방식으로 어떻게 되어 갈 수 있는지를 보여 준다. 이윽고 삶은 일상적임과 동시에 예언적인 것으로 변모한다. 그것이 민주주의에 부합하는 예언의 형태이다.

내부자가 되는 것과 외부자가 되는 것 사이의 긴장은 활력의 통제나 억제를 조건으로 삼는 주체 안에서의 온갖 균형을 무너뜨리는 데에 일조한다. 이 긴장이 삶을 고양시키고 미라를 해체하려고 노력한다.

죽음이 오직 한 번만 일어나도록 살아가는 삶의 네 번째 징표는, 그러한 삶이 우리 활동에서 공식 같은 요소와 반공식적인 요소들 간의 관계를 다루는 방식에 있다. 중심적인 문제는 공식 같은 것의 이중적 측면이다. 공식 같은 것은 삶에 우호적이면서 동시에 비우호적이다. 이러한 양면성의 결과는 정신의 두 측면, 공식 같은 기계로서의 정신작용과 공식에서 벗어난 반기계로서의 정신작용 간의 관계에서 명백하게 드러난다. 경험의 다른 모든 측면에서처럼 정신의 작용에서 반복이 대단히 무거운 짐이어야 할 필요는 없다.

상상력은 두 단계로 작동한다. 상상력은 우선적으로 직접적인 경험에 거리를 둠으로써(이미지로 상기된 지각), 이어서 사태를 변혁적 변주들의 넓은 범위 아래, 즉 현실적인 것의 이해에 끼어드는 쐐기로서 인접한 가능성들 아래 포섭함으로써 작동한다. 회귀적인 지각과 추론의 구조가 존재하지 않는다면 상상력은 출발점을 갖지 못한다. 이러한 허망한 상상력은《순수이성비판》에서 언급된 비둘기와 같다. 비둘기는 공기의 저항과 씨름할 필요가 없는 진공상태에서 훨씬 더 빨리 날 수 있다고 상상한다.[35]

동일한 이중성이 노동의 성격에서도 등장한다. 노동은 생산과 협동에서 인간 정신생활을 육화하는 것이다. 노동은 또한 공식 같은 것일 수도 있고 그렇지 않을 수도 있다. 노동이 공식 같은 것인 한에서 우리는 기계처럼 행동한다. 기계는 공식 같은 활동의 물리적 육화에 다름 아니기 때문이다. 반복하는 방식을 터득했다면 우리는 이를 공식으로 표현할 수 있다. 공식으로 표현되었다면 우리는 이를 기계로 구현할 수 있다. 무수한 대중은 기계도 할 수 있을 법한 노동을 수행하도록 선고받는다. 그러나 가장 중요한 기계의 사용 방식은 우리가 아직까지 반복 방법을 터득하지 못한 일을 위해 시간을 아껴 두도록 반복의 방식을 터득한 일에 기계를 투입하는 것이다.

덕성의 삶도 유사한 변증법을 보여 준다. 덕성은 선을 수행하려는 습관적인 성향이다. 그러나 덕성이 습관에 불과하다면 올바른 목적을 지향한

---

35 비둘기 이야기는 칸트의《순수이성비판》초판 서문에 나온다. 감성계가 오성에 끼치는 해악을 염려하여 이성에 의탁하여 감성계의 피안으로 곧바로 뛰어드는 시도를 비판하는 말이다. 이 비유를 통해 칸트는 플라톤의 시도가 기초 없는 것임을 지적한다.

다고 하더라도 덕성은 일상에 대한 경험의 투항을 의미할 것이다. 덕성은 미라를 해체하는 쪽으로 작동하기보다는 미라화에 복무할 것이다. 미래의 종교에서 우리는 이러한 습관적인 성향을 우리가 살고 있는 사회와 사상의 구조 속에 있는 것보다 우리 안에 더 많은 것이 존재한다는 진리를 일상생활에서 확인할 수 있는 수단으로 바라보게 된다.

연결의 덕성은 예비적 의미를 띠며, 도덕 생활의 핵심은 아니다. 연결의 덕성은 우리를 자기중심성의 왕좌에서 추방하기 때문에 우리에게 탐색의 삶을 준비하게 하고, 그러한 삶에서 우리는 타자에 대한 의존성으로 불행해지기보다는 구제된다. 정화의 덕성은 우리를 공식으로 만들기 어려운 경험의 부분들로 인도한다. 정화의 덕성은 우리를 주변적인 것에서 분리함으로써 맥락에 저항할 역량을 우리에게 부여한다. 신성화의 덕성은 습관 및 구조에 대항하는 습관이다.

이 마지막 덕성은 미라화에 대한 투쟁을 활성화시키는 비전에 가장 어려운 문제(연대와 초월의 관계, 사랑과 위대성의 관계)를 제기한다. 사람들을 존중하기 위해서, 나아가 우리의 현실적인 역사적 여건에서는 그저 흐릿하게 존재할 뿐이지만 구조초월적인 행위주체로서 우리 자신을 더욱 완전하게 변형하기 위해서 우리는 구조에 도전해야만 한다. 그러나 구조에 대한 어떠한 저항도 (고차적인 협동 형식들에서는 완화되기는 하지만) 연대에 대한 위협 없이는 달성되지 않으며 어떠한 위대성도 사랑의 대체물은 아니다.

이 모든 영역에서 과업은 우리 경험에서 일상과 반복의 성격과 지위를 변화시키는 것이다. 아직 상상력으로 변모하지 못한 정신의 부분에서, 우리가 이미 반복의 방법을 터득한 일을 우리 대신 수행하는 기계 속에서, 그리고 분투와 이상을 습관으로 전환시키는 덕성에서 표현된 일상은 더 높은 비전과 존재로의 고양에 봉사하게 된다. 낭만주의자들이 욕망한 대로 반복에 대해 전쟁을 개시하는 것은 반복 없는 삶은 있을 수 없으므로 삶을 거부하는 것이다. 그럼에도 불구하고 우리 경험에서 반복의 영향력에 저항을 포기하는 것은 위축된 삶을 수용하는 것이다. 이 모순에 대한 해법은 또 다른 이론을 안출하는 것이 아니다. 해법은 다른 방식으로 사는 것이고, 사회와 문화를 다른 조건으로 조직하는 것이다.

수정의 기회를 확대하고 투항 없는 참여를 허용하는 구조들에 관한 사회적 · 문화적 이상에서 우리가 멀어질수록, 종이나 민족이 지금까지 역사에서 성취하지 못한 것을 개인이 자기 삶의 양상 속에서 예시해야만 한다는 도덕적 야망에 놓인 부담은 그만큼 커진다. 전리품은 삶이고 더 많은 삶이고, 나중에 올 삶뿐만 아니라 바로 지금의 삶이다.

미라를 탈피하는 인간의 다섯 번째 징표는 이러한 인간이 원대한 기획, 즉 자신의 상황, 재능, 믿음의 여건 아래서 스스로 열정적으로 연루되었다고 상상할 수 있는 실제로 가장 원대한 기획을 성향상 간직하고 또한 그 기획을 단호하게 추구한다는 점이다. 이 기획은 개인적이거나 집단적일 수 있다. 그리고 전기적 시간에서 실현되거나 혹은 오로지 역사적 시간에서만 실현될 수 있을지 모른다. 이러한 기획이 오직 역사적 시간에서만 성취될 수 있는 집단적 노력이라면, 개인은 자신의 진보에서 그저 작은 역할만 수행할지도 모른다. 그럼에도 불구하고 그 역할은 그에게는 틀림없이 원대한 것이다. 그 역할은 그를 완전히 몰입시키고 기성의 사회적 역할이 전혀 보유할 수 없는 권위로 말하는 과업과 투쟁을 그에게 제공해야만 한다.

여기서 중요한 원대함은 따라서 권력과 영향력의 잣대로 측정되지 않는다. 원대함이 권력과 영향력으로 평가된다면, 미라화에 대한 투쟁에서의 성공은 소수에게만 제공될지도 모르며 그 소수도 다수의 사람과 마찬가지로 미라화에 실제로 취약하다. 이제 우리의 가장 친밀하고 가장 높은 관심(삶의 향유)에 연관된 목표는 자연적 재능의 분배뿐만 아니라 사회적 위치의 배정에서의 행운과 성공에 의존하게 될지도 모른다.

원대한 기획, 개인이 헌신할 수 있는 가장 원대한 기획은 주체와 기획의 관계라는 감지하기 어려운 척도로 식별된다. 개인은 원대한 기획을 포용하는 경우에 마침내 사회, 문화, 시대의 기능 수행자로 더 이상 행동하지 않을 것이다. 개인은 자신을 여건에 통제받지 않는다고 파악할 수 있는 존재임과 동시에 빛과 열정을 발견한 존재로 행동한다. 개인은 삶으로 도래하고, 그 빛과 열정에 복무하면서 충일성, 다산성, 자발성 또는 경이로움과 같은 생명을 징표하는 특성들을 경험한다. 그가 포용해 온 과업은 세속적인 성공의 잣대로 볼 때 대단하다는 이유로 생명을 주지는 않는다. 오히려 그 과업은 생명을 주기 때문에 원대한 것이다.

세속적 성공의 잣대에서 볼 때 소소하고, 권력이나 명예도 제공하지 않은 기획은 토머스 칼라일이 매우 애처롭게 여긴 3피트 높이의 피라미드와 닮은 것처럼 보일지도 모른다. 그러나 그 기획이 낯선 과정의 족쇄에서 그를 해방하고 그에게 더욱 활기찬 존재 상태에 이르는 열쇠를 제공한다면, 그것은 3피트 높이의 피라미드가 아니다. 미라화를 회피하는 데에서 중요한 것은 바로 이러한 역전이다.

이 기획의 가장 명료한 사례는 현대적 경험으로 말하자면 지난 몇 세기 동안 가장 자유롭고 가장 혁신적인 사회들의 특징을 이루는 노동관, 즉 변혁적 소명 관념의 맥락에서 등장한다. 이 관념에 따르면, 우리는 세계의 다른 부분을 변화시키려고 하는 경우에 가장 완전하게 우리 자신에 이른다. 세계변혁은 항상 점진적이고 단편적이고 뜻하지 않는 결과의 모험을 겪기 때문에 성공할 수도 있고 실패할 수도 있다. 세계를 변화시키려고 추구함으로써 우리는 우리 자신을 변화시킨다. 가장 중요한 변화는 기회와 사회의 동맹에서 물려받은 일상화된 실존의 주문을 깨뜨리는 것이다. 우리는 마치 새로운 것이 실현 가능할 뿐만 아니라 새로운 것을 만드는 것이 우리의 권능에 속하는 것처럼 산다.

　민주주의의 도덕적 약속을 이행하도록 고안된 깊은 자유의 제도들과 문화는 변혁적 소명이 소수의 예언가 집단의 전유물이 되는 상황을 종식시키고 보통 사람들의 공동자산이 되게 하는 조건을 창조한다. 시장경제를 독단적이고 유일한 형태에서 벗어나게 하고 동일한 경제질서 안에서 다양한 재산 및 계약 체제들이 공존하도록 허용하고, 임노동을 자유노동의 지배적인 형식으로서 독립 자영업과 협동의 결합으로 점진적으로 대체하고, 마치 기계처럼 노동해야 하는 상태에서 사람들을 구출하기 위해 기계를 사용하고 결과적으로 아직 반복을 터득하지 못한 활동에 노동시간을 투여하고, 정치적 안정과 경제적 개방성이라는 지구적 공공재에 대한 접근 조건으로서 강제적 제도적 수렴 공식[36]을 강요하지 않도록 세계질서를 개혁하는 것 등 생산의 조직에서 많은 목표들도 동일한 목적에 기여한다. 민주정치의 조직에서 고에너지 민주주의(정치의 온도를 높이고 정치의 속도를 올리고, 나아가 특정한 장소와 부문에서 국민적 미래에 관한 대항적 모델들을 창조하는 작업을 용이하게 하는 민주주의)의 창조도 동일한 목적을 전진시킨다. 고에너지 민주주의는 강력한 이익들의 영향력이나 살아 있

---

36 개도국들이 서유럽 부국의 경제발전 경로를 따라야 한다랄지, 서유럽의 자본주의 질서를 수용해야 한다는 견해가 그러한 예이다.

는 자들에 대한 죽은 자들의 통치를 통해 사회 조직의 조건들을 부과시키기보다는 경험의 관점에서 그 조건들을 선별하는 민주적 이상을 실천함으로써 그렇게 한다.

변혁적 소명을 인간에게 생기를 불어넣는 원대한 기획에 이르는 유일한 경로로 이해하는 것은, 이러한 편익에 접근하는 수단에 관한 너무 협소하고 제한적인 견해이다. 세계변혁에 대한 생각 없이 또한 사회의 동의에 대한 별다른 염려 없이 발전되고 관행화되고, 또한 요구의 구체적인 결과에 비해 거의 무한하고 외견상 과도한 요구들을 가진 독자적인 세계로서 이용된 장인적 기예도 주체의 경험에서뿐만 아니라 삶의 선과 주체의 관계에서 동일한 결과를 낳을지도 모른다. 이런 점에서 보자면 장인적 기예의 영역이 물리적인지 혹은 개념적인지는 거의 중요하지 않다. 중요한 것은 주체에 대한 장인적 기예의 상대적 친밀성과 사회의 명령에 대한 장인적 기예의 상대적 완고함이다.

우리 자신 바깥에 있는 권력에 대한 굴종으로서보다는 우리의 가장 열정적인 관심의 표현으로서 우리가 헌신하는 가장 원대한 기획들의 집요한 전개는 특별히 옹호할 필요가 없는 목표라는 점은 반박될지도 모른다. 그러한 기획들의 집요한 전개는 인간의 여건, 재능, 믿음이 그어 놓은 한계 안에서 인간이 당연히 수행할 사항이다. 그러나 행운의 미소를 받은 사람들조차도 자신에 대한 두려움이나 삶에 대한 경시로 인해 종종 너무나 사소한 기획들을 실제로 선택한다. 그들은 더 큰 세계에서 투쟁하고 실패를 무릅쓰기보다는 더 작은 세계에서 양지를 찾으려고 한다. 이러한 방식으로 그들은 최고선에 관한 더 작은 비전에 안주하고, 더 신적이면서 동시에 더 인간적으로 변모할 더 좋은 기회를 스스로 부인하면서 죽음으로 행진한다.

미라를 깨뜨리는 권능을 부여받은 삶의 여섯 번째 징표는 그러한 삶이 오직 한 번만 죽기 위하여 고양된 감응성의 수용을 보여 준다는 점이다. 두 가지 쟁점이 등장한다. 첫 번째 쟁점은 우리가 수용할 필요가 있는 원대한 감응성의 본성(무엇에 대한 감응성인가?)뿐만 아니라 더 완전하게 삶을 향유하기 시작한다는 목표와 감응성 간에 존재하는 관계의 기초와 의미다. 두 번째 쟁점은 미라화에 대한 투쟁에서, 아울러 그 투쟁의 조건으로서 제고된 감응성의 수용에서 의지가 고유하게 수행하는 역할이다.

이 목적에 봉사하는 두 가지 원대한 경험 유형은 사랑과 노동이다. 특히 동등한 자들 간에 자유로이 주고 자유로이 퇴짜를 놓는 사랑과 어떤 냉정한 이익 계산법이 정당화할 수 있는 것보다 더욱 집중적인 경험의 역량을 이끌어 내고 사람을 더 많은 노력과 더 큰 투쟁으로 추동하기 때문에 주체의 의식에서 주요하게 여겨지는 노동은 그러한 목적에 봉사한다. 두 종류의 경험은 우리를 실망, 좌절, 경멸로 몰아넣는다. 우리는 타자에 대한 양가성에도 불구하고, 최소한 부분적으로라도 타자에 대한 우리의 방어기제를 제거하지 않고서는 타자에게 헌신할 수 없다. 이러한 경험에 진입하는 비용은 타자에 대한 더 큰 감응성을 견디어 내는 것이다.

사랑의 경험에 비추어 볼 때 세상이 그들을 아무리 다르게 볼지라도 동일한 평면에 서 있는 사람들 간의 사랑에서 이 비용〔타자에 대한 더 큰 감응성의 수용〕은 분명하다. 이 비용의 부과는 세계사에서 두루 퍼진 도덕사상의 가장 영향력 있는 전통들이 일반적이지만 그릇되게도 인간관계의 금과옥조로 간주해 온바 저 높은 곳에서 제공되는 이타적인 자비심보다 사랑이 우월하다는 신호를 나타낸다. 더 미묘한 방식으로 이 비용은 또한 고차적인 협동 형식들을 수반하는 온갖 경험에서도 부과된다. 가장 전망 있는 협동적 실천 관행은 역할과 책임의 경직된 배정이나 감독과 집행 간의 명료한 구분 없이 우리에게 함께 작업하도록 요구하는 실천 관행이다. 이 실천 관행은 고차적인 신뢰를 요구하기 때문에 더 큰 감응성을 부과한다. 이 감응성을 상쇄시키는 것은 어떠한 특수한 직업의 보유에 의존하지 않은 권리와 자원의 보장이다.

사회에 대한 것이 아니라면 개인에게 가장 중요한 노동에서 타자에 대한 고양된 감응성 역시 불가피한 것이다. 야심적인 과업에 헌신하는 사람은 간단히 행운의 포로가 되지 않는다. 그는 자유의 명령에 따라 명백한 역설로서 그렇게 해 온 것이지만, 결과적으로 자신에 대한 타자의 권력을 증가시켜 왔다. 그의 노동은 외부화된 주체이다. 타자는 이 주체를 물리치거나 파괴할 수도 있다.

이러한 사랑과 노동은 미라화에 대한 해법을 제공한다. 사랑과 노동은 우리에게 방어기제를 완화하라고 요구한다. 더 큰 감응성은 원대한 삶으로의 상승에서 이러한 요구 사항들이 제시하는 것보다 훨씬 더 중요한 역할을 수행한다. 그러한 상승을 경험하려면 준비해야만 한다. 우리는 우리 자신이 새로운 참여와 연결에 끈기 있게 희망적으로 접근할 수 있도록 해야 한다. 이러한 끈기 있고 희망적인 접근 수단은 노동과 사랑의 핵심적인 경험들을 둘러싸고 참여와 부책의 폭넓은 가능성을 제공한다. 그 핵심적인 경험들처럼, 이러한 접근 수단은 우리에게 실망을 줄 수도 있다. 그럼에도 불구하고 이 접근 수단은 주체에 대한 성격의 지배를 변화시키고 여기에서 탈피할 수 있게 하기 때문에 불가피하다.

주체가 통제하고자 노심초사하면서 중무장한 채로 자신의 요새에 머물러 있다면 주체는 생명력의 원천에서 쇠락한다. 그러나 요새를 개방하는 것은 위험, 즉 삶의 고양과 분리할 수 없는 위험을 자초하는 것이다.

여기서 의지는 역할을 갖게 된다. 우리는 간단히 주체의 변혁을 의욕할 수 없다. 그러나 우리는 의지의 행동을 통해서 우리가 지닌 보호 수단들의 일부를 제거하고 우리를 경험의 증언과 타자의 소리에 더욱 근접시키는 상황에 내던질 수 있다. 이러한 상황은 주체가 미라에서 탈피하는 것을 더욱 용이하게 만든다. 미라화의 극복에서 의지의 과업은 간접적이지만 강력하다. 사람은 세계와 자신의 동료들에 맞서 방패를 든다. 그는 방패를 내려놓는 것에 경악할지도 모른다. 그럼에도 불구하고 자신의 방패가 제거된 상황을 수용하려고 할지도 모른다.

이러한 과업의 실현은 미라화의 위험에 대한 답변의 가장 미묘한 도덕 심리학적 문제를 제기한다. 우리가 방어 태세를 갖춘 주체를 〔산〕송장의 예감으로 우려하고, 나아가 삶을 더 잘 고양하기 위해 우리의 방어기제를 제거하는 것은 당연하다. 그러나 공포와 불운에 압도당하지 않기 위해, 그리하여 요새화된 주체로 퇴각하지 않기 위해 방어기제를 점차 축소시켜야 한다.

하지만 상대적인 위험과 무방비 상태를 맹목적으로 추구한다면, 처음 약속했던 출구를 결국에는 제공할 수 없는 모험주의에 투항하는 것이다. 모험가는 자극적인 세계에서 길을 잃기 시작한다. 그는 이러한 세계에서 매번 변화되지 않은 자신의 주체를 발견할지도 모른다. 이런 위험의 수용과 신성화의 덕성들(새로움에 대한 개방성과 타자에 대한 개방성)의 결합만이 방어 태세를 갖춘 주체를 초월하는 운동에 삶을 향상시키는 권능을 부여한다.

앞에서 미라화에 대한 치유책으로 묘사한 삶의 영위에 관한 견해는 세 가지 주요한 반박의 원인을 제공할 수 있다. 분명한 요소들의 분명한 순서에 따르면서 그 실제적인 중요성의 역순으로 그 반박들을 논의하겠다. 앞의 두 가지 반박은 주로 주장에 대한 오해에서 비롯된다. 그러나 세 번째 반박은 완전히 적절한 해법이 결코 존재할 수 없는 실제적인 문제로 나아 간다.

이러한 견해의 가장 빈번한 오해는 물론 정당화 근거를 전혀 갖지 못한 오해이다. 그 오해는 미라화에 대한 치유책이 인간의 삶에서 구조와 반복 의 역할에 대한 낭만주의적 반감을 담고 있고, 나아가 반감 자체를 추구 하는 것 외에는 어떠한 목표나 근거도 갖지 않은 영구적인 탐색으로 우리 를 이끈다는 것이다. 미라화에 대한 투쟁은 내가 앞에서 '사르트르적 이 단'이라고 명명한 것에 오염될 수도 있다.

실제로, 미라화에 대한 치유책은 경험의 모든 영역에서 규칙적인 일상 과 쇄신 사이의 상호작용의 불가피성을 인정한다. 그 목표는 반복을 탈피 하는 것이 아니다. 반복을 탈피하는 것은 삶에 대하여 전쟁을 일으키는 것을 의미한다. 그 목표는 반복의 성격을 바꾸고 반복과 쇄신의 관계를 바꾸는 것이고, 내부적인 기계를 내부적인 정신에 봉사하도록 만드는 것 이다.[37]

도덕적 관념을 정확하게 이해했다면 미라화에 대한 치유책은 사르트 르적 이단 및 헤겔적 이단과 등거리를 유지한다. 이러한 도덕적 관념은 양자의 종합이 아니라 양자를 폐기한다. 이는 삶의 고양과 인간의 초월 권능의 행사에 대해 우리 모두를 둘러싸고 있는 사회와 사상의 기성 체제 보다 덜 해로운 인간 생활의 구조를 창조하려고 시도한다.

두 번째 오해에 대해서는 더 많은 이유가 있다. 미라화에 대한 투쟁은

---

37 내부적인 기계machine within와 내부적인 정신spirit within은 기계로서의 정신과 상상력으로서 정 신을 의미하는 것으로 추정된다.

간과할 수 없는 영웅적인 측면을 안고 있다. 미라화에 대한 투쟁은 최종적인 국면에서 삶의 고양을 간단히 약속하지 않는다. 그것은 또한 시작 국면부터 희망과 노력의 고양을 요구한다. 그것은 원대한 기획(우리 자신과 친밀한 관계에 있는 가장 원대한 기획)의 발전을 요구한다.

미라화에 대한 투쟁은 이제 일상적인 실존과 보통의 인간에 대한 경멸을 표현하지 않는가? 결국 허약함, 실패, 통제, 의존, 비하는 널리 퍼진 인간의 경험 안에 존재한다. 미라화에 대한 운동은 이제 삶에 대한 환희의 포장 아래 권력과 강제에 대한 예찬처럼 보인다. 니체의 철학에서처럼 이제 소수만이 다수와 달리 삶의 고양에 대한 열쇠를 실제로 획득했다고 믿을 만한 이유를 발견할 것이다. 그러나 그들은 이러한 교만으로 자기를 기만할 것이다. 동료들에 대한 그들의 군림은 자신의 역량강화를 우월성의 불안스러운 추구 활동에 예속시키고 주체의 형성과 연대의 관계를 오해함으로써 강점보다는 약점이 될 것이다.

삶은 우리가 공유하는 보물이다. 우리 모두는 보이는 것 그 이상이다. 감정, 사유, 행동, 연결에서 여건을 초월하는 힘은 인간에게 보편적이다. 이러한 힘은 일단의 예언가나 권력 추구자에게 한정되지 않는다. 이러한 힘의 값어치는 세속적 영향력의 잣대가 아니라 각 사람이 그 자신과 맺고 있는 관계로 측정된다.

어쨌든 손으로 만질 수 없지만 활력 있는 역량강화와 세상의 전리품들 간의 혼동은 그러한 해석과 실천에서 영구적인 위험 요소가 되고 해석과 실천을 오염시킬 우려가 있다. 이러한 타락에 대한 방어 수단은 정치적이고 상상적이다. 우리 모두를 사회체제의 수정에 참여시키는 정치적·경제적 제도, 그러한 수정에 참여하는 데에 필요한 이질적인 경험과 도구에 대한 접근 수단을 제공하는 교육과 학습 방법의 확산, 우리가 알고 있는

바 민주주의 공공문화에 대한 구체적이고 육화된 영의 조건에 관한 견해의 영향력 등이 그 방어 수단이다.

미라화에 대한 투쟁의 엄호 아래 제안된 삶의 영위에 관한 견해를 향한 세 번째 반박은 단순한 오해가 아니다. 그것은 우리의 압도적 선(위대함과 사랑의 관계, 초월과 연결의 관계)을 추구하는 데에 존재하는 주요한 곤경을 제시한다.

미라화와 상실에 대한 투쟁의 요구 사항들은 삶의 영위에 대한 포괄적인 이상을 확정하지 못한다. 이러한 요구 사항은 최소한 한 가지 중요한 점에서 불완전하다. 이 사항들은 우리의 위대성 혹은 신성의 속성들 중 우리 몫의 증가에 대해 말한다. 인간 상호 간의 관계를 거론하지 않고서 그렇게 말한다. 과업은 도덕철학자들의 이론적 이타주의에서 시작해서 이론적 이타주의로 끝나지 않고 또한 사회에서 삶의 가능성들과 위험들을 공정하게 파악할 수 있도록 우리와 타자의 연결을 바라보는 것이다. 이러한 과업에 착수함에 따라 우리는 타자와의 화해를 향한 운동이 사랑, 차이에 입각한 공동체, 고차적인 협동 형식들을 통해 우리의 상승을 이룬다는 점을 깨닫게 된다. 그럼에도 불구하고 위대함의 목표와 화해의 목표 간에 벅찬 긴장은 지속된다.

세계와의 투쟁의 지속적인 유산으로서 정신과 구조, 주체와 타자에 대한 두 가지 정통에서 표현된 자기주장의 가능 조건들에 들어 있는 문제의 원천들을 고려해 보자.

스스로 주체가 되고 더욱 완전하게 삶을 향유하고자 한다면, 우리 각자는 정신과 구조에 대한 진리를 존중하는 세계 안에서의 생활 방식을 발견해야 한다. 특정한 사회적·개념적 질서에 참여하고 이 질서가 우리 각자를 형성함을 인정해야 한다. 우리 각자는 또한 이러한 질서 안에 존재하는 것보다 우리 각자 안에 더 많은 것(이러한 질서가 결코 수용할 수도 없고 전적으로 억압할 수도 없는 경험과 권능의 잉여)이 존재한다는 것을 인정해야 한다.

따라서 초탈과 투항 사이에 양자택일적 선택에 직면하지 않도록 이러한 구조들의 성격을 바꾸고 구조와 우리 관계의 성격을 바꾸는 것이 우리의 관심사이다. 우리는 사회와 사상 체제들이 경험의 관점에서 자체 수정을 용이하게 하고 결과적으로 체제 내부에 있는 것과 체제 바깥에 있는 것 간의 차이가 줄어들고, 체제를 당연시하는 활동과 체제를 수정하는 활동 간의 격차가 좁혀지기를 원한다. 이 변화는 역사적 시간 속에서 전진하는 집단적 기획이자 전기적 시간 속에서 추구되는 개인적 노력이다.

집단적 기획으로서 이 변화는 사회의 제도와 관행뿐만 아니라 각 사상 분야의 방법에서도 변화를 요구한다. 개인적 노력으로서 그 변화는 생활 방식, 즉 이 책에서 탐구한 성격들을 통해 부각된 생활 방식을 요구한다. 우리가 집단적 기획에서 전진하지 못할수록, 개인적 노력에 부과된 부담은 더 무거워진다.

그러나 이것이 우리의 상승운동 조건들에 대한 전체 스토리가 아니다. 그것은 타자에 대한 우리의 의존성 및 우리와 타자를 묶는 연대와 양가성의 결합이 우연적으로만 나타나는 이야기의 치우친 형태이다. 세계와의 투쟁 전통에서 도덕적 비전에 대한 비판이 보여 주듯이 주체와 타자의 문제는 정신과 구조의 문제만큼 중요하고 중심적이다. 역사적 시간에서 집단적 기획과 전기적 시간에서의 개인적 노력을 통해 하나의 문제에 대한 답변의 적절성은 부분적으로 다른 문제에 대한 답변의 적절성에 의존한다.

바로 이 지점에서 도덕철학자들의 이론적 이타주의와의 결별이 결정적으로 등장하고 미래의 종교와 세계와의 투쟁의 성스럽고 세속적인 형태들 간의 연결이 가장 분명해진다. 주체를 형성하고자 한다면 개인은 타인과 화해를 이루어야만 한다. 실천에서 시작하여 정념과 지식에 이르기까지 모든 경험의 영역에서 인격적 연결 없는 주체의 형성은 존재하지 않지만, 주체의 형성을 항상적으로 침해할 위험을 포함하지 않은 인격적 연결도 존재하지 않는다.

이러한 침해의 위험은 두 가지 주요 형태를 취한다. 첫 번째 침해 형태는 권력과 예속의 구조에 대한 착종이다. 두 번째 침해 형태는 인격적 연결을 통해 주체를 창조하는 과정에서 우리에게서 주체를 박탈함으로써 타인의 의견과 욕구 또는 욕구와 의견의 파생적 성격에 주체를 순응시키는 것이다. 인간 상호 관계에서 이러한 오염이 널리 퍼져 있다는 사실은 인격적 만남의 삶 전체를 그림자처럼 따르는 양가성에서 명료하게 드러난다.

주체를 형성하는 것, 더 자유롭고 더 원대하게 되는 것은 우리가 연결을 위해 지불해야만 하는 대가를 부분적으로 줄이는 것이다. 다시 말하지만, 우리는 이 목표를 집단적 기획과 개인적 분투로서 동시에 추구해야만 한다. 집단적 기획으로서 이 목표는 깊은 자유와 고차적 협동 형식을 촉진하는 제도와 관행의 발전을 요구한다. 개인적 분투로서 이 목표는 사랑, 특히 사랑의 최고 형식으로서 동등한 자들 간의 사랑을 추구하도록 요구하고, 차이에 입각한 공동체, 사랑의 서클 바깥에 있는 이방인들에 대한 온유함의 관행을 요구한다. 내부 서클과 외부 서클은 동일한 요구 사항(타자의 경험을 상상할 능력의 제고와 고양된 감응성의 수용)에 의존한다.

주체 형성에서의 두 가지 조건(자유와 연결)의 관계는 밀접하면서도 동시에 상충적이다. 우리가 세계와의 투쟁 유산을 미래의 종교에 복무하도록 보존하고 이용하고자 한다면 이러한 관계에 영향을 주어야만 한다.

전기적 시간뿐만 아니라 역사적 시간을 통해 원칙적으로 자기주장의 이 두 가지 조건은 서로를 보강한다. 우리가 사회와 사상의 구조를 변화시키고 구조에 대한 참여의 성격을 변화시킴에 따라, 우리 자신을 더 큰 존재로 만듦으로써 우리는 실제로 완벽하지도 않고 완전하지도 않고 거짓되기도 한 우리 자신을 더욱 맥락초월적인 개인으로 변화시킨다. 이윽고 우리는 우리가 스스로 그렇게 알고 있고 동시에 그렇게 변모하기를 원하는바 독창적인 존재들로 서로를 더욱 완전하게 인정할 수 있다. 힘(초월 권능의 행사에 동반된 힘)은 인격적인 사랑 속에서, 동일성을 접착제로 요구하지 않는 공동체 안에서, 협동적 활동의 형성과 관련하여 경직된 위계제와 전문화를 필요로 하지 않는 고차적인 협동 형식 안에서 상호 간에 더욱 헌신할 수 있게끔 만들지도 모른다.

반대로, 연결의 필요와 연결의 위험에서 탈피하려는 욕구 간의 갈등을 완화시키고 그리하여 또한 상호적인 양가성에 대한 이유들을 약화시키는 방식들은 우리로 하여금 맥락에 저항하도록 독려하고 맥락을 변화시키도록 장려할 수 있다. 우리의 경험은 인격적 만남이라는 유연한 수단을 통해 우리의 관행과 제도 속에 표현되고자 하는 사회적 이상을 예시하는 깨달음이자 예언으로 복무할지도 모른다.

어쨌든 전기적 및 역사적 시간의 짧은 범위 안에서는 맥락을 초극하려는 노력과 맥락과 화해하려는 시도가 간단히 모순에 빠질 개연성이 높다. 더 많이 초극하려는 행보들이 각기 더 작은 인성에 대한 승리로 표현될지도 모른다. 더 완전한 화해의 순간들은 사회와 문화의 잔인성에서 피난처로 체험될지도 모른다.

서구 고급문화의 역사에서 이러한 충돌은 때때로 이교적인 위대성의 이상과 기독교적 사랑의 이상 간의 갈등으로 기술되었다. 이 갈등을 해소하는 일에 조력해 온 것은 그 본래적인 형식에서뿐만 아니라 그 후속편에 이르기까지 낭만주의 운동의 위대한 기여 중 하나였다. 그러나 낭만주의 운동은 제한적인 방식으로 그릇된 믿음에 기초하여 그러한 역할을 수행했다. 초기 낭만주의의 남녀 주인공들은 기성 사회체제가 부과한 장애물을 무릅쓰고 전형적으로 사랑의 상대방에 대한 추구를 포함한 시련과 씨름하면서 가치 있는 과업을 탐색했다.

반복에 대한 전쟁뿐만 아니라 정신과 구조의 관계를 변화시킬 권능에 대한 절망으로 오도된 까닭에, 낭만주의는 우리의 현재 모습과 장래 모습을 공정하게 파악하는 방향에서 위대성과 사랑의 충돌을 완화시키려고 노력할 수 없었을 것이다. 낭만주의의 어중간한 진리들은 낭만주의의 비전을 타락시키고 그 프로그램을 왜곡했다.

이 점에서 낭만주의가 성취하지 못한 바를 달성하는 것, 즉 우리가 우리 자신을 더 위대하고 더 유연하게 만들 방법을 우리에게 가르치는 데에 일조하는 것은 미래의 종교의 몫으로 돌아간다. 이러한 노력에서 미래의 종교는 일련의 제도이자 믿음의 체계로 이해된 민주주의라는 가공할 만한 동맹 세력을 가지고 있다. 상상력과 연합한 민주주의는 기독교와 낭만주의가 이행하지 못한 것을 성취하는 데에 조력할 수 있기 때문이다. 제도적 질서이자 공공문화로서 민주주의는 우리로 하여금 구조에 대하여 형세를 역전시키고 보통 사람들의 건설적인 천재성에 대한 신앙을 실천하고 고차적인 협동 형식을 위한 초석을 놓을 수 있게 해 준다.

이 장 앞에서 설명한 상실과 미라화의 형성적 사건들에 대한 응답은 화해의 관점보다는 주로 위대성의 시각에서 삶의 영위에서의 변화를 통한 상승의 스토리를 말한다. 그러나 이상의 이러한 두 측면이 깊은 자유의 관념 속에서 정치적으로 결합되는 것과 꼭 마찬가지로 삶의 영위에 대한 견해에서도 도덕적으로 결합되어 있다. 이상의 두 측면이 정치와 도덕에서 동시에 결합되어 있는 한에서 우리는 당연히 자극을 받게 될 것이다. 우리는 더 인간적이고 동시에 더 신처럼 되고 더욱 완전하게 삶을 향유하기 시작하고 우리 자신으로 복귀하려는 희망이 합당하다는 점을 깨닫게 될 것이다.

보상

결국 우리가 가진 전부는 바로 지금의 삶이다. 미래의 종교에 따르면, 인간의 뿌리는 과거에 있기보다는 미래에 있다. 예언은 기억보다 중요하고 희망은 경험보다 중요하고 경이로움은 반복보다 중요하다. 시간은 영원보다 중요하다.

우리는 미래의 관점에서 미래를 위해 산다. 어쨌든 미래의 종교의 형성적 역설은 미래를 위한 삶이 우리의 상황이 용인하거나 드러내는 것보다 더 중요하고 더 많은 것을 수행할 수 있는 하나의 존재로서 현재를 살아가는 방식이 된다는 점이다.

우리는 삶을 그러한 방향으로 재정립함으로써 보상을 받는다. 보상은 필멸성이나 무근거성에서 우리를 구제하지 못한다. 보상은 죽음 앞에서 우리를 위로하지 않는다. 파에도Phaedo[38]는 철학이 그 일을 해 주기 바랐지만, 우리의 보상은 우리에게 죽음을 준비하지도 못하게 한다. 보상은 인간 실존의 오묘하고 꿈같은 성격을 극복하거나 위축시킬 수 없다.

그렇다면 이러한 한계 안에서 깊은 자유의 조건들을 사회 안에서 확보

---

38 죽음 앞에서 철학의 위안을 의미한다. 《파에도(파이돈)》는 소크라테스가 독배를 마시는 과정을 담은 플라톤의 대화편이다. 중세의 철학자 보에티우스의 《철학의 위안》도 같은 맥락에서 이해할 수 있다.

하려는 기획을 배경으로 내가 서술해 온 방향에서 재정립하는 방법, 즉 삶의 영위에 대한 보상은 무엇인가?

우리의 보상은 세계에 투항하지 않으면서 세계 안에서 온 마음으로 더욱 훌륭하게 행동하는 역량이다. 참여는 자유를 구성한다. 우리는 특정한 사회적·문화적 질서 안에서 행동함으로써 우리 자신을 만든다. 저항도 또한 자유를 구성한다. 우리는 그러한 질서에 저항함으로써 우리 자신을 형성한다. 참여와 저항의 요구 사항들이 서로 모순되는 한에서 우리는 자유롭지 않다. 우리가 이 요구 사항들을 화해시키는 한에서 우리는 더 자유롭고 더 위대하게 된다. 우리는 믿음의 진화 과정에서 이러한 경로가 주체의 드러남과 주체의 구성으로 가는 가장 믿을 만한 길이라고 추천하는 맥락초월적인 독창적 존재들로서, 신성의 일부 속성들을 공유하는 자들로서 행동할 더 좋은 기회를 획득한다.

우리의 보상은 타자와 연결될 더 좋은 기회이다. 우리의 보상은 우리의 분리되고 숨겨진 성격을 상실하지 않으면서 타자를 맥락에 의해 형성되었으되 맥락을 초월하는 개인들(계급, 인종, 성별, 역할을 초월하는 개인들)로 인정하고 수용하는 것이다. 우리의 보상은 또한 우리가 가까운 지인들의 폐쇄적인 지평을 넘어서 사랑하지 못하는 경우에도 우리 모두가 연루되어 있는 사랑의 비가시적 서클을 확장하는 것이다.

우리의 보상은 죽을 수밖에 없지만 살아 있는 동안 더 높은 맹렬함으로 고양된 삶이다. 보상은 오직 한 번만 죽음을 겪게 될 기회이다. 바로 지금 이 순간에 완전히 깨어나 삶을 향유하는 것은 주체의 자발적인 전복으로 성취된 주체 변혁의 최우선 목표이다. 그러나 이 목적을 위해 우리는 고대인들의 도덕철학을 형성했고 지난 몇 세기에 걸쳐 세계의 많은 부분에서 지배적이었던 초연함을 통한 평정심의 이상을 거절해야 한다. 우리는 고양된 감응성을 원대한 주체의 조건으로 수용하는 견해로 평정심의 이상을 대체해야만 한다.

우리의 보상은 현상적이고 다양한 세계이다. 이 세계가 기성 사회와 문화라면 우리는 결코 굴복하지 않을지 모르지만, 자연과 우주라면 더욱 완전하게 향유할지도 모른다. 세계를 더욱 완전하게 향유하는 것은 우리가 세계를 보고 해석하는 데 사용하는 범주적 도식들의 무게를 줄이는 것을 의미한다. 이는 방법과 가정, 제도와 관행 등과 우리의 관계에서 우리의 초월 권능을 긍정하는 것이다. 이는 인간이 천재의 경험, 즉 추론의 역량보다는 예언의 권능에서 더 큰 몫을 가질 것이라는 희망을 의미한다.

이 결과들은 경험의 강화 또는 바로 지금의 삶에 대한 집중의 원인이자 결과일 것이며, 바로 이러한 강화와 집중은 필멸성과 무근거성에 대하여 미래의 종교의 빛에 따라 우리가 희망할 만한 유일한 답변을 제공한다.

역류들

내가 논의해 온 도덕적·정치적 방향은 네 가지 요소로 구성된다. 이제 이 장과 앞 장들에서 먼저 제시한 순서와는 다른 순서로 이 요소들을 다시 제시해 보겠다.

첫 번째 요소는 인간 조건에서 피할 수 없는 상처들과의 대결이다. 우리는 진실로 이 순간을 산다는 목적 아래 그러한 상처들을 인정하고 직시한다. 이러한 전향을 통해 종교는 인류 역사에서 보통 존재해 온 방식과 다른 것으로 변모한다. 인류 역사에서 종교는 인간의 죽음과 무근거성을 완전하게 해명하는 것이 아니라 그 앞에서 인간을 위로하려는 노력이자 충족 불가능한 욕구를 주체가 갈망하는 절대적인 것을 표상하는 대상(신,

감춰진 존재 혹은 인격체의 신성불가침적인 경험)에 고착시킴으로써 그러한 욕구를 진정시키려는 시도였다.

인간 상황의 현실에 대한 이러한 고려는 순수한 공포의 전환이고, 이 전환을 통해 우리는 위안으로서의 종교를 배격하고 실재에 관한 더 포괄적인 견해로 고무된 실존에 대한 응답으로서의 종교를 추구한다. 공포는 보호 수단을 장착하고 체념한 주체의 자체 전복에 이른다. 나는 이 부분을 전복이라고 부르겠다.

미래의 종교에 대한 이 견해에서 두 번째 요소는 삶의 영위에 관한 재정립이다. 논증의 이 부분은 메시지의 핵심으로, 여기서는 가능한 여러 형식 중 두 가지 형식(덕성들의 관념과 인간의 일상적인 삶에서 일정한 형성적 사건들에 대한 응답)으로 제시하겠다. 메시지의 두 가지 형태는 육화된 정신으로서의 인격이라는 동일한 관념으로 고취된다. 그러나 두 가지 형태는 내가 논의해 온 정신과 구조에 대한 견해 및 주체와 타자에 대한 견해(억압되고 싹이 잘린 형태이지만 구원종교들과 민주주의, 낭만주의, 여타 정치적·인격적 해방의 세속적 기획들에게서 미래의 종교가 물려받는 정통들)에 충실하다.

이 견해는 도덕적 관념이지만 강단 도덕철학의 전통적인 의미에서 윤리이론이 아니다. 이 견해는 형식뿐만 아니라 실질에서도 강단철학의 경로에서 벗어난다. 이 견해의 목표는 규칙을 정립하려는 것도 아니고, 양심의 법정에서 떳떳하게 더 잘 보이기 위해 타자에 대한 의무에서 우리 자신이 어떻게 벗어날 수 있는지를 보여 주려는 것도 아니다. 이러한 견해는 생명력과 연대 간의 관계에 중요한 지위를 배정하기는 하지만 이기심의 순치를 지도적인 관심사로 삼지 않는다. 이 견해의 관심은 최우선적으로 삶의 고양에 너무 많이 집중되어 있어서 전혀 도덕적이지 않은 것처럼 보일지 모른다. 그럼에도 불구하고 우리가 어떻게 살아야 하는지에 대한 우리 믿음에 대해 이 견해가 함축하는 결론은 곧 분명해진다. 제안의 이 부분은 주체의 변혁, 혹은 간단히 변혁이라고 부르겠다.

미래 종교혁명의 가르침들에 관한 설명에서 세 번째 요소는 사회개혁을 위한 제안이다. 이 개혁 제안은 우리가 지금의 여건 아래서 구별할 수 있는 일련의 조치들을 통해 현재적으로 이용 가능하거나 접근 가능한 제도적 자료들과 이상들을 고려하는 가운데 여기서 현재의 언어로 기술한다면 청사진이 아니라 방향이다. 이는 깊은 자유라는 이름 아래 내가 주장해 온 교리다. 이 교리는 세계 전체에 걸쳐 가장 최근까지 이데올로기적 논쟁을 지배해 온 정치적 관념들과는 대립하고, 19세기 이데올로기적 논쟁에 영향력을 행사했던 관념과는 유사하게, 보통 사람의 역량강화(보통의 삶을 더 높은 차원의 맹렬함, 범위, 역량으로 고양시키는 것)를 위한 헌신과 사회의 제도적 안배들을 이러한 역량강화에 우호적인 형태로 개혁하려는 경향을 결합한다.

이 견해는 시장경제, 대의민주주의, 독립적인 시민사회의 표현으로서 현재 확립된 제도들이 경제적·정치적·사회적 다원주의의 대의에 적절하게 기여한다는 점을 부인한다. 이 견해는 고차적 협동 형식을 밑받침하도록 고안된 제도적 변화의 경로를 제안한다. 이러한 제안이 원하는 것은 사회 조직의 특정한 방식을 넘어 자체적으로 강화된 교정가능성을 통해 불가피한 편향성을 보완하는 구조를 수립하려는 것이다. 이 견해는 확정적인 구조를 기술하려고 시도하지 않고 자체 수정을 조직해 내는 구조를 향한 운동을 제안한다. 이 견해는 참여의 대가로 투항을 요구하지 않으며, 위기를 변화의 조건으로 삼지 않는다. 이 견해는 우리에게 세상에 거하되 세상에 속하지 않는다는 이상의 세속적 근사치를 제공한다.

사회의 개혁은 역사와 관련되기 때문에 미래의 종교의 프로그램에서 불가피한 부분이다. 인간 상승의 경로에 대한 우리의 견해가 무엇이든지 간에 이 견해는 인간 상호 관계의 조건들 속에서, 즉 우리가 타자를 인격적 만남의 작은 동전으로 취급하는 방식에서뿐 아니라 제도와 관행의 큰 돈으로 사회를 조직하는 방식에서도 표현되어야 한다. 우리의 현재 모습과 장래 모습에 관한 모든 관념은 관행과 제도에 묶여 있다. 바로 야심적이고 집요한 분투를 통해서만, 인간 결사체의 확립된 상들을 거부하는 견해의 지침을 통해서만 우리는 개인적 경험에서 사회체제의 한계점들을 그럭저럭 보완하게 된다. 우리의 개인적 생애의 시간적 범위와 사회질서를 변화시키려는 온갖 노력의 성패를 가늠하는 역사적 시간의 불일치를 고려하면 우리 각자가 자신의 여건에 따라 추구해야 할 것은 바로 그것이다. 나는 제안의 세 번째 부분을 사회의 재구성 혹은 간단히 재구성이라고 부르겠다.

미래 영적 혁명의 내용에 대한 이 논의의 네 번째 요소는 이 혁명이 약속한 것과 관련이 있다. 이 책의 많은 곳에서 나는 이러한 약속을 서로 다르지만 등가적인 의미를 지닌 말로 기술했다. 그것은 삶의 고양, 삶을 더욱 완전하게 향유하는 것, 현재에서의 소외를 극복하는 방식으로 미래를 위해 살아가는 것, 신에게 돌리는 속성들의 일부에 대하여 인간의 몫을 증강시키는 것, 육화된 정신이 그 스스로 형성하고 거주하는 삶과 사상의 맥락들을 초월하는 존재라는 진리를 실천하는 것, 오직 한 번만 죽는 것 등이다.

이 장 앞 절에서 나는 실존의 네 가지 영역에서 표현된 이러한 약속을 개관했다. 그 네 가지 영역은 우리가 일상적으로 당연시하는 제도적이고 개념적인 구조들에 대한 응답, 인간 상호 간의 관계, 우리 각자와 자신의 확립된 주체 형식(성격)의 관계, 우리를 에워싼 세계를 관찰하고 지각과 경험의 자극들에 응답하는 우리의 방식 등이다. 이것은 요약에 불과하다. 이러한 약속의 비전은 이 책의 논의 전체를 관통한다. 제안의 네 번째 부분을 보상이라고 부르겠다.

제안의 네 가지 요소—전복, 변혁, 재구성, 보상—간에 단순한 조합은 존재하지 않는다. 이것들 사이에는 부조화가 존재한다. 이 부조화들에는 위험과 고통이 뒤따른다. 이 부조화들과 그로 인한 위험과 고통은 인간 실존의 본질과 관련이 있다. 인간 조건의 치유 불가능한 약점들은 궁극적인 기초가 아니다. 우리는 이 약점들을 있는 그대로 인정해야 하고, 이 약점들을 산뜻하게 해명하겠다는 이론적 속임수를 거부해야 한다. 그렇게 할 때 우리는 비로소 미래의 종교가 의존해야 하는 비전과 현실주의의 결합을 쇄신한다.

모순들(우리가 그렇게 부를 수 있다면)은 실용적인 잔여를 가진다. 모순들은 우리의 개인적·집단적 경험의 다른 모든 측면들처럼 우리의 정신적 미래가 열려 있음을 확증해 준다. 모순들은 또한 우리에게 조화를 부정함으로써 우리를 폐쇄성에서 구출한다.

첫째로, 보상과 전복 간에는 충돌이 존재한다. 죽음의 확실성과 무근거성의 진리에 대한 무한한 대치와 죽음과 무근거성의 공포를 처리해 주겠다는 온갖 세속적 혹은 신성한 스토리의 거부는 보상에 암운을 드리우는 것처럼 보인다.

실제로 그러한 대치와 거부는 암운을 드리운다. 갈등은 논증에 있는 것이 아니라 세계 안에 있다. 전복은 변혁과 재구성의 조건이다. 변혁과 재구성은 공히 보상으로 가는 관문을 형성한다. 암운과 관문은 우리의 경험에서 분리할 수 없다.

전복, 변혁, 재구성의 결과로서 우리가 바로 지금의 삶을 더 많이 향유하게 된다면, 우리는 우리가 과거에 죽음의 공포와 무근거성의 현기증에 압도되거나 마비되었던 것보다 또는 그렇게 될 수 있는 것보다 생의 감정에 의해 그러한 상황에 처할 우려가 더 클지도 모른다.

또한 보상과 변혁 및 재구성 사이에 갈등이 존재하는 것처럼 보인다. 변혁은 무한한 탐색의 경로에 우리를 놓는다. 재구성은 과거의 제도와 관행들이 역사적으로 그래 왔듯이 우리를 무한한 탐색에서 유리시키기보다는 그러한 탐색으로 우리를 이끄는 제도와 관행들을 추구한다.

우리는 이제 세계초극의 철학자들이 우리를 해방시키기 원했던 방식으로 욕망의 바퀴, 갈망, 충족, 권태, 동요, 또 다른 추구의 쳇바퀴에 묶이고, 현상계에 대한 지각의 영역에서는 관찰과 응시 간의 동요에 속박되는가?

사실 우리는 속박되어 있다. 아니면 삶의 경험과 타자 및 세계에 대한 의식의 고양이 인간의 구성적 특성에 기입한 변증법을 변화시키는 한에서만 최소한 그렇지 않다. 이러한 고양은 우리가 실제로 보유한 유일한 선, 즉 미래의 관점에서 파악될지라도 바로 지금의 삶과 관련하여 쳇바퀴를 상승으로 전향시킴으로써 이 변증법을 변화시킨다.

삶 자체

우리는 환멸의 시대에 산다. 우리는 환멸을 통해서도 환상에서 벗어나지 못할 수 있다. 그럼에도 불구하고 정치적·종교적 예언가들은 출현할 것이다. 그들은 우리가 성취하지 못했던 바를 착수할 것이다.

나는 혁명의 교리가 아니라 지금 우리에게 필요하다고 믿는 혁명의 방향을 제안했다. 나는 이 책에서 그것을 주로 종교의 관점에서, 부차적으로만 정치가 종교의 일부를 형성하는 한해서 정치의 관점에서 기술했다. 그러나 나는 이러한 관점 구분이 그러한 변화의 목표와 방법에 대해 이질적인 시각에서만 의미를 가진다는 사실을 안다.

특징적으로 종교적 측면에서 이러한 변화가 취할 법한 형태들은 과거 종교혁명의 형식들과는 예언적 가르침과 모범적 행동의 결합만을 공유할 개연성이 높다. 그 밖의 모든 것은 다를 수밖에 없고 너무 달라서 이러한 변화를 처음에 그 자체로 혁명으로 인정하기 어려울 수도 있다.

그럼에도 불구하고, 혁명가들의 단순하고 주요한 가르침은 우리가 이미 청취하고 유의할 만한 가르침이다.

우리는 그렇게 되지 않기를 바라지만 조만간 죽어 이지러지고 망각될 것이다. 우리는 이 불가해한 세계와 그 안에서 우리의 짧은 시간이 무엇을 의미하는지 이해하지 못한 채로 죽을 것이다.

우리의 종교는 전통적으로 종교들이 해 왔던 것처럼 이러한 끔찍한 사실들을 부정하는 것이 아니라 인정하는 것에서 시작돼야 한다. 우리의 종교는 우리(행복한 소수가 아니라 우리 모두)가 더욱 커지고 더욱 평등한 존재로 변모하고 우리가 신에게 귀속시킨 권능의 더 큰 몫을 우리 힘으로 차지하도록 우리를 일깨워 사회와 문화, 나아가 우리 자신을 변화시켜야 한다. 따라서 우리의 종교는 또한 원대함과 사랑을 위해 우리로 하여금 우리 자신의 보호 장치를 더욱 기꺼이 해제하도록 만들어야 한다. 우리의 종교는 우리를 설득하여 평정심을 버리고 탐색을 선택하도록 해야 한다.

그렇게 된다면, 우리는 살아 있는 동안 위대한 삶을 향유하고 우상들에서 점차 멀어지고 서로에게 더 가까이 다가서며 일시적으로나마 불사의 존재가 될 것이다.

세 가지 지향과
축의 시대의 관념에 대한 노트

이 책의 전반부에서 나는 세계종교들을 통해 범례화된 세 가지 주요한 정신적 지향들을 탐구했다. 나는 이러한 지향들이 공유하는 바를 넘어서는 사유 방식의 옹호 근거를 마련할 목적으로 그렇게 했다.

나의 주장은 그 자체로 종교적인 경우를 제외하고는 종교철학적 에세이로 읽힐 수 있지만, 유유자적한 사변적 사고의 안전한 거리에서 수행한 탐구로 간단히 읽힐 수 없다. 나의 주장은 또한 반反신학의 일종인 경우를 제외하고는 신학적 텍스트로 보일지도 모른다.

나의 주장은 결코 종교에 대한 비교역사적 연구가 아니다. 나는 주요한 세계종교들의 일부를 내가 고려하는 세 가지 영적 지향의 주요한 사례로 취한다. 초기 불교를 세계초극으로, 초기 유교를 세계인간화로, 셈족의 유일신교, 특히 기독교를 세계와의 투쟁 사례로 취한다. 이 주장의 예비적 부분에서 나의 관심은 이 종교들의 교리적 내용이나 역사적 발전에 있지 않다. 나의 관심은 이러한 종교적 지향들 각각의 내적인 구조, 그 전제들, 그 핵심 비전들, 실존에 대한 그 접근에 있다. 주로 특정한 종교적 전통들에 결부되어 있지만 그 지향들은 각기 언제 어디서나 모든 사람들에게 생생한 영적 선택지로 남아 있다.

그럼에도 불구하고 이와 같은 대조적인 영적 지향들은 소수의 사상가들의 정신 속에만 살아 있는 이론이 아니다. 이 지향들은 신앙 공동체와 생활 형식 속에 구체화되어 왔다. 그 지향들은 다수 대중의 경험을 변화시켜 왔고, 각기 하나의 역사를 갖는다.

이 지향들은 기원전 8세기의 예언적인 유대교의 시작에서 기원후 7세기 이슬람교의 등장에 이르기까지 천 년 이상의 기간에 걸쳐 발생한 일련의 정치적 쇄신과 혁명에서 발생했다. 이 지향들은 서로 근본적으로 상이하다. 그럼에도 불구하고 중요한 공통 기반을 공유했다. 차이의 깊이를 고려하면 공통점들은 더욱 두드러진다. 나는 논쟁적이고 프로그램적인 이유뿐만 아니라 그 내재적 중요성에서 이 공통 요소들을 강조해 왔다. 내가 주장한 방향은 어떤 점에서는 이러한 공통 기반과 단절하지만 다른 점에서는 고수한다.

그래서 이를 전개하면서 나는 과거의 종교혁명들 혹은 이러한 혁명들이 초래한 초월의 전향을 반복적으로 언급하였고, 이 종교혁명들을 실천과 교리에서 미래의 종교혁명과 대비시켰다. 이와 같은 주장과 제언들은 종교의 역사에 관한 현대 문헌에 익숙한 사람들에게 당연히 축의 시대의 관념을 떠오르게 할 것이다.

이 노트의 목적은 두 가지다. 첫째로, 나는 세 가지 주요한 실존지향에 대한 나의 주장을 축의 시대 개념에 연관된 관념들과 비교하고 대비하려 한다. 이러한 측면에서 나의 목표는 세 가지 지향에 대한 나의 논의를 축의 시대라는 관념의 맥락에서 독해하는 경우에 야기될 수 있는 오해를 방지하는 것이다. 둘째로, 이 노트는 세 가지 지향에 관한 나의 설명과 세계종교의 관념사의 관계를 묘사하기 위해 축의 시대 테제와 차이를 이용하려는 것이다. 책의 본문이 아니라 개별적인 노트에서 이 두 가지 목표를 거론함으로써 나는 역사적이고 비교적이기보다는 철학적이고 신학적이고자 하는 논의의 흐름이 끊기는 것을 피하려고 한다.

축의 시대 관념의 현대적 사용은 1949년에 발간된 카를 야스퍼스Karl Jaspers의 《역사의 기원과 목표Vom ursprumg und ziel der geschichte》에서 시작된다. 야스퍼스는 기원전 800년에서 300년 사이에, 주로 기원전 500년경에 집중된 역사적 시기에 유사 이래로 가장 일반적인 종교적·철학적 관념들을 형성한 세계관이 출현했다고 주장했다. 이 세계관은 그전의 종교와 사변적 사유 형태들과 뚜렷한 차이를 보였다. 단지 초월(인간의 사유와 행동의 척도로서 고차적인 실재의 영역)로 전향하기만 한 것은 아니었다. 그것은 동시에 무엇보다도 세계의 기성 질서 전체를 이해하고 이에 대해 평가할 수 있는 사유 능력을 긍정했다. 축의 시대 관념의 옹호자들에 따르면, 사상이 세계에 대해 판단을 내리기 위해서는 자신의 전제들과 절차들을 우선적으로 평가해야 했다. 사상은 반성적으로 변모해야 했다.

유럽, 인도, 중국에서 이 관념들은 문명 상호 간에 종종 폭력적인 접촉을 유발한 사회적 사건들의 구조 안에서 비교적 동시적으로 출현했다. 그 사건들은 또한 고차적인 기준의 이름으로 세속적인 권력의 보유자들에게 책임을 추궁할 수 있었던 지적이고 정신적인 권위들에게 입지를 제공했다.

이러한 비교사적 관념들의 신봉자와 회의주의자 사이의 논쟁이 뒤를 이었다. 회의주의자들, 종종 특정 문명의 연구에서 전문가들은 축의 시대 테제를 다른 종교에 적용하는 것에 대해 대체로 이견을 표출했다. 어쨌든 그들은 내가 앞으로 논의할 축의 시대 담론의 큰 취지에는 공감하는 입장에서 그렇게 했다. 그들은 종종 역사에서 종교적 차이에 대해 이 책이 취한 접근법과 충돌하는 태도와 가정들을 신봉자들과 공유했다.[1]

이제 나는 내 주장의 비교사적 측면(이것은 하나의 측면에 불과하다)이 이러한 저작들과 어떻게 다른지 또 왜 다른지를 설명하겠다. 내 견해는 취

---

1 (원주) 최근 수십 년간 축의 시대 테제를 주제로 하는 영어 및 독일어 문헌들이 다수 등장하고 있다. 이러한 문헌의 발전에서 세 가지 이정표들이 존재한다. 첫 번째 이정표는 벤자민 쉬워츠가 편집한 《Wisdom, Revelation and Doubt: Perspectives on the First Millennium, b. c., 1975》의 다에달루스 쟁점이다. 두 번째 이정표는 아이젠슈타트와 그의 동료들의 저술이다. 아이젠슈타트가 1986에 편집 출판한 'The Origins and Diversity of Axial Age Civilizations'과 'Kulturen der Achsenzeit'이라는 일반적 제목으로 1987년부터 1992년까지 출판된 후속 저작들이다. 세 번째 이정표는 로버트 벨라와 한스 요아스가 편집한 《The Axial Age and Its Consequences, 2012》이라는 저작이다.

지상 헤겔(《종교사 강의》), 앙케틸-뒤페롱[2]에서 조르주 뒤메질[3]까지 18~20세기의 비교연구자들,《역사의 연구》의 후반부에서 세계종교에 관한 아널드 토인비의 취급 방식에 근접한다. 따라서 나는 오해를 막고자 이 책에서 축의 시대나 축의 시대 돌파구라는 용어의 사용을 피해 왔다.

　나의 가정들과 축의 시대 담론 간의 차이를 세 가지 층위에서 진술할 수 있다. (1) 종교 및 철학의 역사에 대한 접근법에서 축의 시대 담론과 나의 담론의 동기와 의도, (2) 이러한 서로 다른 두 담론에서 논의되는 영적 쇄신들로 유발된 변혁의 내용, (3) 이 대조적인 설명들이 강조하는 쇄신에 우호적이거나 적대적인 사회적·문화적 맥락들에 대해 이 설명들이 제기한 요구들.

1. 동기와 의도

축의 시대 관념에 대한 야스퍼스의 설명은 명백히 철학적이고 정치적인 관심으로 움직였다. 다른 많은 저작처럼《역사의 기원과 목표》에서 야스퍼스는 합리주의와 역사주의 간의 차이를 좁히려고 시도했다. 더 정확하게 말하자면, 역사적인 상대주의로 전락하는 것에 저항하는 종교적·철학적 전통들의 다양성을 고려하는 방식을 발견하려고 했다. 역사적 요구들은 독자적으로 옹호될 수도 있지만, 이러한 프로그램에서는 부차적이었다. 야스퍼스의 관념에서 출발했던 후속 저작들에서 이 상황은 전복되었다. 어떤 믿음의 역사 및 믿음과 사회사의 관계의 역사에 대한 특정한

2　앙케틸-뒤페롱Anquetil-Duperron(1731~1805)은 프랑스인으로서는 최초의 인도 전문가이다.

3　조르주 뒤메질Georges Dumézil(1898~1986)은 고대의 인도유럽의 종교와 사회를 연구한 프랑스의 비교종교학자, 신화학자로서 인도유럽 민족들의 신화를 분석하여 계급의 3기능이론을 전개했다.

일군의 견해들이 현재 전면에 나서고 있다. 철학적·정치적 의도는 대체로 암묵적인 것이 되었지만, 때로 투명하게 드러난다.

축의 변화 테제를 이해하는 데에 결정적인 요소도 유대인들의 급진적인 유일신교에서 가장 명백하게 인정된 초월로의 전향과 사변적·비판적 사상의 출현 사이에 이 테제가 수립하려고 했던 연결이다. 정합적이고 확고한 계보학을 독자적으로 발명하려는 유럽 인텔리겐차들의 많은 시도에서 그랬던 것처럼 아테네와 예루살렘은 이러한 테제 속에 결합되었다.

소크라테스 이전의 이오니아 철학자들에서 시작하여 플라톤과 아리스토텔레스에 이르기까지 철학의 만개는 축의 시대 관념에서 주인공 역할을 수행했다. 고대 인도의 사변적 형이상학은 이러한 행진에 참여할 수 있게 되었고, 불교는 이러한 성취의 최종적인 형태로 대표되었다. 제국 이전 및 초기 제국시대의 중국에서 도교는 동일한 목적을 위해 용이하게 동원될 수 있었지만, 초기 유교는 가차 없이 반형이상학적이고 심지어 반사변적인 자세를 취했기 때문에 불편한 존재였다. 기독교와 이슬람교는 늦게 등장하였기 때문에 축의 시대 범주의 연대기적 및 분석적 범위에서 훨씬 벗어나 있었다. 반성적 이성과 종교적 비전 간의 이른바 동맹을 탐탁지 않게 여겼던 이러한 세계형성적인 종교들에서 모든 것은 쉽게 무시될 수 있었다.

축의 변화 관념에 두 가지 중심적 사항이 존재했다. 첫 번째 사항은 우주신론(신적인 것과 세계의 동일시: 범신론)과의 단절이다. 두 번째 요소는 세계와 사회의 일반적 해명을 형성하고 이러한 해명에 입각해 사상과 사회의 기성 체제들을 비판하는 데에 인간 이성을 이용하는 방식의 발전이었다. 축의 시대 관념의 중심적인 주장은 이러한 두 가지 관념 요소 간에 친화성이 존재한다는 것이었고, 그 이래로 변함이 없었다.

옹호해야 할 주요한 선은 세계종교의 문제적인 창설자들의 와해적인 비전이 아니었다. 이는 20세기에 유럽 계몽주의의 유산이었고 그것도 유럽사, 특히 독일사의 참상의 직접적인 후유증 속에서 때늦은 자칭 계몽주의 옹호자들의 눈을 통해 보았던 것이다. 이러한 기초 위에서 철학은 종교에 손을 뻗었지만 그것도 오로지 계몽주의 정당에 우호적인 것으로 그럴싸하게 표현될 수 있을 법한 종교의 부분에 한정되었다. 신성 혹은 신적인 영감에 대한 고립된 주창자들이 아닌 축의 시대의 이른바 미숙한 인텔리겐차에게 주연급 역할이 주어졌던 것은 당연하다.

이러한 지적인 운동의 선례는 제2차 세계대전 이전에 이미 있었다. 예컨대, 비교사적인 종교사회학에 관한 막스 베버Max Weber의 에세이들(1921~1922 출간)에 나타나는 결정적 교만은, 베버가 "합리화"라는 표제 아래 도입한 예언자적 유대교와 이데올로기적 · 제도적 경향들 간의 친화성 관념이다. 초월과 이성의 관계는 초월 관념과 역사 속에서 초월의 의미에 대한 지멜Georg Simmel의 분석(《인생관》, 1918)에서 유사하게 수립되었다.

독립적인 인텔리겐차의 작업에서 범례화되었던바 종교사에서 초월로의 전향과 체계적 · 비판적 사상에 대한 결단의 연결에 대한 똑같은 강조는 그 이래로 축의 시대 관념에 대한 저작들의 특징이 되었다. 일부 현대적 해설가들은 종교적 믿음들의 내용에서 어떠한 변화보다는 반성적 사유, 개인적 행위주체, 역사의식이 축의 쇄신들의 결정적인 속성들이었다고 주장하면서 그와 같이 자연스러운 결론을 이끌어 내었다.[4]

---

4 (원주) 예컨대, Bjorn Wittrock, "The Axial Age in Global History: Cultural Crystallizations and Societal Transformations," in Robert N. Bellah and Hans Joas, eds., *The Axial Age and Its Consequences*, 2012. 참조하라. 같은 책에서 동료들의 기고들을 검토하면서 벨라는 유토피아적 비전으로서 동시에 공정한 탐구로서 이론의 생산은 축의 시대의 주요한 성취물이었다고 결론 내린다. 유사한 견해로는

축의 시대 테제는 그리하여 북대서양 양안에서 제2차 세계대전 이래로 현재까지 항상 자신을 이성의 우군으로 파악할 용의를 갖춘 자칭 계몽주의 정당의 독자적인 계보 발명 욕구로 부분적으로 고쳐되어 왔다. 이러한 기획의 주요한 특징은, 종교(종교가 "순수이성의 한계" 안에서 이해되거나 그 안에 머물게 되고, 세속적 휴머니스트들과 비판적 사상가들과 연합될 수 있는 한도 안에서)와의 타협책을 발견하는 것이었다. 유니테리언Unitarians[5]을 오식 하나의 신만이 존재한다고 믿는 사람으로 규정한 화이트헤드Alfred North Whitehead의 정의를 상기시키는 점과 축의 시대 테제의 주창자들의 눈에 스토리의 영웅들이 항상 인민대중 그 자체였다는 사실을 의심한다는 점에 대해서는 독자들의 양해를 구한다.

야스퍼스와 같이 나도 주요한 실존지향들에 대한 토론에서 철학적이고 실천적인 목표들을 가지고 있다. 이 목표들은 취지상 축의 시대 관념을 향한 운동을 추동해 온 목표들과는 다르다. 내가 종교를 정의해 온 포괄적인 의미에서 나는 종교를 철학의 흐릿한 반영부와 우연적인 동맹으로 파악하기를 거부해 왔다. 세계종교의 활력 있는 부분은 삶과 사회에 대한 접근을 규정하는 구조로서 궁극적 실재의 본성 혹은 불가해한 성격을 둘러싼 논쟁이다. 우리는 선택의 적합한 근거들을 확보하지 못한 상황에서도 선택해야만 한다. 어떤 의미에서 종교의 과업은 계몽주의 정당의 도구들이 효력을 상실하는 지점에서 시작된다. 다르게 생각한다는 것은 종교의 비판과 수정을 막스 베버가 (자기 자신에 대해 서술하면서) "종교적으로 비

Arnaldo Momigliano, "The Fault of the Greeks" in *Essays in Ancient and Modern Historiography*, 1947, pp. 1-23.을 참조하라.

5 삼위일체설을 부인하는 기독교 분파.

음악적religiös unmusikalisch"이라고 묘사한 사람들에게 위탁하는 것이다.

헤겔이 삼위일체설을 세계사가 의지하는 경첩으로 언급한 때 그는 훨씬 더 폭넓게 기술될 수 있는 견해의 분파주의적 이해를 염두에 둔다. 기독교 삼위일체의 신비로 표현된 초월성과 내재성의 변증법은 인류의 정신적 경험에서 하나의 전환점을 의미한다. 이러한 변증법은 불교와 유교에서 서로 다른 형식들을 취했다. 어쨌든 어디에서든지 이러한 변증법은 우선적으로 체계적이고 담론적인 추상 관념들(거의 항상 이러한 종교들의 창시자들에 의해 일축되었다)의 발전이 아니라 필멸성, 무근거성, 충족불가능성 및 왜소화에 대한 취약성과 화해를 이루려는 시도로 부각되었다.

빅토르 폰 시트라우스[6]와 에른스트 폰 라소[7] 등 19세기 비교종교학자들이 18세기 선구자들의 지도를 받아 다양한 고대문명에서 종교적 예언가들의 가르침의 유사성에 놀라워했을 때(모든 것은 그 밖의 모든 것과 다르다는 것에 주로 관심을 갖는 대학문화의 출현 전에) 그들은 우리 자신에 대한 이해에서 중요하고 중첩적인 일련의 변화들이 발생했다는 믿음을 똑같이 표현했다. 이러한 믿음은 축의 시대 관념의 정당한 요소이다. 어쨌든 이러한 통찰을 발전시키기 위해서는 축의 시대라는 이름 아래 쓰인 작품을 형성하는 데에 많은 기여를 해 온 실체, 범위, 정신과 불화하는 요소들이 요구된다.

---

6 빅토르 폰 슈트라우스Victor von Strauss(1809~1899)는 독일 드레스덴에서 태어나 라이프치히대학에서 신학박사 학위를 취득한 종교사학자로, 중국어 번역자로서 도덕경을 독일어로 처음 번역했다.

7 에른스트 폰 라소Ernst von Lasaulx(1805~1861)는 키일대학에서 박사학위를 받고 뷔르츠부르크대학에서 고전문헌학을 가르친 독일의 언어학자이자 정치인이다.

2. 축의 시대와 세 가지 지향: 강조점과 내용

이 책 앞부분에서 탐구하는 세 가지 지향의 공통 기반의 내용은 축의 시대 테제의 주창자들이 강조한 쇄신들에 그들이 부여한 내용과는 현저하게 다르다.

물론 축의 시대에 관한 저작들에서 이와 같은 영적 쇄신들의 실체에 관한 단일한 비전은 존재하지 않는다. 그럼에도 불구하고, 강조점에서 차이가 나지만 이러한 문헌의 많은 부분의 초점은 네 가지 유형의 변화와 그 유형들 간의 관계에 맞춰진다. 첫 번째 주제는 초월로의 전향이다. 실재에 관한 세속적 질서와 초세속적 질서의 구분은 고대 유대인의 비타협적인 유일신교뿐만 아니라 고대 그리스인, 인도인, 중국인의 철학 유파에 의해서 급진화된 것으로 여겨진다. 두 번째 주제는 일련의 연관된 이탈 형식들이다. 귀속적 사회관계(선택이 아니라 출생으로 정해진 관계)에서 개인의 이탈, 자연에서 사회의 이탈, 고차적인 실재의 질서에서 자연 자체의 이탈 형식들이다. 세 번째 주제는 자신의 절차를 토론하고 수정하는 사상의 힘에, 개인의 행위주체성에 부여된 가치에, 또한 우리의 가장 중요한 기획들은 역사적 시간 안에서 성공하거나 실패함으로써 역사를 가진다는 확신에 초점을 맞춘 복합적인 의식 형태들의 발전이다. 이것은 종교적 의식의 소란스러운 황무지에서조차 그 고대적 뿌리를 찾으려는 포스트-계몽주의의 근대성(이 말이 정착된 것은 아니지만)의 이미지다. 두 번째 주제는 이러한 구성에서 첫 번째 주제와 세 번째 주제 간의 필수적인 교량을 표현한다. 네 번째 주제는 다른 세 가지 주제의 정치적 결론(사회의 방향에 대한 영향력의 경쟁에서 세속적인 권위와 사제적 혹은 철학적 권위 간의 변증법)을 표현한다.

내가 세계초극과 세계인간화라고 불러 온 지향들에 이러한 구도를 적용하는 것은 건강부회라고 할 수 있다. 축의 시대라는 틀의 핵심 사례들은 희생과 숭배 제의에서 정화된 고대 유대인의 종교, 고대 그리스인의 철학적·과학적 사변들, 유럽 계몽주의의 내로라하는 조상들에 가장 그럴듯하게 견줄 만한 형태를 제공하는 고대 인도 및 중국 철학에서의 경향들이다. 이성에 대해 비교적 덜 공격적인 기독교 유형들은 이제 축의 시대의 귀중한 상속자들 가운데 두각을 나타낼 수 있었다.

이러한 접근이 기독교 역사에 대한 이해와 비판의 안내자로서 수용될 수 있었다면, 은총과 자연의 영역들을 결정적으로 구분한 14세기와 15세기의 유명론과 이원주의 신학이 기독교적 통찰의 완성이라고 불렀을 것이다. 그것은 실제로 유럽에서 초기 근대의 세속화된 자연주의에서 정점을 찍은 일부 경향들의 시작이었다.

이 책에서 세 가지 지향의 공통 기반에 관한 견해는 다른 초점을 가지고 있다. 내 설명에서 주창자들 및 역사적 시대들은 축의 시대 테제를 특징짓는 주창자들 및 역사적 시대와 또한 다르기 때문에 축의 시대 관념과의 차이는 복잡하다. 고대 그리스 철학은 세계초극에 대한 기여(플라톤, 스토아학파, 플로티누스)를 통해서만 등장한다. 유교는 세계인간화의 가장 중요한 사례로서, 원형적인 제국인 중국의 전국시대와 그 이후 번창하였던 수많은 사변철학 유파들과 달리 가치 없이 반형이상학적인 형이상학을 통해 자신의 역할을 수행했다. 유대교, 기독교, 이슬람교는 몽매주의와 전제주의라는 고대적 혹은 근대적 적들을 찾아 나서는 비유적이든 우화적이든 척후병이라기보다는 내가 세계와의 투쟁이라고 부르는 지향의 원천으로서 원래 그 모습 그대로였던 때에 가장 중요하다.

연관된 변화들의 역사적 시대가 유대 예언자들의 등장과 동시에 시작되지만, 역사적 시대의 명료한 종언은 없거나 축의 시대의 종료보다 훨씬 늦은 시점에서 일어난다. 과거의 종교혁명을 거론할 때 나는 예언적 유대교의 형성에서 마호메트의 예언적 활동에 이르는 천 년 이상의 기간에 걸쳐 발생한 영적 쇄신을 유념하고 있다. 그러나 예언의 문들은 결코 닫히지 않는다. 혁신의 동력은 각 지향 안에서 오늘날까지 지속되고 있다. 그러한 혁신의 가장 중요한 사례는 지난 몇 세기 동안 세계와의 투쟁의 폭넓은 전통 안에서 정치적이고 인격적인 해방을 위한 혁명적·세속적 기획들의 발전이다.

이러한 선별 기준의 배경에서 형성된 세 가지 지향의 공통 기반의 이미지는 축의 시대 논의에서 중요한 네 가지 주제로 제시된 이미지와 다르다. 나의 논의와 축의 시대 담론은 공히 초월로의 전향 혹은 더 적절하게는 초월성과 내재성의 변증법으로의 전향, 이러한 기초 위에서 발생한 의식 형태들의 철저한 새로움을 강조한다. 파라오 아케나텐의 혁명적 유일신교는 예컨대, 우주적 질서 속에 인간을 통합하려는 신학(마아트)을 재정립하려는 맥락에서 주장되었기 때문에 자격을 상실한다.[8] 다른 한편, 마니교와 같이 실패한 많은 종교들은 초월로의 전향을 범례화하였을 뿐만 아니라 전향을 이러한 영적 쇄신의 공통된 의제를 규정하는 온갖 특성들과 연결시켰다.

세 가지 지향의 공동 유산은 초월성과 내재성의 변증법과 사회 안의 분할(고대 유대교의 부분적인 예외를 제외하면 이러한 종교적 재발명들이 처음으로 출현한 농업적·관료제적 제국들에서 극단적인 모습을 취했던 분할)에 대한

---

8 (원주) Jan Assmann, *Ma'at: Gerechtigkeit und Unsterblichket im Alten Aegypten*, 1990. (역주) 아케나텐의 종교개혁은 그다지 성공적이지 못했는데, 모세는 이러한 종교개혁의 발상을 유대민족에게 실험하여 성공했다고 프로이트는 지적하고 있다. 프로이트의 《종교의 기원》 참조.

무시, 이타적인 공감의 윤리를 위해 남성적 용맹의 지배적인 윤리의 거부, 무엇보다 인간 조건의 근절할 수 없는 결함들을 부인하거나 결함들이 낳는 비애에 대해 집행유예를 제공하려는 노력을 결합하는 데에 있다. 하나의 윤리(자부심 강한 자기주장의 윤리)를 다른 윤리(포용적인 동료감정의 윤리)로 대체하는 것은 원대한 변화(더 높은 차원으로 삶의 상승, 신의 삶 혹은 가장 실재적이고 신성한 존재의 본성에 대한 우리의 고양된 참여)의 선도적인 전선을 의미했다. 신성에 대한 참여는 기성의 생활 방식과 사회 조직 방식과의 결별을 통해서만 성취될 수 있었다. 예컨대, 이러한 참여는 뒤메질이 인도유럽계 민족들 사이에 만연했다고 진단한 사회 안에서 신분과 계급의 기성 질서뿐만 아니라 주체와 영혼에서의 역량의 기성 질서와도 양립할 수 없었다. 이러한 참여는 실천뿐만 아니라 믿음에서도 심오한 변혁을 요구했다.

그러나 세 가지 지향에 대한 논의에서 지향들 간의 차이는 최소한 그 공통 기반만큼 중요하다. 나의 논의는 지향들 간의 공통성보다 훨씬 더 그 차이를 강조하고 이러한 영적 선택지들의 특수한 사례의 역사적 전개보다는 선택지들의 논리에 우선성을 부여하기 때문에 종교사가들을 화나게 해서는 안 될 것이다.

공통점은 차이의 관점에서 의미를 얻는다. 역사적 사례들은 철학적·신학적 논의에서는 부차적이고, 이러한 목적은 축의 시대 운동에서는 전적으로 낯선 것이다. 이 과거의 종교혁명들, 이러한 혁명들이 공유했던 것뿐만 아니라 혁명들이 설정했던 대조적인 방향들에 대한 나의 논의는 미래를 위한 다른 방향의 옹호라는 유일한 목적으로 추진된다. 이러한 방향을 잡으려면 우리는 새로운 내용과 새로운 형식을 가진 종교혁명을 시작함으로써 그러한 공통 기반과 단절해야만 한다. 축의 시대 테제의 주창자들의 의도에서 더 이상 남은 것은 없다.

3. 과거 종교혁명의 역사적 맥락과 행위주체들

과거의 종교혁명에 관한 나의 견해와 축의 시대 관념 간의 차이는 동기와 실체뿐만 아니라 역사적 맥락들과 행위주체들에 대한 가정과 주장에서 도 나타난다.

이 차이의 두 측면은 두 가지 접근의 주제를 구성하는 일련의 사건들의 범위 안에서 나타나는 알력으로 혼동되는바 역사적 트집에 불과한 것처럼 보이는 것의 더 포괄적인 의미를 제시하기에 충분하다.

축의 시대에 대한 저술의 공통 제안은 축의 변화들이 제국 질서의 붕괴의 상황에서만 혹은 제국 질서의 관철 이전에만 발생하고, 제국의 공고화로 규칙적으로 종결된다는 것이다. 야스퍼스는 유라시아에서 정주민 국가들과 유목민족 간의 교류가 지닌 탈안정화와 지구화의 중요성을 강조하였는데, 이 시사점은 그 후에 나온 대다수 문헌들보다 많은 통찰을 담고 있다.[9] 아이젠슈타트Shmuel Noah Eisenstadt[10]와 그의 학파는 대신에 축의 혁명과 연관된 관념들이 권위의 세속적 원천과 신성한 원천 간의 경쟁을 낳은 데에 일조하는 방식을 주목하면서 내적 다원주의와 갈등을 주목했다.

이 책의 도입부에서 논의한 세 가지 지향의 정립을 선도한 종교와 철학

---

9 이와 같은 교류의 중요성에 대해서는 나의 저작을 참조하라. *Plasticity into Power: Comparative-Historical Studies on the Institutional Conditions of Economic and Military Success*, 1987, pp. 70-80, 110-112.

10 쉬무엘 노아 아이젠슈타트(1923~2010). 폴란드 태생으로 예루살렘 히브리대학의 사회학 교수로서 문화와 문명의 발전 과정을 연구하여 다수의 저작을 남겼다. 변화의 문화적 과정과 구조적 과정의 상호작용을 주목하고, 보편적인 발전 과정보다는 내적인 긴장들에 주목하였다. 근본주의는 전통적인 현상이 아니라 현대적인 현상이라는 그의 주장은 널리 알려졌다.

은 유라시아의 제국적 체제들에서 시작되었다. 이러한 철학과 종교는 최근까지도 세계사에서 주요한 주인공 역을 담당하는 농업적 · 관료제적 제국의 심장부나 제국의 형성기에 등장한 것이 아니라 거의 항상 제국의 주변부에서 등장했다. 철학과 종교에 제국은 적일 수 있었지만, 철학과 종교의 출현과 확산의 조건이기도 했다.

이러한 점에서 내 설명의 역사적 가정들은 축의 시대 테제에 관한 정초적인 저작물보다 타의 추종을 불허하는 보편사가 아널드 토인비의 "고등종교들" 및 고등종교들과 "보편적 국가들"의 관계에 관한 견해에 근접한다. 토인비의 시사를 통해 알 수 있듯이《역사의 연구》vol. 6, part 2, 1954 및 《종교에 대한 역사가의 접근》, 1979), 보편국가의 억압적 구조에 갇혔지만 보편국가의 자기우상화에 빠진 통치자들에 대해 저항적인 "내부 프롤레타리아"는 신성한 존재에 가까운 삶의 고양이라는 메시지에서 영감을 발견한다. 내부 프롤레타리아트는 "의고주의擬古主義", "미래파", "초탈"의 반복적인 타락을 뚫고 "초월"을 응시한다. 발생기의 보편적 교회들은 이러한 국가들의 도구나 새로운 문명의 "번데기들"이 아니다. 헤겔이 이미 주장했듯이 오히려 보편국가들이야말로 감옥이고, 인간은 그 안에서 심오한 영적 통찰을 성취했다.

맥락에 대한 주장은 행위주체들에 관한 주제와 맞물린다. 축의 시대 변화들에 대한 저작은 집단적 행위주체, 즉 창시자들, 집성자들 그리고 영웅적인 지적 혁신가들의 뒤를 따르는 성서적 정전의 교사들에게 지도적인 역할을 부여한다. 그러한 정전은 새로운 관념을 기록하고 발전시킨다. 또한 세속적일 뿐만 아니라 영적인 영향력을 주장할 수 있는 기반을 제공한다.

우리의 선호와 선입견에 비추어 불편한 진실은, 단일한 개인의 생애에서 예언적 가르침과 모범적 행동을 결합시키는 것은 종교의 수립을 위해서 수많은 지식인들에게 항상 해볼 만한 일이었다는 점이다. 고통을 받는 인류는 책상물림들에 의해 편찬되고 전파되고 때로는 생기와 의미가 휘발된 예언가들의 메시지를 들었다. 어떠한 사제나 기록자도 여태까지 하나의 종교를 창시하지 못했다.

과거 종교혁명들의 위풍당당한 목적은 이타적인 세계관을 발전시키려는 것이 아니었다. 그 목적은 상상력과 사랑의 결핍에서 인류를 구하자는 것이었다.

찾아보기

아베로에스 264, 265, 270
아스만, 얀 693
아우구스티누스(히포) 33, 86, 99, 159,
    430, 454, 464
아이젠슈타트, 슈무엘 685, 695
아케나텐(파라오) 693
아퀴나스, 토마스 46, 264, 265, 414, 460,
    461, 462
아타나시우스(알렉산드리아) 460
야스퍼스, 카를 21, 23, 59, 114, 684, 686,
    689, 695
에머슨, 랄프 왈도 14, 21, 46, 93, 104,
    105, 108, 461, 540, 548
예수 그리스도 271, 377, 417, 425, 430,
    454, 461, 463, 465
요아스, 한스 685
용수(나가르주나) 149
워즈워스, 윌리엄 92
지라르, 르네 86
지멜, 게오르그 688
칸트, 이마누엘 21, 30, 38, 43, 76, 125,
    134, 142, 177, 272, 277, 278, 307, 308,
    414, 415, 423, 427, 551, 553, 655
칼라일, 토머스 658
칼뱅, 존 132, 142, 454
케인스, 존 메이너드 637
콩트, 오귀스트 28, 97, 99, 417
키르케고르, 쇠렌 21, 35, 267, 452, 454,
    564, 632
토인비, 아널드 374, 686, 696
틸리히, 폴 22, 145, 383, 430, 440
파르메니데스 30, 263, 382
파스칼, 블레즈 21, 24, 59, 64, 142, 143,
    174, 268, 369, 370, 452, 504, 567, 568
포이어바흐, 루트비히 11, 21, 46, 145,
    375, 380, 426, 461
프로메테우스 27, 105, 334
프루동, 피에르 조세프 14, 51, 102, 506

플라톤 30, 42, 52, 121, 149, 159, 171,
    263, 264, 266, 287, 304, 451, 540, 586,
    589, 612, 655, 671, 687, 692
플로티누스 30, 77, 149, 159, 264, 307,
    461, 692
하르나크, 아돌프 폰 22, 268
하이데거, 마르틴 59, 174, 329, 330, 360,
    370, 567~569, 572, 593
헤겔, 게오르크 빌헬름 프리드리히 21, 35,
    36, 44, 291~296, 352, 356, 368, 386,
    449, 487, 617, 620, 633, 650, 664, 686,
    690, 696
헤라클레이토스 36, 264, 628
홉스, 토마스 472, 484
화이트헤드, 알프레드 노스 19, 21, 287,
    379, 689
흄, 데이비드 225, 544, 625, 642

개념어

ㄱ

감응성 42, 43, 53, 96, 125, 165, 193, 223,
    254, 307, 579, 585, 587, 588, 598, 610,
    661, 662, 668, 673
개방성(신성화의 덕성) 36, 50, 53, 102,
    125, 178, 245, 247~250, 289, 345,
    355, 386, 449, 482, 485, 486, 496, 530,
    533, 576, 590, 594, 596, 598~601,
    614, 635, 663
개별성의 환상 150, 160
개종(자) 443, 457, 569, 593
결혼 311, 521
경로의존성 103, 153, 154, 288, 576, 649
경이로움 13, 23, 59, 65, 244, 245, 540,

미래의 종교

2021년 6월 25일 초판 1쇄 발행

지은이 | 로베르토 망가베이라 웅거
옮긴이 | 이재승
펴낸이 | 노경인 · 김주영

펴낸곳 | 도서출판 앨피
출판등록 | 2004년 11월 23일 제2011-000087호
주소 | 우)07275 서울시 영등포구 영등포로 5길 19(37-1 동아프라임밸리) 1202-1호
전화 | 02-336-2776 팩스 | 0505-115-0525
전자우편 | lpbook12@naver.com

ISBN 979-11-90901-37-6